Karl Eckart/Bronislaw Kortus

Die Eisen- und Stahlindustrie in Europa im strukturellen und regionalen Wandel

AF211781

Karl Eckart/Bronislaw Kortus

Die Eisen- und Stahlindustrie in Europa im strukturellen und regionalen Wandel

 Springer Fachmedien Wiesbaden GmbH

Die Deutsche Bibliothek — CIP-Einheitsaufnahme

Eckart, Karl:
Die Eisen- und Stahlindustrie in Europa im strukturellen und
regionalen Wandel / Karl Eckart/Bronislaw Kortus. —
Wiesbaden : DUV, Dt.Univ.-Verl., 1995
    (DUV: Wirtschaftswissenschaft)
    ISBN 978-3-8244-0247-2
NE: Kortus, Bronislaw

ISBN 978-3-8244-0247-2   ISBN 978-3-663-12036-0 (eBook)
DOI 10.1007/978-3-663-12036-0

Der Deutsche Universitäts-Verlag ist ein Unternehmen
der Bertelsmann Fachinformation.

© Springer Fachmedien Wiesbaden 1995
Ursprünglich erschienen bei Deutscher Universitäts-Verlag GmbH, Wiesbaden 1995

Gedruckt auf chlorarm gebleichtem und säurefreiem Papier
ISBN 978-3-8244-0247-2

Vorwort

Die Eisen- und Stahlindustrie in Europa ist seit Jahrzehnten in strukturellem und regionalem Wandel. Diesen zu verdeutlichen ist das primäre Ziel der Arbeit, die eine große Zahl sehr übersichtlicher und instruktiver graphischer Darstellungen enthält. Sie soll nicht nur wenige Spezialisten dieser Branche ansprechen, sondern auch interessierten Laien Einblicke in die Wandlungsprozesse verschaffen.

Die vorliegende Untersuchung ist das Ergebnis einer Forschungsarbeit, die mit finanzieller Unterstützung der Europäischen Union an der Gerhard-Mercator-Universität-GH-Duisburg und der Jagiellonischen Universität Krakau in der Zeit von 1992 bis 1994 durchgeführt wurde. Darüber hinaus war auch die Universität Durham daran beteiligt. Das Arbeitsteam in Krakau stand unter der Leitung von Prof. Dr. Bronislaw Kortus. Seine Mitarbeiter E. Kianczyk, Dr. M. Paszkowski und Dr. M. Soja haben den osteuropäischen Teil bearbeitet. Die Übersetzungsarbeiten wurden von B. Kortus-Turski vorgenommen. Das Duisburger Team unter Leitung von Prof. Dr. Karl Eckart bestand aus J. Breitkopf, C. Pietruszka, B. Pasckert, B. Taube und O. Neuhoff. Allen Mitarbeitern sei an dieser Stelle herzlich gedankt, besonders Herrn Dr. D. Sadler (Universität Durham), der den Teil 13.2 bearbeitet hat. Von Frau Dipl. Volksw. Barbara Pasckert stammt das gesamte Kapitel 8. Darüber hinaus hat sie sich mit großem Engagement für die technische Erstellung eingesetzt. Zu Dank verpflichtet sind wir schließlich noch Herrn Dipl. Geograph Andreas Köllner und Frau Claudia Beurer, die zahlreiche Abbildungen in eine druckfertige Vorlage gebracht haben.

Karl Eckart
Bronislaw Kortus

Inhaltsverzeichnis

IX

Verzeichnis der Abbildungen

XI

XII

XIV

XVI

Verzeichnis der Tabellen

XIX

Verzeichnis der Übersichten

Verzeichnis der Abkürzungen

BHT	Braunkohlen-Hochtemperatur-Koks
bn	Billion
$CaCO_3$	Kalk
EG	Europäische Gemeinschaft
EGKS	Europäische Gemeinschaft für Kohle und Stahl
Euratom	Europäische Atomgemeinschaft
EU	Europäische Union
Fe	Eisen
Fe_3O_4	Magnetit, Magneteisenerz
Fe_2O_3	Hämatit, Roteisenerz
$Fe_2O_3H_2O$	Limonit, Brauneisenerz
$FeCO_3$	Siderit, Spateisenerz
GUS	Gemeinschaft unabhängiger Staaten
HKM	Hoesch-Krupp-Mannesmann
IISI	International Iron and Steel Institute
IWKH	Stahlflaschen GmbH Hamburg
jato	Jahrestonnen
Mio.	Millionen
Mrd.	Milliarden
NT	VDM Nickel-Technologie (Krupp)
O&K	Ohrenstein und Koppel
RGW	Rat für gegenseitige Wirtschaftshilfe (Comecon)
RSH-Stahl	Rost-, Säure-, Hitzebeständiger Stahl
SGE	Strategische Geschäftseinheiten => Hoesch 2000-Konzept
SiO_2	Silciumoxid (Kieselsäure)
SKr	Schwedische Kronen
SM	Siemens-Martin
t/a	Tonne pro Jahr
VDEH	Verein deutscher Eisenhüttenleute
VDM	Verein deutscher Maschinenbauer
zl	Zloty

0 Einführung

Mit der Wende in der ehemaligen DDR (November 1989), der deutschen Vereinigung (Oktober 1990) und den sich gegenwärtig vollziehenden Wirtschaftsstrukturveränderungen in den Ländern Ostmittel- und Südosteuropas und der Realisierung eines gemeinsamen europäischen Binnenmarktes sowie Diskussionen um Erweiterung der Europäischen Union (EU) u. a. durch einige ehemalige Ostblockländer machen in zunehmendem Maße eine gesamteuropäische Betrachtung wirtschaftsgeographischer Probleme notwendig.

Das trifft vor allem auch auf einige Branchen zu, besonders auf die Eisen- und Stahlindustrie, die in Europa Mitte der siebziger Jahre in eine bedrohliche Krise geriet. Betroffen davon waren in erster Linie alle Länder der EG. In den osteuropäischen Ländern, den Ländern des Rates für gegenseitige Wirtschaftshilfe (RGW), begann die Krise mit zeitlicher Verzögerung wesentlich später. Und noch viel später, z. T. erst gegen Ende der achtziger Jahre, setzte die Krise in einigen blockfreien Ländern ein.

Zum Ende der achtziger Jahre hatte sich die Eisen- und Stahlindustrie der EG-Länder durch drastischen Personal- und gewaltigen Kapazitätsabbau an die überregionale Marktsituation angepaßt. Zunehmende Nachfrage auf den Weltmärkten hatte zunehmende Erzeugung von Roheisen, Rohstahl und Walzwerkserzeugnissen zur Folge. Es herrschte - vor allem in zahlreichen westlichen Ländern - Zufriedenheit über die sich anbahnende positive Entwicklung.

Mit dem Wegfall der innerdeutschen Grenze, der deutschen Vereinigung und dem Zusammenbruch des RGW veränderte sich die Situation sehr schnell. Insbesondere die billigeren Produkte aus den ehemaligen RGW-Ländern, den Schwellen- und Entwicklungsländern drängten auf den gesamteuropäischen Markt. Die Konkurrenzsituation verschärfte sich. Die Nachfrage des Weltmarktes nahm ab, so daß nun - Anfang 1993 - bereits von einer neuen Krise in der Eisen- und Stahlindustrie gesprochen wird. Es ist von der Stillegung von Produktionsstandorten und der Freisetzung von Tausenden von Arbeitskräften in der Bundesrepublik Deutschland und den EG-Ländern die Rede. Man spricht von der schwersten Krise in der Eisen- und Stahlindustrie in Europa seit dem Zweiten Weltkrieg.

Die Krise erfaßt aber nicht nur die EG-Länder, sondern - in wohl noch stärkerem Maße - die ehemaligen RGW-Länder. Wenn man bedenkt, daß diese in den letzten Jahrzehnten nur in wenigen Einzelfällen umfangreiche Modernisierungen und Umstrukturierungen ihrer Anlagen vorgenommen haben, somit also bis heute zum größten Teil in völlig veralteten Anlagen produzieren und zudem oft auch Erzeugnisse herstellen, für den es kaum einen Markt gibt.

0.1 Der Untersuchungsraum

In der vorliegenden Untersuchung wird ein Raum erfaßt, der bis Ende 1990 aus 25 Ländern bestand (Abb.1 und Tab.1). Auf einer Gesamtfläche von 4.874.107 km^2 lebten 1989 rd. 480,81 Mio. Einwohner. Die durchschnittliche Bevölkerungsdichte betrug somit rund 98,6 E/km^2.

Ein Teil der Länder gehörte dem ehemaligen RGW an. Ein weit größerer Teil ist bis heute in der EU. Einige Länder sind dagegen blockfrei geblieben. Die Veränderungen in den letzten Jahrzehnten zeigen die Abb. 2 bis 6. Flächengrößen und Einwohnerzahlen in diesen drei Räumen gehen für 1989 aus Abb. 7 hervor.

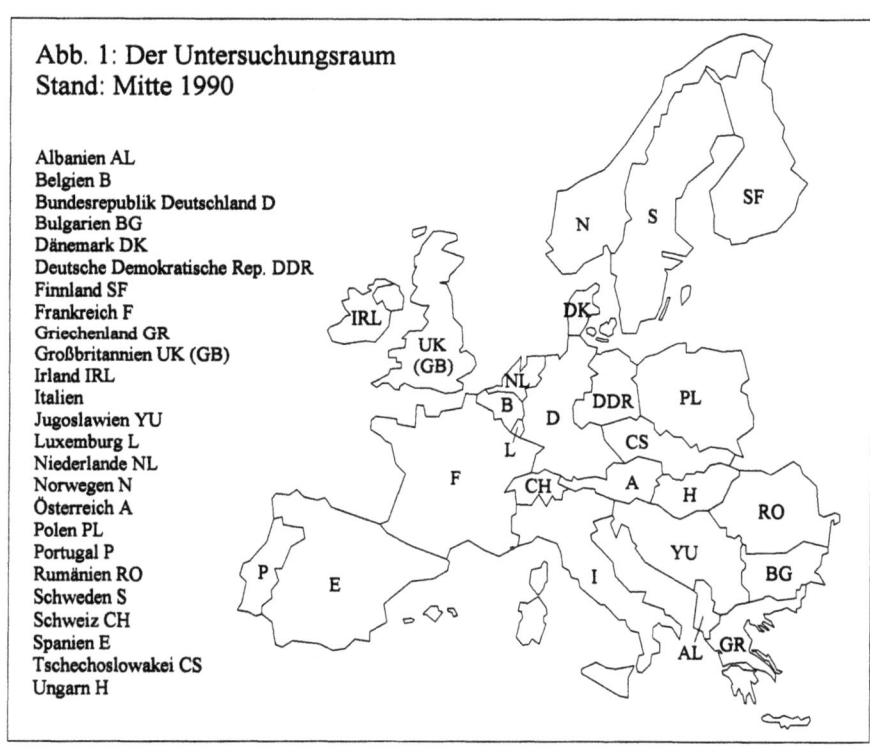

Abb. 1: Der Untersuchungsraum
Stand: Mitte 1990

Albanien AL
Belgien B
Bundesrepublik Deutschland D
Bulgarien BG
Dänemark DK
Deutsche Demokratische Rep. DDR
Finnland SF
Frankreich F
Griechenland GR
Großbritannien UK (GB)
Irland IRL
Italien
Jugoslawien YU
Luxemburg L
Niederlande NL
Norwegen N
Österreich A
Polen PL
Portugal P
Rumänien RO
Schweden S
Schweiz CH
Spanien E
Tschechoslowakei CS
Ungarn H

Tab.1: Fläche und Bevölkerung des Untersuchungsraums (Stand: 1989)

	Dichte in E/km^2	Rang	Größe in km^2	Rang	Bevölkerung in Mio.	Rang
AL	91	16	28 748	24	2,61	24
B	322	2	30 519	23	9,84	14
BG	79	19	110 912	14	8,81	16
D	247	3	356 910	4	61,36	1
CS	119	9	127 876	13	15,25	10
DK	119	10	43 076	20	5,1	20
DDR	155	6	108 177	15	16,74	9
SF	14	24	338 127	5	4,76	21
F	97	14	551 500	1	53,51	4
GR	71	21	131 990	12	9,37	15
IRL	48	22	70 284	19	3,37	23
I	189	5	301 268	8	56,89	2
YU	87	18	255 804	10	22,16	7
L	138	8	2 586	25	0,34	25
NL	341	1	41 864	21	14,03	11
N	13	25	323 895	6	4,07	22
A	90	17	83 853	18	7,51	18
PL	112	12	312 677	7	35,05	6
P	107	13	92 389	17	9,87	13
RO	91	15	237 500	9	21,86	8
S	18	23	440 945	3	8,29	17
CH	154	7	41 293	22	6,34	19
E	74	20	504 782	2	37,12	5
H	115	11	93 032	16	10,71	12
GB	229	4	244 100	11	55,85	3
Insges.	98,6		4 874 107		480,81	

Quelle: Statistisches Jahrbuch der Bundesrepublik Deutschland

Im Jahre 1951 wurde in Paris der Vertrag zur Gründung der Europäischen Gemeinschaft für Kohle und Stahl (EGKS), auch Montanunion genannt, von den Ländern Belgien, der Bundesrepublik Deutschland, Frankreich, Italien, Luxemburg und den Niederlanden unterzeichnet.

Am 25. März 1957 unterschrieben die Vertreter dieser sechs Montanstaaten die sogenannten Römischen Verträge zur Bildung der Europäischen Wirtschaftsgemeinschaft (EWG) und zur Europäischen Atomgemeinschaft (EURATOM).

Mit dem Beitritt von Großbritannien, Irland und Dänemark am 1. Januar 1973 erfolgte die erste Erweiterung. Aus der Sechser- wurde eine Neunergemeinschaft. Am 1. Januar 1981 kam Griechenland als zehntes Mitglied in die Gemeinschaft. Die vorletzte Erweiterung vollzog sich am 1. Januar 1986 mit dem Beitritt von Spanien und Portugal. Es entstand eine Zwölfergemeinschaft.

3

Die allerjüngste Entwicklung auch innerhalb der EU ergab sich mit der Vereinigung der beiden deutschen Staaten am 3. Oktober 1990.

Die EU-Länder nahmen 1989 mit 2.371.270 km^2 allein 48,7 % des Untersuchungsraums ein. Die insgesamt 316,65 Mio. Einwohner dieses Raums stellten 65,9 % aller Einwohner dar. Die RGW-Länder umfaßten 1989 990.174 km^2. Das war ein Anteil von 20,3 %. Es lebten dort 108,42 Mio. Menschen (22,5 %). 1.512.665 km^2 (31,0 % der gesamten Fläche) gehörten keinem der beiden Blöcke an. Auf dieser Fläche gab es Ende 1989 55,74 Mio. Einwohner (11,6 %). Die Bevölkerungsdichten lagen danach im Durchschnitt in den EU-Ländern bei 133,6 E/km^2, in den RGW-Ländern bei 109,5 E/km^2 und in den übrigen Ländern bei 36,8 E/km^2.

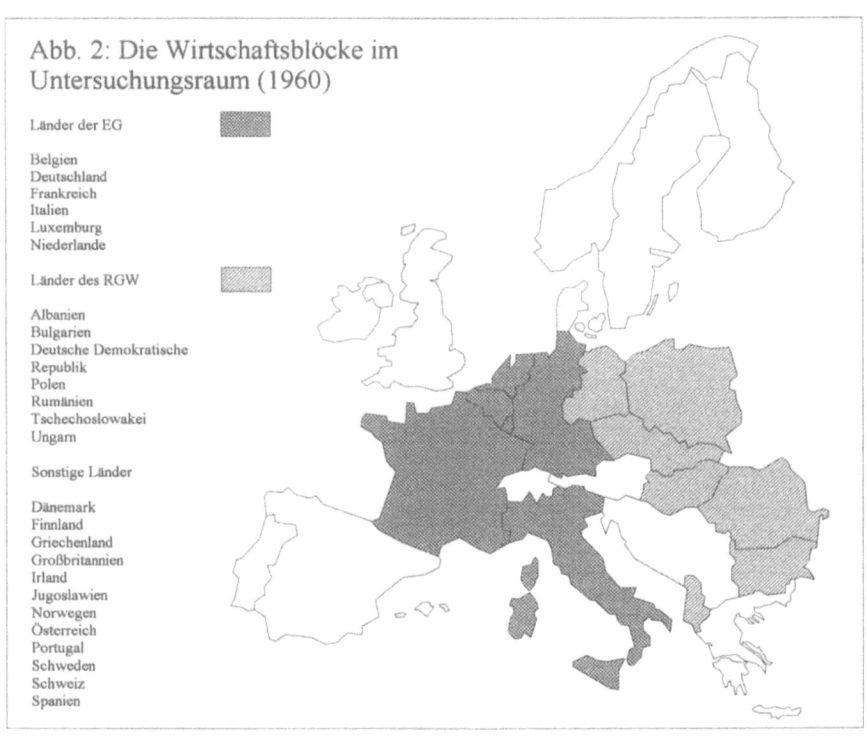

Abb. 2: Die Wirtschaftsblöcke im Untersuchungsraum (1960)

Länder der EG

Belgien
Deutschland
Frankreich
Italien
Luxemburg
Niederlande

Länder des RGW

Albanien
Bulgarien
Deutsche Demokratische
Republik
Polen
Rumänien
Tschechoslowakei
Ungarn

Sonstige Länder

Dänemark
Finnland
Griechenland
Großbritannien
Irland
Jugoslawien
Norwegen
Österreich
Portugal
Schweden
Schweiz
Spanien

4

Abb. 3: Die Wirtschaftsblöcke im Untersuchungsraum (1974)

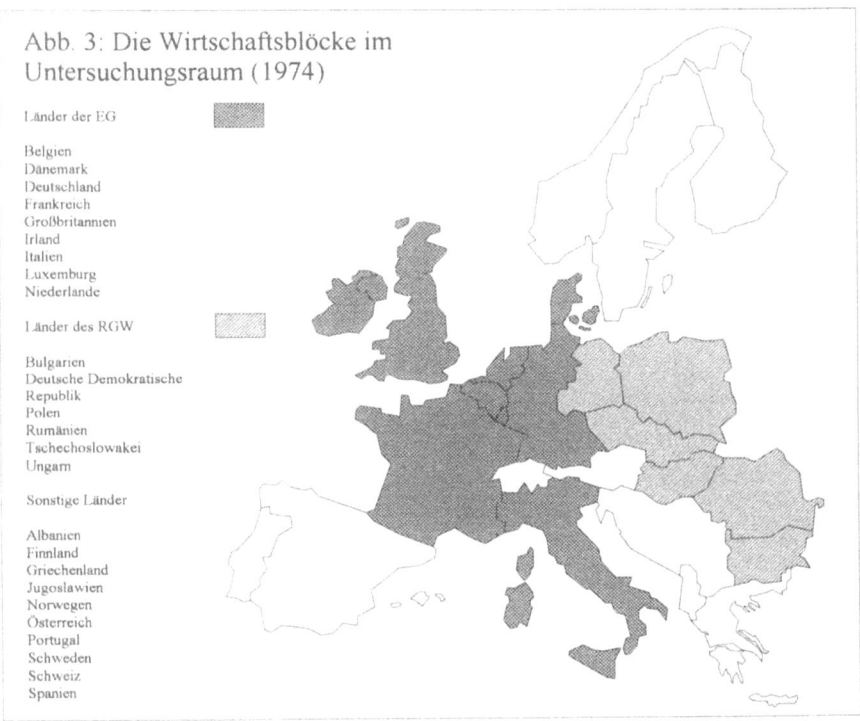

Länder der EG

Belgien
Dänemark
Deutschland
Frankreich
Großbritannien
Irland
Italien
Luxemburg
Niederlande

Länder des RGW

Bulgarien
Deutsche Demokratische
Republik
Polen
Rumänien
Tschechoslowakei
Ungarn

Sonstige Länder

Albanien
Finnland
Griechenland
Jugoslawien
Norwegen
Österreich
Portugal
Schweden
Schweiz
Spanien

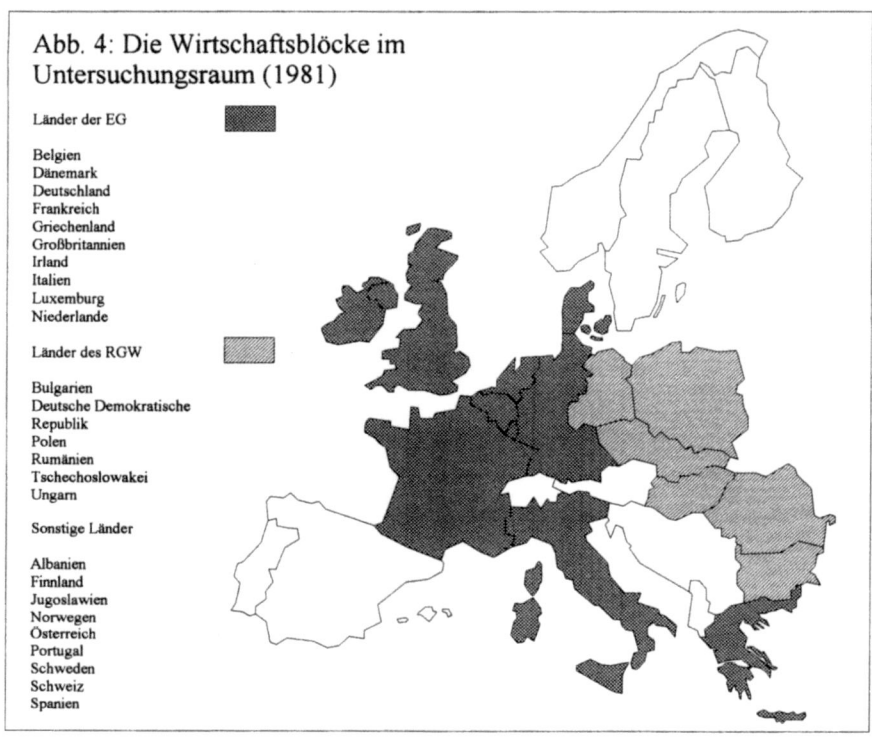

Abb. 4: Die Wirtschaftsblöcke im Untersuchungsraum (1981)

Länder der EG

Belgien
Dänemark
Deutschland
Frankreich
Griechenland
Großbritannien
Irland
Italien
Luxemburg
Niederlande

Länder des RGW

Bulgarien
Deutsche Demokratische
Republik
Polen
Rumänien
Tschechoslowakei
Ungarn

Sonstige Länder

Albanien
Finnland
Jugoslawien
Norwegen
Österreich
Portugal
Schweden
Schweiz
Spanien

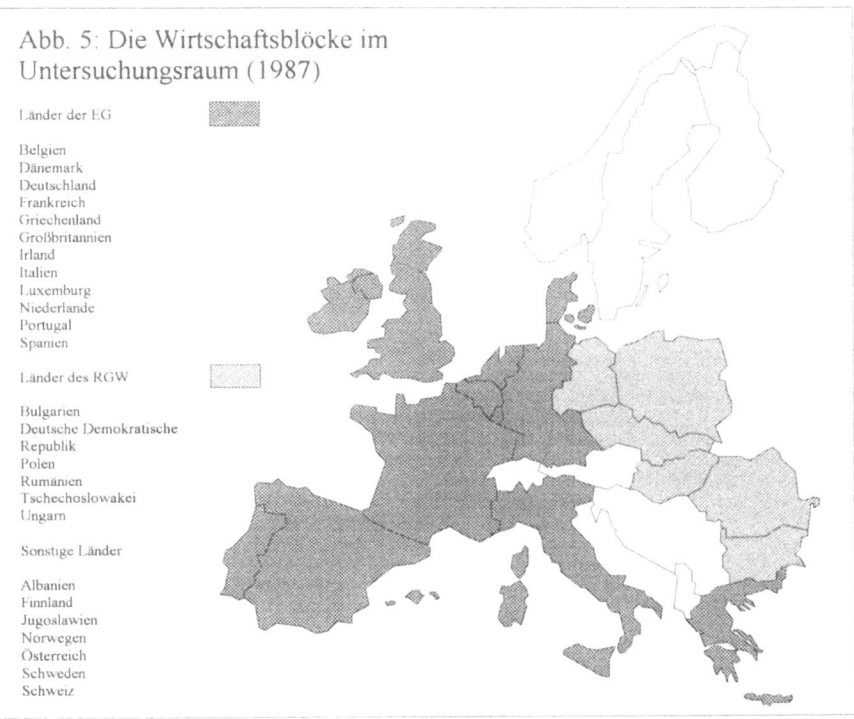

Abb. 5: Die Wirtschaftsblöcke im
Untersuchungsraum (1987)

Länder der EG

Belgien
Dänemark
Deutschland
Frankreich
Griechenland
Großbritannien
Irland
Italien
Luxemburg
Niederlande
Portugal
Spanien

Länder des RGW

Bulgarien
Deutsche Demokratische
Republik
Polen
Rumänien
Tschechoslowakei
Ungarn

Sonstige Länder

Albanien
Finnland
Jugoslawien
Norwegen
Österreich
Schweden
Schweiz

7

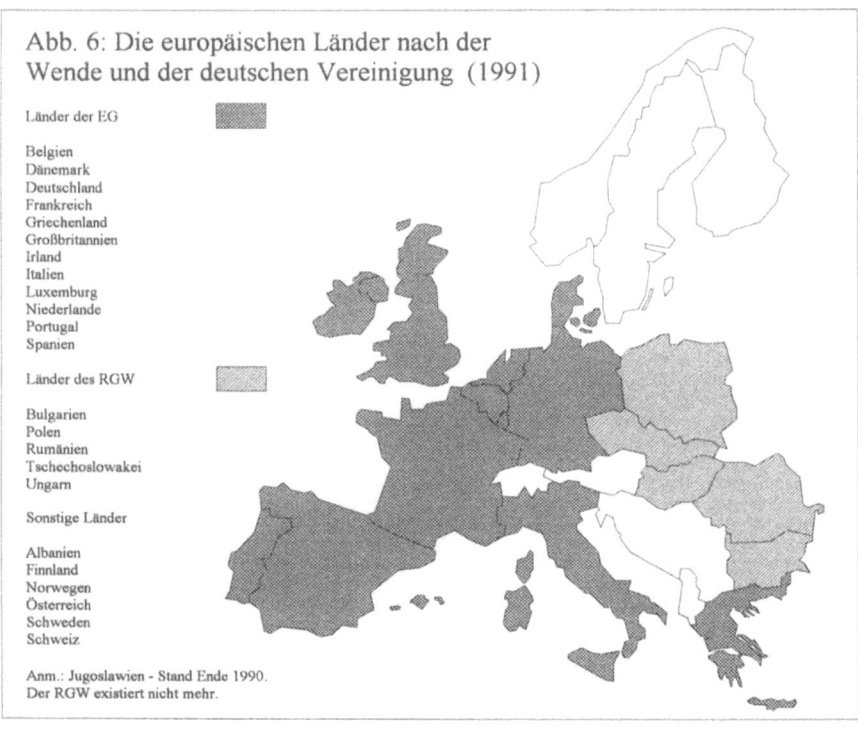

Abb. 6: Die europäischen Länder nach der
Wende und der deutschen Vereinigung (1991)

Länder der EG

Belgien
Dänemark
Deutschland
Frankreich
Griechenland
Großbritannien
Irland
Italien
Luxemburg
Niederlande
Portugal
Spanien

Länder des RGW

Bulgarien
Polen
Rumänien
Tschechoslowakei
Ungarn

Sonstige Länder

Albanien
Finnland
Norwegen
Österreich
Schweden
Schweiz

Anm.: Jugoslawien - Stand Ende 1990.
Der RGW existiert nicht mehr.

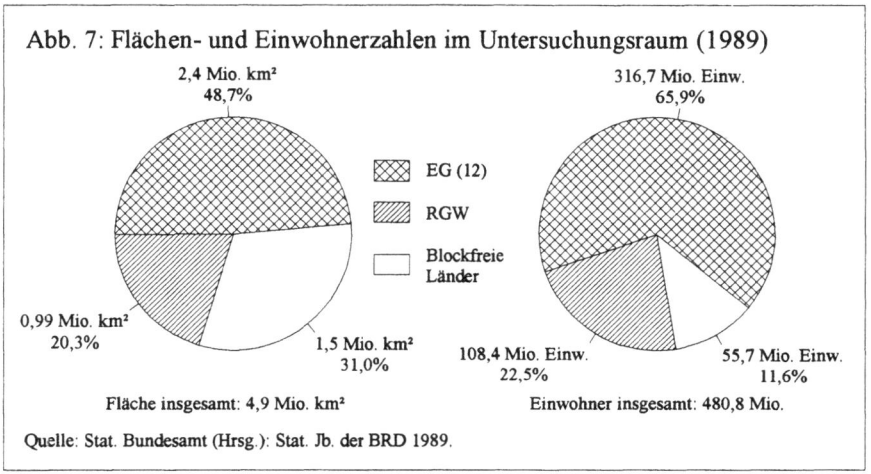

Abb. 7: Flächen- und Einwohnerzahlen im Untersuchungsraum (1989)

2,4 Mio. km²
48,7%

316,7 Mio. Einw.
65,9%

EG (12)

RGW

Blockfreie
Länder

0,99 Mio. km²
20,3%

1,5 Mio. km²
31,0%

108,4 Mio. Einw.
22,5%

55,7 Mio. Einw.
11,6%

Fläche insgesamt: 4,9 Mio. km²

Einwohner insgesamt: 480,8 Mio.

Quelle: Stat. Bundesamt (Hrsg.): Stat. Jb. der BRD 1989.

0.2 Ziel der Untersuchung

In der Untersuchung soll zunächst einmal in vergleichender Darstellung für die vorher genannten Länder die Entwicklung in der Eisen- und Stahlindustrie vom Zweiten Weltkrieg bis heute nachgezeichnet werden. Produktionsstandorte und evtl. Verlagerungen im Bereich der Roheisen-, Rohstahl- und Walzwerkproduktion sind dabei zu erfassen.

In vergleichender Darstellung sollen ebenso die Produktionskapazitäten, die Produktionsumfänge sowie die Veränderungen der Produktpaletten und die Veränderungen im technologischen Bereich erfaßt werden. Das kann jedoch nur unter Berücksichtigung der entsprechenden EU- bzw. RGW-Politik und der entsprechenden nationalen Wirtschaftspolitik geschehen.

Die in den siebziger Jahren sichtbar gewordene rohstoff- und energiewirtschaftliche Situation hat in der westeuropäischen Eisen- und Stahlindustrie zu veränderten Handelsströmen geführt. Seit dem Ende der siebziger und Anfang der achtziger Jahre ist auch das bisherige Wachstum der Eisen- und Stahlindustrie in den osteuropäischen Ländern gestoppt und seit Ende der achtziger Jahre im deutlichen Rückgang begriffen. Dies geschah vor allem als Folge der Konjunkturkrise und des Zusammenbruchs der sozialistischen Wirtschaftssysteme in diesen Ländern sowie auch in der Sowjetunion. Diese Prozesse sollen hier erfaßt werden. Ein weiteres Ziel der Untersuchung soll es sein, Tendenzen zukünftiger Entwicklungen in der europäischen Eisen- und Stahlindustrie aufzuzeigen.

0.3 Stand der Forschung

Über die Entwicklung der Eisen- und Stahlindustrie in den Ländern Europas ist bisher keine wirtschaftsgeographische Untersuchung durchgeführt worden. Zwar gibt es zahlreiche Veröffentlichungen zur Eisen- und Stahlindustrie in einzelnen Ländern, doch sind dieses meist betriebswirtschaftliche Arbeiten oder solche mit ingenieurwissenschaftlichen Schwerpunkten. Vergleichende Analysen zwischen mehreren Ländern oder Raumanalysen, die mehrere Länder umfassen, gibt es nicht. Das betrifft sowohl die zur Europäischen Gemeinschaft bzw. Europäischen Union gehörenden Länder als auch die zum ehemaligen Rat für gegenseitige Wirtschaftshilfe gehörigen osteuropäischen und südosteuropäischen Länder.

Betrachtet man nun zunächst den Stand der Forschung, dann gibt es einige erwähnenswerte Publikationen, die die Zeit nach 1975 zu erfassen versuchen:

- Bird, T.: Steel - Is there a Future? (Hrsg.): Financial Times Business Information Ltd.
- Henke, M.: Die Europäische Eisen- und Stahlindustrie. Die Standortqualität ausgewählter EG-Ansiedlungszentren im Vergleich (Wirtschaftspolitische Studien 77), Göttingen 1989.
- International Iron and Steel Institute (IISI) Energie and Steel Industrie, Committee on Technology, Brüssel 1982.
- Klemmer, P., Schrumpf, H.: Die Auswirkungen der Stahlpolitik auf die Wirtschaftsstruktur des Ruhrgebietes, (Hrsg.): Kommunalverband Ruhrgebiet, Essen 1982.
- Kortus, B.: Tendencies of Structural and Spatial Changes of Industry in the Upper Silesian Industrial Region. In: Bochumer Geographische Arbeiten, H. 39, Paderborn 1980.
- Kortus, B.: On Restructurization of Industry in the Upper Silesian Industrial Region. In: Restructuring of Industry in Industrial Regions, Lódz 1989.
- Krukowski, J. A.: Die Schwarz-Metallurgie. In: Industriegeographie der Sozialistischen Länder Europas, Moskau 1983 (in russisch).
- Mestmäker, E.-J.: Europäische Kartellpolitik auf dem Stahlmarkt; aus der Reihe: Wirtschaftsrecht und Wirtschaftspolitik, (Hrsg.): Mestmäker, E.-J., Bd. 72, Baden-Baden 1983.
- Soja, M.: Functioning of the Lenin-Steel Works in Krakow in the Light of Selected Spatial Links. In: Zeszyty Naukowe Uniwersytetu Jagiellonskiego, Prace Geograficzne, S. 66, Kraków 1986.
- Turnock, D.: Eastern Europe (Studies in Industrial Geography), Folkestone 1978.

Über die BRD und ehemalige DDR sind Arbeiten zur jüngeren Entwicklung der Eisen- und Stahlindustrie erschienen von:

- Eckart, K.: Regionale und strukturelle Veränderungen in der Eisen- und Stahlindustrie in den beiden deutschen Staaten (= Erdkundliches Wissen, Bd. 87), Wiesbaden 1987.
- Eckart, K.: Die Eisen- und Stahlindustrie in der DDR. In: Deutsche Ostkunde, Heft 2, 36. Jg., Juni 1990.

0.4 Zur Methode

Mit dem historisch-genetischen Ansatz sind in erster Linie Texte ausgewertet worden. Der statistisch-methodische Ansatz wurde angewendet, um das zur Verfügung stehende statistische Material bearbeiten und auswerten zu können. Mit Hilfe der Computerkartographie wurden Zwischen- und Endergebnisse der Untersuchung dargestellt.

Da die Wirtschaftspolitik in den Ländern des Untersuchungsraumes recht unterschiedlich war, erschien es angebracht, drei Wirtschaftsblöcke herauszustellen, um in diesen die Entwicklung der Eisen- und Stahlindustrie zu behandeln. Diese Dreigliederung ist auch noch dadurch gerechtfertigt, daß innerhalb des RGW umfangreiche Handelsbeziehungen bestanden und z. T. auch arbeitsteilig verfahren wurde. Zwischen den RGW- und EU-Ländern waren dagegen die Handelsbeziehungen z. T. gar nicht oder nur geringfügig ausgeprägt.

Im Laufe der zurückliegenden Jahre hat sich die Zahl der EG- und die der RGW-Länder im Untersuchungsraum verändert (Abschnitt 0.1).

Die drei, für diese Untersuchung gebildeten Blöcke, gehen jedoch von der Situation Ende der achtziger Jahre (also vor der Auflösung des RGW und vor der Wiedervereinigung) aus. Sie werden in der zurückverfolgten Entwicklung in dieser Aufteilung beibehalten. So erscheinen z. B. - falls Angaben vorhanden waren - Spanien, Portugal und Griechenland von Anfang an in dem EG-Block, obwohl diese Länder erst in den achtziger Jahren beigetreten sind. Albanien wird zu den blockfreien Ländern gezählt, obwohl es bis 1960 Mitglied im RGW war. Eine eigene Eisen- und Stahlindustrie wurde dort ohnehin erst Mitte der siebziger Jahre aufgebaut. Die DDR wird bis Ende 1990 bei den Ausführungen zum RGW berücksichtigt. Sie ist erst nach der deutschen Vereinigung (3. Oktober 1990) innerhalb der Bundesrepublik Deutschland auch Teil der EU.

So wird denn ein Block berücksichtigt, der die EG-Länder umfaßt. Ein zweiter Block enthält die ehemaligen RGW-Länder. Den dritten Block bilden alle in den genannten Blöcken nicht erfaßten Länder Europas. Es wird in der Folge von den blockfreien Ländern gesprochen. In manchen Fällen wird eine Einteilung des Untersuchungsraumes auch nur in westeuropäische und osteuropäische Länder vorgenommen. Wenn von den osteuropäischen Ländern geprochen wird, dann sind es die ehemaligen RGW-Länder einschließlich Albanien und Jugoslawien. Alle anderen Länder werden zusammen als westeuropäische Länder bezeichnet.

Bei der Darstellung in Zeitreihen sind oft nicht alle, sondern nur die wichtigsten Länder berücksichtigt worden.

0.5 Aufbau der Arbeit

Die vorliegende Untersuchung besteht aus drei Teilen. Der Aufbau des **ersten Teiles** folgt im wesentlichen dem Produktionsablauf vom Rohstoffeinsatz bis zum fertigen Erzeugnis. Es werden dabei die verschiedenen Produktionsverfahren und Bearbeitungsmethoden ebenso behandelt wie die Produktionsmengen und Produktpaletten.

Nach einem kurzen Abriß der Entwicklung in der Eisen- und Stahlindustrie der europäischen Länder, wird zunächst auf die Wandlungen in der Rohstoff- und Energieversorgung eingegangen. Es folgen dann Ausführungen über die Produktionsmöglichkeiten und die Produktionsentwicklung von Roheisen, Rohstahl und Walzwerkserzeugnissen. Dabei werden z. T. auch der Außenhandel sowie verschiedene Produktionsrelationen angesprochen.

In einem weiteren Kapitel geht es um Produktionsanlagen und -verfahren, wobei besonders der strukturelle Wandel herausgestellt wird.

Es schließt sich in dem darauf folgenden Kapitel die Erwerbstätigkeit in der Eisen- und Stahlindustrie an. Schließlich gibt es Ausführungen über die aktuelle Zahl und Verteilung der Unternehmen und Werke.

Alle diese Ausführungen bilden die Grundlage für den zweiten Teil der Untersuchung.

Im **zweiten Teil** der Untersuchung wird von der Prämisse ausgegangen, daß aufgrund der jüngsten nationalen und internationalen Entwicklung in wichtigen Abnehmerbranchen die Nachfrage nach Erzeugnissen der Eisen- und Stahlindustrie stark zurückgegangen und deshalb eine Kapazitätsanpassung eine ökonomische Notwendigkeit ist.

Aus diesem Grunde werden Erzeugungskapazitäten und Erzeugungsmengen von Roheisen, Rohstahl und Walzwerkserzeugnissen für die allerjüngste Zeit dargestellt. Es werden der gesamteuropäische Raum, die 12 EG-Länder und die restlichen europäischen Länder erfaßt sowie jedes einzelne Land und innerhalb der einzelnen Länder die Stahlregionen berücksichtigt.

Darüber hinaus werden aktuelle Außenhandelsverflechtungern im Bereich der Eisen- und Stahlindustrie dargesellt. Schließlich geht es darum, regionale und strukturelle Konsequenzen von möglichen Kapazitätsstillegungen in den einzelnen Ländern bzw. Regionen aufzuzeigen.

Im **dritten Teil** der Darstellung werden Strukturen und Entwicklungen ausgewählter Stahlunternehmen einzelner Länder behandelt.

Im Kapitel 15 wird die veränderte Stellung der behandelten Industriebranche in der Industriestruktur der Länder Europas diskutiert.

0.6 Zur Quellenlage

Es wurden umfangreiche Statistiken ausgewertet, u. a.

- United Nations (Hrsg.), Statistical Yearbook, Statistical Office of the UN, New York, verschiedene Jahrgänge.
- Statistisches Amt der Europäischen Gemeinschaft, Eurostat: Statistisches Jahrbuch Eisen und Stahl, Brüssel, verschiedene Jahrgänge.
- Statistisches Bundesamt (Hrsg.), Statistisches Jahrbuch für das Ausland, Stuttgart-Wiesbaden, verschiedene Jahrgänge.
- Wirtschaftsvereinigung Eisen- und Stahlindustrie (Hrsg.), Statistisches Jahrbuch für die Eisen- und Stahlindustrie, Düsseldorf, Jahrgänge 1951 - 1973.
- Europäische Gemeinschaft für Kohle und Stahl (Hrsg.), Gesamtbericht über die Tätigkeit der Gemeinschaft, Luxemburg, verschiedene Jahrgänge.
- International Iron and Steel Institute (IISI) (Ed.), Steel Statistical Yearbook 1989, Brüssel 1989.
- United Nations, Economic Commission for Europe (Hrsg.), Statistics of World Trade in Steel, New York 1988.
- Statistisches Jahrbuch der RGW-Länder, Moskau (russisch), für verschiedene Jahre.

Hinzu kamen Landesstatistiken, z.B.:

- Some Data about Sweden 1973 - 74, Södertälje 1973.

Aktuelle Daten wurden insbesondere vom Verein der Eisenhüttenleute (VdEH) in Düsseldorf zur Verfügung gestellt. Diese Daten waren wichtig für Aussagen zur aktuellen Organisations-, Produktions- und Betriebsstruktur.

Allerdings ist zu erwähnen, daß das Datenmaterial nicht in gleicher Weise und vollständig für alle Länder und Merkmale vorhanden war. Die Diskrepanzen waren besonders groß zwischen den Statistiken der EG-Länder und der osteuropäischen Länder. Das schlägt sich auch in der Analyse nieder. Insbesondere tauchten bei Zeitreihen immer wieder Lücken auf, so daß diese dann auch in den kartographischen Darstellungen ihren Niederschlag fanden. Es wurde keine Interpolation fehlender Werte vorgenommen. Oft waren statistische Angaben widersprüchlich, so daß sie aus diesem Grunde nicht benutzt werden konnten.

Aufgrund unterschiedlicher Definitionen - insbesondere bezüglich der Walzwerkserzeugnisse - konnte aus diesem an sich umfangreichen Bereich nur wenig im regionalen Vergleich dargestellt werden.

Häufig sind Angaben über Belgien und Luxemburg in Statistiken zusammengefaßt worden, so daß oft für beide Länder nur ein Wert angegeben werden kann.

In einigen wenigen Fällen wurde auf die Schätzwerte der International Iron and Steel Institute (IISI) zurückgegriffen, wenn unmittelbar vorausgegangene oder unmittelbar folgende Jahres-angaben vorlagen.

Teil I

1 Kurzer Abriß der Entwicklung in der Eisen- und Stahlindustrie der europäischen Länder

Die meisten der heutigen europäischen Länder hatten bereits vor dem Zweiten Weltkrieg eine bedeutsame Eisen- und Stahlindustrie. Die Unterschiede waren jedoch beträchtlich (Tab.2).

Tab. 2: Die Stahlindustrie in Europa vor und nach dem Zweiten Weltkrieg

	Stahlerzeugung (in 1000 t)		Stahlerzeugung in kg/E	
	1938	1950	1938	1950
B	2.296	3.777	274	434
BG	5	5	0,8	0,7
BRD	17.092	14.019	406	295
CS	1.837[1]	3122	128[1]	252
DK	26	123	7	29
DDR	1.195	999	72	54
SF	77	102	19	25
F	6.221	8.652	151	206
GR	20	30	3	4
GB	10.565	16.554	222	330
I	2.323	2.362	54	50
YU	227	428	15	26
L	1.437	2.451	4.774	8.197
NL	57	490	7	48
N	68	81	23	24
A	669	947	99	137
PL	1.435	2.515	41	101
RO	277	555	18	34
S	987	1.456	157	207
CH	15	150	4	32
E	574	815	23	29
H	648	1.048	70	112

1) 1937

Quelle: Statistisches Bundesamt (Hrsg.): Die Eisen- und Stahlindustrie, Jahresergebnisse 1960, S. 126 - 127

Die Angaben für 1938 zeigen, daß es in Albanien, Bulgarien, Irland und Portugal zur damaligen Zeit keine Stahlerzeugung gab. Auch in der Schweiz, Griechenland und Dänemark war die

Erzeugung sehr gering. Weit an der Spitze stand mit rd. 17,1 Mio. t der Raum der späteren Bundesrepublik Deutschland. Großbritannien mit rd. 10,6 Mio. t nahm die zweite Stelle ein.

Durch den Zweiten Weltkrieg ist es in mehrfacher Hinsicht zu Veränderungen gekommen. Einige Länder konnten bis 1950 schon ihre Erzeugung stark ausweiten (z. B. Luxemburg, Großbritannien), andere nahmen ihre Erzeugung auf (z. B. Irland).

Ein anderes Bild ergibt sich für den Untersuchungsraum, wenn für 1938 und 1950 die Stahlerzeugung in Kilogramm pro Einwohner zu Grunde gelegt wird (Tab. 2 und Abb. 8).

Sowohl 1938 als auch 1950 dominierte Luxemburg, und zwar mit 4.774 kg/E bzw. 8.197 kg/E. Weit hinter diesen Extremwerten lag 1938 die Rohstahlerzeugung auf dem Gebiet der späteren Bundesrepublik Deutschland mit 406 kg/E. 1950 nahm nicht mehr die Bundesrepublik Deutschland, sondern Belgien hinter Luxemburg den zweiten Platz mit 434 kg/E ein.

Mit diesen statistischen Angaben ist für alle Länder die Ausgangsbasis gezeigt, von der aus eine z.T. rasante Entwicklung in der Nachkriegszeit begann (Abb. 9).

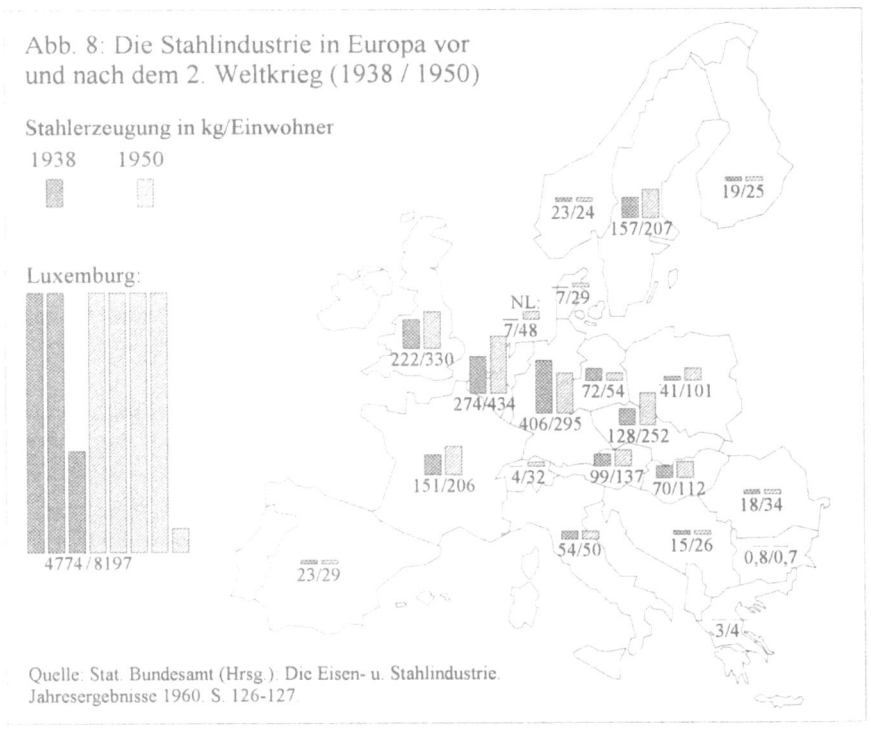

Abb. 8: Die Stahlindustrie in Europa vor und nach dem 2. Weltkrieg (1938 / 1950)

Stahlerzeugung in kg/Einwohner
1938   1950

Luxemburg:

NL: 7/29
7/48
222/330
274/434
406/295
151/206
4/32
99/137
70/112
128/252
72/54
41/101
23/24
19/25
157/207
54/50
15/26
18/34
0,8/0,7
3/4
4774/8197
23/29

Quelle: Stat. Bundesamt (Hrsg.). Die Eisen- u. Stahlindustrie. Jahresergebnisse 1960. S. 126-127.

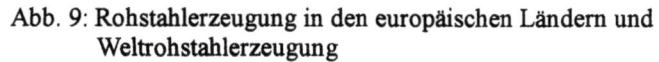

Abb. 9: Rohstahlerzeugung in den europäischen Ländern und
Weltrohstahlerzeugung

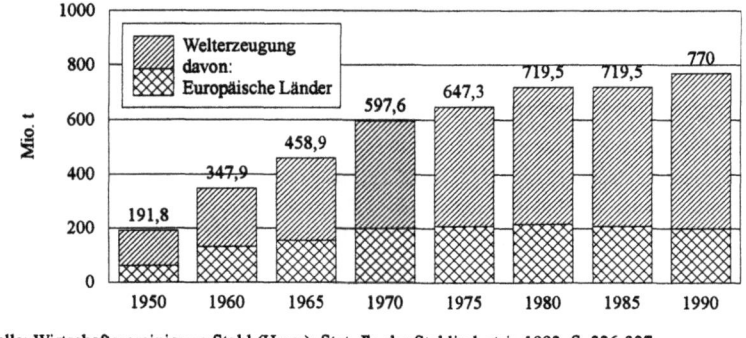

Quelle: Wirtschaftsvereinigung Stahl (Hrsg.): Stat. Jb. der Stahlindustrie 1992. S. 326-327.

Im Jahre 1980 gab es mit rund 218 Mio. t Rohstahl im gesamten Untersuchungsraum das
Maximum der Erzeugung. Von den rund 720 Mio. t, die in den Ländern der Erde erzeugt wurden,
war das ein Anteil von 30,2 %. Zwar wurden 1950 im Untersuchungsraum nur rund 61 Mio. t
Rohstahl erzeugt; aber auch die Welterzeugung umfaßte nur rund 192 Mio. t. Der Anteil Europas
belief sich damit damals auf etwas mehr als 31 %. Relativ hat sich demnach wenig, absolut aber
sehr viel verändert. Nach 1980 allerdings nahm der Anteil der Rohstahlerzeugung in den europäischen Ländern sehr stark ab. 1990 belief er sich nur noch auf 26,3 %. Mit der Erzeugung
veränderte sich auch der Verbrauch.

In den fünfziger Jahren wuchs der Stahlverbrauch weltweit. Das nach dem Zweiten Weltkrieg
aufzubauende Europa war dabei der regionale Schwerpunkt. Die Produktion stieg stärker als der
Verbrauch. Die EG war wichtigster Exportraum.

Auch in den sechziger Jahren stieg der Stahlverbrauch weltweit an. Diese Entwicklung konzentrierte sich jedoch insbesondere auf Japan. Dort verdreifachte sich der Zuwachs des Stahlverbrauchs. Die Stahlerzeugung vervierfachte sich. Der Exportüberschuß war größer als der der EG.

In den siebziger Jahren sank die Zuwachsrate des Weltstahlverbrauchs drastisch. Verantwortlich
dafür war die stagnierende Nachfrage in den Industrieländern. Dagegen stieg sie in den Entwicklungsländern stark an, auf mehr als das Doppelte.

Diese Unterschiede zwischen Industrie- und Entwicklungsländern bestanden auch noch in den
achtziger Jahren. Der Importbedarf der Entwicklungsländer wurde nun allerdings geringer. In
Osteuropa kam es in dieser Zeit nicht mehr zur Expansion von Stahlerzeugung und -verbrauch.

Es zeigt sich auf den Weltmärkten für Stahl seit den sechziger Jahren, daß die Entwicklungsländer
ihre Expansion bei Stahlerzeugung und -verbrauch unvermindert fortsetzen. In den Industrieländern dagegen gibt es einen Bruch im Wachstumstrend.

Als Hauptursache dafür muß wohl die starke Verlangsamung des gesamtwirtschaftlichen Wachstums in den Industrieländern genannt werden. Eine besondere Rolle spielt dabei die Industrieproduktion. In der EG hatte diese in den sechziger Jahren eine jahresdurchschnittliche Zuwachs-

rate von etwa 5 %. In den siebziger Jahren betrug sie nur noch 2,4 %, in den achtziger Jahren sogar nur noch 1,4 %.

Aus diesen Andeutungen wird schon klar, daß es zwischen West- und Osteuropa Unterschiede gab. Deshalb soll auch in diesem einführenden Abschnitt eine getrennte Behandlung erfolgen.

1.1 Die Entwicklung der Eisen- und Stahlindustrie in den EG- und blockfreien Ländern

Produktionsstandorte
Zu den bemerkenswertesten Entwicklungen im Bereich der Eisen- und Stahlindustrie zählt die Verlagerung der Hütten- und Stahlwerkskapazitäten aus den tradierten Schwerindustriegebieten (Lothringen, Ruhrgebiet) in die Küstenräume oder die transportgünstigsten Binnenwasserwege (Rheinufer im Duisburger Raum).

Der Trend zur "nassen Hütte" ergab sich aus Kostengründen (Frachtvorteile beim Bezug der Rohstoffe und beim Abtransport der Fertigwaren): Bremen, Ijmuiden-Velsen, Gent-Terneuzen, Dünkirchen, St. Nazaire, Fos-sur-Mer, Genua, Piombino, Tarent.

Diese Verlagerung in den sechziger/siebziger Jahren schien auch notwendig zu sein, um die Führung auf den Weltmärkten wieder zurückzugewinnen, die inzwischen Japan eingenommen hatte. Eine Möglichkeit, dieses Ziel zu erreichen, wurde zudem in der Errichtung von Großaggregaten nach japanischem Vorbild gesehen.

Daneben spielten aber auch regionalpolitische Gründe eine Rolle für den Aufbau neuer Produktionsstandorte. Das traf z.B. auf Norwegen zu. Dort wurde in Mo i Rana in den fünfziger Jahren das "Norsk Jernwerk" (=Norwegisches Stahlwerk) errichtet. Eisenerze aus der Nachbarschaft (Storforshei im Dunderlandsdalen) sollten hier mit Hilfe von Spitzbergenkohle (Kokerei in Mo i Rana) verarbeitet werden. Als Energiequelle sollten die Rössaga-Wasserfälle genutzt werden. Regionalpolitische Gründe spielten auch in Italien eine Rolle, als in Tarent eine große Hütte entstand und damit die Industrialisierung des unterentwickelten Süd-Italien (im Rahmen des Mezzogiorno-Planes) begonnen werden sollte.

Beachtenswert ist noch die Tatsache, daß Portugal erst 1961 mit Inbetriebnahme des ersten Hochofens eine eigene Roheisenerzeugung aufnahm. Ein zweiter Hochofen entstand 1972. Die Expansion in dieser Branche sah sogar noch 1979 die Errichtung einer Hütte vor, und zwar in Sines. Damit hätte es einen dritten Produktionsstandort gegeben. Mit den Diskussionen um den Beitritt zur EG (der Beitritt erfolgte 1986) wurde dieser Standort dann aber nicht realisiert. In der EG gab es bereits die Stahlkrise und Portugal konnte nicht mehr expandieren. Im Gegenteil, schlagartig mit dem EG-Beitritt wurde der Erzeugungsumfang von Roheisen-, Rohstahl- und Walzwerkserzeugnissen reduziert (vgl. Kapitel 3). Somit konnte das raumordnerische Konzept, Aufbau eines Industrieparks und wirtschaftliche Entwicklung in Sines nicht umgesetzt werden.

Rohstoffgrundlage
Von den heutigen 12 EU-Ländern haben nur wenige Eisenerzvorkommen und -abbau. Zudem hat sich dort eine große Veränderung im Laufe der Zeit ergeben. In den Ländern mit Eisenerzförderung ist außerdem ein starker Rückgang der Fördermengen feststellbar. Dieser erfolgte schon Anfang der sechziger Jahre besonders in Frankreich und der Bundesrepublik Deutschland. Auch in Großbritannien, das erst 1973 der EG beitrat, ging die Förderung schon Anfang der sechziger Jahre stark zurück. Anfang der achtziger Jahre nahm ebenfalls in Spanien (seit 1986 in der EG)

die Eisenerzfördermenge stark ab. Diese Entwicklung ist zum einen darauf zurückzuführen, daß die Eisenerze immer geringwertiger wurden, der Aufwand in keinem Verhältnis mehr zur Abbaumenge und zur Qualität der Erze stand und mit veränderten Rohstahlproduktionsverfahren an fast allen Standorten qualitativ besonders hochwertiges Roheisen eingesetzt wurde, das den Einsatz von Eisenerzen mit bestimmten Qualitätsmerkmalen erforderte.

So wurden für mehr und mehr Länder Eisenerzimporte notwendig, besonders für Großbritannien, Belgien/Luxemburg und die Bundesrepublik Deutschland. Trotz z. T. starker Schwankungen nahmen diese Importe bis zum Stahlboomjahr 1974 ständig zu. Aufgrund der dann beginnenden Krise gingen sie allerdings - ebenfalls mit starken jährlichen Schwankungen - wieder zurück.

Völlig bedeutungslos geworden sind die Minette-Erze Lothringens. Auch die in der Vergangenheit bedeutsamsten Schweden-Erze sind - wegen veränderter Rohstahlproduktionsverfahren - heute kaum noch gefragt. Stattdessen spielen die mehr als sechzigprozentigen Eisenerze aus Brasilien, Mauretanien, Liberia und anderen Ländern eine Rolle.

Die wichtigste Rohstoffgrundlage für den Hochofenprozeß ist neben Eisenerz Steinkohlenkoks. Auch dieser stand bzw. steht nicht in allen Ländern zur Verfügung und muß bis heute z. T. in großem Umfang importiert werden.

Roheisenerzeugung

Nicht alle heutigen 12 EU-Länder verfügten 1950 über eine eigene Eisen- und Stahlindustrie. Damals hatte Großbritannien (seit 1973 in der EG) eine jährliche Roheisenerzeugung von knapp 10 Mio. t. Die Bundesrepublik Deutschland lag mit etwa 9,5 Mio. t nur geringfügig darunter. Mit rund 7,8 Mio. t hatte die Roheisenerzeugung in Frankreich ebenfalls einen beachtlichen Umfang.

In den sechziger und siebziger Jahren gab es eine beträchtliche Ausweitung in diesen Ländern. Im Jahre 1970 lag die Bundesrepublik Deutschland mit rund 33,6 Mio. t weit an der Spitze. Frankreich hatte nur einen Umfang von 19,1 Mio. t, Großbritannien lediglich von 17,7 Mio. t. Nach wie vor waren diese drei Länder Haupterzeuger, doch die jährlichen Wachstumsraten waren sehr unterschiedlich. Bemerkenswerte Entwicklungen in diesem Zeitraum von 20 Jahren hatten auch einige kleinere Länder aufzuweisen. Dazu gehörten die Niederlande. 1950 gab es dort eine Roheisenerzeugung von nur knapp 0,5 Mio. t. 1970 belief sie sich bereits auf rund 3,6 Mio. t. Noch größer war die Expansion in Italien. Von rund 0,6 Mio. t 1950 stieg die Erzeugung auf knapp 11 Mio. t 1979.

In der Zeit von 1970 bis 1975 gab es in einigen Ländern einen drastischen Rückgang. In der Bundesrepublik Deutschland ging in dieser Zeit der Umfang um rund 3,6 Mio. t zurück. In Großbritannien waren es sogar rund 5,3 Mio. t. In Italien und den Niederlanden jedoch ging der Wachstumsprozeß noch weiter, sogar noch bis 1980. Während in Belgien, der Bundesrepublik Deutschland und Frankreich bis 1980 der Erzeugungsumfang wieder erhöht werden konnte, ging er in Großbritannien um fast die Hälfte auf nur noch rund 6,4 Mio. t zurück.

Der Auslastungsgrad der Roheisenhütten war sehr gering. Er betrug 1983 z. B. in Frankreich nur 54,1 %. 1988 lag die Bundesrepublik Deutschland - wie schon 1950 - weit an der Spitze aller Roheisen erzeugenden Länder. Es wurden zwar nur noch rund 28,5 Mio. t Roheisen erzeugt, doch hatte das zweitwichtigste Erzeugerland Frankreich nur einen Umfang von rund 13,4 Mio. t.

Das erzeugte Roheisen reichte in vielen Ländern für die Rohstahlerzeugung jedoch nicht aus, so daß Importe notwendig wurden. Trotz erheblicher jährlicher Schwankungen waren sie teilweise sehr hoch. So beliefen sie sich in Italien z.b. Anfang der siebziger Jahre auf knapp 1,2 Mio. t. Die Importe Frankreichs hatten Mitte der siebziger Jahre einen Umfang von fast 500.000 t.

Rohstahlerzeugung

Ähnlich wie die Roheisenerzeugung verlief die Entwicklung der Rohstahlerzeugung. 1950 dominierte mit rund 16,6 Mio. t Großbritannien. Die Bundesrepublik Deutschland lag mit 12,1 Mio. t, Frankreich mit rund 10,6 Mio. t weit dahinter. In den meisten Ländern waren die Zuwächse bis 1970 gewaltig. In Italien war das eine Zunahme von rund 2,4 Mio. t (1950) auf 17,3 Mio. t (1970). Und diese Steigerung ging noch weiter. Die Bundesrepublik Deutschland konnte die Rohstahlerzeugung zwar nur knapp vervierfachen, lag aber mit insgesamt 45,0 Mio. t von allen Ländern weit an der Spitze. Die zunehmende Produktion verdeutlicht Tab. 3. In fast allen Ländern gab es ab Mitte der siebziger Jahre einen mehr oder weniger starken Rückgang in der Produktion. Nur Spanien, das damals noch nicht in der EG war, somit auch nicht an die EG-Stahlpolitik gebunden war, konnte noch bis Mitte der achtziger Jahre die Produktion erhöhen.

Veränderungen der Rohstahlerzeugungsverfahren

In den sechziger und siebziger Jahren kam es zur Verdrängung des Thomas-Verfahrens und des Siemens-Martin-Verfahrens durch Oxygen- und Elektrostahlverfahren. Daneben gab es einen bis dahin nicht gekannten Drang zur Größe. Japan baute große Küstenstandorte auf und importierte mit Schiffen gewaltigen Ausmaßes Eisenerz und Steinkohle (über beide Rohstoffe verfügt Japan nicht). Trotz dieser Importe war die Stückkostenproduktion insgesamt wettbewerbsfähig. Japan hatte damit ideale Produktionsstandorte. In den alten EG-Ländern schlugen in den sechziger Jahren die ehemaligen Standortvorteile der Stahlwerke in Nachteile um. Mit zum Teil teuren Bahnfahrten bei mehrfachem Umschlag mußten die gehaltreicheren und kostengünstiger abzubauenden Überseerze zu den alten Standorten gebracht werden. Die Stückkostenproduktion war damit teurer als in Japan.

Zu dieser Konkurrenz vom Weltmarkt kam die Konkurrenz innerhalb der EG durch die Mini-Stahlwerke. Die großen europäischen Hüttenwerke mußten dadurch auch noch Verluste von Marktanteilen hinnehmen. Dieser Stahlwerkstyp wurde in den sechziger Jahren entwickelt. Standorte dieser Mini-Stahlwerke sind industrielle Zentren des heimischen Marktes mit ausreichendem Schrottaufkommen. Es handelt sich um Elektroöfen mit nachgeschalteter Stranggußanlage und Walzstraße. Einfache Baustähle für einen regional engen Markt werden damit u.a. erzeugt. Die Größen dieser Anlagen sind überschaubar, erfordern relativ geringe Investitionskosten. Sie sind am Markt sehr flexibel.

Walzstahlerzeugnisse

Entsprechend der Roheisen- und Rohstahlproduktion verlief bis Mitte der siebziger Jahre auch die Produktion von Walzstahlerzeugnissen. Regionale Unterschiede gab es auch in diesem Bereich. Das betraf nicht nur das Produktionsprofil, sondern auch den Produktionsumfang. Die Entwicklungen sind z. T. Ergebnisse der Stahlpolitik in der EG. Diese spielte allerdings in den fünfziger Jahren nicht die gleiche Rolle wie seit Mitte der siebziger Jahre.

Tab.3: Gruppierung der westeuropäischen Länder nach der Stahlerzeugung

Stahlerzeugung in Mio.t	1938x	1950x	1955x	1960	1965	1970	1975	1980	1985	1990
45 - 50						D				
40 - 45							D	D	D	
35 - 40					D					D
30 - 35				D						
25 - 30				GB	GB	GB		I		I
20 - 25	D		D, GB	F	F	F	F, I, GB	F	I	
15 - 20	GB	GB			I	I			F, GB	F, GB
10 - 15		D				B	B, E	B, E, GB	B, E	B, E
5 - 10	F	F	B, I	B, I	B	L, NL				NL
3 - 5		B	L	L, A	L, NL, E, A	A	L, NL, A	L, NL, A, S	L, NL, A, S	L, A, S
2 - 3	B, I	I, L	E, A	NL, E		SF	GR, SF	SF	SF	SF
1 - 2	L	S						GR		CH
< 1	CH, DK, E, GR, NL, S, F, N, A, S	DK, GR, N, A, CH, E, IRL, SF, NL	DK, GR, N, IRL, SF, NL, CH	DK, GR, IRL, SF, N, CH	DK, GR, P, IRL, SF, N, CH	DK, GR, P, IRL, N, CH	DK, IRL, N, P, CH	DK, IRL, N, P, CH	DK, GR, N, IRL, P, CH	DK, GR, N, IRL, P
keine Erzeugung	IRL									

x P(ortugal) fehlt

Die Stahlpolitik der Europäischen Gemeinschaft

Nach dem Montan-Union-Vertrag hat die Kommission der EG mehrere Einwirkungsmöglichkeiten auf die Eisen- und Stahlindustrie:

- sie erstellt regelmäßig langfristige Prognosen zur Orientierung über die Bedarfsentwicklung,
- führt jedes Jahr Erhebungen zur Investitionstätigkeit durch,
- veröffentlicht kurzfristige (vierteljährliche) Vorausschätzungsprogramme (als Anpassungshilfe an die Marktsituation),
- kann indirekt Eingriff in Produktion und Preisgestaltung bei Störungen auf dem Stahlmarkt vornehmen (Art. 57)
- und bei Ausrufung einer allgemeinen Krise (Art. 58) kann sie sogar Rechte und Freiheiten einzelner Unternehmen beschränken.

Schon 1971 wurde in der EG der Ruf nach Eingreifen durch die Kommission laut. Dieser verstärkte sich zur Jahreswende 1974/75, als die Eisen- und Stahlindustrie in eine schwere Absatzkrise geriet. Es standen sich hinsichtlich der Wünsche und Vorstellungen zwei Parteien gegenüber. Das waren auf der einen Seite die Befürworter strikt dirigistischer Maßnahmen. Sie wollten auf der Grundlage von Art. 58 eine Krisensituation ausrufen. Der andere Block, der sich zunächst auch durchsetzte, war für freiwillige Angebotsbeschränkungen unter Anleitung der Kommission. Die Entwicklung der Stahlnachfrage verlief weiterhin ungünstig. So wurde 1976 der Davignon-Plan verkündet. Er trat schrittweise seit 1977 in Kraft. Doch die erhoffte Wirkung gab es dadurch nicht. Die Überkapazitäten wurden immer größer. Subventionierungen nahmen zu. Die vereinbarten Produktionskürzungen wurden oft umgangen. Obwohl Auflagen und Überwachungen zunahmen, wurden immer wieder versteckte Rabatte auf die vorher vereinbarten Mindestpreise gewährt. Für große Unternehmen mit hohen Produktionskosten hatte das zur Folge, daß immer mehr Subventionen gezahlt werden mußten, um die Kapazitäten aufrechtzuerhalten.

Der Druck auf die wettbewerbsstärkeren Unternehmen nahm immer mehr zu, auch dadurch, daß versucht wurde, die Anpassungslast der schwächsten Unternehmen aufzuheben. Es kam zu unkontrollierten Hilfs- und Rettungsaktionen der Stahl-Regionen. Die Subventions- und Investitionsspirale drehte sich immer weiter.

Dazu kam, daß einige Unternehmen, nach Beendigung ihrer Bauphasen immer noch Kapazitätserweiterungen zu verzeichnen hatten. Als diese dem Markt zur Verfügung standen, kam von dieser Seite der Ruf nach Erhöhung der ihnen zugewiesenen Produktionsanteile. Die Kommission ließ sich jedoch auf diese Forderungen (u. a. von Klöckner aus der Bundesrepublik Deutschland und Italsider aus Italien) nicht ein.

Stattdessen führte sie im Oktober 1980 generell das Quotensystem ein, das mit mehrfachen Modifikationen bis Mitte 1988 gültig war. Aufgrund der unerwartet günstigen Nachfrageentwicklung wurde es dann entbehrlich. In der ersten Hälfte der achtziger Jahre wendete die EG darüber hinaus zum Kapazitätsabbau den Subventionskodex an. Die Unternehmen mußten sich von der EG ein Genehmigungsrecht einholen, das mit Kapazitätsabbauauflagen verbunden war. Bis Ende 1985 dauerte diese Phase der Stahlpolitik. Subventionsgelder im Umfang von 85 Milliarden DM wurden genehmigt und Rohstahlkapazitäten im Umfang von 40 Mio. t wurden abgebaut. Ein weiterer Kapazitätsabbau war zunächst nicht notwendig, da die Stahlnachfrage in den Jahren 1988/89 unerwartet hoch ausfiel.

Ergebnisse der Restrukturierung in der Eisen- und Stahlindustrie

In den meisten Ländern der EG war die Stahlerzeugung schon Anfang der siebziger Jahre auf wenige Unternehmen konzentriert. In Großbritannien und Italien dominierten 1973 Staatsunternehmen. Die Veränderungen in diesem Bereich waren gewaltig. In Frankreich wurden 1988 92,1 % der Rohstahlerzeugung des Landes vom staatlichen Usinor-Sacilor-Konzern erreicht.

Abgesehen von der Bundesrepublik Deutschland, wird in jedem Land die Stahlindustrie in erster Linie durch ein einziges Unternehmen repräsentiert.

Auffallend ist, daß es in diesem Bereich keine Konkurse von Unternehmen und damit Marktaustritte gab. In kritischen Situationen intervenierte die Regierung und erreichte Zusammenschlüsse. Das bedeutete allerdings nicht Standortgarantie. Einige Stahlwerke wurden stillgelegt.

Erwähnenswert ist noch die Tatsache, daß aufgrund der ausgesprochen nationalen Orientierung grenzüberschreitendes Zusammenarbeiten - eine Entwicklung die sich Anfang der siebziger Jahre abzeichnete - nicht weiter verfolgt wurde.

Die Konzentrationsbemühungen in der EG sollten nicht nur einen Kapazitätsabbau zum Ziel haben, sondern auch die Kosten senken. In den neun EG-Ländern ist von 1973 bis 1980 die Rohstahlkapazität um 20 Mio. t auf rund 200 Mio. t gestiegen. 1988 belief sich diese Kapazität auf nur noch 160 Mio. t.

Bemerkenswert ist auch die Tatsache, daß die Zahl der Beschäftigten sehr stark abgenommen hat. Ganz drastisch war der Personalabbau in der Bundesrepublik Deutschland. Anfang der sechziger Jahre gab es dort noch mehr als 420.000 Beschäftigte, 1990 nur noch ca. 140.000 Beschäftigte. In Großbritannien waren 1970 noch etwa 330.000 Personen in der Eisen- und Stahlindustrie tätig, 1990 nur noch etwa 50.000. Die Beschäftigtenproduktivität nahm dagegen stark zu. In der EG der Neun wurden 1973 pro Beschäftigten 194 t Rohstahl erzeugt, 1980 mit 201 t nur geringfügig mehr, aber 1987 295 t. Die Arbeitsproduktivität hat sich damit beträchtlich erhöht. Um eine Tonne Rohstahl zu erzeugen, sank die Zahl der notwendigen Arbeitsstunden von 7 (1973) auf 3,7 Stunden (1987).

Enorm waren auch die Erfolge der Energieeinsparungen. Der Koksverbrauch sank von 450 kg/t Rohstahl (1973) auf 383 kg/t (1987). Der Ölverbrauch ging von 82 kg/t Rohstahl (1973) auf 21 kg/t (1987) zurück. Nur der spezifische Stromverbrauch stieg an, von 390 KWh/t (1973) auf 519 KWh/t (1987). Viele Gründe kann man dafür anführen:

- der Anteil des Elektrostahlverfahrens hat zugenommen,
- Walzleistungen wurden stärker,
- Elektrofilter wurden eingebaut,
- Steigerung des Edelstahlanteils,
- wachsende Verarbeitungstiefe der Erzeugung.

In anderen Bereichen gab es dagegen beachtliche Einsparungen beim Stromverbrauch, und zwar durch das schon erwähnte vollständige Abschaffen des energieintensiven Siemens-Martin-Verfahrens und durch Einführung des Stranggußverfahrens. 1989 wurden z.B. in der Bundesrepublik Deutschland mehr als 90 % des Rohstahls im Strang gegossen.

Gewinne und Verluste der Stahlunternehmen

Die skizzierten großen Veränderungen in der Eisen- und Stahlindustrie haben dazu geführt, daß die wichtigsten europäischen Unternehmen dieser Branche ganz unterschiedliche Jahresergebnisse zu verzeichnen hatten.

Nicht in allen Ländern wurden von den dortigen Unternehmen der Eisen- und Stahlindustrie positive Jahresergebnisse in den Bilanzen erzielt. Eher war das Gegenteil der Fall. Von 1982 bis 1986 gab es besonders hohe Verluste bei den französischen Unternehmen Sacilor SA, Metz und Usinor SA, Paris. Große Verluste gab es in dieser Zeit auch für Italien. Die zahlreichen Unternehmen der Bundesrepublik Deutschland hatten - bis auf eine Ausnahme - im Jahre 1983 durchweg Verluste, während es in den folgenden Jahren meist zu positiven Jahresabschlüssen kam.

Zukünftige Entwicklungen

Mit der Wende in der DDR, der deutschen Vereinigung und dem Zusammenbruch des Rates für gegenseitige Wirtschaftshilfe ist die Stahlmarktsituation in Europa völlig verändert worden. Wesentlich billigere Rohstahl- und Walzwerkserzeugnisse aus den osteuropäischen Ländern bedrängen den EG-Markt. Dazu kommen Billigangebote aus Brasilien. Mit gewaltigen staatlichen Investitionen wird dort eine Eisen- und Stahlindustrie aufgebaut, die weit über den eigenen Bedarf produziert und fast ausschließlich exportorientiert ist. Um diesem Druck von außen standzuhalten, muß sich die Eisen- und Stahlindustrie in der EG in Zukunft wohl noch mehr als bisher auf Edelstahlproduktion, Sonderstähle u. a. spezialisieren.

1.2 Die Entwicklung der Eisen- und Stahlindustrie in den osteuropäischen Ländern

Die Voraussetzungen für die Entwicklung der Eisen- und Stahlindustrie nach dem Zweiten Weltkrieg waren in einzelnen Ländern Osteuropas ganz unterschiedlich (Tab. 2). Das größte Rohstahlproduktionsvolumen erreichten vor dem Zweiten Weltkrieg die Tschechoslowakei (knapp 2 Mio. t) und Polen (1,4 Mio. t). In dem Gebiet der späteren DDR belief sich die Rohstahlproduktion auf über 1 Mio. t und in Ungarn auf 0,7 Mio t. Am geringsten war der Umfang in Rumänien (0,3 Mio. t) und in Jugoslawien (über 0,2 Mio. t) (Tab. 2). In zwei der untersuchten Länder - Bulgarien und Albanien - war die Eisen- und Stahlindustrie gar nicht vorhanden (abgesehen von einem kleinen Stahlwerk in Pernik in Bulgarien mit der Rohstahlproduktion bis 5000 t/Jahr) und wurde erst nach dem Zweiten Weltkrieg aufgebaut.

Durch Kriegsschäden hatten die Betriebe der Eisen- und Stahlindustrie in den untersuchten Ländern bedeutende Verluste erlitten. So wurden z. B. über 80 % der Stahlwerke auf dem Gebiet der späteren DDR durch die sowjetische Besatzungsmacht demontiert. Die Verluste in der Eisen- und Stahlindustrie Polens betrugen: im Bereich der Hochöfen 30 %, der Stahlwerke 25 %, der Walzwerke 45 %. Doch bereits im Jahre 1950 war der Umfang der Rohstahlproduktion in den behandelten Ländern, insbesondere in Polen und in der Tschechoslowakei, wesentlich höher als vor dem Krieg, das Gebiet der DDR ausgenommen (Tab. 2). In Bulgarien begann der Aufbau der Stahlindustrie Ende der fünfziger Jahre und in Albanien erst Mitte der siebziger Jahre.

Die behandelten Länder Osteuropas kamen nach dem Zweiten Weltkrieg in den Einflußbereich der UdSSR und nahmen das sowjetische Modell der Entwicklung der gesamten Wirtschaft und somit auch der Industrialisierung an. In diesem Modell wurde die Entwicklung der Grundstoff- und Schwerindustrie, d. h. der Produktionsmittelindustrie (sog. A-Gruppe) forciert und die Entwicklung der Verbrauchsgüterindustrie (B-Gruppe) vernachlässigt. Die wichtigste Rolle in der Industrie der A-Gruppe spielte die Eisen- und Stahlindustrie als Basis für die Entwicklung des Maschinenbaus, des Bauwesens, des Transportes usw. Deshalb wurde die Stahlproduktion zur Grundlage der Industrialisierung und des Wirtschaftswachstums erklärt.

Vor dem Beginn der Nachkriegsphase der Industrialisierung lagen die untersuchten Länder hinsichtlich der Rohstahlproduktion pro Einwohner (1950) weit hinter dem Durchschnitt der

Industrieländer. Nur die Tschechoslowakei mit 252 kg Stahl pro Einwohner erreichte den Standard der Industrieländer (Tab. 2) und überholte somit Ungarn (112 kg) und Polen (101 kg).

In Sinne der Politik der "sozialistischen Industrialisierung" hatten Investitionen im Bereich der Eisen- und Stahlindustrie einen großen Anteil in den Jahreswirtschaftsplänen der einzelnen Länder (Tab.4). Man soll hier hinzufügen, daß die Eisen- und Stahlindustrie (ähnlich wie die Brennstoffindustrie) jener Industriezweig war, dessen Entwicklung in den genannten Ländern am stärksten von der UdSSR sowohl hinsichtlich der Versorgung mit dem wichtigstem Rohstoff - Eisenerze - als auch hinsichtlich der Produktionseinrichtungen abhängig war. Da die sowjetischen Produktionstechnologien nicht sehr modern waren, wurde die Eisen- und Stahlindustrie in den "Satellitenländern" im Vergleich zu den Ländern Westeuropas von vornherein als technologisch veraltet aufgebaut.

Tab. 4: Anteil der Eisenhüttenindustrie an Investitionsauflagen in der Industrie (%)

	BG	CS	PL	RO	H	UdSSR
1951 - 1960	5,3	14,7	18,6x)	8,7	-	7,2
1961 - 1970	10,4	11,6	7,5	10,3	7,6	8,3
1971 - 1980	5,3	7,5	ca. 11,5	9,8	6,3	6,8

x) 1951-1955

Quelle: Batizi (1983), mit Ergänzung für Polen

Die Entwicklungspolitik der Eisen- und Stahlindustrie wurde in den untersuchten Ländern durch a) den Ausbau und teilweise die Modernisierung bereits existierender Hütten und Produktionsanlagen und b) durch die Gründung neuer Eisenhütten realisiert.

zu a)

In der Tschechoslowakei wurden die Eisenhütten in Vitkovice und in Trinec im Ostrauer Revier sowie die Hütte in Kladno bei Prag ausgebaut.

In Polen erfolgte der Ausbau der meisten Hütten im Oberschlesischen Industrierevier sowie der Hütten in Czestochowa, Zawiercie und Ostrowiec Swietokrzyski. In Ungarn wurden die Hütten in der Miskolc - Region und in Rumänien Hütten in Hunedoara und Resica ausgebaut. In Jugoslawien erfolgte der Ausbau alter Hüttenwerke in Bosnien (Zenica), Slowenien (Jesenice u.a.), Kroatien (Sisak) und in Serbien (Smederevo). In der DDR wurden die einzige Roheisenhütte, ein vollintegriertes Hüttenwerk (Maxhütte, Unterwellenborn) sowie einige der bereits früher entstandenen Stahl- und Walzwerken (die von den sowjetischen Truppen demontiert wurden) ausgebaut.

zu b)

Da der Ausbau und die Modernisierung alter Hüttenwerke nur mit Einschränkungen erfolgen konnte (ökonomische, technische und teilweise auch räumliche Einschränkungen), kam es zu vielen Neugründungen. Meist waren es große, vollintegrierte Hüttenwerke (Hochöfen, Stahlwerke und Walzwerke), oft auch mit Kokereien und anderen Betrieben (wie z.B. Zementwerke, Produktion feuerfester Baustoffe u.a.). Man kann drei Entstehungsphasen bzw. Generationen dieser neuen Hüttenwerke nennen (Tab. 5):

Die *fünfziger Jahre* - das Eisenhüttenkombinat in Nowa Huta bei Krakau und die Edelstahlhütte in Warschau in Polen; Kuncice bei Ostrava in der Tschechoslowakei; Eisenhüttenstadt - Kombinat

"Ost" und ein kleines Eisenhüttenwerk "West" in Calbe/Saale in der DDR; Dunaujvaros in Ungarn; Pernik in Bulgarien und Niksic in Jugoslawien. Die *sechziger Jahre* - Ostslowakisches Eisenhüttenkombinat in Kosice in der Tschechoslowakei; Eisenhütte in Galati in Rumänien; Eisenhütte in Kremikovcy in Bulgarien; Eisenhütte in Skopje in Jugoslawien. Die *siebziger Jahre* und Anfang der *achtziger Jahre* - Eisenhütte "Katowice" in Polen; Hütten in Kalarasi in Rumänien, in Elbasan in Albanien und "Burgas" in Bulgarien.

Die meisten neugegründeten Hüttenwerke stützten sich auf sowjetische Technologien und Produktionsanlagen, die meistens veraltet waren. Dies betrifft insbesondere die in den fünfziger Jahren gebauten Eisenhüttenwerke, die eigentlich "Kopien" der in den dreißiger Jahren gebauten sowjetischen Hütten waren! Ausnahmen sind Hüttenwerke in Rumänien (Galati, Kalarasi) und in Jugoslawien (Niksic, Skopje), für die hauptsächlich westliche (u. a. englische und französische) Produktionsanlagen gekauft wurden. Dies war möglich, weil Jugoslawien bereits 1948 den sowjetischen Block verließ und Rumänien - obwohl es weiterhin ein Mitglied des sowjetischen Blocks war - seit den sechziger Jahren einen unabhängigen wirtschaftlichen Weg eingeschlagen hatte.

Tab. 5: Neue Eisenhüttenkombinate in Osteuropa 1950 - 1990

	1950 - 60	1960 - 70	1970 - 80	1980 - 90
PL	Kraków- Nowa Huta[x)] - 1954 - Warszawa - 1957 -		"Katowice"[x)] - 1976 -	
CS	Kuncice[x)] - 1952 -	Kosice[x)] - 1964 -		
RO		Galati[x)] - 1965 -	Tirgowiste - 1973 - Kalarasi - 1979 -	
DDR	Komb. "Ost"[x)] Eisenhüttenstadt - 1951 - Komb. "West" Calbe - 1952 -[xx)]			
YU	Niksic - 1959 -	Skopje[x)] - 1964 -		
H	Dunaujvaros[x)] - 1954 -			
BG	Pernik[x)] - 1953 -	Kremikovcy[x)] - 1963 -		"Burgas" Debelt - 1983 -
AL			Elbasan - 1975 -	

x) gebaut als integrierte Hüttenkombinate   xx) 1969 stillgelegt

Den Bau der neuen, ersten Eisenhütte in Albanien sah bereits der erste Fünfjahresplan (1951 - 1955) vor; diese Hütte sollte nach dem sowjetischen Modell gebaut werden. Diese Investition - ähnlich wie auch andere Investitionen - konnte nicht realisiert werden. Seit dem Ende der fünfziger, Anfang der sechziger Jahre befand sich Albanien nicht mehr im sowjetischen Einflußbereich, und der Bau der Hütte in Elbasan wurde in den sechziger Jahren zeitweise von Italien unterstützt; später hat sich daran vor allem China beteiligt.

Die Eisenerz- und teilweise auch Koksversorgung für die neuen Hüttenwerke erfolgte aus der UdSSR, teilweise auf dem billigen Wasserweg (Eisenhüttenstandorte an der Donau - Dunaujvaros, Galati, Kalarasi) bzw. mittels teurer Bahntransporte (Entfernungen bis 2000 km) - Hütten in Eisenhüttenstadt und Krakau, Hütte "Katowice", Hütten in Kuncice und Kosice.

Küstenstandorte am Schwarzen Meer repräsentieren teilweise die nahe an der Donaumündung gebaute größte Hütte Rumäniens in Galati sowie die jüngste Hütte Bulgariens in Debelt bei Burgas. In den achtziger Jahren war noch der Bau einer Hütte an der Adria-Küste bei Split in Jugoslawien geplant[1].

Infolge dieser erwähnten Investitionen kam es in allen Ländern Osteuropas zu einer erheblichen Steigerung des Produktionsvolumens der Eisen- und Stahlindustrie. Zugleich verringerten sich die bisher zwischen einzelnen Ländern bestehenden Unterschiede im Produktionspotential der Eisen- und Stahlindustrie. Beide Prozesse werden in Tab. 6 dargestellt.

Tab. 6: Gruppierung der Länder Osteuropas nach der Stahlerzeugung

	Stahlerzeugung in Mio. t							
	15 - 20	10 - 15	5 - 10	3 - 5	2 - 3	1 - 2	< 1	keine Erzeugung
1937/39				CS	PL, DDR	H, RO, YU	AL, BG	
1950			CS	PL	H	DDR, RO, YU	AL, BG	
1955			CS, PL	DDR	H	YU, RO, BG	AL	
1960			CS, PL	DDR		H, RO, YU	BG	AL
1965			PL, CS	DDR, RO	H	YU	BG	AL
1970		PL, CS	RO, DDR	H	YU	BG		AL
1975		PL, CS	RO, DDR	H	YU, BG		AL	
1980	PL, CS	RO	DDR	H, YU	BG		AL	
1985	PL, CS	RO	DDR	H, YU	BG		AL	
1990	CS, PL	RO, DDR	YU	H, BG		AL		

[1] Krukowskij, 1983.

Die Wirtschaftspolitik der untersuchten Länder nach dem Zweiten Weltkrieg zeichnete sich sehr stark durch Autarkie aus. In dieser Hinsicht war sie der Wirtschaftspolitik der UdSSR ähnlich. Die Notwendigkeit des Wiederaufbaus der durch den Zweiten Weltkrieg zerstörten Wirtschaft sowie die Bestrebungen, die bisherige wirtschaftliche Rückständigkeit zu überwinden, vor allem aber die durch die UdSSR aufgezwungene Isolation dieser Länder vom Westen, führten dazu, daß jedes Land den Aufbau eigener "nationaler wirtschaftlicher Komplexe" anstrebte, die möglichst alle wichtigsten Wirtschaftszweige, somit auch die Eisen- und Stahlindustrie, umfaßten.

1949 entstand der RGW, dessen Mitglieder Bulgarien, die Tschechoslowakei, Polen, Rumänien, Ungarn, die UdSSR und Albanien und ab 1950 die DDR waren. 1961 verzichtete Albanien auf die Zusammenarbeit mit dem RGW, blieb aber weiterhin dessen Mitglied. Ab 1964 hatte Jugoslawien einen Beobachter-Status im RGW. Eines der Ziele des RGW war die gegenseitige wirtschaftliche Zusammenarbeit, was zur Verminderung des Unabhängigkeitsgrades der Wirtschaft einzelner Mitgliedsländer beitragen sollte.

In der ersten Dekade nach der Gründung des RGW wurde die autarke Wirtschaftspolitik jedoch in der Praxis weiterhin fortgesetzt, und die "Zusammenarbeit" der Mitgliedsländer war ausschließlich auf Rohstoff- bzw. Investitionsgüterversorgung beschränkt. Erst 1958 forderten die Vorsitzenden der Kommunistischen Parteien der RGW-Länder eine weitgehende Spezialisierung und Arbeitsteilung zwischen einzelnen Ländern, was in den 1962 beschlossenen "Grundprinzipien der internationalen sozialistischen Arbeitsteilung" sowie in den Fünfjahresplänen einzelner Länder für die Zeit von 1961 - 1965 zum Ausdruck kam.

Im Bereich der Eisen- und Stahlindustrie bedeuteten diese "Prinzipien der Arbeitsteilung" "die Möglichkeit eines schnelleren Wachstums des Produktionsumfangs, um die Bedürfnisse der RGW-Länder im Bereich aller Eisen- und Stahlprodukte decken zu können; ... die Entwicklung einzelner Produktionsbereiche sollte in allen sozialistischen Ländern der vorhandenen Rohstoff-, Brennstoff- und Energiebasis entsprechen. Vollintegrierte Hüttenwerke sollten nur in den Ländern gebaut werden, die über ausreichende heimische Eisenerz- und/oder Kokskohlevorkommen verfügen"[2].

Die oben genannten Rohstoffbedingungen für die Entwicklung von vollintegrierten Hüttenwerken konnten - wenn auch nur hinsichtlich der Versorgung mit einem dieser Rohstoffe - nur von Polen und der Tschechoslowakei (Kokskohle) sowie Jugoslawien und Albanien (Eisenerze) erfüllt werden. Andere Länder wie Ungarn, DDR, Rumänien und Bulgarien konnten eigenen Koksbedarf mit Halbkokskohle nur zum Teil decken (Jugoslawien und Albanien besitzen gar keine Kokskohlevorkommen), die Versorgung mit heimischen Eisenerzen betrug ebenfalls nur einige Prozente und sank Ende der achtziger Jahre auf Null (vgl. Abschnitt 2.1).

Trotzdem wurde - vor allem in Polen und der Tschechoslowakei - die stürmische Entwicklung der Eisen- und Stahlindustrie auch in anderen RGW-Ländern betrieben. Autarkische Tendenzen in der Entwicklung der Eisen- und Stahlindustrie sind auch in Jugoslawien und Albanien zu sehen. In Jugoslawien wurde dieser Industriezweig in allen Republiken der Föderation, auch in Montenegro (Stahlwerk in Niksic), entwickelt. In Albanien wurde - trotz des geringen Innenmarktes (2,5 Mio. Einwohner) - der Bau eines voll integrierten Hüttenwerkes forciert.

---

[2] Ciamaga, 1965.

Das wichtigste, wenn auch verschwiegene Motiv der starken Entwicklung der Eisen- und Stahlindustrie in allen Ländern des Ostblocks war der enorm große Stahlbedarf seitens der Rüstungsindustrie, die in all diesen Ländern sehr intensiv entwickelt wurde.

Innerhalb des RGW waren mehrere ständige Branchenkommissionen tätig, darunter auch seit 1956 die Ständige Eisen- und Stahlindustrie-Kommission mit Sitz in Moskau. Die Aufgabe der Kommission war die Koordinierung der Entwicklung dieses Industriezweiges in allen RGW-Ländern im Bereich der Investitionen, der Rohstoffversorgung, von Produktionsumfang und -palette sowie der Absatzmärkte. An der Arbeit der Kommission war teilweise auch Jugoslawien beteiligt. Diese Kommission zwang (auf Anordnung der UdSSR) u.a. Polen zur enormen Ausweitung der Eisen- und Stahlindustrie, insbesondere in den sechziger und siebziger Jahren, obwohl sich polnische Spezialisten dagegen ausgesprochen hatten. Das Resultat war vor allem der starke Ausbau der Lenin-Hütte in Krakau (bis fast 7 Mio. jato Rohstahl), was für die Stadt schwere ökologische Folgen hatte. Polen wurde auch zum verstärkten Abbau heimischer Kokskohlevorkommen gezwungen, um die Versorgung der RGW-Länder mit Koks sicherzustellen. Zu diesem Zweck mußte eine Reihe von neuen Steinkohlegruben (hauptsächlich in der Rybnik-Region) abgeteuft werden. All diese Investitionen sowohl in der Eisen- und Stahlindustrie als auch im Bergbau waren besonders kostspielig, was den Lebensstandard der Bevölkerung negativ beeinflußte.

1964 entstand innerhalb des RGW auf Initiative Ungarns eine internationale Organisation für die Eisen- und Stahlindustrie - "Intermetall" - mit Sitz in Budapest. Dieser Organisation gehörten anfangs Ungarn, Polen und die Tschechoslowakei, später auch die UdSSR, die DDR und Bulgarien an. 1968 nahm auch Jugoslawien die Zusammenarbeit mit "Intermetall" auf.

Diese Organisation, in der weniger bürokratische und politische, sondern vielmehr wirtschaftliche Gesichtspunkte dominierten, koordinierte die Arbeitsteilung und Spezialisierung einzelner Mitgliedsländer, hauptsächlich in der Produktion und im Absatz von Walzerzeugnissen. "Intermetall" veranstaltete u. a. Messen für Stahl- und Eisenprodukte, wo diese Erzeugnisse unabhängig von den im Rahmen der Außenhandelsabkommen geplanten Lieferungen gekauft und angeboten werden konnten. "Intermetall" konnte auch Handelsabkommen mit westlichen Ländern schließen. Eine der letzten Initiativen des RGW im Bereich der Eisen- und Stahlindustrie war der Vorschlag, in den siebziger Jahren eine "gemeinsame" große Eisenhütte im Gebiet von Kursk (im russischen Eisenerzbecken) zu bauen. Die einzelnen Länder hatten allerdings wenig Vertrauen zu diesem gemeinsamen Projekt, und es wurden stattdessen eigene nationale Investitionen vorgezogen, wie die Hütte "Katowice" in Polen, Kalarasi in Rumänien, "Burgas" in Bulgarien.

2 Wandlungen in der Rohstoff- und Energieversorgung

2.1 Eisenerzvorkommen und Fördermengen

Eisen kommt in der Natur nicht rein, sondern nur in Form chemischer Verbindungen vor. Die Eisenoxide, also Eisen-Sauerstoff-Verbindungen, treten am häufigsten auf. Die Eisenverbindungen gibt es immer nur mit anderen Verunreinigungen. Man spricht dann von Gangart. Das Gemenge von Eisenverbindungen und Gangart ist das Eisenerz. Bei der Verhüttung der Eisenerze spielt die Gangart eine große Rolle. So ist z.b. das Erz basisch, wenn die Gangart überwiegend Kalk enthält ($CaCO_3$). Wenn Kieselsäure überwiegt (SiO_2), dann ist das Erz sauer.

Es gibt eine ganze Reihe verschiedener Erzsorten entsprechend den unterschiedlichen Ausbildungsformen der Eisenverbindungen.

Magnetit, Magneteisenerz (Fe_3O_4) hat einen Eisengehalt von 60 bis 70 % und ist fast frei von unerwünschten Begleitelementen. Es handelt sich meist um eine kieselige Gangart. Magnetit ist somit sauer, darüber hinaus stark magnetisch. Große Vorkommen gibt es in Schweden, Norwegen und weniger auch in der GUS.

Hämatit, Roteisenerz (Fe_2O_3) hat ebenfalls meist hohe Fe-Gehalte. Bei kieseliger oder toniger Gangart (sauer) ist Hämatit meist arm an Phosphor und Schwefel. Das Eisen(III)-oxid verursacht die typische Rotfärbung. Die Verbindung des Eisens mit dem Sauerstoff ist lockerer als bei Magnetit, und somit ist dieses Erz leichter reduzierbar.

Limonit, Brauneisenerz (Fe_2O_3 H_2O) ist das am weitesten verbreitete Eisenerz. Die Konzentration an Eisen ist gering. Die Eisenoxide sind mit Wasser eine feste Verbindung eingegangen (Kristallwasser). Erst bei großen Lagerstätten ist ein Abbau wirtschaftlich. In der Vergangenheit waren die lothringischen Minette- und die Salzgitter-Erze von Bedeutung.

Siderit, Spateisenerz ($Fe\ CO_3$) Siderite sind meist kalk- und manganhaltig, aber phosphorarm. Sie haben nur Eisengehalte von 30 bis 40 % und sind leicht reduzierbar. Der bekannte Erzberg der Steiermark besteht aus Spateisenerz. Heute haben Siderite keine wirtschaftliche Bedeutung mehr.

Neben den Eisenerzen spielen noch andere Eisenmineralien eine Rolle:

Manganerze enthalten neben verschiedenen Manganoxiden auch Eisenoxide. Manganerze können zu Ferromangan erschmolzen werden. Dieses dient dann zu Legierungszwecken.

Eisensilikate, die in großen Mengen vorkommen, werden aus wirtschaftlichen Gründen bisher nicht verhüttet.

Titaneisenstein bildet ebenfalls eine bisher kaum genutzte Reserve, obwohl dieses Eisenmineral in großen Mengen vorkommt.[1]

Nach Angaben des United Nations Survey of World Iron Ore Resources (New York 1970), betrugen die Eisenerzvorräte in Europa (incl. europäischer Teil der UdSSR) 220 Mrd. t (festgestellte und potentielle Vorräte), was etwa 30 % der Weltvorräte ausmachte. Diese Eisenerzvorräte Europas waren zu etwa 85 % in der Sowjetunion (europ.Teil) konzentriert, etwa 5 % entfielen auf Frankreich, 2,4 % auf Großbritannien, 2 % auf die Bundesrepublik Deutschland, 1,5% auf Schweden, 1,2 % auf Spanien und 1 % auf Norwegen.

---

[1]   Bolbrinker 1989, S. 10 - 12.

Ungefähr 1,5 % dieser Vorräte entfielen auf die osteuropäischen Länder. Wenn wir aus den Berechnungen die Sowjetunion ausschließen, dann betrugen die Eisenerzvorräte in Europa ca. 35 Mrd. t, wovon ca. 3 Mrd. t (8.6 %) auf die Länder Osteuropas entfielen.

Innerhalb dieser Länder konzentrierten sich über 50 % der Eisenerzvorräte in Jugoslawien (1,65 Mrd. t). In der Größenordnung von jeweils einigen 100 Mio. t lagen die Vorräte in der Tschechoslowakei, in Polen und Bulgarien, jeweils über 100 Mio. t gab es in Ungarn und Rumänien, nur 10 Mio.t in der DDR. Infolge neuer Entdeckungen in den siebziger Jahren sind die Vorräte in Rumänien bedeutend gestiegen. Nach sowjetischen Angaben betrugen die Vorräte in Albanien Mitte der sechziger Jahre 18 Mio. t.

Nicht in allen europäischen Ländern gibt es Eisenerzvorkommen. Zudem sind die Vorkommen von ganz unterschiedlicher Quantität und Qualität. In einem Zeitraum von etwa 40 Jahren hat sich nicht nur der Abbauumfang stark verändert, sondern auch die Zahl der eisenerzfördernden Länder ist stark reduziert worden.

Zunehmende Abbauschwierigkeiten, ständig steigende Kosten, geringwertigere Erze sowie technologische Veränderungen, die den Einsatz von Erzen mit anderen Qualitätsmerkmalen verlangten, trugen zu dieser Entwicklung bei.

Erze mit den höchsten Eisenanteilen werden seit jeher in Norwegen abgebaut. Der Eisengehalt der Erze beträgt unverändert seit vielen Jahrzehnten 65 %. In den fünfziger Jahren wurden bulgarische Erze mit einem Fe-Gehalt von 62 % abgebaut. Neben diesen hochwertigen kamen auch sehr minderwertige Erze zum Einsatz. In der alten Bundesrepublik Deutschland und der ehemaligen DDR betrug der Fe-Anteil der Erze nur 25 % (Tab. 7).

Insgesamt hat sich die Eisenerzförderung im Untersuchungsraum in den fünfziger Jahren stark erhöht (Abb. 10). 1950 belief sich die Förderung auf ca. 29 Mio. t. Bis zum Beginn der Wirtschaftskrise im Jahre 1974 in den westlichen Ländern dehnte sich die Fördermenge auf ca. 58 Mio. t aus. Seit 1974 nahm der Förderumfang sowohl im RGW als auch in den blockfreien Ländern sehr stark ab.

In den EG-Ländern ist Frankreich bis heute das größte Eisenerzförderland geblieben (Abb. 11 und 12). Bis Ende der fünfziger Jahre stieg die Fördermenge auf mehr als 20 Mio. t an. Seitdem wurde sie bis heute auf ca. 3 Mio. t reduziert. In den übrigen EG-Ländern ist seit Anfang der siebziger Jahre die Fördermenge ebenfalls stark rückgängig. Als einziges Land konnte Spanien die Fördermenge bis Ende der siebziger Jahre ausdehnen. Seit dieser Zeit gibt es auch dort einen sehr starken Rückgang.

Insgesamt waren die Fördermengen von Eisenerzen in den RGW-Ländern wesentlich geringer als in den EG-Ländern (Abb. 10 bis 13). Die Anstrengungen zum Auf- und Ausbau der Eisen- und Stahlindustrie machten in den fünfziger Jahren die Suche nach Eisenerzvorkommen notwendig. Zahlreiche Eisenerzlagerstätten wurden erschlossen und die Fördermengen in vielen Ländern drastisch erhöht. Doch schon gegen Ende der sechziger Jahre waren viele Erzgruben bereits erschöpft bzw. die Qualität der Erze war für eine Verarbeitung nicht ausreichend. Nur in wenigen Ländern ist daher bis heute eine ganz geringfügige Abbaumenge festzustellen.

Die Eisenerzlager in den osteuropäischen Ländern waren generell von niedriger Qualität, der Fe-Gehalt lag in der Regel unter 30 %, zugleich mit einem hohen SiO_2-Gehalt, was den Verhüttungsprozeß erschwerte. Einen relativ höheren Eisengehalt (über 30 %) hatten die Erze nur in Bulgarien und Jugoslawien.

Tab. 7: Eisengehalte der geförderten bzw. eingesetzten Erze (%)

	1956	1965	1970	1981	1985	1991
B	35	35	30	-	-	-
BG	62	42	45	33	33	33
D	25	30	35	30	30	30
CS	34	30	30	26	26	26
DDR	30	30	30	-	-	-
SF	-	-	37	59	59	59
F	35	35	35	30	30	30
GR	46	45	45	43	43	43
I	50	50	50	58	58	58
YU	45	35	34	35	35	35
L	30	30	30	30	30	30
N	65	65	65	64	64	64
A	35	30	30	30	30	30
PL	35	35	30	30	30	-
P	.	50	50	-	-	-
RO	45	30	30	26	26	26
S	60	60	60	64	64	64
CH	.	40	40	-	-	-
E	45	50	50	46	46	46
H	35	39	25	24	24	24
GB	30	30	30	28	28	28

Quelle: Wirtschaftsvereinigung Stahl (Hrsg.): Statistisches Jahrbuch der Stahlindustrie, verschiedene Jahre, Düsseldorf

Abb. 10: Eisenerzförderung in Europa

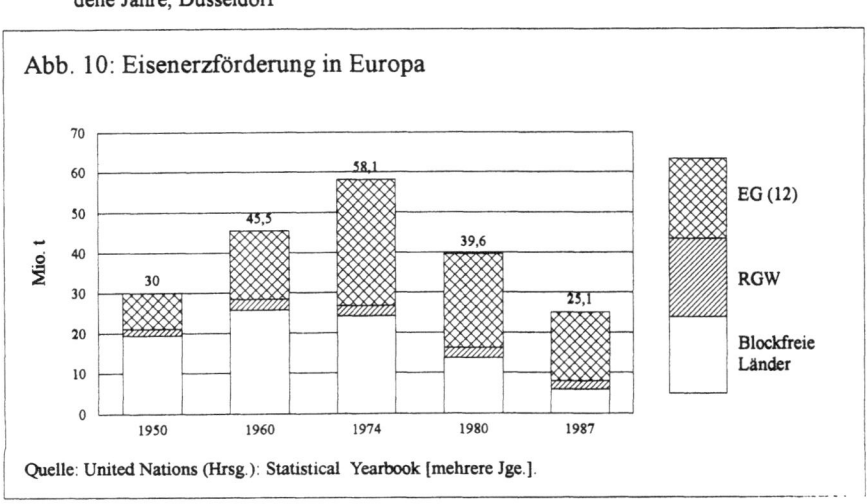

Quelle: United Nations (Hrsg.): Statistical Yearbook [mehrere Jge.].

31

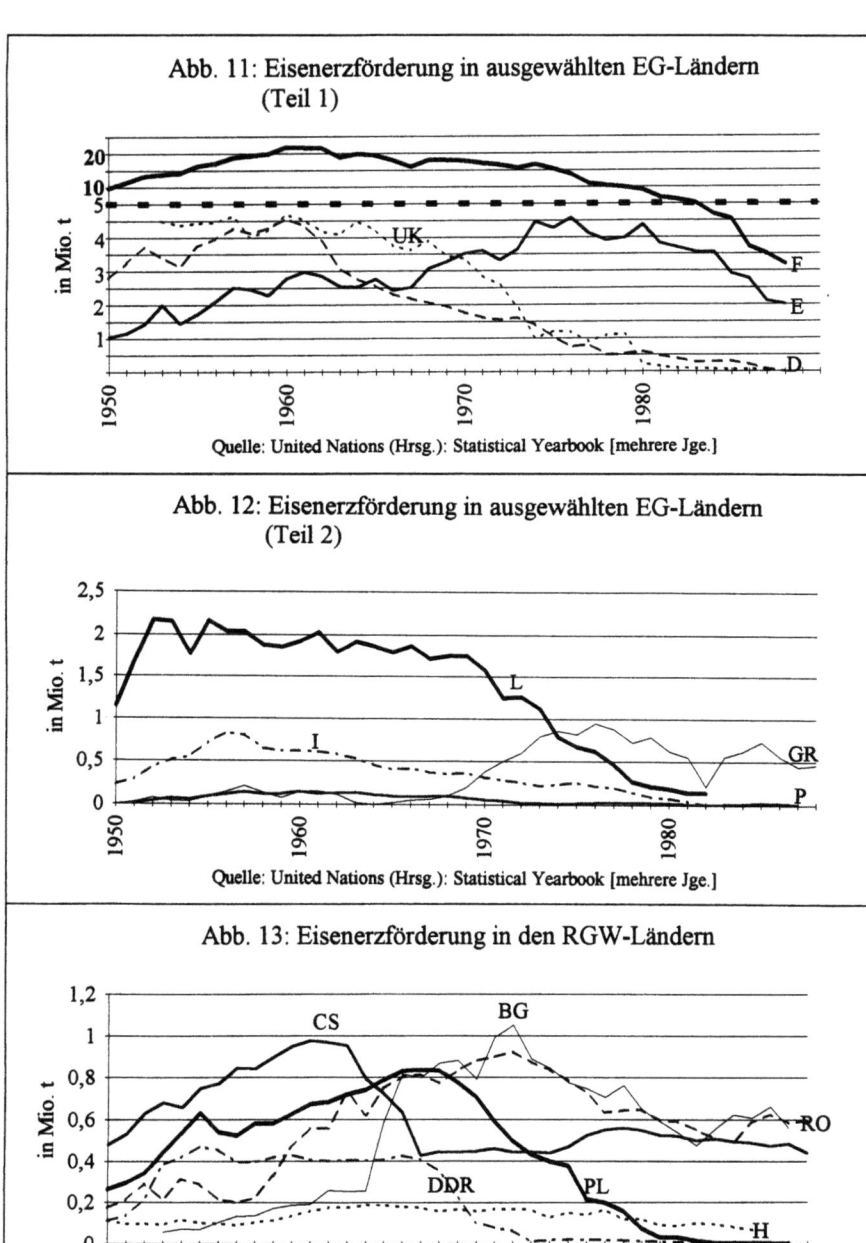

Abb. 11: Eisenerzförderung in ausgewählten EG-Ländern (Teil 1)

Quelle: United Nations (Hrsg.): Statistical Yearbook [mehrere Jge.]

Abb. 12: Eisenerzförderung in ausgewählten EG-Ländern (Teil 2)

Quelle: United Nations (Hrsg.): Statistical Yearbook [mehrere Jge.]

Abb. 13: Eisenerzförderung in den RGW-Ländern

Quelle: United Nations (Hrsg.): Statistical Yearbook [mehrere Jge.]

Seit den siebziger Jahren sank der Eisengehalt der geförderten Erze in allen Ländern. Dazu war der Abbau dieser Erze meistens unwirtschaftlich. Die Erze waren zerstreut im Muttergestein und tief gelagert, so daß sie untertage abgebaut werden mußten. Jedoch im Rahmen der in den fünfziger und sechziger Jahren im Ostblock vorherrschenden Autarkie-Politik wurden auch die ärmsten Eisenerze abgebaut und verhüttet.

So z. B. in der DDR, wo man die geringwertigen Erze aus dem Harzvorland in speziell dazu gebauten kleinen Schachtöfen verhüttete (Kombinat "West", Calbe). In Polen, Ungarn und der Tschechoslowakei baute man mehrere Anreicherungsanlagen, um diese minderwertigen Erze für den Hochofenprozeß vorzubereiten. Diese Anreicherungsanlagen waren sehr umweltfeindlich, dazu noch unwirtschaftlich. In den siebziger Jahren ging der Abbau und die Nutzung dieser Erze zurück; Kombinat "West" in Calbe wurde schon 1969 stillgelegt. Nach 1990 wurde der Eisenerzbergbau in Ungarn, Polen, der DDR und der Tschechoslowakei völlig stillgelegt. Er existiert noch im größeren Ausmaß in Bulgarien und Rumänien.

Von den übrigen europäischen Ländern (Abb. 14) ist noch Schweden zu nennen. Bis 1974 nahm die Fördermenge von Eisenerzen rapide zu. Sie stieg auf etwa 23 Mio. t. Dann sank sie jedoch plötzlich bis 1982 auf ein Drittel ab. Trotz dieses "Erdrutsches" gab es 1988 immerhin noch etwa 12 Mio. t Förderung.

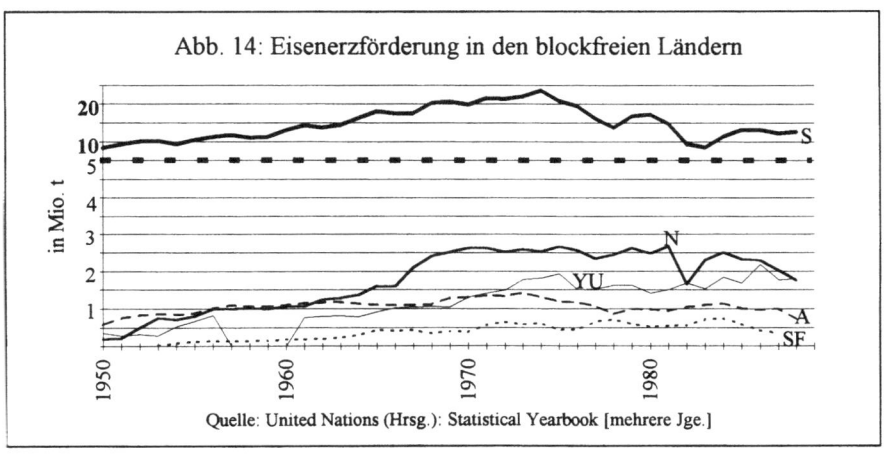

Abb. 14: Eisenerzförderung in den blockfreien Ländern

Quelle: United Nations (Hrsg.): Statistical Yearbook [mehrere Jge.]

Für ausgewählte Jahre zeigen Abb. 15 und 16 die regionalen Unterschiede hinsichtlich der Eisenerzförderung im Untersuchungsraum.

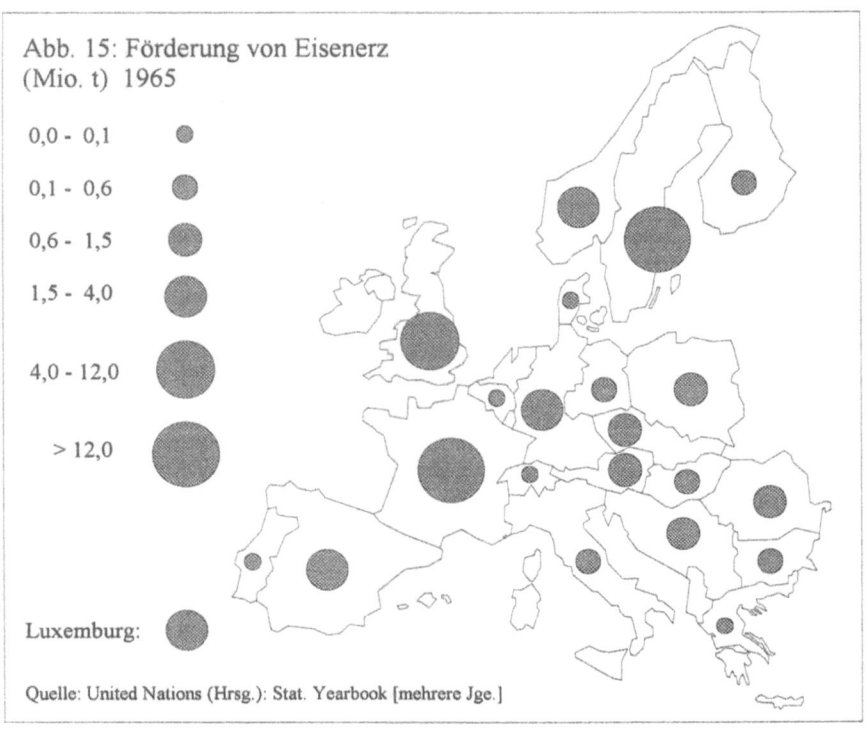

Abb. 15: Förderung von Eisenerz
(Mio. t) 1965

0,0 - 0,1

0,1 - 0,6

0,6 - 1,5

1,5 - 4,0

4,0 - 12,0

> 12,0

Luxemburg:

Quelle: United Nations (Hrsg.): Stat. Yearbook [mehrere Jge.]

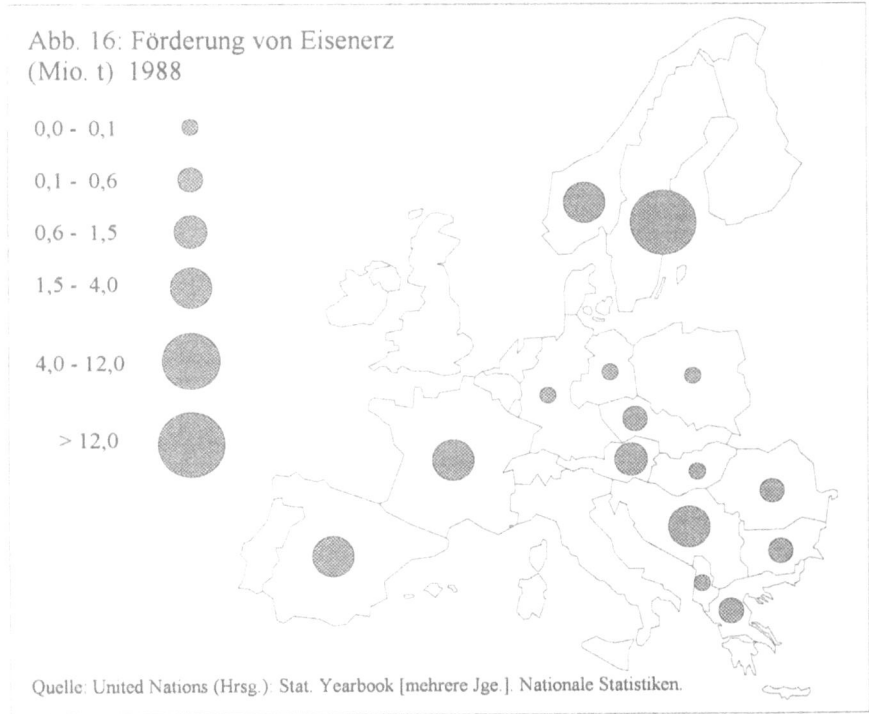

Abb. 16: Förderung von Eisenerz
(Mio. t) 1988

0,0 - 0,1

0,1 - 0,6

0,6 - 1,5

1,5 - 4,0

4,0 - 12,0

> 12,0

Quelle: United Nations (Hrsg.): Stat. Yearbook [mehrere Jge.]. Nationale Statistiken.

2.1.1 Selbstversorgungsgrad mit Eisenerzen in Europa

Mit Hilfe eines Koeffizienten, der den Versorgungsgrad einzelner Länder mit Eisenerz ausdrückt, kann man quantitativ und vergleichend die Rohstofflage in der Eisen-und Stahlindustrie in Europa darstellen.

Der Selbstversorgungskoeffizient "S" hat folgende Formel:

$$S = \frac{Ex\ 1.21}{St}$$

mit: E = Eisenerzförderung (in 50% Fe-Gehalt)
St = Stahlerzeugung
1.21= Eisenerzverbrauch pro 1 Tonne Stahl

Wenn: S > 1 ⇒ Eisenerzüberschuß; S < 1 ⇒ Eisenerzdefizit

Die errechneten Koeffizienten für die Zeitperiode 1950-1990 enthält Tab. 8.

Daraus geht hervor, daß in der Dekade 1950-1960 zehn bzw. elf Länder in Europa Überschüsse an Eisenerz hatten (S > 1). Das waren Schweden, Norwegen, Griechenland, Frankreich, Jugoslawien, Finnland, Österreich, Bulgarien, Spanien und Luxemburg. Nach 1960 jedoch, infolge schnell anwachsender Stahlerzeugung in Europa einerseits und dem Rückgang der Eisenerzförderung (wegen immer geringerer Effektivität des Eisenerzbergbaus) andererseits, schrumpfte die Zahl der Länder mit dem positiven Selbstversorgungskoeffizienten, obwohl seit 1975 die Stahlproduktion in den meisten westeuropäischen Ländern zurückging. Letztlich, in den achtziger Jahren, hatten nur Norwegen, Schweden und Griechenland bedeutende Überschüsse an Eisenerz.

35

Tab.8: Der Selbstversorgungs-Koeffizient "S" mit Eisenerzen

	1950	1955	1960	1965	1970	1975	1980	1985
B	0.01	0.02	0.02	0.01	0.01	0.01		
BG	9.20	2.29	1.80	2.41	1.06	0.83	0.56	0.50
D	0.48	0.37	0.32	0.17	0.10	0.06	0.03	0.02
CS	0.37	0.40	0.34	0.20	0.09	0.08	0.08	0.08
DK			0.19	0.10	0.05	0.02		
DDR	0.27	0.46	0.31	0.23	0.05	0.01		
SF		1.67	1.71	2.89	0.79	0.65	0.50	0.81
F	2.73	3.13	3.04	2.39	1.81	1.72	0.95	0.58
GR		3.48	5.55		2.11	1.98	1.42	1.83
I	0.24	0.31	0.18	0.08	0.04	0.03		
YU	2.00	2.02	1.32	1.25	1.41	1.60	0.94	0.90
L	1.14	1.62	1.14	0.94	0.70	0.35	0.10	
N	5.77	11.39	5.22	5.72	7.30	7.10	7.03	9.70
A	1.48	1.17	0.84	0.83	0.77	0.71	0.52	0.53
PL	0.25	0.34	0.21	0.15	0.06			
P				0.88	0.36	0.14	0.09	0.10
RO	0.77	0.91	0.62	0.53	0.33	0.20	0.11	0.10
S	13.77	11.76	9.58	9.27	8.72	8.99	9.84	6.54
CH	0.50	0.95	0.44	0.31				
E	3.10	3.48	3.44	1.90	1.15	0.93	0.84	0.48
H	0.26	0.15	0.17	0.18	0.12	0.10	0.06	0.05
GB	0.58	0.53	0.46	0.37	0.29	0.14	0.05	

Quelle:errechnet nach Angaben aus Quelle von Abb.10 und 76 sowie aus nationalen Statistiken

Albanien ist wahrscheinlich vollständig Selbstversorger (S = 1). Die meisten Länder Europas sind also auf außereuropäische Erzimporte angewiesen. Tab. 9 zeigt die zeitliche Veränderung in der Zahl der europäischen Länder mit Eisenerz-Überschuß (S > 1) und solche mit Eisenerz-Defizit (S < 1).

Tab. 9: Anzahl der Länder mit Eisenerzüberschuß bzw. -defizit

	1950	1955	1960	1965	1970	1975	1980	1985	1990
S > 1	10	11	10	9	8	5	3	3	3
S = 1	-	-	-	-	-	1	1	1	1
S < 1	12	11	12	14	15	17	19	19	19
∑x	22xx	22xx	22xx	23	23	23	23	23	23

x ohne die Niederlande und Irland   xx ohne Portugal

36

Von den RGW-Ländern hatte nur Bulgarien bis in die siebziger Jahre ausreichend Eisenerze. Außer Rumänien, welches bis 1965 nur ein kleines Defizit an Eisenerz aufwies (S = 0,9 bis 0,5), waren alle übrigen Länder schon seit den vierziger Jahren auf Eisenerzimporte angewiesen (S < 0,5). Bis in die siebziger Jahre hinein hatte auch Jugoslawien ausreichend Eisenerze. In Albanien ist das wahrscheinlich bis in die Gegenwart hinein der Fall.

2.1.2 Außenhandel mit Eisenerz

Die in den einzelnen Ländern geförderten Eisenerzmengen reichten nur in wenigen Fällen für die eigene Roheisenerzeugung aus. Selbst wenn sie ausreichten, beschränkten qualitative Merkmale die Verwendung bzw. die Weiterverarbeitung zu Roheisen und hochwertigem Rohstahl, die für das gewünschte Roheisen und die gewünschte Rohstahlqualität notwendig waren. So spielten in fast allen Ländern Eisenerzimporte eine zunehmende Rolle. Im gesamten Untersuchungsraum ist der Eisenerzimport bis zum Stahlboomjahr 1974 in den westeuropäischen Ländern stark angestiegen (Abb. 17). Es waren damals knapp 200 Mio. t. Mit z. T. starken Schwankungen, besonders Anfang der achtziger Jahre, nahmen die Gesamtimporte bis auf etwa 150 Mio. t (1990) ab. Der EG-Raum importierte seit den fünfziger Jahren stets wesentlich mehr als der RGW-Raum. Das lag daran, daß in den meisten Ländern Ostmittel- und Südosteuropas in den fünfziger Jahren zahlreiche Roheisenhütten, also Verarbeitungskapazitäten entstanden, die erst Eisenerzimporte notwendig machten.

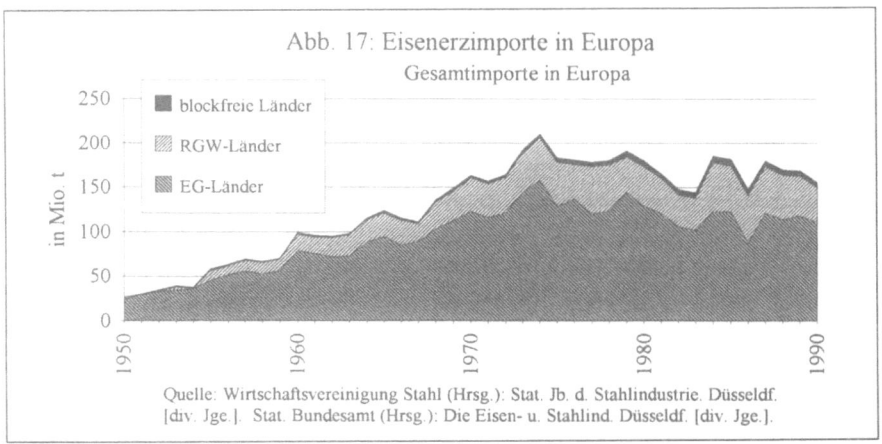

Abb. 17: Eisenerzimporte in Europa
Gesamtimporte in Europa

Quelle: Wirtschaftsvereinigung Stahl (Hrsg.): Stat. Jb. d. Stahlindustrie. Düsseldf. [div. Jge.]. Stat. Bundesamt (Hrsg.): Die Eisen- u. Stahlind. Düsseldf. [div. Jge.].

Bemerkenswert ist aber auch die Tastsache, daß importierte Erze nicht unbedingt immer im eigenen Land zur Roheisenerzeugung eingesetzt, sondern unmittelbar wieder exportiert wurden. Das trifft z. B. auf Dänemark zu. Seit 1975 gibt es dort keine Roheisenerzeugung mehr. 1988 wurden aber 2,6 Mio. t Eisenerze aus Schweden importiert, davon im selben Jahr 1,8 Mio. t in die Niederlande wieder exportiert. Der Rest verblieb in der dänischen Stahlerzeugung.

Erwartungsgemäß war der Anteil in den Ländern mit eigener Erzförderung relativ gering (z. B. in Norwegen und Schweden) (Abb. 18).

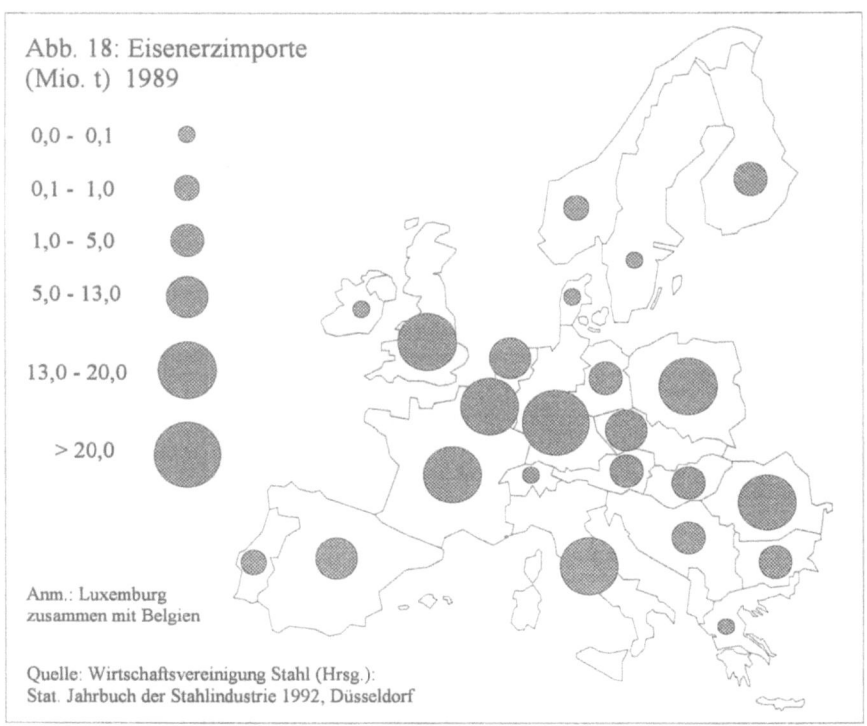

Abb. 18: Eisenerzimporte
(Mio. t) 1989

0,0 - 0,1

0,1 - 1,0

1,0 - 5,0

5,0 - 13,0

13,0 - 20,0

> 20,0

Anm.: Luxemburg
zusammen mit Belgien

Quelle: Wirtschaftsvereinigung Stahl (Hrsg.):
Stat. Jahrbuch der Stahlindustrie 1992, Düsseldorf

Die Eisenerzimporte der einzelnen Länder waren nicht nur ganz unterschiedlich, sie erfolgten zudem auch noch aus einer Reihe ganz unterschiedlicher Kontinente und Länder.

So kamen z. B. 1987 die Importe für die Bundesrepublik Deutschland zum allergrößten Teil aus Australien, Brasilien, Kanada, Liberia und Schweden. In Frankreich und Italien hatte u. a. auch Mauretanien noch Bedeutung. Für Belgien/Luxemburg und die Niederlande war Brasilien das wichtigste Importland.

Interessant ist auch die Tatsache, daß den knapp 5 Mio. t Importen Spaniens 1990 auch etwa 1,6 Mio. t Exporte gegenüberstanden. Brasilien war für Spanien das bedeutendste Importland, die Niederlande für Spanien das wichtigste Exportland.

Die ehemaligen RGW-Länder (bis auf Bulgarien, wo es noch keine Eisen- und Stahlindustrie gab) waren schon vor dem Zweiten Weltkrieg auf Importe angewiesen. Infolge der starken Entwicklung der eisenschaffenden Industrie nach dem Zweiten Weltkrieg und zugleich wegen begrenzter Möglichkeiten eigener Eisenerzförderung wuchs in allen Ländern die Nachfrage nach Eisenerzimporten. Die Importmengen einzelner Länder stiegen parallel zu den Produktionskapazitäten in der Eisen - und Stahlindustrie dieser Länder an. So erreichte der Eisenerzimport um 1980 20 Mio. t in Polen, 16 Mio. t in Rumänien und 15 Mio. t in der Tschechoslowakei, über 3 Mio. t in Ungarn (1970-1980), fast 3 Mio. t in der DDR (1965) und über 2 Mio. t in Bulgarien (1980). Selbst Jugoslawien importierte anfangs nur 200.000 - 300.000 t Eisenerz, aber seit 1979 bereits über

1Mio. t. Insgesamt erreichte der Eisenerzimport der osteuropäischen Länder im Jahre 1980 ca. 58 Mio. t. Nur Albanien ist bis jetzt selbstreichend und importiert keine Eisenerze.

Infolge der politisch-wirtschaftlichen Sowjet-Orientierung der osteuropäischen Länder waren sie auf Eisenerzimporte aus der Sowjetunion angewiesen. In der Zeitperiode 1950 - 1990 betrug der Anteil sowjetischer Eisenerze im gesamten Eisenerzimport 80 - 90 % in Ungarn, in der DDR, in Bulgarien, in der Tschechoslowakei und 70 - 80 % in Polen und Rumänien. Im Falle Rumäniens ging der Anteil sowjetischer Eisenerze nach 1970 auf 50 - 60 % zurück. Umgekehrt gab es eine ähnliche Relation: im sowjetischen Eisenerzexport (der 1975 40 Mio. t überschritt) betrug der Anteil der osteuropäischen Satellitenländer über 90 %. Nur Jugoslawien importierte keine Eisenerze aus der Sowjetunion.

Ein kleiner Anteil der durch die osteuropäischen Länder importierten Eisenerze stammte teilweise aus Schweden und Norwegen, vor allem aber aus den Ländern der Dritten Welt (Indien, Südamerika, West-Afrika).

Die importierten sowjetischen Eisenerze kamen vorwiegend aus Kriwoj Rog in der Ukraine, später in den siebziger Jahren auch aus dem neuen Erzabbaugebiet von Kursk. Die sowjetischen Eisenerze gelangten in die osteuropäischen Hüttenstandorte teilweise auf dem Wasserweg: über das Schwarze Meer, über die Häfen von Konstanza und Ismail, auf der Donau nach Galati und Calarasi (Rumänien) und weiter bis nach Dunaujvaros (Ungarn); nach Bulgarien über die Häfen von Varna und Burgas (und dann mit der Eisenbahn nach Kremikovcy). Denselben Wasserweg benutzen auch die aus den Überseeländern kommenden Eisenerze. In Jugoslawien wurde deshalb der an der Donau liegende Hüttenstandort Smederevo ausgebaut.

Nach Polen, in die DDR, in die Tschechoslowakei und teilweise auch nach Ungarn gelangen die sowjetischen Eisenerze per Eisenbahn. Die wichtigsten Grenzstationen und zugleich Umschlagplätze sind:

- nach Polen: a) Zurawica-Medyka/Richtung: Kraków-Oberschlesien

    b) bei Hrubieszów /Breitspurlinie bis zur Hütte "Katowice"
- in die Tschechoslowakei: Czop-Cierna/Breitspur bis Kosice, weiter nach Ostrava
- nach Ungarn: Czop/Zahony /Richtung: Miskolc
- nach Eisenhüttenstadt (DDR): gelangte das sowjetische Eisenerz über Polen.

Der Eisenbahntransport der Eisenerze war sehr kostenaufwendig. Nach sowjetischen Angaben, betrug der Anteil der Transportkosten (bis zur sowjetischen Westgrenze gerechnet, ca. 1.200 km) 50% der Gesamtkosten der exportierten Eisenerze.[2] Dazu kamen noch die Umschlagskosten an den Grenzstationen, wo der Spurbreitenwechsel aufwendige Umladearbeiten erforderte, die namentlich in der Frostperiode technisch unbefriedigend und verlustreich abliefen. Dies betrifft besonders die polnisch-sowjetische (seit 1991 polnisch-ukrainische) Grenzstation Zurawica-Medyka, wo in den siebziger Jahren, vor der Inbetriebnahme der parallel verlaufenden Breitspurlinie Hrubieszów - Hütte "Katowice", etwa 14 - 15 Mio. jato Eisenerze - davon ca. 2 Mio. jato für die DDR - umgeladen werden mußten.

---

[2]   Krukowski, 1971.

2.1.3 Vorbehandlung der Erze

Durch Abtrennen des größten Teils der Gangart wird bei der Erzaufbereitung der Eisengehalt erhöht. Ein allzu hoher Anteil der Gangart trägt nicht nur zur hohen Transportkostenbelastung des Unternehmens bei, sondern beeinflußt auch die Umwandlung der Erze. Darüber hinaus werden die Hochöfen durch zu hohe Mengen an Gangart stark belastet.

Um Erze aufzubereiten, nutzt man diese spezifischen physikalischen Eigenschaften von Erz und Gangart wie Dichte, Benetzbarkeit und magnetische Eigenschaften.

Unter Erzvorbereitung versteht man, daß zu grobe Erze gebrochen, gemahlen und gesiebt und daß zu feine Erze stückig gemacht werden müssen. Diese Vorgänge sind notwendig, um aus technisch - wirtschaftlichen Gründen den Hochofen mit Erzen von gleichmäßigen Eigenschaften hinsichtlich der chemischen Zusammensetzung und auch der physikalischen Qualitätsmerkmale zu beschicken.

Bei der Erzaufbereitung und Erzvorbereitung fallen Fein- und Feinsterze (Konzentrate) an. Diese müssen für die Verwendung im Hochofen stückig gemacht werden. Sintern und Pelletieren sind dafür die wichtigsten Verfahren. Entscheidend für die Auswahl des Verfahrens ist die bei der Aufbereitung anfallende Korngröße. Das Sintern wird bei Korngrößen über 2 mm angewendet, während Erze unter 2 mm Korngröße pelletiert werden müssen.

Im allgemeinen sind Sinteranlagen, die sehr energieaufwendig und dazu noch umweltfeindlich sind, direkt den Hochöfen zugeordnet. Pelletieranlagen befinden sich gemeinhin bei den Eisenerzgruben oder an den Umschlagplätzen von Erzen. Bei modernen Hochofenwerken liegt inzwischen der Anteil stückig gemachter Stoffe zwischen 80 und 100 %. Dieser hohe Einsatz macht einen geringeren Kokseinsatz möglich.

Im Untersuchungsraum gab es 1979 in sechs Ländern Pellets-Produktion (Tab. 10). Schweden erzeugte damals allein rd. 6,8 Mio. t. Mit 2,6 Mio. t lag Norwegen an zweiter Stelle. Während bis heute in Norwegen die Pellet-Produktion offenbar verringert wurde, konnte sie in Schweden auf rd. 9,4 Mio. t (1988) erhöht werden. In den achtziger Jahren wurde auch noch in den Niederlanden eine Anlage aufgebaut, so daß dort 1988 immerhin rd. 3,8 Mio. t Pellets erzeugt werden konnten. Im gesamten Ostblock gab es nur eine Pellet-Erzeugung in der Tschechoslowakei (1988: 262.000 t).

Tab.10: Erzeugung von Pellets (in 1.000 t)

	1979	1982	1985	1988
B	650	696	613	710
I	24	0	0	0
NL	-	-	3.600	3.796
SF	263	333	140	0
N(1)	2.600	2.600	1.800	1.800
S	6.754	3.922	8.743	9.350
YU	74	75	81	25
CS	-	150	223	262

(1) geschätzt

Quelle: International Iron and Steel Institute (Hrsg.): Steel Statistical Yearbook 1989, S. 45

Es wird zwar bis in die Gegenwart hinein nicht in allen Ländern des Untersuchungsraumes Sinter erzeugt. Doch zeigt Tab. 11, daß die Bundesrepublik Deutschland und Frankreich die beiden größten Erzeugerländer sind, obwohl es von 1979 bis 1986 einige Veränderungen gegeben hat.

Tab. 11: Sintererzeugung (in Mio. t)

	1979	1986	1990
B	11,5	11,1	11,6
BG	2,7	3,2	
D	36,0	29,3	29,3
CS	15,2	14,1	
DDR	3,0	3,3	
SF	2,8	2,8	
F	33,7	20,9	20,8
I	14,1	13,5	13,5
YU	3,3	3,9	
L	7,4	4,4	4,4
NL	2,9	3,7	3,7
N	0,9	0,6	
A	6,0	5,3	
PL	18,0	15,6	
P	0,4	0,5	0,5
RO	12,6	14,0	
S	2,9	1,1	
E	9,4	6,9	6,9
H	4,7	3,3	
GB	17,6	9,9	9,9

Quelle: International Iron and Steel Institute (Hrsg.): Steel Statistical Yearbook 1989, S.46; Wirtschaftsvereinigung Stahl (Hrsg.):Stat. Jahrbuch der Stahlindustrie 1992, S. 95

Die meisten Länder Osteuropas haben die Entwicklung ihrer Eisen- und Stahlindustrie nach dem Zweiten Weltkrieg auf dem Import sowjetischer Eisenerze konzipiert. Da diese importierten Erz-Konzentrate niedrigen Eisengehalt haben (etwa 50 %), ist es nötig, sie in Sinteranlagen anzureichern und für den Hochofenprozeß vorzubereiten. Seit 1991, nach der Auflösung des RGW und dem Übergang im Handel mit den post-sowjetischen Staaten vom Rubel zu westlicher Währung, wird dieses minderwertige Eisenerz immer weniger aus Rußland bzw. der Ukraine bezogen. Stattdessen werden Pellets bevorzugt, teilweise auch andere Importländer gesucht. Infolgedessen werden manche der aufgelisteten Sinteranlagen nicht voll ausgenutzt oder gar nicht mehr nötig sein. So wurde z. B. die Sinteranlage Borsod/Miskolc in Ungarn Ende 1992 stillgelegt.

Von den blockfreien Staaten spielen Schweden und Norwegen diesbezüglich eine völlig untergeordnete Rolle. Für die einzige Hütte Albaniens in Elbasan stehen relativ gute und ausreichende heimische Erze zur Verfügung, so daß eine Sinterung nicht notwendig ist.

Entsprechend dem Erzeugungsumfang ist die Zahl der Sinteranlagen. Die Zahl der Sinteranlagen belief sich Ende 1992 auf insgesamt 80. Diese sind unterschiedlich alt und haben unterschiedliche Kapazitäten. 15 Anlagen stehen allein in der Bundesrepublik Deutschland. Der in den einzelnen Ländern erzeugte Sinter wird fast ausschließlich in diesen Ländern auch eingesetzt, und zwar hauptsächlich in den dortigen Hochöfen. Der Außenhandel von Eisenerzsinter ist unbedeutend, im Gegensatz zu den Pellets.

2.2 Koks

Steinkohlenkoks spielt in der Eisen- und Stahlindustrie eine große Rolle. Er wird als wichtiger Rohstoff bei der Roheisenerzeugung im Hochofen eingesetzt und auch als Brennstoff verwendet. In den Statistiken wird in den meisten Fällen Hütten- und Zechenkoks insgesamt ausgewiesen. Diese Mengen sind dann wesentlich größer, als die tatsächlich nur in der Eisen- und Stahlindustrie eingesetzten Mengen.

2.2.1 Koksgewinnung

Die hauptsächlich zur Verwendung in der Hüttenindustrie erzeugten Zechen- und Hüttenkoks-mengen haben sich im Untersuchungsraum seit Mitte der fünfziger Jahre stark erhöht (Tab. 12).

Koksgewinnung in der EU (12)

Zu Beginn der fünfziger Jahre betrug die Koksgewinnung innerhalb der heutigen 12 EU- Länder 59,9 Mio. t. Die Nachkriegsjahre sind in allen Ländern durch eine erhebliche Ausweitung der Erzeugung gekennzeichnet. 1957 wurden alle bis dahin erreichten Produktionsmengen übertroffen und eine Koksgewinnung von 95,5 Mio. t erzielt. Dies bedeutete eine Erhöhung um ca. 60 % innerhalb von sieben Jahren.

Dann folgten Jahre, in denen die Koksgewinnung merklich rückläufige Tendenzen aufweist, zumindest, was die größten europäischen Produzenten Deutschland und Großbritannien betrifft. Hier zeigen sich starke Schwankungen in der Gewinnung von Hütten- und Zechenkoks, wobei sich produktionsstarke mit produktionsschwachen Jahren abwechseln. Vorläufiger Tiefpunkt dieser Entwicklung war das Jahr 1967, in dem nur 82,5 Mio. t Koks erzeugt wurden. Dennoch war der Anteil an der Welterzeugung (302,7 Mio. t) mit 27,3 % relativ hoch.

Dieser Entwicklung folgte drei Jahre später ein neuerlicher Produktionshöhepunkt. Mit 94,4 Mio. t konnte annähernd das Maximum aus dem Jahre 1957 erreicht werden.

Der Rückgang der Erzeugung 1971 auf 88,9 Mio. t war gleichzeitig der Beginn einer unaufhalt-samen und langdauernden Krise im Bereich der Koksgewinnung. Ein Vergleich der Entwicklung des Weltmarktes zeigt deutliche Parallelitäten. Auch hier präsentieren sich starke Oszillationen der Hütten- und Zechenkoksgewinnung, wobei tendenziell die Gewinnung rückläufig ist.

In der kontinuierlich rückläufigen Entwicklung der Koksgewinnung seit Beginn der siebziger Jahre ragen zwei Ausnahmejahre heraus. 1974, ein Zeitpunkt in dem in vielen übrigen Zweigen der Eisen- und Stahlindustrie Produktionsmaxima erreicht wurden, bedeutete auch im Bereich der Hütten- und Zechenkoksgewinnung ein Produktionsmaximum. Zwar konnte die Erzeugung auf 86,5 Mio. t (1974) erhöht werden, doch sank der Anteil der ebenfalls steigenden Weltkoksgewin-nung (372,8 Mio. t) gleichzeitig auf 23,1 % ab. Letztere Tendenz setzte sich fort, obwohl die Koksgewinnung innerhalb der EG 1980 eine neuerliche Zunahme zu verzeichnen hatte. Mit 70

Mio. t Koks wurde das Wirtschaftsjahr 1980 abgeschlossen, was einem Anteil auf dem Weltmarkt von 18,9 % entsprach.

Nach 1980 setzte sich die Talfahrt der Koksgewinnung innerhalb der EG fort. Für 1990 lassen sich Mengen unter 50 Mio. t (49,9 Mio. t) nachweisen, der Anteil an der Weltkoksgewinnung ist auf nunmehr (fast) unbedeutende 14,2 % abgesunken. Damit findet eine Entwicklung ihren vorläufigen Höhepunkt, die sich bereits zu Beginn der siebziger Jahre angekündigt hat. Die größten Gewinne wurden in den erweiterten Nachkriegsjahren zwischen 1957 und 1967 erzielt, im Anschluß daran folgten einzelne Spitzenjahre in einer tendenziell rückläufigen Gesamtentwicklung.

Tab. 12: Hütten- und Zechenkoksgewinnung (in 1.000 t)

	1955	1965	1970	1974	1987	1990
B	6.600	7.334	7.119	8.050	5.226	5.420
BG		682	834	1.370(x)	1.314	1.376
D	40.520	43.275	39.914	34.921	19.820	17.580
CS	7.000	9.496	10.266	10.898	10.586	9.626
DDR	2.705	3.209	2.572	1.829	1.350	1.260
F	10.725	13.378	14.152	12.282	7.462	7.197
I	2.949	5.737	7.046	8.566	6.751	5.626
YU	731	1.267	1.309	1.323	2.960	2.308
NL	3.901	4.286	1.997	2.683	2.735	2.736
A	1.811	1.551	1.768	1.733	1.726	1.724
PL	10.055	13.668	16.548	18.055	17.066	13.713
RO	144	1.135	1.188	1.859	4.700	3.700
S	822	375	530	481	1.091	1.092
E	1.452	2.870	4.029	4.243	2.874	3.233
H	30	777	776	766	970	861
GB	18.394	20.098	20.332	15.776	8.681	8.055

(x) 1975

Quelle: Statistisches Bundesamt (Hrsg.): Die Eisen- und Stahlindustrie, Jahresergebnisse 1960, S. 118 - 119, 1975, S. 56 - 57, Düsseldorf; Wirtschaftsvereinigung Stahl: Stat. Jahrbuch der Stahlindustrie 1992, Düsseldorf

Die Situation der einzelnen EG- Mitgliedstaaten läuft mit der Gesamtentwicklung relativ konform, wobei sich auch hier Ausnahmen zeigen. Die auffälligste Entwicklung ist in der Bundesrepublik Deutschland auszumachen. Trotz erheblich rückläufiger Koksgewinnung während des gesamten Beobachtungszeitraumes, hebt sie sich mit überragendem Umfang von den übrigen Mitgliedstaaten ab. In den bereits erwähnten Boomjahren kam es zeitweilig zu einer Spitzenposition von 45,2 Mio. t, womit die Bundesrepublik Deutschland annähernd die Hälfte allen in den EG-Staaten gewonnenen Kokses erzeugte. Zudem stellte dieser Wert mehr als das Doppelte der Menge, die das Vereinigte Königreich als zweitgrößter Erzeuger zu produzieren vermochte (20,8 Mio. t). Dieses hohe Erzeugungsniveau konnte jedoch nur über wenige Jahre gehalten werden. 1967 kam es zu einem drastischen Einbruch im Bereich der bundesdeutschen und der britischen Koksgewinnung, die Erzeugung ging auf 35,2 Mio. t bzw. 15,6 Mio. t zurück. Dennoch hielt die Bundesrepublik Deutschland ihre Spitzenposition vor Großbritannien und Frankreich.

Während die Entwicklungen der Bundesrepublik Deutschland und Großbritanniens ähnlich verliefen (hohes Produktionsniveau mit drastischen Einbußen gegen Ende der sechziger Jahre), weist Frankreich eine harmonischere auf. Ohne die für Deutschland und Großbritannien typischen Schwankungen konnte die Koksgewinnung kontinuierlich gesteigert werden. 1970 hatten Frankreich, Großbritannien und die Bundesrepublik Deutschland 78,6 % der Kokserzeugung in der EG der heutigen 12 Länder inne, wobei die Produktion Deutschlands das Doppelte derer Frankreichs betrug (39,8 Mio. t zu 14,2 Mio. t).

1980 kam es schließlich zu einem Wechsel Frankreichs und Großbritanniens als zweitgrößten Erzeuger von Hütten- und Zechenkoks hinter der Bundesrepublik Deutschland. Während Frankreich die Koksgewinnung kurzzeitig erhöhen und auf einem Niveau halten konnte (1979 = 11,6 Mio. t, 1980 = 11.1 Mio. t), ging die Großbritanniens permanent zurück (1979 = 12,529 Mio. t, 1980 = 10,1 Mio. t, 1981 = 9,1 Mio. t). Allerdings änderte sich der Positionsstand im Jahre 1985 erneut, als auch die Erzeugung Frankreichs verstärkt rückläufige Tendenzen verzeichnete.

Bis in die Mitte der siebziger Jahre klaffte hinter den drei genannten Staaten eine große Lücke im Bereich der Koksgewinnung.

Bis 1970 gelang es einzig Belgien/Luxemburg Anschluß an die Spitzenerzeuger zu halten, wobei die Gewinnung mit etwa 7 Mio. t noch weit hinter der Frankreichs lag. Zu Beginn der siebziger Jahre gelang es auch Italien durch konsequente Steigerung der Gewinnung zu Belgien/Luxemburg aufzuschließen, bzw. diese 1974 mit 8,6 Mio. t zu überbieten (vgl. Belgien/Luxemburg 8,1 Mio. t).

Seither kam es zu einer ständigen Annäherung Italiens an die Spitzengruppe, durch Erzeugungssteigerungen einerseits und Produktionsverlusten andererseits. 1984 gelang es Italien sogar, annähernd an den Produktionsumfang des Vereinigten Königreichs anzuschließen (I = 6,9 Mio. t, GB = 7,0 Mio. t). Zu einer weiteren Anhebung der Koksgewinnung war jedoch die italienische Eisen- und Stahlindustrie bisher nicht in der Lage, so daß sie heute in bezug auf die Koksgewinnung an vierter Stelle in der EG rangiert.

Insgesamt ist die Diskrepanz zwischen den EG-Erzeugern viel geringer geworden als es sich in den fünfziger und sechziger Jahren darstellte. Die Bundesrepublik Deutschland kontrollierte mit etwa 35 % (1990) den EG-Markt, gefolgt von Großbritannien mit 15 %, Frankreich mit 14 % und Italien mit 10 %. Zusammen stellten diese vier EG-Länder 74 % der Koksgewinnung aller EG-Mitgliedstaaten. Von den übrigen 26 % entfielen ca. 12 % auf Belgien/Luxemburg mit 5,4 Mio. t Koks.

Darüber hinaus muß die Produktion Spaniens erwähnt werden, die während des gesamten Beobachtungszeitraumes (fast) kontinuierlich gesteigert werden konnte. Erst seit Beginn der achtziger Jahre ist sie leicht rückläufig und schwankt um 3 Mio. t.

Ähnliches gilt für die Niederlande, die nach Wachstum in den fünfziger und sechziger Jahren, nun seit Beginn der siebziger Jahre auf einem deutlich niedrigeren Niveau erzeugt (ø 2,5 Mio. t).

Koksgewinnung der RGW-Länder

Von diesen Ländern verfügen nur Polen und die Tschechoslowakei über reiche Vorräte an Kokskohle. Beide Länder exportierten sowohl Kokskohle als auch Koks. Die weiteren vier

Länder - die DDR, Rumänien, Bulgarien und Ungarn - deckten ihren Koksbedarf lediglich zu 10% mit eigener minderwertiger Kohle.

Die Koksgewinnung wuchs unmittelbar nach dem Zweiten Weltkrieg in Polen, in der Tschechoslowakei, DDR und Rumänien parallel zu der steigenden Roheisenproduktion. In Ungarn fing die Koksgewinnung erst in den fünfziger Jahren an, im Hüttenkombinat Dunaujvaros, in Bulgarien in den sechziger Jahren (im Hüttenkombinat Kremikovcy).

Die größte Hüttenkoksproduktion, dazu aus eigener Kokskohle, wiesen Polen (über 10 Mio. jato) und die Tschechoslowakei (7-8 Mio. jato) auf. In den übrigen RGW-Ländern war die Koksgewinnung - dazu aus importierter Kokskohle - bedeutend kleiner, über 3 Mio. jato in Rumänien, über 1 Mio. jato in der DDR und Bulgarien und weniger als 1 Mio. t in Ungarn. Die Produktion von Hüttenkoks findet vorwiegend in Hüttenkokereien statt. Ihre Anzahl in einzelnen Ländern ist in der Tab. 13 sowie auf der Abb. 19 dargestellt.

In Polen und in der Tschechoslowakei wurde ein Teil des Hüttenkokses noch in anderen Kokereien produziert, die sich neben Kokskohlengruben in den jeweiligen Steinkohlenrevieren befinden. In der DDR wurde zusätzlich der sog. Braunkohlenhochtemperaturkoks (BHT-Koks) in Lauchhammer produziert (2.6 Mio. t. 1980). Der BHT-Koks konnte jedoch nur zusammen mit dem Steinkohlenkoks eingesetzt werden.

Tab. 13: Hüttenkokereien (1992) in den ehemaligen RGW-Ländern

| Hüttenstandort | | Anzahl | |
		Anlagen	Batterien
Polen:	"Katowice"	2	4
	Sendzimir/Kraków	2	2
	Czestochowa	1	3
Tschechoslowakei:	Kuncice	2	8
	Vitkovice	1	2
	Trinec	1	4
	Kosice	2	3
Rumänien:	Galati	3	7
	Hundedoara	1	4
	Resita	1	1
	Calarasi	1	1
Bulgarien:	Kremikovcy	3	4
Ungarn:	Dunaujvaros	2	3

Quelle: VDEH-Datenbank, Düsseldorf

Koksgewinnung der blockfreien Länder
1952 betrug die Koksgewinnung der blockfreien europäischen Staaten Österreich und Schweden zusammen lediglich 2,8 Mio. t. Dieser Wert entsprach etwa dem Produktionsumfang Italiens für den identischen Zeitraum (2,5 Mio. t).

Während Schweden bis 1960 eine recht unbedeutende Kokserzeugung von durchschnittlich etwa 120.000 t aufzuweisen hatte, produzierte Österreich mit ständigen Zunahmen und einem ersten Höhepunkt im Jahre 1960. Erstmals gelang es, über 2 Mio. t Koks zu erzeugen und sich etwa dem Produktionsniveau Spaniens (2,4 Mio. t) zu nähern.

Im Anschluß daran jedoch weist Österreich stark rückläufige Tendenzen auf. 1967 erzeugte Österreich lediglich 1,4 Mio. t Koks und befand sich damit noch unter dem Wert von 1951, wo immerhin bereits 1,5 Mio. t Koks erzeugt wurden. Nach diesem Tiefpunkt erholte sich die Koksgewinnung Österreichs allmählich, 1970 und 1974 wurden 1,8 Mio. t bzw. 1,7 Mio. t erreicht. In Schweden dagegen sah die Entwicklung bis dato anders aus. Wie bereits erwähnt war die schwedische Hütten- und Zechenkoksgewinnung zunächst sehr gering. Seit 1960 jedoch stieg die Produktion kontinuierlich an und erreichte 1966 und 1969 500.000 t und 533.000 t. Konträr zur Entwicklung Österreichs ging die Koksgewinnung im Jahre 1974 eindeutig zurück, bevor sie 1977 einen vorläufigen Produktionsrekord mit 1,1 Mio. t erreichte.

Seit 1955 ist die Koksgewinnung Jugoslawiens statistisch erfaßt. Auch hier läßt sich zunächst ein allmählicher Aufwärtstrend beobachten, der in einem kleinen Maximum im Jahre 1965 mit 1,3 Mio. t Koks endete. Danach blieb die Herstellung von Koks bis 1975 auf einem relativ konstanten, leicht steigenden Niveau. Das Jahr 1976 brachte sowohl für Jugoslawien als auch für Schweden und Österreich gravierende Veränderungen. Fast sprungartig konnten die schwedischen und jugoslawischen Produktionskapazitäten erweitert werden. Mit 1,8 Mio. t lag Jugoslawien vor der Kokserzeugung Österreichs mit 1,6 Mio. t. Schweden belegte den dritten Platz mit 1,1 Mio. t. Zusammen betrug die Produktion damit 4,5 Mio. t, was ungefähr der alleinigen Produktion Spaniens (4,2 Mio. t) für das gleiche Jahr entspricht.

Seit jenem Jahr 1976 verlaufen die Entwicklungen der drei blockfreien Staaten relativ unterschiedlich. Die österreichische Produktion war zunächst von weiteren Abnahmen gekennzeichnet, wobei der Tiefpunkt 1977 erreicht wurde. In diesem Jahr fiel die Koksgewinnung auf 1,6 Mio. t zurück und damit etwa auf das Niveau von 1965 (1,6 Mio. t). Aus dieser Krisensituation wirtschaftete sich die österreichische Eisen- und Stahlindustrie innerhalb kurzer Zeit wieder heraus. Bereits 1980 konnte die Herstellung von Zechen- und Hüttenkoks um ca. 13 % gesteigert und auf 1,8 Mio. t angehoben werden. Vier Jahre später wurde ein neuerliches Maximum von 1,9 Mio. t erzielt, was einer Zuwachsrate von 5,7 % entsprach. Diese Entwicklung konnte jedoch nicht fortgesetzt werden. Seit 1984 ist die Koksgewinnung des Alpenstaates leicht rückläufig und betrug 1990 1,7 Mio. t. Eine ähnliche Entwicklung läßt sich für Schweden beobachten. Nachdem, wie erwähnt, die Produktion 1976 sprunghaft die Ein- Millionen- Grenze überschritten hatte, kam es zunächst in den darauffolgenden Jahren zu einem deutlichen Absinken der Produktion. Von 1978 bis 1980 fiel die schwedische Kokserzeugung wieder unter eine Produktion von einer Millionen Tonne (1978 = 0,9 Mio. t, 1979 = 0,9 Mio. t, 1980 = 1,0 Mio. t). Seit 1981 jedoch boomt die schwedische Koksgewinnung. Die Produktion konnte permanent erhöht werden und 1984 einen nie zuvor erreichten Umfang von 1,3 Mio. t Koks erzielen. Doch auch Schweden konnte das hohe Produktionsvolumen nicht dauerhaft halten. Vier Jahre später, 1988, sank die Gewinnung drastisch auf 0,9 Mio. t ab. In jüngster Vergangenheit (1990) zeigt die schwedische Koksgewinnung wieder ein positives Wachstum von 1,1 Mio. t. Völlig anders verlief die Entwicklung der Koksherstellung in Jugoslawien seit Mitte der siebziger Jahre. Nachdem Jugoslawien 1976 die führende Position innerhalb der blockfreien europäischen Staaten eingenommen hatte, nahm der Umfang stetig zu. Innerhalb von drei Jahren vermochte es Jugoslawien, die Produktion um knapp 40 % anzuheben, was einem tatsächlichem Umfang von 700.000 t Koks entsprach (von

1,8 Mio. t auf 2,5 Mio. t). Von 1984 - 1986 konnte sich Jugoslawien sogar auf einem Niveau von ungefähr 3,5 Mio. t halten, womit es doppelt soviel Koks erzeugte wie Österreich zur gleichen Zeit. 1987 wurden die aufwärtigen Tendenzen unterbrochen: Die Koksgewinnung ging auf 3,0 Mio. t zurück, was etwa vergleichbar mit der spanischen Erzeugung war. Diese Depression währte nur ein Jahr, so daß die jugoslawische Koksherstellung auch 1990 positive Tendenzen vorzuweisen hatte (3,3 Mio. t).

Insgesamt läßt sich feststellen, daß die Koksgewinnung der blockfreien europäischen Staaten, vertreten durch Österreich, Jugoslawien und Schweden, eine relativ untergeordnete Rolle im übrigen Europa und in der Welt spielt. Dies wird umso deutlicher, wenn man das Jahr 1984 als Vergleichsjahr herausfiltert. In diesem Jahr verzeichneten die blockfreien Länder ihr größtes Volumen mit 6,7 Mio. t Koks. Dieser Wert markiert jedoch nur 11 % der EG-europäischen Herstellung. Der Anteil am Weltmarkt im Bereich Koks betrug gerade 1,9 %, was den geringen Stellenwert der blockfreien Länder unterstreicht.

Die bisherigen Ausführungen machten die großen regionalen Unterschiede zwischen den Ländern deutlich. Zur Koksgewinnung stand in den einzelnen Ländern eine unterschiedliche Zahl von Hüttenkokereien zur Verfügung. Der Stand von Ende 1992 ist in Abb. 19 dargestellt und zeigt, daß es allein in der Bundesrepublik Deutschland 11 Hüttenkokereien gab.

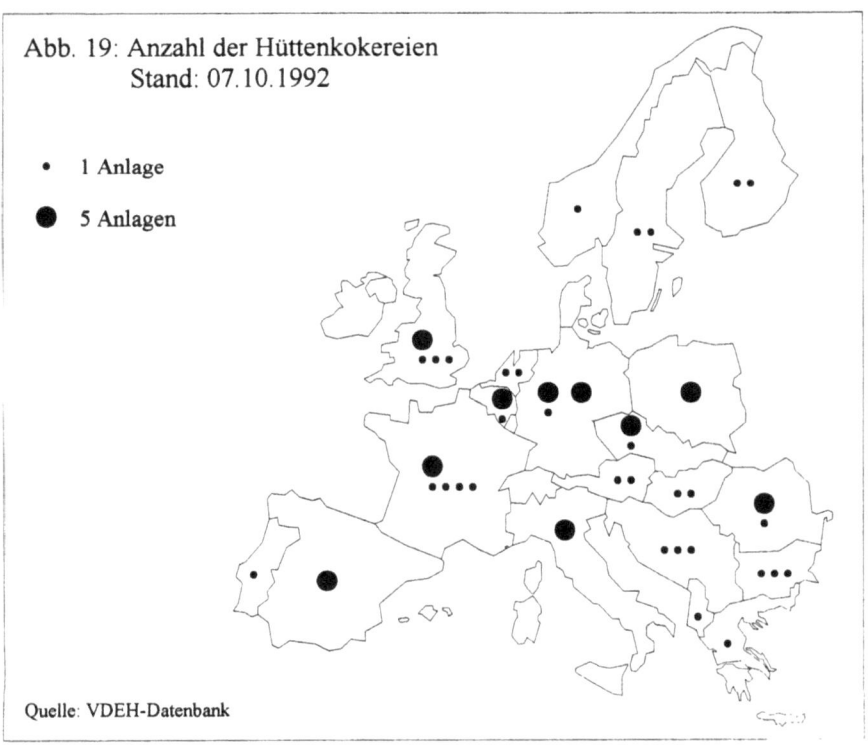

Abb. 19: Anzahl der Hüttenkokereien
Stand: 07.10.1992

• 1 Anlage

● 5 Anlagen

Quelle: VDEH-Datenbank

2.2.2 Außenhandel mit Hüttenkoks

In vielen Ländern war die eigene Steinkohlenkokserzeugung für die Hüttenindustrie nicht ausreichend, so daß noch zusätzliche Importe aus anderen Ländern notwendig waren.

Tab. 14: Außenhandel mit Koks

	1978		1990	
	Einfuhr (1.000 t)	Ausfuhr (1.000 t)	Einfuhr (1.000 t)	Ausfuhr (1.000 t)
B/L	2.640	195	2.158	726
BG	446[xx]		664[x]	
D	1.131	10.896	853	2.313
CS	36	1.833		ca. 1.500
DK	114	64	-	-
DDR	3.136[xx]		1.730[x]	
SF	933	-		
F	1.696	766	1.043	398
GR	91	-	-	-
IRL	10	21	-	-
I	306	625	.	.
YU	95		35[x]	
NL	485	732	350	827
N	330	105		
A	919	64		
PL	-	2.067	-	3.661
P	103	-	-	-
S	422	96		
CH	121	0		
E	240	2	-	-
H	1.227	29	1.186[x]	
GB	15	904	304	301

[x] 1985   [xx] 1980

Quelle: Wirtschaftsvereinigung Stahl (Hrsg.): Statistisches Jahrbuch der Stahlindustrie 1992, Düsseldorf; Statistisches Bundesamt (Hrsg.): Die Eisen- und Stahlindustrie, Jahresergebnisse 1980, Düsseldorf

Über einen Zeitraum von etwa 40 Jahren hat sich allerdings viel verändert. Bis in die Gegenwart sind die Unterschiede zwischen einzelnen Ländern groß geblieben. Hinzu kamen die von Jahr zu Jahr vorhandenen Schwankungen. Besonders auffällig ist der starke Rückgang der Importe von Belgien/Luxemburg und Frankreich.

Einige Länder konnten über ihren Bedarf hinaus Steinkohlenkoks exportieren. Allerdings hat sich diesbezüglich einiges verändert. So kann man z. B. erkennen, daß Frankreich sowie Belgien und

Luxemburg in beiden Jahren Netto-Importeure waren. Die Bundesrepublik Deutschland, Polen und die Tschechoslowakei waren dagegen Netto-Exporteure.

Der Koksexport aus Polen stieg von 1,8 Mio. t im Jahre 1950 auf über 3 Mio. t im Jahre 1975 an. Dann sank er wegen des Bedarfsanstieges seitens der neuen Hütte "Katowice" (die anfangs keine eigene Kokerei hatte). Nach 1985 stieg der Koksexport wieder an bis auf 3,7 Mio. t im Jahre 1990, weil inzwischen die Roheisenproduktion schrumpfte und somit auch der Bedarf an Hüttenkoks. Der Koksexport aus der Tschechoslowakei war etwas kleiner, er erreichte 2,5 Mio. jato (1970-73). Im Verhältnis zu heimischer Koksgewinnung variierte der Anteil des Koksexports in beiden Ländern von etwa 15 % bis über 20 %. Der Koksexport aus Polen und der Tschechoslowakei ging vorwiegend in die übrigen osteuropäischen Länder, im Falle Polens - zu 50 - 60 %, im Falle der Tschechoslowakei - zu über 70 % (Tab. 15). Die größten Koksimporteure waren schon seit den fünfziger Jahren die DDR (2,5 bis über 3 Mio. jato) und seit den siebziger Jahren auch Rumänien (2,5 - 3 Mio. jato). Zu den kleinen Koksimportländern gehörten Ungarn (etwas mehr als 1 Mio. jato), Bulgarien (0,4 - 0,7 Mio. jato) und Jugoslawien; für Albanien fehlen die Angaben.

Die genannten Länder importierten Koks aus der Sowjetunion (zu ca. 40 - 50 %) sowie aus Polen und der Tschechoslowakei (jeweils zu ca. 25 - 30 %).

Tabelle 15: Außenhandel mit Koks in Osteuropa

Koksexporteur	1950	1955	1960	1965	1970	1975	1980	1985	1990
Polen (1.000 t)	1.794	2.240	2.086	2.324	2.284	3.137	1.770	1.639	3.661
davon in osteurop. Länder (in %)	59,7	77,4	61,8	56,0	54,9	83,4	75,9	71,7	55,5
Tschechoslowakei (1.000 t)	1.261	1.198	1.316	1.816	2.501		1.461		1.500
davon in osteurop. Länder (in %)	95,0	84,2	75,6						

Koksimporteur	1950	1955	1960	1965	1970	1975	1980	1985	1990
Bulgarien (1.000 t)	-	55	344	263	465		446	664	
DDR (1.000 t)		2.613	2.527	3.205	3.123	2.971	3.136	1.730	
Jugoslawien (1.000 t)		118	304	111	187	499	55	35	
Rumänien (1.000 t)		719	654	930	2559	2545			
Ungarn (1.000 t)	741	1.023	1.074	1.082	1.254	1.372	1.492	1.186	

2.2.3 Koksverbrauch

Aus der Kokserzeugung und dem Ex- bzw. Import resultiert schließlich der Verbrauch. Auch dieser hat sich in den zurückliegenden Jahren sehr stark verändert.

Eine statistisch-methodische Bemerkung: in den meisten osteuropäischen Ländern wird ein beträchtlicher Teil von Koks außerhalb der Hüttenindustrie verbraucht, und zwar als Brennstoff, Heizmaterial u.a. Das Datenmaterial bezieht sich meistens hinsichtlich der Produktion und des Verbrauchs allgemein auf "Koks", es wird nicht immer "Hüttenkoks" ausgesondert. Es wurde jedoch angestrebt hier nur jene Daten auszuwerten, die Hüttenkoks betreffen. In Polen und in der

Tschechoslowakei entfällt etwa 50 % der Koksgewinnung sowie des Koksverbrauchs auf Hüttenkoks.

In der Eisen- und Stahlindustrie wird Steinkohlenkoks in erster Linie in Hochöfen zur Roheisenerzeugung eingesetzt (Tab. 16). In den EG-Ländern Irland, Dänemark und Griechenland standen 1992 keine Hochöfen. So wurde dort auch kein Koks verwendet. Da ebenfalls keine Hüttensinteranlagen vorhanden waren, fehlte auch dafür der Einsatz. In den übrigen Ländern war der Einsatz sehr unterschiedlich.

Tab. 16: Verbrauch von Koks nach Anlagen in der Eisen- und Stahlindustrie in 1.000 t (1990)

	in Hütten-sinteranlagen	in Hochöfen	sonstiger	Insgesamt
D	1.374	12.672	41	14.087
F	541	6.087	37	6.665
I	638	4.915	205	5.758
NL	255	1.796	1	2.052
B	886	4.282	23	5.192
L	270	1.162	17	1.448
GB	879	5.465	29	6.378
E	224	2.762	4	2.991
P	21	181	4	206

Quelle: Statistisches Amt der Europäischen Gemeinschaft (Hrsg.), Eurostat: Eisen und Stahl 1991, Luxemburg 1991, S. 35

2.3 Schrott

Schrott ist ein wichtiger Rohstoff bei der Stahlerzeugung. Je nach Stahlerzeugungsverfahren ist die Verwendung unterschiedlich. Der Schrottanteil schwankt zwischen 20 % (Sauerstoffblas-Verfahren) und 100 % (Elektrostahl-Verfahren).

Als Kreislaufschrott fällt dieser Rohstoff im Bereich der Hüttenwerke bei der Herstellung von Walzstahl an (Kanten, Enden). Große Mengen liefert auch die stahlverarbeitende Industrie. Dieser Schrott hat besonders gute Qualität. Daneben gibt es noch den Alt- und Sammelschrott. Dieser muß allerdings in besonderen Aufbereitungsanlagen von unerwünschten Begleitelementen getrennt werden.

Da die Elektrostahlverfahren in allen Ländern immer größere Bedeutung gewannen (Vgl. Abschnitt 4.2.1.4), veränderte sich auch ständig der Schrotteinsatz (Abb. 20 bis 22). Die notwendigen Mengen konnten in den einzelnen Ländern selten zur Verfügung gestellt werden, so daß Importe notwendig wurden. Enorme Mengen importierten Spanien und Italien.

In den RGW-Ländern spielte diesbezüglich Mitte der achtziger Jahre die DDR eine besonders große Rolle. Sie importierte damals jährlich mehr als eine Mio. t Schrott. Der importierte Schrott kam für alle RGW-Länder hauptsächlich aus der Sowjetunion. Polen war Netto-Schrottexporteur, vor allem in die westeuropäischen Länder. Im Jahre 1988 betrug der Schrottexport 347.000 t, der Import nur 2.240 t. Und schließlich gab es unter den blockfreien Ländern erwähnenswerte Schrott-Importe in Jugoslawien und Schweden, aber erst Anfang der achtziger Jahre.

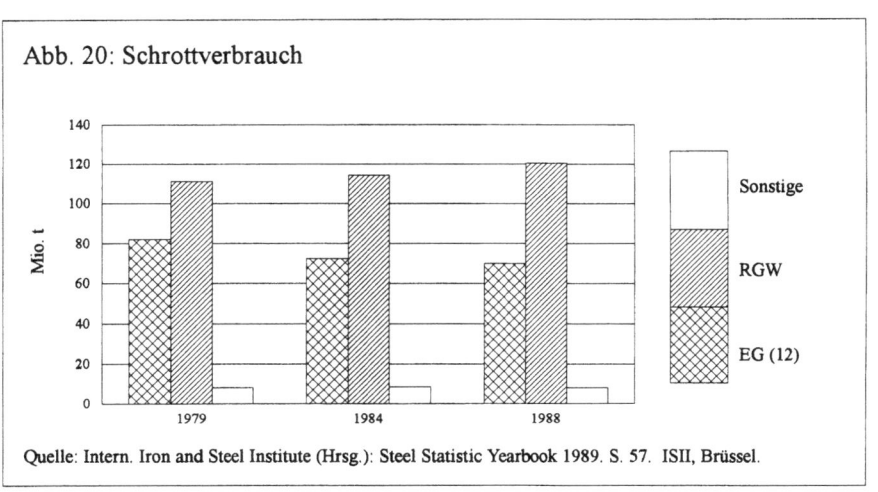

Abb. 20: Schrottverbrauch

Quelle: Intern. Iron and Steel Institute (Hrsg.): Steel Statistic Yearbook 1989. S. 57. ISII, Brüssel.

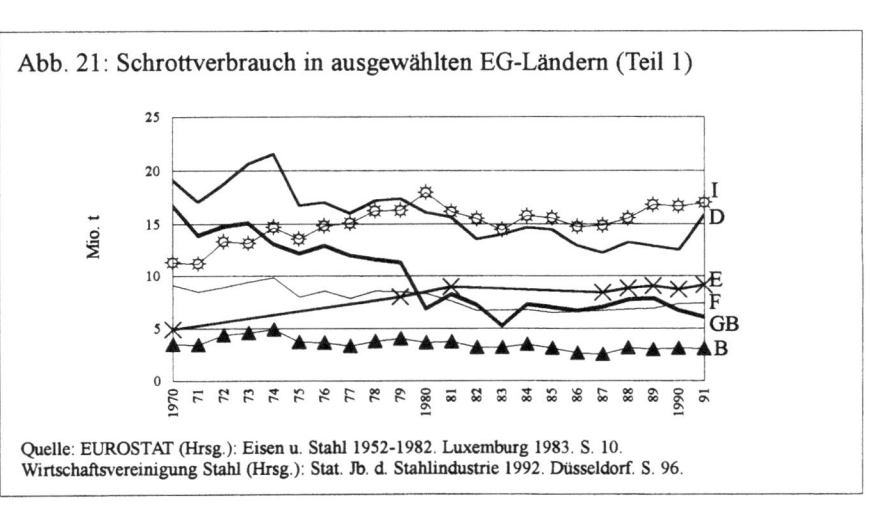

Abb. 21: Schrottverbrauch in ausgewählten EG-Ländern (Teil 1)

Quelle: EUROSTAT (Hrsg.): Eisen u. Stahl 1952-1982. Luxemburg 1983. S. 10.
Wirtschaftsvereinigung Stahl (Hrsg.): Stat. Jb. d. Stahlindustrie 1992. Düsseldorf. S. 96.

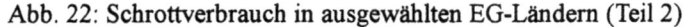

Abb. 22: Schrottverbrauch in ausgewählten EG-Ländern (Teil 2)

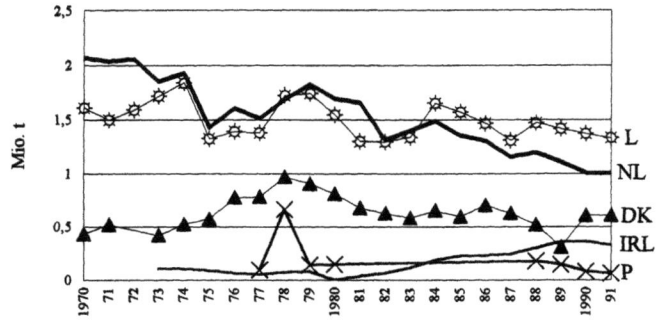

Quelle: EUROSTAT (Hrsg.): Eisen u. Stahl 1952-1982. Luxemburg 1983. S. 10.
Wirtschaftsvereinigung Stahl (Hrsg.): Stat. Jb. d. Stahlindustrie 1992. Düsseldorf. S. 96.

In vielen Fällen waren Schrottimportländer auch Schrottexportländer. Im Jahre 1979 hatte Italien rd. 6,9 Mio. t Schrott-Einfuhren. Dieses Land war damit im Untersuchungsraum der größte Importeur (Tab. 17). Die zweite Stelle nahm Spanien mit rd. 3,5 Mio. t ein. Export spielte in diesen Ländern fast keine Rolle. Er war vernachlässigbar gering.

Die größten Exportländer waren im Untersuchungsraum Frankreich mit 1979 rd. 3,5 Mio. t und die Bundesrepublik Deutschland mit knapp 3 Mio. t. Im Vergleich zu allen anderen Ländern hatte die Bundesrepublik aber auch rd. 1,6 Mio. t Schrott an Importen.

Tab. 17: Schrott-Außenhandel (in 1.000 t)

	1979			1983			1988		
	Export	Import	*Saldo*	Export	Import	*Saldo*	Export	Import	*Saldo*
B/L	550	970	*-420*	682	1.045	*-363*	913	1.931	*-1.018*
BG	130			38			35		
D	2.998	1.619	*+1.379*	2.977	1.298	*+1.679*	4.597	1.412	*+3.185*
DK	91	284	*-193*	175	67	*+108*	200	90	*+110*
DDR	14	708	*-694*	8	672	*-664*	5	900	*-895*
SF	3	89	*-86*	0	37	*-37*	2	16	*-14*
F	3.526	422	*+3.104*	3.227	307	*+2.920*	3.692	801	*+2.891*
GR	0	230	*-230*	1	520	*-519*	1	350	*-349*
IRL	72	5	*+67*	21	70	*-49*	32	180	*-148*
I	13	6.891	*-6.878*	18	4.446	*-4.428*	28	5.060	*-5.032*
YU	47	265	*-218*	70	738	*-668*	8	700	*-692*
NL	1.142	123	*+1.019*	1.522	364	*+1.158*	2.650	769	*+1.881*
N	42	7	*+35*	36	15	*+21*	21	164	*-143*
A	15	135	*-120*	13	219	*-206*	47	100	*-53*
PL				146	4	*+142*	347	2	*+345*
P	5	146	*-141*	10	108	*-98*	13	180	*-167*
S	17	130	*-113*	21	450	*-429*	50	800	*-750*
CH	100	179	*-79*	149	147	*+2*	100	240	*-140*
E	0	3.452	*-3.452*	1	4.742	*-4.741*	60	4.505	*-4.445*
H	37	6	*+31*	50	28	*+22*	150	15	*+135*
GB	1.338	44	*+1.294*	3.794	11	*+3.783*	3.609	91	*+3.518*

Quelle: International Iron and Steel Institute (Hrsg.): Steel Statistical Yearbook 1989,
S. 58 - 59; für Polen ergänzt aus der Außenhandels-Statistik (GUS, Warszawa)

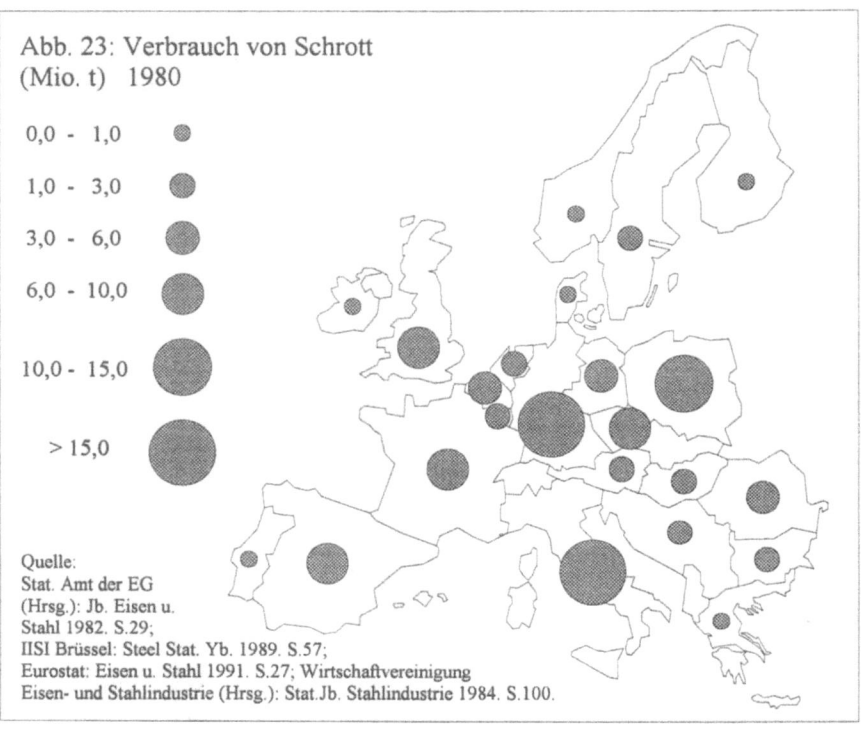

Abb. 23: Verbrauch von Schrott
(Mio. t)   1980

0,0 - 1,0

1,0 - 3,0

3,0 - 6,0

6,0 - 10,0

10,0 - 15,0

> 15,0

Quelle:
Stat. Amt der EG
(Hrsg.): Jb. Eisen u.
Stahl 1982. S.29;
IISI Brüssel: Steel Stat. Yb. 1989. S.57;
Eurostat: Eisen u. Stahl 1991. S.27; Wirtschaftvereinigung
Eisen- und Stahlindustrie (Hrsg.): Stat.Jb. Stahlindustrie 1984. S.100.

3 Produktionsmöglichkeiten und -entwicklung

In diesem umfangreichen Kapitel wird auf Roheisen, Rohstahl und Walzwerkserzeugnisse eingegangen.

3.1 Roheisen

Es gibt ganz unterschiedliches Roheisen. Roheisensorten werden u. a. nach dem Verwendungszweck bzw. der chemischen Zusammensetzung unterschieden. Man unterscheidet Roheisen für die Stahlerzeugung und Roheisen für die Gußerzeugung (Übersicht 1).

Übersicht 1: Roheisensorten

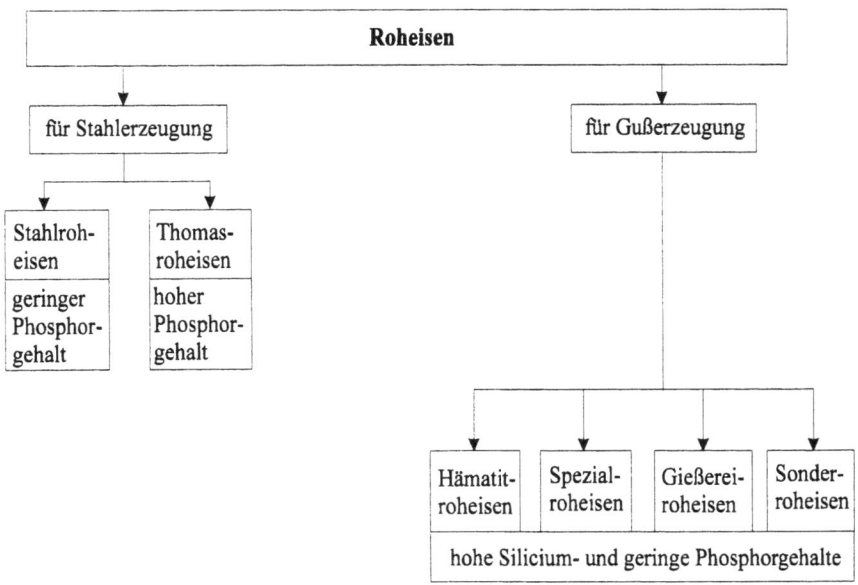

3.1.1 Roheisenerzeugung

Im gesamten Untersuchungsraum hat die Roheisenerzeugung von 1950 bis 1974 ständig zugenommen (Abb. 24). Seitdem gibt es einen starken Rückgang. Der allergrößte Anteil entfällt bis heute auf den Raum der heutigen 12 EU-Länder. Von den rund 43,6 Mio. t im Untersuchungsraum waren das 84 %. 1974 wurden insgesamt im Untersuchungsraum rund 161,6 Mio. t Roheisen erzeugt. Im Raum der heutigen 12 EU-Länder war das nur noch ein Anteil von ca. 74 %.

Verantwortlich für die anteilsmäßige Verschiebung war die relativ starke Ausweitung der Erzeugung in erster Linie in den RGW-Ländern. Mehr als zehn Jahre lang blieb die Roheisenerzeugung in den RGW-Ländern auf sehr hohem Niveau. Erst nach der Wende ging der Erzeugungsumfang stark zurück. Einen starken Rückgang gab es auch in den EU-Ländern. Aus diesen Veränderungen resultierte im Jahre 1991 für die EU-Länder an der gesamten Erzeugung des Untersuchungsraums aber immer noch ein Anteil von 74 %.

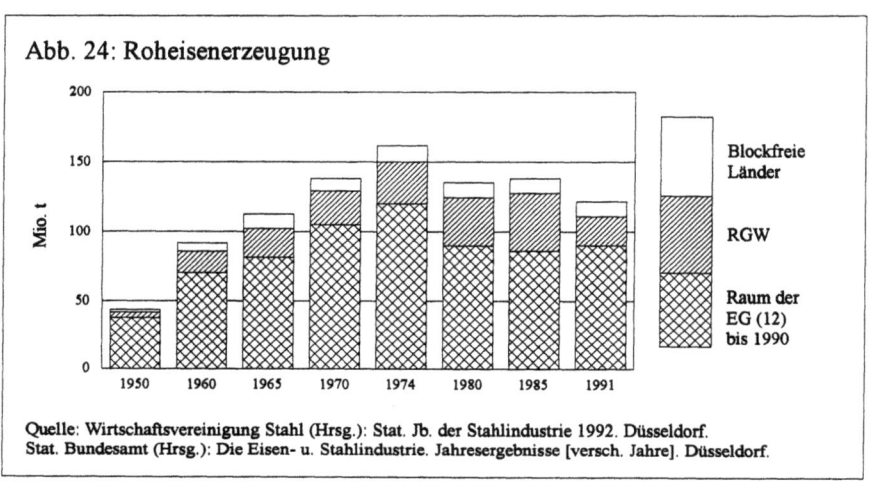

Abb. 24: Roheisenerzeugung

Quelle: Wirtschaftsvereinigung Stahl (Hrsg.): Stat. Jb. der Stahlindustrie 1992. Düsseldorf.
Stat. Bundesamt (Hrsg.): Die Eisen- u. Stahlindustrie. Jahresergebnisse [versch. Jahre]. Düsseldorf.

In einigen Ländern gibt es bis heute keine Roheisenerzeugung (z. B. Irland). In anderen Ländern ist sie erst relativ spät aufgenommen worden (z. B. Griechenland und Albanien). Und schließlich ist auch in einigen Ländern die ohnehin geringfügige Erzeugung eingestellt worden (z. B. Dänemark).

Das ist zu berücksichtigen, wenn im folgenden jeweils die drei Untersuchungsräume und die Entwicklungen einzelner Länder betrachtet werden.

Roheisenerzeugung der EU-Länder (12)

Insgesamt wurden in den heutigen 12 EU-Ländern im Jahre 1950 36,8 Mio. t Roheisen erzeugt (Abb. 24). Die Weltproduktion betrug im gleichen Jahr 132,1 Mio. t, womit dieser Raum 27,8 %, also rund ein Drittel, der Produktion einbrachte.

Im Laufe des Beobachtungszeitraumes von 1950 - 1989 lassen sich zahlreiche Schwankungen in der Roheisenerzeugung beobachten, tendenziell jedoch zeigt die Entwicklung deutliche Produktionssteigerungen.

Bereits Anfang der sechziger Jahre, also innerhalb von zehn Jahren, konnte die Roheisenmenge verdoppelt werden (1960: 72,1 Mio. t). Allerdings führte der gleichzeitige Anstieg der Weltproduktion auf 258,5 Mio. t (etwa das Doppelte des Wertes von 1950) zu keiner Erhöhung der Weltmarktanteile, die 1960 immer noch rund 27 % betrugen.

Obwohl es in diesem europäischen Raum möglich wurde, die Roheisenerzeugung konsequent zu erhöhen (u. a. wurde 1963 in Griechenland der erste Hochofen des Landes errichtet, 1972 folgte der zweite Hochofen), gelang es nicht, den Anteil an der Welterzeugung entscheidend zu verbessern. Im Gegenteil: Es sank der Anteil an der Weltroheisenerzeugung in den Boomjahren 1970 und 1974 auf 24,1 % bzw. 23,0 %. Dies, obwohl in den beiden Jahren mit 105,2 Mio. t (1970) und 120,2 Mio. t (1974) Produktionsmaxima erreicht wurden. Dabei spielt keine Rolle, daß die Produktionsangaben für Griechenland fehlen. Die Kapazitäten waren so gering, daß sie wenig Einfluß auf das Ergebnis hatten. Vielmehr muß davon ausgegangen werden, daß außereuropäische Staaten wie die USA, Kanada oder die (damalige) UdSSR den Weltroheisenmarkt entscheidend bestimmten.

Nach dem Produktionsanstieg von 1974 folgte ein gewaltiger Rückschritt im darauffolgenden Jahr. 1975 ging die Erzeugung in fast allen Ländern drastisch zurück, die Gesamtproduktion fiel auf 97,7 Mio. t zurück, was einem Verlust von etwa 20 % des Vorjahres entsprach.

In Dänemark wurde die ohnehin geringe Erzeugung von nur 228.000 t (1971) im Jahre 1975 ganz eingestellt. Das hatte dann allerdings Roheisenimporte zur Folge, die bis heute bedeutsam sind.

Die folgenden Jahre zeigen zahlreiche Schwankungen. Das Rekordjahr 1974 wurde nie wieder erreicht. Ein neuerliches Produktionshoch zeigte das Jahr 1979, wo im Raum der heutigen 12 EU-Länder 107,1 Mio. t Roheisen produziert wurden. Im folgenden Jahr wuchs die Weltroheisen-erzeugung auf 520,1 Mio. t an, eine Annäherung an die Rekordmarke von 1974 (522,1 Mio. t). Nach dieser neuerlichen Zunahme der Roheisenproduktion im westlichen Teil Europas als auch der Weltproduktion, zeichnete sich bereits vier Jahre später eine tiefgreifende Krise ab.

Die Roheisenerzeugung der Mitgliedstaaten im heutigen EU-Raum erreichte 1983 nur 81,4 Mio. t, sank somit noch weit unter die Menge von 1967 mit 84,9 Mio. t. Diese Depression währte jedoch nicht lange. Bereits 1985 gab es wieder einen Produktionsanstieg. Mit 92,7 Mio. t war das ein neuer Produktionsrekord nach der zweiten Krise von 1983. Allerdings bedeutete dieser Zuwachs wiederum keinen Anstieg des Weltmarktanteils, der weiter auf nunmehr 18,2 % absank.

In den folgenden Jahren konnte dieser Produktionsstand nicht aufrechterhalten werden, sondern sank 1987 auf 86,7 Mio. t Roheisen ab, bevor er 1989 erneut anstieg und einen Wert von 95,1 Mio. t und somit das Niveau von 1985 nochmals überbot.

Interessant sind Veränderungen in der Roheisenerzeugung (Abb. 25) und die Anteile an der Roheisenerzeugung der einzelnen Länder an der gesamten Erzeugung. Über den ganzen Beobachtungszeitraum (1950-1989) konnte sich die Bundesrepublik Deutschland als dominierender Produzent innerhalb der EU behaupten. Bereits 1950 stellten die Bundesrepublik Deutschland mit 11,2 Mio. t, das Vereinigte Königreich mit 9,8 Mio. t und Frankreich mit 7,8 Mio. t etwa 79 % der Gesamtherstellung. Lediglich Belgien (3,7 Mio. t) und Luxemburg (2,5 Mio. t) konnten noch eine nennenswerte Erzeugung erzielen, alle anderen Länder produzierten weniger als 1 Mio. t Roheisen. Während die Bundesrepublik Deutschland immer die erste Stelle einnahm (1974 sogar 33,7 %, also ein Drittel der Gesamterzeugung), rangen Frankreich und Großbritannien um die Plätze zwei und drei. Bis 1966 konnte das Vereinigte Königreich knapp seinen zweiten Platz hinter der Bundesrepublik Deutschland behaupten mit 16,0 Mio. t produziertem Roheisen. Frankreich erzeugte 15,8 Mio. t, lag damit nur minimal hinter Großbritannien. Auch Belgien hielt der Entwicklung stand und folgte mit 8,2 Mio. t Roheisen. Alle zusammen gerechnet erzeugten 81,2 % im Raum der heutigen 12 EU-Länder.

Während die Bundesrepublik Deutschland und Frankreich ihre führenden Stellen innerhalb festigten, nahm diejenige des Vereinigten Königreichs permanent ab. 1980 fiel die Erzeugung Großbritanniens auf nur 9,8 Mio. t Roheisen ab. Langsam, aber stetig und konsequent baute

Italien in den sechziger und siebziger Jahren die Roheisenerzeugung auf und aus, und so wundert es nicht, daß dieses Land 1980, nach Deutschland und Frankreich, den dritten Platz der roheisenerzeugenden Länder erreichte.

Die drei letztgenannten Länder erzeugten 1980 66,1 Mio. t Roheisen, was innerhalb der EU 67,5 % ausmachte. Bei Hinzunahme von Belgien mit einer Erzeugung von 9.8 Mio. t betrug der Anteil sogar knapp 78 %.

Erwähnenswert für das Jahr 1980 ist auch die Roheisenerzeugung in Spanien. Mit 6,8 Mio. t war die spanische Erzeugung bedeutender als die des Vereinigten Königreichs.

In der jüngsten Vergangenheit scheint das Vereinigte Königreich einige Anstrengungen unternommen zu haben, um die Roheisenerzeugung zu steigern, da es seit 1987 wieder hinter der Bundesrepublik Deutschland und Frankreich als drittgrößter Erzeuger auftritt. Italien folgte unmittelbar mit einer Produktion von 11,6 Mio. t. Mit ca. 3,4 Mio. t Unterschied folgten Belgien (8,2 Mio. t), dann Spanien (4,8 Mio. t), die Niederlande mit 4,6 Mio. t und schließlich Luxemburg mit 2,3 Mio. t.

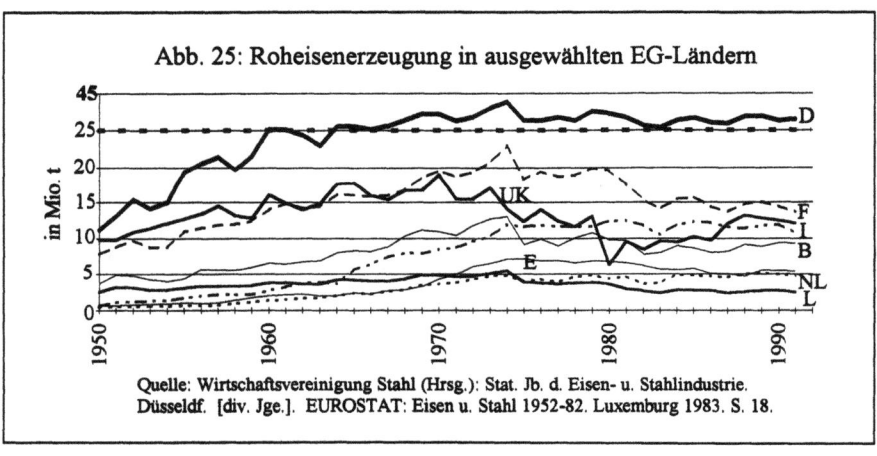

Abb. 25: Roheisenerzeugung in ausgewählten EG-Ländern

Quelle: Wirtschaftsvereinigung Stahl (Hrsg.): Stat. Jb. d. Eisen- u. Stahlindustrie. Düsseldf. [div. Jge.]. EUROSTAT: Eisen u. Stahl 1952-82. Luxemburg 1983. S. 18.

Auffällig ist die große Diskrepanz zwischen der Erzeugung der Bundesrepublik Deutschland, die 1989 34,5 % der Gesamtroheisenerzeugung ausmachte und den restlichen EU-Partnern. Von den verbleibenden 62,3 Mio. t Gesamtroheisen fielen 63,6 % auf die Länder Frankreich, Großbritannien und Italien. Die übrigen 36,4 % (= 22,7 Mio. t) machten die verbleibenden Länder unter sich aus, was ein erster Hinweis auf den Stellenwert der Roheisenproduktion sein mag.

Roheisenerzeugung der RGW-Länder

Die schnelle Steigerung der Roheisenerzeugung erfolgte seit dem Jahre 1950 parallel in der Tschechoslowakei und in Polen (Abb. 26) dank der gleichzeitig realisierten Investitionen: dem Bau und dem Ausbau der Hochöfen an alten Standorten im Ostrava-Revier und in Oberschlesien sowie dem Bau neuer Eisenhüttenkombinate: Kuncice/Ostrava und Nowa Huta/Krakau.

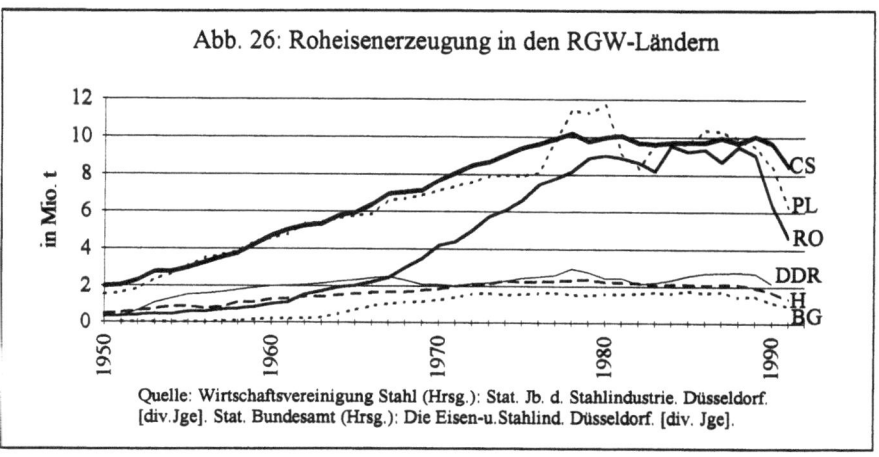

Abb. 26: Roheisenerzeugung in den RGW-Ländern

Quelle: Wirtschaftsvereinigung Stahl (Hrsg.): Stat. Jb. d. Stahlindustrie. Düsseldorf.
[div.Jge]. Stat. Bundesamt (Hrsg.): Die Eisen-u.Stahlind. Düsseldorf. [div. Jge].

Mit einer ca. zehnjährigen Verspätung konnten die beiden oben genannten Länder von Rumänien eingeholt werden. Dank des Ausbaus der Hochöfen in den alten Hüttenstandorten in Hunedoara und Resica sowie dem Bau des neuen riesigen Eisenhüttenkombinats in Galati in den sechziger Jahren nahm Rumänien 1970 den dritten Platz in der Roheisenproduktion ein. Ende der siebziger Jahre stieg nach der Inbetriebnahme der Hütte "Katowice" die Roheisenerzeugung in Polen sprunghaft an (bis 11,7 Mio. t im Jahre 1980): infolge der politischen und wirtschaftlichen Krise ging die Roheisenerzeugung nach 1980 wieder zurück. In den achtziger Jahren erreichten die drei größten Erzeuger ein ähnliches Niveau in der Roheisenproduktion: Polen 11,7 Mio. t (1980), die Tschechoslowakei (10 Mio. t) und Rumänien (9 Mio. t) und waren mit insgesamt 77 % (1980) an der gesamten Roheisenproduktion der Länder "Osteuropas" beteiligt.

In anderen Ländern, die über eine wesentlich geringere Hochofenkapazität verfügten, stieg - wenn auch langsamer - die Roheisenerzeugung ebenfalls konsequent an. Den schnellsten Roheisenpro-duktionsanstieg konnten die DDR und Ungarn dank des Baus neuer Eisenhüttenkombinate "Ost" und "West" (DDR) und Dunaujvaros (H) in den fünfziger Jahren verzeichnen. In Bulgarien wurde nach dem Zweiten Weltkrieg die erste Hütte in Pernik in den fünfziger Jahren gebaut. In den sechziger Jahren konnte der Umfang der Roheisenproduktion nach der Inbetriebnahme des neuen Eisenhüttenkombinats in Kremikovcy (1963) gesteigert werden.

In allen Ländern "Osteuropas" stieg die Roheisenerzeugung nach dem Zweiten Weltkrieg kontinu-ierlich und fast ununterbrochen an: von 5 Mio. t im Jahre 1950 bis auf 40 Mio. t im Jahre 1980, in dem der höchste Produktionsumfang erreicht werden konnte (Abb. 26). In den achtziger Jahren begann der Prozeß der Abnahme der Roheisenproduktion, am frühesten in Polen und nach 1985 auch in anderen Ländern bis auf die Tschechoslowakei. Der Umfang der Roheisenproduktion sank im Jahre 1990 auf 32,5 Mio. t ab. 1990 sah der prozentuale Anteil einzelner Länder an der Roheisenproduktion in "Osteuropa" folgendermaßen aus: Tschechoslowakei 29,8 % (die Tsche-choslowakei hat Polen in den achtziger Jahren überholt), Polen 26,6 %. Rumänien 19,7 %, Jugoslawien 7,1 % (Jugoslawien hat in den achtziger Jahren die DDR überholt), die DDR 6,8 %, Ungarn 5,2 % und Bulgarien 4 %.

Abb. 27: Roheisenerzeugung der blockfreien Länder

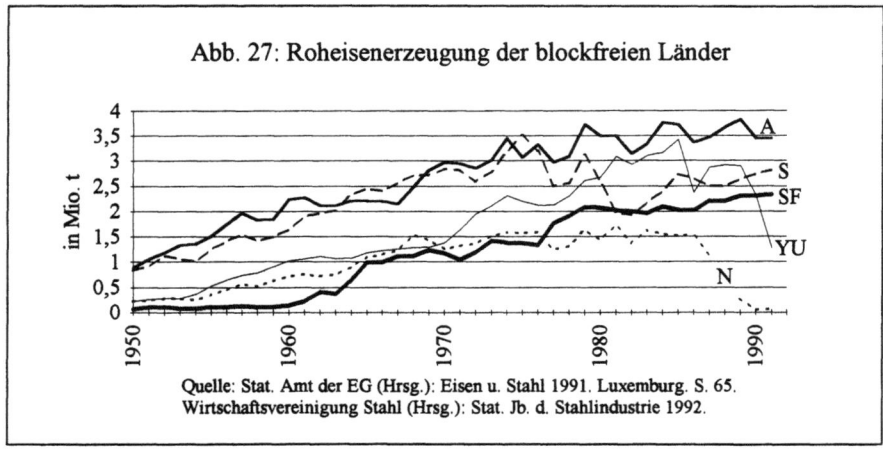

Quelle: Stat. Amt der EG (Hrsg.): Eisen u. Stahl 1991. Luxemburg. S. 65.
Wirtschaftsvereinigung Stahl (Hrsg.): Stat. Jb. d. Stahlindustrie 1992.

Eine Betrachtung der Roheisenerzeugung der einzelnen blockfreien Länder macht einige Unterschiede in der Quantität der Produktion deutlich. Fast über den gesamten Zeitraum dominiert Österreich (Abb. 27). 1950 und 1960 betrug der Anteil an allen blockfreien Ländern allein jeweils mehr als 38 %. Einzig während des Zeitraumes 1964 - 1967 sowie 1975 wurde das Land von Schweden überboten.

Bis zum Ende der fünfziger Jahre lassen sich die Erzeugungsmengen Österreichs mit denen Italiens als EU-Mitglied vergleichen. Danach allerdings trennen sich die Entwicklungen. Während Italien sowohl innerhalb der EU als auch international eine führende Rolle einzunehmen begann, gelang es Österreich nur mühsam, die Erzeugung entscheidend zu steigern.

Größter Konkurrent Österreichs in der Roheisenherstellung innerhalb des blockfreien Europas war bis gegen Mitte/Ende der siebziger Jahre Schweden. Beide Staaten allein konnten zusammen mit 2,8 Mio. t (A) bzw. 2,8 Mio. t (S) 1970 rund 60,3 % der Gesamterzeugung der blockfreien Staaten auf sich vereinigen. Die Produktion Norwegens für das gleiche Jahr hinzugezählt, bedeutete eine Erzeugung von insgesamt 73,3 % (N 1970 = 1,3 Mio. t).

Während Österreich und Schweden ihre Erzeugung permanent zu erhöhen in der Lage waren, sich teilweise in der Position des führenden Erzeugers abzulösen versuchten, gelang es Norwegen nicht, die Produktion nachhaltig zu steigern. Im Gegenteil: Die Roheisenerzeugung pendelte sich um 1,4 Mio. t ein, erreichte 1981 ein Maximum mit 1,7 Mio. t, konnte die 2 Mio. t-Grenze jedoch nie überschreiten.

In der Entwicklung kontinuierlich steigend zeigte sich dagegen Jugoslawien. Seit 1970 etwa nimmt Jugoslawien hinter Österreich und Schweden die dritte Position innerhalb der blockfreien Staaten ein. Die stetige und unaufhörliche Produktionssteigerung führte dazu, daß Jugoslawien 1980 sogar das Herstellungvolumen Schwedens überbot und von dort an hinter Österreich der zweitgrößte Produzent von Roheisen war. Zusammen produzierten die drei Staaten Österreich, Schweden und Jugoslawien im Jahre 1980 rund 71,3 % der Gesamterzeugung der blockfreien Länder.

Das Jahr 1980 war für Schweden besonders prägnant. Nach einem Produktionsmaximum im Vorjahr von 3,1 Mio. t, kündigte sich in den folgenden Jahren eine tiefgreifende Krise an. Bis 1982 sank die Produktion drastisch auf 1,9 Mio. t ab, was in etwa dem Niveau des Jahres 1962 (2,0 Mio. t) entsprach. Dieser rapide Abfall des Herstellungsvolumens führte dazu, daß Schweden kurzfristig noch hinter die finnische Erzeugung zurückfiel und nur an vierter Stelle innerhalb der blockfreien Länder rangierte. Seit 1983 jedoch konnte die Produktion wieder erhöht werden, ohne allerdings die Werte der Boomjahre zu erreichen.

Seit 1965 hat Finnland einen zunehmenden Anteil an der Gesamtproduktion der blockfreien Staaten Europas. 1977 überstieg die finnische Erzeugung erstmals 1,8 Mio. t die norwegische mit 1,2 Mio. t. Sie hält seitdem die vierte Position innerhalb der sieben Staaten.

Kaum erwähnenswert dagegen ist die Schweiz. Deren Erzeugung nimmt seit den beginnenden sechziger Jahren permanent ab (1960 = 50.000 t) und erreicht in der jüngsten Vergangenheit (1989) lediglich 7.000 t Roheisen.

Abschließend zum Umfang der Roheisenerzeugung sind noch in Abb. 28 und 29 für ausgewählte Jahre die regionalen Unterschiedlichkeiten und Veränderungen dargestellt.

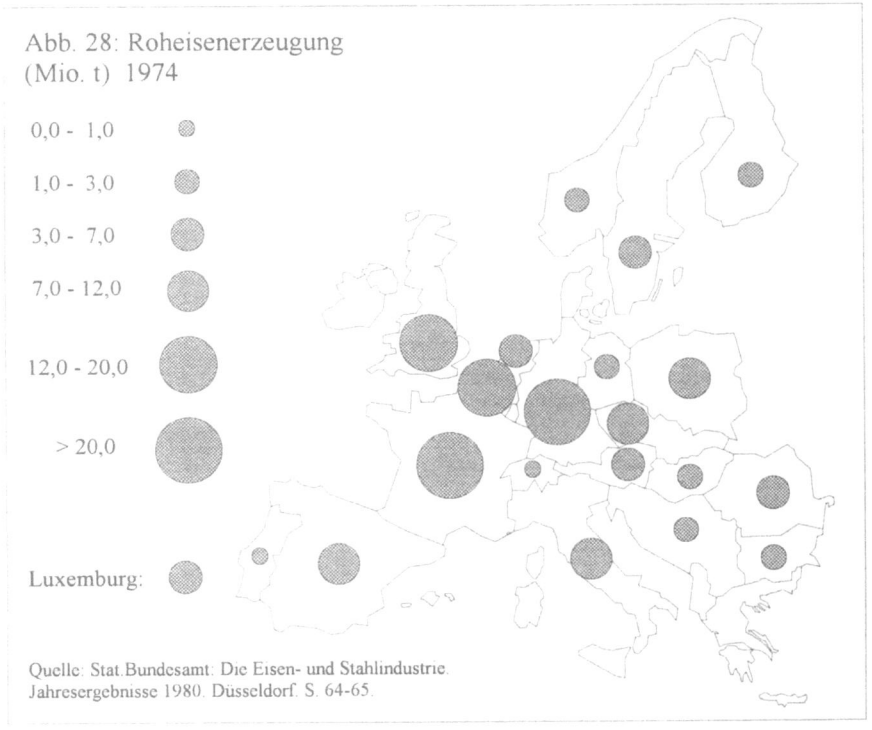

Abb. 28: Roheisenerzeugung
(Mio. t) 1974

0,0 - 1,0

1,0 - 3,0

3,0 - 7,0

7,0 - 12,0

12,0 - 20,0

> 20,0

Luxemburg:

Quelle: Stat.Bundesamt: Die Eisen- und Stahlindustrie.
Jahresergebnisse 1980. Düsseldorf. S. 64-65.

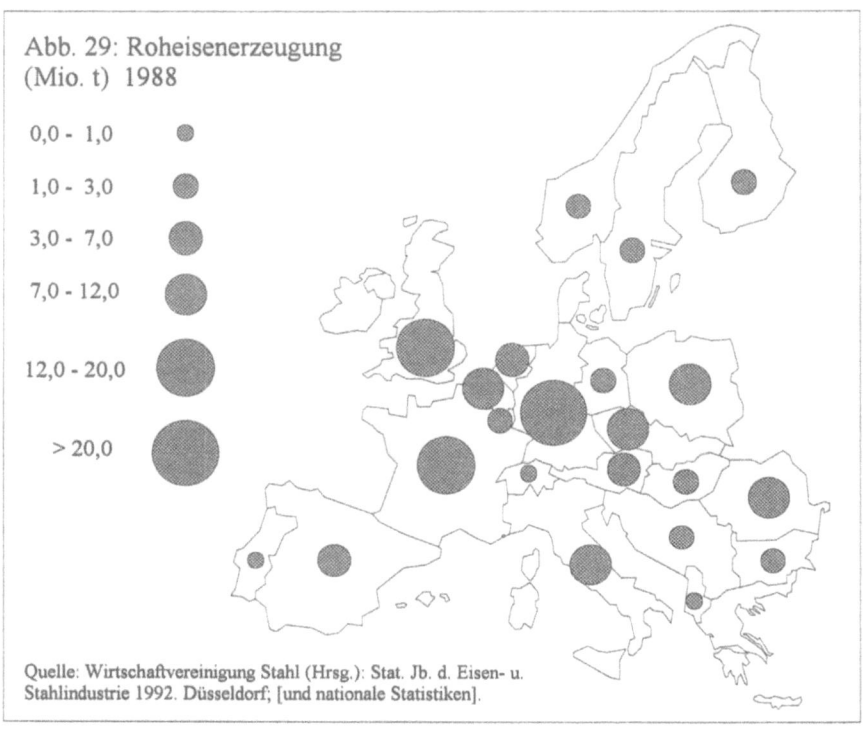

Abb. 29: Roheisenerzeugung
(Mio. t) 1988

0,0 - 1,0	
1,0 - 3,0	
3,0 - 7,0	
7,0 - 12,0	
12,0 - 20,0	
> 20,0	

Quelle: Wirtschaftvereinigung Stahl (Hrsg.): Stat. Jb. d. Eisen- u.
Stahlindustrie 1992. Düsseldorf; [und nationale Statistiken].

3.1.2   Roheisenaußenhandel

Im Untersuchungsraum spielten auch Roheisenimporte eine große Rolle. 1950 noch waren sie
recht bescheiden. In den folgenden Jahren nahmen sie allerdings beträchtliche Ausmaße an.
Insgesamt beliefen sich diese, für alle Länder zusammen, 1979 auf rund 6,3 Mio. t, 1983 waren es
5,3 Mio. t sowie 1988 rund 5,4 Mio. t.

Dabei ist besonders auffallend, daß die RGW-Länder die umfangreichsten Importe realisierten.
1979 waren das 63,4 % aller Roheisenimporte des Untersuchungsraums, 1988 allerdings nur noch
58,4 %.

In den einzelnen Ländern gab es im Laufe der Zeit nicht nur starke Importschwankungen, sondern
auch zwischen den Ländern große Unterschiede.

Von den EU-Ländern hatte Italien diesbezüglich immer große Bedeutung. Aber auch Frankreich
und die Bundesrepublik Deutschland hatten beachtliche Importmengen. In den RGW-Ländern
begannen starke Importzunahmen Mitte der sechziger Jahre besonders in der DDR, in Polen und
der CSSR.

Alle osteuropäischen Länder waren Netto-Roheisenimporteure. Dies war dadurch bedingt, daß alle diese Länder für ihre Roheisenerzeugung große Mengen an Rohstoffen importieren mußten (Eisenerz, Steinkohle, Koks). Wegen hoher Transportkosten war es deshalb günstiger, direkt Roheisen zu importieren. Ähnlich wie beim Eisenerz kamen etwa 80 % des importierten Roheisens aus der Sowjetunion, ein kleiner Teil des Roheisenimports wurde innerhalb der osteuropäischen Länder abgewickelt.

Polen war der größte Roheisenimporteur (ca. 1,5 Mio. jato in den siebziger und achtziger Jahren), gefolgt von der DDR und der Tschechoslowakei (jeweils über 0,5 Mio. jato) und Rumänien (300.000 - 400.000 t). In Polen schrumpfte seit 1990 der Roheisenimport drastisch auf 130.000 t im Jahre 1991 infolge des Produktionsrückgangs in der Eisen- und Stahlindustrie. Zum ersten Mal überholte in diesem Jahr der Roheisenexport (197.000 t) den Roheisenimport. Regionale Einzelheiten über Roheisenimporte gehen noch aus den Abb. 30 und 31 hervor.

Neben den Importen von Roheisen sind auch die z. T. umfangreichen Exporte erwähnenswert. Für drei ausgewählte Jahre zeigt Tab. 18 Ex- und Importe sowie die Salden.

Es wird nicht nur deutlich, daß die allermeisten Länder in diesen Jahren Roheisen importierten, sondern einige auch in beträchtlichem Umfang exportierten. Das bedeutete in einigen Fällen sogar einen positiven Saldo. Zu diesen Ländern gehörten die Bundesrepublik Deutschland und Norwe-

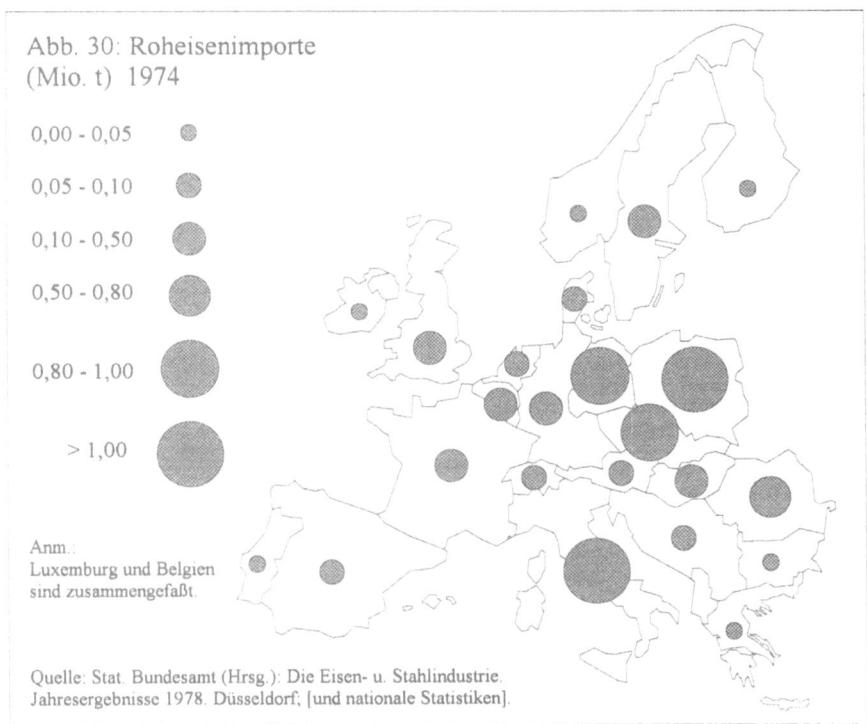

Abb. 30: Roheisenimporte (Mio. t) 1974

0,00 - 0,05

0,05 - 0,10

0,10 - 0,50

0,50 - 0,80

0,80 - 1,00

> 1,00

Anm.:
Luxemburg und Belgien
sind zusammengefaßt.

Quelle: Stat. Bundesamt (Hrsg.): Die Eisen- u. Stahlindustrie.
Jahresergebnisse 1978. Düsseldorf; [und nationale Statistiken].

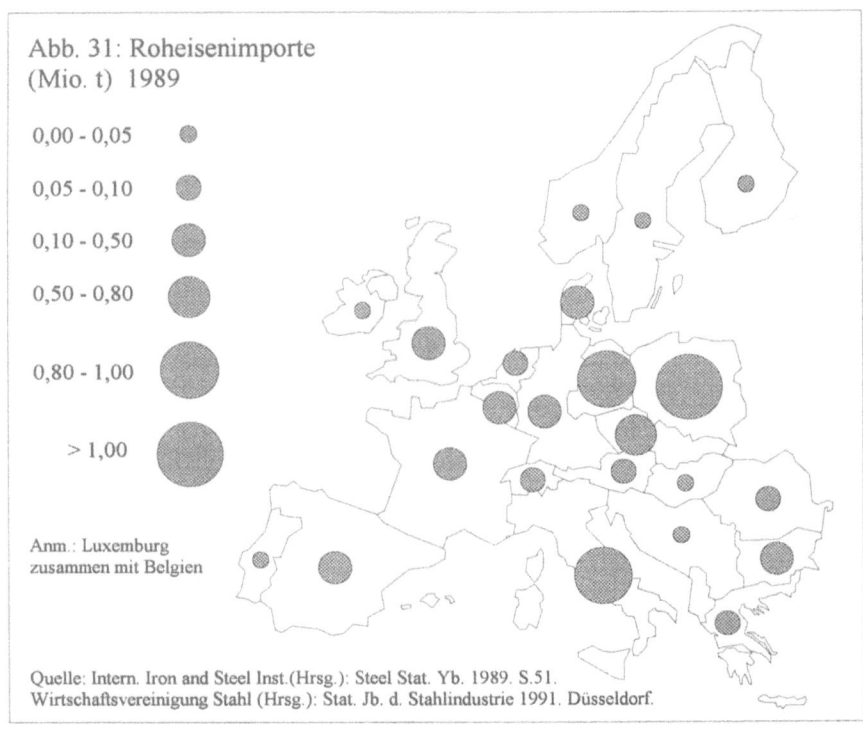

Abb. 31: Roheisenimporte
(Mio. t) 1989

0,00 - 0,05

0,05 - 0,10

0,10 - 0,50

0,50 - 0,80

0,80 - 1,00

> 1,00

Anm.: Luxemburg
zusammen mit Belgien

Quelle: Intern. Iron and Steel Inst.(Hrsg.): Steel Stat. Yb. 1989. S.51.
Wirtschaftsvereinigung Stahl (Hrsg.): Stat. Jb. d. Stahlindustrie 1991. Düsseldorf.

gen. 1979 waren auch Schweden und Spanien solche Länder mit einem positiven Saldo. Auffallend ist, daß unter den Ländern kein RGW-Land anzutreffen ist. In allen RGW-Ländern wurde mehr Roheisen importiert als exportiert.

3.1.3   Roheisenerzeugungsrelationen

Eine wichtige ökonomische Kennziffer bei der Roheisenerzeugung ist der Kokseinsatz pro Tonne Roheisen.

Diese Produktionsrelation hat sich seit Mitte der fünfziger Jahre ständig verringert. So mußten z. B. in Luxemburg 1957 noch 1.124 kg Koks eingesetzt werden, um 1 t Roheisen zu erzeugen. 1990 waren für die Erzeugung von 1 t Roheisen nur noch 548 kg Koks notwendig. Generell kann man sagen, daß sich in dieser Zeit in allen Ländern die einzusetzende Menge an Koks zur Erzeugung von einer Tonne Roheisen fast halbiert hat. Es ist außerdem zu erkennen, daß die großen Diskrepanzen zwischen den Ländern, wie sie noch 1957 z. B. zwischen Italien und Luxemburg bestanden, heute sehr stark verringert worden sind. Eine Angleichung und damit vergleichbare Produktionsverfahren werden deutlich. Der Einsatz von Rohöl und Erdgas, der Einsatz von Grus und der Einsatz von Eisenpellets und Sinter stehen mit dieser Entwicklung in direktem Zusammenhang.

Tab. 18: Roheisen-Außenhandel (in 1.000 t)

	1979			1983			1988		
	Export	Import	*Saldo*	Export	Import	*Saldo*	Export	Import	*Saldo*
B/L	22	105	*-83*	2	48	*-46*	15	254	*-239*
BG	12	356	*-344*	38	408	*-370*	70	369	*-299*
D	1.019	328	*+691*	544	235	*+309*	389	238	*+151*
CS	0	592	*-592*	0	780	*-780*	240	685	*-445*
DK		24	*-24*		32			80	
DDR	12	700	*-688*	9	890	*-881*	5	1.400	*-1.395*
SF	17	20	*-3*	1	15	*-14*	0	14	*-14*
F	360	446	*-86*	136	365	*-220*	55	279	*-224*
GR		40			17			10	
IRL		3			0			3	
I	22	636	*-614*	29	324	*-295*	35	749	*-714*
YU	62	102	*-40*	6	65	*-50*	8	38	*-30*
NL	24	76	*-52*	13	38	*-25*	4	72	*-68*
N	145	13	*+132*	44	10	*+34*	31	2	*+29*
A	4	95	*-91*	5	38	*-33*	0	43	*-43*
PL	0	1.463	*-1.463*	0	1.133	*-1.133*	0	1.277	*-1.277*
P		47			55			23	
RO		561			210			100	
S	150	50	*+100*	26	38	*-12*	0	60	*-60*
CH		99			80			60	
E	81	41	*+40*	6	100	*-94*	61	138	*-77*
H	16	226	*-210*	5	295	*-290*	0	352	*-352*
GB	45	173	*-128*	69	106	*-37*	23	193	*-170*

Quelle:International Iron and Steel Institute (Hrsg.): Steel Statistical Yearbook 1989,S. 50 - 51

Ähnlich der allgemeinen Tendenz in der Hüttenindustrie, ging auch in den osteuropäischen Ländern der Kokseinsatz pro t Roheisen, von über 1.000 kg in den fünfziger Jahren auf über 400 kg um 1990 zurück. Dieser Kokseinsatzindex wurde durch den Umfang und die technische Ausstattung der Hochöfen und die Qualität des Hüttenkokses beeinflußt:

Die Koksqualität war in der Tschechoslowakei und in Polen am höchsten, in anderen Ländern, die meistens Koksmischungen einsetzten, war sie schlechter.

Auch der Einsatz von zusätzlichen Brennstoffen (Gas, Öl) in den Hochöfen spielte eine Rolle. Beispielsweise wurden in der Tschechoslowakei, in Bulgarien und Ungarn in allen Hochöfen diese Brennstoffe eingeblasen, in Polen, Rumänien und Jugoslawien war dies nur teilweise der Fall. Infolgedessen weist der Kokseinsatz pro t Roheisen in den einzelnen Ländern für 1990 nur geringe Unterschiede auf.

Drastisch verändert hat sich auch eine andere Produktionsrelation: Einsatz von Eisenerz in kg pro t Roheisen (Tab. 19). So wurden z. B. in Belgien 1957 noch 2.056 kg Eisenerz eingesetzt, um 1 t Roheisen zu erzeugen. 1990 wurden noch 1.548 kg benötigt. In Frankreich verringerte sich der Wert im gleichen Zeitraum von 2.910 kg auf 1.650 kg.

Auch bei dieser ökonomischen Größe zeigt sich, daß die Diskrepanzen zwischen den Ländern 1957 gewaltig waren, im Laufe der Zeit jedoch ständig verringert werden konnten. Trotzdem blieben Unterschiede bis heute bestehen.

Schließlich ist noch die Verwendung von Eisenerzsinter erwähnenswert (Tab. 20). Von 1986 bis 1990 hat es in einigen Ländern große Veränderungen gegeben. In Belgien ging der Einsatz sehr stark, in der Bundesrepublik Deutschland relativ geringfügig zurück. In Luxemburg nahm er sogar zu. In den anderen Ländern blieben die Einsatzmengen relativ konstant.

Tab. 19: Einsatz von Eisenerz in kg pro t Roheisen in ausgewählten Ländern

	1957	1967	1974	1980	1985	1990
B	2.056	1.815	1.660	1.580	1.527	1.548
D	1.812	1.482	1.493	1.466	1.434	1.435
CS	2.252[1)]	2.111[2)]	1.980[3)]			
F	2.910	2.531	2.275	1.965	1.727	1.650
I	1.559	1.485	1.535	1.498	1.597	1.657
L	3.473	3.327	2.753	2.408	2.332	2.165
NL	1.656	1.470	1.479	1.495	1.542	1.570
GB			1.547	1.448	1.447	1.441

1) 1955   2) 1965   3) 1973
Quelle: siehe Tab. 18

Tab. 20: Einsatz von Eisensinter in kg pro t Roheisen in ausgewählten Ländern

	1986	1987	1988	1989	1990
D	1.004	916	866	908	904
B	1.717	1.353	1.320	1.286	1.240
F	1.418	1.603	1.453	1.418	1.423
GB	1.015	969	987	1.036	1.098
I	1.185	1.172	1.149	1.044	1.103
L	1.609	1.780	1.759	1.760	1.751
NL	798	831	781	769	795
E	1.187	1.177	1.158	1.125	1.114
P	1.030	995	1.016	1.048	1.014

Quelle: siehe Tab. 18

3.2 Rohstahl

3.2.1 Rohstahlerzeugung

Wie die Roheisenerzeugung hat auch die Rohstahlerzeugung seit 1950 beachtlich zugenommen (Abb. 32).

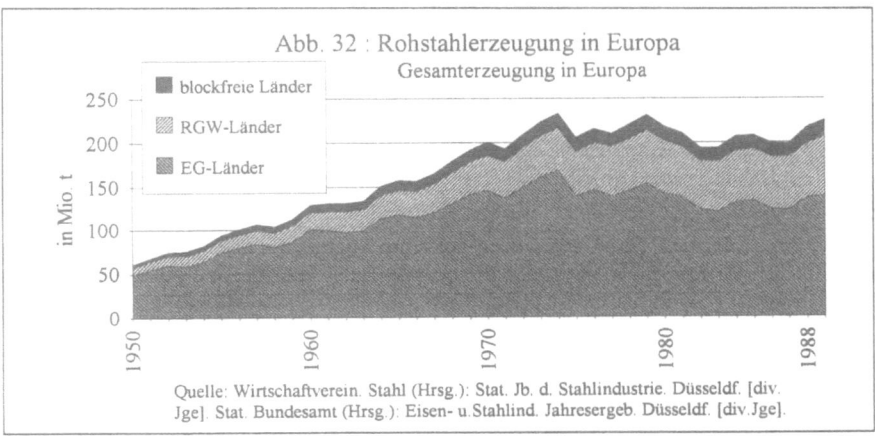

Abb. 32 : Rohstahlerzeugung in Europa
Gesamterzeugung in Europa

Quelle: Wirtschaftverein. Stahl (Hrsg.): Stat. Jb. d. Stahlindustrie. Düsseldf. [div. Jge]. Stat. Bundesamt (Hrsg.): Eisen- u. Stahlind. Jahresergeb. Düsseldf. [div.Jge].

Die Gesamterzeugung belief sich im Untersuchungsraum 1950 auf nur rund 60,6 Mio. t. Im Boomjahr 1974 waren es bereits 233 Mio. t. Nach der bis dahin zu verfolgenden expansiven Entwicklung kam die große Depression, so daß in den folgenden Jahren die Erzeugung wesentlich geringer war und nur rund 186 Mio. t betrug. Bis in die Gegenwart hinein dominiert der Raum der EU (12).

Rohstahlerzeugung der EU (12)
Insgesamt wurden 1950 in den heutigen 12 EU-Ländern 49 Mio. t Rohstahl erzeugt. Die Weltproduktion betrug 188,7 Mio. t. Das Maximum der EU-Länder wurde im Jahre 1974 mit 176,76 Mio. t erreicht. Ein erster Vorbote für eine beginnende Krise machte sich im Jahre 1975 bemerkbar, als die Erzeugung rapide auf 137,1 Mio. t absank. Bis 1979 stieg sie auf 153,3 Mio. t wieder an. Danach setzte die zweite Stahlkrise ein und erreichte ihr Tief im Jahre 1983 mit 123 Mio. t. Nach 1988 lassen sich leichte Anstiege beobachten, so lag beispielsweise der Produktionsumfang 1989 bei 147,3 Mio. t.

Von den heutigen 12 EU-Ländern hatten 1950 die Bundesrepublik Deutschland mit 15,0 Mio. t, Frankreich mit 8,7 Mio. t und das Vereinigte Königreich mit 16,6 Mio. t die größten Produktionsanteile. Zusammen machten sie mehr als 80 % der gesamten Rohstahlerzeugung innerhalb der EU aus (Abb. 33). 1989 vereinigten die Bundesrepublik Deutschland mit 41,1 Mio.t, Frankreich mit 19,3 Mio. t, Italien mit 25,2 Mio. t und das Vereinigte Königreich mit 18,7 Mio. t mehr als 70 % der Erzeugung auf sich.

Zieht man Belgien mit 11,0 Mio. t und Spanien mit 12,8 Mio. t hinzu, so verfügten diese Länder über etwa 87 % der gesamten Rohstahlerzeugung der EU-Länder. Seit Beginn der fünfziger Jahre ist die Stahlerzeugung starken Schwankungen unterworfen.

67

Mit Gründung der Europäischen Gemeinschaft für Kohle und Stahl (EGKS) im Jahre 1951 fielen in Europa die Zollschranken für Kohle und Stahl. Dies führte zu einer Phase der Expansion, die bis in die siebziger Jahre reichte. Begünstigend wirkte sich der Bedarf an Stahl in wichtigen Industriezweigen wie dem Baugewerbe und dem Verkehrswesen aus. Nach 1974 änderte sich die Situation in der Stahlbranche grundlegend. Die Stahlkrise von 1975 und der damit verbundene Zusammenbruch des Stahlmarkts kann als Resultat des ersten Erdölschocks gesehen werden. Diese Tendenz hielt bis in die achtziger Jahre hinein an, und die Produktionszahlen aus dem Boomjahr 1974 konnten nie wieder erreicht werden. Gründe hierfür sind:

• Einige der größten Stahlverbraucher (Bauwesen, Ausrüstungsindustrie und Werften) befanden sich in einer rückläufigen Entwicklung oder im Niedergang.

• Die Entwicklung von Ersatzprodukten sowie neuere Konzepte bei der Gestaltung der Erzeugnisse und neue Herstellungsverfahren verringerten zudem noch die Absatzmöglichkeiten für die Stahlindustrie.

• Der Vormarsch neuer Erzeugerländer aus Asien und Südamerika, die als zusätzliche Konkurrenten in den Stahlmarkt eintraten und sich durch niedrige Löhne, moderne Produktionsanlagen und einen oft leichten Zugang zu den Rohstoffen Wettbewerbsvorteile verschafften.

• Überalterung des technischen Stands und rückläufige Produktionsstrukturen.

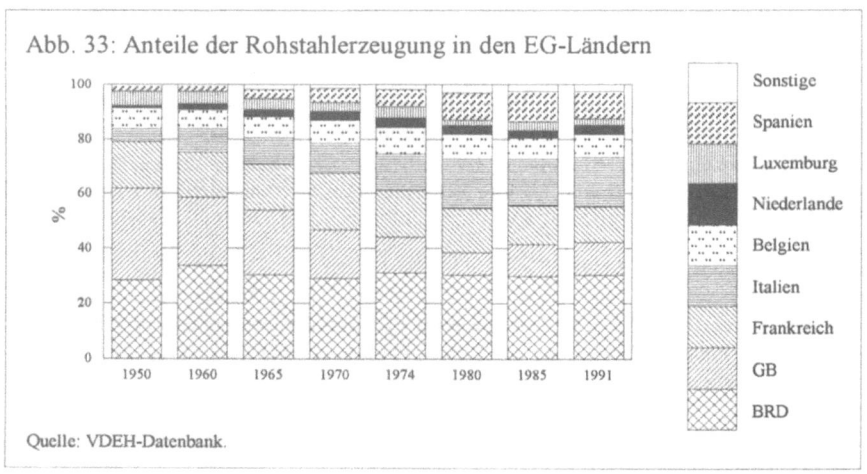

Abb. 33: Anteile der Rohstahlerzeugung in den EG-Ländern

Quelle: VDEH-Datenbank.

Rohstahlerzeugung der RGW-Länder

Die Entwicklung der Rohstahlerzeugung in den Ländern Osteuropas verlief ähnlich wie die der Roheisenerzeugung, d. h. die Rohstahlerzeugung stieg von 8,7 Mio. t im Jahre 1950 bis Ende der siebziger Jahre ständig an (Abb. 32).

Nur in Polen kam es kurzfristig zu einer sprunghaften Steigerung der Rohstahlerzeugung in den Jahren 1978 - 80 (um ca. 4 Mio. t) durch die Aufnahme der Produktion in der Hütte "Katowice". Ähnlich wie im Fall der Roheisenerzeugung wurde der größte Rohstahlerzeugungsumfang von der untersuchten Ländergruppe im Jahre 1980 (64,6 Mio. t) erreicht. In den achtziger Jahren stieg in diesen Ländern die Rohstahlerzeugung nur sehr langsam an bzw. stagnierte. Den größten Rückgang hatte Polen zu verbuchen, die größte Steigerung erfolgte in Bulgarien, nachdem in den achtziger Jahren das neue Stahlwerk "Burgas" die Produktion aufgenommen hatte (Abb. 34 und 35).

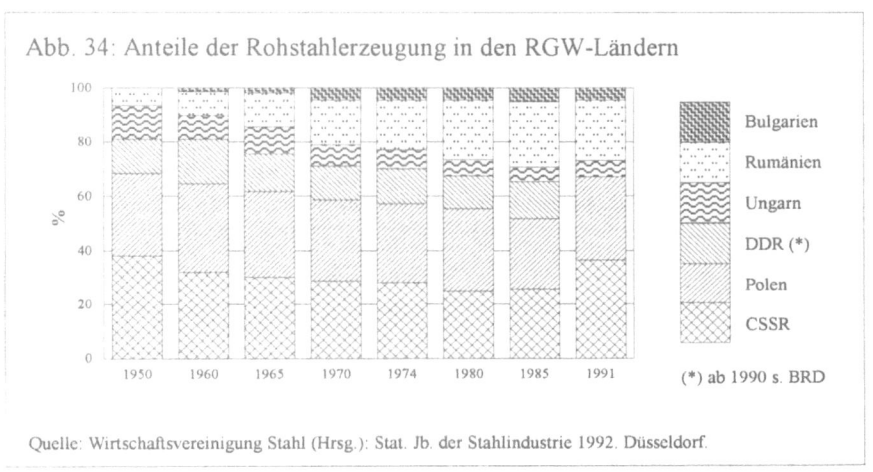

Abb. 34: Anteile der Rohstahlerzeugung in den RGW-Ländern

Quelle: Wirtschaftsvereinigung Stahl (Hrsg.): Stat. Jb. der Stahlindustrie 1992. Düsseldorf.

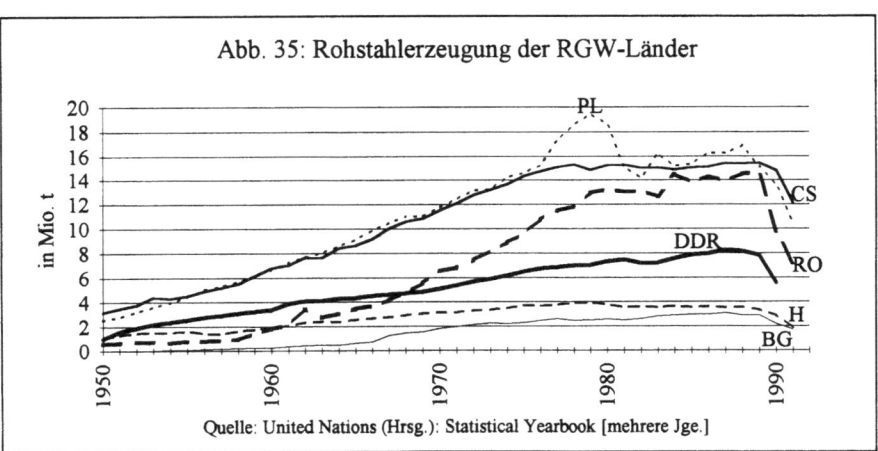

Abb. 35: Rohstahlerzeugung der RGW-Länder

Quelle: United Nations (Hrsg.): Statistical Yearbook [mehrere Jge.]

In den Jahren 1989-90 ging infolge der schlechten wirtschaftlichen Situation die Rohstahlerzeugung in allen Ostblockländern bis auf 53 Mio. t im Jahre 1990 zurück.

Ähnlich wie im Falle der Roheisenerzeugung gehörten Polen (29 % im Jahre 1980) und die Tschechoslowakei (24 %) und in den siebziger Jahren auch Rumänien (29 %) zu den wichtigsten Rohstahlerzeugern der osteuropäischen Ländergruppe. Im Jahre 1990 - ebenfalls parallel zur Entwicklung der Roheisenerzeugung - wurde Polens Rohstahlerzeugung von der Tschechoslowakei überholt. Eine nur geringe Kapazität in der Rohstahlerzeugung wiesen 1990 Bulgarien (4,5 %) und Ungarn (5,3 %) auf. Die DDR mit 10,6 % erreichte ein mittleres Niveau in der Rohstahlproduktion.

In den Jahren 1950 - 1985 stieg der Anteil der osteuropäischen Länder an der Rohstahlerzeugung Europas erheblich an: von über 14,3 % auf 30,6 %, um im Jahre 1990 auf 26,1 % abzusinken. Der Anteil der Länder Osteuropas an der gesamten Weltrohstahlerzeugung stieg ebenfalls.

Rohstahlerzeugung - blockfreie Länder
Die Rohstahlerzeugung der sogenannten blockfreien Länder Europas (außer Albanien) betrug im Jahre 1991 15,2 Mio. t, wovon Schweden mit etwa 4,2 Mio. t der größte Erzeuger war. Im europäischen Vergleich spielen diese Länder eine untergeordnete Rolle, wenn auch die nationale Bedeutung ungleich größer sein mag.

Bemerkenswert ist dennoch die Entwicklung einzelner Länder, die durchaus Konkurrenzfähigkeit auf dem Weltmarkt widerspiegelt. Schweden beispielsweise konnte bis zur Mitte der siebziger Jahre auf eine kontinuierliche Steigerung der Rohstahlerzeugung zurückblicken (Abb. 36).

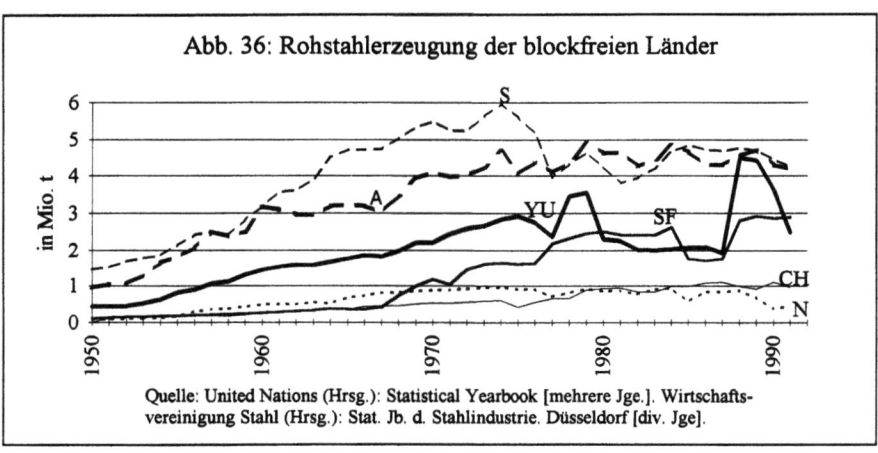

Abb. 36: Rohstahlerzeugung der blockfreien Länder

Quelle: United Nations (Hrsg.): Statistical Yearbook [mehrere Jge.]. Wirtschaftsvereinigung Stahl (Hrsg.): Stat. Jb. d. Stahlindustrie. Düsseldorf [div. Jge].

Zwischen 1950 (1,5 Mio. t) und 1974 (6,0 Mio. t) gelang hier eine Zunahme der Produktions-werte um etwa 4,5 Mio. t. Damit erreichte Schweden innerhalb Europas das Produktionsniveau der Niederlande (vgl. 1974 = 5,8 Mio. t). Die weltweit einsetzende Stahlkrise 1975 beeinflußte das skandinavische Land zunächst nur peripher, erst 1977 mußten gewaltige Erzeugungseinbußen verzeichnet werden. Im Produktionszeitraum 1976 - 1977 war die Rohstahlerzeugung um etwa 2,2 Mio. t rückläufig, was dem Standard von 1963 (3,9 Mio. t) entsprach. Seitdem bestimmen starke Schwankungen die schwedische Rohstahlherstellung. Bis zum Ende der siebziger Jahre (1979) stieg die Erzeugung von Rohstahl zunächst wieder auf 4,6 Mio. t an, doch bereits zwei Jahre später erreichte ein neues Produktionsminimum die Stahlindustrie Schwedens mit 3,8 Mio. t. Damit lag die Erzeugung 1981 noch unter dem Wert der großen Stahlkrise 1975. In den folgenden Jahren pendelte sich das Herstellungsniveau auf durchschnittlich 4,6 Mio. t ein.

Eine vergleichbare Entwicklung läßt sich für die Rohstahlerzeugung Österreichs nachweisen, die innerhalb der blockfreien Länder den zweiten Rang hinter Schweden einnimmt. Auch hier war die Rohstahlherstellung bis zu Beginn der fünfziger Jahre nahezu bedeutungslos (1950 = 1,0 Mio. t). Ein vorläufiges Produktionsmaximum wurde im Boomjahr 1974 mit 4,7 Mio. t erreicht. Ähnlich wie in Schweden machte sich die Stahlkrise von 1975 nicht so massiv bemerkbar. Die Rohstahlerzeugung reduzierte sich lediglich um 600.000 t von 4,7 Mio. t auf 4,1 Mio. t. In den folgenden Jahren schwankte die Produktion um 4,3 Mio. t. Der Erzeugungsrekord wurde 1979 mit 4,9 Mio. t erreicht. Die Jahre 1982 und 1986 bedeuteten nochmals gravierende Einschnitte in das Produktionsniveau, mit einer Erzeugung von etwa 4,2 Mio.t. 1991 war die Rohstahlherstellung wiederum leicht rückläufig, mit Einbußen im Zeitraum 1990 - 1991 von etwa 100.000 t (1991 = 4,2 Mio. t).

Der dritte bedeutende Rohstahlerzeuger der blockfreien europäischen Länder war das ehemalige Jugoslawien. Noch Anfang der fünfziger Jahre spielte dieses Land mit etwa 500.000 t nur eine untergeordnete Rolle in Europa. Seitdem jedoch war die Rohstahlerzeugung von kontinuierlichem Wachstum bestimmt. Während in den meisten europäischen Ländern das Jahr 1975 von starken Produktionsrückgängen geprägt war, kann man diese Tendenz in Jugoslawien nur in kleinem Rückschlag (1976-1977) beobachten. Die achtziger Jahre waren von langsam steigenden (über 4 Mio. t) Werten bestimmt. Ende der achtziger Jahre wurden Maxima von 4,4 bis 4,7 Mio. t ereicht. Ab 1990 ist die Stahlproduktion wegen der politisch-ökonomischen Krise im Lande drastisch zurückgegangen. Insgesamt bestimmten die Länder Schweden, Österreich und Jugoslawien die Rohstahlerzeugung in den blockfreien Ländern Europas. 1991 vereinigten sie ca. 72 % der Rohstahlherstellung auf sich.

In den letzten Jahren hat die Rohstahlerzeugung Finnlands an Bedeutung gewonnen. Tendenziell zeigte sich bis in die Mitte der achtziger Jahre ein kontinuierliches Wachstum. Die Krisensituationen 1975 und zu Beginn der achtziger Jahre wurden ohne nennenswerte Produktionseinbußen überwunden, wenn auch die Dimensionen der Erzeugung (≈ 1,6 - 1,7 Mio. t) anders waren, als in anderen europäischen Ländern. Erst seit 1985 kriselte es in der finnischen Rohstahlerzeugung. Innerhalb eines Jahres reduzierte sich die Herstellung von Rohstahl um etwa eine Mio. t (2,6 auf 1,8 Mio. t). Bis 1987 blieb die Erzeugung auf diesem Niveau, erst in den anschließenden Jahren wurden neue Produktionsmaxima erreicht (1989 = 2,9 Mio. t). Die aktuelle Situation im Bereich der Rohstahlerzeugung zeigt einen kaum merklichen Rückgang um gerade 31.000 t (1991 = 2,9 Mio. t). 1992 war die Herstellung von Rohstahl in Finnland höher einzustufen, als die Jugoslawiens, so daß sich die Anteile der blockfreien Länder wie folgt verteilten: Schweden vereinigte 27,9 % der Rohstahlerzeugung auf sich, womit es innerhalb der blockfreien Länder die führende Position einnahm. Österreich folgte mit 27,4 % und seit 1991 Finnland mit 19 %.

Wie die vorhergehenden Zeitreihen verdeutlichen, hat es in den einzelnen Ländern ganz unterschiedliche Entwicklungen in der Rohstahlerzeugung gegeben. Das zeigt sich auch in den Darstellungen der folgenden Abbildungen (Abb. 37 bis 44).

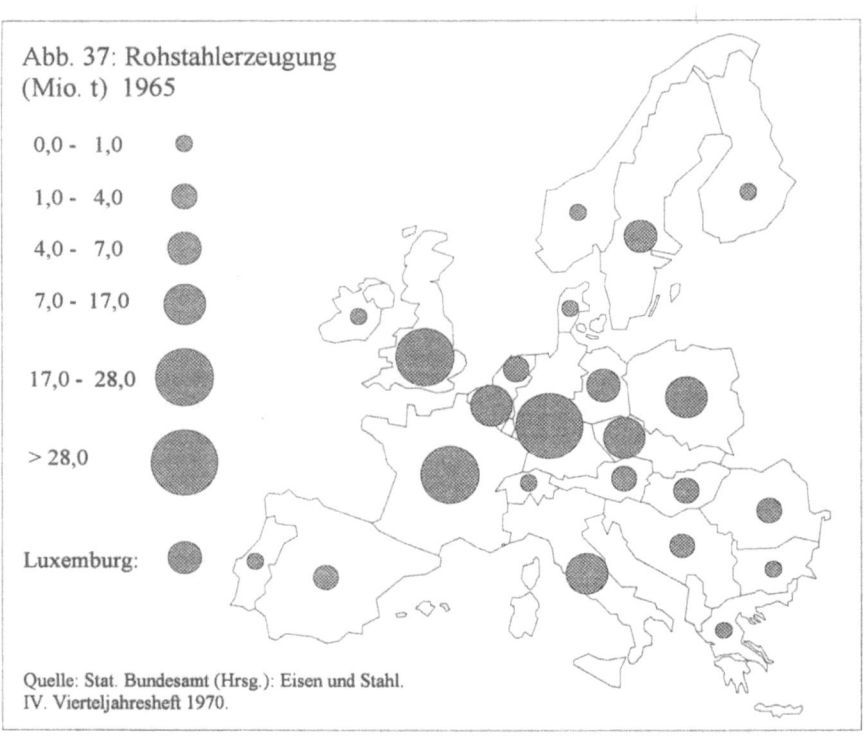

Abb. 37: Rohstahlerzeugung
(Mio. t) 1965

0,0 - 1,0

1,0 - 4,0

4,0 - 7,0

7,0 - 17,0

17,0 - 28,0

> 28,0

Luxemburg:

Quelle: Stat. Bundesamt (Hrsg.): Eisen und Stahl.
IV. Vierteljahresheft 1970.

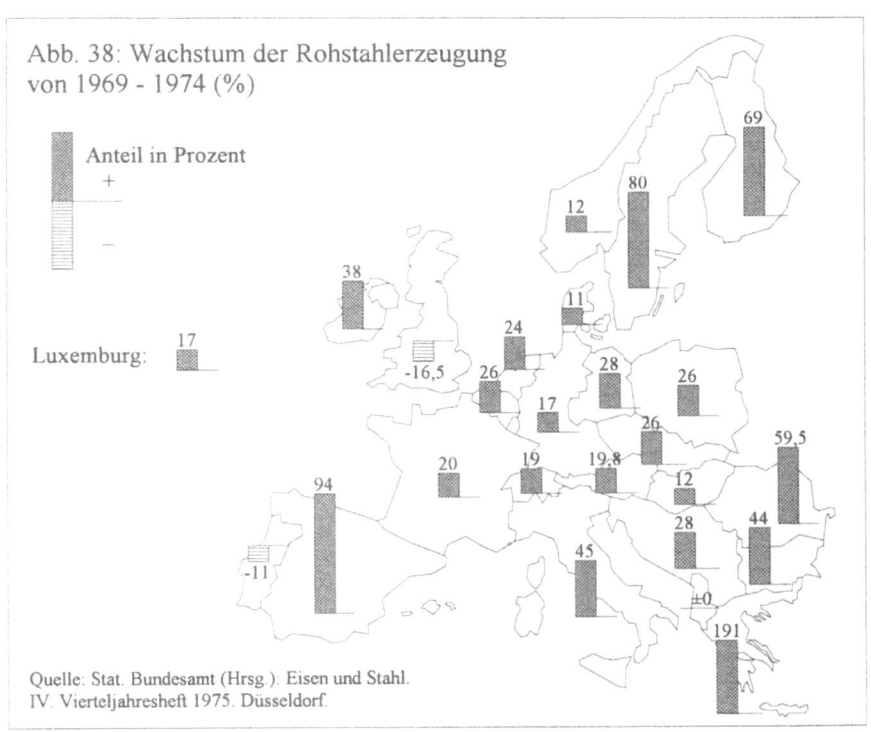

Abb. 38: Wachstum der Rohstahlerzeugung von 1969 - 1974 (%)

Anteil in Prozent
+
–

Luxemburg: 17

38
12
80
69
24
11
-16,5
26
28
26
17
26
59,5
20
19
19,8
12
94
28
44
-11
45
±0
191

Quelle: Stat. Bundesamt (Hrsg.): Eisen und Stahl.
IV. Vierteljahresheft 1975. Düsseldorf.

73

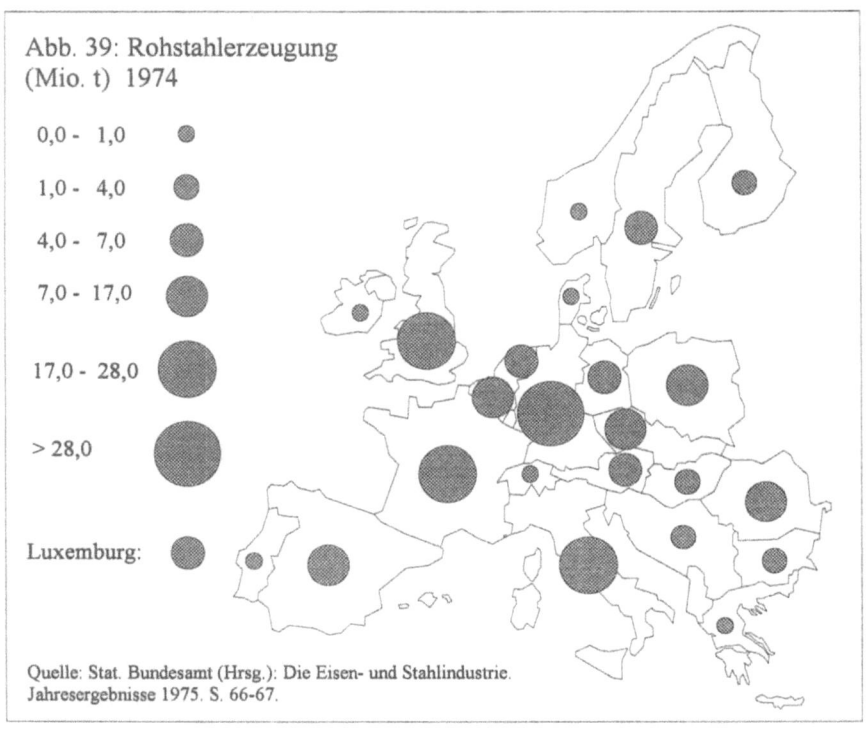

Abb. 39: Rohstahlerzeugung
(Mio. t) 1974

0,0 - 1,0

1,0 - 4,0

4,0 - 7,0

7,0 - 17,0

17,0 - 28,0

> 28,0

Luxemburg:

Quelle: Stat. Bundesamt (Hrsg.): Die Eisen- und Stahlindustrie.
Jahresergebnisse 1975. S. 66-67.

74

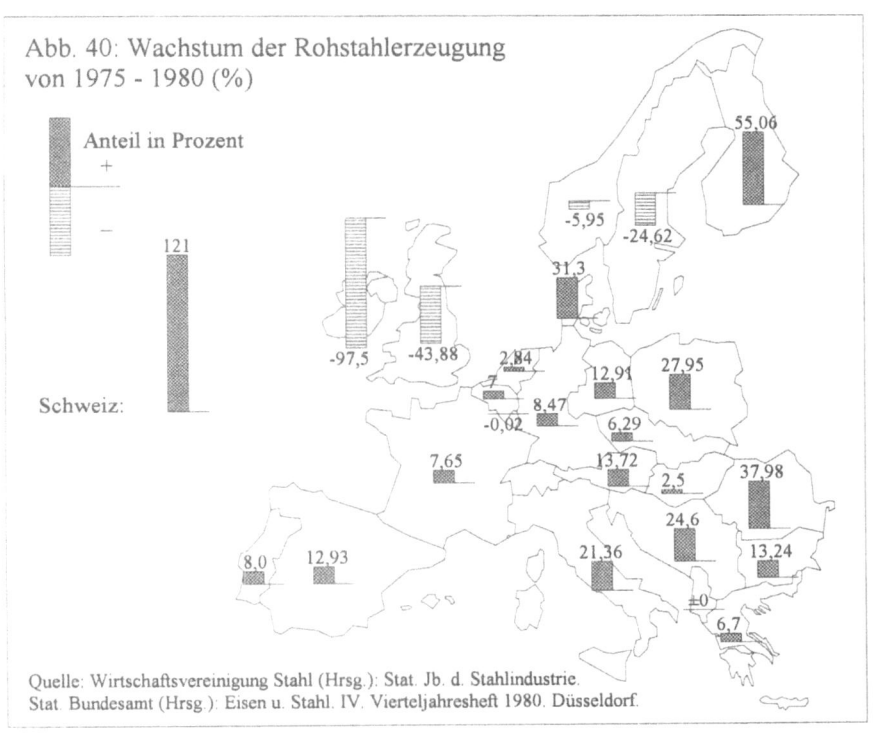

Abb. 40: Wachstum der Rohstahlerzeugung
von 1975 - 1980 (%)

Anteil in Prozent
+

−

121

Schweiz:

55,06

−5,95

−24,62

31,3

−97,5   −43,88   2,84

12,91   27,95

8,47

−0,02   6,29

7,65   13,72   2,5   37,98

24,6   13,24

8,0   12,93   21,36   ±0

6,7

Quelle: Wirtschaftsvereinigung Stahl (Hrsg.): Stat. Jb. d. Stahlindustrie.
Stat. Bundesamt (Hrsg.): Eisen u. Stahl. IV. Vierteljahresheft 1980. Düsseldorf.

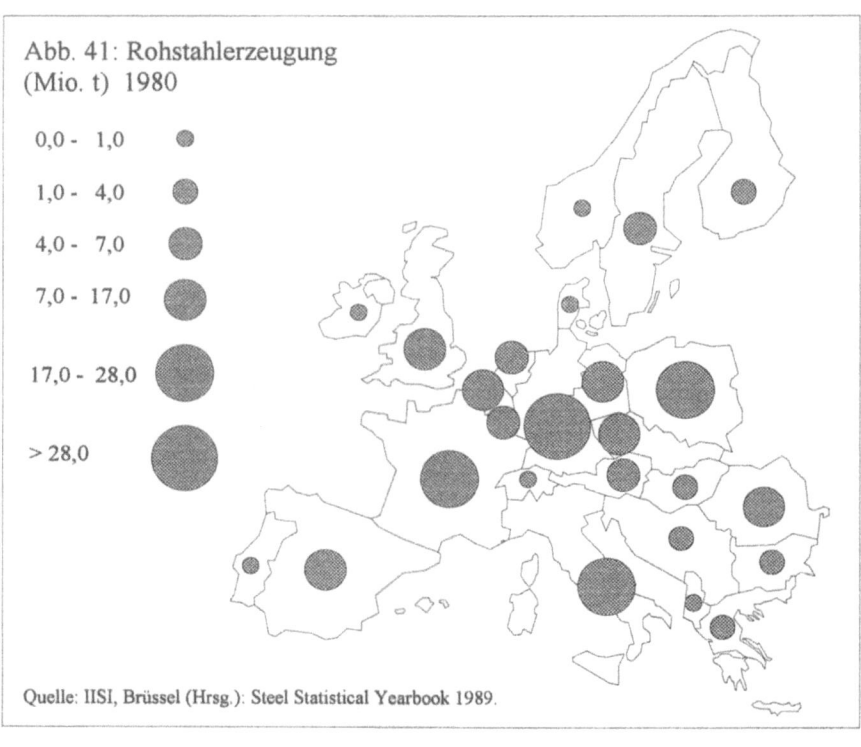

Abb. 41: Rohstahlerzeugung
(Mio. t) 1980

0,0 - 1,0

1,0 - 4,0

4,0 - 7,0

7,0 - 17,0

17,0 - 28,0

> 28,0

Quelle: IISI, Brüssel (Hrsg.): Steel Statistical Yearbook 1989.

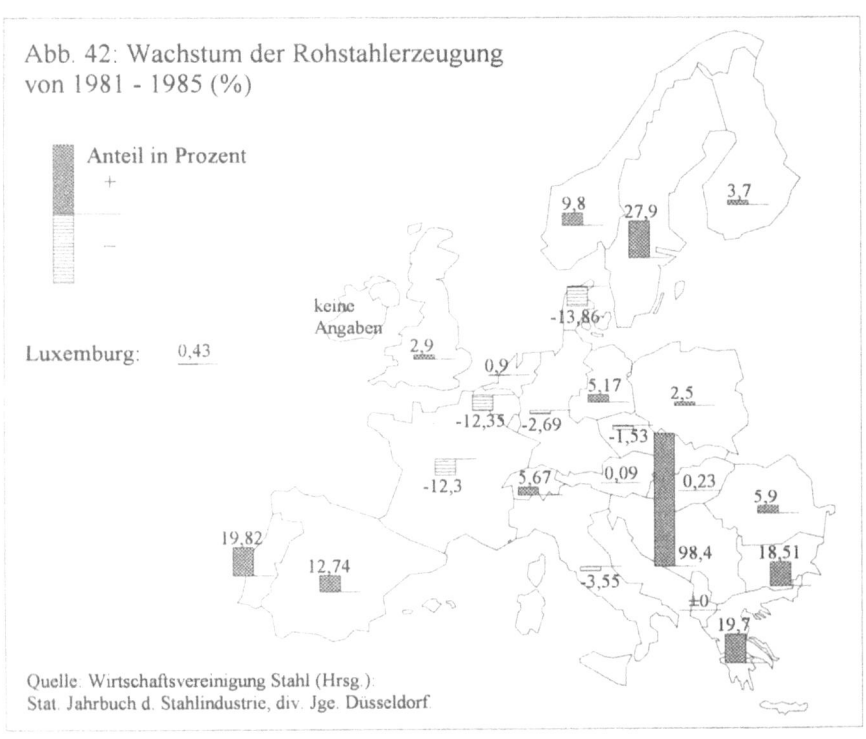

Abb. 42: Wachstum der Rohstahlerzeugung
von 1981 - 1985 (%)

Anteil in Prozent
+

–

Luxemburg: 0,43

keine
Angaben

9,8   27,9   3,7

-13,86

2,9

0,9

5,17   2,5

-12,35 -2,69

-1,53

-12,3

5,67   -0,09   0,23   5,9

19,82

12,74

-3,55

98,4   18,51

±0

19,7

Quelle: Wirtschaftsvereinigung Stahl (Hrsg.):
Stat. Jahrbuch d. Stahlindustrie, div. Jge. Düsseldorf.

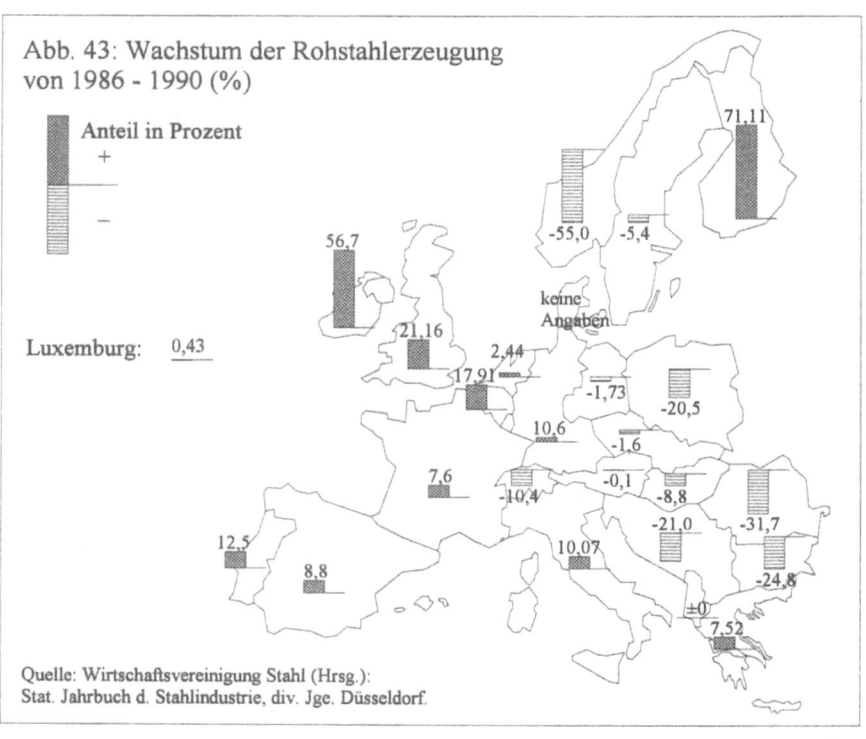

Abb. 43: Wachstum der Rohstahlerzeugung
von 1986 - 1990 (%)

Anteil in Prozent
+
–

Luxemburg: 0,43

56,7

71,11

-55,0   -5,4

keine
Angaben

21,16

2,44

17,91

-1,73

-20,5

10,6

-1,6

7,6

-10,4

-0,1

-8,8

-21,0

-31,7

12,5

10,07

-24,8

8,8

±0

7,52

Quelle: Wirtschaftsvereinigung Stahl (Hrsg.):
Stat. Jahrbuch d. Stahlindustrie, div. Jge. Düsseldorf.

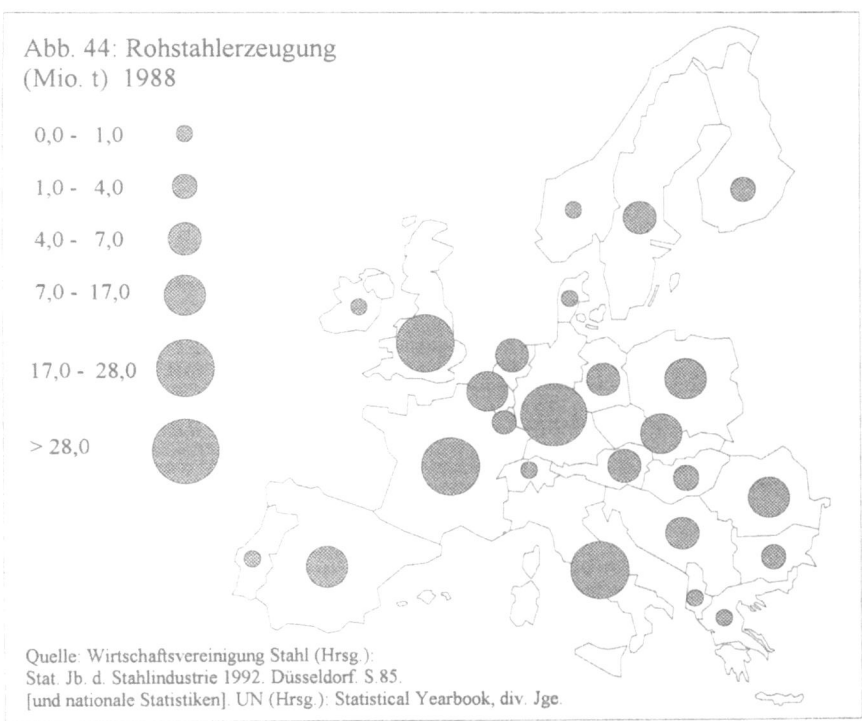

Abb. 44: Rohstahlerzeugung
(Mio. t) 1988

0,0 - 1,0

1,0 - 4,0

4,0 - 7,0

7,0 - 17,0

17,0 - 28,0

> 28,0

Quelle: Wirtschaftsvereinigung Stahl (Hrsg.):
Stat. Jb. d. Stahlindustrie 1992. Düsseldorf. S.85.
[und nationale Statistiken]. UN (Hrsg.): Statistical Yearbook, div. Jge.

3.2.2 Rohstahlerzeugungsrelationen

Nicht nur der gesamte Erzeugungsumfang, sondern auch die Erzeugungsrelationen sind von großer Bedeutung sowohl für die Unternehmen als auch für die gesamten Volkswirtschaften.

Zu den Rohstahlerzeugungsrelationen gehören die Quotienten: Roheiseneinsatz pro Tonne Rohstahl, Schrotteinsatz pro Tonne Rohstahl und Rohstahlerzeugung pro Beschäftigten.

3.2.2.1 Roheisen pro Tonne Rohstahl

Zur Erzeugung von einer Tonne Rohstahl wurde in den fünfziger Jahren in einigen Ländern wesentlich mehr Roheisen notwendig als gegenwärtig (Tab. 21). Das bedeutet, daß immer noch Schrott eingesetzt wird. Luxemburg hatte mit 1 000 kg Roheisen pro Tonne Rohstahl den größten Einsatz, Italien dagegen mit 309 kg/t den geringsten. 1985 wurden in Luxemburg nur noch 710 kg/t verbraucht. In einigen Ländern hat also der Einsatz noch zugenommen.

Tab. 21: Roheisen pro Rohstahl (kg/t) in ausgewählten Ländern

	1957	1970	1974	1985	1990
B	948	859	810	812	805
DK	-	412	131	-	-
SF		684	741	744	798
F	739	737	755	768	758
I	309	459	495	480	467
YU		591	560	640('86)	
L	1.001	882	850	710	743
NL		715	784	850	917
N			558	610	144
A		716	734	795	804
PL		566	547	589	
P		930	703	597('86)	473
E		513	543	370	424
H		589	610	617	
GB	557	574	577	644	699

Quelle: Stat. Amt der EU (Hrsg.), Eurostat: Eisen und Stahl 1991, Luxemburg 1991; Stat. Bundesamt (Hrsg.): Die Eisen- und Stahlindustrie, div. Jahrgänge, Düsseldorf und The Iron and Steel Industry in 1991, OECD, Paris 1993, S. 9 und 10

3.2.2.2 Schrotteinsatz pro Tonne Rohstahl

Große Unterschiede zwischen den Ländern und Veränderungen in einigen Ländern im Laufe der Zeit sind ebenfalls hinsichtlich des Schrotteinsatzes pro Tonne Rohstahl festzustellen (Tab. 22). 1960 wurden in Italien 749 kg Schrott pro Tonne Rohstahl eingesetzt. Zu dieser Zeit setzte Luxemburg nur 155 kg/t ein. Die großen Unterschiede ergaben sich aus den Unterschieden in den Rohstahlerzeugungsverfahren (vgl. Abschnitt 4.2.1), die sich im Laufe der Zeit stark gewandelt haben.

Von den osteuropäischen Ländern wies die DDR den höchsten Schrottverbrauch auf, weil hier das Verhältnis Roheisenproduktion zu Stahlproduktion am niedrigsten war, nämlich 0,3 - 0,4 (1970 - 1990). In den anderen osteuropäischen Ländern war der Schrotteinsatz in der Stahlerzeugung ähnlich wie der in den westeuropäischen Ländern, und zwar betrug er:

450 - 550 kg/t Rohstahl

400 - 550 kg/t SM-Stahl

980 - 1.000 kg/t Elektro-Stahl

ca. 240 kg/t Oxygen-Stahl [1]

---

[1] Daten von 1965 - 1970, neuere Daten fehlen.

Tab. 22: Schrott pro Rohstahl (kg/t) in ausgewählten Ländern

	1960	1970	1974	1980	1985	1990
B	223	257	295	295	291	274
D			394	347	348	326
CS				477	457	
DK		486	1.023	1.105	1.127	997
SF		393	327	295	295	
F	362	366	353	336	342	389
IRL			962	1.500	1.133	1.116
I	749	645	611	668	645	656
YU		519	547	531		
L	155		271	333	398	386
NL		409	330	291	245	187
N		462	472	524	549	
A		367	359		306	
PL		538	545	542	533	
P		358	434	695		712
E		637	584	673	718	686
H		517	495	502	537	
GB	520	543	547	565	443	375

Quelle: siehe Tab. 21

3.2.2.3   Rohstahlerzeugung pro Beschäftigten

Eine ökonomische Kenngröße ist auch die Arbeitsproduktivität, die als Quotient der Rohstahlerzeugung pro Beschäftigten angegeben wird. Im Jahre 1970 waren die Unterschiede zwischen den
Ländern gewaltig (Abb. 45), und mit 370,7 Tonnen Rohstahl pro Beschäftigten wiesen die
Niederlande die höchste Produktivität auf. Jugoslawien bildete damals mit 43,3 Tonnen Rohstahl
pro Beschäftigten das Schlußlicht.

Die Entwicklungen haben in den einzelnen Ländern ganz unterschiedlichen Verlauf genommen.
Massenhafte Entlassungen in zahlreichen westeuropäischen Ländern haben die Zahl der Beschäftigten drastisch reduziert (vgl. Kapitel 5), so daß bei zunehmender Rohstahlerzeugung die Produktivität gesteigert werden konnte. Eine Steigerung ergab sich aber auch generell durch veränderte Rohstahlerzeugungsverfahren.

Die Rohstahlproduktion pro Beschäftigten belief sich in den osteuropäischen Ländern auf ca. 90 t
(1989), wobei im gleichen Jahr diese Kennziffer für die EU-Länder durchschnittlich 348 t betrug.
Diese große Differenz kann man als Maßstab der technischen Überalterung der Eisen - und
Stahlindustrie in den osteuropäischen Ländern betrachten. Innerhalb der Ostblockländer war diese
Kennziffer differenziert, von 98 t in Polen, 89 t in der Tschechoslowakei und 85 t in Rumänien,
bis auf 74 t in Bulgarien, 65 t in Ungarn und 52 t in Jugoslawien. Als einen der Gründe für diese
Differenzierung kann man die Größe/Kapazität der Hochofen - und Stahlwerkanlagen nennen. Die

drei erstgenannten Länder - Polen, die Tschechoslowakei und Rumänien - verfügen über die größten Produktionsanlagen. Ein anderer Grund ist der differenzierte Mechanisierungs - und Automatisierungsgrad einzelner Produktionsverfahren, wofür aber keine entsprechenden Daten vorliegen.

Abb. 45: Rohstahlerzeugung je Beschäftigten 1963 - 1988

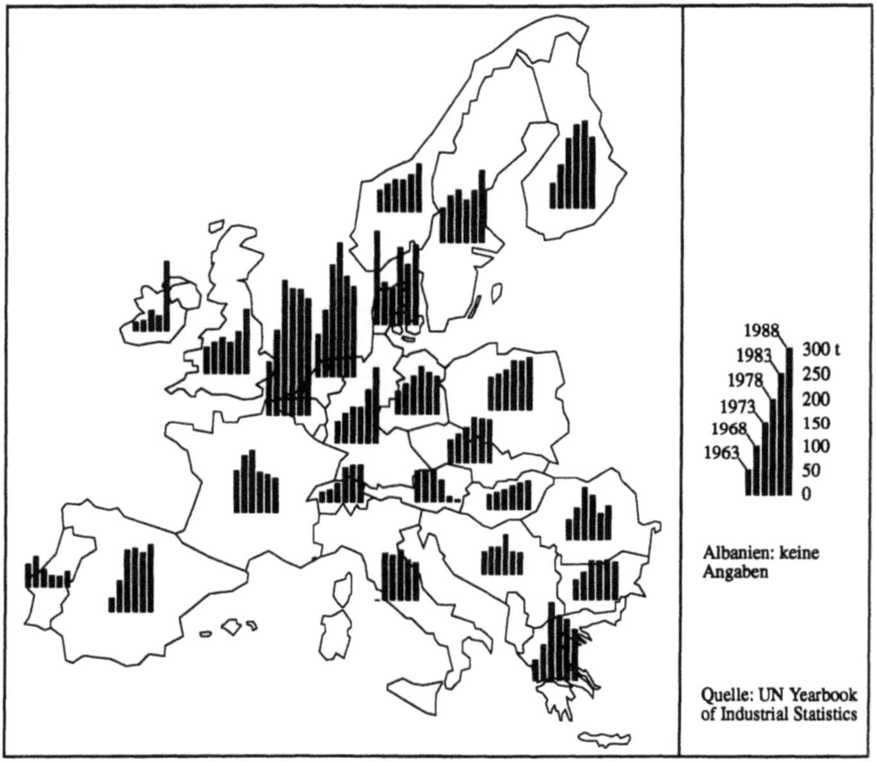

3.3 Walzstahl

3.3.1 Walzstahlerzeugung

Wie die Rohstahl- so hat sich auch die Walzstahlerzeugung im gesamten Untersuchungsraum seit 1950 erhöht. Das gilt ebenso für den Teil, der die Walzstahlfertigerzeugnisse umfaßt. Nur auf diese wird in den folgenden Ausführungen eingegangen.

Zunächst ist festzuhalten, daß die Walzstahlfertigerzeugung 1950 nur einen Umfang von rund 42 Mio. t hatte. 1974 wurden im gesamten Untersuchungsraum bereits rund 170 Mio. t hergestellt

(Abb. 46). 1980 belief sich die gesamte Herstellung auf nur noch rund 164 Mio. t. Auch diesbezüglich gab es in den heutigen 12 EU-Ländern den größten Anteil.

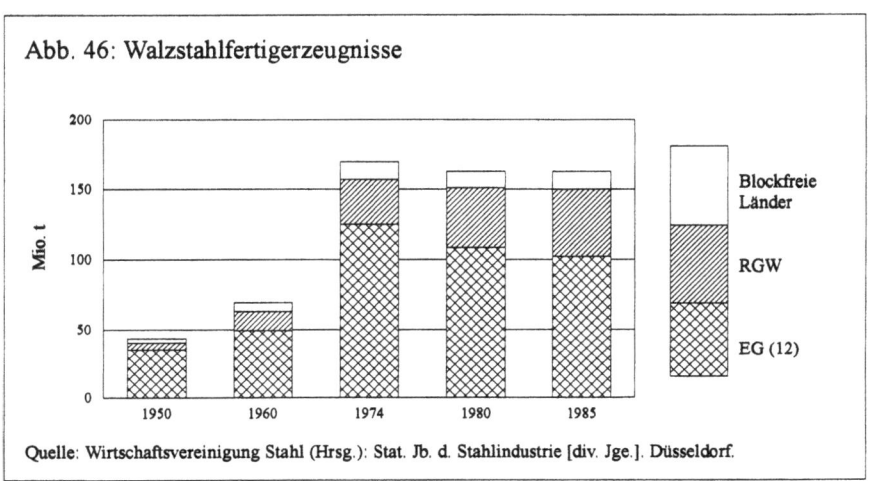

Abb. 46: Walzstahlfertigerzeugnisse

Quelle: Wirtschaftsvereinigung Stahl (Hrsg.): Stat. Jb. d. Stahlindustrie [div. Jge.]. Düsseldorf.

Walzstahlfertigerzeugnisse in der EU (12)
Insgesamt wurden im Raum der heutigen 12 EU-Länder im Jahre 1950 rund 35,6 Mio. t Walzstahlerzeugnisse hergestellt (Abb. 46).

Tendenziell wurde die Herstellung von Walzstahlfertigerzeugnissen gesteigert, wobei 1960 mit rund 72 Mio. t, 1964 mit rund 83 Mio. t und 1970 mit rund 110 Mio. t Produktionsrekorde erreicht wurden. Das Maximum wurde im Jahre 1974 erreicht. Die heutigen 12 EU-Länder konnten die Herstellung von Walzstahlfertigerzeugnissen auf rund 129 Mio. t erweitern. 1975 gab es eine starke Depression im Bereich der Walzstahlfertigproduktion. Die Erzeugung ging auf rund 103 Mio. t zurück, lag somit noch unter dem Wert von 1970.

Nach 1975 wuchs der Erzeugungsumfang nur langsam an, zeigte sich im Jahre 1979 mit einem neuen Produktionsrekord von 123 Mio. t (fast) gesundet. Ein Jahr später jedoch zeichnete sich eine zweite Krise ab. Die Herstellung in wesentlichen Erzeugerländern (z. B. im Vereinigten Königreich) sank dramatisch ab. Zeitverzögert folgten auch die Bundesrepublik Deutschland, Italien, Frankreich und Belgien. Das führte zu einem erneuten Minimum von rund 101 Mio. t (1982). Es lag weit unter dem Niveau von 1975. Danach stoppte die Talfahrt in der Walzstahlfertigerzeugung und pendelte sich auf rund 110 Mio. t ein.

Während der letzten 40 Jahre lassen sich Veränderungen in den Produktionsanteilen der einzelnen Staaten an der Gesamterzeugung beobachten. 1950 machte Großbritannien mit einer Erzeugung von 13,2 Mio. t das Gros der Produktion aus, gefolgt von der Bundesrepublik Deutschland mit rund 9 Mio. t, Frankreich mit 6 Mio. t und Belgien mit knapp 3 Mio. t. Zusammen erzeugten sie rund 87 % der Gesamtproduktion aller heutigen EU-Staaten (Abb. 47).

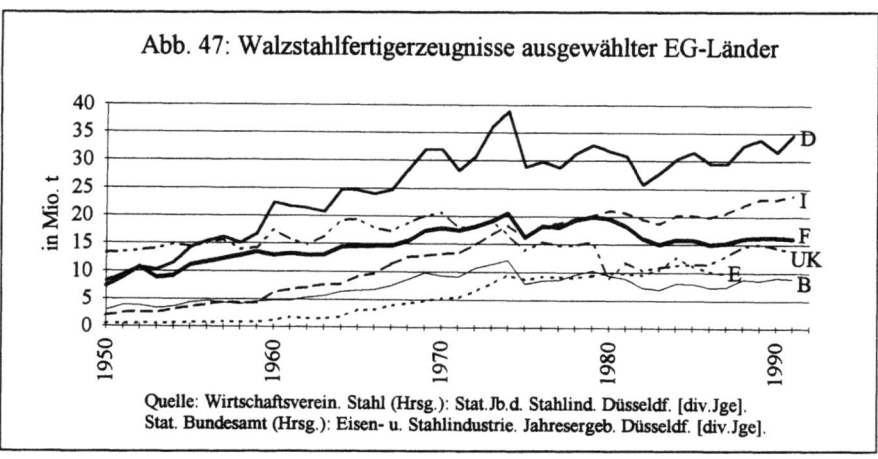

Abb. 47: Walzstahlfertigerzeugnisse ausgewählter EG-Länder

Quelle: Wirtschaftsverein. Stahl (Hrsg.): Stat.Jb.d. Stahlind. Düsseldf. [div.Jge].
Stat. Bundesamt (Hrsg.): Eisen- u. Stahlindustrie. Jahresergeb. Düsseldf. [div.Jge].

Bereits 1960 zeichnete sich ein Wandel in dem Verteilungsmuster ab: Die Bundesrepublik Deutschland konnte Großbritannien die Spitzenposition streitig machen und produzierte mit mehr als 20 Mio. t mehr als das Vereinigte Königreich (17,3 Mio. t). Auf dem dritten Platz konnte sich Frankreich mit 12,9 Mio. t behaupten. Belgien dagegen wurde von Italien in der Produktion überholt und auf den fünften Rang verdrängt.(Belgien = 4,9 Mio. t, Italien = 6,2 Mio. t). Insgesamt konnten diese 5 Länder etwa 91 % der Walzstahlfertigerzeugung bestreiten, was einem tatsächlichem Wert von 66,3 Mio. t entspricht.

Die folgenden Jahre bestätigten die Sonderstellung der Bundesrepublik Deutschland im Bereich der Erzeugung von Walzstahlfertigprodukten. Insgesamt konnten die Bundesrepublik Deutschland, Frankreich, Italien, Großbritannien und Belgien 119,7 Mio. t produzieren, was einem Anteil von 92 % aller heutigen EU- Länder entspricht.

Interessant sind darüber hinaus die steigenden Produktionsanteile in Italien, die mit 18.4 Mio. t denen Frankreichs mit 20,6 Mio. t sehr nahe kamen und 1976 bereits überschritten. Somit konnte sich Italien als zweitgrößter Walzstahlfertigprodukthersteller hinter der Bundesrepublik etablieren.

Besonders hart traf die Krise die Erzeugung in Großbritannien. Einen Tiefpunkt in der Herstellung kann man für 1980 festmachen, wo das Vereinigte Königreich lediglich 8,8 Mio. t Walzstahlfertigerzeugnisse herstellte, somit hinter die belgische Produktion zurückfiel und sogar von der immer stärker werdenden Produktion Spaniens überrundet wurde.

Auch 1987 wurden 93,1 % der Erzeugung unter sechs Ländern ausgemacht, wobei die Bundesrepublik Deutschland weiterhin den größten Anteil markierte. Italien konnte der angedeuteten Entwicklung standhalten und folgte mit 20,7 Mio. t. Frankreich (15,3 Mio. t) und Großbritannien (13,1 Mio. t) hatten etwa vergleichbare Produktionsvolumina.

Erstaunlich war die Entwicklung Spaniens. Dieses Land nahm mit 9,8 Mio. t bereits etwa 9 % der EU-Erzeugung ein. Als letztes EU- Mitglied mit nennenswerter Erzeugung sei Belgien genannt. Hier wurden 7,4 Mio. t Walzstahlfertigprodukte hergestellt. Die Mengen der übrigen EU-Länder machten nur knapp 7,5 % der Gesamt-EU-Produktion aus, wobei Luxemburg (2,9 Mio. t) und die Niederlande (3,0 Mio. t) die bedeutendsten Anteile hatten (Werte für 1987).

Walzstahlfertigerzeugnisse der RGW-Länder

In der Zeit von 1950 bis 1985 hat in den RGW-Ländern die Herstellung von Walzstahlfertiger-zeugnissen von rund 5,7 Mio. t auf rund 43,5 Mio. t ständig zugenommen (Abb. 46).

Entsprechend der Entwicklung der Roheisen- und Rohstahlerzeugung verlief diese auch in den einzelnen Ländern unterschiedlich (Abb. 48). Mit der Wirtschaftskrise in Polen gab es dort 1980 einen großen Bruch. In Bulgarien und Ungarn kam es ab 1980 zunächst zur Stagnation. In der DDR, Rumänien und der Tschechoslowakei dagegen stieg die Herstellung noch an.

1950 machten noch Polen und die Tschechoslowakei mehr als 70 % der Herstellung dieses Raumes aus. Im Laufe der Zeit wurden die anderen Länder stärker, besonders Rumänien. Polen und die Tschechoslowakei hatten 1985 nur noch einen Anteil von 50,5 %.

Walzstahlfertigerzeugung in den blockfreien Ländern

Insgesamt wurden in den blockfreien Staaten im Jahre 1950 1,8 Mio. t Walzstahlfertigerzeugnisse hergestellt (Abb. 46).

Der relativ geringe Umfang dieser Herstellung wird deutlich, wenn man zum Vergleich die Produkionszahlen von Luxemburg für den entsprechenden Zeitraum heranzieht. 1950 erzeugte allein das Herzogtum Luxemburg 1,7 Mio. t, das war ein Wert, den alle blockfreien Länder zusammengenommen nicht erreichten. Schweden, Österreich und Jugoslawien hatten dabei die größten Anteile (Abb. 49).

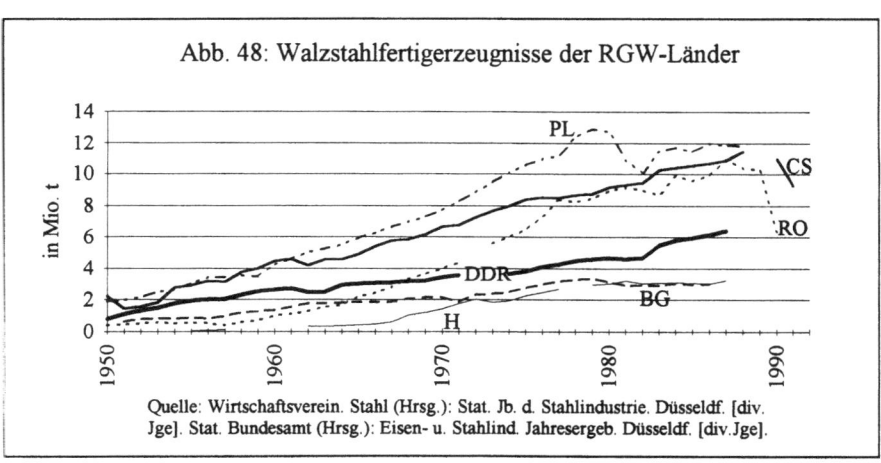

Abb. 48: Walzstahlfertigerzeugnisse der RGW-Länder

Quelle: Wirtschaftsverein. Stahl (Hrsg.): Stat. Jb. d. Stahlindustrie. Düsseldf. [div. Jge]. Stat. Bundesamt (Hrsg.): Eisen- u. Stahlind. Jahresergeb. Düsseldf. [div.Jge].

Schnell jedoch konnte die Erzeugung ausgedehnt werden. Bereits 1961, im Sog der Produktionsrekorde der EU- Länder, konnten erstaunliche Mengen erzielt werden (6,6 Mio. t = 2,6 % der Weltproduktion).

Weitere Maxima brachten die Jahre 1970 mit 10,1 Mio. t und 1974 mit 11,9 Mio. t. Diese Steigerungen führten jedoch nicht zu einem entsprechend höheren Anteil an der Welterzeugung, da diese im gleichen Zeitraum ebenfalls deutlich gesteigert wurde (1974: 521,0 Mio. t). So sank gar der Anteil von 2,6 % auf 2,3 % im Jahre 1974.

Zudem darf der Herstellungsrekord in Bezug auf die Erzeugung von Walzstahlfertigerzeugnissen in den europäischen, blockfreien Staaten nur relativ gesehen werden. Die Produktion dieser sieben Länder betrug insgesamt etwa so viel, wie in Spanien im Boomjahr 1974 allein.

Ähnlich wie in den EU-Ländern setzte sich die Entwicklung der Walzstahlfertigerzeugnisse in den blockfreien Ländern fort. 1975 zeigten sich erste Anzeichen für eine beginnende Krise, die sich besonders in Finnland und Österreich auswirkte (Abb. 49). Die Produktion nahm innerhalb eines Jahres deutlich ab. In Finnland betrug sie gerade noch 1,1 Mio. t, in Österreich noch 2,9 Mio. t. Sinkende Erzeugung verzeichnete auch Schweden seit dem Maximum im Jahre 1974. Im Krisenjahr 1977 fiel die Erzeugung auf 2,7 Mio. t ab.

Im Anschluß an diese Krisenjahre folgte der wirtschaftliche Aufschwung im Bereich der Walzstahlfertigerzeugung für die sieben blockfreien Länder, der 1979 in einem erneuten Produktionsmaximum gipfelte. Insgesamt wurden 13,5 Mio. t Walzstahlfertigerzeugnisse hergestellt, ein Anteil am Weltmarkt von 2,4 %.

In den Jahren bis 1986 war die Erzeugung von starken Schwankungen bestimmt. Das Niveau der Boomjahre wurde nur von wenigen Ländern wie Österreich (1984 = 3,8 Mio. t) und Jugoslawien (1986 = 6,6 Mio. t) überschritten. Auch in den blockfreien Ländern Europas haben sich die Anteile während des Untersuchungszeitraumes beträchtlich gewandelt (Abb. 49). 1950 besaß lediglich Schweden mit 0,9 Mio. t Walzstahlfertigerzeugnissen eine mit anderen europäischen Ländern konkurrenzfähige und vergleichbare Produktion (Vgl. DDR 1950 = 0,8 Mio. t). Finnland, Jugoslawien, Norwegen, Österreich und die Schweiz erzeugten nur unbedeutende Mengen. Bereits 1960 war Österreich in der Lage, seine Erzeugung der Schwedens anzugleichen bzw. diese sogar zu überbieten. Mit 2,1 Mio. t bzw. 2.1 Mio. t stellten Österreich bzw. Schweden 68,3 % der Walzstahlfertigerzeugnisse der blockfreien Länder her (In Albanien gab es damals noch keine Walzwerkserzeugung). Eine nennenswerte Erzeugung konnte auch Jugoslawien mit rund 1 Mio. t Walzstahlfertigerzeugnisse aufweisen, was zusammen mit den vorangegangenen Ländern 84,3 % der Herstellung ausmachte.

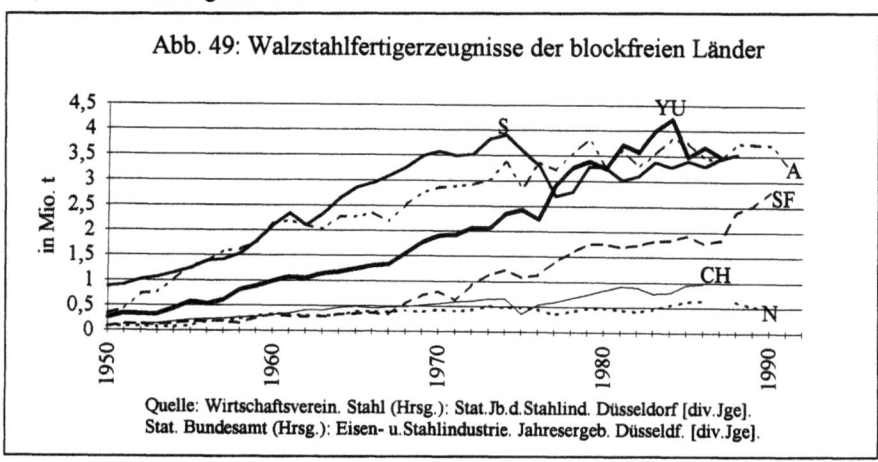

Abb. 49: Walzstahlfertigerzeugnisse der blockfreien Länder

Quelle: Wirtschaftsverein. Stahl (Hrsg.): Stat.Jb.d.Stahlind. Düsseldorf [div.Jge].
Stat. Bundesamt (Hrsg.): Eisen- u.Stahlindustrie. Jahresergeb. Düsseldf. [div.Jge].

Erst 1977, kurz nach der bzw. während der Krise in der Eisen- und Stahlindustrie, ergaben sich Änderungen der Erzeugungsanteile auf dem europäischen Stahlmarkt. Erstmalig gelang es Österreich, seine Walzstahlfertigproduktion über das Niveau Schwedens (2,7 Mio. t) zu steigern und 3,2 Mio. t zu erzeugen. Gleiches erreichte Jugoslawien, das hinter Österreich 2,9 Mio. t herstellte. Auch Finnland steigerte die Walzstahlfertigerzeugung immens, so daß diese vier Länder mit einer Erzeugung von 10,2 Mio. t zu 91,5 % den Markt der blockfreien Länder beherrschten. Diese Tendenz setzte sich bis 1986 fort, allerdings mit veränderten Marktanteilen der einzelnen Länder. Seit 1980 nahm Jugoslawien eine führende Stellung im Bereich der Walzstahlfertigerzeugung ein, was sich in einer konsequenten Steigerung ausdrückt (1986 = 6,6 Mio. t). Österreich konnte mit einer Erzeugung von 3,5 Mio. t (1986) seinen Platz vor Schweden mit 3,3 Mio. t (1986) behaupten. Rang vier in der Gruppe der blockfreien Staaten nahm Finnland mit wachsenden Herstellungszahlen ein (1986 = 1,8 Mio. t). Die Produktion Norwegens konnte sich im Laufe der 46 Jahre zwar steigern, von 0,1 Mio. t (1950) auf 0,6 Mio. t (1986), doch pendelte die Herstellung um 0,5 Mio. t während der letzten 20 Jahre.

Unerwähnt blieb bisher die Produktion an Walzstahlfertigerzeugnissen der Schweiz. Ihr gelang ebenfalls eine Steigerung bis zum Krisenjahr 1975 (1952-1974 von 0,1 Mio. t auf 0,7 Mio. t). 1975 verzeichnete die Schweiz enorme Verluste, die Herstellung ging auf 0,4 Mio. t zurück. Schnell jedoch entspannte sich die Lage. Mittlerweile (1986) erreichte die Schweiz Rekorde von rund 1 Mio. t, vergleichbar mit dem EU-Mitglied Portugal, welches 0,8 Mio. t im gleichen Zeitraum herstellte.

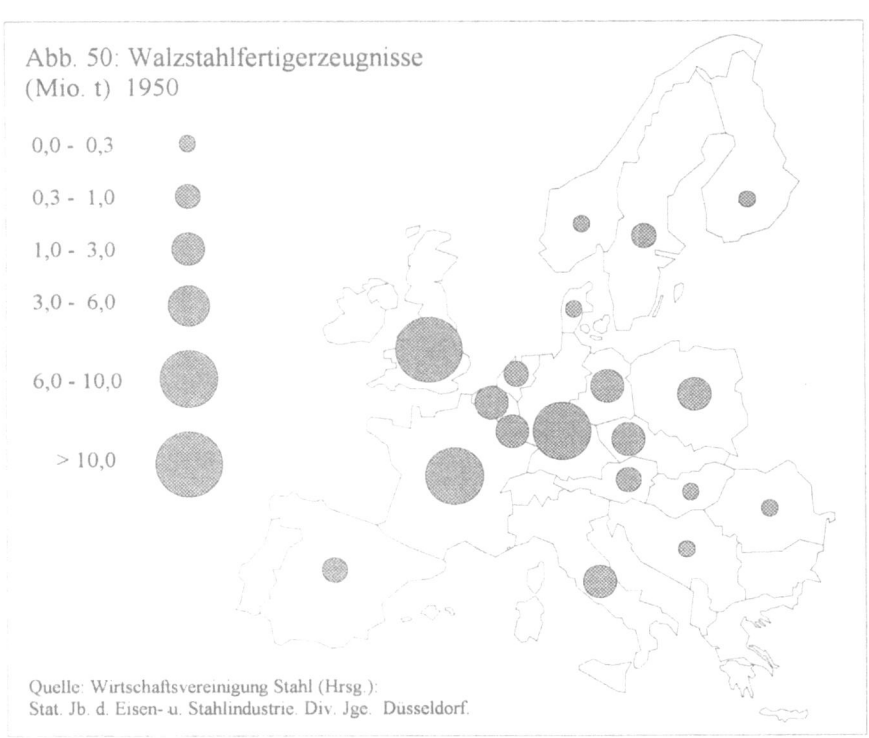

Abb. 50: Walzstahlfertigerzeugnisse
(Mio. t) 1950

0,0 - 0,3

0,3 - 1,0

1,0 - 3,0

3,0 - 6,0

6,0 - 10,0

> 10,0

Quelle: Wirtschaftsvereinigung Stahl (Hrsg.):
Stat. Jb. d. Eisen- u. Stahlindustrie. Div. Jge. Dusseldorf.

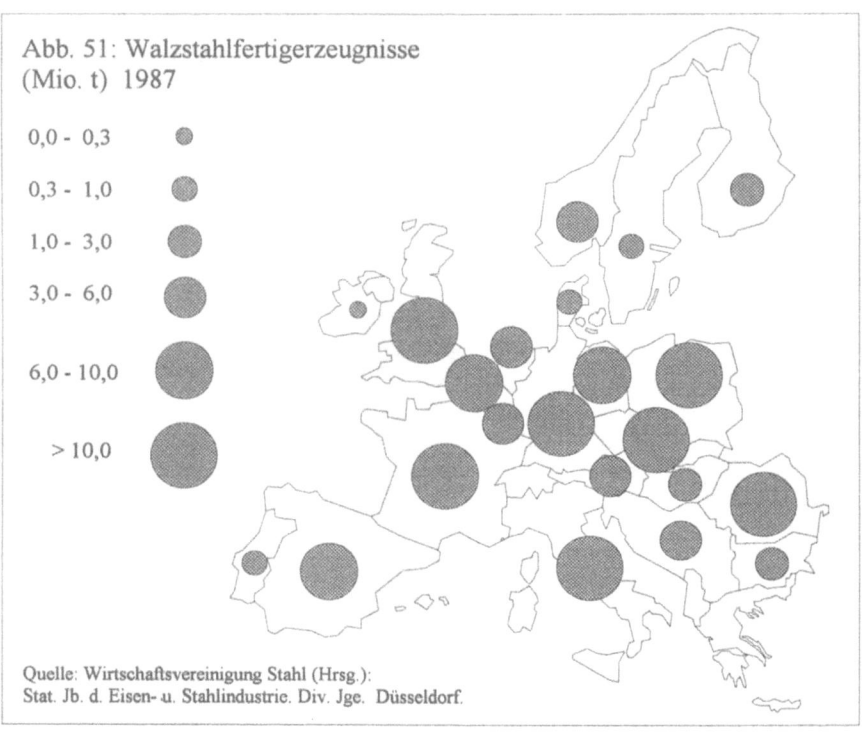

Abb. 51: Walzstahlfertigerzeugnisse
(Mio. t) 1987

0,0 - 0,3
0,3 - 1,0
1,0 - 3,0
3,0 - 6,0
6,0 - 10,0
> 10,0

Quelle: Wirtschaftsvereinigung Stahl (Hrsg.):
Stat. Jb. d. Eisen- u. Stahlindustrie. Div. Jge. Düsseldorf.

Für ausgewählte Jahre wird in den Abb. 50 und 51 noch einmal die große regionale Unterschiedlichkeit verdeutlicht. Insgesamt dominierten 1950 die drei Länder Bundesrepublik Deutschland, Großbritannien und Frankreich. 1985 kam als weiteres bedeutsames Land Italien dazu. 1974 waren auch schon Spanien, Rumänien und Polen - Länder mit großem Erzeugungsumfang - vertreten.

3.3.2 Struktur der Walzstahlerzeugung

Es werden zwei Gruppen von Walzstahlerzeugnissen unterschieden: Halbzeug und Fertigerzeugnisse. Die Fertigerzeugnisse gliedern sich weiter in Langerzeugnisse (= Profilstahl) und Flacherzeugnisse (= Flachstahl). Die Produktionspalette ist insgesamt sehr differenziert und umfangreich (Übersicht 2).

Übersicht 2: Struktur der Walzstahlfertigerzeugung

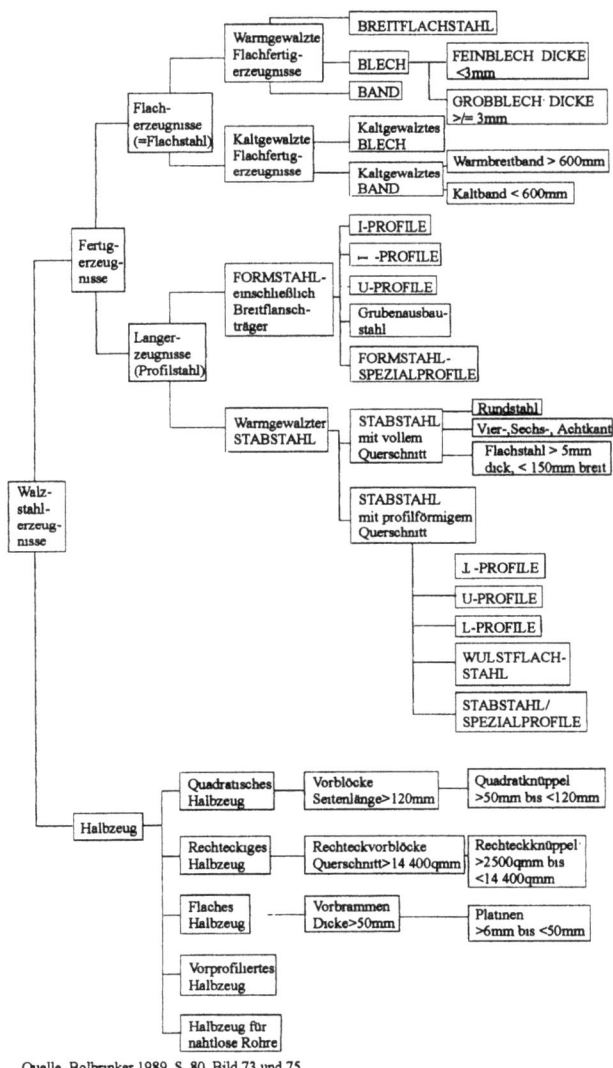

Quelle Bolbrinker 1989, S. 80, Bild 73 und 75

89

Die Struktur der Walzstahlerzeugung war in den osteuropäischen Ländern nicht günstig, sie war u. a. durch einen hohen Anteil an Profilerzeugnissen im Verhältnis zu Flacherzeugnissen gekennzeichnet (Tab. 23). Das Verhältnis Profilerzeugnisse zu Flacherzeugnisse betrug in den meisten osteuropäischen Ländern etwa 60 zu 40, im Gegensatz zu den westeuropäischen Ländern wo dieses Verhältnis etwa 25 zu 75 betrug (Tab. 26).

Ein weiteres Strukturmerkmal der Walzstahlerzeugung ist der Anteil von Feinblechen, der indirekt den Entwicklungsstand der Wirtschaft widerspiegelt. Allgemein war (und ist noch) der Anteil der Feinblecherzeugung in den osteuropäischen Ländern drei- bis viermal geringer als in den westeuropäischen Ländern. Das bedeutet, daß viel weniger der Walzprodukte für Konsumzwecke (Fahrzeugbau, Haushaltsgeräte, Konservenindustrie u. a.) verwendet werden konnten. Mitte der siebziger Jahre betrug der Anteil der Feinbleche in der Walzstahlerzeugung etwa 17 % in Ungarn und 12 % in der Tschechoslowakei, dagegen nur etwa 8 % in Polen und 6 - 7 % in Rumänien. In Polen stieg der Anteil der Feinbleche in den achtziger Jahren auf 10 - 12 % an.

Tab. 23: Struktur der Walzstahlerzeugung in den RGW-Ländern (in %)

Länder	1960		1970		1980		1989		1990	
	a	b	a	b	a	b	a	b	a	b
Bulgarien	91.2	8.8	40.2	59.8	31.8	68.2	40.1	59.9	39.6	60.4
Tschechoslowakei	61.8	38.2	60.4	39.6	54.0	46.0	55.8	44.2	56.9	43.1
(Jugoslawien)	67.5	32.5	72.0	28.0	83.5	16.5	83.6	16.4x	...	...
DDR	60.4	39.6	-	-	68.6	31.4	69.4	30.6x	xx	xx
Polen	59.0	41.0	61.7	38.3	61.4	38.6	60.7	39.3	57,3	42,7
Rumänien	49.5	50.5	61.0	39.0	49.6	50.4	45.0	55.0	44,8	55,2
Ungarn	69.6	30.4	46.7	53.3	56.0	44.0	51.8	48.2	45,8	54,2

a - Profilerzeugnisse   b - Flacherzeugnisse   x - 1987   xx - zur BRD
(...) blockfreies Land, für 1990 keine Angaben

Quelle: Annual Bulletin of Steel Statistics for Europe 1990, S. 13 - 14 und nationale Statistiken (eigene Berechnungen)

Der Umfang der Röhrenproduktion ist ein weiteres Strukturmerkmal der Walzstahlerzeugung. In den siebziger und achtziger Jahren hatten Rumänien (17 - 14 %), die Tschechoslowakei (um 15 %) und die DDR (15 - 13 %) die höchsten Rohrproduktionsanteile aufzuweisen. Rumänien und die Tschechoslowakei waren zudem bedeutende Rohrexporteure; Rumäniens Walzstahlproduktion spezialisierte sich auf Röhren für die Erdölindustrie. In Polen sank der Anteil der Rohrproduktion von 10 % (1975) auf ca. 6 % (1990) ab. Die kleinsten Anteile an der Rohrproduktion wiesen Ungarn (9 %, 1976) und Bulgarien (6,5 %, 1976) auf. Als Folge der anlaufenden Umstrukturierung der Eisen - und Stahlindustrie in allen osteuropäischen Ländern wird vor allem eine progressive und moderne Struktur der Walzstahlerzeugung angestrebt.

Langerzeugnisse
Von den in der Übersicht 2 dargestellten Langerzeugnissen sind nur einige für die EU-Länder aufgeführt worden: Betonstahl und Walzdraht. Im Jahre 1982 wurden in den damaligen EU-Ländern rund 6,2 Mio. t Betonstahl hergestellt. Mehr als die Hälfte entfiel damals auf Italien (ca. 55 %). Obwohl Mitte der achtziger Jahre die EU-Erweiterung mit Spanien und Portugal erfolgte

und neue Erzeuger hinzukamen, konnte doch Italien bis heute seine Dominanz behalten. 1990 wurden dort - trotz geringen Rückgangs - immer noch rund 5,2 Mio. t Betonstahl hergestellt (Abb. 52). Weniger als die Hälfte wurde im zweitwichtigsten Land, nämlich Spanien, mit rund 2,3 Mio. t erzeugt.

Bei der Herstellung von Walzdraht gab es andere Schwerpunkte. 1982 dominierte die Bundesrepublik Deutschland mit rund 2,8 Mio. t. Auch Frankreich hatte eine knapp darunter liegende Menge von rund 2,1 Mio. t (Abb. 53). In den anderen Ländern wurde wesentlich weniger Walzdraht erzeugt. In Dänemark und Irland fehlte diese Herstellung völlig. Das ist bis heute so geblieben.

Die regionale Verteilung für 1990 zeigt, daß im gesamten Untersuchungsraum die Bundesrepublik Deutschland (rund 3,4 Mio. t), Italien (2,8 Mio. t) und Frankreich (2.1 Mio. t) die größten Erzeugerländer waren.

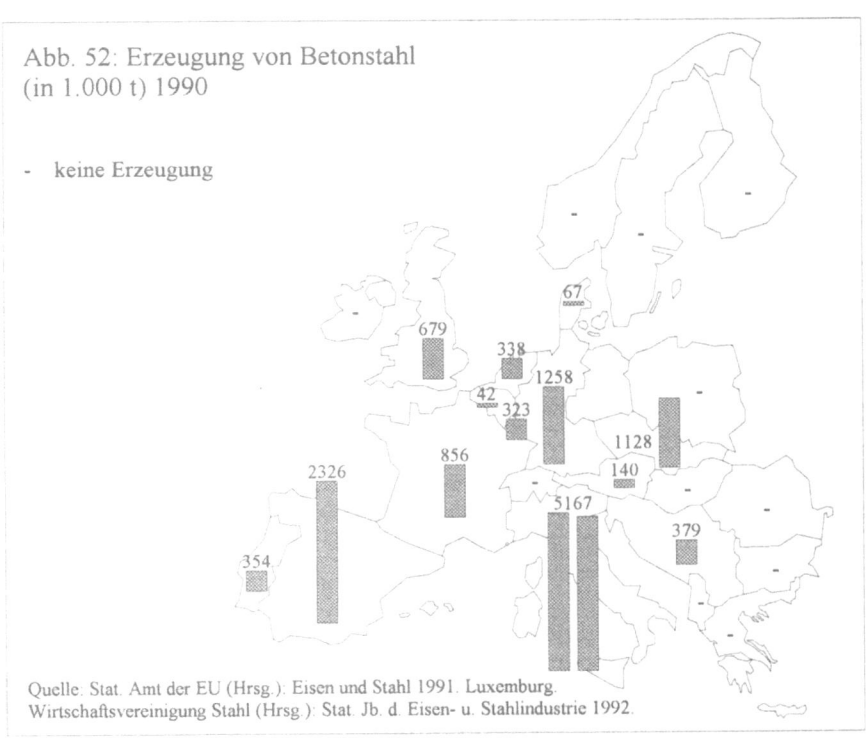

Abb. 52: Erzeugung von Betonstahl
(in 1.000 t) 1990

- keine Erzeugung

Quelle: Stat. Amt der EU (Hrsg.): Eisen und Stahl 1991. Luxemburg.
Wirtschaftsvereinigung Stahl (Hrsg.): Stat. Jb. d. Eisen- u. Stahlindustrie 1992.

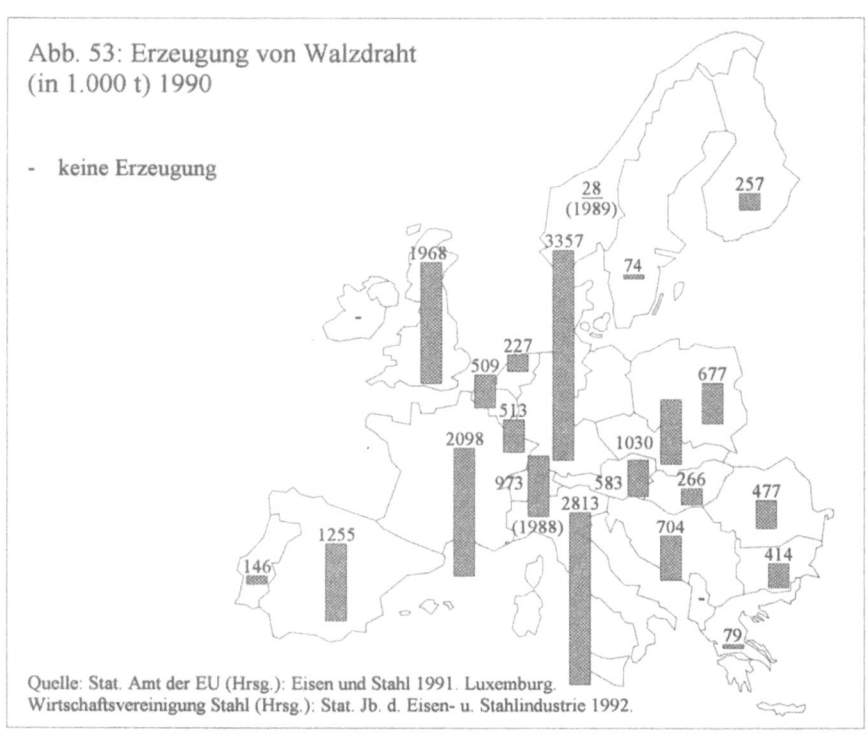

Abb. 53: Erzeugung von Walzdraht
(in 1.000 t) 1990

- keine Erzeugung

28
(1989)

257

1968

3357

74

227

509

677

513

2098

1030

973

583

266

477

2813
(1988)

704

1255

414

146

79

Quelle: Stat. Amt der EU (Hrsg.): Eisen und Stahl 1991. Luxemburg.
Wirtschaftsvereinigung Stahl (Hrsg.): Stat. Jb. d. Eisen- u. Stahlindustrie 1992.

Flacherzeugnisse

Im Jahre 1990 wurden in der EU insgesamt 66,9 Mio. t Flacherzeugnisse hergestellt. Mit Ausnahme von Irland waren daran alle Länder mit unterschiedlichen Anteilen beteiligt (Tab. 24). Fast ein Drittel gab es in der Bundesrepublik Deutschland. In den osteuropäischen Ländern waren es nur 15,3 Mio. t (Tab. 25). Fast ein Drittel entfiel davon allein auf die Tschechoslowakei.

Wie Tab. 26 zeigt, gab es zwischen den einzelnen EU-Ländern und auch den übrigen westeuropäischen Ländern doch recht große Unterschiede im Verhältnis der Erzeugung von Lang- zu Flacherzeugnissen. Belgien und die Niederlande hatten 1990 unter den Walzwerkserzeugnissen die größten Anteile mit jeweils über 80 % bei den Flacherzeugnissen. In Luxemburg und Griechenland lagen die Schwerpunkte bei den Langerzeugnissen.

Nun gibt es eine ganze Reihe unterschiedlicher Flacherzeugnisse. Für die 12 EU-Länder sind für 1990 insgesamt sechs verschiedene Erzeugnisse dargestellt (Tab. 27).

Nur Deutschland, Frankreich und Spanien hatten Erzeugungen in allen sechs aufgeführten Produktionsbereichen. Wie schon angegeben, gab es in Irland gar keine Erzeugung, und auch in Dänemark wurde als einziges Flacherzeugnis nur Blech (warmgewalzt, 4.75 mm) erzeugt. Die Besonderheit für Spanien liegt darin, daß dort nur kaltgewalzte Bleche hergestellt wurden.

Bei der Herstellung von Bandstahl und Röhrenstreifen dominierte 1990 mit 2,3 Mio. t die Bundesrepublik Deutschland (Abb. 54). Von den Ostblockländern war mit 933.000 t die Tschechoslowakei bedeutsam.

Tab. 24: Flacherzeugnisse in den EU-Ländern (1990)

Land	Flacherzeugnis (1.000 t)	Anteil (in %)
D	21.296	31,8
F	10.560	15,8
I	9.627	14,4
NL	3.038	4,5
B	7.843	11,7
L	638	1,0
UK	7.511	11,2
DK	363	0,5
GR	863	1,3
E	4.966	7,4
P	230	0,3
Σ	66.941	100,0

Quelle: Statistisches Amt der Europäischen Gemeinschaften, Eurostat: Eisen und Stahl 1991, Luxemburg 1991, S. 65

Tab. 25: Flacherzeugnisse in den osteuropäischen Ländern (1990)

Land	Flacherzeugnis (1000 t)	Anteil (in %)
BG	1.062	6,9
CS	4.700	30,7
YU	677	4,4
PL	4.200	27,4
RO	3.517	22,9
H	1.180	7,7
Σ	15.336	100,0

Quelle: Nationale Statistiken

Tab. 26: Struktur der Walzstahlerzeugung 1990 in ausgewählten EU- und blockfreien Ländern

Land	Langerzeugnisse (Mio. t)	Flacherzeugnisse (Mio. t)	Σ	Anteile (in %)	
				Langerzeugnisse	Flacherzeugnisse
B	1.090	9.660	10.750	10,1	89,9
DK	188	362	550	34,2	65,8
F	5.044	11.101	16.145	31,2	68,8
BRD	8.601	23.301	31.902	27,0	73,0
GR	1.080	592	1.672	64,6	35,4
L	2.585	688	3.273	79,0	21,0
NL	564	3.402	3.966	14,2	85,8
GB	6.766	7.703	14.469	46,8	53,2
SF	680	2.119	2.799	24,3	78,6
S	980	1.270	2.250	43,6	56,4

Quelle: Annual Bulletin of Steel Statistics for Europe 1990, S. 13 - 14

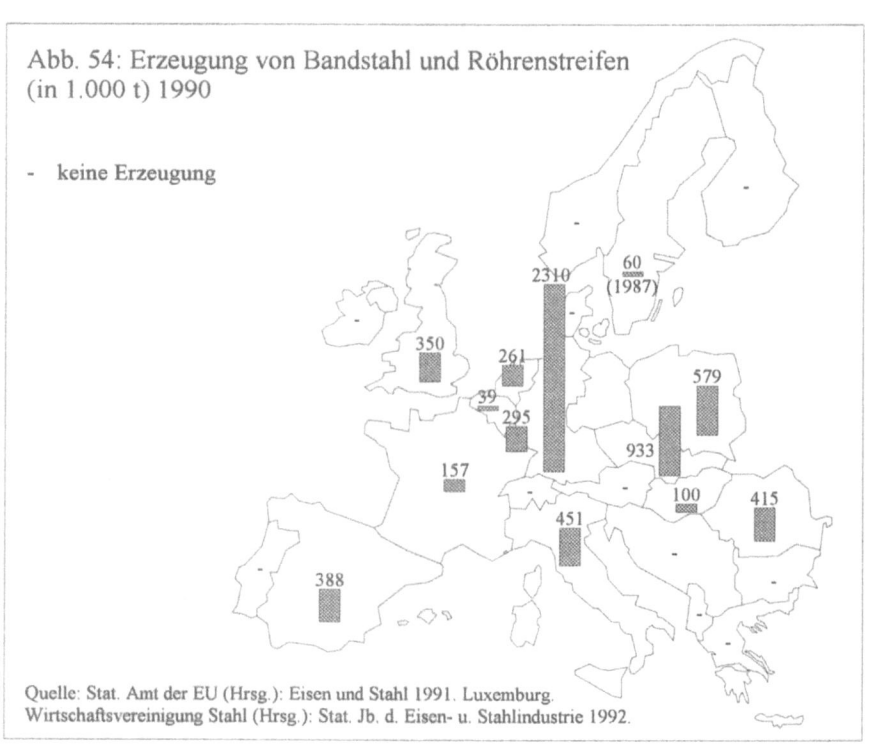

Abb. 54: Erzeugung von Bandstahl und Röhrenstreifen (in 1.000 t) 1990

- keine Erzeugung

Quelle: Stat. Amt der EU (Hrsg.): Eisen und Stahl 1991. Luxemburg.
Wirtschaftsvereinigung Stahl (Hrsg.): Stat. Jb. d. Eisen- u. Stahlindustrie 1992.

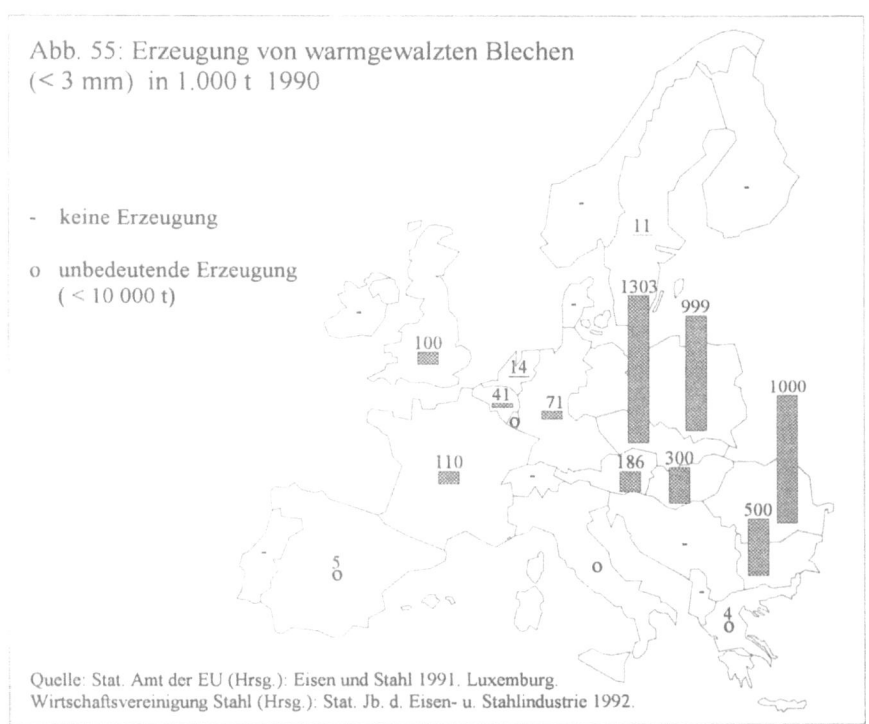

Abb. 55: Erzeugung von warmgewalzten Blechen (< 3 mm) in 1.000 t 1990

- keine Erzeugung

o unbedeutende Erzeugung
  (< 10 000 t)

Quelle: Stat. Amt der EU (Hrsg.): Eisen und Stahl 1991. Luxemburg.
Wirtschaftsvereinigung Stahl (Hrsg.): Stat. Jb. d. Eisen- u. Stahlindustrie 1992.

Große Unterschiede bestanden in regionaler Hinsicht bei der Erzeugung von warmgewalzten Blechen (< 3 mm) (Abb. 55). Die Tschechoslowakei, Rumänien und Polen dominierten 1990 bei weitem (1,3 bzw. je 1 Mio. t). In allen anderen Ländern spielte diese Erzeugung (evtl. noch abgesehen von Österreich) keine Rolle.

Tab. 27: Erzeugung von Walzstahlfertigerzeugnissen (1990) in der EU (12) (= Flacherzeugnisse)

	Breitflachstahl	Bandstahl und Röhrenstreifen	Bleche, warmgewalzt > 4,75 mm	Bleche, warmgewalzt 3 - 4,75 mm	Bleche, warmgewalzt < 3 mm	Bleche, kaltgewalzt ≥ 3 mm	Bleche, kaltgewalzt < 3 mm	Warmbreitband (Fertigerzeugnisse) ≥ 3 mm	Warmbreitband (Fertigerzeugnisse) < 3 mm
D	X	X	X	X	X	X	X	X	X
F	X	X	X	X	X	X	X	X	X
I	X	X	X	X	O	X	X	X	X
NL	O	X	X	X	X	O	X	X	X
B	O	X	X	X	X	X	X	X	X
L	O	X	O	O	O	O	X	O	O
UK	X	X	X	X	X	O	X	X	X
IRL	O	O	O	O	O	O	O	O	O
DK	O	O	X	O	O	O	O	O	O
GR	O	X	X	X	X	X	X	X	X
E	X	X	X	X	X	X	X	X	X
P	O	O	O	O	O	X	X	O	O

X Erzeugung vorhanden O keine Erzeugung

Quelle: Statistisches Amt der EU (Hrsg.), Eurostat , Eisen und Stahl 1991, Luxemburg 1990, S. 64 - 65

Neben dieser sog. Feinblecherzeugung gibt es in einigen Ländern die Erzeugung von warmge-walzten Mittelblechen (3 - 4,75 mm). 1990 gab es in Rumänien mit rund 1,6 Mio. t und in der CS die bedeutendsten regionalen Schwerpunkte im Untersuchungsraum (Abb. 56).

Die Grobblecherzeugung (> 4,75 mm) hatte 1990 den regionalen Schwerpunkt in der Bundesre-publik Deutschland (Abb. 57).

Neben den warmgewalzten sind die kaltgewalzten Bleche erwähnenswert. Die dünnen Bleche (< 3 mm) wurden zum größten Teil in der Bundesrepublik Deutschland erzeugt (Abb. 58). Aber auch Frankreich und Italien hatten enorme Erzeugungsmengen.

Ein Teil der Flacherzeugnisse in einigen Ländern ist weiterhin nach dem Walzvorgang veredelt worden. Die Bundesrepublik Deutschland, Frankreich und Großbritannien waren 1990 im Untersuchungsraum die größten Erzeuger von Weißblech, sonstigen verzinkten Blechen und Weißband (Abb. 59). Auch die Erzeugung von Elektroblechen spielte fast nur in Westeuropa eine Rolle (Abb. 60).

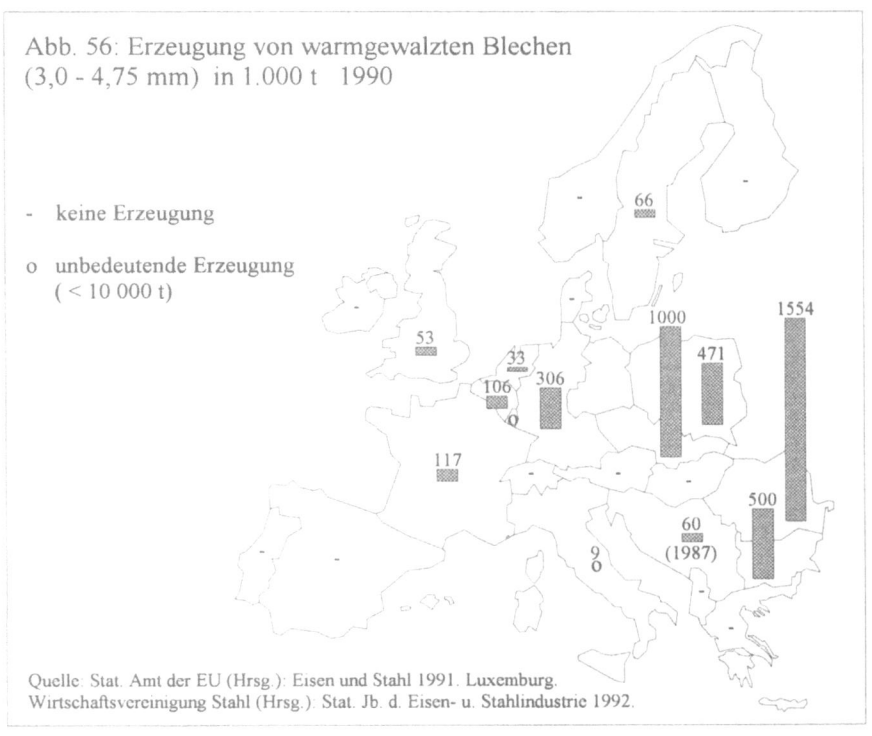

Abb. 56: Erzeugung von warmgewalzten Blechen
(3,0 - 4,75 mm) in 1.000 t   1990

- keine Erzeugung

o unbedeutende Erzeugung
(< 10 000 t)

Quelle: Stat. Amt der EU (Hrsg.): Eisen und Stahl 1991. Luxemburg.
Wirtschaftsvereinigung Stahl (Hrsg.): Stat. Jb. d. Eisen- u. Stahlindustrie 1992.

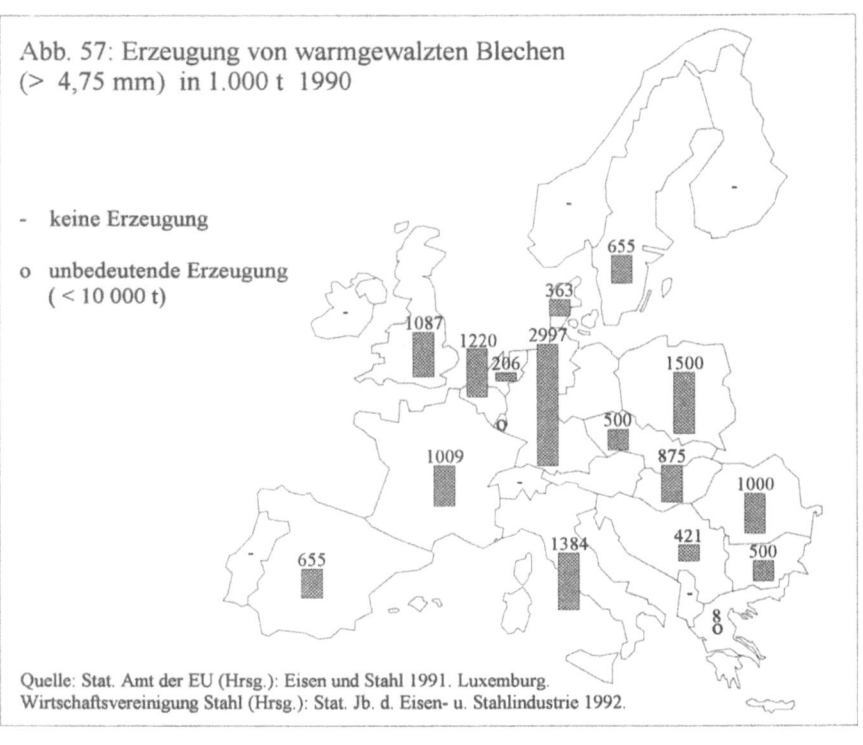

Abb. 57: Erzeugung von warmgewalzten Blechen
(> 4,75 mm) in 1.000 t 1990

-   keine Erzeugung

o   unbedeutende Erzeugung
    (< 10 000 t)

Quelle: Stat. Amt der EU (Hrsg.): Eisen und Stahl 1991. Luxemburg.
Wirtschaftsvereinigung Stahl (Hrsg.): Stat. Jb. d. Eisen- u. Stahlindustrie 1992.

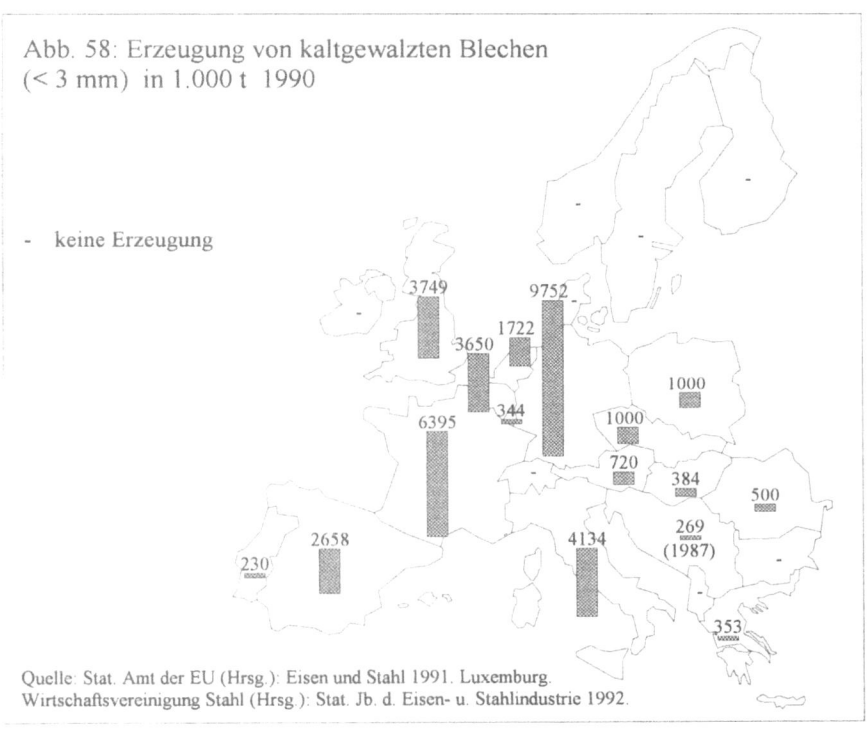

Abb. 58: Erzeugung von kaltgewalzten Blechen
(< 3 mm) in 1.000 t 1990

- keine Erzeugung

Quelle: Stat. Amt der EU (Hrsg.): Eisen und Stahl 1991. Luxemburg.
Wirtschaftsvereinigung Stahl (Hrsg.): Stat. Jb. d. Eisen- u. Stahlindustrie 1992.

99

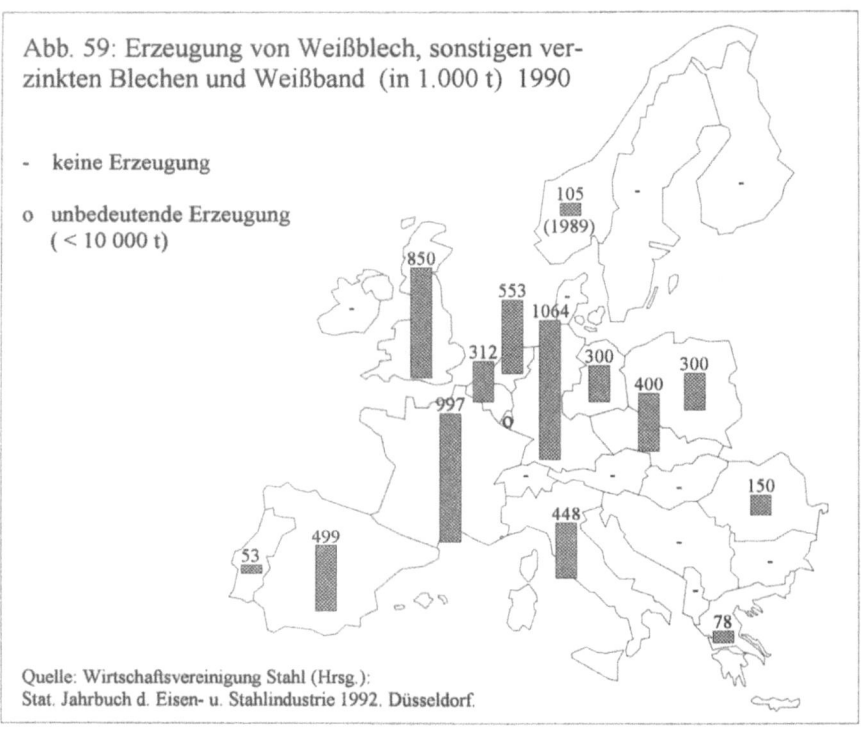

Abb. 59: Erzeugung von Weißblech, sonstigen verzinkten Blechen und Weißband (in 1.000 t) 1990

- keine Erzeugung

o unbedeutende Erzeugung
(< 10 000 t)

Quelle: Wirtschaftsvereinigung Stahl (Hrsg.):
Stat. Jahrbuch d. Eisen- u. Stahlindustrie 1992. Düsseldorf.

100

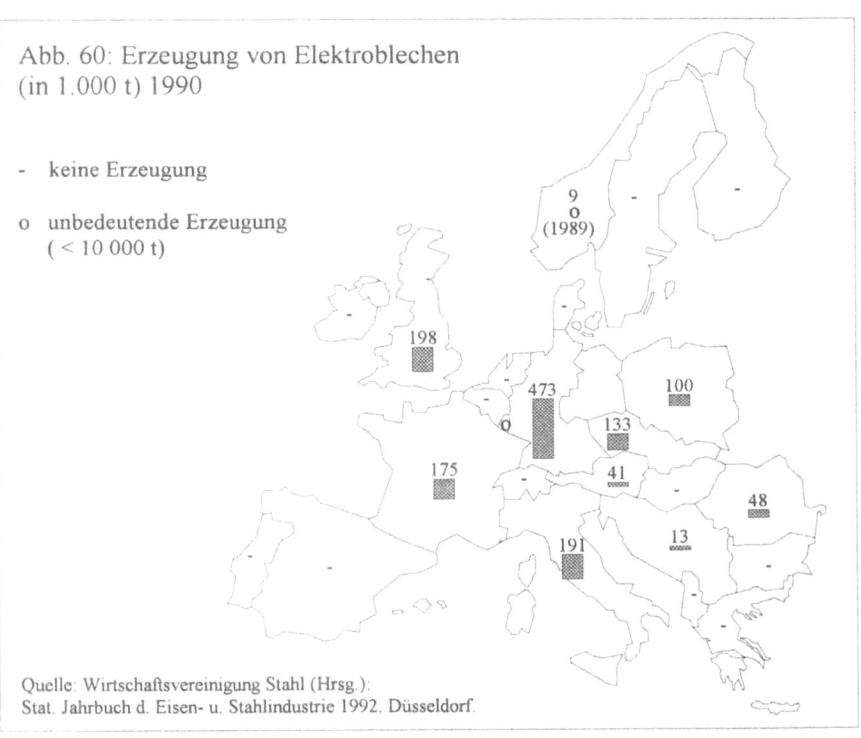

Abb. 60: Erzeugung von Elektroblechen
(in 1.000 t) 1990

- keine Erzeugung

o unbedeutende Erzeugung
   (< 10 000 t)

Quelle: Wirtschaftsvereinigung Stahl (Hrsg.):
Stat. Jahrbuch d. Eisen- u. Stahlindustrie 1992. Düsseldorf.

3.3.3 Außenhandel mit Walzstahl

Die Struktur in der Walzwerkserzeugung der einzelnen Länder macht in vielen Fällen einen umfangreichen Außenhandel notwendig. Das verdeutlicht auch Tab. 28 für 1990.

Tab. 28: Außenhandel mit Walzstahlerzeugnissen 1990 in 1.000 t

	Einfuhr	Ausfuhr	Saldo
B/L	4.425,3	13.351,4	+ 8.926,1
BG	331,0[1]	461,0[1]	+ 130,0
D	12.477,3	13.715,4	+ 1.238,1
CS	251,0[1]	2.402,0[1]	+ 2.151,0
DK	1.291,1	457,8	- 833,3
DDR	896,1[3]	1.149,6[2]	+ 253,5
SF	617,1	556,6	- 60,5
F	8.483,9	9.419,5	+ 935,6
GR	1.471,5	378,7	- 1.092,8
IRL	346,7	299,5	- 47,2
I	9.711,3	5.705,0	- 4.006,3
YU	380,2	800,2	+ 420,0
NL	3.569,4	4.967,2	+ 1.397,8
N	1.025,1	460,5	- 564,6
A	1.239,9	2.268,6	+ 1.028,7
PL	708,4[1]	1.363,1[1]	+ 654,7
P	1.031,2	133,7	- 897,5
RO	466,0[4]	2.465,0[4]	+ 1.990,0
S	1.563,7	2.240,6	+ 676,9
CH	3.763,0	1.147,5	- 2.615,5
E	2.767,9	3.511,0	+ 543,1
H	164,0[1]	632,0[1]	+ 468,0
GB	4.291,7	6.036,4	+ 1.744,7

Walzstahlerzeugnisse im Sinne des Montanvertrages EGKS (13...33)
(1) 1985
(2) Lieferungen in D   + Netto-Export
(3) Einfuhr aus D   - Netto-Import
(4) 1985

Quelle: Wirtschaftsvereinigung Stahl (Hrsg.): Statistisches Jahrbuch der Stahlindustrie 1992, Düsseldorf

Das größte Importland war 1990 die Bundesrepublik Deutschland mit rund 12,5 Mio. t. Mit 13,7 Mio. t war sie zur selben Zeit aber auch größter Exporteur im Untersuchungsraum. So zählte sie mit rund 1,2 Mio. t Exportüberschuß zu den bedeutenden Exportländern im Untersuchungsraum.

Belgien und Luxemburg zusammen sind jedoch die weitaus bedeutendsten Exportländer. Ihr Außenhandelssaldo betrug 1990 knapp 9 Mio. t. Obwohl Italien rund 5,7 Mio. t Walzstahlerzeugnisse exportierte, wurden rund 9,7 Mio. t importiert. Der negative Außenhandelssaldo war in diesem Land am größten (rund 4 Mio. t).

Nach der Außenhandelsbilanz der Walzprodukte kann man in den RGW-Ländern zwei Gruppen unterscheiden:

a) die Länder mit positiver Außenhandelsbilanz (Export > Import) - die Tschechoslowakei, Polen (mit Ausnahme von Röhren, wo der Import größer als der Export war) und Ungarn;

b) die Länder mit negativer Außenhandelsbilanz (Import > Export) - Bulgarien, die DDR, Jugoslawien und Rumänien (mit Ausnahme von Röhren, wo der Export größer als der Import war).

Soweit es sich feststellen läßt, ging der Export der Walzprodukte hauptsächlich in die Sowjetunion, dann in die einzelnen osteuropäischen Länder sowie auch in die westlichen Länder. Der Import von Walzprodukten kam größtenteils aus der Sowjetunion, aus der Tschechoslowakei und aus Ungarn sowie auch aus den westlichen Ländern; im letzten Fall handelte es sich um Walzprodukte von hoher Qualität, wie z. B. Karosseriebleche und Elektrobleche.

3.3.4 Marktversorgung mit Stahl

Die Marktversorgung mit Stahl, d. h. kg pro Einwohner eines bestimmten Landes, ist eine statistisch erfaßte Größe und gibt Hinweise auf volkswirtschaftliche Besonderheiten. So zeigt Tab. 29, daß die Marktversorgung in Albanien 1965 mit nur 10 kg Rohstahl pro Einwohner das Minimum im gesamten Untersuchungsraum darstellte, während Schwedens Marktversorgung mit Stahl mit 683 kg/Einwohner das Maximum ausmachte. Dazwischen bewegten sich die Werte aller anderen Länder.

Im Jahre 1975 war die Versorgung nicht nur in Albanien vergrößert worden (48 kg/Einwohner), auch Schweden konnte mit 772 kg/Einwohner die Situation noch weiter verbessern. 1990 war die Situation wieder völlig anders. Die Extremwerte zwischen den Ländern, wie sie bis dahin zu erkennen waren, bestanden nicht mehr. Eine zunehmende Angleichung deutet auf eine Angleichung in der Industrialisierung der bis dahin schwächeren Länder hin. Bemerkenswert ist, daß mit 655 kg/Einwohner die Tschechoslowakei nicht nur im RGW, sondern auch im gesamten Untersuchungsraum die beste Marktversorgung hatte.

Tab. 29: Marktversorgung mit Stahl (in Rohstahlgewicht kg/Einw.)

	1965	1970	1975	1980	1985	1990	1991
AL	10	35	48				
B/L	281	477	314	399	406	424	424
BG	166	273	252	312	338	415	
D	541	658	489	603	496	553	482
CS	520	611	733	729	709	655	
DK	379	439	358	363	364	361	368
DDR	448	533	566	583	572	323	
SF	269	401	434	445	370	401	
F	332	457	350	400	268	303	200
GR	86	72	143	•	171	207	225
IRL	96	124	116	141	117	154	129
I	222	393	318	505	383	479	468
YU	126	167	248	254	218	137	
NL	311	435	332	332	312	348	297
N	371	497	514	445	366	286	
A	288	396	286	360	235	490	
PL	270	356	524	542	409	280	
P	75	93	118	122	124x	184	194
RO	204	317	464	544	481	347	
S	683	733	772	497	394	431	
CH	344	474	232	429	378	404	
E	194	280	308	239	237	300	289
H	212	298	361	330	316	223	
GB	423	458	374	276	248	281	238

• keine Angaben vorhanden

Quelle: Stat. Bundesamt (Hrsg.): Eisen und Stahl, 4. Vierteljahresheft, diverse Jahrgänge, Wirtschaftsvereinigung Eisen und Stahl, Statistisches Jahrbuch, diverse Jahrgänge, Stat. Amt der EG (Hrsg.), Eurostat: Eisen und Stahl, diverse Jahrgänge

4 Erzeugungsanlagen und -verfahren

Die verschiedenen Anlagen für die Roheisen-, Rohstahl- und Walzwerkserzeugung können vergesellschaftet an einem Standort oder aber weit voneinander entfernt stehen. Man spricht von integrierten Hüttenwerken, integrierten Stahlwerken oder auch nur Walzwerken (Reroller) (Übersicht 3).

Übersicht 3:   Hütten- und Walzwerke

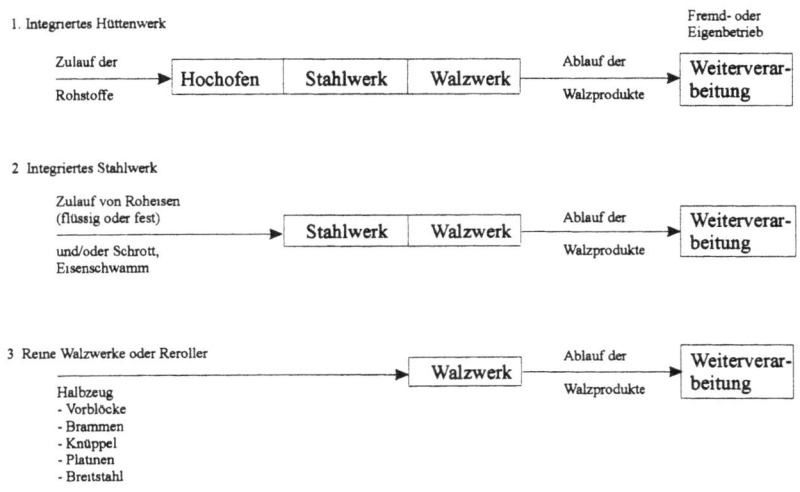

Quelle: Latz, 1978, S. 171

4.1   Roheisenerzeugungsanlagen und -verfahren

Neben dem klassischen Hochofenverfahren spielen für die Roheisenerzeugung Verfahren der Schmelzreduktion zusammen mit Verfahren der Direktreduktion eine Rolle.

4.1.1   Hochöfen

Hochöfen sind kontinuierlich arbeitende Schachtöfen. Sie sind aus Stahlblech geschweißt und feuerfest ausgemauert. Der ganze Ofen muß intensiv gekühlt werden. Die Abmessungen der Hochöfen sind vom geplanten Durchsatz abhängig. Moderne Öfen haben Gestelldurchmesser von 10 - 15 m.

Die Zahl der Hochöfen hat sich im Laufe der Zeit stark verändert. Außerdem gab es in dem hier berücksichtigten Zeitraum nicht von Anfang an (1950) in allen Ländern Hochöfen. So wurde beispielsweise in Griechenland der erste Hochofen des Landes erst 1963 in der Nähe von Athen errichtet. 1972 kam dort ein zweiter Hochofen dazu. Bis 1963 gab es deshalb auch keine Roheisenerzeugung (vgl. Kap. 3.1). In Albanien gibt es den ersten Hochofen erst seit 1976. Auch in diesem Land erfolgt die Roheisenerzeugung erst seit dieser Zeit. In den EG-Ländern ist es nach

105

dem Boomjahr von 1974 zu zahlreichen Schließungen bzw. Stillegungen gekommen. So gab es beispielsweise in der Bundesrepublik Deutschland 1974 noch 86 Hochöfen, 1992 waren es nur noch 37. In Frankreich ging die Zahl in dieser Zeit von 82 auf 18 zurück. In Großbritannien nahm die Zahl von 58 auf 12 ab.

Dieser drastische Schrumpfungsprozeß setzte insbesondere nach dem Krisenjahr 1974 in zahlreichen westlichen Ländern ein, als die vorhandenen Überkapazitäten abgebaut werden mußten. Bis Anfang der achtziger Jahre gab es umfangreiche Investitionen für die Restrukturierung der Eisen- und Stahlindustrie innerhalb der EG. Ein vergleichbarer Prozeß vollzog sich in den RGW-Ländern nicht.

Anfang Oktober 1992 gab es im Untersuchungsraum 180 Hochöfen (Abb. 61) unterschiedlichen Gestelldurchmessers und ganz unterschiedlichen Alters. Sie fehlten völlig in Norwegen, Irland, der Schweiz, in Dänemark und Griechenland.

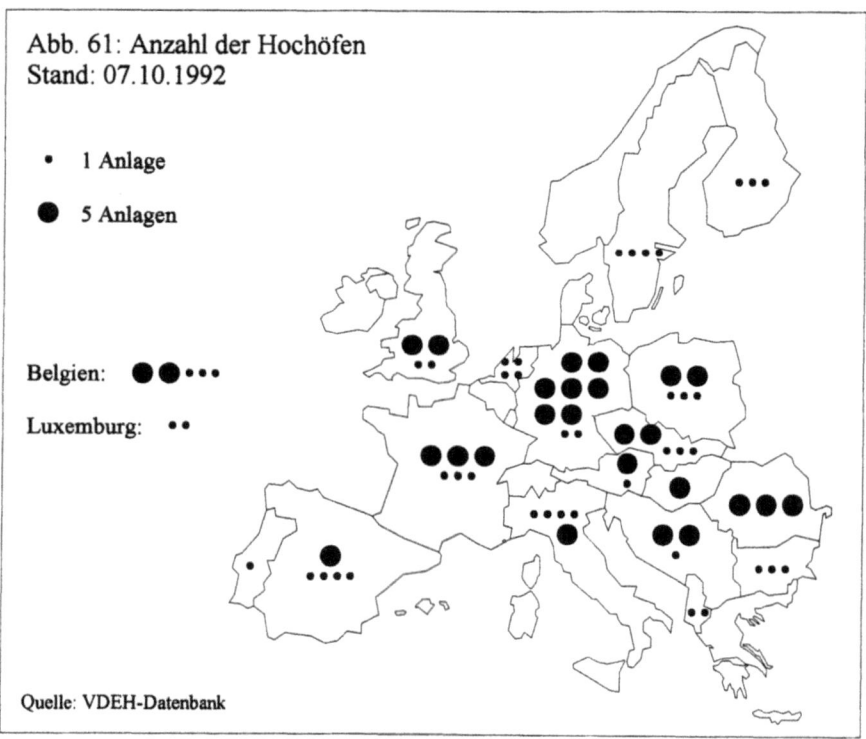

Abb. 61: Anzahl der Hochöfen
Stand: 07.10.1992

• 1 Anlage

● 5 Anlagen

Belgien: ● ● • • •

Luxemburg: • •

Quelle: VDEH-Datenbank

4.1.2 Direkt- und Schmelzreduktionsanlagen

Direktreduktion

Die Direktreduktion ist eine Alternative zur Roheisenerzeugung im Hochofen. Durch Wegnahme des Sauerstoffs (= Reduktion) wird aus dem Erz fester Eisenschwamm erzeugt. Dieser weist einen

Metallisierungsgrad von rund 80 bis 95 % auf. Sind die Metallisierungsgrade geringer, dann spricht man von vorreduziertem Erz.

Es gibt eine ganze Reihe von Direktreduktionsverfahren. Sie unterscheiden sich in den verwendeten Reduktionsmitteln und hinsichtlich der Gefäße, in denen die Reduktion abläuft. So werden Gasreduktionsverfahren (etwa 90 % aller Verfahren) und Feststoffreduktionsverfahren unterschieden. Nimmt man die Reduktionsgefäße als Einteilungskriterium, dann gibt es neben den Schachtofen- (ca. 50 % aller Reduktionsverfahren), Drehrohrofen-, Wirbelschicht- und Retortenverfahren.

Kohlenmonoxid und Wasserstoff sind die beiden wichtigsten Reduktionsgase, die aus Erdgas gewonnen werden. Die festen Reduktionsmittel sind Kohlen beliebiger Art. Ihr Einsatz macht den teuren Koks überflüssig. Die Erze für die Direktreduktion müssen bestimmte Anforderungen erfüllen: hohe Eisengehalte und geringen Gangartenanteil sowie geringe Gehalte an unerwünschten Beimengungen. So können nur ganz bestimmte Erze für die Direktreduktion eingesetzt werden.

Das Ergebnis der Direktreduktion ist der Eisenschwamm. Er hat eine hohe Porösität. Je nach Verfahren sind Kohlenstoffgehalte und Metallisierungsgrade hoch. Eisenschwamm gehört zu den hochwertigen und vielseitig einsetzbaren Eisenträgern.

Direktreduktionsverfahren haben gegenüber anderen Verfahren den Vorteil, daß die Investitionskosten relativ gering sind. Außerdem kann die viel billigere Primärenergie anstelle von Koks eingesetzt werden.

Neben der Erzeugungslinie Hochofen-Sauerstoffblasstahlkonverter wird es in Zukunft - mehr als bisher - auch die Produktionslinie Direktreduktion-Elektroofen geben.[1]

Trotz der genannten Vorteile entstand im Untersuchungsraum erst 1971 in Hamburg die erste Direktreduktionsanlage. Die letzte Modernisierung dieser Midrex-Anlage (Auslegekapazität: 400.000 t/a) erfolgte 1989.[2]

Weitere zwei solcher Anlagen gibt es in Jugoslawien, wo es billige Hydroenergie gibt. Diese Anlagen befinden sich in Skopje (Makedonien) mit drei kleinen Elektroreduktionsöfen von ca. je 100.000 jato Roheisen und in Store (Slowenien) - ein Elektroofen.

Schmelzreduktion
Flüssiges Roheisen wird mit Verfahren der Schmelzreduktion in zwei Schritten aus dem Erz gewonnen. Zunächst werden die Erze ganz oder teilweise reduziert. Anschließend wird die Endreduktion vorgenommen und Roheisen erschmolzen.

Drei Hauptgruppen von Schmelzreduktionsverfahren kann man unterscheiden: Einschmelzvergaser, Eisenbadreaktoren und Mischenergieverfahren. Kohlenmonoxid ist das Reduktionsgas. Einsatzstoffe für die Schmelzreduktion sind - je nach Verfahren - Feinerze, Stückerze und Pellets.

Um den unerwünschten Schwefel zu entfernen, muß das durch die Verfahren der Schwefelreduktion auf der Basis von Kohle hergestellte Roheisen nachbehandelt werden. Gegenüber anderen Verfahren hat diese Kohlemetallurgie mit den Schmelzreduktionsverfahren einige Vorteile:

- Einsatz von Feinerzen, Stückerzen und Pellets,

---

1   Bolbrinker 1989, S. 34 f.
2   VdEH-Datenbank.

- Einsatz von Kohle und
- vergleichsweise kleine Reduktions- und Schmelzgefäße bei geringeren Investitionskosten.

Verfahren der Schmelzreduktion bieten in Ländern mit gewachsener Stahlindustrie Möglichkeiten zur Strukturanpassung. Den Verfahren der Schmelzreduktion auf Basis der Kohlemetallurgie wird ein großes Entwicklungspotential zugesprochen.[3]

4.2 Stahlwerke

4.2.1 Rohstahlerzeugungsverfahren

Rohstahl kann nach verschiedenen Verfahren erzeugt werden. Die bekanntesten sind:
- Thomas-Verfahren,
- Siemens-Martin-Verfahren,
- Oxygenstahl-Verfahren,
- Elektrostahlverfahren.

Sie unterscheiden sich in mehrfacher Hinsicht, z. B.
- im Rohstoffeinsatz,
- in der Qualität der Endprodukte,
- im Energieeinsatz,
- in der Prozeßdauer,
- in der Umweltbelastung.

Insbesondere auf Grund zunehmender Qualitätsansprüche der Verbraucher, der Notwendigkeit zur Energieeinsparung und der Entlastung der Umwelt hat es in den letzten vier Jahrzehnten im gesamten Untersuchungsraum große Veränderungen gegeben.

Bevor diese aufgezeigt werden, ist es zunächst notwendig, die Unterschiede und Besonderheiten der einzelnen Produktionsverfahren vorzustellen.

1. Thomas-Verfahren (bodenblasendes Verfahren/Windfrischen)
Verfahren:
- Flüssiges Roheisen wird in Konverter gefüllt.
- Durch Hindurchblasen von Wind/Luft werden unerwünschte Stoffe verbrannt.
- Der Konverter (Thomasbirne) zur Phoshorentziehung ist mit basischem Material (Dolomit) ausgekleidet.
- Die Dauer des Windfrischvorgangs beträgt zwischen 11 und 12 Minuten.
- Entstehende Schlacke wird zu Thomasmehl zermahlen, welches als Düngemittel verwandt wird (Thomasphosphat).

Rohstoffe:
- Phosphorhaltiges Roheisen

Nachteil:
- Bei den bodenblasenden Verfahren kommt es oft zur Korrosion der Düsenböden, so daß nur eine begrenzte Sauerstoffanreicherung (30 %) in der Gebläseluft möglich ist.

---

[3]   Bolbrinker 1989, S. 36.

108

Produkt:

• Unlegierter Stahl, d.h. Stahl ohne andere metallische Zusätze.

Bei der Thomasstahl-Erzeugung war die Möglichkeit gegeben, die phosphorreichen Minette-Vorkommen (Lothringen) und die schwedischen Erze zu verhütten. Die technisch qualitative sowie wirtschaftliche Rückständigkeit dieses Verfahrens waren Anlaß, die Produktion nach diesem Verfahren einzustellen.

2. Siemens-Martin-Verfahren (Herdofen-Verfahren/Herdfrischen)

Verfahren:

• Die Wärmeenergie wird durch Heizgas- oder Elektroenergie zugeführt.

• Der SM-Ofen ist mit feuerfesten Dolomit- oder Magnesitsteinen ausgekleidet und besitzt eine gemauerte, muldenförmige Schmelzwanne (Flammofen oder Herd).

• Der SM-Ofen arbeitet mit Regenerativfeuerung, d.h. Heizgas und Frischluft werden in zwei Kammern getrennt vorgewärmt. Die feuerfesten Regenerativkammern werden durch die heißen Abgase des Ofens vorgewärmt, so daß eine optimale Ausnutzung des Wärmeinhalts der Abgase gegeben ist.

• Die Beschickung wird durch eine darüberstreichende Flamme von etwa 1.800° C niedergeschmolzen.

• Die übriggebliebene SM-Schlacke dient als Betonzuschlagstoff und als Hilfsstoff für den Straßenbau.

Rohstoffe:

• Die Stahlgewinnung erfolgt aus   Schrott und Eisen,

                                   Schrott und Kohle

                oder   Roheisen und Erz.

Produkt:

• Unlegierter und niedrig legierter Stahl, d.h. Stahl mit weniger als 5 % Legierungszusätzen wie Mangan, Silicium, Nickel, Kupfer, etc.

Das Siemens-Martin-Verfahren hatte gegenüber dem Thomas-Verfahren den Vorteil, daß es zum Recycling des anfallenden Schrotts eingesetzt werden konnte und qualitativ hochwertige Stähle lieferte. Gegenüber dem neueren Oxygenstahlverfahren wurde es jedoch immer unwirtschaftlicher.

3. Elektrostahlverfahren (Lichtbogen-, Induktionsverfahren)

Verfahren:

• Anwendung eines Lichtbogen- oder Induktionsofens, bei dem die zum Schmelzen benötigte Wärme durch elektrische Energie zugeführt wird.

• Beim Lichtbogenofen brennen zwischen zwei und drei Kohleelektroden und dem Schmelzgut sogenannte Lichtbogen.

• Im Induktionsofen erhitzen Wirbelströme das Schmelzgut.

• Durch die Variation der Ofenatmosphäre ist es möglich, oxidierende (Frischen) und reduzierende (Feinen) Arbeitsweisen durchzuführen.

• Kalkhaltige Zuschläge bewirken eine weitgehende Entschwefelung.

Vorteil:

- Es können sehr hohe Temperaturen erreicht werden.
- Der Schmelzvorgang kann genau und präzise ausgeführt werden.
- Schädliche Heizgase sind nicht vorhanden.
- Das Verfahren eignet sich besonders zur Herstellung von Edelstählen.

Rohstoffe:

- Das Einsatzmaterial ist Schrott.

Produkt:

- Unlegierter, niedrig legierter und hochlegierter Stahl (> 5 % Legierungskomponeten).

4. Oxygen-Verfahren (Sauerstoffaufblasverfahren)

Verfahren:

- Bei den Sauerstoffaufblasverfahren kommen verschiedene Verfahren zur Anwendung.
- Das bedeutendste Roheisenfrischverfahren ist das LD-Verfahren nach den österreichischen Stahlwerken Linz und Donawitz.
- Das flüssige Roheisen (meist phosphorarm) wird mit Schrott und Kalkzuschlägen in einem Aufblaskonverter unter Aufblasen von Sauerstoff gefrischt, d.h. von oben oder unten wird mittels einer Lanze reiner Sauerstoff auf das flüssige Eisen geblasen.
- Nach dem Frischen ist eine Nachbehandlung (Desoxidation, Entschwefelung, Entgasung und Legierung) notwendig.

Rohstoffe:

- Verwendbar bei phosphorarmem und -reichem, flüssigem Roheisen
- Schrott

Produkt:

- Unlegierter und niedriglegierter Stahl.

4.2.1.1   Thomas-Verfahren

Von 1950 nahm der Produktionsumfang zunächst in allen Ländern zu. Doch schon Anfang der sechziger Jahre begann der Rückgang. Ende der siebziger Jahre wurde bereits nach diesem Verfahren kaum noch Rohstahl erzeugt.

Die regionale Verteilung für 1950 (Abb. 62) zeigt deutlich den Produktionsschwerpunkt nach diesem Verfahren in der Bundesrepublik Deutschland. 1965 (Abb. 63) hatten aber auch Belgien, Frankreich und die Tschechoslowakei beachtlich große Produktionsmengen nach diesem Verfahren. 1974 (Abb. 64) war das Thomas-Verfahren unbedeutend geworden. In der Tschechoslowakei wurde es noch bis 1975 und in der ehemaligen DDR sogar bis 1990 genutzt. In der Tschechoslowakei standen bis 1975 Thomas-Konverter in der Hütte in Kladno, im westböhmischen Hüttenrevier. Nachdem der Abbau und die Nutzung lokaler phosphorhaltiger Eisenerze zu Ende ging, wurde dieses Verfahren eingestellt.

In der ehemaligen DDR wurde das Thomas-Verfahren in der alten Maxhütte/Unterwellenborn bis 1990 angewendet.

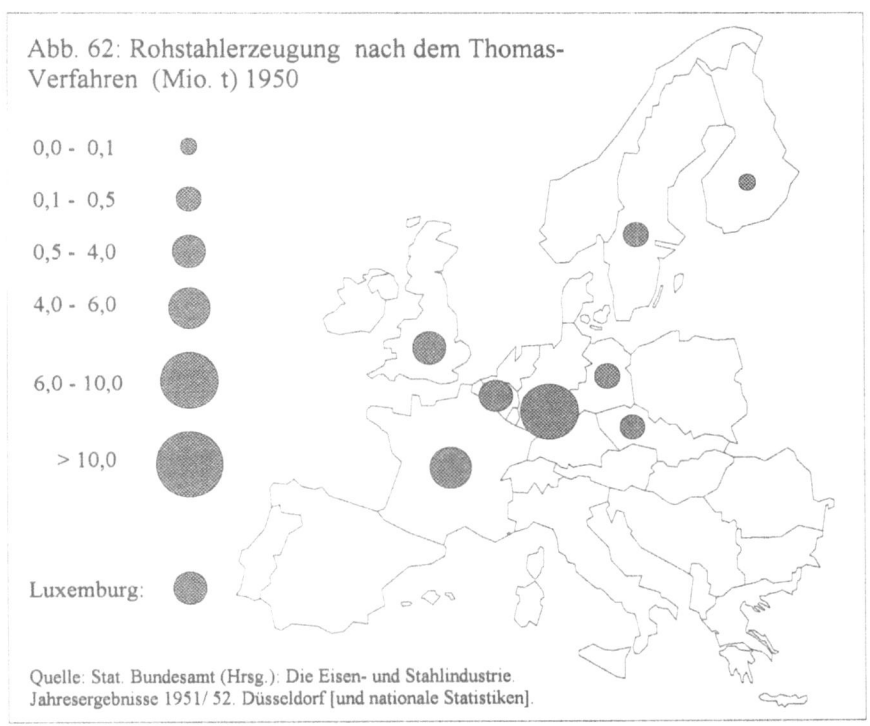

Abb. 62: Rohstahlerzeugung nach dem Thomas-Verfahren (Mio. t) 1950

0,0 - 0,1

0,1 - 0,5

0,5 - 4,0

4,0 - 6,0

6,0 - 10,0

> 10,0

Luxemburg:

Quelle: Stat. Bundesamt (Hrsg.): Die Eisen- und Stahlindustrie.
Jahresergebnisse 1951/ 52. Düsseldorf [und nationale Statistiken].

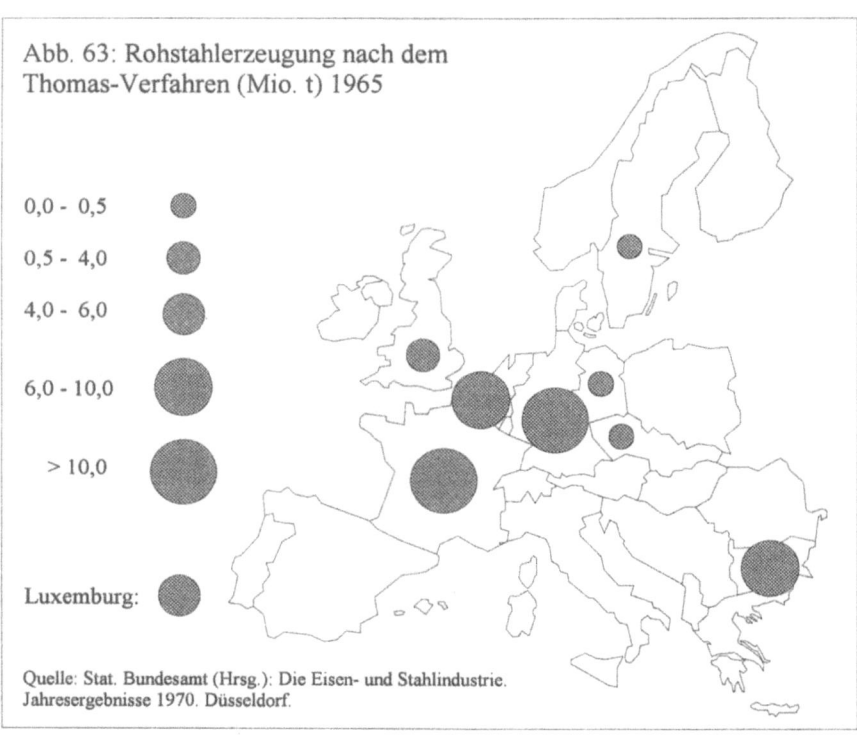

Abb. 63: Rohstahlerzeugung nach dem Thomas-Verfahren (Mio. t) 1965

0,0 - 0,5

0,5 - 4,0

4,0 - 6,0

6,0 - 10,0

> 10,0

Luxemburg:

Quelle: Stat. Bundesamt (Hrsg.): Die Eisen- und Stahlindustrie.
Jahresergebnisse 1970. Düsseldorf.

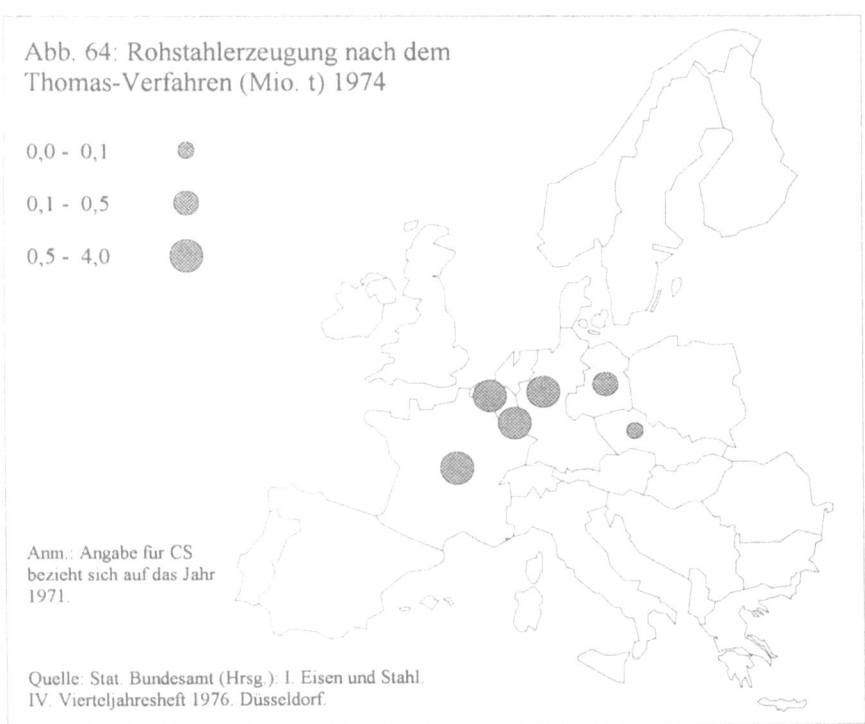

Abb. 64: Rohstahlerzeugung nach dem
Thomas-Verfahren (Mio. t) 1974

0,0 - 0,1

0,1 - 0,5

0,5 - 4,0

Anm.: Angabe für CS
bezieht sich auf das Jahr
1971.

Quelle: Stat. Bundesamt (Hrsg.): I. Eisen und Stahl.
IV. Vierteljahresheft 1976. Düsseldorf.

4.2.1.2 Siemens-Martin-Verfahren

Zu den veralteten Rohstahlerzeugungsverfahren zählt auch das Siemens-Martin-Verfahren. Im Jahre 1950 dominierte dieses Verfahren in Großbritannien. Auch in der Bundesrepublik Deutschland war es weit verbreitet. Bei der ständig zunehmenden Rohstahlerzeugung wurde es mehr und mehr eingesetzt.

1965 hatte aber bereits in den westlichen Ländern eine zunehmende Einschränkung dieses Verfahrens begonnen. Als dann nach dem Stahlboomjahr 1974 eine Marktanpassung und Umstrukturierung notwendig wurde, verschwand in den EG-Ländern das Siemens-Martin-Verfahren sehr schnell. 1983 wurden die letzten SM-Öfen in der EG gelöscht und die gesamte Stahlerzeugung entweder durch Elektrostahlwerke oder durch Sauerstoffblasverfahren gewährleistet. Mit der völligen Aufgabe des veralteten SM-Verfahrens begann eine neue Phase in der Schaffung einer modernen und wettbewerbsfähigen Stahlindustrie.

In Albanien, einem "Newcomer" in der Stahlindustrie (seit 1975), wurde dieses Verfahren überhaupt nicht benutzt. Anders war das in den Ländern des RGW. Bis Ende der siebziger Jahre gab es dort noch ständigen Zuwachs der Produktion nach dem SM-Verfahren. Erst dann begann ein z. T. starker Rückgang. Bis Ende der achtziger Jahre war das SM-Verfahren dort aber immer noch bedeutsam. Das zeigt Abb. 65 für 1988.

Das traditionelle SM-Verfahren dominierte in der Stahlproduktion (70 - 80 %) der meisten Länder Osteuropas bis Ende der sechziger Jahre, in Ungarn sogar bis Anfang der achtziger Jahre. Danach ging der Anteil dieses Verfahrens in der Stahlerzeugung allgemein zurück, am schnellsten in Bulgarien.

1992 gab es keine SM-Stahlwerke mehr in Bulgarien. Auch in der ungarischen Stahlindustrie gibt es seit 1992 keine SM-Stahlwerke mehr, außer zwei SM-Öfen in der Metall - und Maschinen-fabrik Csepel in Budapest. In den übrigen Ländern lag der Anteil des SM-Stahls am Anfang der neunziger Jahre um ca. 10 - 20 %. Die starke Reduktion der Stahlproduktion in allen diesen Ländern in den Jahren 1990/92 geschah auf Kosten der Siemens-Martin-Stahlwerke.

Abb. 66 zeigt schließlich noch, daß bis in die Gegenwart in Polen 21 SM-Öfen stehen. Auch in Rumänien existieren noch 18 Anlagen, in Jugoslawien 15 SM-Öfen.

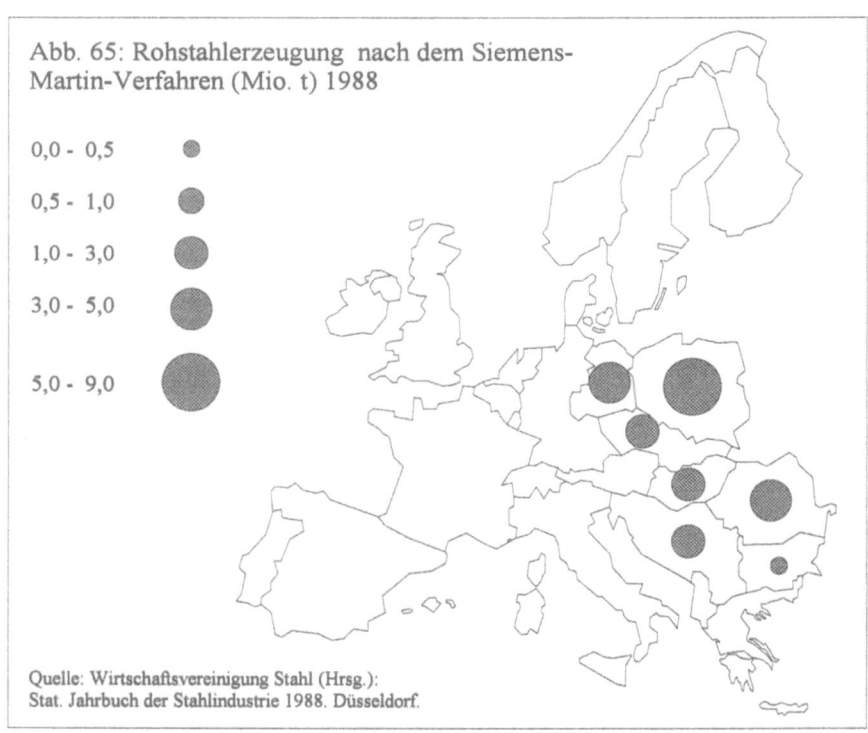

Abb. 65: Rohstahlerzeugung nach dem Siemens-Martin-Verfahren (Mio. t) 1988

0,0 - 0,5

0,5 - 1,0

1,0 - 3,0

3,0 - 5,0

5,0 - 9,0

Quelle: Wirtschaftsvereinigung Stahl (Hrsg.):
Stat. Jahrbuch der Stahlindustrie 1988. Düsseldorf.

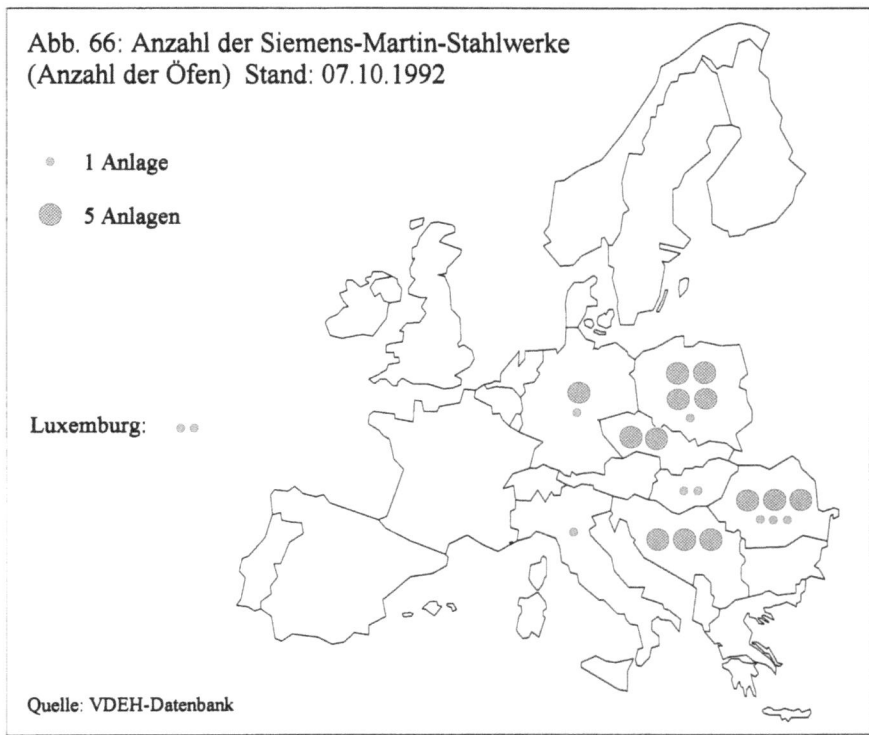

Abb. 66: Anzahl der Siemens-Martin-Stahlwerke
(Anzahl der Öfen) Stand: 07.10.1992

1 Anlage

5 Anlagen

Luxemburg:

Quelle: VDEH-Datenbank

4.2.1.3 Oxygenstahlverfahren

Zu den modernen und expandierenden Rohstahlerzeugungsverfahren zählt das Oxygenstahlverfahren. Erst ab 1960 spielt dieses Verfahren im Untersuchungsraum eine nennenswerte Rolle (Abb. 67). Weniger als eine Mio. t Rohstahl wurde damals jeweils nur in wenigen Ländern erzeugt. Allerdings breitete sich dieses Verfahren dann sehr schnell aus (Abb. 68 bis Abb. 70). Besonders expansiv verlief die Entwicklung in einigen EG-Ländern: Bundesrepublik Deutschland, Frankreich, Großbritannien, Italien.

Etwas später als in den EG-Ländern begann der Einsatz des Oxygenstahl-Verfahrens in den RGW-Ländern; in der Tschechoslowakei 1966, in Polen 1966, in Rumänien 1968, in Bulgarien 1970 und in der DDR und in Ungarn sogar erst in den siebziger Jahren. Trotz beachtlicher Expansionen ist in Polen, der Tschechoslowakei und Rumänien der Umfang der Rohstahlproduktion nach diesem Verfahren gering geblieben. Anfang der neunziger Jahre lag der Anteil des Oxygenstahls in den einzelnen Ländern zwischen 50 und 60 %, am höchsten in Ungarn mit etwa 80 %. Ende 1992 gab es im Untersuchungsraum insgesamt 65 Oxygenstahlwerke (Abb. 71), mit einem bis drei Gefäßen an jedem Standort. 15 Werke standen allein in der Bundesrepublik Deutschland.

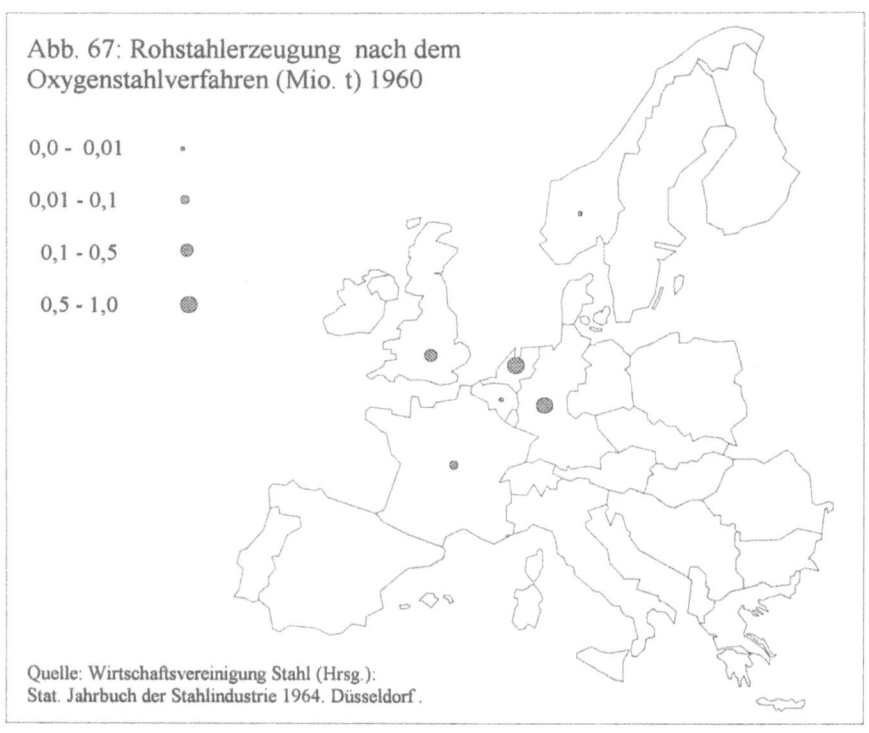

Abb. 67: Rohstahlerzeugung nach dem Oxygenstahlverfahren (Mio. t) 1960

0,0 - 0,01

0,01 - 0,1

0,1 - 0,5

0,5 - 1,0

Quelle: Wirtschaftsvereinigung Stahl (Hrsg.):
Stat. Jahrbuch der Stahlindustrie 1964. Düsseldorf.

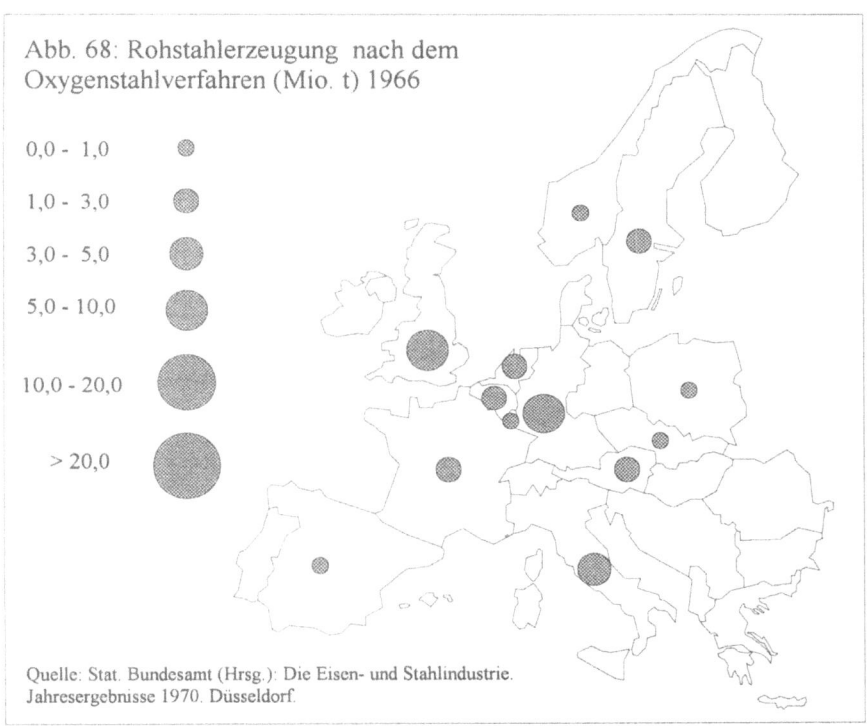

Abb. 68: Rohstahlerzeugung nach dem
Oxygenstahlverfahren (Mio. t) 1966

0,0 - 1,0

1,0 - 3,0

3,0 - 5,0

5,0 - 10,0

10,0 - 20,0

> 20,0

Quelle: Stat. Bundesamt (Hrsg.): Die Eisen- und Stahlindustrie.
Jahresergebnisse 1970. Düsseldorf.

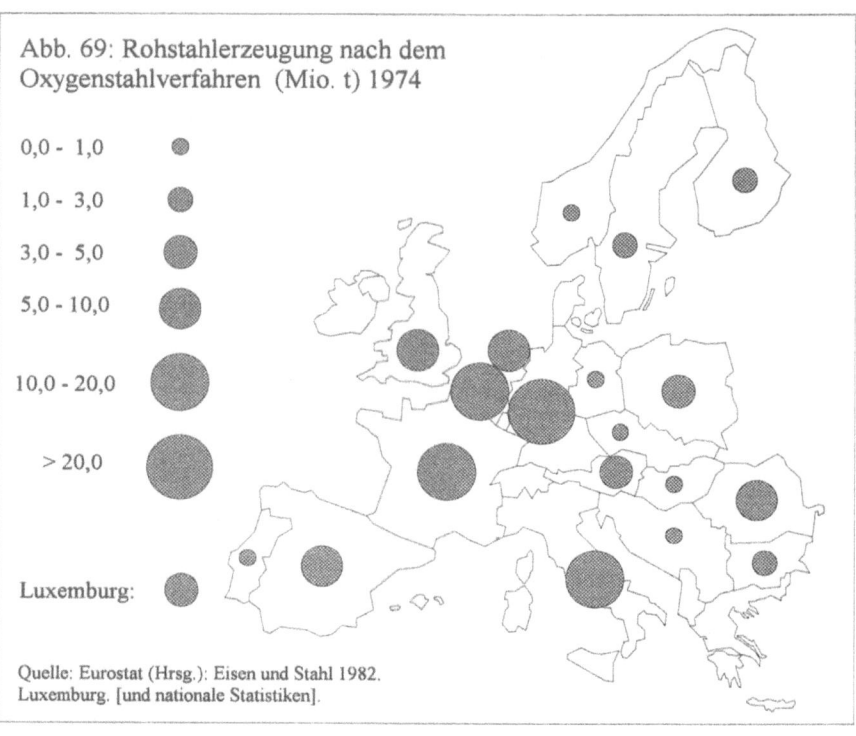

Abb. 69: Rohstahlerzeugung nach dem Oxygenstahlverfahren (Mio. t) 1974

0,0 - 1,0

1,0 - 3,0

3,0 - 5,0

5,0 - 10,0

10,0 - 20,0

> 20,0

Luxemburg:

Quelle: Eurostat (Hrsg.): Eisen und Stahl 1982.
Luxemburg. [und nationale Statistiken].

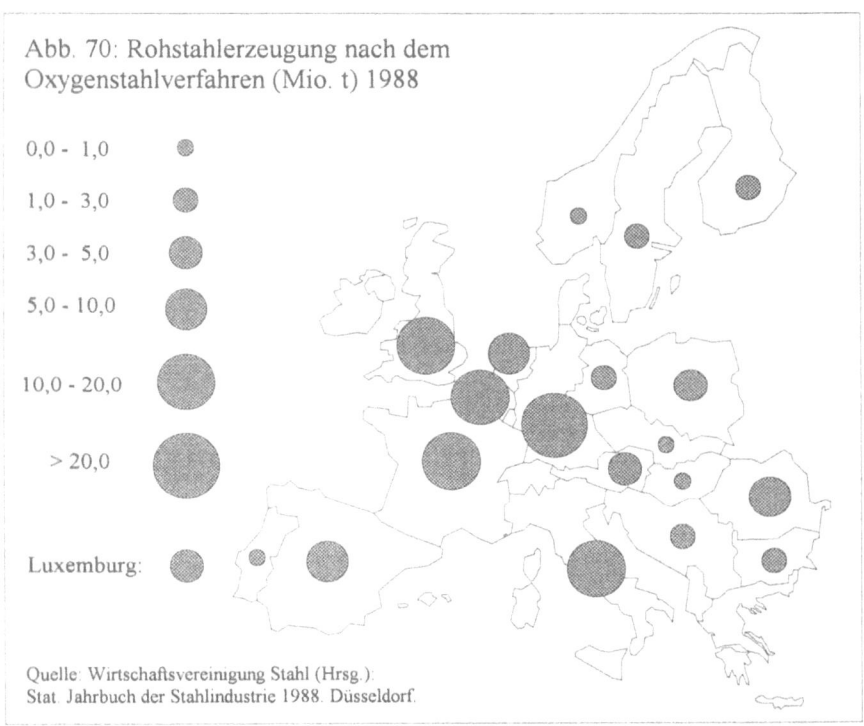

Abb. 70: Rohstahlerzeugung nach dem Oxygenstahlverfahren (Mio. t) 1988

0,0 - 1,0

1,0 - 3,0

3,0 - 5,0

5,0 - 10,0

10,0 - 20,0

> 20,0

Luxemburg:

Quelle: Wirtschaftsvereinigung Stahl (Hrsg.).
Stat. Jahrbuch der Stahlindustrie 1988. Düsseldorf.

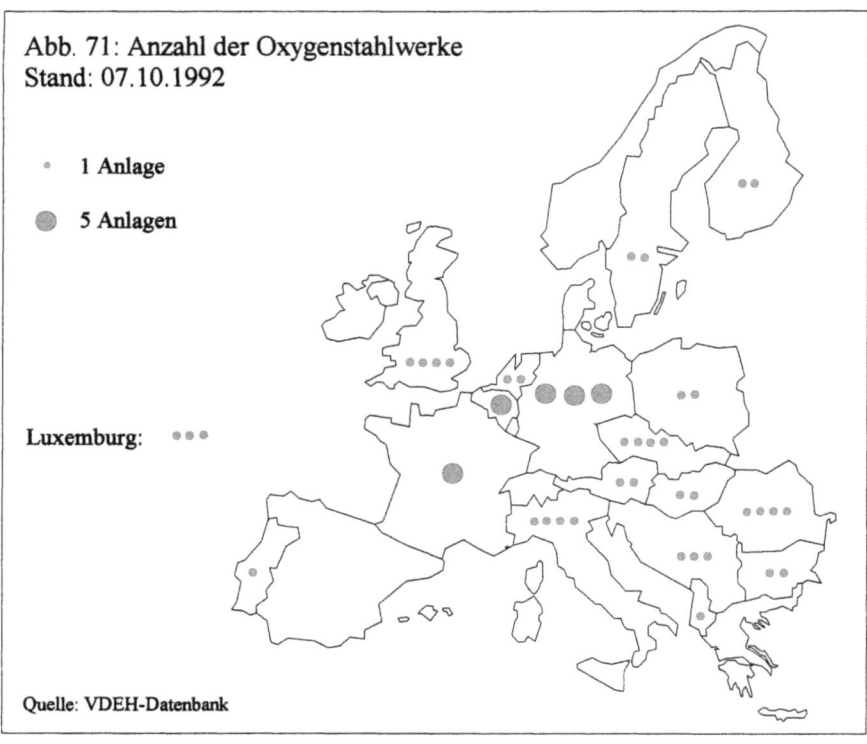

Abb. 71: Anzahl der Oxygenstahlwerke
Stand: 07.10.1992

⦁ 1 Anlage

⬤ 5 Anlagen

Luxemburg: ⦁ ⦁ ⦁

Quelle: VDEH-Datenbank

4.2.1.4 Elektrostahlverfahren

Im Jahre 1950 gab es in den EG-Ländern eine nennenswerte Produktion nach dem Elektrostahlverfahren nur in Italien und Großbritannien (Abb. 72). 1965 wurde das Verfahren bereits in wesentlich größerem Umfang angewendet (Abb. 73). 1974 und 1987 hatte es sich noch weiter durchgesetzt (Abb. 74 und Abb. 75). In den allermeisten Ländern war es auch nach dem Schlüsseljahr 1974 noch in der Expansion begriffen.

Das Elektrostahlverfahren gab es in der Stahlindustrie in den späteren RGW-Ländern bereits vor dem Zweiten Weltkrieg. Nur in Bulgarien fehlte dieses Verfahren, da es dort auch keine Eisen- und Stahlindustrie gab. In der Nachkriegszeit wuchs der Anteil des Elektrostahls konsequent in allen Ländern sehr langsam wegen eines allgemeinen und andauernden Energiedefizits in diesen Ländern, insbesondere in Ungarn.

120

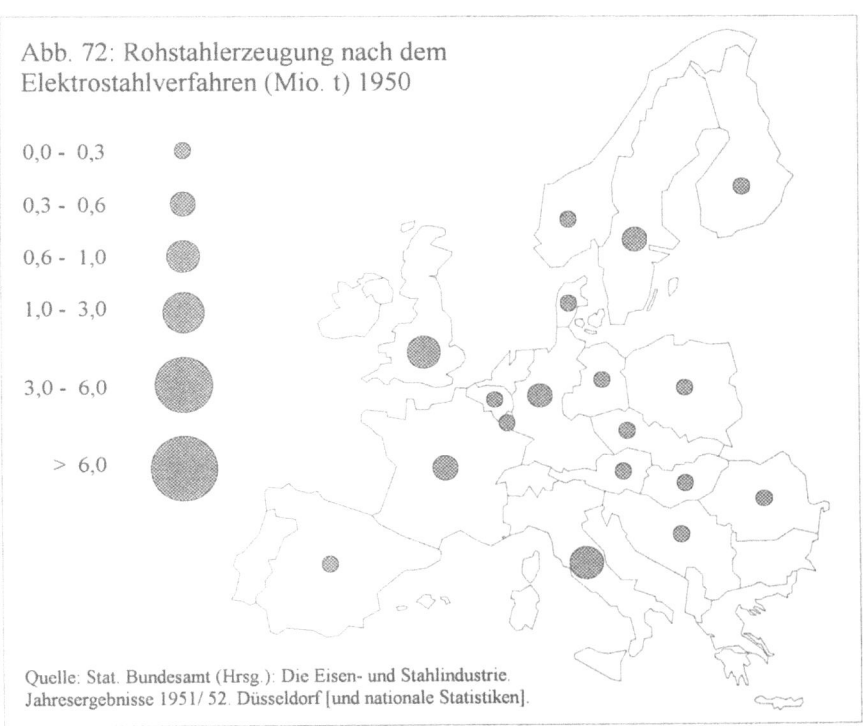

Abb. 72: Rohstahlerzeugung nach dem Elektrostahlverfahren (Mio. t) 1950

0,0 - 0,3

0,3 - 0,6

0,6 - 1,0

1,0 - 3,0

3,0 - 6,0

> 6,0

Quelle: Stat. Bundesamt (Hrsg.): Die Eisen- und Stahlindustrie.
Jahresergebnisse 1951/ 52. Düsseldorf [und nationale Statistiken].

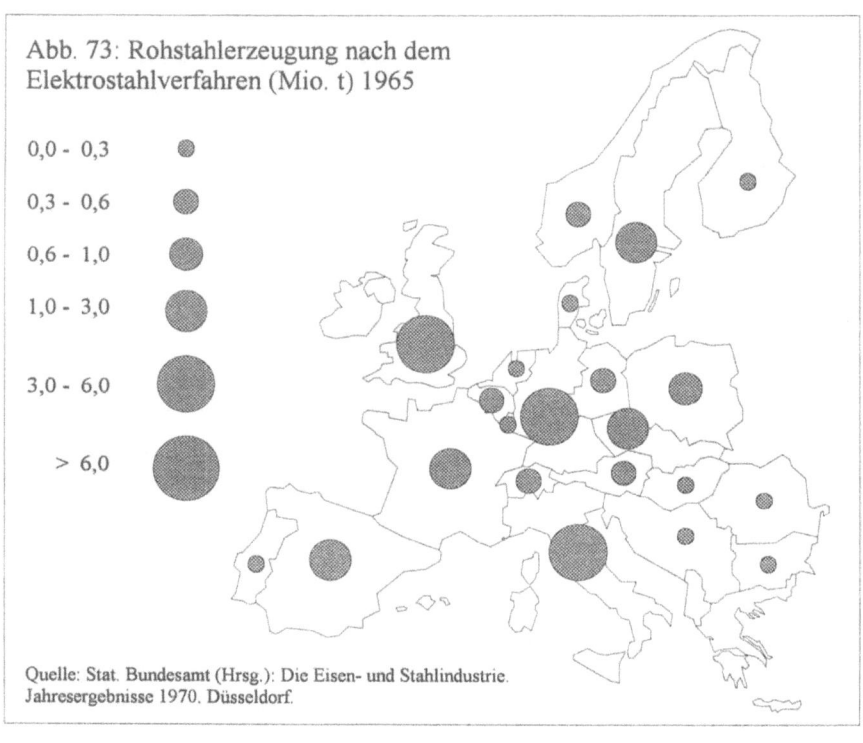

Abb. 73: Rohstahlerzeugung nach dem Elektrostahlverfahren (Mio. t) 1965

0,0 - 0,3

0,3 - 0,6

0,6 - 1,0

1,0 - 3,0

3,0 - 6,0

> 6,0

Quelle: Stat. Bundesamt (Hrsg.): Die Eisen- und Stahlindustrie. Jahresergebnisse 1970. Düsseldorf.

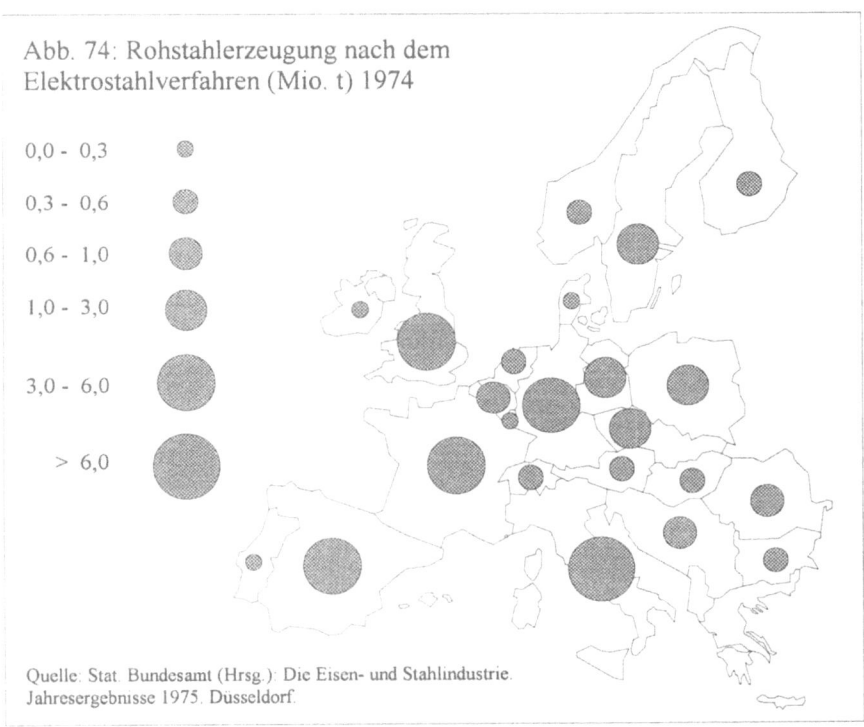

Abb. 74: Rohstahlerzeugung nach dem Elektrostahlverfahren (Mio. t) 1974

0,0 - 0,3

0,3 - 0,6

0,6 - 1,0

1,0 - 3,0

3,0 - 6,0

> 6,0

Quelle: Stat. Bundesamt (Hrsg.): Die Eisen- und Stahlindustrie. Jahresergebnisse 1975. Düsseldorf.

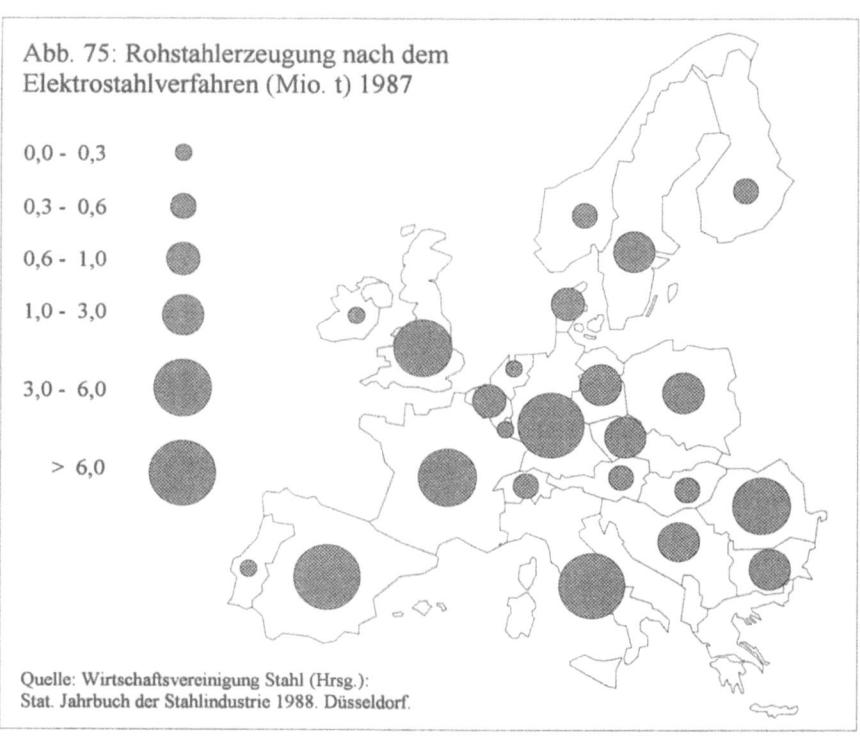

Abb. 75: Rohstahlerzeugung nach dem Elektrostahlverfahren (Mio. t) 1987

0,0 - 0,3

0,3 - 0,6

0,6 - 1,0

1,0 - 3,0

3,0 - 6,0

> 6,0

Quelle: Wirtschaftsvereinigung Stahl (Hrsg.):
Stat. Jahrbuch der Stahlindustrie 1988. Düsseldorf.

Im Oktober 1992 standen im ganzen Untersuchungsraum insgesamt 376 Lichtbogenöfen (Abb. 76). Die Unterschiede zwischen diesen Anlagen waren jedoch sehr groß. So schwankte z. B. das Schmelzgewicht zwischen 2 t einer Anlage in der Bundesrepublik Deutschland und 200 t einer Anlage in Belgien. Auch die Auslegekapazitäten waren ganz unterschiedlich. Der kleinste Lichtbogenofen stand in Frankreich (3.000 t/a), der größte in der Bundesrepublik Deutschland (Hamburg) mit einer Auslegekapazität von 800.000 t/a.

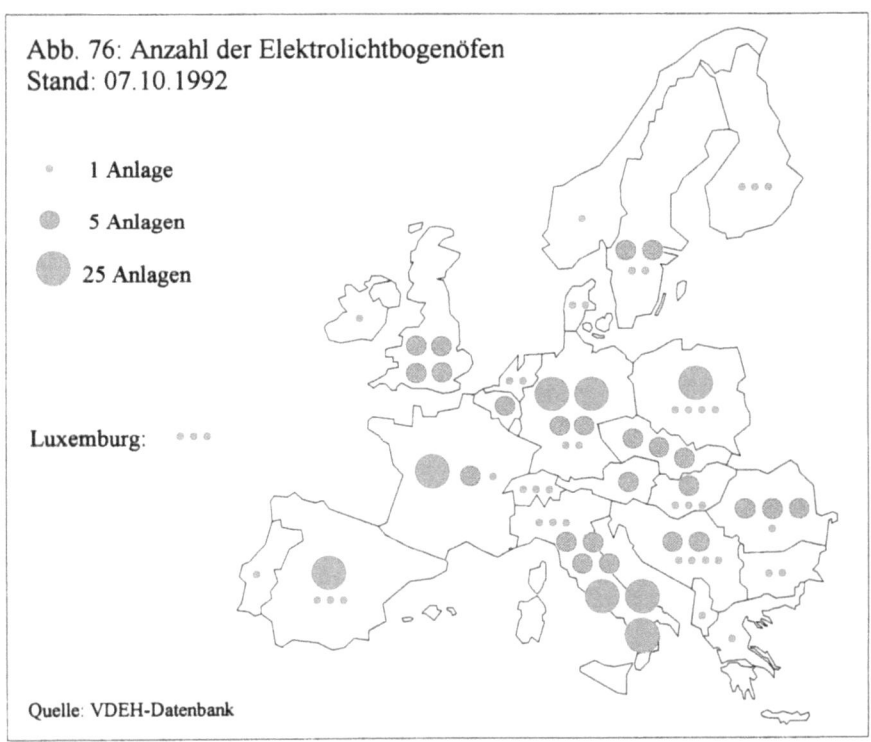

Abb. 76: Anzahl der Elektrolichtbogenöfen
Stand: 07.10.1992

· 1 Anlage

● 5 Anlagen

● 25 Anlagen

Luxemburg: · · ·

Quelle: VDEH-Datenbank

4.3 Stranggußanlagen

Seit jeher wird Stahlhalbzeug (Vorblöcke, Brammen, Knüppel, Platinen, Breitstahl) durch diskontinuierliches Abgießen von Blöcken oder Brammen und nachfolgendem Umformen auf schweren Walzengerüsten hergestellt. Beim kontinuierlichen Gießen, dem Stranggießen, wird jedoch flüssiger Rohstahl aus einer Gießpfanne durch oben und unten geöffnete Strangkokillen gegossen. So bildet sich ein Strang, der dann maschinell in die gewünschten Teilstücke für die nachfolgenden Walzenanforderungen abgeschnitten werden kann. Beim traditionellen Abgießen in Kokillen fester Größen ist das nicht möglich. Deshalb beträgt auch der Eigenschrottanfall beim Blockguß etwa 14 bis 15 %, beim Strangguß dagegen nur 5 bis 6 %.

Für die erste Formgebung im Zuge des nahtlosen Übergangs vom Stahlkocher auf die Walzstraße bedeutet das eine große Kostenersparnis.

Stranggießanlagen, die zumeist an Oxygen-Konverter oder Elektrolichtbogenöfen gekoppelt sind, haben seit Mitte der fünfziger Jahre eine ähnliche revolutionäre Entwicklung genommen wie die Oxygenstahl-Verfahren.

Während beim traditionellen diskontinuierlichen Gießen (Blockguß) zur Herstellung von Halbzeug 12 Arbeitsgänge benötigt werden, sind es beim Stranggießverfahren nur fünf Arbeitsgänge.

Mit der Automatisierung des Gießprozesses können durch Einsatz des Stranggießverfahrens fast 20 % der Arbeitsplätze im Walzwerksbereich eingespart werden.

Erhöhung der Stahlausbringung, Verbesserung der Oberflächenqualität und des Reinheitsgrads sind weitere Vorteile dieses Gießverfahrens gegenüber dem traditionellen Blockguß.

Seit den sechziger Jahren hat in vielen westeuropäischen Ländern das Stranggießen das Blockgießen mehr und mehr verdrängt. In den osteuropäischen Ländern setzte diese Entwicklung wesentlich später ein. Bis heute sind die Unterschiede groß geblieben (Abb. 77-79). 1990 brachten Griechenland, Irland und Dänemark ihren gesamten Rohstahl durch Strangguß aus. Auf der anderen Seite betrug dieser Anteil in Polen nur 7,3 %. Unter den ehemaligen RGW-Ländern hatte Ungarn mit 64,2 % den höchsten Anteil (Abb. 79).

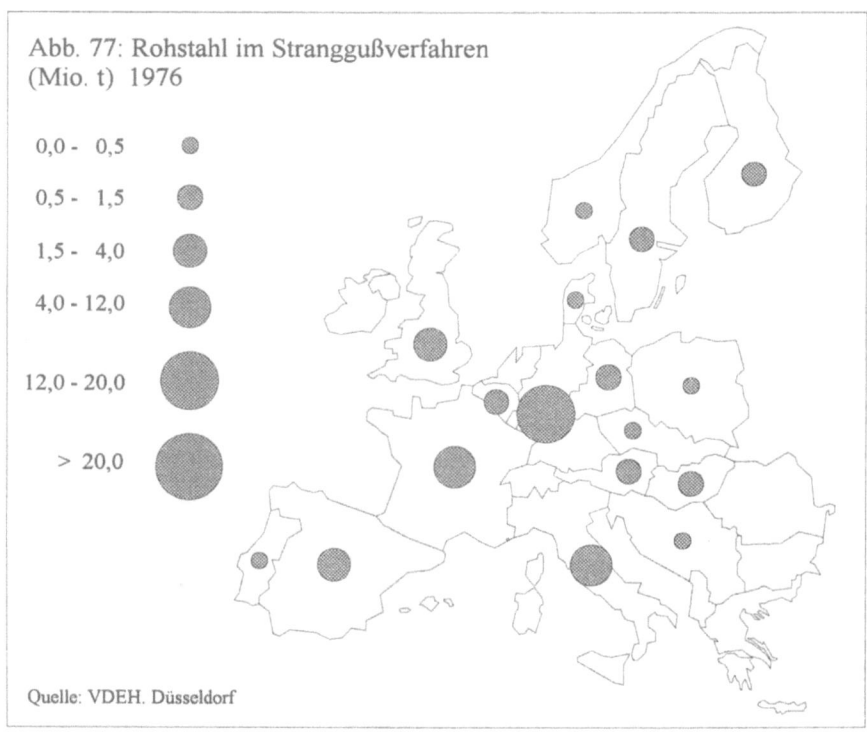

Abb. 77: Rohstahl im Stranggußverfahren (Mio. t) 1976

0,0 - 0,5
0,5 - 1,5
1,5 - 4,0
4,0 - 12,0
12,0 - 20,0
> 20,0

Quelle: VDEH. Düsseldorf

126

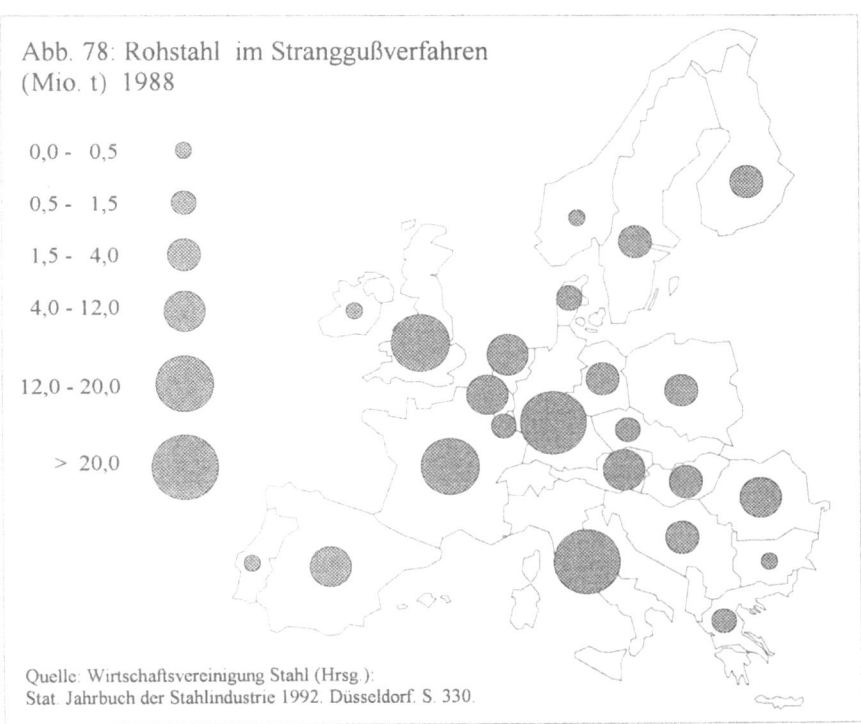

Abb. 78: Rohstahl im Stranggußverfahren
(Mio. t) 1988

0,0 - 0,5

0,5 - 1,5

1,5 - 4,0

4,0 - 12,0

12,0 - 20,0

> 20,0

Quelle: Wirtschaftsvereinigung Stahl (Hrsg.):
Stat. Jahrbuch der Stahlindustrie 1992. Düsseldorf. S. 330.

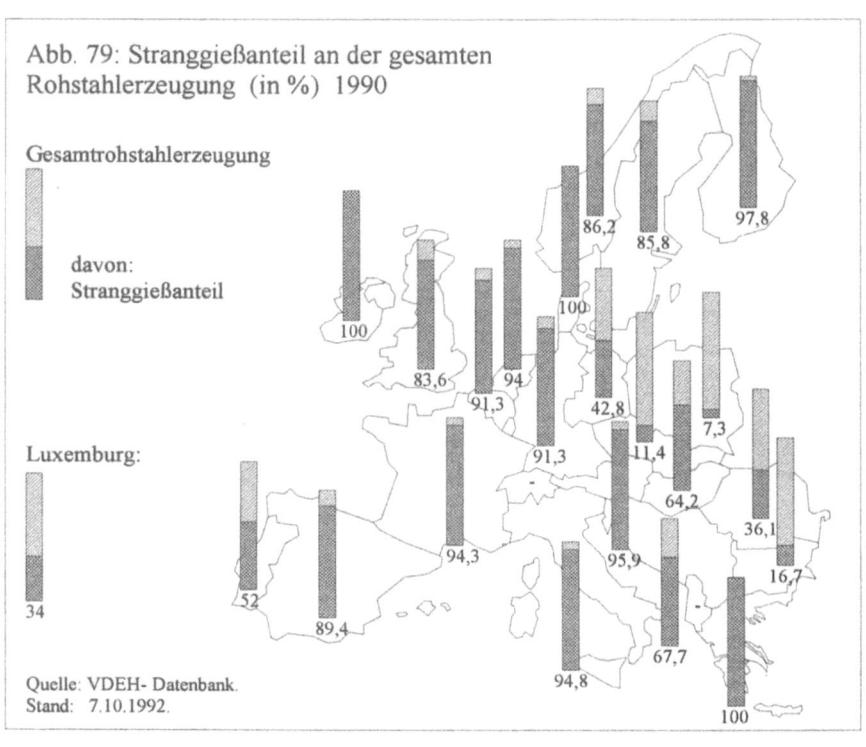

Abb. 79: Stranggießanteil an der gesamten Rohstahlerzeugung (in %) 1990

Gesamtrohstahlerzeugung

davon:
Stranggießanteil

Luxemburg:

34

Quelle: VDEH- Datenbank.
Stand: 7.10.1992.

4.4 Walzwerke

Entsprechend dem in Kapitel 3.3 bereits behandelten umfangreichen Produktionsprogramm der Walzwerkserzeugnisse ist auch die Zahl der Walzwerke. Zur Erzeugung von Halbzeug werden Vorblöcke, Knüppel und Vorbrammen eingesetzt. Entprechend sind dafür Walzwerke notwendig. In den Abb. 80 und 81 sind Block- und Brammenwalzwerke sowie Knüppel- und Halbzeugstraßen im Untersuchungsraum für Ende 1992 dargestellt. Es gibt gegenwärtig insgesamt 45 Anlagen der Block- und Brammenwalzwerke, sieben Anlagen in der Tschechoslowakei und sechs Anlagen in der Bundesrepublik Deutschland. Diese allein sind nicht nur unterschiedlich alt, sondern weisen auch ganz unterschiedliche Auslegekapazitäten auf. Beachtenswert ist auch die Tatsache, daß es in etwa einem Drittel aller Länder keine Anlagen dieser Art gab (Finnland, Dänemark, Irland, Luxemburg, Portugal, Albanien und Griechenland), somit also auch keine Produktion in diesem Bereich.

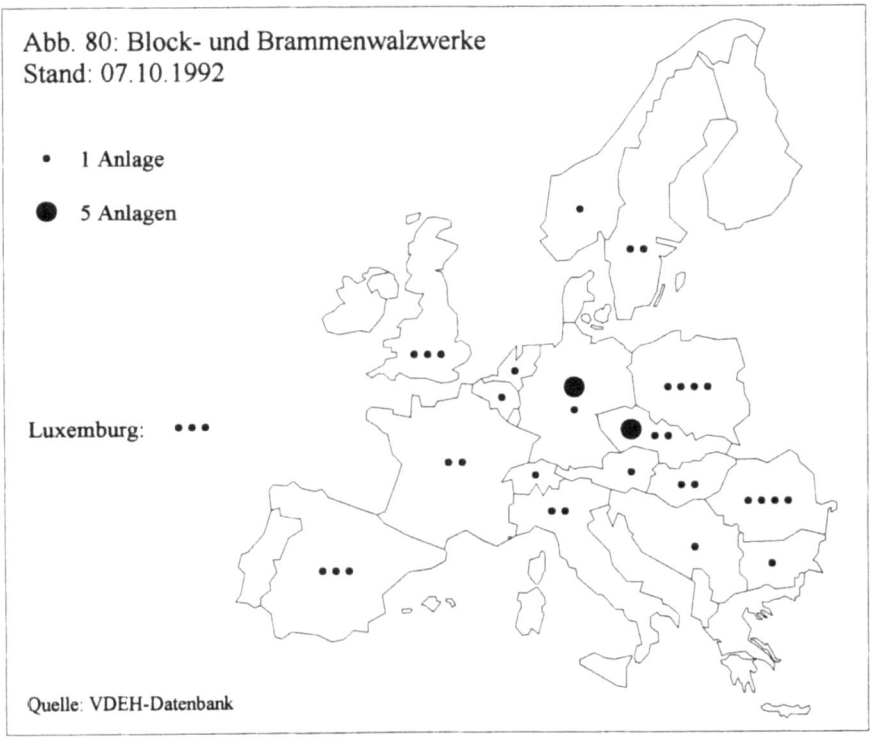

Abb. 80: Block- und Brammenwalzwerke
Stand: 07.10.1992

• 1 Anlage

● 5 Anlagen

Luxemburg: • • •

Quelle: VDEH-Datenbank

129

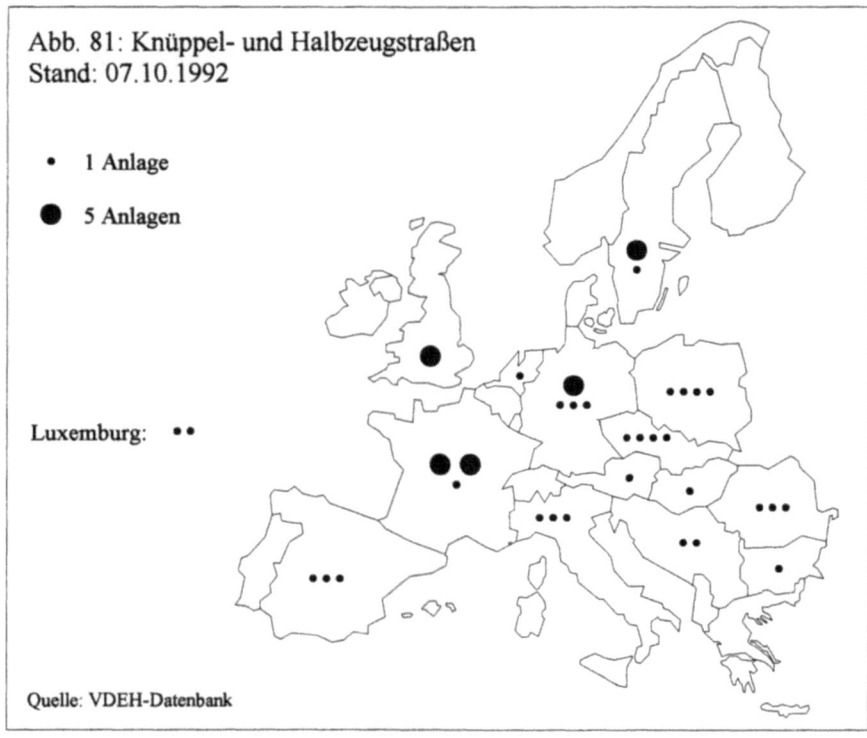

Abb. 81: Knüppel- und Halbzeugstraßen
Stand: 07.10.1992

• 1 Anlage

● 5 Anlagen

Luxemburg: ••

Quelle: VDEH-Datenbank

Auch Knüppel- und Halbzeugstraßen gab es nicht in allen Ländern des Untersuchungsraumes. Über die größte Zahl verfügen zur Zeit mit elf Anlagen Frankreich und die Bundesrepublik Deutschland (acht Anlagen).

Die von den Blockstraßen über die Halbzeugstraßen vorgewalzten Knüppel oder Vorblöcke mit Querschnitten von 60 bis 200 mm im Quadrat werden auf Profilfertigstraßen zu Walzwerksfertigerzeugnissen weiter ausgewalzt. Die üblichen Bezeichnungen "Form- Mittel-, Feinstahl- und Drahtstraßen" geben Auskunft über das Walzprogramm.

Die Walzstraßen werden nach Ballendurchmessern der Fertigwalzen unterschieden:

- Formstahlstraßen   60   - 1.300 mm
- Mittelstahlstraßen   350   -   600 mm
- Feinstahlstraßen   250   -   350 mm
- Drahtstahlstraßen   200   -   300 mm

Auf den Formstahlstraßen werden Schienen, schwere Winkel, Schiffsbauprofile gewalzt. Es sind dann speziell Blockfertigstraßen. Weil es sich bei diesen Produkten um Erzeugnisse mit einem großen Querschnitt handelt, heißen diese Formstahlstraßen auch Grobstahlstraßen. Schwere

Träger- und Profilstraßen gibt es besonders in der Bundesrepublik Deutschland und in Polen. 43 Anlagen stehen z. Zt. in 13 Ländern, d. h. also nur in etwa der Hälfte aller Länder.

Übersicht 4: Benennung von Walzstraßen für Warmwalzerzeugnisse und -fertigerzeugnisse

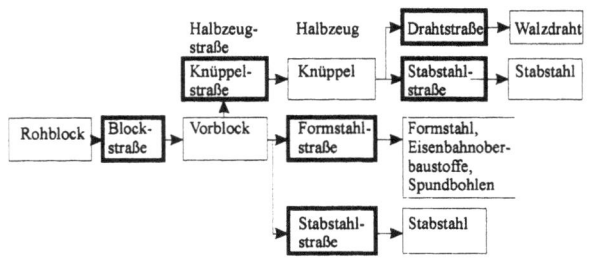

Walzwerke zur Erzeugung von Profilstahl (=Langerzeugnisse)

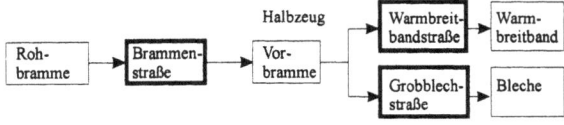

Walzwerke zur Erzeugung von Flachstahl (=Stahlerzeugnisse)

Mittelstahlstraßen sind Walzwerke, deren Erzeugnisse im Abmessungsbereich zwischen 30 und 120 mm Durchmesser liegen. Es stehen gegenwärtig 48 Mittelstahlstraßen in allerdings nur 17 Ländern. Der Schwerpunkt der Anlagen liegt in der Bundesrepublik Deutschland. Stabstahl, leichter Formstahl, Grubenschienen, Schwellen, Profile für den Schiff- und Grubenausbau gehören zum Walzprogramm. Besonders groß ist die Zahl der Stabstahlstraßen. Außer Belgien und Dänemark haben gegenwärtig alle europäischen Länder solche Anlagen. Allein 30 Anlagen stehen z. Zt. in Frankreich.

Auf Feinstahlstraßen werden Abmessungen von 8 bis 35 mm hergestellt. Rund- und Betonstahl, Flachstahl, Quadrat- und Sechskantstahl gehören dazu.

Als weiterer Typ der Profilstraßen muß die Drahtstraße genannt werden. Walzdraht ist ein Fertigerzeugnis, das im warmen Zustand (ca. 600 Grad) in Ringen aufgehaspelt wird. Der Querschnitt kann u. a. rund, oval, quadratisch, rechteckig geformt sein. Moderne Stahlstraßen haben Abmessungsbereiche von 5 - 12,5 mm.

Gegenwärtig stehen 52 Drahtstraßen in 18 Ländern. Den Schwerpunkt bildet die Bundesrepublik Deutschland. Weit verbreitet sind auch Drahtstaffeln in Stabstahlstraßen. Vielfach bestehen kombinierte Stabstahl- und Drahtstraßen, auf denen wahlweise beide Produkte gewalzt werden können. Zur Verbesserung der Walzqualität werden Stabstahl und Draht zunehmend einadrig gewalzt. Damit durchläuft nur jeweils ein Materialstrang das Gerüst; bei mehradriger Walzung werden in einem Walzgerüst gleichzeitig mehrere Stränge umgeformt.

Flachwalzwerke sind Warmwalzwerke für das Auswalzen von Rohbrammen zu Vorbrammen. Diese werden dann auf nachgeschalteten Walzstraßen weiter zu Groß-, Mittel- und Feinblech sowie Warmband ausgewalzt:

- Feinblech   unter 3 mm
- Mittelblech   3 - 4,75 mm
- Grobblech   über 4,75 mm

Die durch das Warmwalzen von Stahl erreichten Querschnitte, Oberflächengüten, Abmessungsgenauigkeiten, Festigkeitseigenschaften etc. reichen für viele Anwendungen nicht aus, so daß noch andere Verfahren angewendet werden müssen: die Kaltumformung. Mit der Kaltumformung kann die Oberfläche geglättet und hohe Festigkeit erzielt werden. Vor jeder Kaltumformung muß der Zunder sorgfältig entfernt werden. Das kann entweder mechanisch oder chemisch geschehen.

Vor dem eigentlichen Walzprozeß durchläuft das Band die Beizanlage, in der es entweder chemisch, mittels Schwefelsäure, oder auf mechanischem Wege mittels Tiefbiegerrollen entzundert wird.

Kontinuierliche Bandbeizanlagen
Nachdem die Bänder die Beize verlassen haben, werden sie getrocknet, besäumt und eingeölt. Ein Teil dieser Coils wandert dann in den Verkauf. Ein weitaus größerer Teil wird allerdings weiterverarbeitet - nämlich gewalzt! Das geschieht auf sog. Reversiergerüsten, bei denen es möglich ist, einzelne Stiche im Konti-Betrieb, d.h. ohne ständiges Wechseln von Aufwickel- zu Abwickelhaspeln vorzunehmen. Besser noch, weil es auch zeitsparender ist, sind die sog. Tandemstraßen. Dabei sind mehrere Reversiergerüste hintereinandergeschaltet, so daß das vom Haspel ablaufende Band in einem Durchgang auf die gewünschte Enddicke heruntergewalzt werden kann.

Kaltwalzen von Stahl wird in erster Linie vorgenommen, um Flacherzeugnisse herzustellen: Tiefziehblech, Weißblech, nichtrostendes Blech. Profilerzeugnisse und Rohre werden dagegen selten kaltgewalzt. Am weitesten verbreitet ist das Kaltwalzen von Bändern. Das geschieht auf Zwei-, Vier- oder Vielwalzengerüsten. Oft werden vier bis sechs Vierwalzengerüste hintereinander zu einer sog. Kaltwalztandemstraße angeordnet. Der besondere Vorteil liegt darin, daß das Band in einem Durchgang durch alle Gerüste auf das gewünschte Dickenmaß gebracht werden kann.

4.5 Oberflächenveredlung

Haben die Coils die Walzstraßen verlassen, gelangen sie in die Glüherei. Dort sollen die Gebrauchseigenschaften des Materials durch Gefügeverfeinerungen verbessert werden. Bei der Glühung (zwischen 600°C - 900°C) kommen Hauben- oder Durchlaufglühöfen zum Einsatz.

Im Anschluß an das Kaltwalzen, bei dem plane Kaltbänder mit Dickenabweichungen von nur wenigen tausendstel Millimeter bei hoher Oberflächengüte entstehen, kann ein abschließendes Kaltnachwalzen ("Dressieren") in einem oder zwei Vierwalzengerüsten für weitere Qualitätsverbesserung sorgen. Enddicken können bei 0,15 mm liegen.

Beschichten von Stahl, Oberflächenschutz

Ohne zusätzlichen Schutz sind nur wenige Stahlgüten witterungs- und korrosionsbeständig. Überwiegend zum Schutz gegen Korrosion werden die Oberflächen von Feinblechen z. B. durch Verzinken, Verzinnen, Verbleien oder Verkupfern veredelt (Abb. 82 bis Abb. 84).

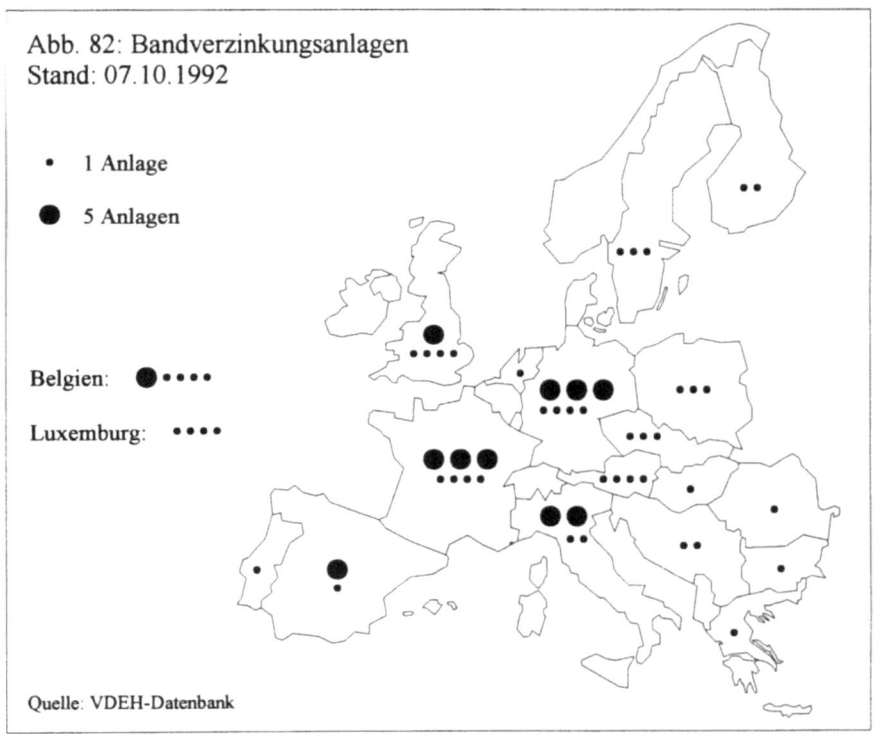

Abb. 82: Bandverzinkungsanlagen
Stand: 07.10.1992

•   1 Anlage

●   5 Anlagen

Belgien:

Luxemburg:

Quelle: VDEH-Datenbank

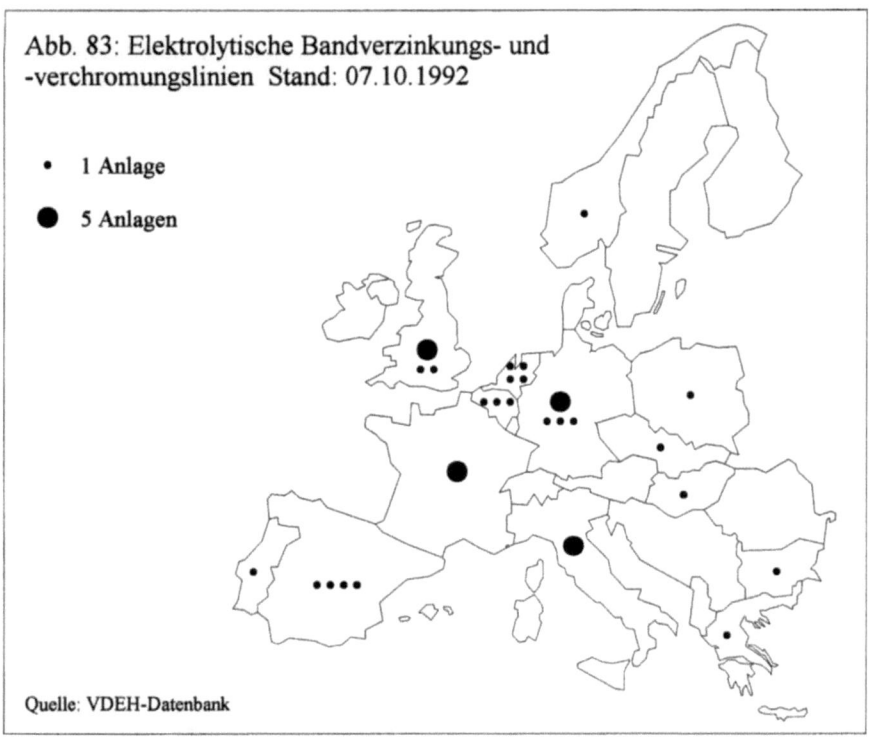

Abb. 83: Elektrolytische Bandverzinkungs- und -verchromungslinien Stand: 07.10.1992

• 1 Anlage

● 5 Anlagen

Quelle: VDEH-Datenbank

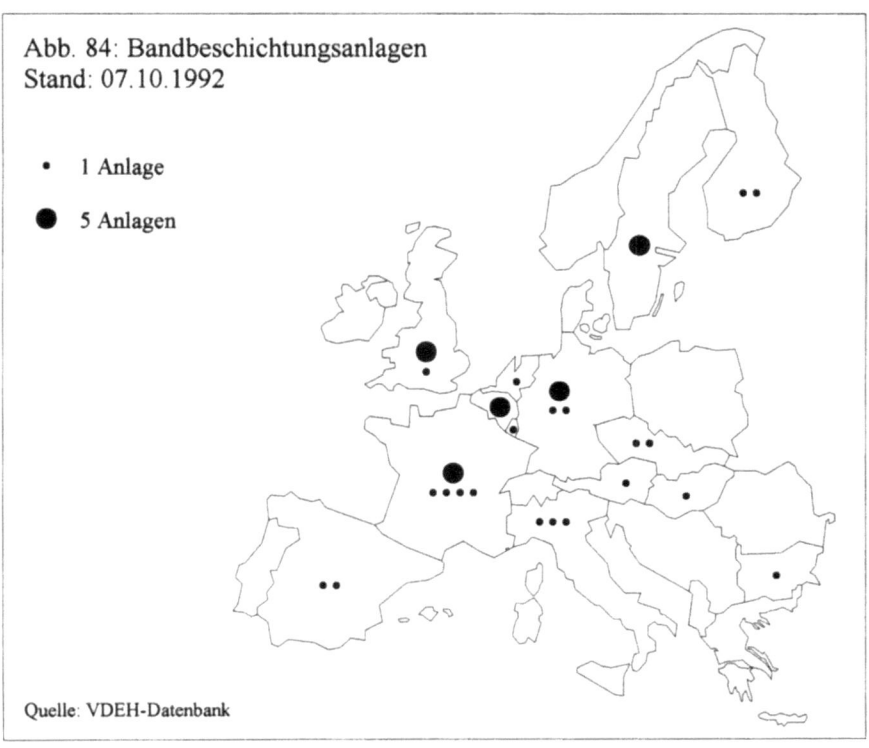

Abb. 84: Bandbeschichtungsanlagen
Stand: 07.10.1992

•   1 Anlage

●   5 Anlagen

Quelle: VDEH-Datenbank

Dazu gehört auch das Überziehen der Materialien mit nichtmetallischen Überzügen wie Lacken und Kunststoffen. Die Veredlung erfolgt dabei entweder im Tauch- oder im Durchlaufverfahren.

Die Synopse (Tab. 30) zeigt für den gesamten Untersuchungsraum für die Warmformgebung und die Kaltformgebung sowie die Oberflächenveredlung die großen strukturellen und regionalen Unterschiede.

Ohne das Alter der Anlagen und die Kapazitäten zu berücksichtigen ist schon deutlich, daß einige Länder keine oder fast keine Bedeutung in diesen Produktionsbereichen haben. Das schlägt sich selbstverständlich im Produktionsprogramm nieder (vgl. Kap. 3.3). So gibt es z. B. in Irland, Finnland, Dänemark, Griechenland, Albanien und Portugal keine Halbzeugstraßen. Diese Länder müssen demnach alles Halbzeug für ihre Produktion von Lang- und Flacherzeugnissen importieren.

Tab.30: Zahl der Produktionsanlagen im Walzwerks- und Veredlungsbereich (Stand: Oktober 1992)

Bereich	Anlage	IRL	GB	N	S	SF	DK	NL	B	L	BRD	PL	CSFR	A	H	RO	BG	GR	AL	YU	I	CH	FR	E	P	Σ
Oberflächenveredlung	Bandbeschichtungsanlagen	-	6	5	-	2	-	1	5	1	7	-	2	-	1	-	1	-	-	-	3	-	9	2	-	46
Oberflächenveredlung	Elektrolytische Bandverzinkungs- und -verchromungslinien	-	7	-	1	-	-	4	3	-	8	1	-	-	1	-	1	1	-	-	5	-	5	4	1	43
Oberflächenveredlung	Bandverzinkungsanlagen	-	9	3	-	2	-	1	9	4	19	3	3	4	1	-	1	1	-	2	12	-	19	6	1	101
Oberflächenveredlung	Kaltbandnachwalzwerke(Dressieranlage)	-	16	1	-	1	-	3	8	1	33	1	-	3	2	1	2	1	-	4	17	-	21	9	1	127
Oberflächenveredlung	Kontiglühanlagen	-	8	-	-	-	-	2	3	2	14	-	-	1	-	-	-	-	-	-	5	-	15	3	-	53
Oberflächenveredlung	Haubenglühanlagen	-	7	-	-	-	-	2	5	4	25	-	-	2	-	-	-	-	-	-	7	-	21	6	1	83
Kaltformgebung / Kaltwalzwerke	Kaltwalztandemstraßen	-	8	1	-	1	-	3	4	-	16	1	-	3	1	-	-	2	-	2	6	-	6	3	-	59
Kaltformgebung / Kaltwalzwerke	Reversierkaltwalzwerke	-	18	8	2	2	-	-	4	1	35	2	2	3	6	2	3	1	-	4	16	-	22	14	1	147
Kaltformgebung / Kaltwalzwerke	Kontinuierliche Bandbeizanlagen	-	13	4	1	5	-	3	10	-	27	1	2	2	1	-	1	2	-	4	13	-	25	11	1	130
Warmformgebung – Warmwalzwerke für Flacherzeugnisse (Flachstahl)	Grobblechstraßen	-	5	3	-	1	-	1	2	-	11	7	2	1	2	4	1	-	-	3	4	-	8	1	1	58
Warmformgebung – Warmwalzwerke für Flacherzeugnisse (Flachstahl)	Warmbanddressierwalzwerke	-	3	-	-	1	-	1	1	-	-	-	1	-	1	-	-	-	-	2	1	-	3	-	-	13
Warmformgebung – Warmwalzwerke für Flacherzeugnisse (Flachstahl)	Warmbandstraßen	-	4	3	-	2	-	1	4	1	9	2	4	1	1	-	1	-	-	2	3	-	7	3	4	54
Warmformgebung – Warmwalzwerke für Langerzeugnisse (Profilstraßen)	Drahtstaffeln in Stabstahlstraßen	-	1	2	-	-	-	1	-	-	4	-	2	2	1	-	3	-	-	4	2	2	2	-	-	32
Warmformgebung – Warmwalzwerke für Langerzeugnisse (Profilstraßen)	Drahtstraßen	-	5	3	-	-	-	2	1	1	8	3	-	1	-	3	1	-	-	1	5	-	6	6	2	51
Warmformgebung – Warmwalzwerke für Langerzeugnisse (Profilstraßen)	Stabstahlstraßen	1	19	7	1	3	-	1	-	2	16	7	3	3	2	5	2	6	1	3	17	3	30	13	3	148
Warmformgebung – Warmwalzwerke für Langerzeugnisse (Profilstraßen)	Mittelstahlstraßen	-	6	2	-	-	-	1	-	1	9	7	3	-	2	3	1	-	1	2	3	1	2	3	1	48
Warmformgebung – Warmwalzwerke für Langerzeugnisse (Profilstraßen)	Schwere Träger- und Profilstraßen	-	5	2	1	-	-	-	4	8	6	2	-	1	4	-	-	1	-	-	1	2	3	3	-	43
Halbzeugstraßen	Knüppel- und Halbzeugstraßen	-	5	6	-	-	1	-	2	8	4	4	-	3	3	1	-	-	2	3	-	-	11	3	-	57
Halbzeugstraßen	Block- und Brammenwalzwerke	-	3	2	1	-	1	1	3	6	4	7	2	4	1	-	-	-	-	2	1	-	2	3	-	45

Quelle: VdEH-Datenbank

137

5 Beschäftigte in der Eisen- und Stahlindustrie

In der Eisen- und Stahlindustrie des Untersuchungsraumes gab es 1963 insgesamt 2.291.900 Beschäftigte (Tab. 31 und Abb. 85). Das Maximum wurde von den ausgewählten Jahren 1973 mit insgesamt 2.498.700 Beschäftigten erreicht (Abb. 86). Trotz starken Rückgangs in dieser Zeit gab es 1988 die absolut größte Zahl der Beschäftigten in der Bundesrepublik Deutschland.

Tab. 31: Beschäftigte in der Eisen- und Stahlindustrie (in 1.000)

Land	1963	1968	1973	1978	1983	1988
A	47,0	52,0	64,0	60,0	51,0	39,0
B	71,0	68,0	57,0	47,0	40,0	-
DK	1,9	5,0	5,9	5,4	3,9	4,0
SF	6,7	8,3	11,8	14,1	14,0	12,8
F	207,0	173,0	200,0	278,0	226,0	187,0
E	94,0	80,0	87,0	91,0	114,0	88,0
NL	34,0	35,0	20,0	25,0	27,0	29,0
IRL	3,3	3,7	5,2	1,6	1,7	1,4
N	13,1	14,6	15,2	12,9	12,2	9,2
P	4,7	7,9	12,8	15,6	17,3	13,6
D	695,0	634,0	638,0	525,0	316,0	262,0
CH	15,9	17,6	15,5	11,0	11,0	-
S	57,0	54,0	54,0	51,0	40,0	33,0
GB	471,0	457,0	406,0	354,0	190,0	155,0
I	-	178,0	234,0	241,0	269,0	-
BG	11,3	25,1	28,3	31,7	35,3	37,8
CS	163,0	178,0	180,0	160,0	161,0	167,0
DDR	87,0	77,0	78,0	74,0	87,0	92,0
PL	124,0	149,0	169,0	188,0	165,0	151,0
RO	66,0	68,0	76,0	128,0	160,0	159,0
H	76,0	79,0	82,0	78,0	64,0	59,0
YU	43,0	43,0	59,0	51,0	109,0	123,0
Σ	2.291,9	2.407,2	2.498,7	2.443,3	2.114,4	1.622,8

Quelle: UN Yearbook of Industrial Statistics

In den meisten Ostblockländern umfaßten die Beschäftigtenzahlen in der "Schwarzmetallurgie" auch den Eisenerzbergbau (samt den Anreicherungsanlagen), so daß sie mit den entsprechenden Daten für die westeuropäischen Länder schwerlich zu vergleichen sind.

Tendenziell stieg die Zahl der Beschäftigten in der Eisen- und Stahlindustrie in den osteuropäischen Ländern parallel zur Entwicklung dieser Industriebranche in den letzten 40 Jahren an.

Den Höhepunkt erreichten die Beschäftigtenzahlen in den achtziger Jahren: in Polen - über 180.000 (1979 - 1980), in der Tschechoslowakei - 178.000 (1985 - 86), in Rumänien - über 170.000 (1986 - 89), in der DDR 140 - 150.000 (Ende der achtziger Jahre), in Jugoslawien und Ungarn je 60 - 70.000 (Ende der achtziger Jahre), in Bulgarien 38 - 39.000 (1988 - 89); für Albanien fehlen die Angaben. Danach sanken die Beschäftigtenzahlen ab, parallel zum Produktionsrückgang in der Eisen- und Stahlindustrie, Anfang der achtziger Jahre in Polen, Ende der achtziger Jahre in den übrigen osteuropäischen Ländern.

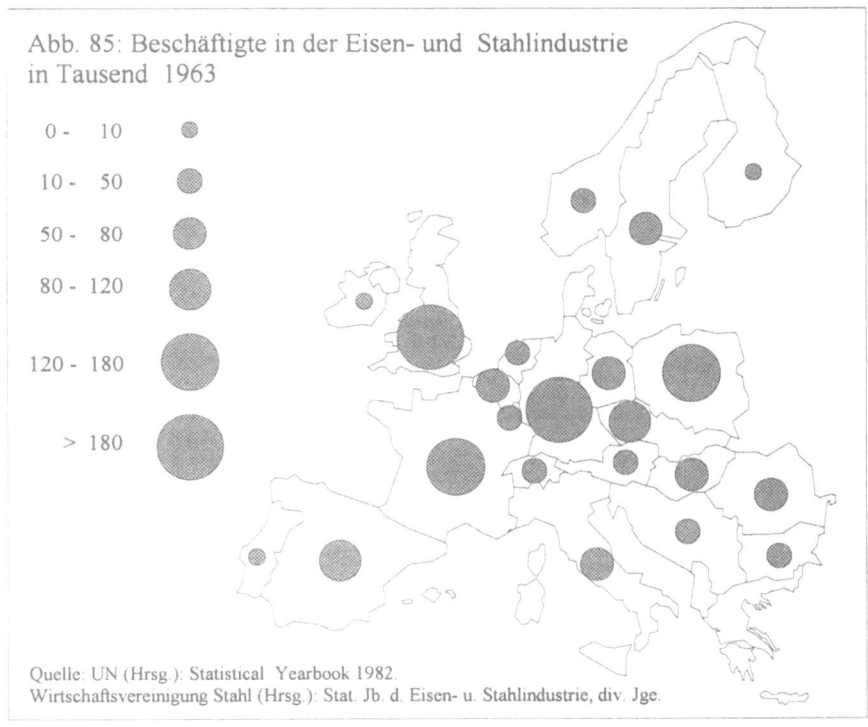

Abb. 85: Beschäftigte in der Eisen- und Stahlindustrie in Tausend 1963

0 - 10

10 - 50

50 - 80

80 - 120

120 - 180

> 180

Quelle: UN (Hrsg.): Statistical Yearbook 1982.
Wirtschaftsvereinigung Stahl (Hrsg.): Stat. Jb. d. Eisen- u. Stahlindustrie, div. Jge.

139

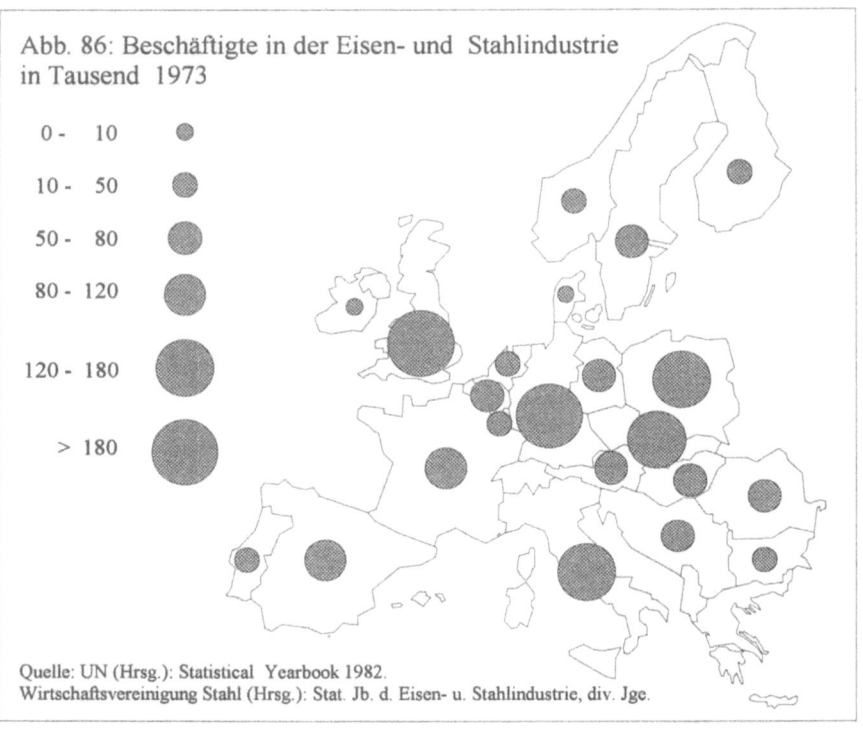

Abb. 86: Beschäftigte in der Eisen- und Stahlindustrie in Tausend 1973

0 - 10

10 - 50

50 - 80

80 - 120

120 - 180

> 180

Quelle: UN (Hrsg.): Statistical Yearbook 1982.
Wirtschaftsvereinigung Stahl (Hrsg.): Stat. Jb. d. Eisen- u. Stahlindustrie, div. Jge.

Neben diesen absoluten Beschäftigungszahlen ist auch der Anteil an einer Gesamtzahl der Industriebeschäftigten aufschlußreich (Tab. 32).

Tab.32: Anteil der Beschäftigten in der Eisen- und Stahlindustrie an der Industrie insgesamt (%)

Land	1963	1968	1973	1978	1983	1988
B	6.00	5.97	4.90	4.83	4.81	--
BG	1.28	2.30	2.31	2.41	2.53	2.63
D	8.47	7.85	7.46	6.88	4.61	3.63
CS	6.73	6.89	6.77	5.84	5.70	5.84
DK	1.17	1.30	1.34	1.36	1.08	1.02
DDR	3.14	2.74	2.57	2.37	2.70	3.09
SF	1.69	1.99	2.20	2.71	2.56	2.61
F	3.83	3.19	3.37	5.06	4.47	4.20
IRL	1.70	1.73	2.18	0.69	0.68	0.67
I	--	5.51	6.17	6.75	7.21	--
YU	3.41	3.19	3.49	2.34	4.22	4.20
NL	2.62	2.75	2.77	2.43	2.98	3.11
N	3.83	4.04	4.00	3.33	3.31	2.76
A	7.42	8.39	8.02	7.96	7.26	5.71
PL	3.84	3.92	3.70	4.01	3.73	3.28
P	1.52	1.29	2.03	2.23	2.37	2.03
RO	4.31	3.60	3.06	4.28	4.63	4.67
S	6.34	5.95	5.89	5.66	4.99	4.18
CH	2.23	2.08	1.93	1.62	1.62	--
E	4.79	3.74	3.73	3.76	4.86	4.16
H	5.26	4.67	4.75	4.82	4.46	4.30
GB	5.25	5.11	4.89	4.61	3.37	2.91

Quelle: UN Yearbook of Industrial Statistics

Schon 1963 gab es kein Land im Untersuchungsraum, in dem mehr als 10 % der Beschäftigten der Industrie in der Eisen- und Stahlindustrie tätig waren. Den höchsten Wert hatte damals die Bundesrepublik Deutschland mit 8,47 %. Aber auch Österreich lag mit 7,42 % dicht dahinter. Im Laufe der Zeit ist es zu großen Veränderungen gekommen. In einigen Ländern gab es mehrere Entlassungswellen von Arbeitskräften als Folge von Umstrukturierungs- und Anpassungsprozessen. 1988 gab es noch die höchsten Anteile in der Tschechoslowakei mit 5,84 % und in Östereich mit 5,71 %.

Teil II

6 Kapazitäten und Kapazitätsauslastung

6.1 Kapazitäten und Kapazitätsauslastung in Osteuropa

Wie bereits im ersten Teil des Projektes festgestellt wurde, hatten die Länder Ostmitteleuropas im Gegensatz zu den westeuropäischen Ländern, bis in die achtziger Jahre eine steigende Tendenz in der Produktion aller Eisen-und Stahlprodukte (Roheisen, Rohstahl, Walzprodukte). Die sozialistische "Mangelwirtschaft" brauchte immer mehr Stahlprodukte.

In den ehemaligen kommunistischen Ländern, in denen es keine Marktwirtschaft gab, war der Begriff "Kapazität" in der Industrie dem Begriff "Produktionsausmaß" gleichzusetzen. Die neuen Investitionen in der Industrie, d.h. die Vergrößerung des Industriepotentials, richteten sich nach Produktionsplänen. Diese hingegen richteten sich nach dem geplanten Absatzumfang (bzw. geplanter Nachfrage) sowohl im In- als auch im Ausland. In der zentralistischen Planwirtschaft der besprochenen Länder galt also die Regel: Kapazität = Produktionsumfang = Nachfrage/Absatz.

Als Maßstab eines gut funktionierenden Betriebes galt die 100prozentige Realisierung der Produktionspläne und somit die volle Auslastung der Produktionskapazität. In der Planung des Produktionsumfangs waren die notwendigen Produktionsunterbrechungen für Wartung und Konservierung, z. B. von Hoch- und Stahlöfen und anderen Produktionsanlagen selbstverständlich mit berücksichtigt. In der Praxis konnten die Industriebetriebe oft den geplanten Produktionsumfang nicht erreichen (d. h. die Produktionskapazität wurde nicht ausgelastet). Die Gründe hierfür waren:

- Unregelmäßigkeiten in der Belieferung der Betriebe mit Rohstoffen; im Fall der Eisen-und Stahlindustrie traten oft Unregelmäßigkeiten im Transport von Eisenerzen und anderen Rohstoffen wegen der besonders langen Entfernungen.

- Produktionsunterbrechungen aufgrund von Energiedefiziten, was seit Mitte der siebziger Jahre insbesondere in Rumänien, Bulgarien, Jugoslawien und Polen sehr oft der Fall war; das Energiedefizit bekamen insbesondere energieaufwendige Industriezweige zu spüren, darunter auch die Eisen- und Stahlindustrie.

- Weitere Gründe, z. B. schlechte Arbeitsorganisation, unvorgesehene technische Probleme und anderes.

Oft kam es auch zum Überschreiten der Produktionspläne (was durch Propaganda stimuliert wurde) und somit wurde auch die Kapazität überschritten. Dies ging aber auf Kosten der übermäßigen technischen Belastung von Produktionsanlagen sowie der Überforderung der Arbeitskräfte (Überstunden). Die Folge waren stark erhöhte Produktionskosten, was allerdings die Propaganda verschwiegen hat.

In der Industriestatistik der betreffenden Länder hat es also die Kategorie der "Kapazität" eigentlich nicht gegeben. An diese Stelle trat der "Realisierungsgrad der Produktionspläne", was mit der "Kapazitätsauslastung" vergleichbar ist.

Eine gewisse Ausnahme in der besprochenen Ländergruppe war Jugoslawien, wo man von einer Quasi-Marktwirtschaft sprechen konnte. In Jugoslawien war der Produktionsumfang nicht unbedingt der Kapazität gleichzusetzen, sondern er richtete sich vielmehr nach der konkreten Lage der Absatzmärkte. In der zweiten Hälfte der achtziger Jahre, d. h. direkt vor der wirtschaftlichen und später auch politischen Krise (Zerfall des Föderationsstaates), betrug die Auslastung der Hochöfen in Jugoslawien 63% (1986/87), während sie in der Stahlproduktion folgende Werte erreicht hat (Tab. 33):

Tab 33: Auslastung der Stahlwerke im früheren Jugoslawien (1988)

	in %
Jugoslawien insgesamt	80
Slowenien	92
Bosnien-Herzegowina	90
Kroatien	76
Serbien u.Montenegro	69
Makedonien	52

(nach: Steel Times, August 1993)

Für die übrigen Länder gibt es nur lückenhafte Angaben über Kapazitätsauslastung. So betrug z.B. in der Eisen-und Stahlindustrie Polens, Ungarns und der Tschechoslowakei die Kapazitätsauslastung 90 - 100%, in Rumänien aber nur 74% in der Roheisenproduktion und in Bulgarien 72% in der Stahlproduktion. In den beiden letztgenannten Ländern war dies durch das ständige Energiedefizit bedingt. Im Falle Albaniens war die zu groß angelegte Kapazität der Eisen-und Stahlhütte in Elbasan von Anfang an nicht voll ausgelastet.

In der Eisen-und Stahlindustrie der ostmitteleuropäischen Länder wurden natürlich auch Modernisierungsmaßnahmen durchgeführt, indem man veraltete Anlagen durch neue ersetzte. So z.B. hat man die Zahl der Hochöfen in Polen von 27 (1965) auf 21 (1980) und auf 19 (1985) reduziert, in der Tschechoslowakei von 23 (1965) auf 16 (1975). Dies hatte aber keine Reduzierung der Roheisenproduktion zur Folge, da die alten Anlagen durch neue und größere ersetzt wurden.

Im Gegensatz zu den westeuropäischen Ländern, ist die Beschäftigtenzahl in der Eisen-und Stahlindustrie in den ehemaligen sozialistischen Ländern bis Ende der achtziger Jahre nicht zurückgegangen. Es gab also keine Erhöhung der Arbeitseffektivität. Erst der Produktionsrückgang Ende der achtziger Jahre hatte auch die Reduzierung der Beschäftigtenzahl in der Eisen-und Stahlindustrie zur Folge:

Tab. 34: Die Beschäftigtenzahlen (in 1.000) in der Eisen- und Stahlindustrie Osteuropas

	1980	1985	1986	1987	1988	1989	1990
Jugoslawien	76.3	59.0	60.0	62.0	64.0	67.0	
Bulgarien	34.4	37.7	36.8	36.7	38.1	39.4	32.6
Tschechoslowakei	169.6	178.5	177.3	176.3	175.3	173.4	172.2
Ungarn	70.4	63.1	62.8	60.8	58.3	51.0	48.8
Polen	185.5	160.4	159.5	154.7	153.9	144.7	135.9
Rumänien		160.0*			159.0	169.0	

* 1983
Quelle: Steel Times, July 1992

6.2 Kapazitäten und Kapazitätsauslastung in den EG-Ländern

Unter Kapazität wird die unter normalen ökonomischen Bedingungen erzielbare höchstmögliche Erzeugung verstanden.[1]

6.2.1 Hochöfen

Die Kapazitätsauslastung der Roheisenerzeugungsanlagen (einschließlich Spiegeleisen und Ferromangan) betrug 1986 in den EG-Ländern 68%. 1988 konnte dieser Wert auf 74%, 1990 sogar auf 76% erhöht werden. Von diesen durchschnittlichen Angaben wichen die einzelnen Länder jedoch stark ab (Abb. 87).

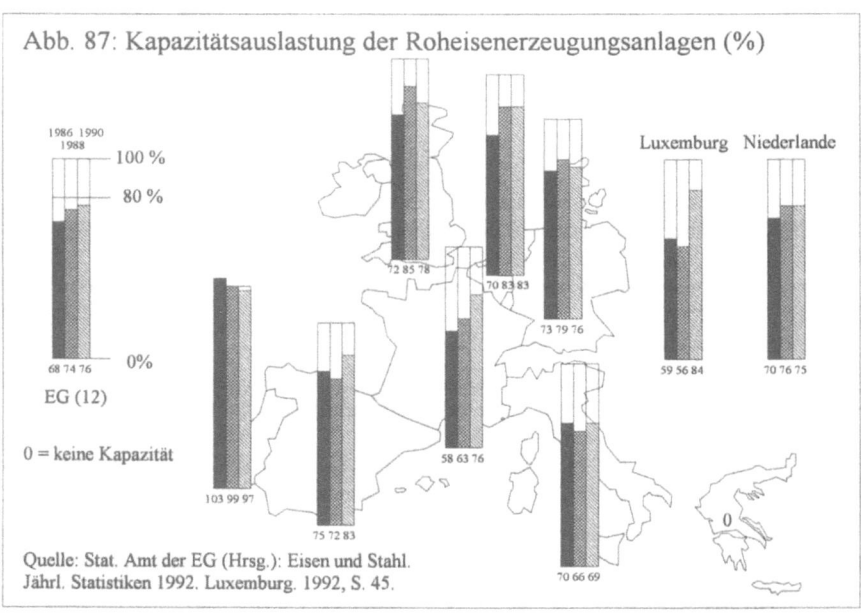

Abb. 87: Kapazitätsauslastung der Roheisenerzeugungsanlagen (%)

Nimmt man das Jahr 1986, dann gab es in den EG-Ländern die geringste Kapazitätsauslastung. Auf der anderen Seite war eine Überauslastung in Portugal festzustellen. Zwar ging dort die Auslastung auf 97% (1990) zurück, doch war dies immer noch der höchste Wert in den EG-Ländern. Einige andere Länder konnten in diesem kurzen Zeitraum ihre Kapazitätsauslastung (in erster Linie durch Abbau von Überkapazitäten) verbessern. So betrug z. B. der Auslastungsgrad in

---

[1]   Eisen und Stahl. Jährliche Statistiken 1992, S. 45.

Belgien 1986 nur 70%, 1990 aber 83%. In Luxemburg erhöhte sich die Auslastung von 59% (1986) auf 84% (1990).

Die Kapazitätsauslastung "0" für Griechenland ergibt sich aus der Tatsache, daß zuvor 800.000 t Kapazität vorhanden waren, doch im Zeitraum von 1986-90 kein Roheisen erzeugt wurde.

In den wichtigsten Ländern der Eisen- und Stahlindustrie gibt es mehrere Produktionsstandorte, die z. T. weit voneinander entfernt liegen. Aus diesem Grunde hat die EG eine regionale Auftei-lung vorgenommen (Abb. 88). Danach wurde z. B. bisher die Bundesrepublik Deutschland in vier Regionen eingeteilt: Norddeutschland, NRW (einschließlich Berlin), Süddeutschland und Saar. Für Frankreich wurden die Regionen Ost, Nord und Übriges festgelegt. Für Italien erfolgte eine Aufgliederung in Küstengebiete und Übriges. Großbritannien wurde aufgeteilt in die Regionen Schottland, Wales, Nordengland und Übriges. Weitere regionale Einzelheiten sind Tab. 35 zu entnehmen. So enthält beispielsweise die Küstenregion Italiens die weit auseinanderliegenden Standorte Ligurien, Toscana, Campanien und Tarent.

Abb. 88: Regionale Aufteilung der Eisen- und Stahlindustrie der Europäischen Gemeinschaft

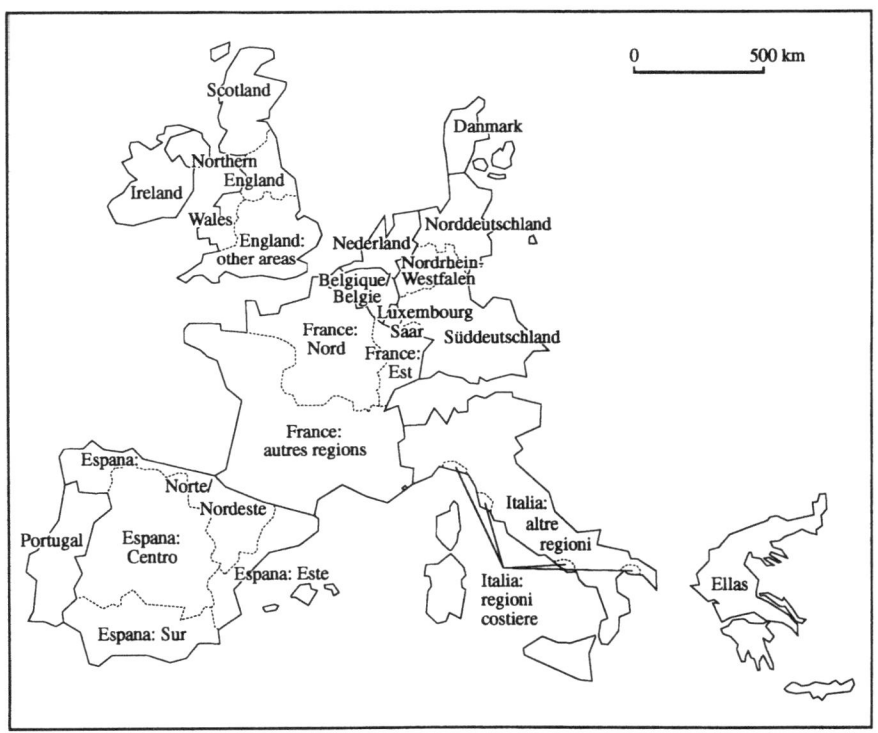

Tabelle 35: Die Regionen der Eisen- und Stahlindustrie in den EG-Ländern

Land	Region	
Bundesrepublik Deutschland	Norddeutschland	Schleswig-Holstein, Niedersachsen, Hamburg, Bremen
	Nordrhein-Westalen	Nordrhein-Westfalen, Berlin
	Saar	Saarland
	Süddeutschland	Hessen, Rheinland-Pfalz, Baden-Württemberg. Bayern
	Übriges	
Frankreich	Ostfrankreich	Meurthe-et-Moselle, Meuse, Moselle, Bas-Rhin, Doubs, Jura
	Nordfrankreich	Seine-et-Marne, Yvelines, Hauts-de-Seine, Seine-Saint-Denis, Ardennes, Aube, Marne, Haute-Marne, Oise, Eure, Calvados, Côte-d'Or, Nièvre, Saône-et-Loire, Nord, Pas-de-Calais
	Übriges	
Italien	Küstenregionen	Ligurien, Toscana, Campanien, Tarent
	Übriges	
Großbritannien (UK)	Schottland	Schottland
	Wales	
	Nordengland	
	Übriges	

Quelle: Kommission der Europäischen Gemeinschaft für Kohle und Stahl (Hrsg.): Die Investitionen in den Kohle- und Stahlindustrien der Gemeinschaft, Luxemburg 1985, S. 41 u.a.

Die vier Haupterzeugerländer mit ihren verschiedenen Regionen werden hier und im folgenden im einzelnen mitberücksichtigt.

Bundesrepublik Deutschland: Die weitaus größten Erzeugungskapazitäten befinden sich in NRW. Ende der siebziger Jahre waren das mehr als 30 Mio. t. Bis 1986 nahmen sie bis auf etwa 25 Mio.t ab und stiegen dann allerdings geringfügig wieder an. In den anderen Regionen (Norddeutschland, Süddeutschland, Saargebiet) mit ohnehin geringeren Kapazitäten wurden schlagartig Anfang der achtziger Jahre die Kapazitäten reduziert. So konnte dann bis Ende der achtziger Jahre eine bessere Auslastung der Hochöfen erreicht werden (Abb. 89). Die tatsächliche Roheisenerzeugung in den einzelnen Regionen der Bundesrepublik Deutschland verdeutlicht Abb. 90.

Frankreich: Mitte der siebziger Jahre lag in Frankreich die Region Ost mit den Kapazitäten an der Spitze. Von etwa 14 Mio. t wurden diese bis 1988 immer weiter bis auf etwa 10 Mio. t abgebaut. Die Roheisenerzeugung verringerte sich bis 1988 aber noch mehr, so daß gerade in diesem Raum Überkapazitäten sichtbar werden. Die Region Nord erfuhr dagegen zunächst in den siebziger Jahren eine Kapazitätsausweitung. Ab Anfang der achtziger Jahre war sie fast unverändert. In den übrigen Gebieten Frankreichs gab es zunächst einen Abbau, dann aber seit Ende der siebziger Jahre, besonders seit 1981, eine Ausweitung. Abgesehen von einigen Schwankungen konnte in dieser ganzen Zeit die Erzeugung von Roheisen tendenziell erhöht werden. Die Verschiebungen des Erzeugungsumfangs zwischen den Regionen in Frankreich zeigen Abb. 91 und 92.

146

Italien: Aus der vorgenommenen Regionalisierung in Italien geht hervor, daß die verschiedenen Küstenstandorte im Vergleich zu den übrigen Standorten die größte Bedeutung hatten. Nach einer Kapazitätsausweitung von etwa 13 auf mehr als 16 Mio. t von 1974 auf 1975, blieben bis 1988 die Kapazitäten unverändert. Mit geringen Schwankungen blieb auch die Roheisenerzeugung fast konstant (Abb. 93). Veränderungen gab es in den übrigen Gebiete Italiens. Kapazitäten und Erzeugung wurden Ende der siebziger Jahre zunächst ausgedehnt, Anfang der achtziger Jahre allerdings wieder abgebaut. Insgesamt aber sind nur die Küstenstandorte erwähnenswert (Abb. 94).

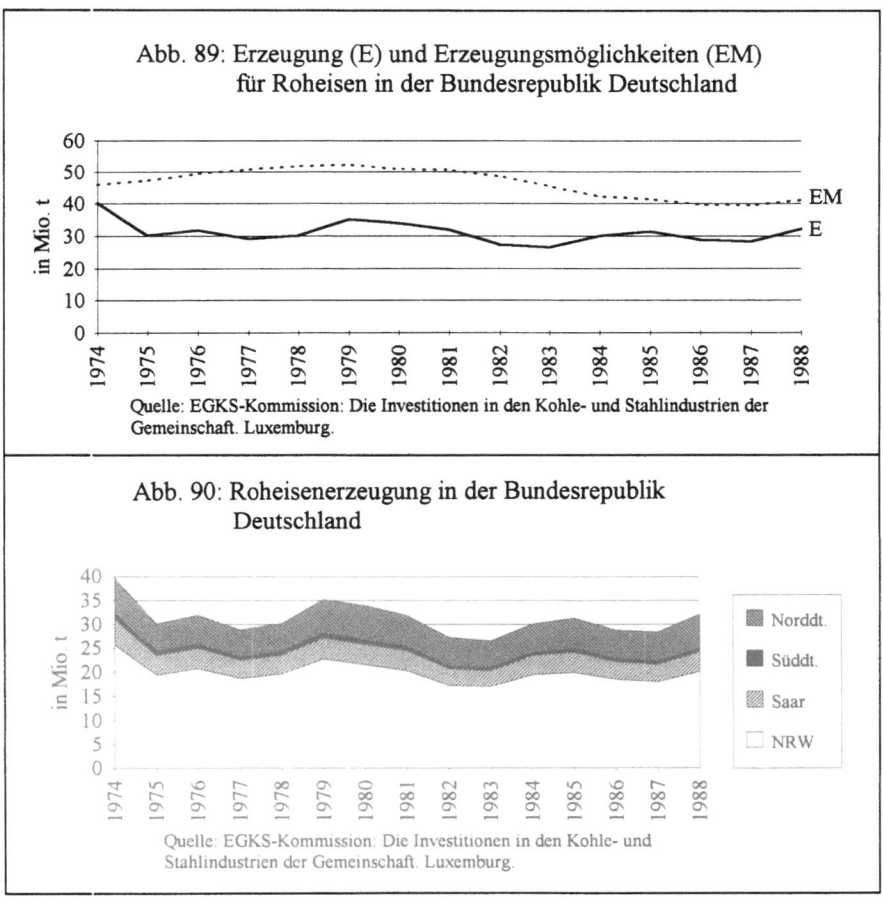

Abb. 89: Erzeugung (E) und Erzeugungsmöglichkeiten (EM) für Roheisen in der Bundesrepublik Deutschland

Quelle: EGKS-Kommission: Die Investitionen in den Kohle- und Stahlindustrien der Gemeinschaft. Luxemburg.

Abb. 90: Roheisenerzeugung in der Bundesrepublik Deutschland

Quelle: EGKS-Kommission: Die Investitionen in den Kohle- und Stahlindustrien der Gemeinschaft. Luxemburg.

147

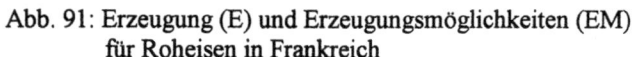

Abb. 91: Erzeugung (E) und Erzeugungsmöglichkeiten (EM)
für Roheisen in Frankreich

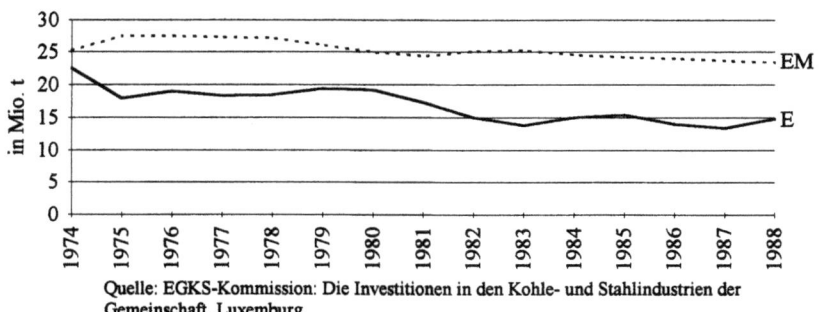

Quelle: EGKS-Kommission: Die Investitionen in den Kohle- und Stahlindustrien der
Gemeinschaft. Luxemburg.

Abb. 92: Roheisenerzeugung in Frankreich

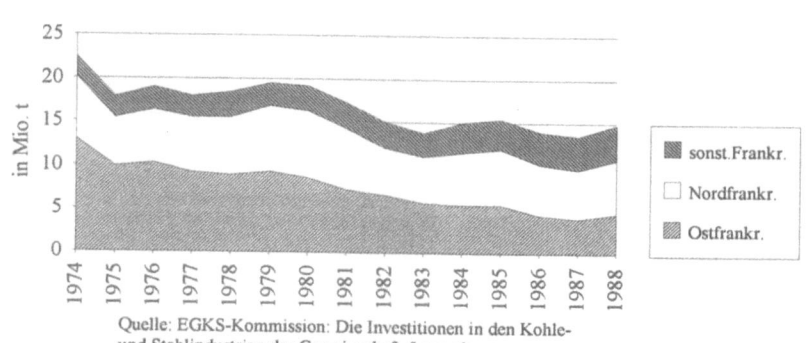

Quelle: EGKS-Kommission: Die Investitionen in den Kohle-
und Stahlindustrien der Gemeinschaft. Luxemburg.

Abb. 93: Erzeugung (E) und Erzeugungsmöglichkeiten (EM)
für Roheisen in Italien

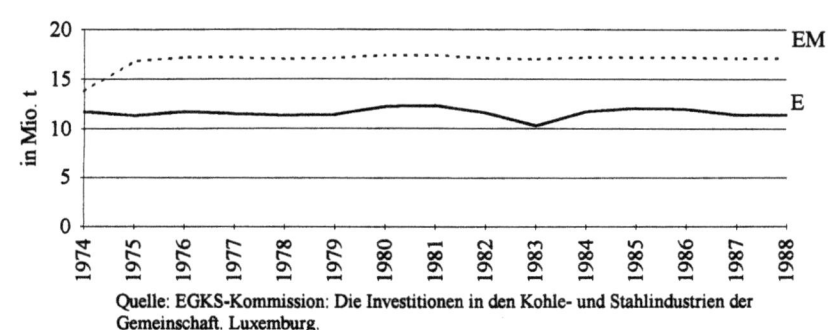

Quelle: EGKS-Kommission: Die Investitionen in den Kohle- und Stahlindustrien der
Gemeinschaft. Luxemburg.

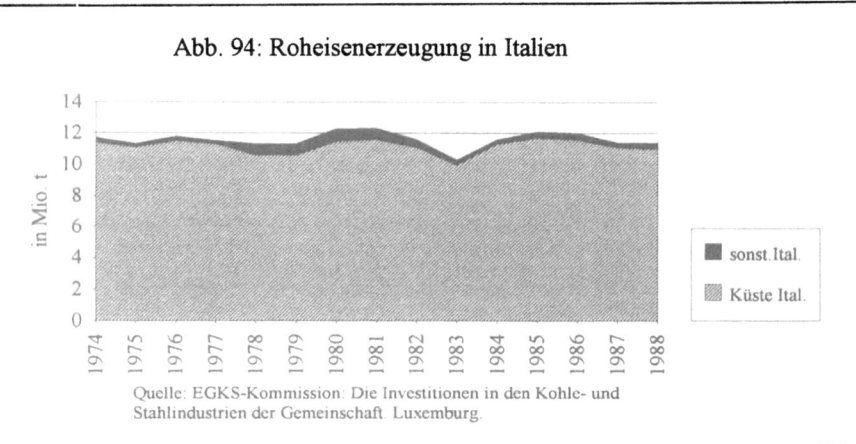

Abb. 94: Roheisenerzeugung in Italien

in Mio t

sonst.Ital.

Küste Ital.

Quelle: EGKS-Kommission: Die Investitionen in den Kohle- und
Stahlindustrien der Gemeinschaft. Luxemburg.

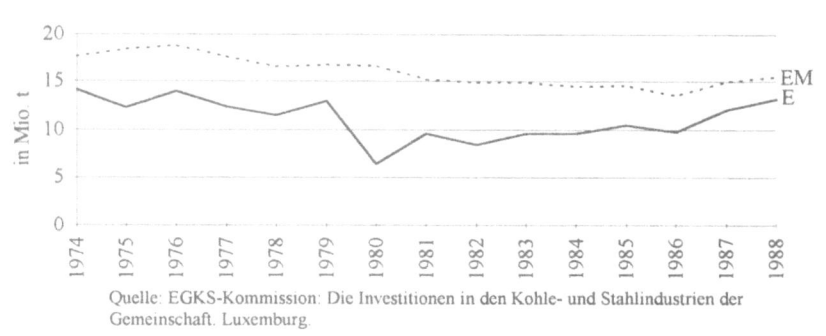

Abb. 95: Erzeugung (E) und Erzeugungsmöglichkeiten (EM)
für Roheisen in Großbritannien

in Mio t

EM
E

Quelle: EGKS-Kommission: Die Investitionen in den Kohle- und Stahlindustrien der
Gemeinschaft. Luxemburg.

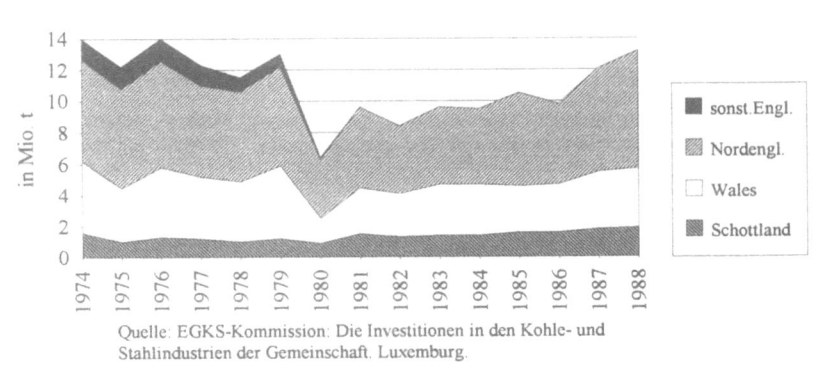

Abb. 96: Roheisenerzeugung in Großbritannien

in Mio t

sonst.Engl.

Nordengl.

Wales

Schottland

Quelle: EGKS-Kommission: Die Investitionen in den Kohle- und
Stahlindustrien der Gemeinschaft. Luxemburg.

Großbritannien: Von den vier Regionen in Großbritannien waren Nordengland und Wales bis Ende der achtziger Jahre die wichtigsten (Abb. 95 und 96). Mit knapp 9 Mio. t hatte die Region Nordengland Mitte der siebziger Jahre die größten Kapazitäten. Auf etwa 5,5 Mio. t wurden diese bis 1986 abgebaut, dann wieder erhöht. 1980 gab es dort mit weniger als 4 Mio. t die geringste Roheisenerzeugung, die dann allerdings wieder von Jahr zu Jahr gesteigert werden konnte und schließlich Ende der achtziger Jahre zu einer guten Auslastung führte. In Wales blieben die Kapazitäten ab Ende der siebziger Jahre relativ konstant bei etwa 5 Mio. t. Die Produktion erlitt dort jedoch 1980 einen starken Einbruch; sie konnte sich davon in den folgenden Jahren wieder etwas erholen. Kapazitätsausweitungen und Produktionssteigerungen kann man für die Region Schottland ab Ende der siebziger Jahre erkennen. Die übrigen Gebiete spielen seit Anfang der achtziger Jahre gar keine Rolle mehr.

6.2.2 Stahlwerke

In den achtziger Jahren gab es auch in der EG eine beträchtliche Überkapazität der Rohstahlerzeugung. In den heutigen 12 EU-Ländern wurden deshalb im Jahrzehnt von 1980 bis 1990 37,4 Mio. t Rohstahlkapazitäten abgebaut (Abb. 97). Mit 8,4 Mio. t lag der absolut größte Teil in Italien. Auch Frankreich baute mehr als 6 Mio. t Kapazitäten ab; jeweils mehr als 5 Mio. t legten auch Großbritannien und Spanien still. Griechenland und Irland, die ohnehin nicht zu den größten Erzeugern zählen, erhöhten allerdings ihre Kapazitäten geringfügig.

Trotz dieses beachtlichen Kapazitätsabbaus in den EG-Ländern war die Auslastung der Anlagen sehr gering. 1986 betrug im Durchschnitt der EG-Länder die Kapazitätsauslastung nur 67%. Bis 1990 konnte sie auf 72% gesteigert werden. Mit nur 23% - und damit völlig unwirtschaftlich - hatte Griechenland die geringste Auslastung. Portugal wies dagegen 95% auf. Spanien konnte seine Anlagen zu 54%, Frankreich zu 63% auslasten. Vier Jahre später belief sich dort aber bereits die Auslastung auf 75%. In Irland stieg der Anteil sogar von 60% (1986) auf 95% (1990) (Abb. 98).

Bundesrepublik Deutschland: Nachdem noch in der ersten Hälfte der siebziger Jahre in der Bundesrepublik Deutschland aufgrund der vorangegangenen Investitionen die Kapazitäten für Rohstahl erweitert wurden, erfolgte dann 1978 ein nur kurzfristiger Abbau. Das Kapazitätsmaximum mit ca. 65 Mio. t wurde in den folgenden Jahren allerdings nicht beibehalten. 1988 waren die Kapazitäten um ca. 20 Mio. t geringer. Der Produktionsumfang hat diese starken Veränderungen nicht mitmachen müssen. Die Kapazitätsanpassung ist deutlich sichtbar (Abb. 99).

Alle vier Stahlregionen in der Bundesrepublik Deutschland haben diese Entwicklung in gleicher Weise mitgemacht. So wird auch für alle Regionen diese Kapazitätsanpassung deutlich. Wie für Roheisen, so gab es auch für Rohstahl von den vier Regionen der Bundesrepublik Deutschland in NRW die größten Kapazitäten und die umfangreichste Erzeugung (Abb. 100).

Frankreich: Von 1975 an bis 1987 ist die Kapazität stetig verringert worden, von etwa 33 Mio. t auf etwa 27 Mio. t (Abb. 101). In den einzelnen Stahlregionen verlief diese Entwicklung allerdings unterschiedlich. Drastische Rückgänge vollzogen sich in Ostfrankreich. Dort wurden die Kapazitäten von knapp 16 Mio. t (1974) bis 1988 auf die Hälfte reduziert. Von Kapazitätsanpassung an diesem Standort kann man sicherlich nicht sprechen, denn auch die tatsächliche Erzeugung von Rohstahl erfolgte in etwa dem gleichen Verhältnis. In Nordfrankreich gab es 1981 vergleichbar umfangreiche Kapazitäten wie in Ostfrankreich. Während aber in Ostfrankreich abgebaut wurde, gab es in Nordfrankreich Kapazitätserweiterungen. Mit knapp 14 Mio. t lagen sie bereits weit über den Kapazitäten von Ostfrankreich. Vom Anfang der achtziger Jahre hatte sich bis 1988 der Produktionsumfang auch nicht verändert. Das Verhältnis von Kapazität zu Erzeugung blieb fast unverändert. In der Stahlregion, die mit "Übrige Gebiete" bezeichnet wurde, erhöhte man ab Anfang der achtziger Jahre nicht die Kapazitäten, sondern die Produktion. Von einer mit der Bundesrepublik Deutschland vergleichbaren Entwicklung kann man allerdings nicht sprechen. Deutlich wird jedoch die regionale Verschiebung im Erzeugungsumfang (Abb. 102). Während er in Ostfrankreich zurückging, blieb er in Nordfrankreich konstant oder erhöhte sich geringfügig.

Italien: Die Rohstahlerzeugungskapazitäten sind in Italien von 1974 bis 1982 ständig erweitert worden (Abb. 103). Dann kam es bis Mitte der achtziger Jahre zu einem geringfügigen Abbau. Doch bis Ende der achtziger Jahre nahm die Kapazität wieder etwas zu. Seit Anfang der achtziger Jahre ist die Kapazität in den Küstengebieten unverändert geblieben, in den Übrigen Gebieten ging sie dagegen bis 1986 zurück. In beiden Regionen ist der Produktionsumfang fast gleich geblieben. Nur in der Küstenregion nahm die Erzeugung geringfügig ab (Abb. 104).

Während bei Roheisen Kapazitäten und Erzeugung in Italien die Küstenregionen dominierten, waren Kapazitäten und Erzeugungsumfang im Bereich der Rohstahlerzeugung sowohl in den Küstenregionen als auch im übrigen Italien vertreten. Die sehr vielen Ministahlwerke mit ihren Standorten im Landesinneren sind der Grund dafür.

Großbritannien: Ende der siebziger Jahre gab es teilweise drastische Veränderungen in allen Stahlregionen Großbritanniens (Abb. 105). In Schottland und Wales blieben die Kapazitäten unverändert, in Nordengland und in den übrigen Gebieten wurden sie abgebaut. Nordengland und Wales hatten die bei weitem größten Kapazitäten und auch den umfangreichsten Produktionsumfang (Abb. 106).

Aufschlußreiche Entwicklungen haben in den vier wichtigsten Stahlländern der EG Erzeugung und Erzeugungsmöglichkeiten von Elektrostahl durchgemacht. Einzelheiten vermitteln Abb. 107 bis 110.

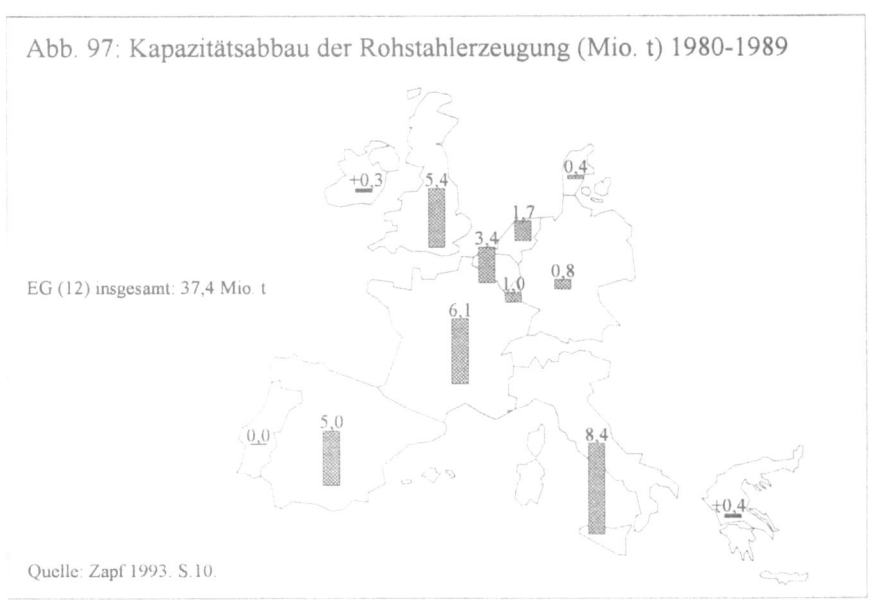

Abb. 97: Kapazitätsabbau der Rohstahlerzeugung (Mio. t) 1980-1989

EG (12) insgesamt: 37,4 Mio. t

Quelle: Zapf 1993. S.10.

151

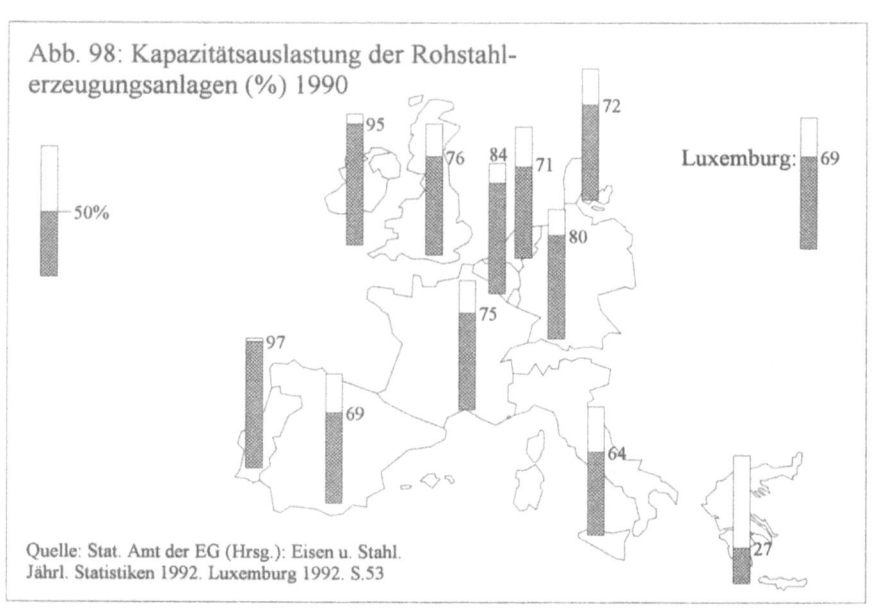

Abb. 98: Kapazitätsauslastung der Rohstahl-
erzeugungsanlagen (%) 1990

Luxemburg: 69

50%

95

76 84 71

72

80

75

97

69

64

27

Quelle: Stat. Amt der EG (Hrsg.): Eisen u. Stahl.
Jährl. Statistiken 1992. Luxemburg 1992. S.53

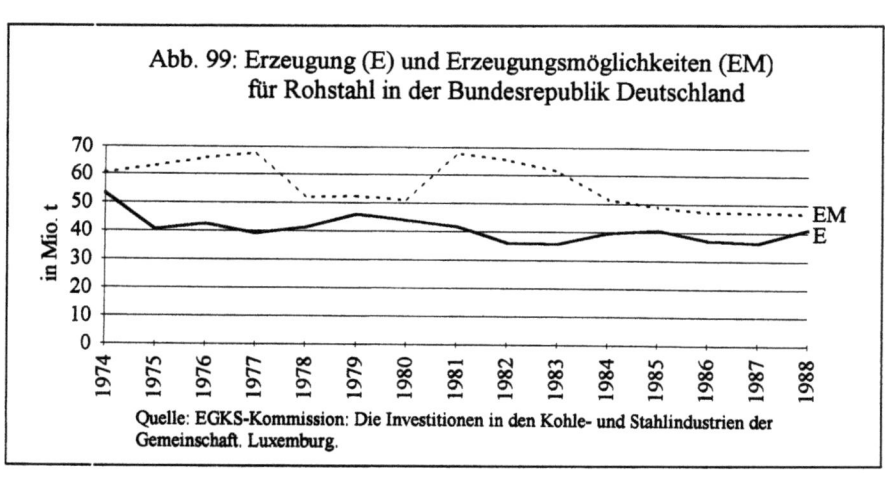

Abb. 99: Erzeugung (E) und Erzeugungsmöglichkeiten (EM)
für Rohstahl in der Bundesrepublik Deutschland

in Mio. t

70
60
50
40
30
20
10
0

1974 1975 1976 1977 1978 1979 1980 1981 1982 1983 1984 1985 1986 1987 1988

EM
E

Quelle: EGKS-Kommission: Die Investitionen in den Kohle- und Stahlindustrien der
Gemeinschaft. Luxemburg.

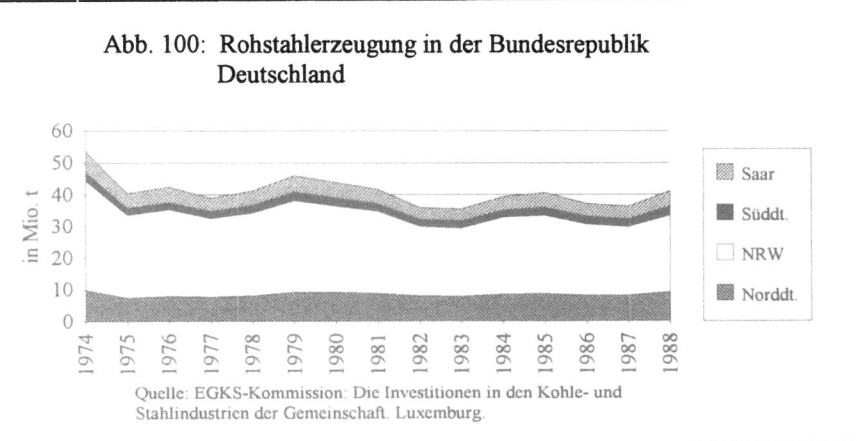

Abb. 100: Rohstahlerzeugung in der Bundesrepublik
Deutschland

Quelle: EGKS-Kommission: Die Investitionen in den Kohle- und
Stahlindustrien der Gemeinschaft. Luxemburg.

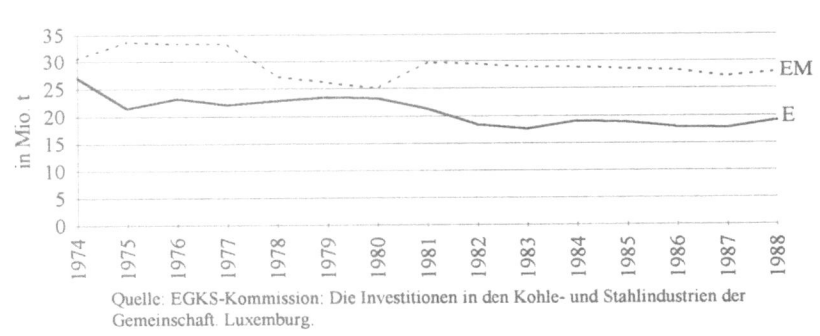

Abb. 101: Erzeugung (E) und Erzeugungsmöglichkeiten (EM)
für Rohstahl in Frankreich

Quelle: EGKS-Kommission: Die Investitionen in den Kohle- und Stahlindustrien der
Gemeinschaft. Luxemburg.

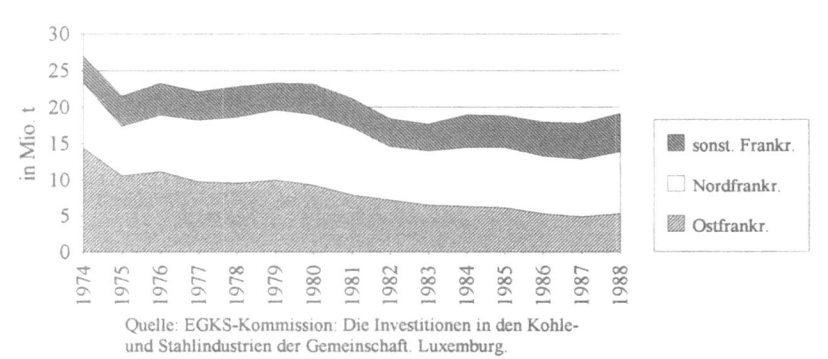

Abb. 102: Rohstahlerzeugung in Frankreich

Quelle: EGKS-Kommission: Die Investitionen in den Kohle-
und Stahlindustrien der Gemeinschaft. Luxemburg.

153

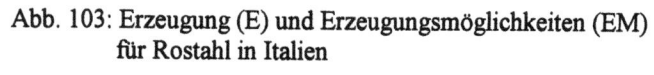

Abb. 103: Erzeugung (E) und Erzeugungsmöglichkeiten (EM)
für Rostahl in Italien

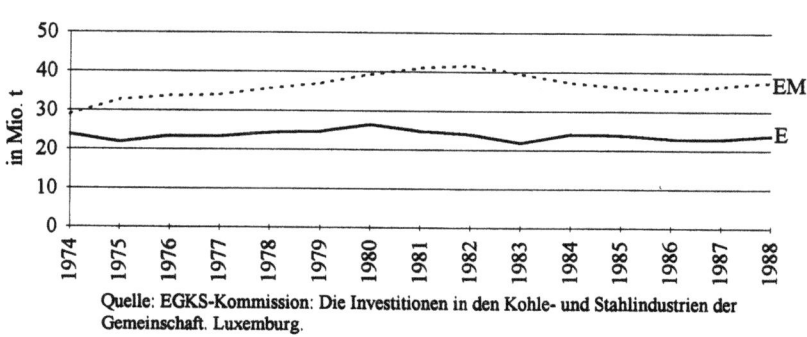

Quelle: EGKS-Kommission: Die Investitionen in den Kohle- und Stahlindustrien der
Gemeinschaft. Luxemburg.

Abb. 104: Rohstahlerzeugung in Italien

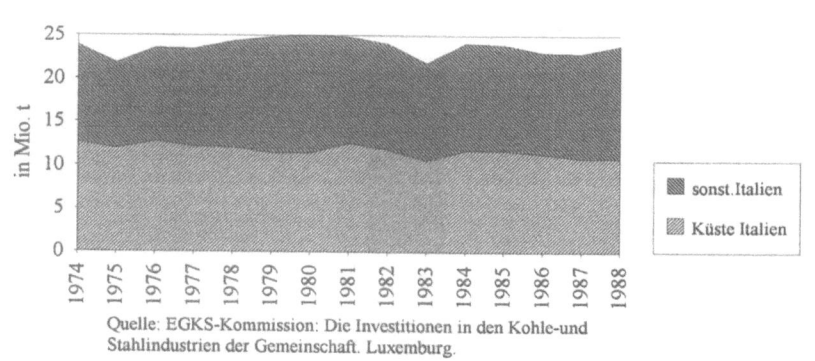

Quelle: EGKS-Kommission: Die Investitionen in den Kohle-und
Stahlindustrien der Gemeinschaft. Luxemburg.

Abb. 105: Erzeugung (E) und Erzeugungsmöglichkeiten (EM)
für Rohstahl in Großbritannien

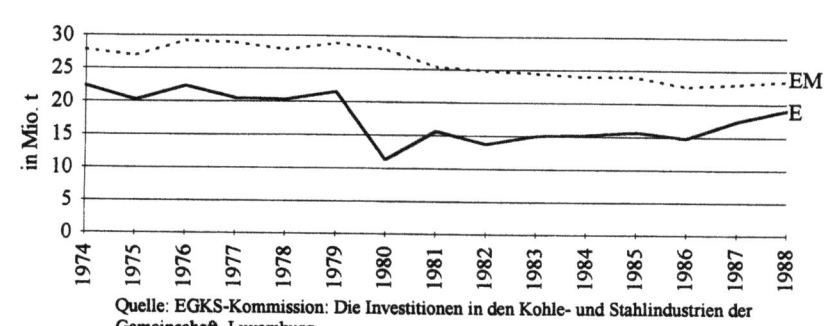

Quelle: EGKS-Kommission: Die Investitionen in den Kohle- und Stahlindustrien der
Gemeinschaft. Luxemburg.

Abb. 106: Rohstahlerzeugung in Großbritannien

Quelle: EGKS-Kommission: Die Investitionen in den Kohle-
und Stahlindustrien der Gemeinschaft. Luxemburg.

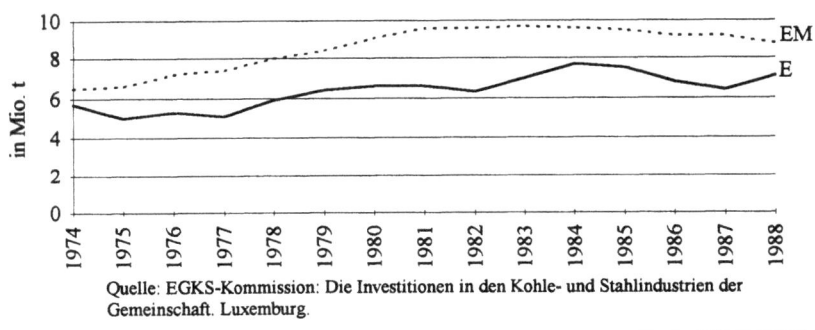

Abb. 107: Erzeugung (E) und Erzeugungsmöglichkeiten (EM)
für Elektrostahl in der Bundesrepublik Deutschland

Quelle: EGKS-Kommission: Die Investitionen in den Kohle- und Stahlindustrien der
Gemeinschaft. Luxemburg.

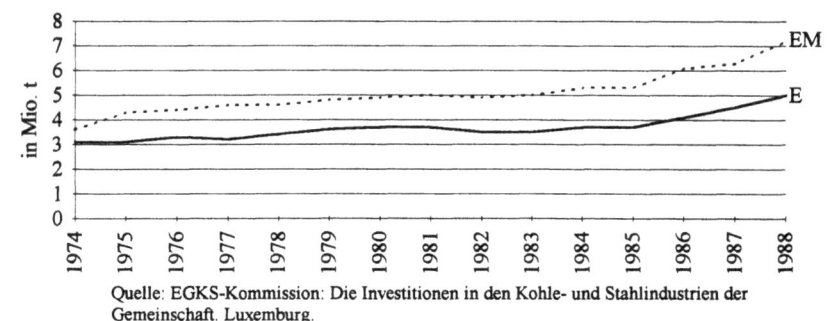

Abb. 108: Erzeugung (E) und Erzeugungsmöglichkeiten (EM)
für Elektrostahl in Frankreich

Quelle: EGKS-Kommission: Die Investitionen in den Kohle- und Stahlindustrien der
Gemeinschaft. Luxemburg.

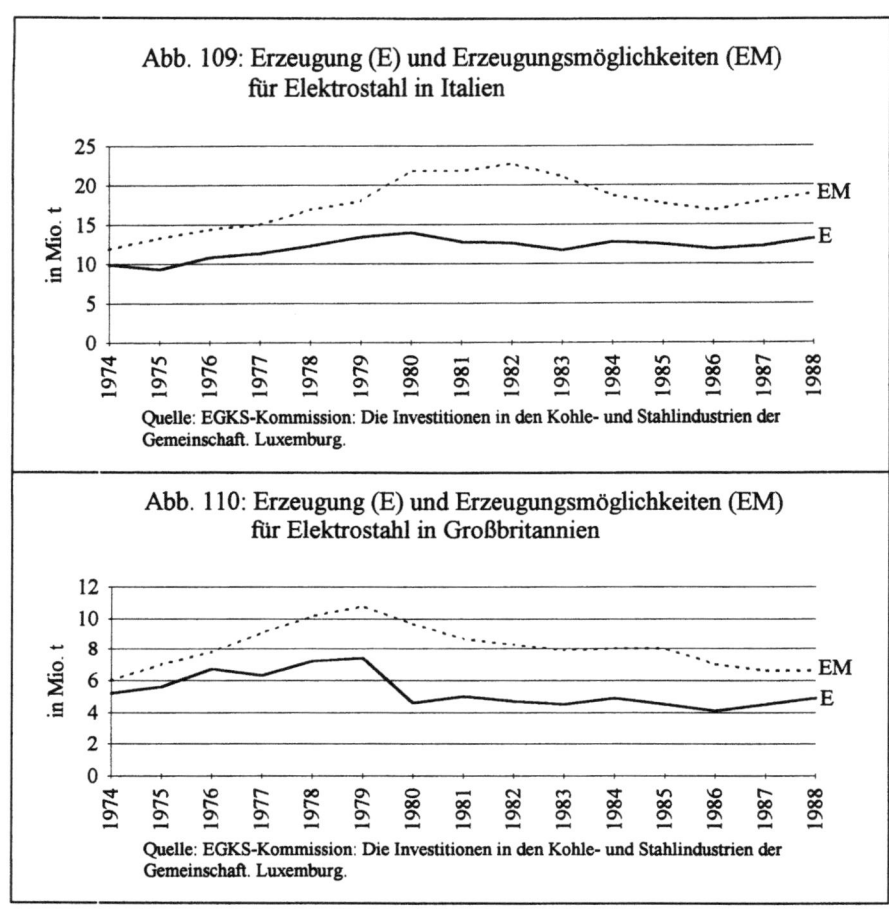

Abb. 109: Erzeugung (E) und Erzeugungsmöglichkeiten (EM) für Elektrostahl in Italien

Quelle: EGKS-Kommission: Die Investitionen in den Kohle- und Stahlindustrien der Gemeinschaft. Luxemburg.

Abb. 110: Erzeugung (E) und Erzeugungsmöglichkeiten (EM) für Elektrostahl in Großbritannien

Quelle: EGKS-Kommission: Die Investitionen in den Kohle- und Stahlindustrien der Gemeinschaft. Luxemburg.

6.2.3 Walzwerke

Auch die Walzwerke waren in den achtziger Jahren in den EG-Ländern nicht ausgelastet. Für die vier wichtigsten Erzeugerländer gibt es dazu Angaben (Abb. 111 bis 122). Einige Angaben stehen darüber hinaus für die beiden wichtigsten Gruppen - Lang- und Flacherzeugnisse - zur Verfügung.

6.2.3.1 Langerzeugnisse

Bundesrepublik Deutschland: Abb. 115 ist zu entnehmen, daß vom Ende der siebziger Jahre an die Erzeugungsmöglichkeiten ständig verringert wurden. Damit konnte, trotz fast unveränderter Erzeugungsmenge von etwa jährlich 10 Mio. t die Kapazitätsauslastung bis 1988 immer weiter erhöht werden. Obwohl nach wie vor in NRW die größten Erzeugungsmöglichkeiten 1988 bestanden, ist dennoch zu beachten, daß die Kapazitäten von mehr als 12 Mio. t (1978) auf knapp 5 Mio. t (1988) reduziert, also mehr als halbiert wurden. Ab 1982 blieb der Erzeugungsumfang allerdings bei etwa 3 Mio. t jährlich unverändert. In Norddeutschland gab es von einem wesentlich geringeren Niveau einen Kapazitätsabbau. Der Erzeugungsumfang ist seit dieser Zeit mit ganz leicht steigender Tendenz bei etwa 1,3 bis 1,5 Mio. t geblieben. Die Entwicklung im Saargebiet und in Süddeutschland verlief etwas anders. In Süddeutschland war 1983 ein einschneidendes Jahr. Bis dahin wurde die - im Vergleich zu NRW zwar geringe Erzeugungsmöglichkeit - erhöht, dann aber bis Mitte der achtziger Jahre ständig reduziert, dann wieder ausgeweitet. Von 1984 stieg die tatsächliche Erzeugung. Im Saargebiet verringerten sich weder die Erzeugungsmöglichkeiten noch die Erzeugung.

Frankreich: Die Erzeugungsmöglichkeiten für Langerzeugnisse in Frankreich nahmen im Landesdurchschnitt von 1978 bis 1984 nur geringfügig, dann aber bis 1987 etwas stärker ab, bevor es wieder zu einer geringfügigen Zunahme kam (Abb. 116). Der Erzeugungsumfang fiel bis 1983, dann blieb er mit etwa 5 Mio. t konstant. In den Stahlregionen Ostfrankreich und Nordfrankreich verliefen die Entwicklungen unterschiedlich. Ein beachtenswerter Kapazitätsabbau erfolgte in Ostfrankreich erst ab 1984. In Nordfrankreich gab es 1980 und 1987 einen Abbau der Kapazitäten. Während die tatsächliche Erzeugung in Ostfrankreich von 1980 bis 1988 ständig abnahm, blieb sie in Nordfrankreich, nach einem Rückgang Anfang der achtziger Jahre, bis 1987 fast unverändert.

Italien: Die Erzeugungsmöglichkeiten für Langerzeugnisse wurden im Landesdurchschnitt in Italien von 1978 bis 1982 von knapp 15 Mio. t auf etwa 24 Mio. t beachtlich erhöht (Abb. 117). Bis 1986 nahmen sie dann allerdings wieder auf etwa 17 Mio. t ab, um dann bis 1988 wieder etwas anzusteigen.

Die Kapazitäten in den Küstengebieten und den übrigen Gebieten Italiens nahmen zwar auch bis Anfang der achtziger Jahre zu, doch während sie in den Küstengebieten seit 1983 ständig verringert wurden, verlief in den übrigen Räumen die Entwicklung bis 1986 vergleichbar, doch dann stieg sie wieder an. Von 1980 bis 1988 war die Erzeugung fast unverändert, in letzter Zeit tendenziell sogar etwas ansteigend. In den Küstengebieten nahm sie bis 1983 ab. Dann blieb sie etwa konstant, so daß der Auslastungsgrad der Anlagen wesentlich verbessert werden konnte.

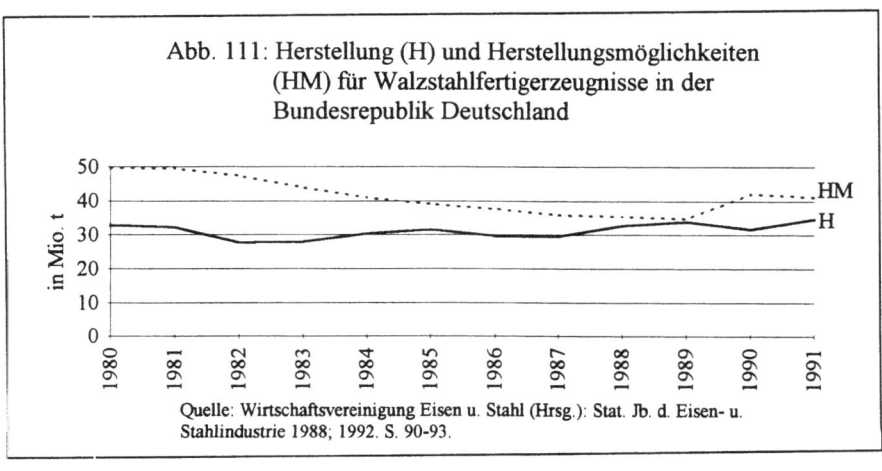

Abb. 111: Herstellung (H) und Herstellungsmöglichkeiten (HM) für Walzstahlfertigerzeugnisse in der Bundesrepublik Deutschland

Quelle: Wirtschaftsvereinigung Eisen u. Stahl (Hrsg.): Stat. Jb. d. Eisen- u. Stahlindustrie 1988; 1992. S. 90-93.

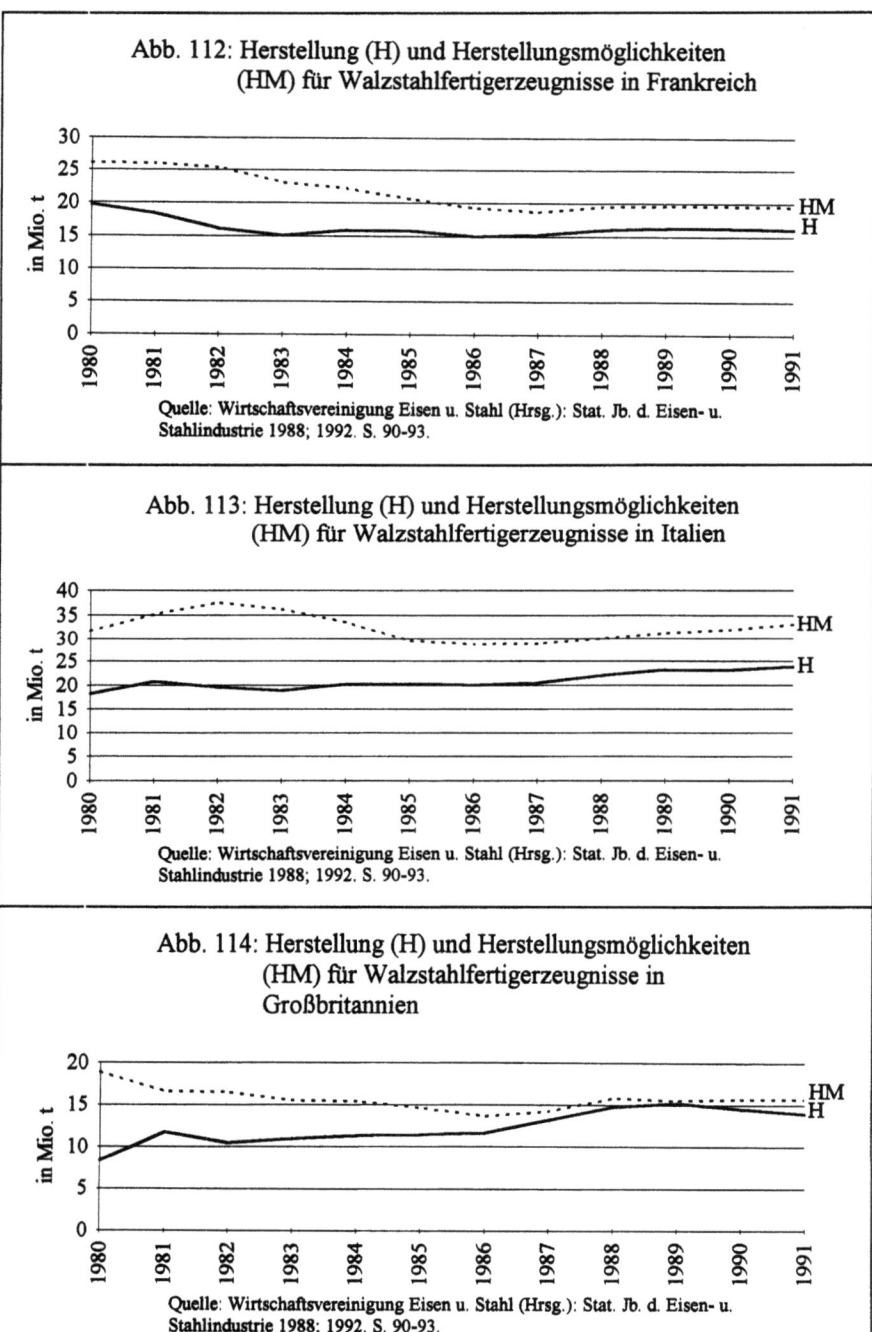

Abb. 112: Herstellung (H) und Herstellungsmöglichkeiten (HM) für Walzstahlfertigerzeugnisse in Frankreich

Quelle: Wirtschaftsvereinigung Eisen u. Stahl (Hrsg.): Stat. Jb. d. Eisen- u. Stahlindustrie 1988; 1992. S. 90-93.

Abb. 113: Herstellung (H) und Herstellungsmöglichkeiten (HM) für Walzstahlfertigerzeugnisse in Italien

Quelle: Wirtschaftsvereinigung Eisen u. Stahl (Hrsg.): Stat. Jb. d. Eisen- u. Stahlindustrie 1988; 1992. S. 90-93.

Abb. 114: Herstellung (H) und Herstellungsmöglichkeiten (HM) für Walzstahlfertigerzeugnisse in Großbritannien

Quelle: Wirtschaftsvereinigung Eisen u. Stahl (Hrsg.): Stat. Jb. d. Eisen- u. Stahlindustrie 1988; 1992. S. 90-93.

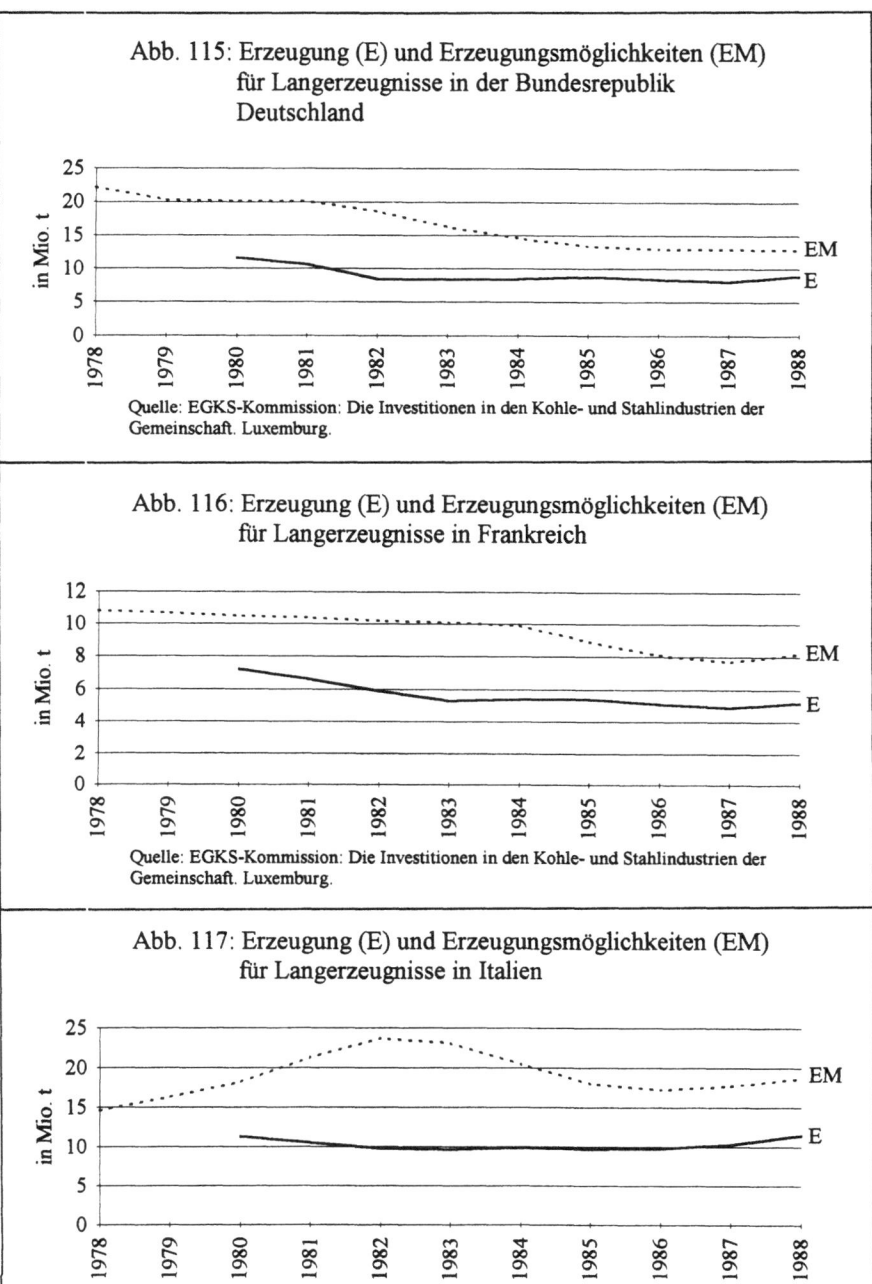

Abb. 115: Erzeugung (E) und Erzeugungsmöglichkeiten (EM) für Langerzeugnisse in der Bundesrepublik Deutschland

Quelle: EGKS-Kommission: Die Investitionen in den Kohle- und Stahlindustrien der Gemeinschaft. Luxemburg.

Abb. 116: Erzeugung (E) und Erzeugungsmöglichkeiten (EM) für Langerzeugnisse in Frankreich

Quelle: EGKS-Kommission: Die Investitionen in den Kohle- und Stahlindustrien der Gemeinschaft. Luxemburg.

Abb. 117: Erzeugung (E) und Erzeugungsmöglichkeiten (EM) für Langerzeugnisse in Italien

Quelle: EGKS-Kommission: Die Investitionen in den Kohle- und Stahlindustrien der Gemeinschaft. Luxemburg.

Großbritannien: Von 1978 bis 1986 wurden in Großbritannien die Erzeugungskapazitäten für Langerzeugnisse im Landesdurchschnitt abgebaut (Abb.118). Sie gingen von etwa 11 Mio. t auf rd. 7 Mio. t zurück, stiegen dann allerdings auf mehr als 8 Mio. t wieder an. Während dieses ganzen Zeitraums stieg die tatsächliche Erzeugung zwar langsam, dennoch aber beständig an, so daß der Auslastungsgrad 1988 gegenüber 1980 beträchtlich erhöht werden konnte. Im größten Produktionsraum - Nordengland - vollzog sich ebenfalls diese Entwicklung. Zwar gab es in der Region Wales eine nur geringe Kapazität und Erzeugung, doch auffallend ist, daß es für beide Bereiche beträchtliche Erhöhungen gab.

Innerhalb der Gruppe der Langprodukte war die Gruppe der leichten und schweren Profile relativ gut ausgewiesen. In Abb. 119 wird für die Bundesrepublik Deutschland deutlich, daß es in diesem Bereich bis Anfang der achtziger Jahre einen ganz allmählichen, dann allerdings einen rapiden Kapazitätsabbau gab, so daß Ende der achtziger Jahre die Auslastung an Anlagen wesentlich günstiger war als Ende der siebziger Jahre. Auch in Frankreich haben Kapazitäten und Erzeugung von leichten und schweren Profilen in den letzten Jahren allmählich abgenommen (Abb. 120). Den größten Rückgang gab es dabei in der Stahlregion Ostfrankreich. Veränderungen gab es ebenfalls in Italien (Abb. 121) und Großbritannien (Abb. 122).

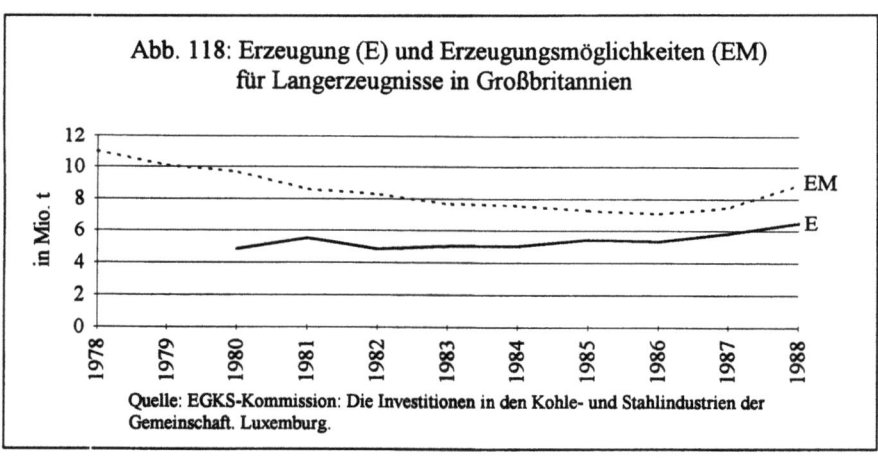

Abb. 118: Erzeugung (E) und Erzeugungsmöglichkeiten (EM) für Langerzeugnisse in Großbritannien

Quelle: EGKS-Kommission: Die Investitionen in den Kohle- und Stahlindustrien der Gemeinschaft. Luxemburg.

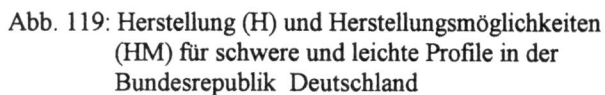

Abb. 119: Herstellung (H) und Herstellungsmöglichkeiten
(HM) für schwere und leichte Profile in der
Bundesrepublik Deutschland

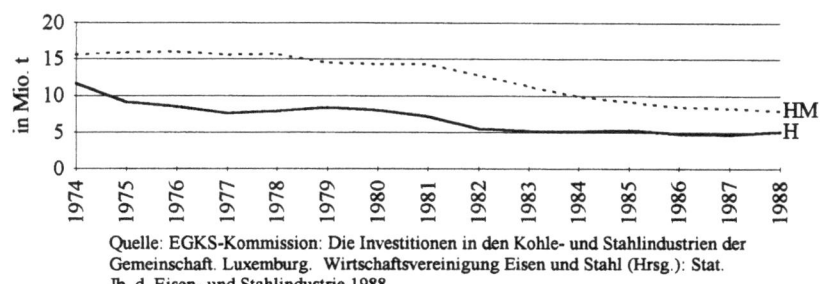

Quelle: EGKS-Kommission: Die Investitionen in den Kohle- und Stahlindustrien der
Gemeinschaft. Luxemburg. Wirtschaftsvereinigung Eisen und Stahl (Hrsg.): Stat.
Jb. d. Eisen- und Stahlindustrie 1988.

Abb. 120: Herstellung (H) und Herstellungsmöglichkeiten
(HM) für schwere und leichte Profile in Frankreich

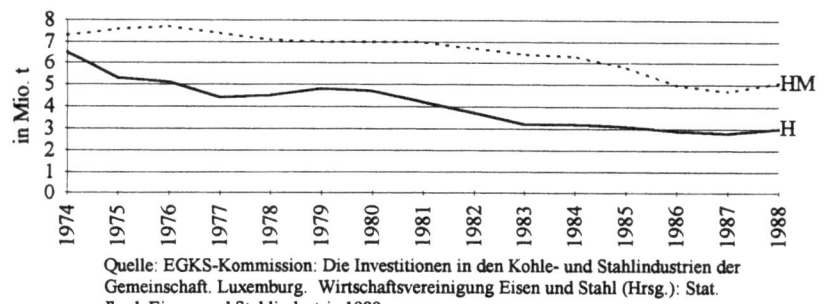

Quelle: EGKS-Kommission: Die Investitionen in den Kohle- und Stahlindustrien der
Gemeinschaft. Luxemburg. Wirtschaftsvereinigung Eisen und Stahl (Hrsg.): Stat.
Jb. d. Eisen- und Stahlindustrie 1988.

Abb. 121: Herstellung (H) und Herstellungsmöglichkeiten
(HM) für schwere und leichte Profile in Italien

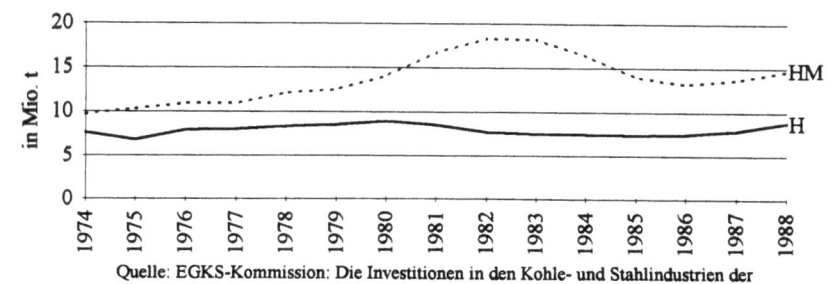

Quelle: EGKS-Kommission: Die Investitionen in den Kohle- und Stahlindustrien der
Gemeinschaft. Luxemburg. Wirtschaftsvereinigung Eisen und Stahl (Hrsg.): Stat.
Jb. d. Eisen- und Stahlindustrie 1988.

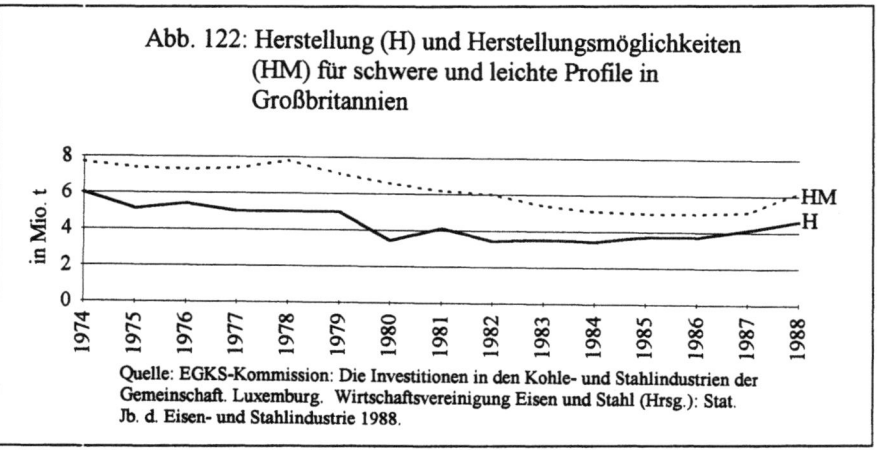

Abb. 122: Herstellung (H) und Herstellungsmöglichkeiten (HM) für schwere und leichte Profile in Großbritannien

Quelle: EGKS-Kommission: Die Investitionen in den Kohle- und Stahlindustrien der Gemeinschaft. Luxemburg. Wirtschaftsvereinigung Eisen und Stahl (Hrsg.): Stat. Jb. d. Eisen- und Stahlindustrie 1988.

6.2.3.2 Flacherzeugnisse

Neben der Gruppe der Langerzeugnisse ist hier die Gruppe der Flacherzeugnisse zu erwähnen.

Bundesrepublik Deutschland: In der Mitte der siebziger Jahre waren die Erzeugungsmöglichkeiten von Flachstahl im Durchschnitt der Bundesrepublik Deutschland zwischen 22 und 23 Mio. t geringer als ab 1978 (Abb. 123). Auf etwa 29 Mio. t stieg die Kapazität an und sank bis 1988 wesentlich schneller. So hatte die Erzeugungsmöglichkeit 1988 etwa wieder den Umfang wie zehn Jahre zuvor. Nach einem rapiden Rückgang der Erzeugung in der Mitte der siebziger Jahre kam es dann zu einem geringfügigen Anstieg. Von 1978 bis 1988 bewegte sich die Erzeugung um etwa 15 Mio. t. Diesen durchschnittlichen Verlauf von Erzeugungsmöglichkeit und Erzeugung spiegeln - wenn auch auf unterschiedlichem Niveau - Norddeutschland und NRW wider. In Süddeutschland dagegen waren Erzeugungsmöglichkeit und Erzeugung über acht Jahre annähernd unverändert (1978 bis 1986). Dann erst erfolgte eine Einschränkung der Erzeugungsmöglichkeit. Sie wurde der tatsächlichen Erzeugung angepaßt. Im Saargebiet gab es Mitte der siebziger Jahre eine Kapazitätsausweitung, die wesentlich höher war als die tatsächliche Erzeugung. Nach einem starken Rückgang Ende der siebziger Jahre kam es auch dort zu einer zunehmenden Anpassung der Kapazität an die Erzeugung.

Daß trotz all dieser Veränderungen in der Zeit von 1974 bis 1988 NRW die bedeutendste Region in der Erzeugung von Flachstahl war, geht aus Abb. 124 hervor.

Frankreich: Auch in Frankreich gab es Mitte der siebziger Jahre eine wesentlich geringere Erzeugungsmöglichkeit (11-12 Mio. t) als 1979 (knapp 16 Mio. t) (Abb. 125 und 126). Bis 1982 nahm sie geringfügig, dann aber sehr stark ab. Sie lag 1988 auf dem Niveau des Jahres 1976. Von 1977 bis 1983 verlief die Erzeugung dieser Kapazitätsveränderung parallel. Dann stagnierte die Erzeugung, so daß die Kapazitätsanpassung 1988 etwa vergleichbar derjenigen von 1977 war. Diesen Durchschnittswert für Frankreich spiegelt die Stahlregion "übrige Gebiete" wider. Diese war jedoch unbedeutend im Vergleich zu den Regionen Ost- und Nordfrankreich. Für jene Regionen wird die unterschiedliche Entwicklung deutlich. Während Mitte der siebziger Jahre in Ostfrankreich die Erzeugungsmöglichkeiten erweitert wurden, gingen sie in Nordfrankreich zurück. Anders war es ab 1978. In Ostfrankreich nahm dann die Erzeugungsmöglichkeit auf nur noch etwa 3 Mio. t (1988) ab. Mehr als 7 Mio. t betrug die Erzeugungsmöglichkeit 1976. In Nordfrankreich blieb die Kapazität über zehn Jahre lang bei etwa 7 Mio. t fast unverändert. Fast unverändert, mit einer geringen Depression 1982 und 1983 blieb auch die tatsächliche Erzeugung bei etwa 4 Mio. t relativ konstant.

Vergleicht man nun über den hier behandelten Zeitraum die beiden Stahlregionen, dann kann man erkennen, daß es im Erzeugungsumfang zwischen den beiden Hauptregionen zum Wechsel gekommen ist. 1988 lag der größte Anteil der Flachstahlerzeugung nicht mehr in Ostfrankreich, sondern Nordfrankreich hatte die Führung übernommen.

Italien: Die Erzeugungsmöglichkeiten für Flachstahl in Italien lagen 1974 im Durchschnitt bei knapp 11 Mio. t. Sie wurden ständig erweitert und umfaßten 1982 bereits knapp 14 Mio. t (Abb. 127). Dann aber gab es einen Rückgang auf etwa wieder 11 Mio. t. Die Küstengebiete unterschieden sich allerdings sowohl hinsichtlich der Erzeugungsmöglichkeiten als auch hinsichtlich der tatsächlichen Erzeugung (Abb. 128).

Großbritannien: Die Erzeugungsmöglichkeiten für Flachstahl sind in Großbritannien ab 1978 stark reduziert worden (Abb. 129), und zwar von mehr als 10 Mio. t auf nur noch knapp 7 Mio. t (1988).Die Erzeugung blieb in der zweiten Hälfte der siebziger Jahre annähernd konstant auf etwa 7 Mio. t. Sie fiel dann 1980 und erreichte 1981 wieder einen Umfang von etwa 5 Mio. t. Ab 1986 nahm die Erzeugung wieder etwas zu. Die Unterschiede zwischen den einzelnen Stahlregionen waren jedoch z. T. sehr groß. Die weitaus bedeutendste Stahlregion war 1988 Wales (Abb. 130).

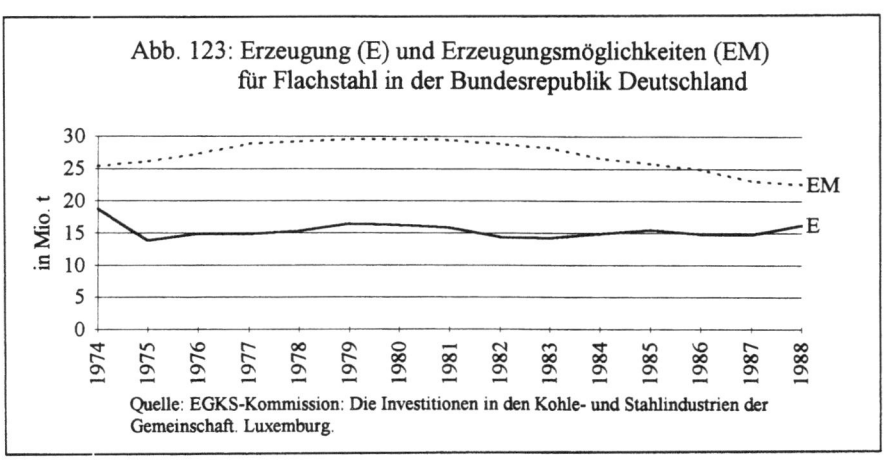

Abb. 123: Erzeugung (E) und Erzeugungsmöglichkeiten (EM) für Flachstahl in der Bundesrepublik Deutschland

Quelle: EGKS-Kommission: Die Investitionen in den Kohle- und Stahlindustrien der Gemeinschaft. Luxemburg.

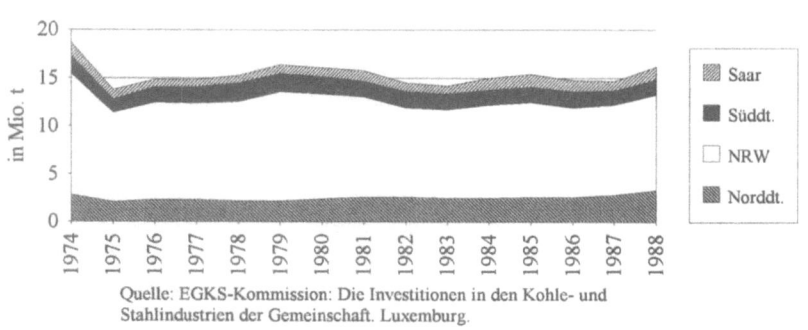

Abb. 124: Flachstahlerzeugung in der Bundesrepublik Deutschland

Quelle: EGKS-Kommission: Die Investitionen in den Kohle- und Stahlindustrien der Gemeinschaft. Luxemburg.

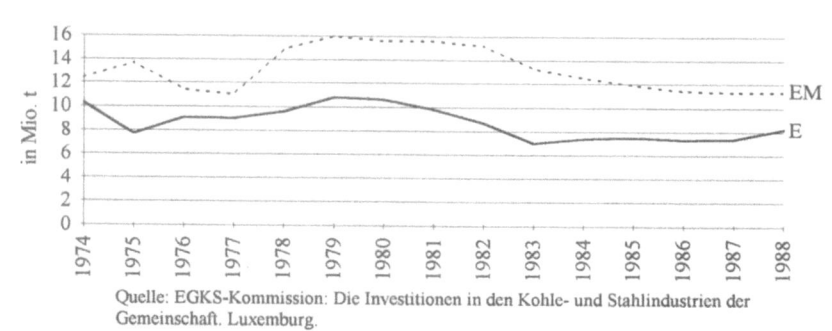

Abb. 125: Erzeugung (E) und Erzeugungsmöglichkeiten (EM) für Flachstahl in Frankreich

Quelle: EGKS-Kommission: Die Investitionen in den Kohle- und Stahlindustrien der Gemeinschaft. Luxemburg.

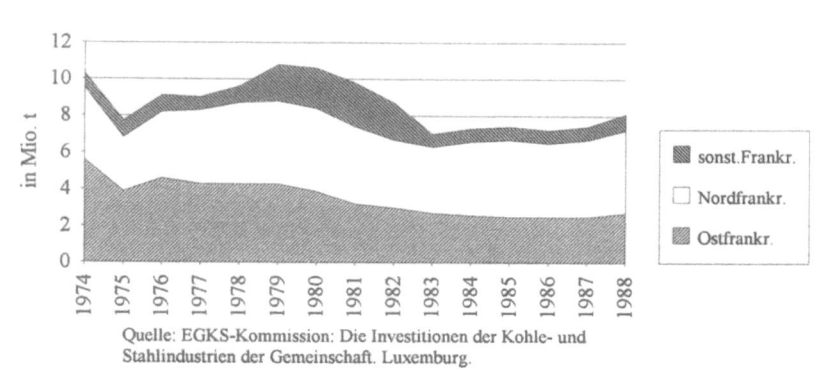

Abb. 126: Flachstahlerzeugung in Frankreich

Quelle: EGKS-Kommission: Die Investitionen der Kohle- und Stahlindustrien der Gemeinschaft. Luxemburg.

164

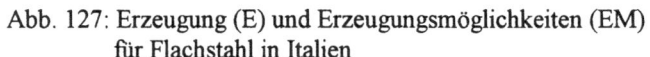

Abb. 127: Erzeugung (E) und Erzeugungsmöglichkeiten (EM)
für Flachstahl in Italien

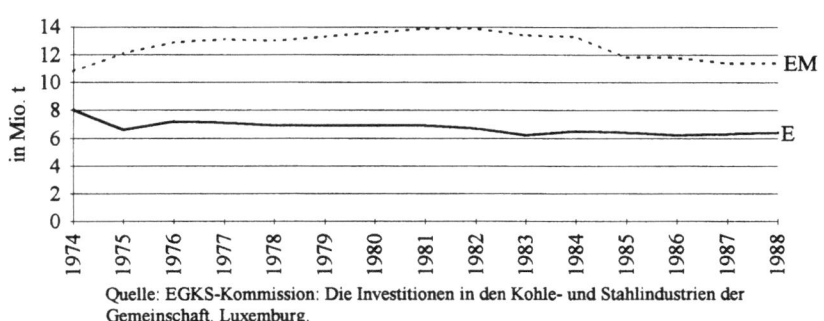

Quelle: EGKS-Kommission: Die Investitionen in den Kohle- und Stahlindustrien der
Gemeinschaft. Luxemburg.

Abb. 128: Flachstahlerzeugung in Italien

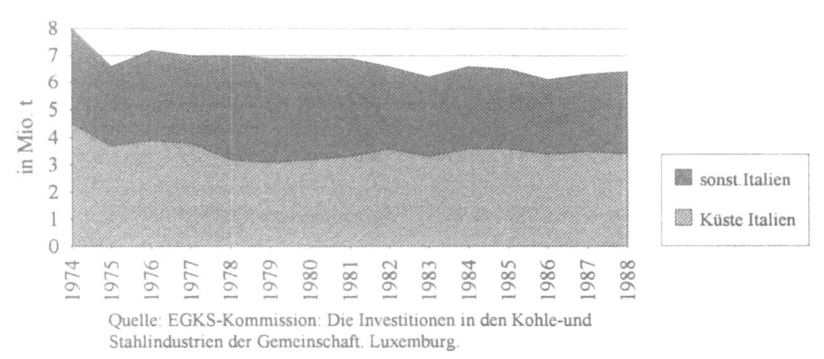

Quelle: EGKS-Kommission: Die Investitionen in den Kohle-und
Stahlindustrien der Gemeinschaft. Luxemburg.

Abb. 129: Erzeugung (E) und Erzeugungsmöglichkeiten (EM)
für Flachstahl in Großbritannien

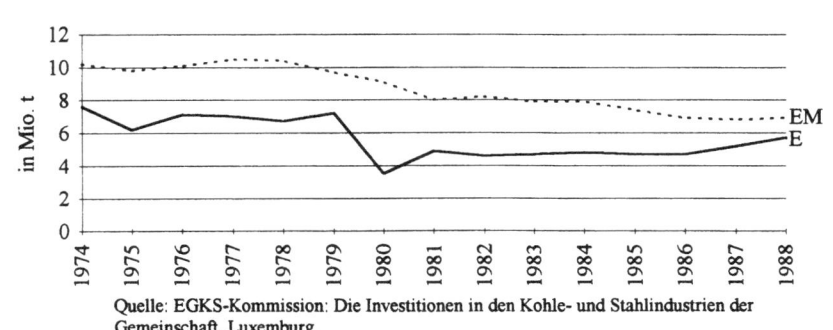

Quelle: EGKS-Kommission: Die Investitionen in den Kohle- und Stahlindustrien der
Gemeinschaft. Luxemburg.

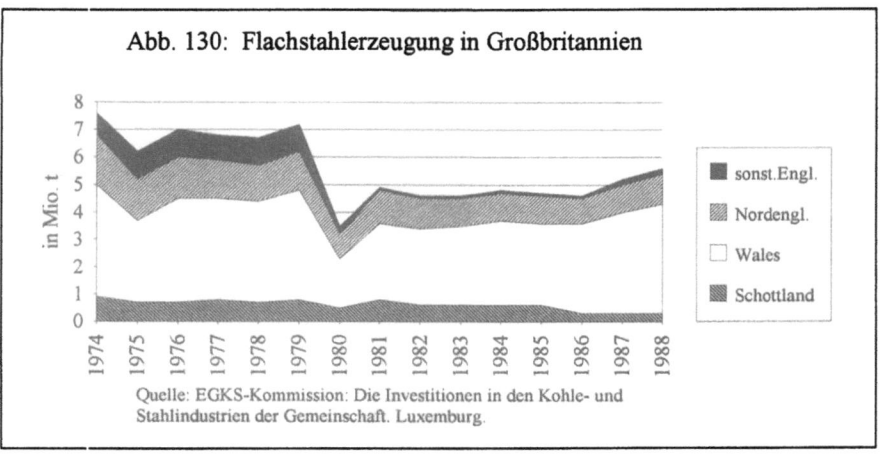

Abb. 130: Flachstahlerzeugung in Großbritannien

sonst.Engl.

Nordengl.

Wales

Schottland

Quelle: EGKS-Kommission: Die Investitionen in den Kohle- und Stahlindustrien der Gemeinschaft. Luxemburg.

Aus dem Bereich der Flacherzeugnisse sollen hier nun noch Bleche und Coils besonders herausgestellt werden.

6.2.3.2.1 Bleche

Bundesrepublik Deutschland: 1974 betrug in der Bundesrepublik Deutschland die Erzeugungsmöglichkeit für Bleche 12 Mio. t (Abb. 131). Bis 1982 wurde sie ständig erweitert auf mehr als 14 Mio. t, dann fiel sie allerdings bis 1988 wieder auf etwa 12 Mio. t zurück. Die Erzeugung stieg ab 1976 ständig an und erreichte 1988 einen Umfang von 10 Mio. t. Zwischen den einzelnen Stahlregionen gab es allerdings einige Unterschiede hinsichtlich Umfang und Entwicklung (Abb. 132).

Frankreich: Mitte der siebziger Jahre wurden in Frankreich die Erzeugungsmöglichkeiten von etwa 7,5 auf mehr als 9 Mio. t erhöht (Abb. 133). Bis 1985 wurde diese Kapazität beibehalten, dann auf etwa 8,5 Mio. t verringert. Zwischen Ost- und Nordfrankreich waren die Unterschiede beträchtlich (Abb. 134).

Italien: In den siebziger Jahren sind die Erzeugungsmöglichkeiten stetig angestiegen. Bei etwa 6 Mio. t lagen sie Ende der achtziger Jahre (Abb. 135). Hinsichtlich des Erzeugungsumfangs gab es zwischen den beiden Stahlregionen Verschiebungen. Die Küstenregion hatte zunehmende Erzeugung, während der übrige Raum einen Rückgang hinnehmen mußte (Abb. 136).

Großbritannien: Die Erzeugungsmöglichkeiten für Bleche sind in Großbritannien seit 1975 ständig verringert worden, von etwa 6 Mio. t auf nur noch etwa 4,5 Mio. t (Abb. 137).

Nur 1980 gab es einen starken Produktionseinbruch, von dem sich das Land erst bis 1988 wieder erholen konnte. 1979 und 1988 gab es eine Produktion von 5 Mio. t (Abb. 138).

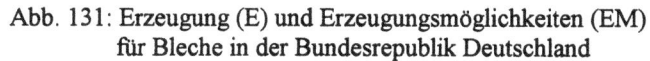

Abb. 131: Erzeugung (E) und Erzeugungsmöglichkeiten (EM) für Bleche in der Bundesrepublik Deutschland

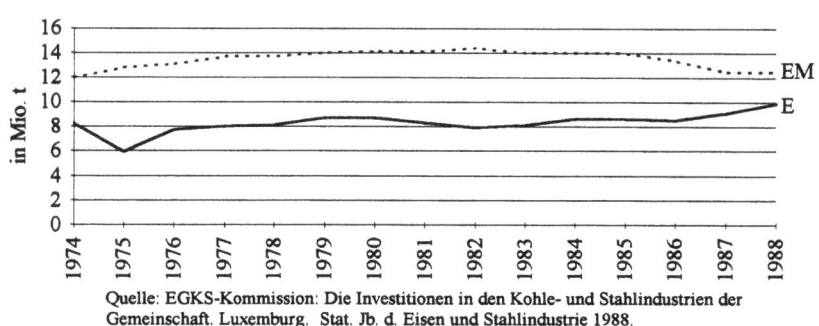

Quelle: EGKS-Kommission: Die Investitionen in den Kohle- und Stahlindustrien der Gemeinschaft. Luxemburg. Stat. Jb. d. Eisen und Stahlindustrie 1988.

Abb. 132: Erzeugung von kaltgewalzten Blechen in der Bundesrepublik Deutschland

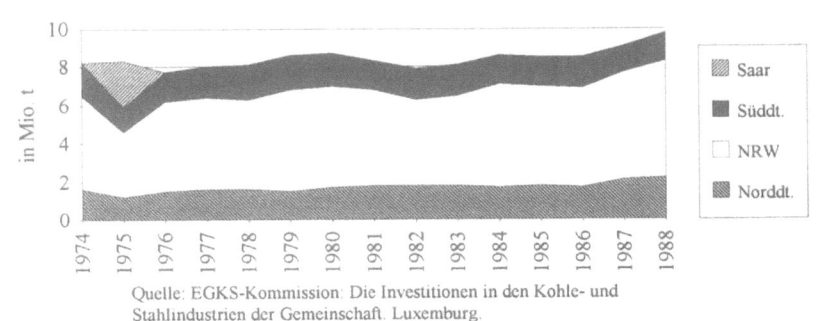

Quelle: EGKS-Kommission: Die Investitionen in den Kohle- und Stahlindustrien der Gemeinschaft. Luxemburg.

Abb. 133: Erzeugung (E) und Erzeugungsmöglichkeiten (EM) für Bleche in Frankreich

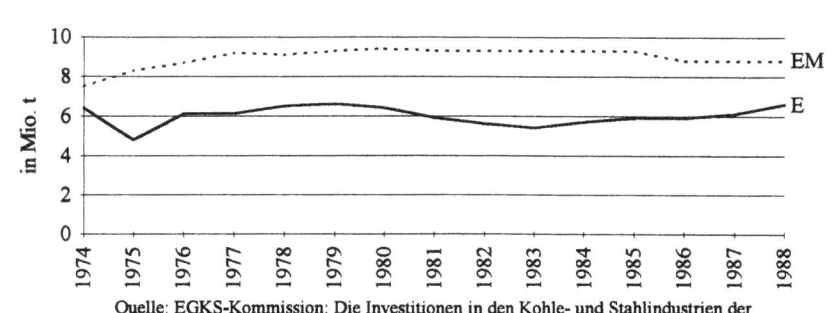

Quelle: EGKS-Kommission: Die Investitionen in den Kohle- und Stahlindustrien der Gemeinschaft. Luxemburg. Stat. Jb. d. Eisen und Stahlindustrie 1988.

167

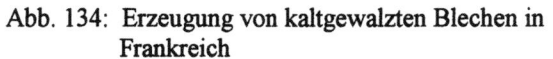

Abb. 134: Erzeugung von kaltgewalzten Blechen in
Frankreich

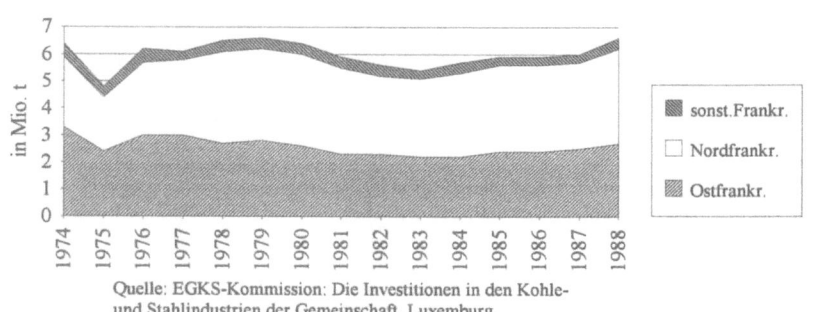

sonst. Frankr.

Nordfrankr.

Ostfrankr.

Quelle: EGKS-Kommission: Die Investitionen in den Kohle-
und Stahlindustrien der Gemeinschaft. Luxemburg.

Abb. 135: Erzeugung (E) und Erzeugungsmöglichkeiten (EM)
für Feinbleche in Italien

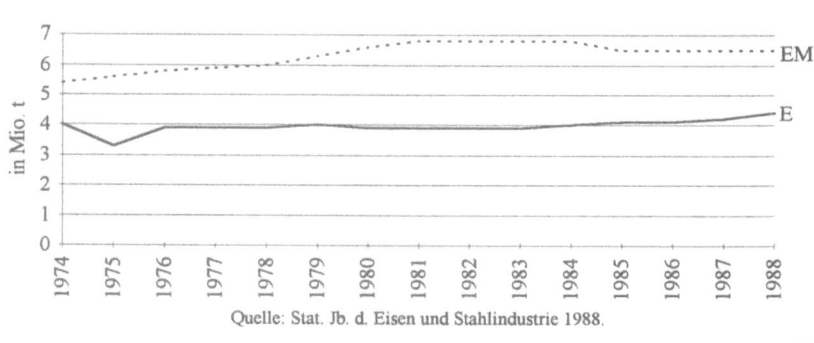

Quelle: Stat. Jb. d. Eisen und Stahlindustrie 1988.

Abb. 136: Erzeugung von kaltgewalzten Blechen in
Italien

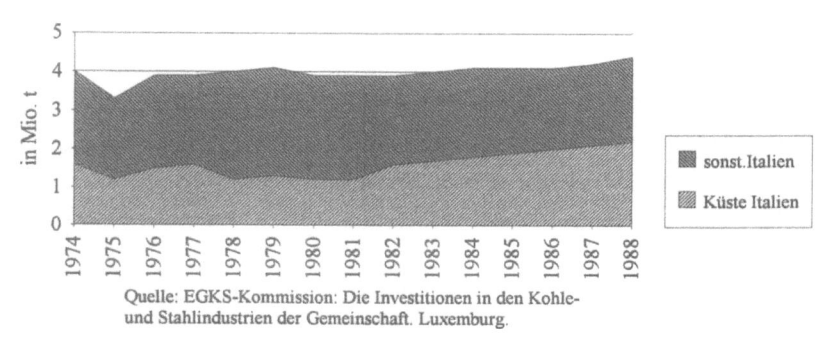

sonst. Italien

Küste Italien

Quelle: EGKS-Kommission: Die Investitionen in den Kohle-
und Stahlindustrien der Gemeinschaft. Luxemburg.

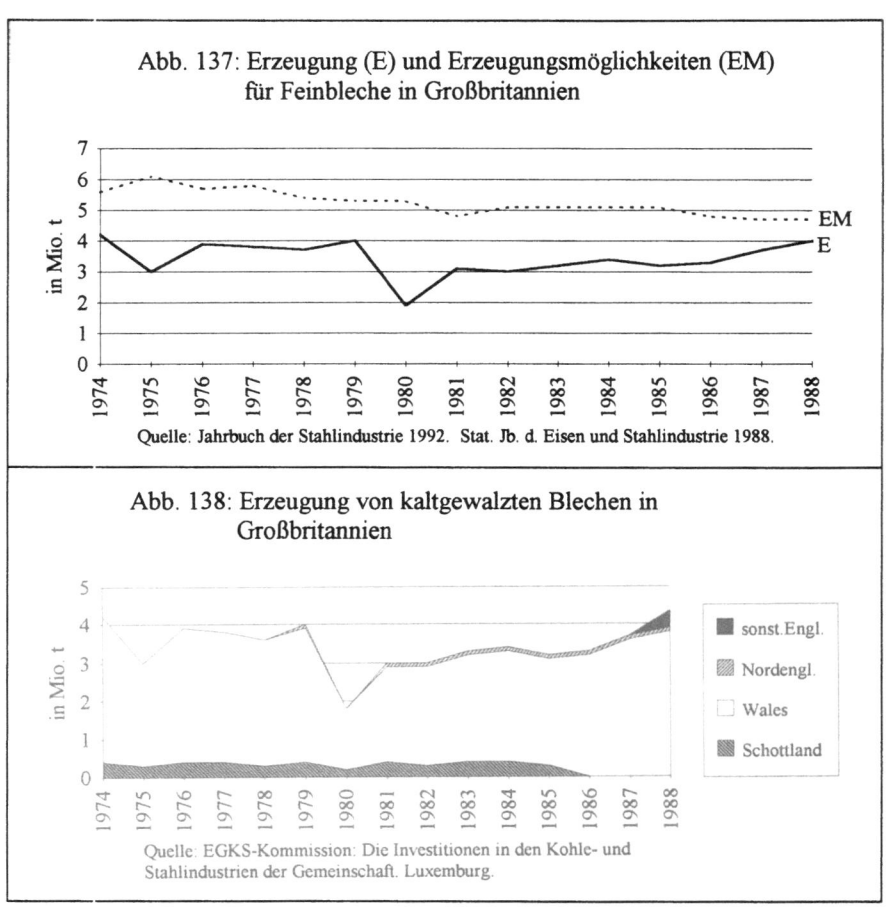

Abb. 137: Erzeugung (E) und Erzeugungsmöglichkeiten (EM)
für Feinbleche in Großbritannien

in Mio. t

EM
E

Quelle: Jahrbuch der Stahlindustrie 1992. Stat. Jb. d. Eisen und Stahlindustrie 1988.

Abb. 138: Erzeugung von kaltgewalzten Blechen in
Großbritannien

in Mio. t

■ sonst.Engl.

▨ Nordengl.

☐ Wales

▨ Schottland

Quelle: EGKS-Kommission: Die Investitionen in den Kohle- und
Stahlindustrien der Gemeinschaft. Luxemburg.

6.2.3.2.2 Coils

Bundesrepublik Deutschland: Über fast ein Jahrzehnt blieb die Erzeugungsmöglichkeit für Coils fast unverändert (Abb. 139). Eine starke Ausweitung erfolgte in der ersten Hälfte der achtziger Jahre. Diese sprunghafte Entwicklung machte in erster Linie NRW durch, diese Stahlregion hat auch bis in die Gegenwart hinein die größte Coil-Erzeugung (Abb. 140).

Frankreich: Ähnlich wie in der Bundesrepublik Deutschland vollzog sich die Entwicklung auch in Frankreich (Abb. 141). Auch dort gab es Anfang der achtziger Jahre eine sprunghafte Ausdehnung (Abb. 142).

Italien: Und auch in Italien gab es vergleichbare Entwicklungen (Abb. 143 und 144). Die Küstenstandorte hatten jedoch bis Mitte der achtziger Jahre den Produktionsschwerpunkt.

Großbritannien: Schließlich gab es auch in Großbritannien ab Mitte der achtziger Jahre eine Ausweitung der Kapazitäten (Abb. 145 und 146). Die Unterschiede zwischen den Stahlregionen waren jedoch hinsichtlich Kapazität und Erzeugung recht unterschiedlich. Während in Wales die Kapazitäten Anfang der achtziger Jahre stark abgebaut wurden, kam es in Nordengland zu einer starken Erweiterung.

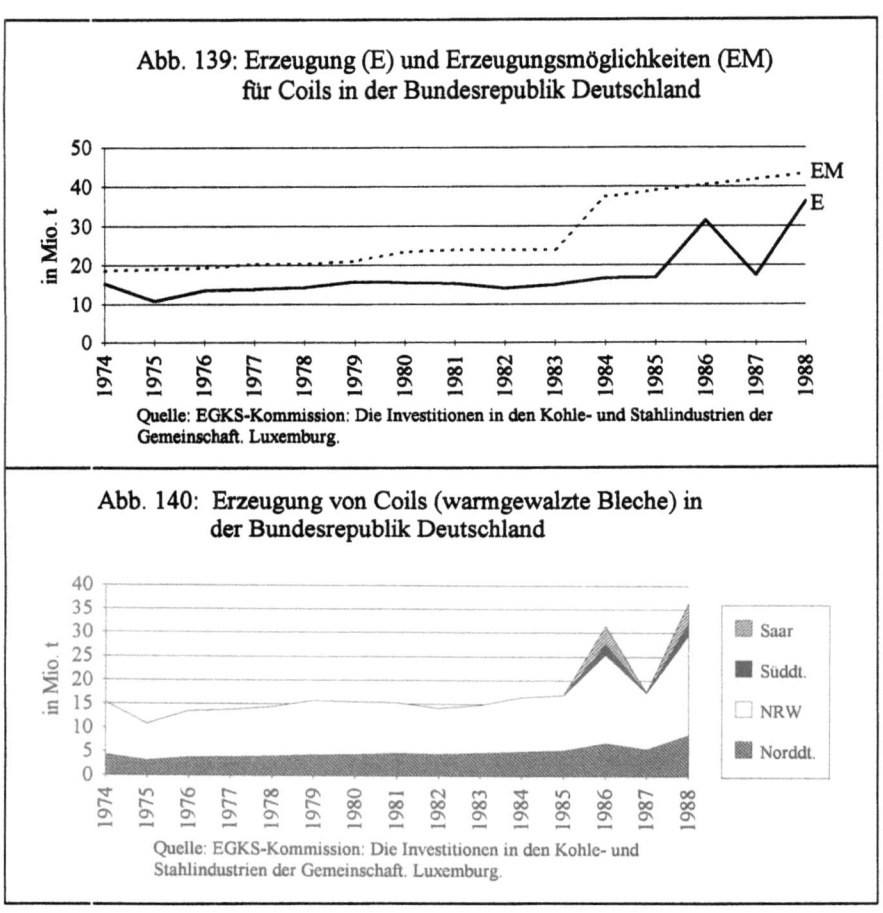

Abb. 139: Erzeugung (E) und Erzeugungsmöglichkeiten (EM) für Coils in der Bundesrepublik Deutschland

Quelle: EGKS-Kommission: Die Investitionen in den Kohle- und Stahlindustrien der Gemeinschaft. Luxemburg.

Abb. 140: Erzeugung von Coils (warmgewalzte Bleche) in der Bundesrepublik Deutschland

Quelle: EGKS-Kommission: Die Investitionen in den Kohle- und Stahlindustrien der Gemeinschaft. Luxemburg.

170

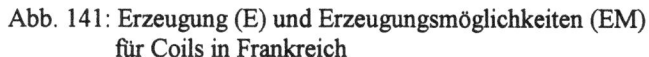

Abb. 141: Erzeugung (E) und Erzeugungsmöglichkeiten (EM)
für Coils in Frankreich

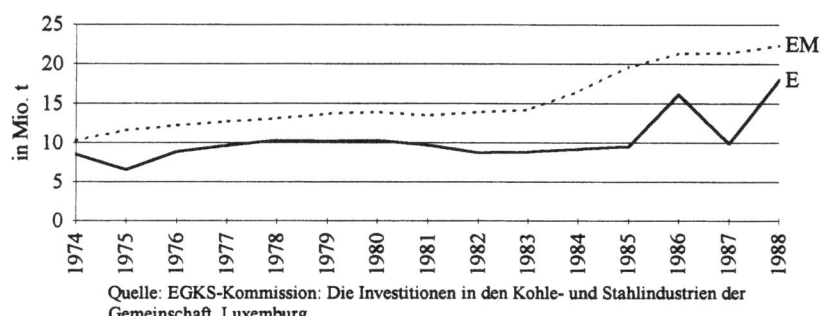

Quelle: EGKS-Kommission: Die Investitionen in den Kohle- und Stahlindustrien der
Gemeinschaft. Luxemburg.

Abb. 142: Erzeugung von Coils (warmgewalzte Bleche) in
Frankreich

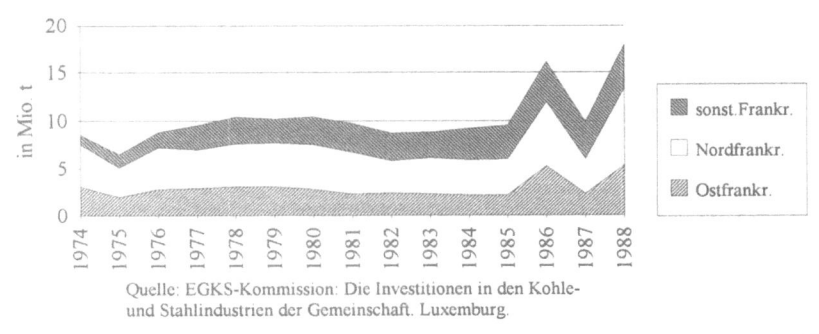

Quelle: EGKS-Kommission: Die Investitionen in den Kohle-
und Stahlindustrien der Gemeinschaft. Luxemburg.

Abb. 143: Erzeugung (E) und Erzeugungsmöglichkeiten (EM)
für Coils in Italien

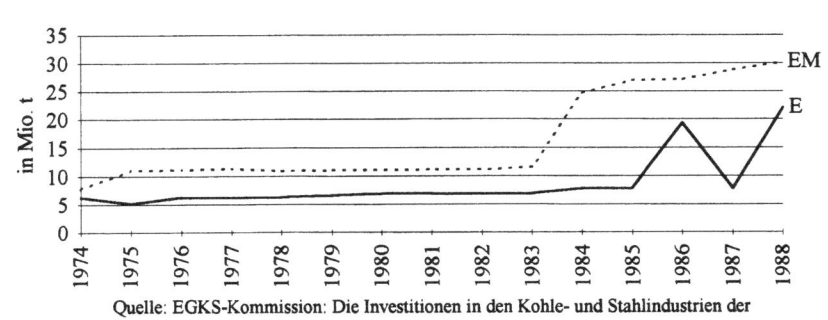

Quelle: EGKS-Kommission: Die Investitionen in den Kohle- und Stahlindustrien der
Gemeinschaft. Luxemburg.

Abb. 144: Erzeugung von Coils (warmgewalzte Bleche) in Italien

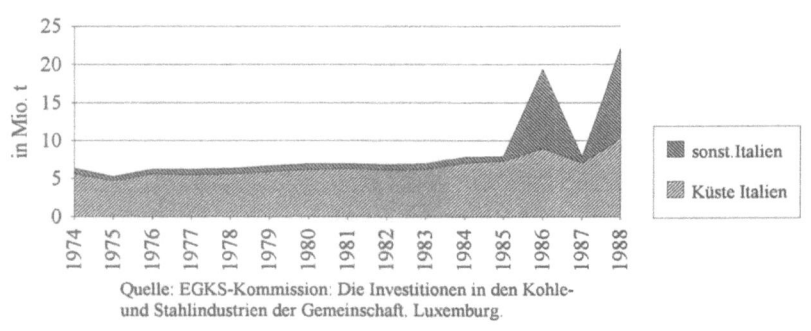

Quelle: EGKS-Kommission: Die Investitionen in den Kohle-
und Stahlindustrien der Gemeinschaft. Luxemburg.

Abb. 145: Erzeugung (E) und Erzeugungsmöglichkeiten (EM) für Coils in Großbritannien

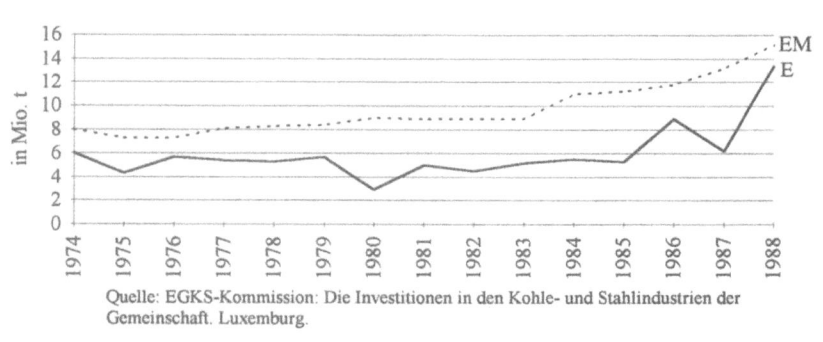

Quelle: EGKS-Kommission: Die Investitionen in den Kohle- und Stahlindustrien der
Gemeinschaft. Luxemburg.

Abb. 146: Erzeugung von Coils (warmgewalzte Bleche) in Großbritannien

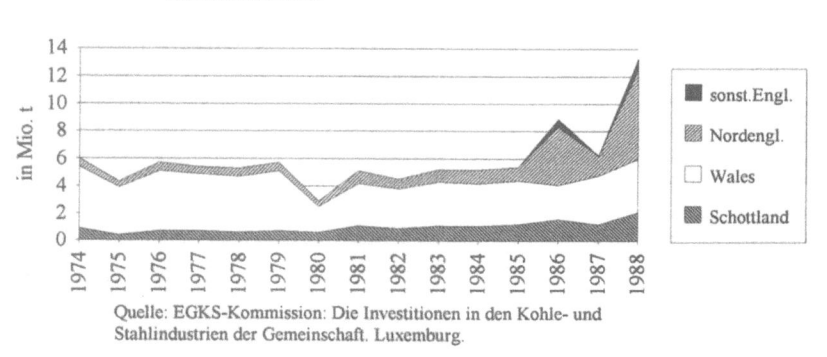

Quelle: EGKS-Kommission: Die Investitionen in den Kohle- und
Stahlindustrien der Gemeinschaft. Luxemburg.

7 Außenhandel

Alle europäischen Länder sind auf den Außenhandel mit Halbfabrikaten oder Fertigerzeugnissen der Eisen- und Stahlindustrie angewiesen. Darin ist auch ein Grund für die in den vorangegangenen Kapiteln behandelten Kapazitätsveränderungen zu sehen.

Der Außenhandel, bestehend aus Ex- und Importen, hat jedoch für die einzelnen Länder ganz unterschiedlichen Umfang und somit volkswirtschaftliche Bedeutung. Einige Ausführungen sollen diese Unterschiede verdeutlichen.

In den achtziger Jahren hat der Export von *Belgien/Luxemburg* von etwa 11 auf 14 Mio. t zugenommen (Abb. 147). Der Import stieg erst ab Ende der achtziger Jahre auf etwa 5 Mio. t. Der Export übertraf aber den Import bei weitem. In einigen anderen Ländern lag ebenso der Export über dem Import. Das war der Fall in *Großbritannien* (Abb. 148), in der *Bundesrepublik Deutschland* (Abb. 149), in *Frankreich* (Abb. 150) und in *Spanien* (Abb. 151). Auch die *Niederlande* gehörte dazu (Abb. 152). Unterschiede zeigen sich erst bei genauer Betrachtung. In Großbritannien waren 1982 Ex- und Import mit ca. 3.000 - 4.000 t fast ausgeglichen. Es nahmen dann in den folgenden Jahren beide Bereiche zu. Doch während der Export bis 1991 auf 8.000 t anstieg, nahm der Import nur auf 5.500 t zu. Der Export wurde somit für Großbritannien immer wichtiger. Die Bundesrepublik Deutschland und Frankreich entwickelten sich ähnlich. In beiden Ländern nahmen die Importe seit Anfang der achtziger Jahre zu. Die Exporte hingegen stagnierten fast oder stiegen nur geringfügig an. 1990 bzw. 1991 lag der Export nur noch geringfügig über den Importen. Spanien hatte in der zweiten Hälfte der achtziger Jahre ebenfalls noch geringe Exportüberschüsse. In der ersten Hälfte der achtziger Jahre waren jedoch die Exporte noch beträchtlich höher. Von den Nicht-EG-Ländern hatten *Schweden* (Abb. 153), *Finnland* (Abb. 154) und *Österreich* (Abb. 155) ebenfalls größere Ex- als Importe.

Anders vollzog sich die Entwicklung in *Italien* (Abb. 156). Mitte der achtziger Jahre erfolgte der Wechsel vom Export- zum Importland. Die Importe stiegen seit Anfang der achtziger Jahre ständig an, die Exporte dagegen stiegen nur geringfügig bzw. sanken sogar von 1985 bis 1988.

Die dritte Gruppe der so aufgeteilten europäischen Länder enthält diejenigen mit Importüberschüssen. *Irland* (Abb. 157) und *Griechenland* (Abb. 158) gehörten dazu, ebenso *Dänemark* (Abb. 159) und die *Schweiz* (160).

Alle Abbildungen machen aber auch deutlich, daß es Ende der achtziger/Anfang der neunziger Jahre zu auffälligen Veränderungen gekommen ist.

In den ostmitteleuropäischen Ländern kann man hinsichtlich des Außenhandels von Halbfabrikaten und Fertigerzeugnissen zwei Ländergruppen unterscheiden (Abb. 163 bis 168):

a) Länder mit ständigem Exportüberschuß - die Tschechoslowakei, Rumänien, Ungarn (alle mit großem Exportüberschuß) und Polen (mit kleinerem Exportüberschuß). Dies bestätigt nochmals, daß in diesen vier Ländern eine reif entwickelte Eisen- und Stahlindustrie existiert, die über ein beträchtliches Exportpotential in Halb- und Fertigerzeugnissen verfügt. In der Tschechoslowakei und in Rumänien betrug der Export in den achtziger Jahren über 2,5 Mio. t pro Jahr, in Polen 1,4 - 1,5 Mio. t und in Ungarn 0,6 - 0,7 Mio. t. Der Import dagegen betrug in Polen um 1 Mio. t, in Rumänien um 500.000 t, in der Tschechoslowakei 300.000 - 400.000 t, in Ungarn 150.000 - 200.000 t.

b) In Bulgarien und Jugoslawien dagegen variierten in den achtziger Jahren die Relationen zwischen Export und Import, generell überwog doch der Import über den Export. In diesen zwei Ländern (für Albanien gibt es keine Angaben) ist das Exportpotential - und die Spezialisierung - in der Eisen- und Stahlindustrie noch relativ schwach entwickelt.

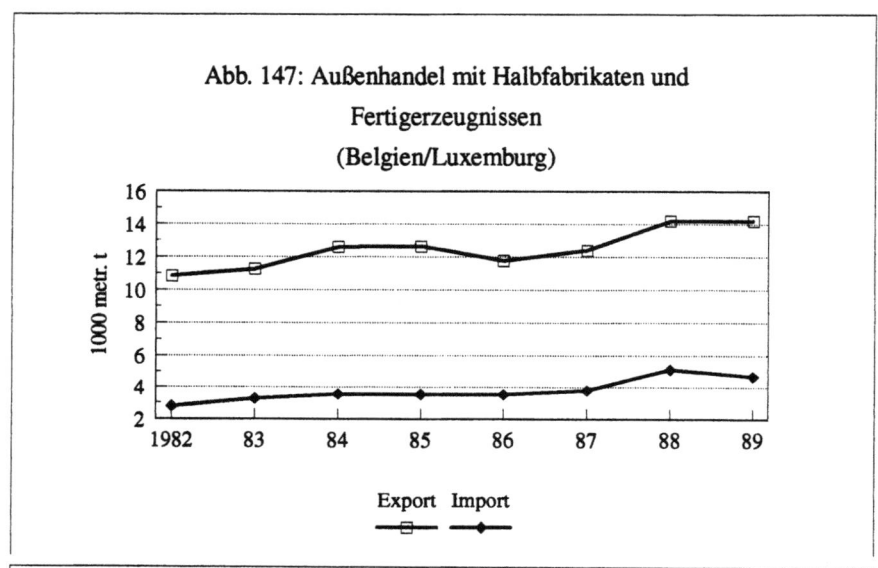

Abb. 147: Außenhandel mit Halbfabrikaten und Fertigerzeugnissen (Belgien/Luxemburg)

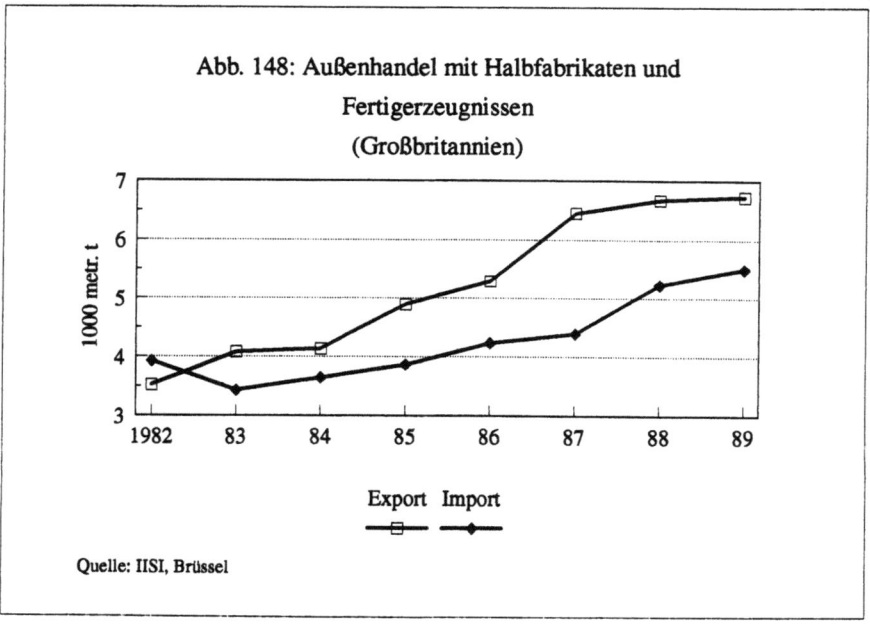

Abb. 148: Außenhandel mit Halbfabrikaten und Fertigerzeugnissen (Großbritannien)

Quelle: IISI, Brüssel

174

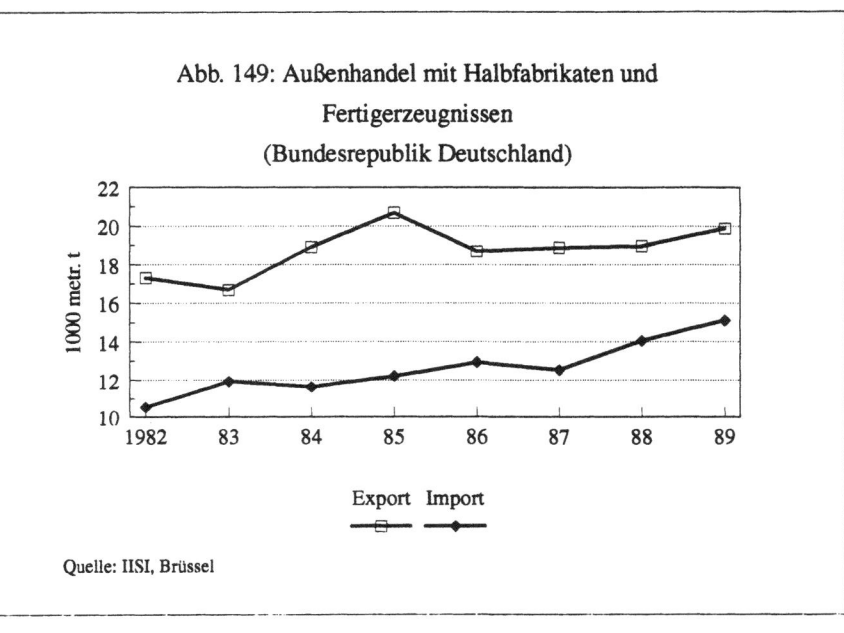

Abb. 149: Außenhandel mit Halbfabrikaten und
Fertigerzeugnissen
(Bundesrepublik Deutschland)

Export Import

Quelle: IISI, Brüssel

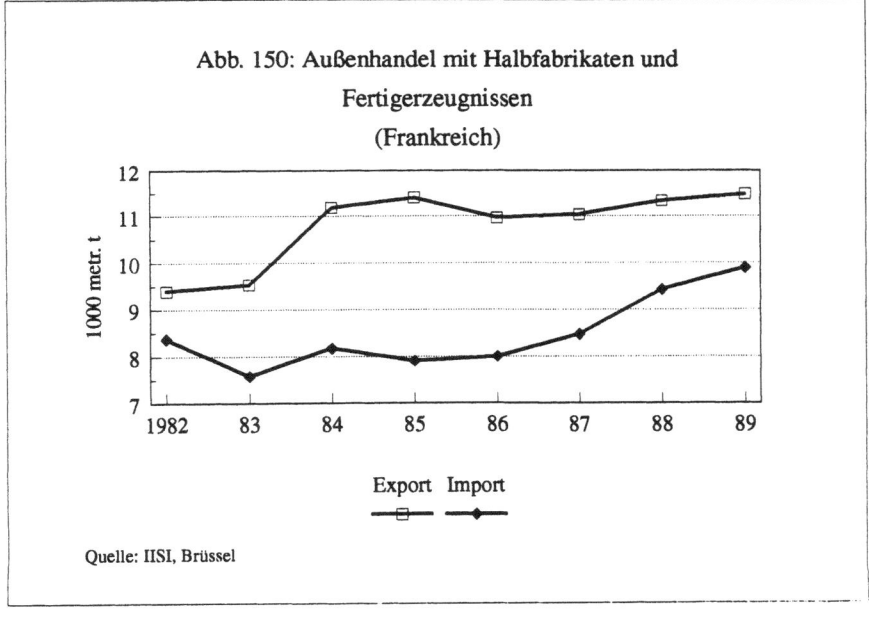

Abb. 150: Außenhandel mit Halbfabrikaten und
Fertigerzeugnissen
(Frankreich)

Export Import

Quelle: IISI, Brüssel

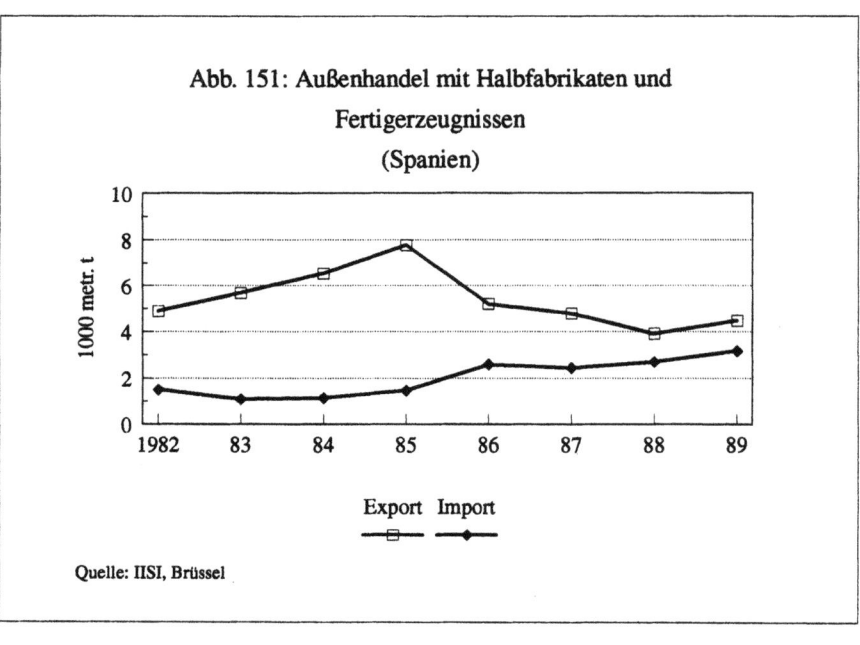

Abb. 151: Außenhandel mit Halbfabrikaten und
Fertigerzeugnissen
(Spanien)

Quelle: IISI, Brüssel

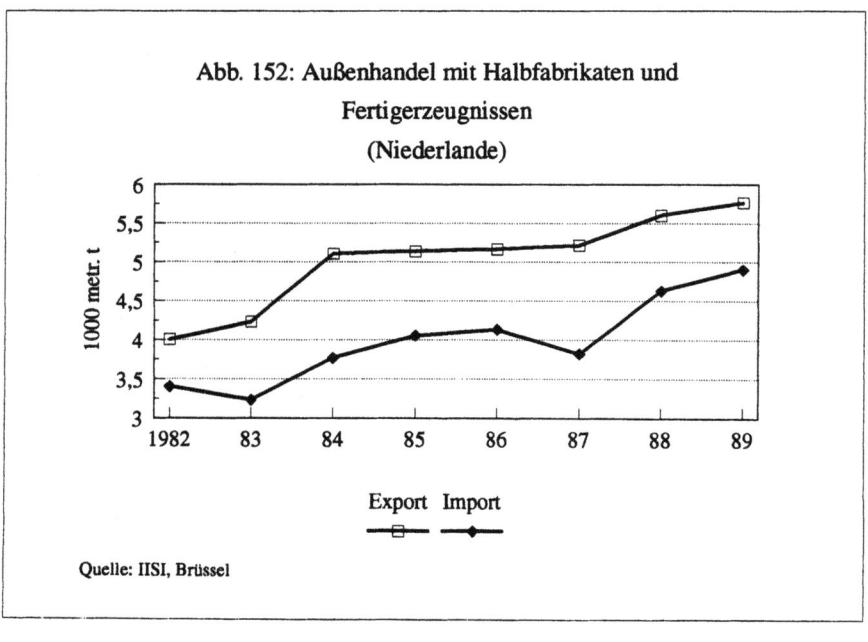

Abb. 152: Außenhandel mit Halbfabrikaten und
Fertigerzeugnissen
(Niederlande)

Quelle: IISI, Brüssel

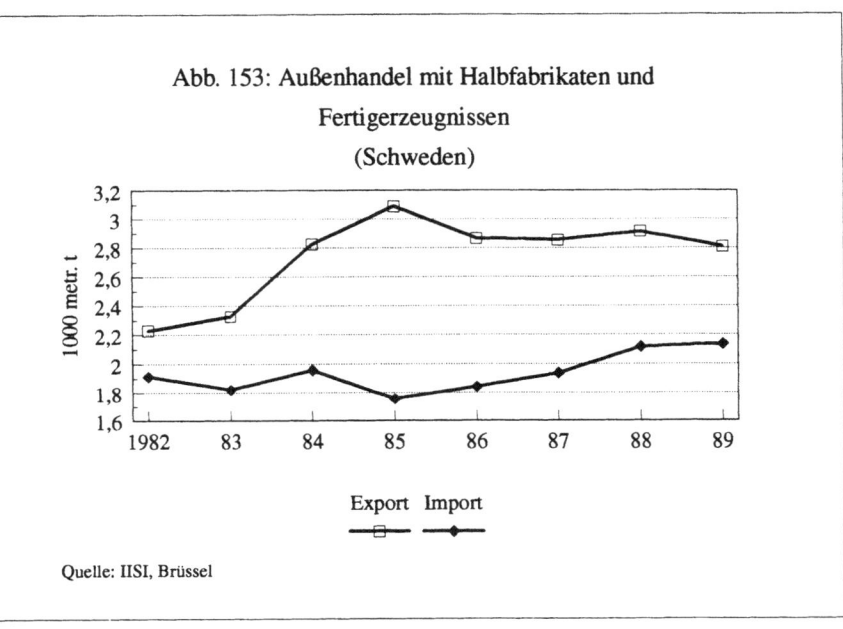

Abb. 153: Außenhandel mit Halbfabrikaten und
Fertigerzeugnissen
(Schweden)

Quelle: IISI, Brüssel

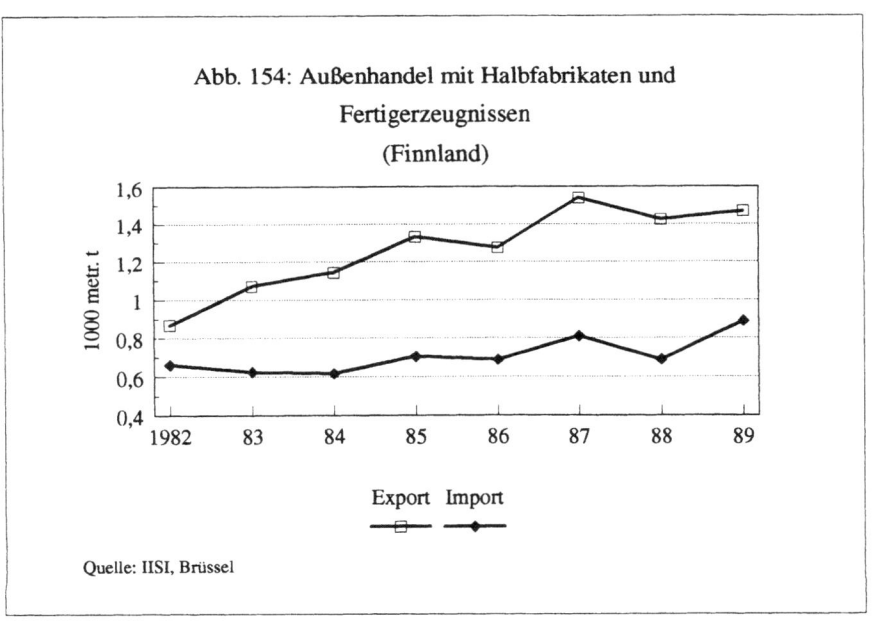

Abb. 154: Außenhandel mit Halbfabrikaten und
Fertigerzeugnissen
(Finnland)

Quelle: IISI, Brüssel

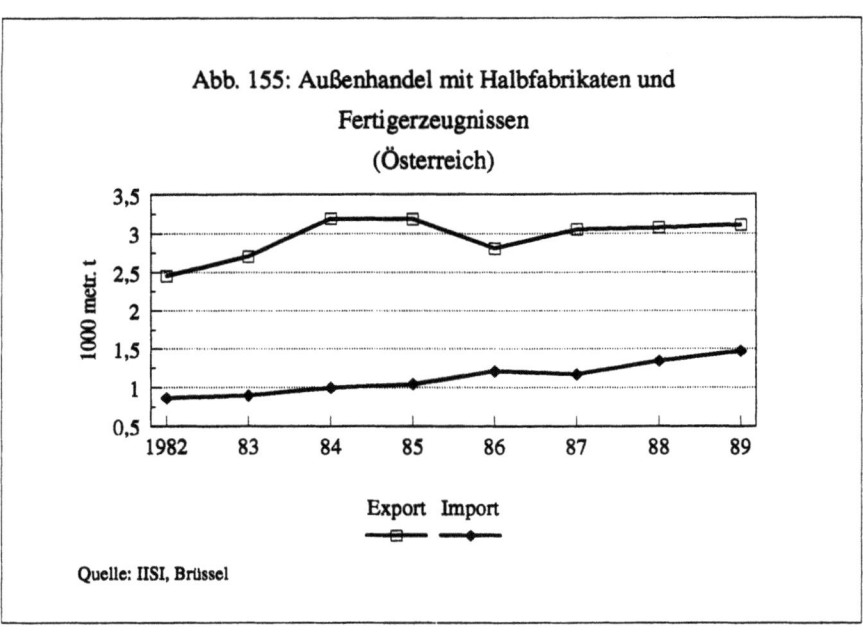

Abb. 155: Außenhandel mit Halbfabrikaten und
Fertigerzeugnissen
(Österreich)

Export Import

Quelle: IISI, Brüssel

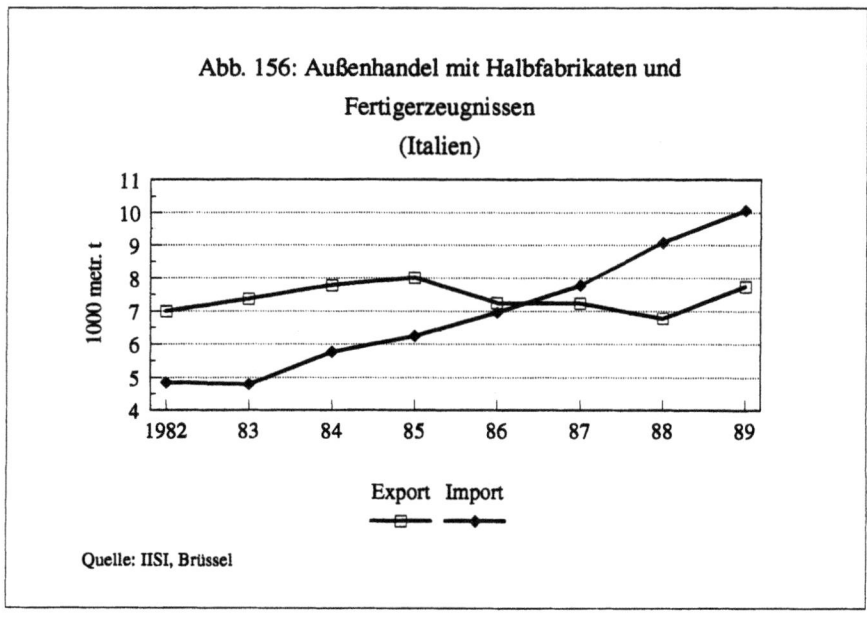

Abb. 156: Außenhandel mit Halbfabrikaten und
Fertigerzeugnissen
(Italien)

Export Import

Quelle: IISI, Brüssel

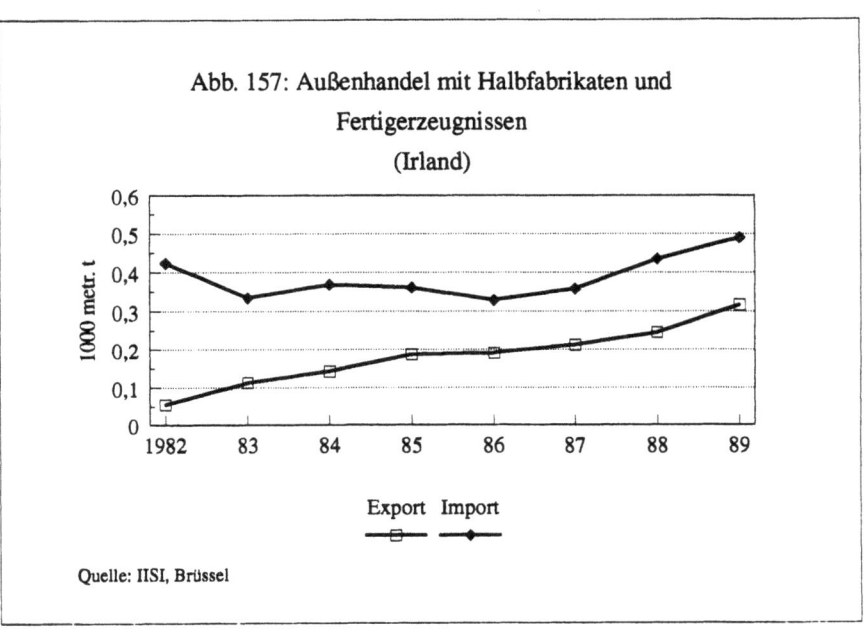

Abb. 157: Außenhandel mit Halbfabrikaten und
Fertigerzeugnissen
(Irland)

Quelle: IISI, Brüssel

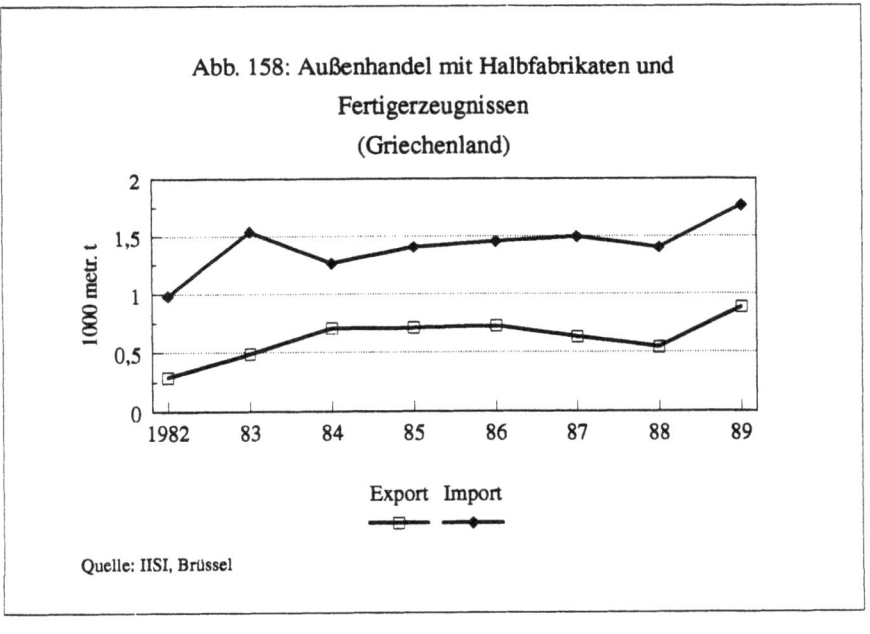

Abb. 158: Außenhandel mit Halbfabrikaten und
Fertigerzeugnissen
(Griechenland)

Quelle: IISI, Brüssel

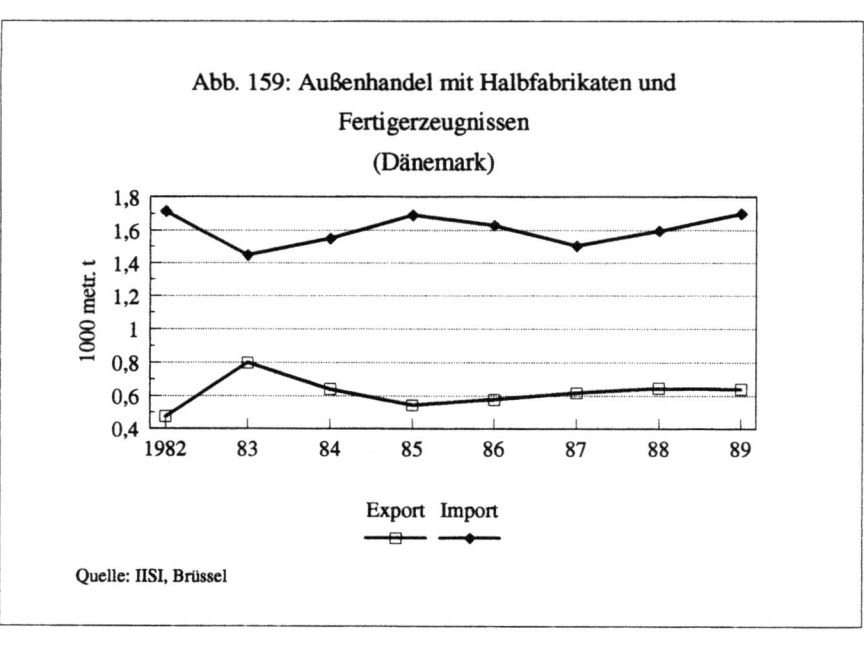

Abb. 159: Außenhandel mit Halbfabrikaten und
Fertigerzeugnissen
(Dänemark)

Quelle: IISI, Brüssel

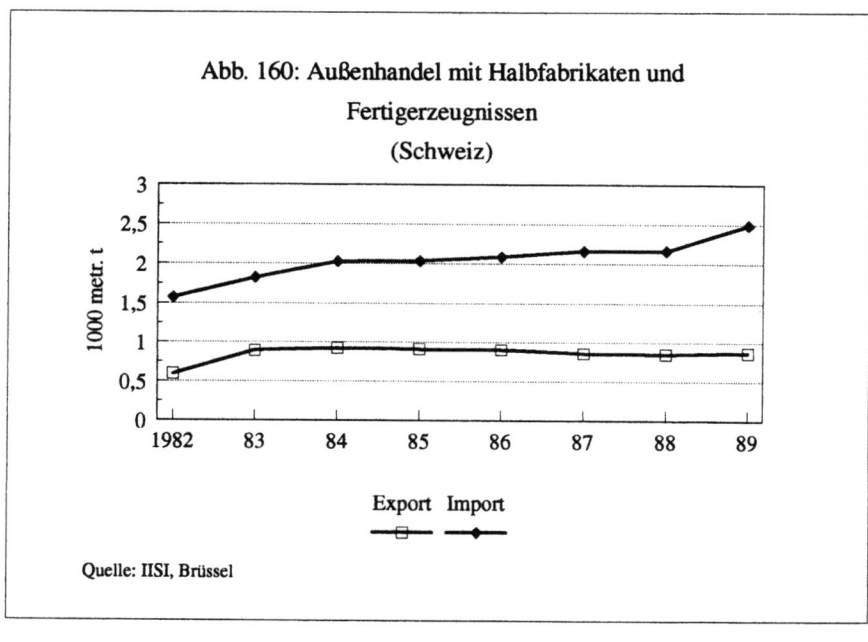

Abb. 160: Außenhandel mit Halbfabrikaten und
Fertigerzeugnissen
(Schweiz)

Quelle: IISI, Brüssel

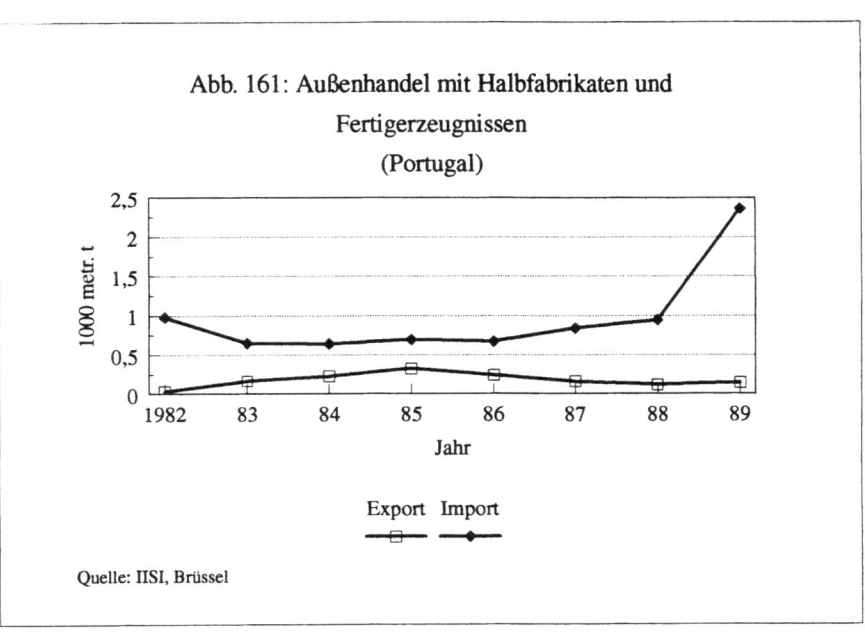

Abb. 161: Außenhandel mit Halbfabrikaten und
Fertigerzeugnissen
(Portugal)

Jahr

Export Import

Quelle: IISI, Brüssel

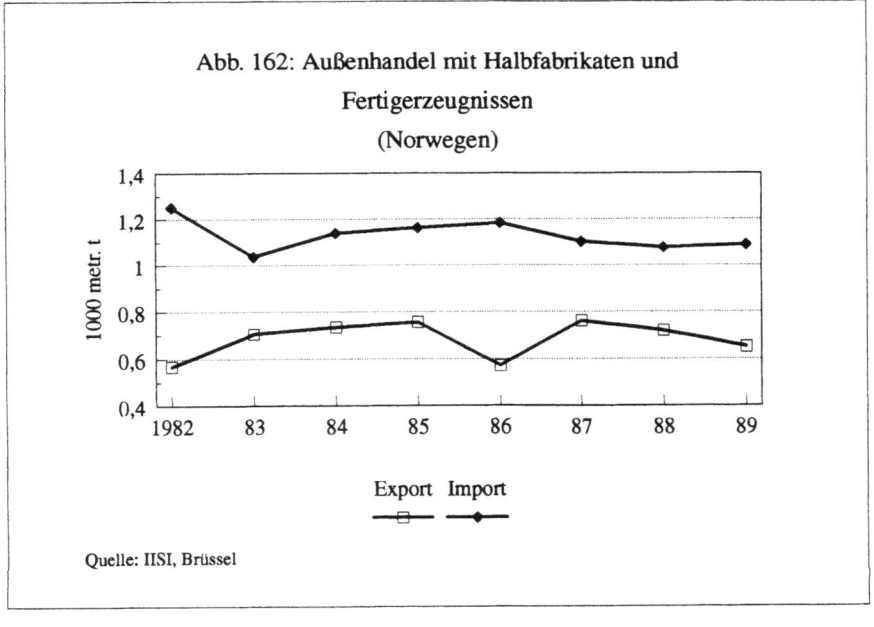

Abb. 162: Außenhandel mit Halbfabrikaten und
Fertigerzeugnissen
(Norwegen)

Export Import

Quelle: IISI, Brüssel

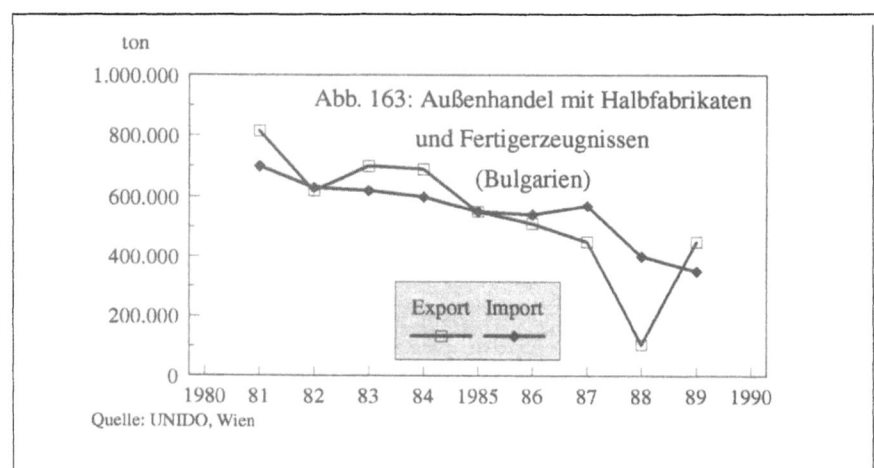

Abb. 163: Außenhandel mit Halbfabrikaten und Fertigerzeugnissen (Bulgarien)

Quelle: UNIDO, Wien

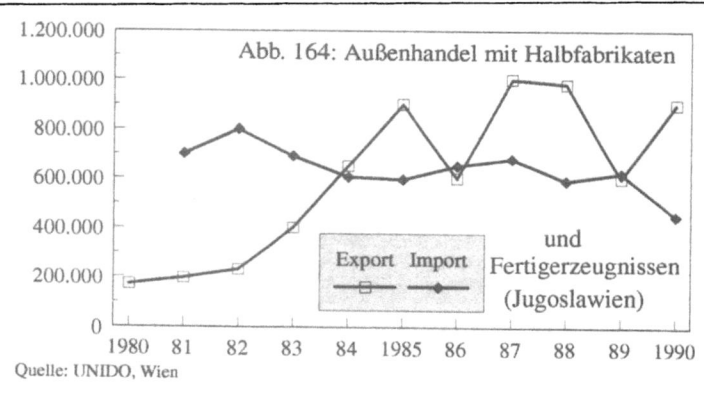

Abb. 164: Außenhandel mit Halbfabrikaten und Fertigerzeugnissen (Jugoslawien)

Quelle: UNIDO, Wien

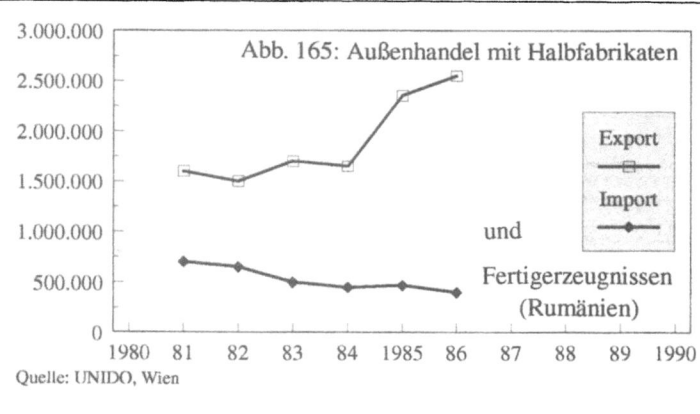

Abb. 165: Außenhandel mit Halbfabrikaten und Fertigerzeugnissen (Rumänien)

Quelle: UNIDO, Wien

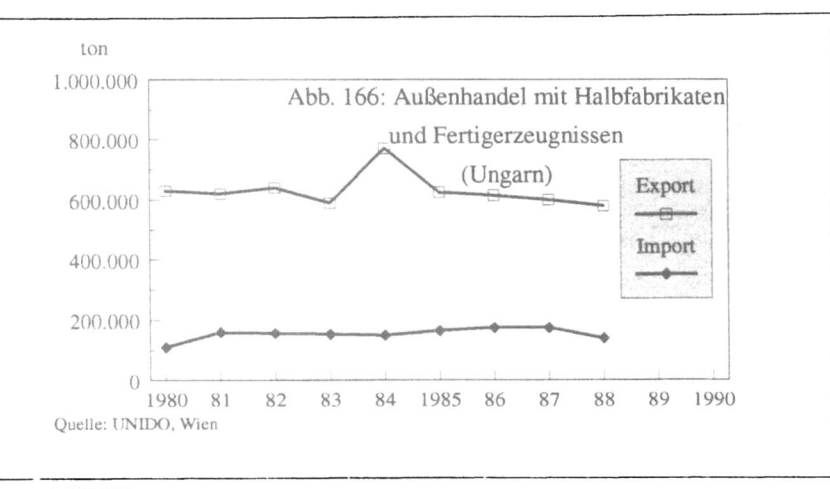

Abb. 166: Außenhandel mit Halbfabrikaten und Fertigerzeugnissen (Ungarn)

Quelle: UNIDO, Wien

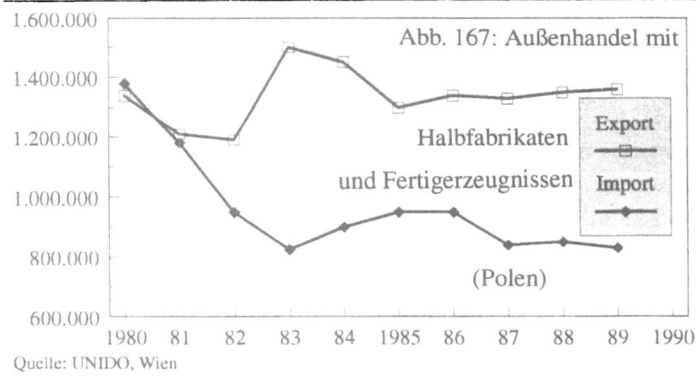

Abb. 167: Außenhandel mit Halbfabrikaten und Fertigerzeugnissen (Polen)

Quelle: UNIDO, Wien

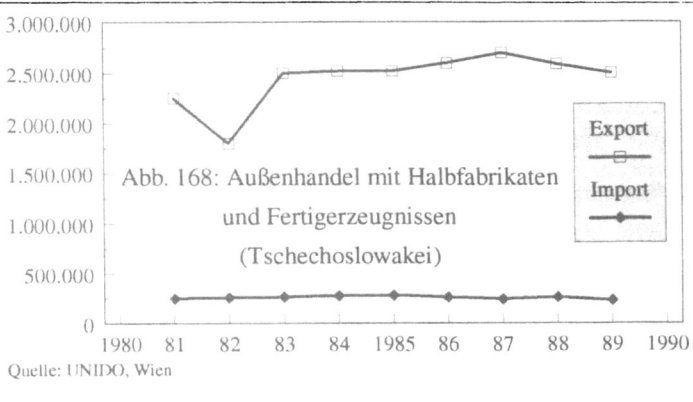

Abb. 168: Außenhandel mit Halbfabrikaten und Fertigerzeugnissen (Tschechoslowakei)

Quelle: UNIDO, Wien

8 Anpassungsnotwendigkeiten an die sich verändernden Bedingungen des europäischen Stahlmarkts

Die Eisen- und Stahlindustrie ist seit einigen Jahren ein krisenbehafteter Industriezweig, der immer wieder unter wachsenden Anpassungsdruck gerät. Überkapazitäten, anhaltende Verluste, strukturelle Arbeitslosigkeit sowie Abwanderung von Kapital und Arbeitskräften prägen diese Branche. Besonders die achtziger Jahre waren durch Überkapazitäten und einem immensen Anpassungsdruck an neue Bedingungen auf dem europäischen Stahlmarkt gekennzeichnet.

Hauptinstrumente der europäischen Stahlpolitik der achtziger Jahre waren Zwangsquotenregelungen, Beihilfen und außenwirtschaftliche Maßnahmen, die zur Verbesserung der wirtschaftlichen Lage in allen Mitgliedstaaten in gleichem Maße beitragen sollten, ohne den Wettbewerb entscheidend zu verzerren. Die Politik der EG-Kommission wurde maßgeblich von der Bundesrepublik Deutschland mitgetragen, um die deutsche Stahlindustrie gegenüber leistungsfremden Strategien der Nachbarländer zu schützen. Es gab kein nationales Konzept oder eine nationale Strategie, die von der europäischen Politik abwich. Vielmehr sahen die deutschen Politiker große Vorteile in einer gemeinschaftlichen europäischen Stahlpolitik, da auf diese Weise staatliche Interventionen der Mitgliedstaaten besser kontrolliert und unterbunden werden können. Diese Politik wird von der Bundesregierung und von deutschen Interessenverbänden, wie der Wirtschaftsvereinigung Stahl, auch heute noch verfolgt.

8.1 Maßnahmen der Europäischen Union (EU)

Der EGKS-Vertrag weist der EG-Kommission eine besondere Verantwortung für den europäischen Stahlsektor und die Möglichkeit weitreichender Maßnahmen zu.[1] Dies und die große politische und wirtschaftliche Bedeutung der Stahlindustrie sind Hauptgründe für die bisherigen Interventionen von Mitgliedstaaten und der Kommission.

Im Rahmen der EU gilt es, mit Rücksicht auf die unterschiedlichen wirtschaftspolitischen Konzeptionen der Mitgliedstaaten, einen Konsens der wirtschaftlichen und politischen Zusammenarbeit zu finden. Denn liberaleren Auffassungen in der Bundesrepublik Deutschland und in den Benelux-Staaten steht eine eher dirigistische Wirtschaftspolitik beispielsweise in Frankreich und Italien gegenüber. Trotz der Bemühungen der EG-Kommission um eine einheitliche Politik der Mitgliedstaaten steht hinter der europäischen Stahlindustrie eine heterogene Struktur der nationalen Stahlindustrien. So sind große Teile der italienischen und französischen Stahlindustrie unter staatlicher Obhut, während in anderen Ländern der private Anteil an der Eisen- und Stahlindustrie überwiegt.

8.1.1 Quotenregelung und Preisbindung

Das Schrumpfen der europäischen Stahlproduktion ist ein bereits lange währender Prozeß, der seit den sechziger Jahren daran zu erkennen ist, daß die inländische Nachfrage nach Stahl langsamer als das Sozialprodukt zunimmt. Bedingt durch die Ölkrisen 1973-74 und 1979 haben sich drei charakteristische Phasen herausgebildet.

---

[1] Vertragliche Verpflichtungen postulieren Art. 3 und 4 EGKS-Vertrag. Instrumente regeln Art. 46-57, 65, 66 und 71-74 EGKS-Vertrag.

Die Expansionsphase von 1967 - 1974 kennzeichnete ein stetiger Anstieg der Rohstahlerzeugung als Folge der expandierenden Schiffbauindustrie und deren Rückwirkung auf die übrigen Branchen. Zu Beginn der siebziger Jahre wurden aufgrund der guten Auftragslage die Produktionskapazitäten für Stahl aufgestockt, obwohl derzeit schon bekannt war, daß die Nachfragesteigerung nicht mehr lange andauern konnte. So warnte die Hohe Behörde der EGKS bereits 1967 vor Erweiterungsinvestitionen. Um so schwerwiegender traf die Absatzflaute Anfang der achtziger Jahre - viele Unternehmen waren aufgrund der vorhergehenden Investitionen finanziell erschöpft[2].

Von 1975 - 1979, in der Rezessionsphase, sank die Stahlproduktion um 19 %, da die Nachfrage (nicht nur) durch drastisch gestiegene Transport- und Energiekosten während der Ölkrise 1973/74 zurückging. Seitens der Schiffbau-, Automobil- und Bauindustrie wurden viele Aufträge storniert. Der Nachfragerückgang verstärkte sich durch die Verteuerung von Stahl und den damit ausgelösten Substitutionsprozessen. So ging z.B. der Stahlanteil in der Automobilbranche zwischen 1975 und 1980 um mehr als 10 % zurück.[3] Die vorherige Aufstockung der Produktionskapazitäten zu Beginn der siebziger Jahre, die Auftragsstornierungen der nachgelagerten Industrien und zudem noch zunehmende Stahlimporte aus Schwellenländern, bewegte die EGKS dazu, am 2.5.1975 im Rahmen des Ersten Stahlplans eine quartalsweise Veröffentlichung der vorausgeschätzten Produktionszahlen einzuführen, um die Erzeugung besser an die Nachfrage anpassen zu können. Im Oktober 1975 wurde die Veröffentlichungspflicht mit dem Zweiten Stahlplan dahingehend erweitert, daß die Vorausschätzungsprogramme produktgruppenbezogen erfolgen sollten.[4] Die Stahlpläne hatten einen weitestgehend empfehlenden Charakter. Die weiterführenden Stahlkrisenpläne von 1976 und 1977 sollten die einzelnen Gruppen in individuellen und vertraulichen Verhandlungen auf Lieferquoten "freiwillig" verpflichten, um die Preise auf hohem Niveau zu halten und die Kapazitäten geordnet abzubauen. 1977 beschloß die EU-Kommission im Rahmen des sog. Davignon-Plans, die marktwirtschaftliche Ordnung des Stahlmarkts auszusetzen und direkt in den Stahlmarkt einzugreifen. Die EU-Kommission führte Importbeschränkungen in Form von automatischen Lizenzerteilungen für die Einfuhr der wichtigsten Stahlerzeugnisse zur besseren statistischen Überwachung der Importe ein,[5] um den binneneuropäischen Markt zu schützen. Hinzu kamen Antidumping-Zölle und Abschottung des Marktes gegen Erzeugnisse, die direkt auf dem Binnenmarkt rivalisieren. "Diese Maßnahmen waren zum Gelingen der "freiwilligen" Quotenregelung notwendig, da durch die Begrenzung der Produktion tendentiell die EU-Preise über den Weltmarktpreisen lagen und somit ein Importsog entstand."[6] Wie bereits dargestellt, wurden jedoch die Kapazitäten von 1975 bis 1979 entgegen der eingeführten "freiwilligen" Quotenregelung auf- statt abgebaut. Eine Ursache hierfür könnte in den in diesem Zeitraum vergebenen kapazitätserhaltenden bzw. -aufbauenden Subventionen liegen.

Die Konzentrationsphase von 1980 bis heute wird bestimmt durch erneuten Preisverfall infolge von Angebotsüberhang auf dem Stahlmarkt und deutlichem Produktionsrückgang. Die zweite Ölkrise 1979 führte wieder zum Anstieg von Energie- und Transportkosten. Die "freiwilligen" Verpflichtungen der Unternehmen im Rahmen der Stahlkrisenpläne reichten nicht aus, um die Krise zu bewältigen. Im Oktober 1980 reagierte die EGKS mit dem Festlegen von Produktionsquoten in Form einer sich vierteljährlich verschärfenden prozentualen Kürzung der Produktionsmengen für die Rohstahlerzeugung und eines Teils der Walzstahlfertigung innerhalb der EU. Für

---

2   Vgl. Dicke, 1984, S. 252.
3   Vgl. Kommission der EG, 1985, S. 5.
4   Vgl. Kerz, 1991, S. 52f.
5   Vgl. Kommission der EG, 1977;2, S. 96 und 268.
6   Kerz, 1991, S. 74.

Walzstahlerzeugnisse wurden Orientierungspreise, für Beton- und Stabstahl sowie für Warmbreitband Mindestpreise eingeführt. 1981 wurden erneute Importbeschränkungen und 1982 Kapazitätsverringerungen beschlossen. Produktionsquoten, die nicht in Anspruch genommen wurden, konnten verkauft, getauscht oder auf das folgende Quartal übertragen werden.

Die Ziele der Produktionsbeschränkung waren die Existenzsicherung und Stabilisierung der europäischen Stahlindustrie. Mit Hilfe von Produktionsquoten und Preisempfehlungen sollte der Arbeitskräfteabbau sozial abgefedert werden. Unternehmenszusammenbrüche und regionale Härten sollten dadurch vermieden werden, daß die reduzierte Nachfrage gleichmäßig auf die Unternehmen verteilt wurde.[7] Die "Kapazitäten sollten nicht entsprechend ihrer Unrentabilität, sondern nach regionalen Gesichtspunkten abgefedert werden."[8] "Der eigentliche Sinn des Quotensystems liegt aber wohl darin, trotz grundsätzlicher Subventionsbereitschaft zu verhindern, daß ein bedingungsloser Verlustausgleich zur "Stahlproduktion ohne Grenzen" führt, also zu Verhältnissen, wie sie von der Gemeinsamen Agrarpolitik her bekannt sind."[9]

Parallel dazu führte die EG-Kommission am 1.2.1980 den Ersten Beihilfekodex[10] mit gemeinschaftlichen Regeln über spezifische und nicht-spezifische Beihilfen zugunsten der Eisen- und Stahlindustrie ein.

Der bereits dargestellte Kapazitätsabbau im Zeitraum nach 1982 könnte auf einen Erfolg des Zwangsquotenkonzepts hindeuten. Ein weiteres Resultat war der Schutz der deutschen Stahlindustrie vor Subventionen innerhalb der anderen Mitgliedstaaten. Das Quotensystem schützte rentable Kapazitäten vor der Verdrängung durch unrentable, aber subventionierte Kapazitäten.[11] Eine Verbindung von Quoten und Subventionen führt jedoch zur Aufrechterhaltung auch von unrentablen Unternehmen, was z. T. zum Schutz vor sozialen Härten im Rahmen der europäischen Stahlpolitik durchaus wünschenswert war.

Am 24.6.1988 wurde das Zwangsquotensystem abgeschafft, da sich die europäische Stahlindustrie nicht mehr in einer "offensichtlichen Krise" befand.[12]

8.1.2 Beihilfen

Die Kommission der EG versteht unter Beihilfen "alle Formen spezifischer staatlicher Transfers (...), die direkt oder indirekt Unternehmen begünstigen, für die der Staat keine gleichwertige Gegenleistung erhält und die das Marktergebnis ändern sollen."[13] Damit fallen nicht nur direkte Zahlungen, sondern auch Steuerentlastungen, Bürgschaften und Darlehen unter den Beihilfenbegriff. Neben den sog. nationalen Beihilfen der Mitgliedsländer an ihre jeweiligen Unternehmen werden Gemeinschaftsinterventionen von Institutionen der EU gewährt.

Eine genaue Erfassung von Beihilfen ist aufgrund der verschiedensten Möglichkeiten zur Verschleierung der Zahlungsströme nicht möglich. Deshalb sollen im Rahmen dieser Arbeit die von der Kommission der EU erfaßten und veröffentlichten Beihilfen und Finanzinterventionen an die europäische Stahlindustrie untersucht werden - aktualisiert durch einige Zeitungsmeldungen.

---

[7] Vgl. Kerz, 1991, S. 49.
[8] Kerz, 1991, S. 58f.
[9] Herdmann/Weiss, 1985, S. 104f.
[10] Erster Beihilfenkodex: Entscheidung Nr. 257/80/EGKS der Kommission zur Einführung von gemeinschaftlichen Regeln über spezifische Beihilfen zugunsten der Eisen- und Stahlindustrie, 80 Nr. L 29.
[11] Vgl. Kerz, 1991, S. 62.
[12] Vgl. Kerz, 1991, S 60.
[13] Kommission der EG, 1991;1, S. 13.

8.1.2.1 Gesetzliche Rahmenbedingungen der Beihilfengewährung

Die bedeutendsten, die Wettbewerbspolitik der Gemeinschaft und damit die Subventionen betreffenden Belange regelnden Vertragswerke sind der EWG-Vertrag und der EGKS-Vertrag. Die Normen dieser beiden Vertragswerke markieren die Eckpunkte eines sehr weitgehenden Steuerungsanspruchs der EG-Kommission bezüglich der Subventionen in den Europäischen Gemeinschaften.[14] Mit dem Einsatz von Subventionen, Steuervergünstigungen und anderen marktverfälschenden Instrumenten stößt man schnell an die Grenzen von EWG- und EGKS-Vertrag. Doch bestehen im Rahmen des EWG-Vertrages für die Gewährung von Subventionen Ausnahmen. Wenn bestimmte Voraussetzungen vorliegen, können Beihilfen nach Art. 92 Abs. 2 mit dem Gemeinsamen Markt als vereinbar angesehen werden. Für die den EGKS-Vertrag betreffenden Bereiche besteht gemäß Art. 4c Subventionsverbot.[15] Doch auch hier lassen sich Ausnahmen finden. Dies soll im folgenden durch eine Beschreibung der Dichotomie des EGKS-Vertrages verdeutlicht werden.

Die konzeptionelle Grundlage der europäischen Stahlpolitik bildet der bereits erwähnte EGKS-Vertrag vom 23.9.1952. Ziel des Vertrags ist die Errichtung eines gemeinsamen Marktes für Kohle, Eisenerz und Schrott (errichtet am 1.2.1953), für Stahl (errichtet am 1.5.1953) und Edelstahl (errichtet am 1.8.1953).[16]

Wirtschaftspolitisch läßt sich der EGKS-Vertrag nicht eindeutig einer Wirtschaftsordnung zuweisen, da er sich prinzipiell in zwei divergierende Ordnungsrichtungen aufspalten läßt. Die Dichotomie des EGKS-Vertrags läßt sich einerseits mit "Nicht-Krisenfall", andererseits mit "Krisenfall" umschreiben. Im "Nicht-Krisenfall" greift der liberale Teil des EGKS-Vertrages, der im "Normalzustand" der europäischen Stahlpolitik (= Art. 4 in Verbindung mit Art. 65 § 1 EGKS) greifen soll,[17] d. h.:

- Montanerzeugung zollfrei und ohne Mengenbeschränkung,
- Verbot von Diskriminierungen zwischen Erzeugern und Käufern oder Verbrauchern, die insbesondere Preis- und Lieferbedingungen sowie Beförderungstarife betreffen und
- Verbot von Subventionen und Beihilfen sowie wettbewerbsbeschränkenden Praktiken, wie z. B. Kartelle (nur in Ausnahmefällen zulässig; Art. 58 EGKS-Vertrag).

Im "Krisenfall" kommen, je nach Grad respektive Intensität der Krise, entsprechende Eingriffsinstrumente zur Anwendung. Die staatliche Lenkungspolitik führt

- von einfachen Informationsgewinnungsinstrumenten zur
- Erstellung der "Allgemeinen Ziele: Stahl" (Art. 4b EGKS-Vertrag),
- Preisveröffentlichungspflichten (Art. 60 §2 EGKS-Vertrag),
- Mindest- und Höchstpreisen (Art. 61 EGKS-Vertrag), bis hin zum
- Zwangsquotenkartell bei Vorliegen einer "offensichtlichen Krise".[18]

---

[14] Vgl. Färber, 1993, S. 3.
[15] Vgl. Rengeling, 1984, S. 796f.
[16] Vgl. Kerz, 1991, S. 45.
[17] Vgl. Kerz, 1991, S. 47.
[18] Art. 58 EGKS-Vertrag und Kerz, 1991, S. 46.

Bei Eintritt einer Krise kommt es demnach zum Außerkraftsetzen der liberalen Ordnung - sonst wären die Eingriffsinstrumente nicht im Vertrag vorgesehen. Walter Hallstein, erster Präsident der Europäischen Gemeinschaften (1958), bezeichnet dies als "geordnete Konkurrenz".[19]

Der rechtliche Rahmen des Subventionsverbots wurde durch Richtlinien, Mitteilungen und Empfehlungen aufgeweicht, um eine rechtliche Basis zu schaffen. Denn der Druck auf die Mitgliedstaaten, nationale Beihilfen zu gewähren, wurde angesichts einer verschärften Rezession immer stärker und die möglichen positiven Effekte der Beihilfengewährung wurden hervorgekehrt. "Staatliche Beihilfen können durchaus zu wirtschaftlichem Wachstum beitragen, zur Anpassung der Industriestrukturen an veränderte Marktbedingungen, zur regionalen Entwicklung, zur Verbesserung der sozialen Bedingungen aufgrund wirtschaftlicher Veränderungen sowie zur Verbesserung der Beschäftigungslage in einem bestimmten Land."[20] Gleichzeitig mit diesen Vorteilen können immense Nachteile in der Wettbewerbsstruktur auftreten. So können die Schwierigkeiten der Strukturanpassung mit nationalen Beihilfen umgangen werden und auf ein anderes Land abgewälzt werden. Oder es kommt zum Wettbewerb der Staatskassen, statt zum Wettbewerb zwischen den Unternehmen, womit Anreize zu einer möglichst effizienten Produktion verdrängt werden. Deshalb war eine Einführung von Regelungen durch die EG-Kommission zur Beihilfenvergabe durch die Mitgliedstaaten durch den sog. Ersten Beihilfenkodex vonnöten. Dazu wurden Regeln eingeführt, die eine einheitliche Basis zur Beihilfenvergabe gewährleisten und ein Kontrollsystem festigen sollten, um die Mitgliedstaaten von Beihilfenvorhaben abzubringen, die nur in nationalem Interesse liegen.

Beihilfenkodizes
Im Oktober 1980 wurde der Tatbestand einer offensichtlichen Krise (Art. 56 EGKS) festgestellt. Der liberale Ordnungsrahmen wurde außer Kraft gesetzt. Es wurde der Erste Beihilfenkodex[21] beschlossen, mit dem die Produktionskapazitäten der Stahlindustrie der voraussichtlichen Nachfrage angepaßt werden sollten. Zwar erklärt Art. 4 c EGKS-Vertrag staatliche Subventionen mit dem Gemeinsamen Markt für unvereinbar und die Befugnis zur Subventionierung in den EGKS-Vertrag betreffenden Bereichen ist den Mitgliedstaaten entzogen, doch wurde dieses Verbot in Anbetracht der schlechten wirtschaftlichen Lage für obsolet betrachtet. Es wurden Richtlinien eingeführt (Beihilfekodex), die sich auf den EGKS-Vertrag stützten. Das Verbot nationaler Beihilfen nach Art. 4 c EGKS-Vertrag wurde damit nicht außer Kraft gesetzt, sondern - nach Darstellung der EG-Kommission - abgeschwächt.[22] "Um den Mitgliedstaaten aufzuzeigen, welche Beihilfen Gemeinschaftszielen entsprechen können, hat die Kommission immer häufiger Leitlinien bekannt gegeben, in denen sie ausführt, für welches Ziel und in welcher Form die Beihilfen unter bestimmten Umständen gewährt werden dürfen."[23]

Mit dem Beschluß des Ersten Beihilfenkodex für den Zeitraum von 1980 bis 1981 wurde eine Quotenregelung eingeführt. Die Quotenregelung stellte aber in Verbindung mit den Subventionen einen Schutz gegen Preis- oder Marktanteilsverlusten dar. Damit wurden nicht mehr marktfähige

---

[19] Vgl. Kerz, 1991, S. 47.
[20] Kommission der EG, 1982, S. 117.
[21] Entscheidung Nr. 257/80/EGKS vom 1. Februar 1980.
[22] Vgl. Entscheidung Nr. 257/80/EGKS der Kommission zur Einführung von gemeinschaftlichen Regeln über spezifische Beihilfen zugunsten der Eisen- und Stahlindustrie, 80 Nr. L 29, S. 5. Im folgenden kurz: Beihilfenkodex,
[23] Kommission der EG, 1982, S. 119.

Unternehmen vor dem Konkurs bewahrt, also ineffiziente Strukturen konserviert, was lediglich eine zeitliche Verzögerung der Krise bewirkte.[24]

Der Beihilfenkodex wurde modifiziert und bis 1985 verlängert. Wegen der starken Kritik an den Beihilfen und am Quotensystem (speziell aus der Bundesrepublik Deutschland) erließ die EG-Kommission eine neue Entscheidung, mit dem Ziel, daß ausschließlich solche Unternehmen Beihilfen erhalten, die im Rahmen eines Umstrukturierungsplans einen Kapazitätsabbau durchführten, um die Wettbewerbsfähigkeit und Finanzkraft wieder herzustellen.[25] Betriebsbeihilfen als reine Erhaltungsbeihilfen sollten fortan nicht mehr gezahlt werden, da sie die nicht marktfähigen Strukturen erhalten und nicht zu der dauerhaften Lösung der Probleme führen, für die sie bestimmt waren. Erfolge dieses Beihilfenkodex lassen sich beispielhaft an dem Abbau der Kapazität für warmgewalzte Erzeugnisse aufzeigen (Tab. 36).

Tab. 36: Abbau der Kapazität für warmgewalzte Erzeugnisse aufgrund des Beihilfenkodex (in 1 000 t)

	Kapazität im Jahre 1980	Geforderter Mindestabbau	Tatsächlicher Abbau	Stillegungen am 31.12.1984
B	16 028	3 155	3 183[3]	3 182
DK	941	66	66	66
D	53 117	6 010[1]	6 922[2]	6 295
F	26 869	5 311	5 311	3 631
I	36 294	5 834	3 860	3 494
LUX	5 215	960	1 045	1 045
NL	7 297	950	1 432	82
UK	22 840	4 500	4 497	4 101
gesamt	*168 601*	*26 786*	*26 316*	*21 900*

(1) Ohne die Begründung für Beihilfen an ein Unternehmen.
(2) Einschließlich der in Fußnote (1) genannten Begründung und der vom selben Unternehmen im Zusammenhang mit bestimmten Geldbußen zugesagten Stillegungen.
(3) Einschließlich einer Kapazitätsstillegung von 250 000 t durch Luxemburg, die im Rahmen einer unternehmensübergreifenden Vereinbarung zunächst Belgien zugeschrieben wurde.

Quelle. Kommission der EG, 1984, S. 158

Der am 1. Januar 1992 in Kraft getretene (mittlerweile) Fünfte Beihilfenkodex (gültig bis zum 31. Dezember 1996) wurde bereits am 20. Mai 1992 geändert, um der Stahlindustrie wie anderen stark energieverbrauchenden Sektoren Beihilfen gewähren zu können, damit deren Steuerbelastung abgemildert werden kann, die sich aus der auf nationaler Ebene eingeführten CO_2-Sondersteuer in Dänemark und den Niederlanden ergibt.[26] Andernfalls würden die betroffenen Unternehmen gegenüber Wettbewerbern aus den Ländern benachteiligt, in denen es keine derartigen Steuern gibt. So wird die Durchsetzung und Akzeptanz einer Energiesteuer erleichtert, ohne die positive Wirkung für den Umweltschutz zu gefährden.[27]

---

[24] Vgl. Kerz, 1991, S. 69.
[25] Vgl. Monopolkommission, 1983, S. 26.
[26] Vgl. Bulletin der EG, 5-92, S. 27f.
[27] Vgl. RAPID - Datenbank der EG, IP/92/407 und Kommission der EG, 5-1992, Ziff. 1.1.46.

8.1.2.2 Nationale Beihilfenvorhaben

Im Zeitraum 1981-86 wurden 235 nationale Beihilfevorhaben an die Stahlindustrie von der EG-Kommission registriert[28]. In der Zeit wurden im EU-Durchschnitt 4,8% der Bruttowertschöpfung für Beihilfen im verarbeitenden Gewerbe ausgegeben. 1986-88 waren es 4%, 1988-90 noch 3,5%.

Der Umfang nationaler Beihilfengewährung - nämlich eine Spanne zwischen gar keiner Unterstützung bis über 1,6 Mrd. ECU an Beihilfen bzw. die Vergabe bis zu 27% der nationalen Gesamtbeihilfen an die Eisen- und Stahlindustrie wird durch die Abb. 169 und 170 verdeutlicht. Hier zeigen sich auch sehr signifikante Unterschiede in der Höhe der finanziellen Unterstützungsmaßnahmen im Zeitablauf in den einzelnen Staaten, wenn auch in den meisten Mitgliedstaaten eine generelle Entwicklung zur Abnahme der Beihilfen zu verzeichnen ist (vgl. auch Tab. 37).

Die höchsten nationalen Beihilfen in der Eisen- und Stahlindustrie flossen im Zeitraum 1981-86 (offensichtliche Krise) in den größten Industrieländern - in Italien, Frankreich, dem Vereinigten Königreich, Belgien und der Bundesrepublik Deutschland. Dieses waren auch die Länder mit den höchsten Kapazitäten in der Rohstahl- und Walzwerkserzeugung. Hier traf die Stahlkrise besonders hart, da viele Arbeitsplätze davon abhingen.

Frankreich und Italien vereinten im Zeitraum 1981-86 durchschnittlich zusammen fast 66% des gesamten Beihilfevolumens auf sich. Bezieht man das Vereinigte Königreich mit ein, wurden sogar über 80% des Beihilfevolumens in der EU an die Eisen- und Stahlindustrie innerhalb dieser drei Länder vergeben. Spanien und Italien gewährten in den darauffolgenden Zeiträumen die höchsten Beihilfen an die Eisen- und Stahlindustrie, nämlich 1986-88 zusammengenommen anteilig über 90% und 1988-90 87% der genehmigten Gesamtbeihilfen.

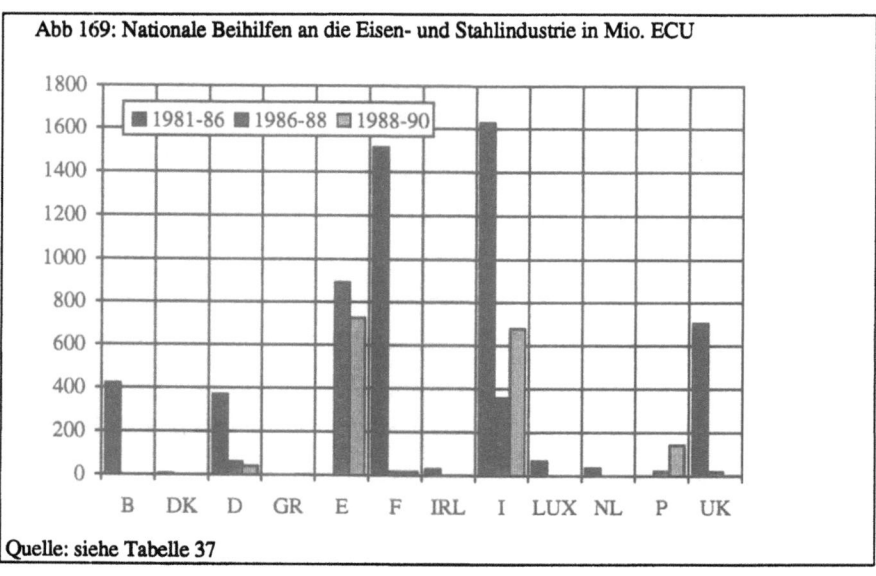

Abb 169: Nationale Beihilfen an die Eisen- und Stahlindustrie in Mio. ECU

Quelle: siehe Tabelle 37

---

[28] Vgl. Kommission der EG, 1986, S. 130.

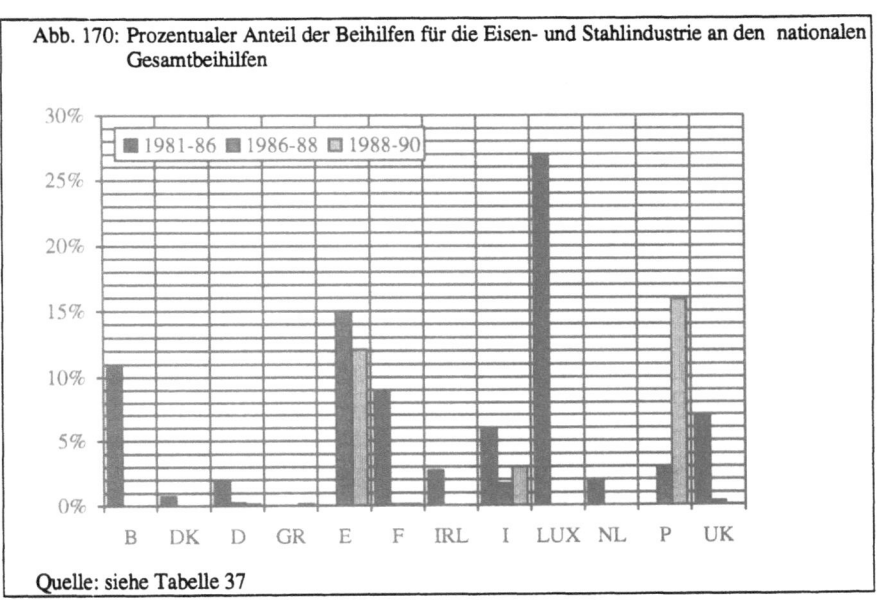

Abb. 170: Prozentualer Anteil der Beihilfen für die Eisen- und Stahlindustrie an den nationalen Gesamtbeihilfen

Quelle: siehe Tabelle 37

Tab. 37: Nationale Beihilfen an die Eisen- und Stahlindustrie, absolut (in Mio. ECU) [a)] und in % der nationalen Gesamtbeihilfen [b)]

	1981-86		1986-88		1988-90	
	a) in Mio. ECU	b) in %	a) in Mio. ECU	b) in %	a) in Mio. ECU	b) in %
B	420,2	11,0	0,0	0,0	0,0	0,0
DK	6,7	0,8	0,0	0,0	0,0	0,0
D	370,5	2,0	60,0	0,3	39,1	0,2
GR	0	0,0	0,0	0,0	2,0	0,1
E	-	-	891,0	15,0	726,7	12,1
F	1.513,2	9,0	16,0	0,1	16,2	0,1
IRL	30,7	2,7	0,0	0,0	0,0	0,0
I	1.629,2	6,0	357,0	1,7	677,9	3,0
LUX	67,7	27,0	0,0	0,0	0,0	0,0
NL	35,3	2,0	0,0	0,0	0,0	0,0
P	-	-	21,0	2,9	143,7	15,9
UK	703,2	7,0	20,0	0,3	2,7	0,1
Σ	4.776,7		1.365,0		1.608,2	

Quelle: Kommission der EG, 1988, Anhang III, S. 18-27; Kommission der EG, 1990, Anhang IV, S. 3-14; Kommission der EG, 1992;1, Anhang II, S. 3-14, eigene Berechnungen

In Spanien wurden Umstrukturierungen in der Stahlindustrie zwischen 1986 und 1988 in großem Maßstab gefördert (durchschnittlich 891 Mio. ECU, 1988-90 ca. 726,7 Mio. ECU), was in anderen Ländern im allgemeinen im Zeitraum von 1981 bis 1986 geschah.[29] Auch Italien gewährte seiner zu großen Teilen verstaatlichten Stahlindustrie in Höhe von ca. 677,9 Mio. ECU (1988-90) Beihilfen. Im allgemeinen gewährt Italien viel mehr Beihilfen an das verarbeitende Gewerbe als andere vergleichbare Mitgliedstaaten, was sich damit erklärt, daß die italienische Regierung nicht den von der Kommission für eine Reihe von Kapitalzuführungen festgesetzten Beihilfencharakter akzeptiert.[30] Auch die Bundesrepublik Deutschland gewährte in noch merklicher Höhe Beihilfen, wenn sie auch vom Anteil der dort vergebenen Gesamtbeihilfen einen marginalen Teil ausmachten. Das zeigt lediglich, daß die allgemeine Beihilfenvergabe ziemlich hoch ist. In Portugal war zwar der absolute Wert der nationalen Beihilfen im Vergleich zu anderen Staaten unbedeutend, doch im Zeitraum von 1988-90 nahmen Beihilfen an die Stahlindustrie ca. 16% der Gesamtbeihilfen Portugals ein.

Anhand der Verwendung der Subventionen läßt sich die Situation der Eisen- und Stahlindustrie ablesen. In Tabelle 38 sind die Beihilfen an die Stahlindustrie nach ihrer Zielsetzung für den Zeitraum von 1980 bis 1985 aufgeführt.

Die Daten in Tabelle 38 belegen, daß der größte Anteil (ca. 2/3) der in diesem Zeitraum vergebenen Beihilfen Betriebsbeihilfen waren, die letztlich dem Verlustausgleich dienten. In dieser Zeit ging es nicht darum, einzelnen Unternehmen zu größeren Marktanteilen zu verhelfen, sondern letztlich um die Erhaltung der Branche, um beispielsweise Arbeitsplätze zu erhalten. Von der Genehmigung dieser Beihilfenform hat die EG-Kommission mittlerweile Abstand genommen.

Tab. 38: Gesamtbetrag der seit dem 1.2.1980 bis 31.12.1985 freigegebenen Beihilfen an die Stahlindustrie der EG, aufgegliedert entsprechend ihrer Zielsetzung

	Investitions-beihilfe	FuE-Beihilfe	Schließungs-beihilfe	Betriebs-beihilfe	Notbeihilfe	Insgesamt
B	719	-	118	3.408	12	4.257
DK	13	-	-	68	-	81
D	1.120	163	619	1.942	-	3.844
F	3.039	-	302	5.111	689	9.141
IRL	-	-	-	264		264
I	4.006	38	227	9.585	-	13.856
LUX	440	-	15	176		631
NL	234	-	-	222		456
GB	1.788	49	1.036	2.767	-	5.640
EG-9	*11.359*	*250*	*2.317*	*23.543*	*701*	*381.698*

Quelle: Kommission der EG, 1986, S. 157

Zweckbestimmung von Beihilfen

Die Zweckbestimmung von Beihilfen ist für die Auswirkung der Beihilfen auf den Wettbewerb von Bedeutung. Unter horizontale Beihilfen (allgemeine Beihilfen) fallen beispielsweise Finanzhilfen für Innovationen, Forschung und Entwicklung, kleine und mittlere Unternehmen sowie Handel

---

[29] Vgl. Kommission der EG, 1990, S. 13.
[30] Vgl. Kommission der EG, 1990, S. 9.

und Export. Sie zielen auf bestimmte Lebenszyklusphasen von Unternehmen ab (Existenzgründung, Umstrukturierung, Sanierung) oder sollen es "für alle Unternehmen attraktiver machen, bestimmte Zielsetzungen bzw. Aktivitäten stärker zu verfolgen, als es vermutlich sonst der Fall wäre (Investitionen, Beschäftigung, Export, Forschung und Entwicklung, Einsparung von Energie und sonstigen Ressourcen, Umweltschutz)."[31] Regionale Beihilfen sind z. B. Beihilfen für das Mezzogiorno (Italien) oder die Berlin-Förderung der Bundesrepublik Deutschland. Deren Zielsetzung ist die Verbesserung benachteiligter Regionen. Sektorale Beihilfen werden zugunsten von Unternehmen bestimmter Sektoren gewährt wie z.B. die Förderung des Schiffbaus und der Stahlindustrie, um krisenhaften Entwicklungen entgegenzuwirken.

Das Klassifikationsschema der Beihilfenzwecke stellt allerdings keine eindeutige Systematik dar. Die Merkmale schließen sich nicht gegenseitig aus, so daß es zu Überschneidungen kommen kann. Die Bundesrepublik Deutschland gewährte beispielsweise im Zeitraum von 1981 bis 1985 eine Investitionszulage in Höhe von 20% zugunsten von Unternehmen der Eisen- und Stahlindustrie. Diese Maßnahme läßt sich sowohl den Beihilfen allgemein-horizontaler Art (Investitionen) als auch den Beihilfen sektorspezifischer Art (Krisenbekämpfung) zuordnen.[32]

Unter sektorale Beihilfen fallen z. B. die in den Beihilfekodizes erfaßten Beihilfeformen. Beispielhaft wird hier Art. 3 der Entscheidung Nr. 3855/91/EGKS[33] der Kommission vom 1.2.1989 zur Einführung gemeinschaftlicher Vorschriften über Beihilfen an die Eisen- und Stahlindustrie ("Beihilfenkodex") angeführt, nachdem nationale Beihilfen als mit dem ordnungsgemäßen Funktionieren des Gemeinsamen Marktes als vereinbar angesehen werden, wenn sie der Anpassung von Anlagen an neue gesetzliche Umweltschutznormen dienen, wobei die Anlagen mindestens zwei Jahre vor Inkrafttreten der neuen Normen in Betrieb genommen werden mußten. So genehmigte die Kommission am 25.11.92 zugunsten des belgischen Unternehmens Forges de Clabecq SA. eine Beihilfe in Höhe von 80,625 Mio. BFR bzw. 15 % der vorgesehenen Investitionen auf der Grundlage der Entscheidung Nr. 3955/91/EGKS. Damit ist der vertraglich mögliche Umfang der gewährten Beihilfe vollständig ausgeschöpft.[34] Es handelt sich also um eine Beihilfenform, die zwar gezielt den Sektor Stahl begünstigt, doch einem allgemeinen Zweck - der Verbesserung der Umweltbedingungen durch Reduzierung der Verschmutzung durch die Eisen- und Stahlindustrie - dient.

Ein wichtiges Anliegen der EG-Kommission ist, daß nationale Beihilfen mit der Stärkung des regionalen Zusammenhalts vereinbar sind. Dementsprechend gestattet die Kommission für regionale Zwecke in den am wenigsten wohlhabenden Regionen der Gemeinschaft einen höheren Subventionsgrad. Damit lassen sich auch die regionalen Investitionsbeihilfen für die Eisen- und Stahlindustrie erklären, die nur für Unternehmen in Griechenland, Portugal und den neuen Bundesländern gewährt werden dürfen.[35] Problematisch ist dabei allerdings der zu tätigende Eigenanteil an den Investitionen. Dies führt dazu, daß die weniger wohlhabenden Regionen oftmals nicht über die notwendigen finanziellen Mittel verfügen, um ihre breiteren Spielräume voll ausnutzen zu können, so daß die effektiv gezahlten Subventionen hinter dem zurückbleiben, was wohlhabendere Mitgliedstaaten bieten können.[36]

---

31 Soltwedel et al., 1988, S. 6.
32 Vgl. Soltwedel et al., 1988, S. 13.
33 Vgl. ABl. 91/L 362 vom 31.12.91, S. 58.
34 Siehe hierzu Bulletin der EG, 11-92, Ziff. 1.3.56.
35 Vgl. Beihilfenkodex 91/L 362 vom 27.11.91, S. 59.
36 Vgl. Kommission der EG, 1991;2, S. 15.

Die Vorschriften der EG-Kommission bezüglich Beihilfenverbote oder Einschränkungen der Beihilfengewährung werden jedoch häufig umgangen, vor allem indem nicht stahlspezifische Beihilfen, sondern regionale Beihilfen zum Vorteil der Stahlindustrie, gewährt wurden.[37]

Öffentliche Unternehmen

Die Europäischen Gemeinschaften haben eine gemischte Wirtschaftsform. Öffentliche und private Unternehmen konkurrieren auf denselben Märkten miteinander und unterliegen gleichermaßen den Wettbewerbsregeln. Der EWG-Vertrag (Art. 222) bestimmt, daß jeder Mitgliedstaat über seine eigene Eigentumsordnung befinden kann.[38] Die Kommission der EG hat gegenüber Unternehmen unterschiedlicher Eigentumsformen Neutralität zu bewahren, um eine Wettbewerbsverzerrung auf dem EU-Binnenmarkt zu vermeiden.

Probleme ergeben sich bei der Bestimmung nationaler Beihilfen an öffentliche Unternehmen. Von der Kommission wurden zwischen 1985 und 1990 36 Fälle registriert, in denen Beihilfen in Höhe von 5 Mrd. ECU gezahlt worden sind, ohne daß eine Benachrichtigung bei der Kommission einging. Diese nicht gemeldeten Beihilfen wurden oft erst Jahre später publik. In den meisten Fällen von Beihilfen an öffentliche Unternehmen handelte es sich um Finanzspritzen an Unternehmen, die bereits rote Zahlen schrieben.[39] Die Kommission hat gem. Art. 90 Abs. 3 EWG-Vertrag "die Pflicht, dafür Sorge zu tragen, daß die Mitgliedstaaten weder öffentlichen noch privaten Unternehmen Beihilfen gewähren, die mit dem Gemeinsamen Markt unvereinbar sind."[40] In der Bundesrepublik Deutschland ist lediglich das Stahlunternehmen Peine-Salzgitter in öffentlicher Hand, weitere Unternehmen sind in privaten Händen. In Italien befindet sich 50 % der Produktion in öffentlicher Hand (FINSIDER), in Frankreich sogar ca. 75 % über die Beteiligung an Usinor/Sacilor.[41] Daraus ergibt sich die Forderung, daß die Beziehungen zwischen öffentlicher Hand und öffentlichen Unternehmen transparent zu gestalten sind. Nach Art. 2 der Richtlinie 80/723/EWG ist die "öffentliche Hand" "der Staat sowie andere Gebietskörperschaften" und ein "Öffentliches Unternehmen" ist "jedes Unternehmen, auf das die öffentliche Hand aufgrund Eigentums, finanzieller Beteiligung, Satzung oder sonstiger Bestimmungen, die die Tätigkeit des Unternehmens regeln, unmittelbar einen beherrschenden Einfluß ausüben kann."

Die Kommission der Europäischen Gemeinschaften faßt alle Transaktionen, die ein privater Unternehmer unter ähnlichen Bedingungen nicht getätigt hätte, als nationale Beihilfen auf.[42]

8.1.2.3 EGKS-Zuschüsse

Neben nationalen Subventionen erhalten die EU-Mitgliedstaaten Gemeinschaftsinterventionen aus dem EU-Haushalt. Die Gesamtheit der Gemeinschaftsinterventionen ist aus einzelnen Fonds zusammengesetzt. Der größte Teil der Gemeinschaftsausgaben (76%) betrifft regelmäßig den Agrarsektor (EAGFL-Garantiefonds), der in der Gemeinschaft auf einem System der Marktstützung (Außenschutz und Interventionen) beruht.

---

[37] Vgl. Monopolkommission, 1983, S. 26.
[38] Vgl. Kommission der EG, 1991;3, S. 141.
[39] Vgl. Bericht über die Wettbewerbspolitik, 1991, S. 141f.
[40] Richtlinie 80/723/EWG der Kommission vom 25.Juni 1980 über die Transparenz der finanziellen Beziehungen zwischen den Mitgliedstaaten und den öffentlichen Unternehmen. ABl. L 195 vom 28.8.1980.
[41] Vgl. Kerz, 1991, S. 50.
[42] Vgl. Kommission der EG, 1991;1, S. 14.

Der EGKS-Fonds betrifft die europäische Eisen- und Stahlindustrie. Aus ihm werden die EGKS-Zuschüsse gewährt.[43] Dieser macht gerade einmal 2% der Gemeinschaftsinterventionen aus, steigt jedoch jährlich um durchschnittlich 30 Mrd. ECU. Er betrifft in erster Linie Maßnahmen zur Umstrukturierung der Eisen- und Stahlindustrie. In diesem Sektor erfolgt Jahr für Jahr ein immenser Abbau von Arbeitsplätzen, der durch die Bereitstellung zinsgünstiger Darlehen für die Schaffung neuer Arbeitsplätze in anderen Sektoren abgefedert werden soll (Abb. 171).[44]

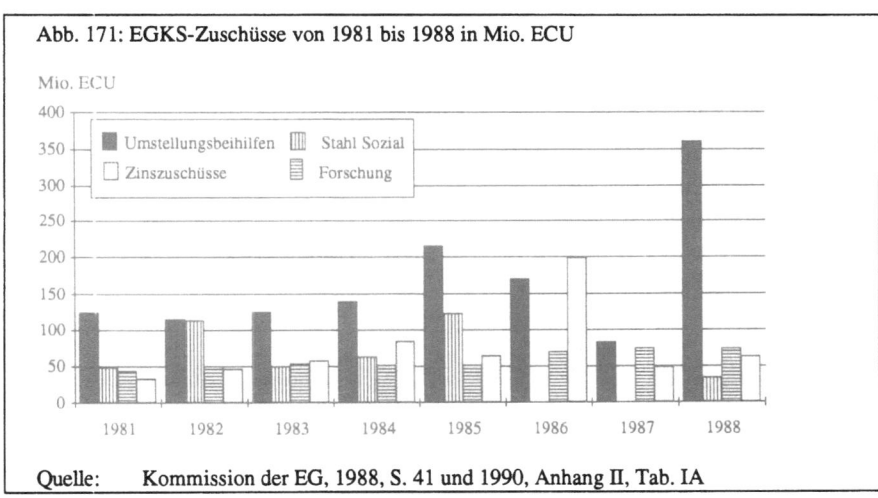

Abb. 171: EGKS-Zuschüsse von 1981 bis 1988 in Mio. ECU

Quelle: Kommission der EG, 1988, S. 41 und 1990, Anhang II, Tab. IA

Während also die Beihilfen an die Eisen- und Stahlindustrie in den verglichenen Zeiträumen in den meisten Mitgliedstaaten an Umfang verlieren bzw. entfallen, steigt der Umfang an EGKS-Zuschüssen (Abb. 171). Da diese gemäß Definition der Beihilfenberichte der EG-Kommission nicht unter die Kategorie Beihilfen fallen, kann nach dieser Abgrenzung von sinkenden Beihilfen an die Stahlindustrie gesprochen werden. Dennoch erhält diese Branche in steigendem Umfang Finanzinterventionen - wenn in den meisten Fällen auch nicht direkt vom Staat, so doch aus den Töpfen der EU.

8.1.2.4 Begründung der Beihilfengewährung zugunsten der Eisen- und Stahlindustrie innerhalb der EU

Seit Mitte der siebziger Jahre ist nun der Stahlbereich ein Sektor, der sich in der Krise befindet. "Die Subventionen setzten 1975 massiv ein. Ab 1980 drehte sich das Subventionskarussell in der EG schneller."[45] Nachfrageeinbrüche und massive Personalfreisetzungen (vgl. Tab. 39), in Verbindung mit starken regionalen Ballungen des Stahlsektors (so z. B. im Saarland oder in NRW, wo 1985 ca. 60% der Rohstahlerzeugung in der Bundesrepublik Deutschland hergestellt

---

43   Zu weiteren Ausführungen der anderen Fonds siehe: Kommission der EG, 1988, S. 36ff.
44   Vgl. Kommission der EG, 1991;2, S. 24.
45   Gerstenberger, 1985, S. 26.

wurden) haben die staatlichen Eingriffe in diesem Bereich provoziert.[46] Die Notwendigkeit der Ergreifung besonderer Maßnahmen zur Umstrukturierung der Eisen- und Stahlindustrie war offensichtlich.

Tab.39: Anzahl der Beschäftigten in der Stahlindustrie von 1980 bis 1991

	D	B	F	UK	I	LUX	NL
1980	144176	36,887	65,729	74511	79373	11202	20585
1981	135061	35856	59987	57949	76052	9807	20911
1982	126371	33652	57498	48736	73434	8912	20158
1983	116360	31971	53335	42019	69346	9393	19210
1984	106934	29697	48531	40901	59877	9393	18748
1985	106201	27421	41518	38889	53368	9344	18780
1986	99639	24059	35832	36799	50375	9050	18933
1987	91708	22117	28621	36235	47600	8172	18498
1988	90812	21432	25603	36218	45965	7536	18100
1989	90979	21045	22612	35061	44054	6985	17702
1990	86688	20019	20113	32799	42359	6542	17000
1991	82870	19843	18274	28555	40728	6163	16832

Quelle: Wirtschaftsvereinigung Eisen u. Stahlindustrie, 1992, S. 98

Mit der finanziellen Unterstützung durch Beihilfen konnten tiefgreifende Änderungen und Umstrukturierungen der Stahlindustrie angegangen werden.

Die Umstrukturierungserfordernisse mit der Notwendigkeit von Anpassungserleichterungen an die internationale Wettbewerbsfähigkeit und damit der Vermeidung einer rein marktlichen Anpassung, also die Interventionen in der Stahlpolitik, wurden begründet mit:[47]

1. der Versorgungssicherheit; hier wird die Notwendigkeit der Unabhängigkeit der Europäischen Union von Stahlimporten betont;

2. beschäftigungs- und regionalpolitischen Zielen; die drohende regionale Verelendung wird als Grund zum Erhalt der Stahlindustrie angeführt;

3. industriepolitischen Zielen; innerhalb dieser Argumentationskette steht der Erhalt nationaler Industrien im Vordergrund;

4. sozialpolitischen Zielen; Sozialpläne und Kompensationszahlungen können als Marktaustrittsbarrieren wirken;

5. integrationspolitischen Zielen; der gemeinsame Stahlmarkt wird als Selbstzweck für die europäische Integration verstanden; hierbei wird bewußt die Benachteiligung von effizienten Unternehmen zugunsten von "notleidenden" Unternehmen mit der Begründung einer Gemeinschaftssolidarität in Kauf genommen.

---

[46] Vgl. Eckart, 1992, S. 227f.
[47] Vgl. Kerz, 1991, S. 48f.

Neben dem Ziel der Anpassung der Stahlindustrie an wettbewerbliche Strukturen werden demnach weitere Ziele verfolgt, die auf rein marktwirtschaftlicher Basis nicht zu erreichen wären.

8.1.3 Außenwirtschaftliche Maßnahmen

Durch die weltweit zunehmende wechselseitige Abhängigkeit der Eisen- und Stahlunternehmen lassen sich die Probleme der Eisen- und Stahlindustrie nicht beschränkt auf den Raum der EU lösen. Dementsprechend gibt es seit der Krise von 1975 "Initiativen seitens der Regierungen bestimmter Drittländer, die in die Richtung eines weltweiten `orderly marketing´ oder einer internationalen Stahl-Charta gehen."[48]

Ende 1976 wurde in der europäischen Stahlindustrie eine seit dem "Flautenjahr" 1975 nicht mehr dagewesener Tiefstand an Auftragseingängen festgestellt. Ursachen dafür waren Billiglieferungen aus dem Ostblock, Spanien und Japan. Während ein Rückgang der Ausfuhren zu beobachten war, ist zugleich eine starke Zunahme der Einfuhren festzustellen. Deswegen ist mit Japan und dann auch mit Spanien über eine Selbstbeschränkung bei der Stahlausfuhr verhandelt worden.[49] Zudem wurden im Rahmen des Simonet-Plans (Simonet war Vizepräsident der EG-Kommission) auf der Grundlage von Auftragsbeständen und Produktionszahlen Frühindikatoren entwickelt ("Vorausschätzungsprogramme"), um sie dann zu Preis- und Produktionsempfehlungen heranzuziehen. Die Unternehmen sollten auf freiwilliger Basis dazu verpflichtet werden, die Lieferziele auf dem Binnenmarkt einzuhalten. Dazu arbeitete die Kommission in Zusammenarbeit mit den Unternehmen, den Regierungen und den Gewerkschaften einen Produktionsdrosselungsplan aus. Hierfür wurden die etwa 400 Unternehmen in rund 30 homogene Gruppen eingeteilt, für die jeweils eine betriebsspezifische Drosselungsquote berechnet wurde.[50] Damit sollte die Produktion besser an die Nachfrage angepaßt und der Preisverfall in Grenzen gehalten werden. Der Erfolg dieser Maßnahme beruhte auf der Kooperationsbereitschaft der Unternehmen. Die Kommission stärkte auf diese Weise ihren Einfluß auf das europäische Stahlmarktgeschehen und konnte im Falle vorhersehbarer Überkapazitäten eindeutig negative Stellungnahmen zu den Investitionsabsichten der Unternehmer abgeben und eine angemessene Kreditpolitik verfolgen.

Die Staats- und Regierungschefs bekräftigten Ende März 1977 auf der Tagung des Europäischen Rats ihren Willen, "durch geeignete Maßnahmen die Lebensfähigkeit und Wettbewerbsfähigkeit der Eisen- und Stahlindustrie wiederherzustellen, die für die Erhaltung eines eigenen europäischen Industriepotentials unerläßlich sind."[51]

In diesem Rahmen wurden von der Kommission "Leitlinien für die Stahlpolitik" verabschiedet, um den Krisenplan zu verstärken. Damit sollte die angestrebte Festigung der Binnenmarktpreise erreicht werden. Die Leitlinien lassen sich in vier großen Kapiteln zusammenfassen:[52]

- Aufrechterhaltung der Markteinheit und der Marktöffnung,

- Erhaltung einer modernen Produktionskapazität,

- marktorientierte Maßnahmen,

- Umstellung und berufliche Anpassung.

---

[48] Kommission der EG, 1976;1, S. 57.
[49] Vgl. Kommission der EG 1976;2, S. 98.
[50] Vgl. Kommission der EG, 1976;2, S. 98f.
[51] Kommission der EG, 1977;1, S. 30.
[52] Vgl. Kommission der EG, 1977;1, S. 29.

Etienne Davignon, ein speziell für den Binnenmarkt und die Gewerbliche Wirtschaft zuständiges Kommissionsmitglied, legte im April 1977 weitere Maßnahmen oder Leitlinien zur Bewältigung der Stahlkrise vor (sog. Davignon-Plan). Damit wurden die im März verabschiedeten Leitlinien erweitert und ergänzt. Dazu wurden neben binnenmarktlichen Maßnahmen (Erstellung von Kriterien für finanzielle Hilfen, Revision der "Allgemeinen Ziele Stahl" und der Festlegung von Mindest- und Orientierungspreisen) externe (= außenwirtschaftliche) Maßnahmen ergriffen. So wurde die Preiskontrolle des Simonet-Plans auch auf Importe aus Drittländern ausgeweitet. Dazu ist erstens eine statistische Überwachung der Einfuhren aus Drittländern notwendig, zweitens bedarf es eines Schutzes der EGKS-Stahlerzeugnisse gegen Praktiken von Dumping, Prämien und Subventionen aus nicht zur EGKS gehörenden Ländern.[53] Dazu wurden Importabgaben eingeführt, die die Angebotspreise ausländischer Anbieter auf ein Niveau bringen sollten, das sich an den Erzeugungskosten in der Europäischen Gemeinschaft orientiert.[54] Eine Isolierung des Binnenmarktes komme jedoch nicht in Frage. "Dem Davignon-Plan zufolge sollten die provisorischen Zölle baldmöglichst durch bilaterale Mindestpreis- und Selbstbeschränkungsabkommen zwischen der EG-Kommission und den Regierungen stahlexportierenden Drittländer ersetzt werden. Ab 1978 wurden derartige Abkommen mit den EFTA-Ländern, Japan, der Tschechoslowakei und Südafrika abgeschlossen; weitere Länder folgten in kurzen Abständen. Bei Stahlimporten aus Ländern, die nicht zum Abschluß von Exportverträgen bereit waren, wurden unverändert Anti-Dumping-Zölle erhoben".[55]

Zu Beginn der achtziger Jahre stand der Stahlexport der Bundesrepublik Deutschland nach den USA zur Diskussion, denn die deutsche Stahlindustrie verwendete in ihrer Eisen- und Stahlproduktion staatlich subventionierte Kohle, was die Amerikaner bemängelten, da dann der Stahlimport der USA aus der Bundesrepublik Deutschland ausgleichsgabepflichtig sei.[56] Das führte zu neuen Diskussionen über den Umgang mit der "protektionistischen Haltung" der USA europäischen Stahlimporten gegenüber. Der Beratende Ausschuß der EGKS reagierte mit einer Entschließung zu diesem Problembereich:[57]

"Der Beratende Ausschuß

- stellt mit großer Bestürzung fest und bedauert aufrichtig, daß vor kurzem in den Vereinigten Staaaten Maßnahmen ergriffen wurden, die die Einfuhrregelung dieses Landes für Stahl, wie sie in den Bestimmungen des Jahres 1977 festgelegt wurde, in Frage stellen;

- versteht um so weniger die Durchführung solcher Maßnahmen, als die europäische Ausfuhr von Erzeugnissen der Eisen- und Stahlindustrie in die Vereinigten Staaten im Jahre 1979 im Vergleich zum Vorjahr um rund zwei Millionen Tonnen zurückgegangen ist und die meisten amerikanischen Stahlproduzenten positive finanzielle Ergebnisse verzeichnen konnten;

- befürchtet insbesondere, daß die Maßnahmen den europäischen Handel mit den Vereinigten Staaten noch mehr bremsen, dadurch die Ablösung der europäischen Handelsströme durch andere Auslandsgeschäfte beschleunigen und somit die Lage auf dem Arbeitsmarkt der Gemeinschaft verschlechtern könnten;

- bittet die Kommission der Europäischen Gemeinschaften:

[53] Vgl. ABl. L 114 vom 5.5.1977.
[54] Vgl. Herdmann/Weiss, 1985, S. 106.
[55] Herdmann/Weiss, 1985, S. 106.
[56] Vgl. Senti, 1990, S. 13.
[57] Vgl. Kommission der EG, 1980, S.107.

die Behörden der Vereinigten Staaten unverzüglich auf ihre Verpflichtung hinsichtlich der Inangriffnahme und Handhabung der Probleme des Stahlaußenhandels hinzuweisen, sowie

alles zu versuchen, um einen Ausweg aus dieser neuen Lage zu finden, die zu einem Handelskrieg zwischen der Europäischen Gemeinschaft und den Vereinigten Staaten führen könnte."[58]

Mitte des Jahres 1992 ergab sich eine ähnliche Situation: US-Stahlhersteller klagten gegen 19 Stahl-Exportländer. Das amerikanische Handelsministerium verhängte daraufhin Mitte des folgenden Jahres Strafzölle, nachdem die International Trade Commission (ITC) des Ministeriums bereits im März unzulässiges Dumping und Exportsubventionen bei Stahllieferungen in die USA festgestellt hatte. Das US-Ministerium verhängte gegen ausländische Lieferanten von heiß- und kaltgewalzten Stählen sowie anderer Spezialstahlsorten wie Edelstahlplatten und Flußstahl Strafzölle, die von 0,50% für einen Stahl aus Deutschland bis zu 109,22% für Lieferungen aus Großbritannien reichen. Die abgestraften Länder sind Deutschland, Belgien, Finnland, Frankreich, Großbritannien, Italien, die Niederlande, Österreich, Polen, Rumänien, Spanien und Schweden aus Europa sowie Argentinien, Australien, Brasilien, Japan, Kanada, Korea und Mexiko. Diese Strafzölle wurden mit zwei unterschiedlichen Fakten begründet. Erstens richteten sie sich gegen Stahlimporte, die mit unfair niedrigen Preisen kalkuliert wurden. Zweitens registrierte das Handelsministerium Subventionen von Stahlexporten. Der niedrigste Strafzoll für angeblich subventionierten Stahl wurde in Höhe von 0,50% auf Stahlplatten der Thyssen AG, Duisburg, verhängt. Gedumpte Stahlplatten und kaltgewalzter Stahl aus Italien - mit Ausnahme des Herstellers Falck, der nur 3,71% Strafzoll bezahlen muß - sollen mit 72,91% Aufschlag bezahlt werden. Subventionierte Stahlplatten der kanadischen Ipsco wurden mit 1,47% Strafzoll belegt, Stahlplatten aus Großbritannien mit 109,22%.[59]

Ende Juli 1993 hob die International Trade Commission (ITC) als Kartellbehörde große Teile der vom US-Handelsministerium verhängten Strafzölle wieder auf. Die ITC bestätigte zwar, daß Stahleinfuhren aus 16 Ländern die Interessen amerikanischer Stahlhersteller unzulässig beeinträchtigen. Doch sie sah in 31 der ihr vorgelegten 72 Fälle keinen Vorstoß gegen Anti-Dumping- und Subventionsvorschriften der USA.[60] "Die europäische Stahlvereinigung Eurofer betonte, der Spruch der ITC bedeute ein Scheitern des Versuchs, den amerikanischen Stahlmarkt vor der übrigen Welt abzuschließen. Gegen die verbleibenden Zölle werde man weiterhin strikt vorgehen. Dagegen sind die deutschen Stahlunternehmen überzeugt, daß sie "hart getroffen" sind, wie es in einer Stellungnahme der Wirtschaftsvereinigung Stahl e. V. heißt. Denn wenn auch die Schädigung bei Importen von Warmbreitband durch die ITC verneint worden sei, so sei bei Grobblech, überzogenem Blech und Kaltfeinblech im Sinne der klagenden US-Stahlindustrie entschieden worden".[61] Die US-Stahlhersteller wollten gegen die Entscheidung der ITC angehen, doch bereits zwei Wochen nach Aufhebung des größten Teils der Strafzölle klärte die Behörde, daß sie ihre Entscheidung nicht revidieren wird.[62]

---

[58] ABl. C 95 vom 18.4.1980.
[59] Vgl. O. V., 1993;1, in: HB Nr. 119, S. 20.
[60] Vgl. O. V., 1993;2, in: HB Nr. 144, S. 11.
[61] O. V., 1993;1, in: HB Nr. 119, S. 20.
[62] O. V., 1993;3, in: HB Nr. 153, S. 1.

8.2 Investitionen im Rahmen der Anpassungsstrategien

Zu den Anpassungsstrategien gehört Investitionstätigkeit. Über einen Zeitraum von etwa zehn Jahren verlief diese in den einzelnen EU-Ländern recht unterschiedlich. Einzelheiten sind Abb. 172 bis 181 zu entnehmen.

Bundesrepublik Deutschland: Das Jahr der umfangreichsten Investitionstätigkeit war 1985 (Abb. 172). In allen Stahlregionen lag in dem Jahr das Maximum. Während in den folgenden Jahren im Saargebiet kaum noch investiert wurde, waren Investitionen in Nordrhein Westfalen und in Norddeutschland noch beachtlich, obwohl sie auch dort zurückgingen.

Frankreich: Auch in Frankreich lag die umfangreichste Investitionstätigkeit Mitte der achtziger Jahre (Abb. 173). Auffällig sind die Unterschiede zwischen Nord- und Ostfrankreich. Während die Investitionstätigkeit in Ostfrankreich bis Mitte der achtziger Jahre relativ hoch war, nahm sie in Nordfrankreich von 1979 bis 1985 ständig zu.

Italien: Obwohl in Italien in die Küstengebiete Jahr für Jahr relativ umfangreich investiert wurde (Abb. 174), lag auch dort Mitte der achtziger Jahre das Maximum.

Großbritannien: In den Stahlregionen Nordengland, Wales und Schottland gab es beträchtliche Unterschiede hinsichtlich der Investitionstätigkeit (Abb. 175). Maxima der Investitionen lagen in Nordengland Ende der siebziger und Ende der achtziger Jahre. Während in Wales 1984 und 1988 besonders viel investiert wurde, war das in Schottland nur in den Jahren 1985 und 1986.

Belgien: Die Investitionen in die Eisen- und Stahlindustrie Belgiens beliefen sich 1978 auf nicht einmal 100 Mio. ECU (Abb. 176). In den folgenden Jahren stiegen sie an und erreichten 1982 mit mehr als 300 Mio. ECU den ersten Höhepunkt. Auf relativ hohem Niveau blieben diese Investitionen in den nächsten Jahren. 1990 wurden bereits 400 Mio. ECU investiert.

Luxemburg: Die Investitionen in die Eisen- und Stahlindustrie Luxemburgs waren Ende der achtziger Jahre mit jährlich zwischen 110 bis 120 Mio. ECU sehr hoch (Abb. 177). Sie nahmen Anfang der achtziger Jahre rapide ab und bewegten sich in der zweiten Hälfte der achtziger Jahre auf relativ gleichbleibendem Niveau um 60 bis 70 Mio. ECU.

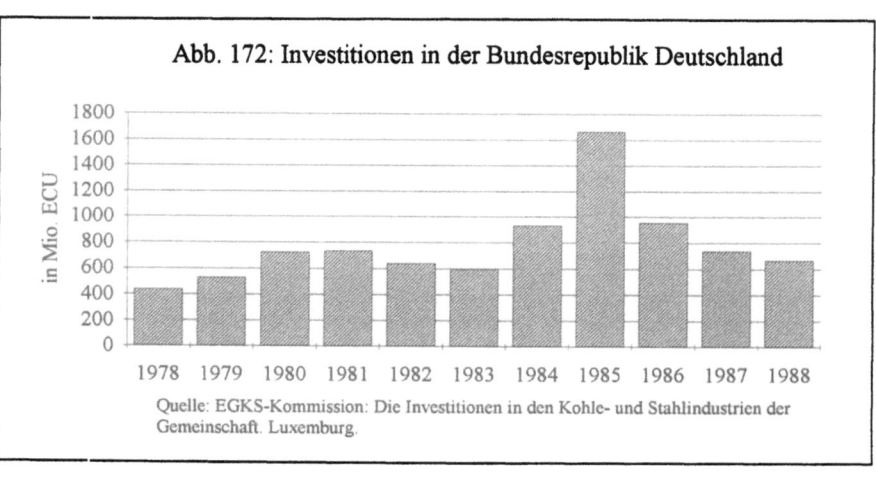

Abb. 172: Investitionen in der Bundesrepublik Deutschland

Quelle: EGKS-Kommission: Die Investitionen in den Kohle- und Stahlindustrien der Gemeinschaft. Luxemburg.

Abb. 173: Investitionen in Frankreich

Quelle: EGKS-Kommission: Die Investitionen in den Kohle- und Stahlindustrien der Gemeinschaft. Luxemburg.

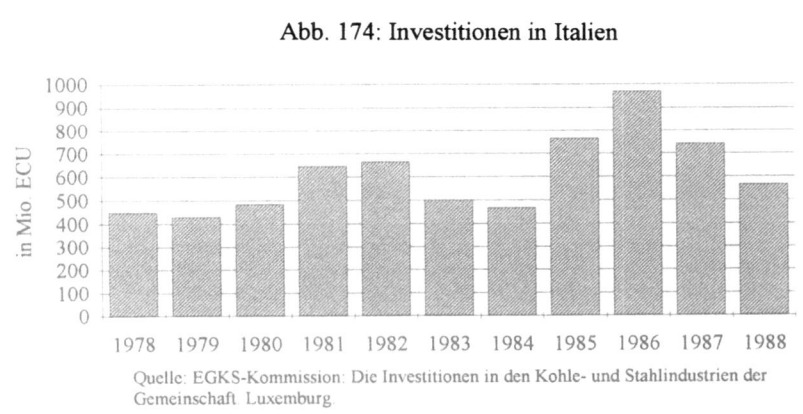

Abb. 174: Investitionen in Italien

Quelle: EGKS-Kommission: Die Investitionen in den Kohle- und Stahlindustrien der Gemeinschaft. Luxemburg.

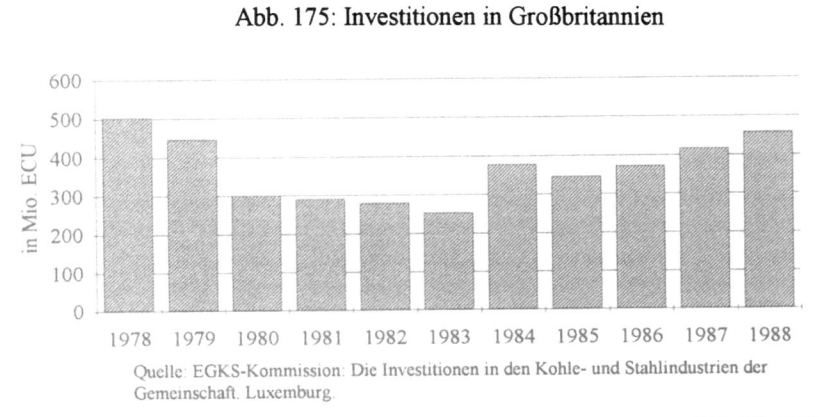

Abb. 175: Investitionen in Großbritannien

Quelle: EGKS-Kommission: Die Investitionen in den Kohle- und Stahlindustrien der Gemeinschaft. Luxemburg.

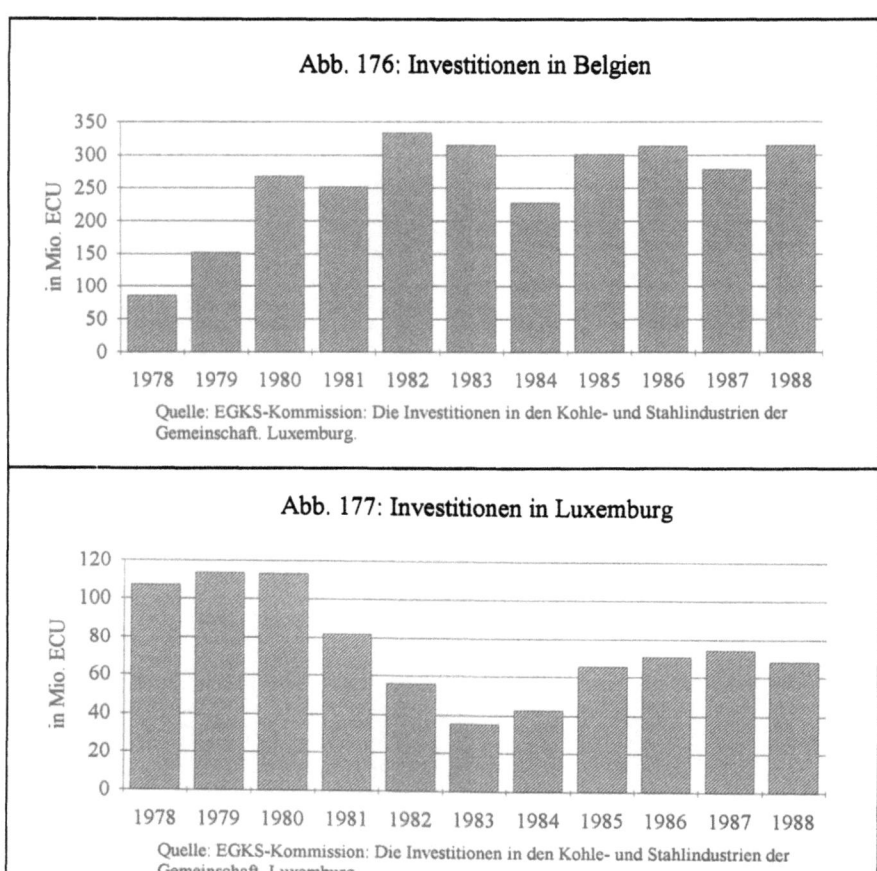

Abb. 176: Investitionen in Belgien

Quelle: EGKS-Kommission: Die Investitionen in den Kohle- und Stahlindustrien der Gemeinschaft. Luxemburg.

Abb. 177: Investitionen in Luxemburg

Quelle: EGKS-Kommission: Die Investitionen in den Kohle- und Stahlindustrien der Gemeinschaft. Luxemburg.

Niederlande: Ganz anders verlief die Investitionstätigkeit in den Niederlanden (Abb. 178). Vom Ende der siebziger bis fast Mitte der achtziger gab es einen ständigen Anstieg von etwa 50 Mio. ECU (1978) auf etwa 170 Mio. ECU (1984). In den Jahren 1985 und 1986 stiegen die Investitionen nochmals um etwa das Doppelte. Aber Ende der achtziger Jahre war der Investitionsumfang immer noch beträchtlich. 1989 lag er bei etwa 180 Mio. ECU.

Irland und Dänemark: Für die beiden in der Eisen- und Stahlindustrie relativ unbedeutenden Länder Irland und Dänemark liegen Investitionsangaben vor. Für Irland waren 1979 bis 1982 Investitionen in erwähnenswertem Umfang getätigt worden, umfaßten 1980 sogar fast 40 Mio. ECU. In den anderen Jahren spielten sie z.T. gar keine Rolle mehr (Abb. 179).

In Dänemark hat es in der Zeit von 1978 bis 1990 erwähnenswerte Investitionen - allerdings unter 15 Mio. ECU 1978, 1985 und 1990 gegeben (Abb. 180). In den anderen Jahren lagen sie noch weit darunter.

Griechenland: Griechenlands Investitionen waren im Jahre 1980 am umfangreichsten (Abb. 181). Mit mehr als 180 Mio. ECU war das die größte Summe in diesem Land. Sie wurden ständig in den folgenden Jahren reduziert. Sie waren Ende der achtziger Jahre völlig unbedeutend.

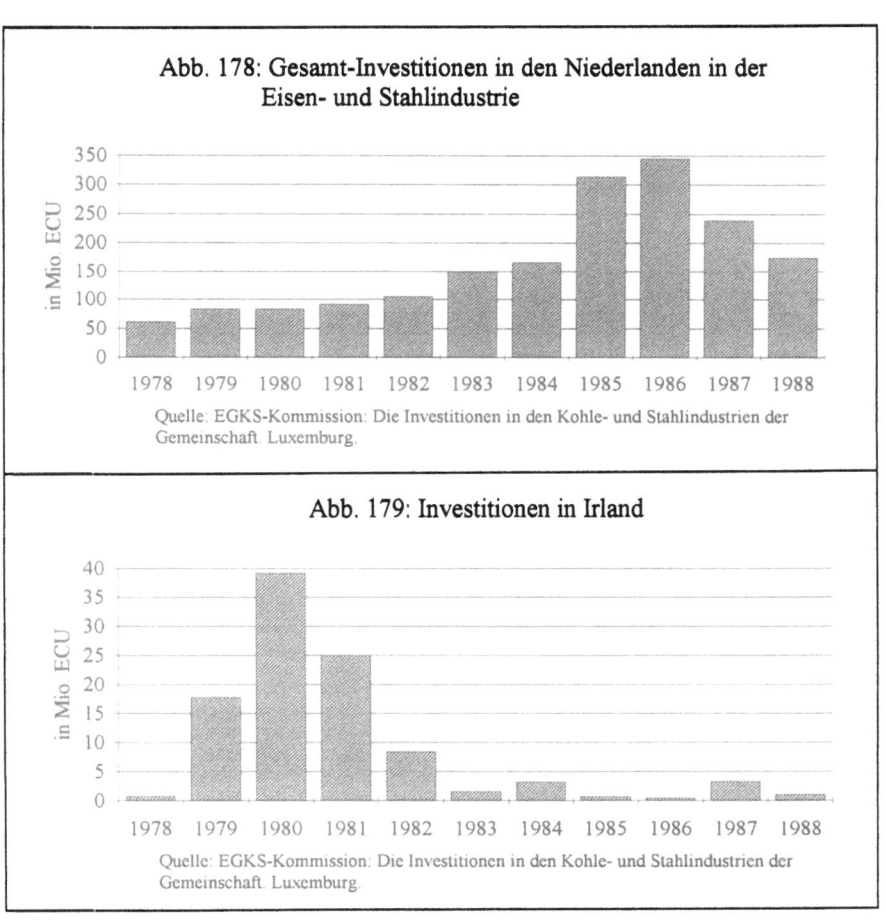

Abb. 178: Gesamt-Investitionen in den Niederlanden in der Eisen- und Stahlindustrie

Quelle: EGKS-Kommission: Die Investitionen in den Kohle- und Stahlindustrien der Gemeinschaft. Luxemburg.

Abb. 179: Investitionen in Irland

Quelle: EGKS-Kommission: Die Investitionen in den Kohle- und Stahlindustrien der Gemeinschaft. Luxemburg.

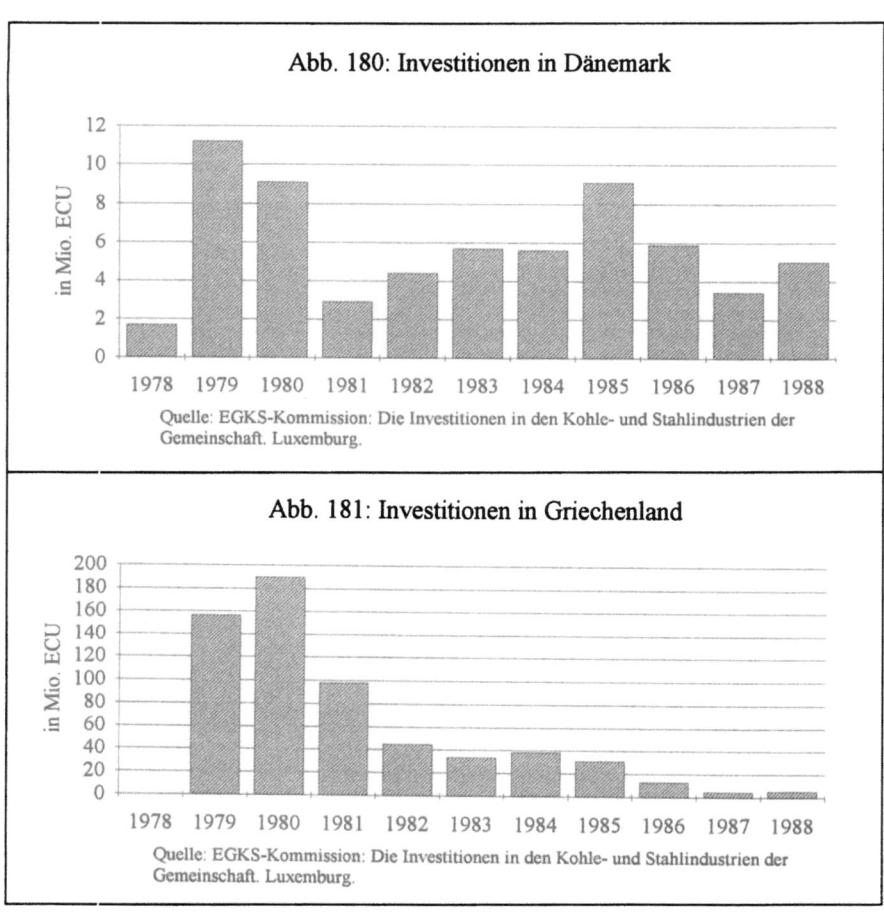

Abb. 180: Investitionen in Dänemark

Quelle: EGKS-Kommission: Die Investitionen in den Kohle- und Stahlindustrien der Gemeinschaft. Luxemburg.

Abb. 181: Investitionen in Griechenland

Quelle: EGKS-Kommission: Die Investitionen in den Kohle- und Stahlindustrien der Gemeinschaft. Luxemburg.

8.3 Anpassungs- und Umstrukturierungsmaßnahmen in der Eisen- und Stahlindustrie in den osteuropäischen Ländern

Die Eisen- und Stahlindustrie gehört in den europäischen postkommunistischen Ländern zu jenen Industriezweigen, die in der Übergangsphase zur Marktwirtschaft von der Rezession am schwersten betroffen waren. Infolge des allgemeinen Zusammenbruchs der Wirtschaft in diesen Ländern nach 1989 ging die Nachfrage nach Stahlprodukten rapide zurück, darunter auch seitens des bisher größten Abnehmers, der Rüstungsindustrie. Der Rückgang der Stahlproduktion in den Jahren 1988/89 - 1991/92 betrug in allen betreffenden Ländern ca. 50%, wobei er in der Tschechoslowakei am geringsten war (28%), und in Jugoslawien - wegen des Bürgerkrieges - (64%) und in Rumänien (63%) - am größten (Tab. 40). In der Hütte von Elbasan in Albanien wurde seit 1992 die Stahlproduktion ganz stillgelegt.

Tab. 40: Rückgang der Stahlproduktion in der Zeit 1988/89 - 1992

Land	Höchstwerte der Produktion vor der Systemkrise (Tsd t)	1992 (Tsd.t)	Änderungen in % (1988/89=100)
Bulgarien	2.899 (1989)	1.550	53,5
Tschechoslowakei	15.465 (1989)	11.140	72,0
Jugoslawien	4.487 (1988)	1.633	36,4
Polen	16.873 (1988)	9.866	58,5
Rumänien	14.500 (1988)	5.371	37,0
Ungarn	3.582 (1988)	1.559	43,5

Infolge dieser Entwicklung gehört die Eisen- und Stahlindustrie, der einst im "sozialistischen Modell der Industrialisierung" dominierende Industriezweig, nun - ähnlich wie in westeuropäischen Ländern - zu den regressiven Industriezweigen. Die gleichzeitige Konfrontierung mit der realisierten Marktwirtschaft, die für den Weltmarkt offen ist, hat gezeigt, daß die Eisen- und Stahlindustrie der ehemaligen sozialistischen Länder der Weltkonkurrenz sowohl hinsichtlich der Technologie als auch der Arbeitseffektivität u.a. nicht standhalten kann. Die Modernisierung und Umstrukturierung dieses Wirtschaftszweiges ist also dringend notwendig geworden.

Einige Länder, wie Polen, die Tschechoslowakei, Jugoslawien und Ungarn haben ausländische Consulting-Firmen beauftragt, Umstrukturierungsprogramme für die Eisen- und Stahlindustrie zu erarbeiten. 1991/92 wurden diese Programme den Regierungen dieser Länder vorgelegt.

8.3.1 Das Umstrukturierungsprogramm der Eisen- und Stahlindustrie für Polen

Das Umstrukturierungsprogramm der Eisen- und Stahlindustrie für Polen wurde von der kanadischen Consulting-Firma "Hatch Associates Ltd. Ernst & Young Steltech" erarbeitet.

Die wichtigsten Schlußfolgerungen dieses Programms (bis 2000) sind:

- Stillegung von 6 Hütten ("Szczecin", alter Teil der Hütte "Ostrowiec", "Batory", "Bobrek", "Bankowa" und "Buczka");

- Verminderung der Zahl der Stahlwerke von 20 auf 8;

- Verminderung der Stahlproduktion auf ca. 10 Mio. t, der Walzprodukte auf ca. 8 Mio. t (davon 2 Mio. t für den Export);

- Abschaffung aller Martinöfen;

- Erhöhung des Anteils des Stranggußverfahrens auf 75%;

- Verminderung der Zahl der Beschäftigten von 124.000 auf 44.000 im Jahre 2000; das bedeutet zugleich eine Steigerung der Arbeitseffektivität; beispielsweise sinkt die Arbeitsstundenzahl pro Tonne Walzstahl von 22 (1990) auf 6 (2000);

- der organisatorische Zusammenschluß der Hütte "Katowice" mit der Hütte "Sendzimir" in Krakow mit folgender Spezialisierung/Arbeitsteilung:

- Hütte "Katowice" - Produktion von Basis- und Halbprodukten

- Hütte "Sendzimir" - Produktion von Fertigprodukten;
- auch der Zusammenschluß der Hütten "Czestochowa" und "Zawiercie" wird vorgeschlagen.

Autoren des Umstrukturierungsprogramms nennen drei für die Entwicklung der Eisen- und Stahlindustrie in Polen besonders positive Aspekte: gut ausgebildete und relativ billige Arbeitskräfte sowie reiche eigene Kokskohlevorkommen.

Die Gesamtkosten der Umstrukturierung polnischer Eisen- und Stahlindustrie wurden auf ca. 4,5 Mrd. USD geschätzt; ein Teil der Kosten wird von den ausländischen Krediten gedeckt, deren Sicherung die polnische Regierung bereits zugesagt hat. Einzelheiten der Kostenverteilung zeigen Tab. 41 und 42.

Tab. 41: Vorgesehene Gesamtkosten für die Umgestaltung der polnischen Eisen- und Stahlindustrie

Verwendung	Kosten (Mio. USD)
Neue Investitionen	1.800
Modernisierung	1.800
Umstrukturierung der Beschäftigten	300
Vergrößerung des Betriebskapitals	550
Insgesamt	4.450

Tab. 42: Vorgesehene Investitionen in Hüttenwerke Polens

	Investitionen (Mio. USD)
Katowice	983
T. Sendzimira	450
Zawiercie	177
Baildon	70
Ostrowiec	40
Czestochowa	30
1 Maja	30
Laziska	10
Malapanew	10
Insgesamt	1.800

Ende 1992 wurde dieses Programm von der polnischen Regierung angenommen. Gleichzeitig hat die Regierung ihr eigenes Programm für die Umstrukturierung der polnischen Eisen- und Stahlindustrie ausgearbeitet. Das "polnische Programm" stimmt in den wesentlichen Punkten mit dem in Tab. 43 dargestellten Programm der kanadischen Firma überein, sieht allerdings eine längere Zeitperiode für die Umstrukturierungsprozesse vor und begründet dies einerseits mit finanziellen und andererseits mit sozialen (die Notwendigkeit der Entlassung von 80 000 Beschäftigten) Problemen.

206

Tab. 43: Produktionsprogramm und Außenhandel der polnischen Eisen- und Stahlindustrie für das Jahr 2000

Produktionsprogramm	Volumen (Mio. jato)
Rohstahl	9,8
Walzprodukte	8,0 - 8,5
davon Flacherzeugnisse	3,3 - 3,8
Langerzeugnisse	3,3
Rohre	0,9
andere Produkte	0,5
Importe von Walzstahl	ca. 2,0
davon: Flacherzeugnisse	0,675
Langerzeugnisse	0,975
Baustahl	0,150
Halbprodukte	0,300

1993 begann die etappenweise Realisierung des Programms der Umstrukturierung der polnischen Eisen- und Stahlindustrie. Die Hütte "Bobrek" in Bytom/Beuthen wird derzeit stillgelegt, die weiteren Hütten, die demnächst auch geschlossen werden sollen, werden für diesen Prozeß vorbereitet. Die SM-Öfen werden ebenfalls etappenweise abgeschafft, und in den Hütten "Katowice" und "Sendzimir" werden die geplanten Stranggußanlagen installiert.

Ein spezielles Modellbeispiel für die Umstrukturierung polnischer Eisen- und Stahlindustrie wird höchstwahrscheinlich die Hütte "Warszawa" sein, die vom italienischen Konzern Lucchini übernommen und für die ein eigenes Umstrukturierungsprogramm ausgearbeitet wurde.

8.3.2 Das Umstrukturierungsprogramm der Eisen- und Stahlindustrie für die Tschechoslowakei

Das Umstrukturierungsprogramm für die Tschechoslowakei wurde in den Jahren 1991-1992 vom Ministerium für Hüttenwesen der CSFR und der deutsch-französischen Firma "Sofres Conseil-Sofresid - Roland Berger & Partner" ausgearbeitet.

Die wichtigsten Schlußfolgerungen dieses Programms (bis 2000) sind:

- Rückgang der Kapazität um 33% in der Roheisenproduktion (bis 6,5 Mio. t) und in der Stahlproduktion (bis 9 - 10 Mio. t) sowie Rückgang der Herstellung der Walzprodukte um 40% (auf 9 - 10 Mio. t, davon 2,3 Mio. t für den Export);

- Verminderung der Zahl der Hochöfen auf 6;

- Schließung aller SM-Öfen;

- Erhöhung des Anteils des Stranggußverfahrens auf 97%;

- Reduzierung der Beschäftigtenzahl um fast 70% (auf 45.000 - 50.000 im Jahre 2000), was auch eine Arbeitseffektivitätssteigerung bedeutet.

Die Teilung der Tschechoslowakei in zwei Staaten - Tschechien und die Slowakei (1.1.1993) - hat bis jetzt keine großen Auswirkungen auf das Funktionieren der Eisen- und Stahlindustrie in beiden Ländern gehabt. Die Eisen- und Stahlindustrie der beiden Staaten funktioniert nach wie vor ungetrennt als "Aktiengesellschaft Eisen- und Stahlindustrie", in die 20 Unternehmen der

Eisen- und Hüttenindustrie (17 in Tschechien und 3 in der Slowakei) eingegliedert sind, ebenfalls als Aktiengesellschaften. Die "Aktiengesellschaft Eisen- und Stahlindustrie" wird vom Ministerium für Eisen- und Stahlindustrie Tschechiens und vom Ministerium für Eisen- und Stahlindustrie der Slowakei beaufsichtigt. Die Umstrukturierungsmaßnahmen werden auch nach wie vor gemeinsam eingeführt. Das Produktionspotential der Eisen- und Stahlindustrie teilte sich 1992 zwischen Tschechien und der Slowakei auf, wie aus Tab. 44 zu sehen ist.

Tab. 44: Das Produktionspotential der Eisen- und Stahlindustrie von Tschechien und der Slowakei

	Tschechien	Slowakei
Anzahl der Hütten	11	2
Roheisenproduktion (Mio. t)	5,1	2,9
Stahlproduktion (Mio. t)	7,2	3,8
Walzprodukte (Mio. t)	6,8	3,5

Der langfristige Plan der Entwicklung der Eisen- und Stahlindustrie in der Slowakei und in Tschechien rechnet mit einem deutlichen Rückgang des Stahlverbrauchs: von 640 kg/Einwohner im Jahre 1990 auf 400 kg im Jahre 2000. Dank einem starken Rückgang der Beschäftigtenzahl soll die Arbeitseffektivität von 147 t Stahl/Arbeiter im Jahre 1991 auf 200 t im Jahre 2000 steigen.

Die Kosten des Umstrukturierungsprogramms der Eisen- und Stahlindustrie in Tschechien und der Slowakei werden auf 2,4 Mrd. engl. Pfund geschätzt.[63]

Die Investitionsquoten zur Umstrukturierung der Eisen- und Stahlindustrie in Tschechien und der Slowakei wurden auf Zeitperioden und Unternehmen aufgeteilt (Tab. 45).

Tab. 45: Struktur der Eisen- und Stahlproduktion in Tschechien und der Slowakei im Jahre 2000 (Tsd. t)

Unternehmen	Roheisen	Rohstahl	Walzerzeugnisse	Rohre
VSZ Kosice	2.940	3.520	2.777	100
NHO Ostrava	1.910	1.430	2.306	315
TZ Trinec	1.600	2.550	1.354	-
Vitkovice	-	800	700	128
POLDI Kladno	-	760	700	-
SZ Podbrezova	-	200	-	155
Frydek-Mistek	-	-	-	220
Chomutov	-	-	-	100
sonstige Standorte	-	-	118	464
Insgesamt:	6.450	9.260	8.175	1.262

8.3.3 Das Umstrukturierungsprogramm für die Eisen- und Stahlindustrie im ehemaligen Jugoslawien

Die Eisen- und Stahlindustrie Jugoslawiens wurde von zwei schweren Schlägen getroffen: vom politischen Zerfall der Föderation (1990- 1991), dem ein allgemeiner Rückgang der wirtschaftli-

---

[63] Nach Steel Times, Sept. 1992.

chen Produktion vorausging (seit 1987) und vom folgenschweren Bürgerkrieg, der seit 1991 das Land verwüstet. Der politische Zerfall des Föderationsstaates Jugoslawien hat der Eisen- und Stahlindustrie, die auf dem einheitlichen, gemeinsamen Absatzmarkt aufgebaut und ausgerichtet war, einen schweren Schlag versetzt. Dies sowie die allgemeine wirtschaftliche Rezession führten zum Rückgang der Stahlproduktion in Jugoslawien in den Jahren 1988 - 1991 um 50%.

Infolge des Bürgerkrieges sind die Produktions- und Transportverbindungen zwischen einzelnen Hütten und Abatzmärkten unterbrochen bzw. nur schwer zugänglich; die Hüttenstandorte in Kroatien (Sisak) und in Bosnien (Zenica) liegen direkt im Kriegsgebiet. Am wenigsten betroffen sind (bis jetzt!) die Hüttenstandorte Niksic in Montenegro und Skopje in Makedonien.

Die Verhängung der Wirtschaftssanktionen der UNO gegen Serbien und Montenegro (sog. Neues Jugoslawien) im Jahre 1992 hat in den Hütten Smederevo und Niksic zu Problemen mit der Rohstoff- und Materialversorgung geführt. Von diesen Sanktionen ist indirekt auch die ungarische Hütte in Dunujvaros betroffen, deren Rohstoffversorgung und Produktionsabsatz teilweise auf der Donau erfolgen.[64]

Das Umstrukturierungsprogramm für die Eisen- und Stahlindustrie im ehemaligen Jugoslawien wurde von der Firma "British Steel Consultants" ausgearbeitet.

Schlußfolgerungen dieses Programms:

- Verzicht auf Roheisenproduktion mit Hilfe der Elektroreduktionsmethode sowie Abschaffung kleiner, veralteter Hochöfen;
- Abschaffung des SM-Verfahrens und Modernisierung veralteter Walzwerke;
- Reduzierung der Beschäftigtenzahl;
- die Firma "British Steel Consultants" vertritt die Meinung, daß die Eisen- und Stahlindustrie des ehemaligen Jugoslawiens bei mittelgroßem Kostenaufwand in der Weltwirtschaft konkurrenzfähig sein kann. Die Umstrukturierung ist allerdings nur im Rahmen eines einheitlichen Eisen- und Stahlmarktes des gesamten Landes möglich.[65]

Bisherige organisatorische Veränderungen in der Eisen- und Stahlindustrie nach dem Zerfall Jugoslawiens:

- Dem Vorschlag der Firma British Steel Consultants zufolge ist die Agentur für Umstrukturierung der Eisen- und Stahlindustrie entstanden, in der die Eisen- und Stahlindustrie von Serbien, Montenegro und Makedonien vertreten ist; demnächst soll auch die Eisen- und Stahlindustrie von Bosnien-Herzegowina in diese Agentur eingegliedert werden.[66]
- Die Eisen- und Stahlindustrie Serbiens hat die Holding-Gesellschaft "Srbija-Celik" ins Leben gerufen, die das Hüttenkombinat in Smederevo sowie kleine Verarbeitungsbetriebe in Sabac, Aleksinac, Urosevac und Vucitrn umfaßt.[67]

---

[64] Steel Times, August 1993.
[65] Nach Steel Times, August 1992.
[66] Steel Times, Mai 1992.
[67] Steel Times, März 1992.

8.3.4 Modernisierungsmaßnahmen in der Eisen- und Stahlindustrie in Rumänien

In den Jahren 1988 - 1992 kam es zu einem starken Rückgang in der Eisen- und Stahlindustrie in Rumänien. Die Stahlproduktion ging auf 37% und die Kapazitätsauslastung auf 57% im Vergleich mit dem Jahr 1989 zurück. Infolge der zunehmenden politischen und wirtschaftlichen Isolierung des Landes in den Jahren 1980 - 1990 ist die rumänische Eisen- und Stahlindustrie darüber hinaus sehr rückständig geblieben.

Die wichtigsten Elemente der technischen Rückständigkeit der rumänischen Eisen- und Stahlindustrie:

- hoher Rohstoff- und Energieverbrauch der Produktionsanlagen,
- kleiner Differenzierungsgrad und niedrige Qualität der Fertigprodukte,
- veraltete und uneffektive Umweltschutztechnologien.

Die wichtigsten Modernisierungsmaßnahmen bis zum Jahr 2000 sind:

- Abschaffung veralteter Objekte und Anlagen sowie Installierung moderner Anlagen;
- Beibehaltung der Kapazität der Eisen- und Stahlindustrie mit ca. 5 Mio. t Stahl, ca. 3,8 Mio. t Walzprodukte und ca. 400.000 t Rohre;
- die Kapazitätsauslastung soll dabei mindestens 70% betragen;
- Abschaffung der Martinsstahlwerke in den Hütten Hunedoara, Resita und Otelu Rosu;
- Anstieg des Anteils des Stranggußverfahrens auf 75-80%;
- Modernisierung der Elektrostahlöfen und Walzwerke in manchen Hütten;
- Installierung von Umweltschutzanlagen in ausgewählten Hütten.

Das Stahl- und Walzwerk "Easteel Siderurgica Otelu Rosu" gründete mit einem italienischen Partner das bis jetzt einzige Joint Venture-Unternehmen in der rumänischen Eisen- und Stahlindustrie.[68]

Um den notwendigen Rahmen für den Übergang zur Marktwirtschaft festzulegen und um ein hohes Niveau an wirtschaftlicher Rentabilität und Effizienz sicherzustellen, wurden im ersten Abschnitt des Jahres 1991 die Metallindustriebetriebe in Handelsgesellschaften umgewandelt. Die Koordinierung all dieser Handelsgesellschaften wird von Strategiegesellschaften vom Typus "holding" gesichert, die fachspezifisch organisiert sind, und zwar:

- "SIDEROM S.A." koordiniert 56 Handelsgesellschaften mit Spezialisierung auf gewalzte Stahlfertigprodukte sowie auf Baumontagen, Forschungsprojekte und Außenhandel;
- "ROMTUB S.A." koordiniert den Betrieb von neun Handelsgesellschaften, die Walz- und Schweißrohre produzieren.

8.3.5 Anpassungsmaßnahmen in der Eisen- und Stahlindustrie Ungarns

In den Jahren 1980/90 erfolgte in Ungarn der nach Jugoslawien und Rumänien größte Produktionsrückgang in der Eisen- und Stahlindustrie. Im Jahre 1991 kam es zur Stillegung der Eisenhütten in Miskolc und Ozd im traditionellen Eisenhüttenrevier Borsod. Trotz der Beteiligung ausländischen Kapitals an der Modernisierung der Hütte Dimag in Miskolc (österreichisch-russisch-ukrainisches Kapital) und der Hütte Ozd (deutsches Kapital - Korf Metallgesellschaft) konnten

---

[68] Steel Times, August 1993.

beide Hütten nicht mehr gerettet werden. Das Eisenhüttenrevier Borsod ist jetzt ein Krisengebiet mit einer besonders hohen Arbeitslosenquote (über 20%). Im Jahre 1992 gründete die staatliche Hütte "Dunai Vasmu" ein Joint Venture mit der österreichischen Firma Voest Alpine Stahl zur Herstellung von Karosserieblechen (50:50%). Diese Hütte ist derzeit die einzige Hütte in Ungarn mit dem vollen Produktionszyklus.

Bis 2000 rechnet man in Ungarn mit einem geringen Anstieg der Stahlproduktion auf 2,2 - 2,4 Mio. t. Die Hälfte der gesamten Produktion sollen Flacherzeugnisse (Bleche) ausmachen, die in dem von den Japanern in Györ gegründeten Autowerk Absatz finden sollten.[69]

---

[69]   Steel Times, August 1993.

9   Stellung Europas in der Weltrohstahlerzeugung an der Wende der achtziger/ neunziger Jahre (1988 bis 1992)

Im Jahre 1989 wurden weltweit noch 814,5 Mio. t Rohstahl erzeugt, 1992 nur noch 729 Mio. t (Abb. 182). Einen wesentlichen Anteil an diesem Rückgang von 85,5 Mio. t hatte auch Europa, ein Raum, der durch die heutigen 12 EG-Länder, die ehemaligen europäischen RGW-Länder und einige andere Länder wie Norwegen, Schweden, Finnland, aber auch Österreich, die Schweiz sowie Albanien und das ehemalige Jugoslawien abgegrenzt wird.

1989 wurden in diesem Raum 217,3 Mio. t, d. h. 26,7% der Weltrohstahlerzeugung produziert (Abb. 183), 1992 waren es nur noch 175,5 Mio. t (=24,1%). Der Rückgang in Europa belief sich auf 41,8 Mio. t, machte also allein etwa die Hälfte dieses weltweiten Rückgangs aus.

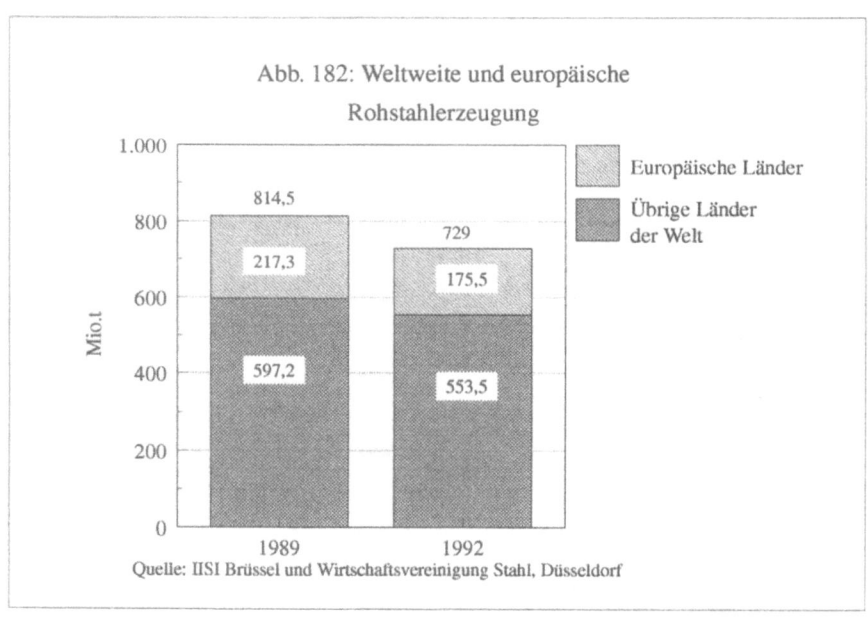

Abb. 182: Weltweite und europäische Rohstahlerzeugung

Europäische Länder

Übrige Länder der Welt

Mio.t

1989   1992

Quelle: IISI Brüssel und Wirtschaftsvereinigung Stahl, Düsseldorf

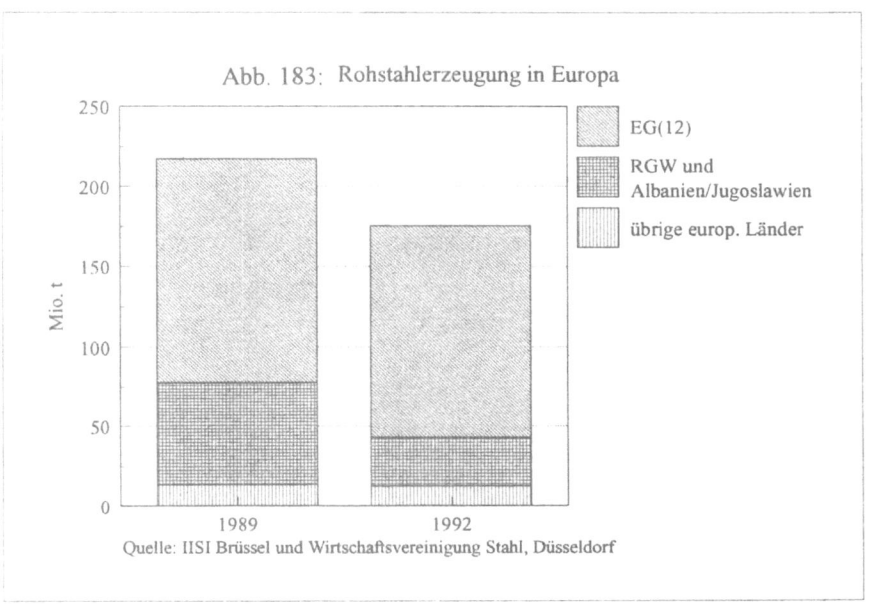

Abb. 183: Rohstahlerzeugung in Europa

EG(12)

RGW und
Albanien/Jugoslawien

übrige europ. Länder

Quelle: IISI Brüssel und Wirtschaftsvereinigung Stahl, Düsseldorf

Den größten Erzeugungsumfang von Rohstahl hatte 1989 die Bundesrepulik Deutschland mit 41,1 Mio. t (Abb. 184). Mit nur 25,2 Mio. t lag das zweitwichtigste Land Italien weit dahinter. Großbritannien und Frankreich erzeugten damals jeweils nur 18,7 Mio. t. Diese vier Länder zusammen erzeugten somit insgesamt 103,7 Mio. t, d. h. knapp die Hälfte der gesamteuropäischen Produktion.

Allerdings ist es in den meisten Ländern dann zu beträchtlichen Rückgängen gekommen (Abb. 185). So ging z. B. in Großbritannien 1991 gegenüber 1990 die Erzeugung um 8,7% zurück, 1992 gegenüber 1991 nochmals um 2,8%. In Griechenland waren das Werte von 1,9% bzw. 10,2%. Besonders stark waren die Rückgänge in einigen ehemaligen RGW-Ländern. In Rumänien sank der prozentuale Anteil 1992 gegenüber 1991 um 25%. Auf der anderen Seite gab es aber auch in einigen nordeuropäischen Ländern Wachstum. In den hier berücksichtigten Vergleichsjahren waren das z. B. in Finnland 1,1% bzw. 6,5%, in Norwegen 16,5% bzw. 0,7%.

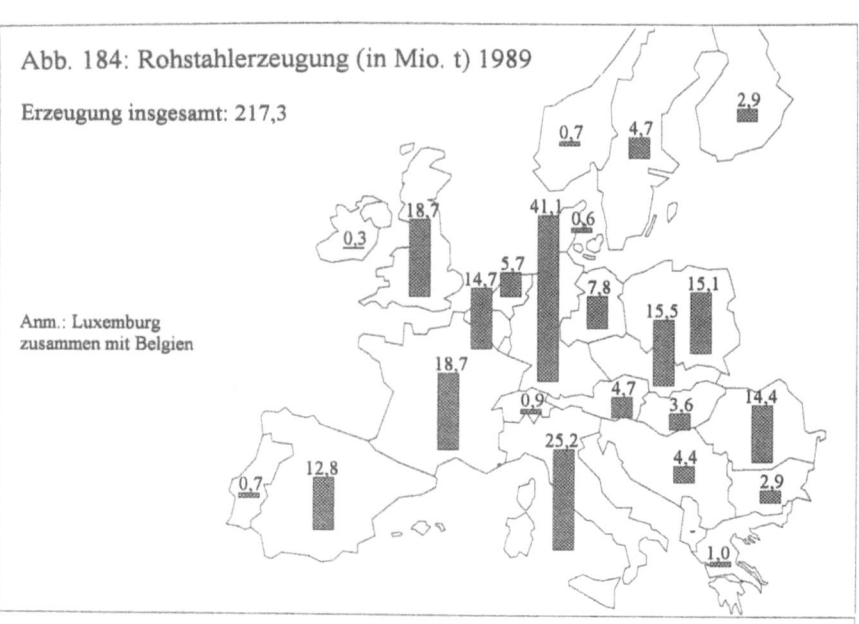

Abb. 184: Rohstahlerzeugung (in Mio. t) 1989

Erzeugung insgesamt: 217,3

Anm.: Luxemburg
zusammen mit Belgien

Abb. 185: Veränderungen in der Rohstahlerzeugung
(in %) 1990-1992

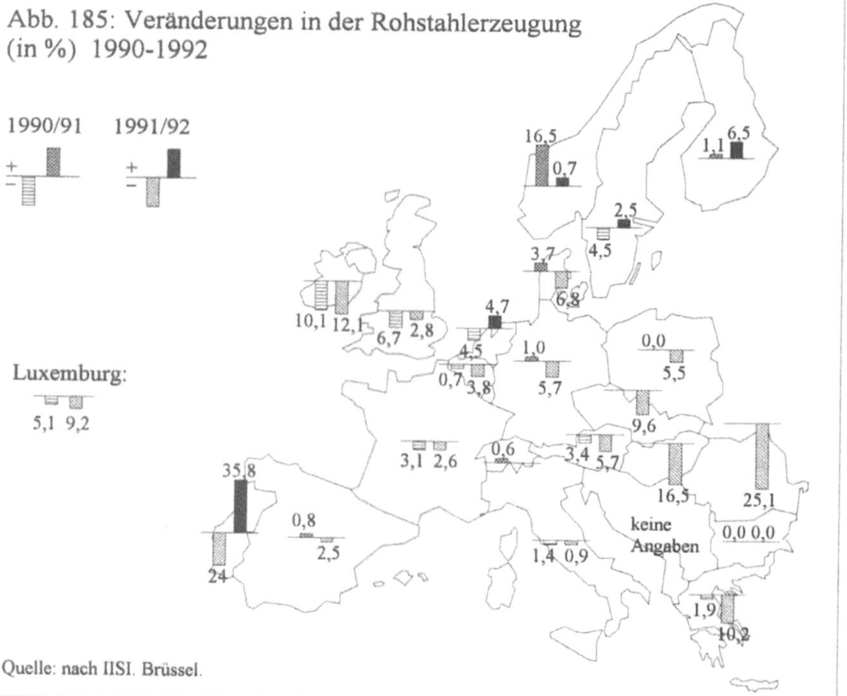

1990/91   1991/92

Luxemburg:

5,1 9,2

keine
Angaben

Quelle: nach IISI. Brüssel.

214

10 Strukturelle Veränderungen am europäischen Stahlmarkt

10.1 Der Stahlverbrauch

Die strukturellen Veränderungen am europäischen Stahlmarkt lassen sich am veränderten Stahlverbrauch ablesen. Gemeint ist damit die Rohstahlerzeugung plus Einfuhr minus Ausfuhr ohne
Berücksichtigung von Lagerbestandsveränderungen.

Die großen länderspezifischen Unterschiede verdeutlicht Abb. 186. Im Jahre 1989 lag das
Maximum in der DDR mit 622 kg pro Kopf der Bevölkerung. Das Minimum hatte Irland mit nur
154 kg pro Kopf der Bevölkerung. 1991 hatte sich die Situation bereits stark verändert. Die
Bundesrepublik Deutschland lag nun mit 482 kg/Einw. an der Spitze. Jugoslawien bildete mit nur
68 kg/Einw. das Schlußlicht. Da nur für die EG-Länder Angaben auch für 1992 vorlagen, kann
man nur für diese Länder und für dieses Jahr weitere Veränderungen registrieren. Mit 486
kg/Einw. lag weiterhin die Bundesrepublik Deutschland an der Spitze. Das Minimum gab es
wieder in Irland mit nur 131 kg/Einw.

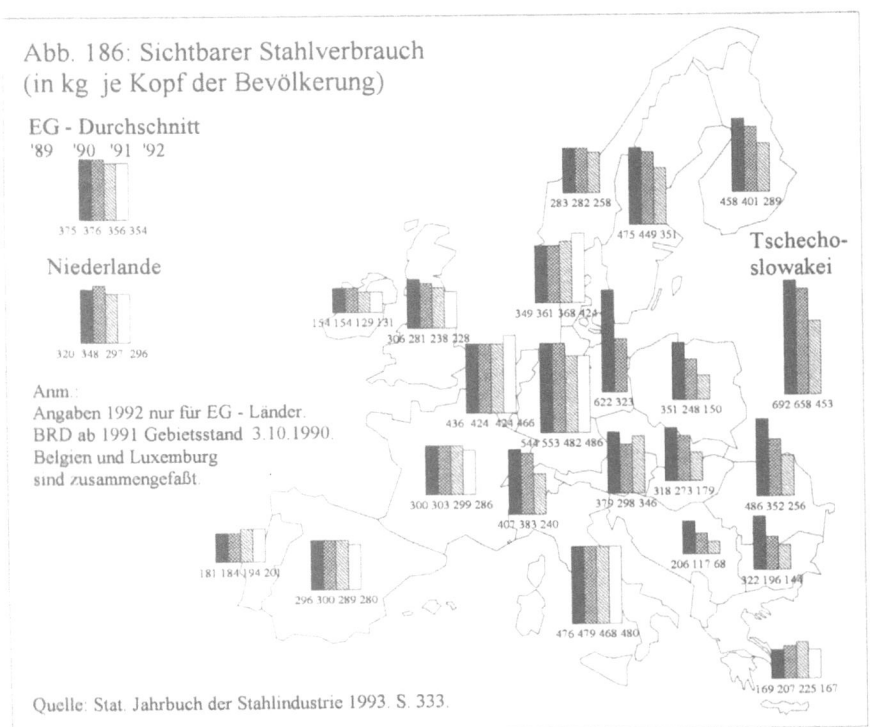

Abb. 186: Sichtbarer Stahlverbrauch
(in kg je Kopf der Bevölkerung)

Quelle: Stat. Jahrbuch der Stahlindustrie 1993. S. 333.

215

In Großbritannien ging der Stahlverbrauch 1992 um 4% zurück, nachdem er 1991 um rund 15% und 1990 um 10% gefallen war. Im Vergleich zum Höchststand im Frühjahr 1989 war der Stahlverbrauch Ende 1992 um fast 40% geringer. Die Stahleinfuhren nahmen beträchtlich zu, so daß die Einfuhrquote stark anstieg. Bedeutsam wurden Drittlandeinfuhren. Das war vor allem eine Folge der stark ausgeweiteten Lieferungen aus Osteuropa. Der Anteil an den gesamten Drittlandeinfuhren stieg von 16% (1991) auf 26% (1992) an.

Wegen des schwachen heimischen Marktes und der gestiegenen Drittlandimporte versuchte Großbritannien Stahl auf dem EG-Markt abzusetzen. Da dieses jedoch nicht gelang, mußten drastische Kürzungen der Rohstahlerzeugung vorgenommen werden.

Ähnlich wie in Großbritannien verlief der Rückgang der Stahlnachfrage in Frankreich. Die Marktversorgung mit Stahl nahm 1991 um 7%, 1992 um 3% ab. Die Stahleinfuhren fielen relativ schnell und zwar als Folge sinkender Lieferungen aus den EG-Ländern. Die bis dahin immer sehr niedrigen Einfuhren aus Drittländern stiegen infolge zunehmender Lieferungen aus Osteuropa stark an. Die Stahlausfuhren nahmen 1992 um 3% ab; besonders stark waren dabei die Ausfuhren auf den EG-Märkten. So mußte auch in Frankreich die Rohstahlerzeugung der Nachfrage angepaßt werden. Sie sank 1992 um 2,6% im Vergleich zu 1991.

In Italien gab es ebenfalls einen Rückgang des Stahlverbrauchs, der 1992 gegenüber 1991 etwa 2% ausmachte. Es wurde vermutet, daß auf Grund der statistisch nicht erfaßten Lagerbewegungen der Rückgang noch wesentlich größer war.[1] 1992 stiegen die Einfuhren aus Drittländern (jedoch nicht nur aus den ehemaligen Ostblockländern) stark an. Auch die Ausfuhren nahmen beträchtlich zu, besonders in Drittländer.

In der Bundesrepublik Deutschland war 1992 die industrielle Erzeugung um 2% niedriger als 1991. Die Produktion der stahlverarbeitenden Industriezweige sank ebenfalls um 2%. Den stärksten Produktionseinbruch gab es bei den Röhrenwerken. Er lag 1992 um 17% niedriger als 1991. Die Gründe für diesen starken Rückgang sind im Zusammenbruch der RGW-Staaten und damit dem Rückgang der Nachfrage nach Stahl und -produkten in den Nachfolgestaaten der UdSSR sowie in der sehr starken Einschränkung der Erdöl- und Erdgasexplorationstätigkeit in den USA zu finden. Wegen des hohen direkten Stahlverbrauchs sind der Fahrzeug- und Maschinenbau bedeutsame stahlverarbeitende Industriezweige. Der Produktionsrückgang in diesen Branchen reduzierte die Stahlnachfrage beträchtlich.

Die Inlandslieferungen der Stahlwerke nahmen 1992 gegenüber 1991 um 7% ab. Die Einfuhren stiegen stark an. Eine starke Ausweitung nahm Großbritannien auf dem deutschen Markt vor. Gegenüber 1989 haben sich bis 1992 die Lieferung nach Deutschland verdoppelt, seit 1985 sogar verdreifacht. Lieferungen aus Drittländern waren in erster Linie Lieferungen aus Osteuropa. Die Industrieproduktion in Norwegen und Finnland ist 1992 gegenüber 1991 stark angestiegen und mit ihr der Stahlverbrauch. Anders war das in Schweden. Dort sank sie um 4%. Folglich verringerte sich auch der Stahlverbrauch. Für Finnland und Schweden gab es 1992 kräftige Exportsteigerungen.

In den osteuropäischen Ländern hält die Umstellungskrise der Volkswirtschaften an. Gemessen am Höchststand der Industrieproduktion, der 1988 registriert wurde, betrug bis 1992 der Einbruch in Polen rund ein Drittel, in Rumänien sogar die Hälfte. Aktuelle Angaben über den Stahlverbrauch Osteuropas gibt es nicht. Auch über den Außenhandel liegen keine Angaben vor.

---

[1] Wienert 1993, S. 151.

10.2 Der Stahlaußenhandel der EG mit Osteuropa

Kurz vor der politischen und wirtschaftlichen Wende in Europa Ende der achtziger Jahre war der Stahlhandelsaustausch zwischen der EG und Osteuropa fast im Gleichgewicht. 1989 lagen die Importe der EG aus Osteuropa (einschließlich Sowjetunion) etwas über 2,5 Mio. t, die Exporte in diesen Raum etwas darunter (Abb. 187). Es bestand ein negativer Außenhandelssaldo der EG mit Osteuropa von ca. 400.000 t. Mit der Wende änderte sich plötzlich diese Situation. Einerseits verdoppelten sich die Einfuhren in die EG-Länder aus Osteuropa von 1989 bis 1992, andererseits halbierten sich die Ausfuhren der EG dorthin. Der negative Ausfuhrsaldo der EG erhöhte sich damit sprunghaft. Besonders stark erhöhten die GUS-Staaten, Polen und die ehemalige CSFR ihre Exporte in die EG-Länder (Abb. 188).

Nicht nur diese Mengenänderungen (Abb. 189) führten zu enormen Problemen auf dem europäischen Markt. Hinzu kamen die gewaltigen Preisunterbietungen osteuropäischer Stahlerzeuger. Die in Abb. 190 dargestellten Preise für Walzwerkprodukte zeigen diese gewaltigen Preisunterbietungen, wie sie von den einzelnen Ländern erfolgten. Die auf dem EG-Markt gehandelten Preise für Quartobleche wurden z. B. von Polen um mehr als 40% unterboten. Die CSFR bot 1992 Trägerprofile zu Preisen an, die 30% unter den EG-Preisen lagen. Ein besonderes Problem stellt die CSFR dar, die sich innerhalb kurzer Zeit in der Gruppe der osteuropäischen Exporteure einen Marktanteil von mehr als einem Drittel sicherte, obwohl dieses Land keineswegs die größte Stahlindustrie im Osten Europas hat.

Zunächst versuchte die EG auf diplomatischem Wege die sich anbahnende Konfliktsituation zu lösen. Doch da keine Lösung erreichbar schien, eröffnete sie 1992 ein Schutzklauselverfahren gegen die CSFR. Danach wurden bis Ende 1992 für Warmbreitband, Walzdraht und Feinblech Kontingente festgelegt (Übersicht 5).

Übersicht 5: Aktionen und Reaktionen auf dem europäischen Stahlmarkt Ende der achtziger/ Anfang der neunziger Jahre

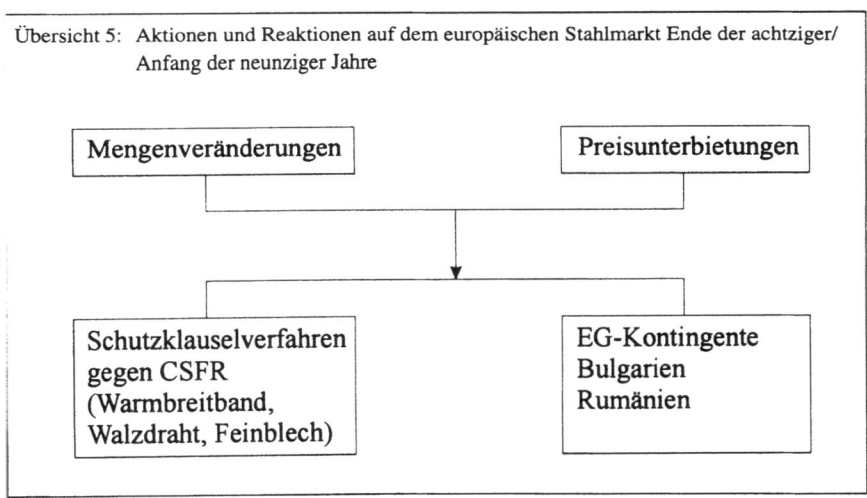

Erlaubt wurde nur noch ein Lieferzuwachs um 20%, bezogen auf die Liefermengen von 1991. Auch für Bulgarien und Rumänien wurden bereits Kontingente festgelegt. Zu dieser Entwicklung kommt seit 1990 eine starke Abnahme der Inlandpreise für Erzeugnisse der Eisen- und Stahlindustrie. Um durchschnittlich 20-25% gingen sie zurück. Da die allgemeine wirtschaftliche Rezession auch die Stahlverbraucher getroffen hatte, bedeutete das schrumpfende Auftragseingänge. In der Bundesrepublik Deutschland gingen z. B. seit dieser Zeit bis Anfang 1993 die Aufträge in der Automobilindustrie um 30%, im Maschinenbau um 17%, im Bereich der Eisen-, Blech- und Metallwaren um 16% zurück. Das hatte entsprechende Kürzungen von Aufträgen in der Eisen- und Stahlindustrie zur Folge.

Die erste Reaktion auf diese Entwicklung war ein Zurückfahren der Produktion. Doch auf Dauer ist das nicht die richtige Lösung des gewaltigen Problems. Viel wichtiger als die zeitweilige Stillegung von Produktionsanlagen ist die dauerhafte Beseitigung von Überkapazitäten, also der Abbau der Produktionsanlagen (Übersicht 6). Der Ministerrat der EG hatte deshalb die Unternehmen der Eisen- und Stahlindustrie aufgefordert, etwa 30 Mio. t Rohstahl bzw. 20 Mio. t Walzstahlkapazität abzubauen.[2]

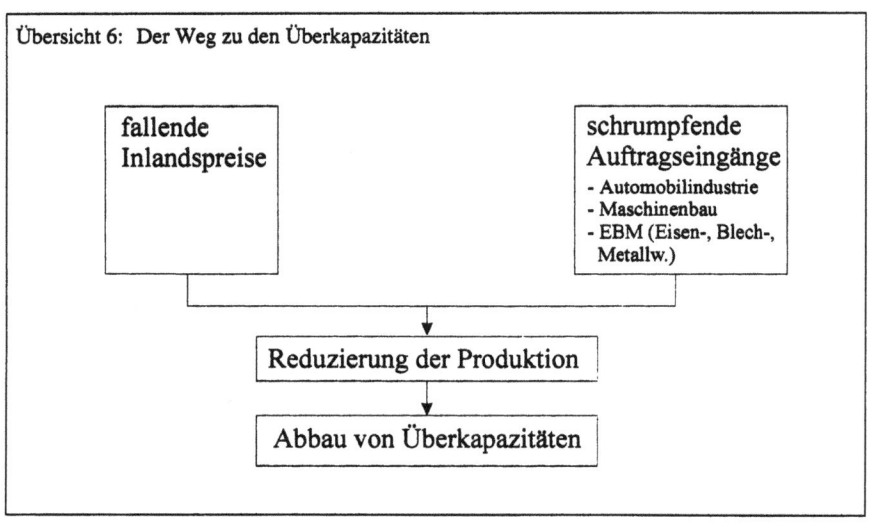

Übersicht 6: Der Weg zu den Überkapazitäten

fallende Inlandspreise

schrumpfende Auftragseingänge
- Automobilindustrie
- Maschinenbau
- EBM (Eisen-, Blech-, Metallw.)

Reduzierung der Produktion

Abbau von Überkapazitäten

---

[2] Vondran 1993, S. 3.

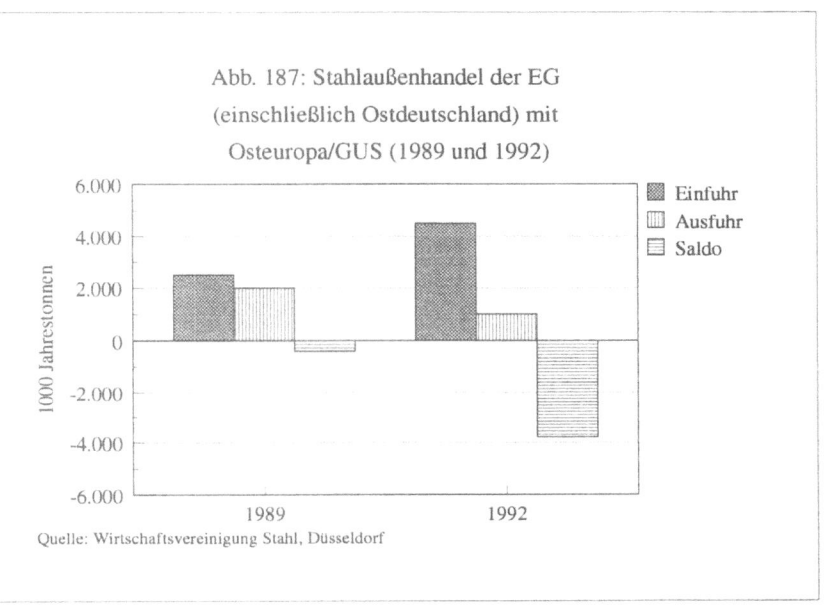

Abb. 187: Stahlaußenhandel der EG
(einschließlich Ostdeutschland) mit
Osteuropa/GUS (1989 und 1992)

Quelle: Wirtschaftsvereinigung Stahl, Düsseldorf

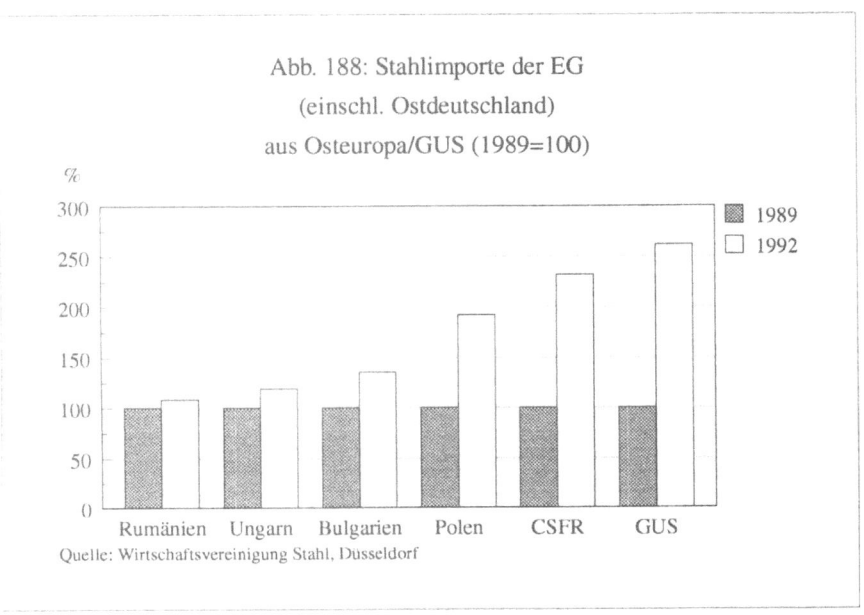

Abb. 188: Stahlimporte der EG
(einschl. Ostdeutschland)
aus Osteuropa/GUS (1989=100)

Quelle: Wirtschaftsvereinigung Stahl, Düsseldorf

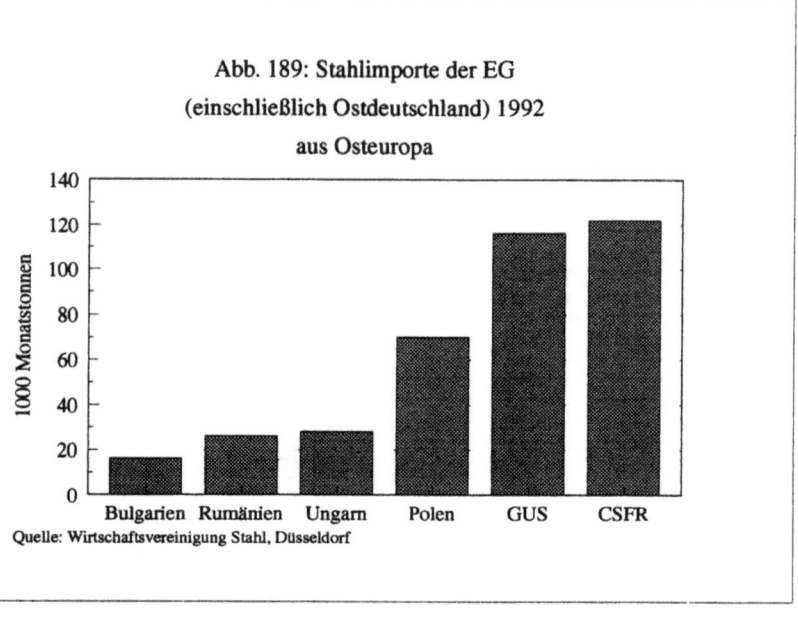

Abb. 189: Stahlimporte der EG
(einschließlich Ostdeutschland) 1992
aus Osteuropa

Quelle: Wirtschaftsvereinigung Stahl, Düsseldorf

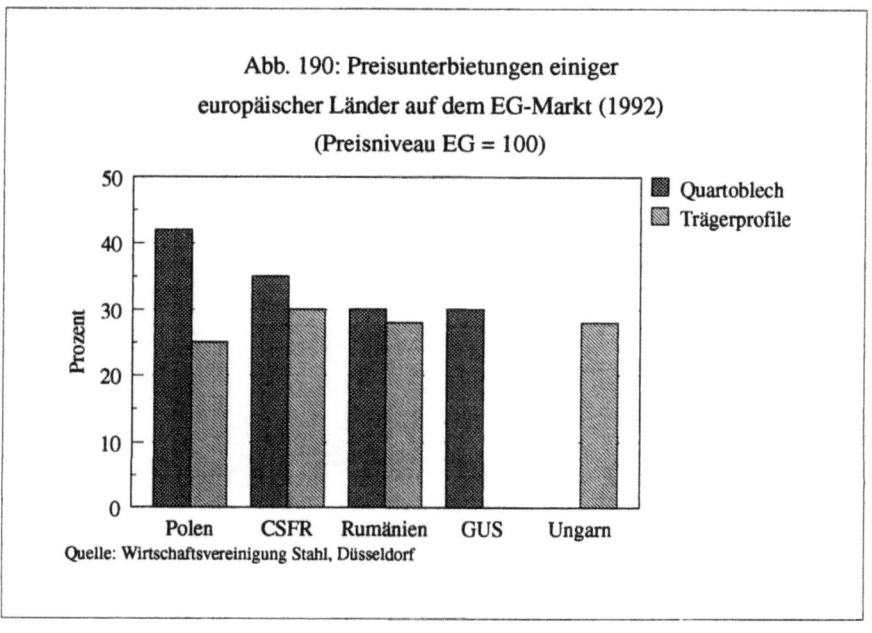

Abb. 190: Preisunterbietungen einiger
europäischer Länder auf dem EG-Markt (1992)
(Preisniveau EG = 100)

Quelle: Wirtschaftsvereinigung Stahl, Düsseldorf

11 Überkapazitäten und Kapazitätsabbau

Die Rohstahlerzeugung blieb seit Ende der achtziger Jahre keineswegs konstant. Im Gegenteil ist es zu einer dramatischen Veränderung in den letzten Jahren gekommen.

Im gesamten Untersuchungsraum hat sich die Gesamtkapazität geringfügig von 328 Mio. t (1989) auf 319,3 Mio. t (1992) verringert (Abb. 191). Die Rohstahlerzeugung hingegen fiel in dieser Zeit von 217,3 Mio. t auf 151,5 Mio. t. Große Unterschiede bestanden jedoch zwischen der Gruppe der 12 EG-Länder und den übrigen europäischen Ländern. In den 12 EG-Ländern stieg die Kapazität um rund 6 Mio. t an (Abb. 192), in den übrigen Ländern nahm sie um etwa 15 Mio. t ab (Abb. 193). Große Unterschiede gab es jedoch im Produktionsrückgang.

Die vorhandenen Rohstahlerzeugungskapazitäten wurden nach dieser Entwicklung nur zu einem geringen Teil ausgelastet. Die Situation für alle Länder verdeutlicht Abb. 194.

Der durchschnittliche Auslastungsgrad für die Rohstahlerzeugungskapazitäten lag 1992 im Untersuchungsraum bei 69%. Große regionale Unterschiede werden jedoch deutlich. Einer völligen Auslastung von 100% in Portugal, Irland und Norwegen stehen in einigen Ländern nur ganz geringe Auslastungen gegenüber, z. B. Jugoslawien (13,5%), Griechenland (21,4%), Bulgarien (25,0%).

Wenn man davon ausgeht, daß die EG-Stahlkapazitäten bei guter Konjunktur zu 85% ausgelastet werden müssen, damit auch wirtschaftliche Depressionsphasen überstanden werden können, dann ist es notwendig, die Kapazitäten auch weiterhin stark einzuschränken. Der Präsident der Wirtschaftsvereinigung Stahl, Vondran, schätzte Anfang 1993 einen notwendigen Abbau von rund 30 Mio. t Stahlkapazitäten.

Berücksichtigt man die 85%-Grenze bei den Stahlkapazitäten in den einzelnen Ländern, dann ergibt sich aus Abb. 195, daß fast die Hälfte der Stillegungskapazitäten von Italien (mit 9,2 Mio. t) und Spanien (mit 4,5 Mio. t) erbracht werden müßten. Für die Bundesrepublik Deutschland bedeutete das eine Stillegung von 5,1 Mio. t. Ausgehend von der Tatsache, daß die Bundesrepublik Deutschland an der EG-Rohstahlerzeugung 1991 einen Anteil von 30,5% hatte, dann errechnet sich allerdings nur ein Stillegungsbeitrag von 16,9%. Für Italien ergibt sich ein ganz anderes Bild. Einem Anteil von 18,3% der EG-Produktion von 1991 steht ein Anteil der Überkapazitäten von 30,2% in der gesamten EG gegenüber (Abb. 196). Ähnliche Unterschiede gibt es auch in Griechenland und Spanien. Frankreich und Großbritannien hatten demgegenüber nicht die auffälligen Diskrepanzen zwischen dem Anteil an der EG-Produktion und dem Anteil der EG-Überkapazitäten. So stand Frankreich einem EG-Erzeugungsanteil von 13,5%, ein Überkapazitätsanteil von 12,2% gegenüber.

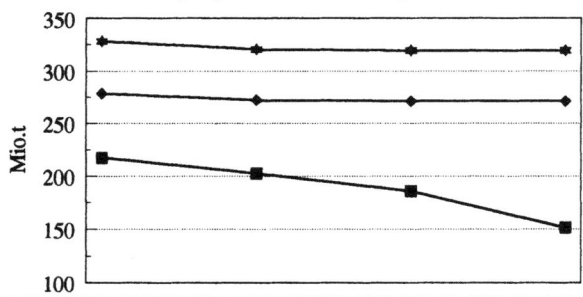

Abb. 191: Rohstahlerzeugungskapazitäten und Rohstahlerzeugung im Untersuchungsraum

Jahr	1989	1990	1991	1992
Erzeugung ■	217,3	202,6	185,8	151,5
85%-Linie ◆	278,8	272,4	271,4	271,4
Kapazität ✶	328,0	320,5	319,3	319,3

Quelle: IISI, Brüssel 1992

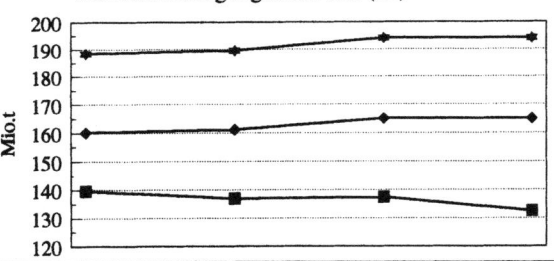

Abb. 192: Rohstahlerzeugungskapazitäten und Rohstahlerzeugung in der EG (12)

Jahr	1989	1990	1991	1992
Erzeugung ■	139,6	136,9	137,4	132,5
85%-Linie ◆	160,1	161,1	165,0	165,0
Kapazität ✶	188,4	189,5	194,1	194,1

Quelle:IISI, Brüssel 1992

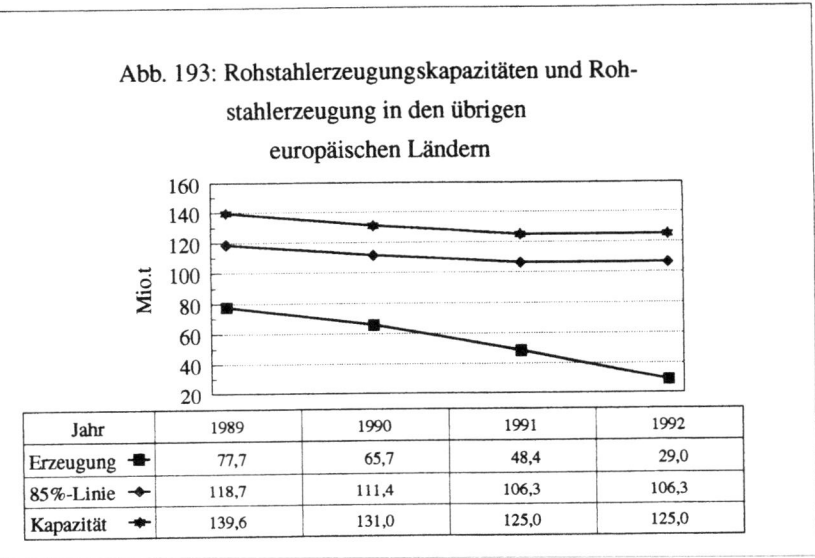

Abb. 193: Rohstahlerzeugungskapazitäten und Rohstahlerzeugung in den übrigen europäischen Ländern

160
140
120
100
80
60
40
20
Mio.t

Jahr	1989	1990	1991	1992
Erzeugung ■	77,7	65,7	48,4	29,0
85%-Linie ◆	118,7	111,4	106,3	106,3
Kapazität ✱	139,6	131,0	125,0	125,0

Abb. 194: Auslastungsgrad (%) der Rohstahlerzeugungskapazitäten 1992

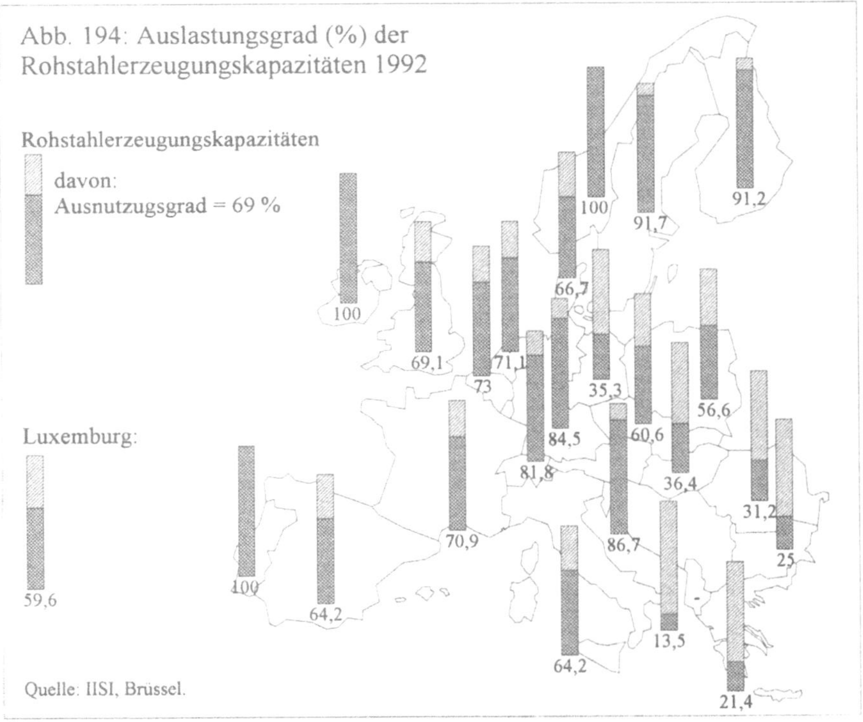

Rohstahlerzeugungskapazitäten
davon:
Ausnutzugsgrad = 69 %
Luxemburg:
59,6
100
91,7
91,2
66,7
100
69,1
73
71,1
35,3
56,6
84,5
60,6
81,8
36,4
31,2
25
70,9
86,7
100
64,2
13,5
64,2
21,4

Quelle: IISI, Brüssel.

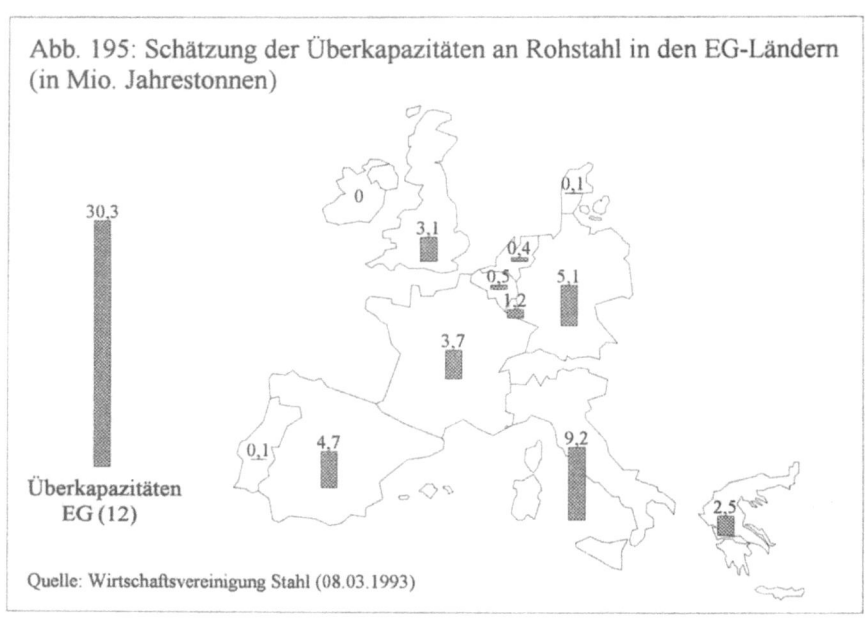

Abb. 195: Schätzung der Überkapazitäten an Rohstahl in den EG-Ländern (in Mio. Jahrestonnen)

30,3

Überkapazitäten
EG (12)

Quelle: Wirtschaftsvereinigung Stahl (08.03.1993)

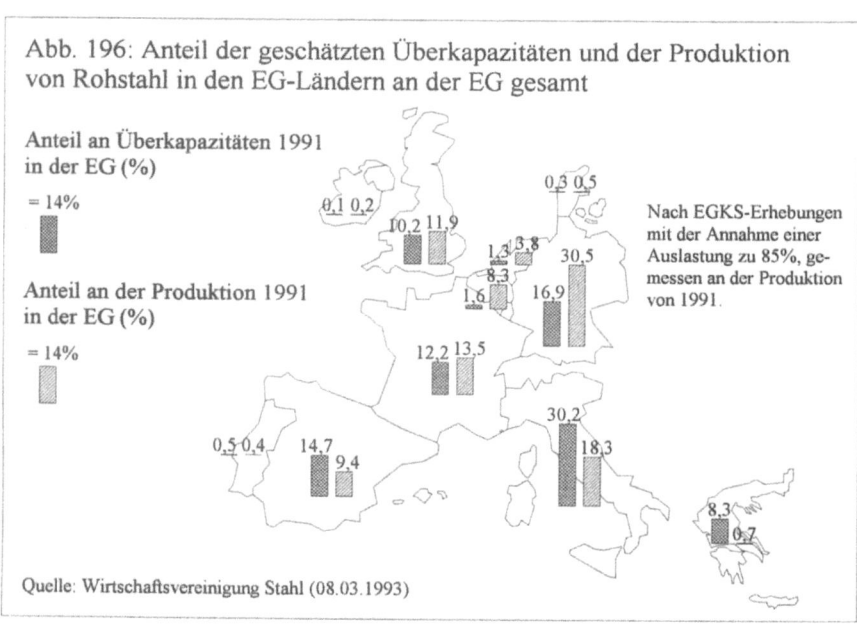

Abb. 196: Anteil der geschätzten Überkapazitäten und der Produktion von Rohstahl in den EG-Ländern an der EG gesamt

Anteil an Überkapazitäten 1991
in der EG (%)

= 14%

Anteil an der Produktion 1991
in der EG (%)

= 14%

Nach EGKS-Erhebungen
mit der Annahme einer
Auslastung zu 85%, ge-
messen an der Produktion
von 1991.

Quelle: Wirtschaftsvereinigung Stahl (08.03.1993)

12 Investitionen

Ganz unterschiedlich wurde in die einzelnen Erzeugungsanlagen investiert. 1988 waren das 54,5 Mio. ECU. 1989 flossen in diese Anlagen nur 31,7 Mio. ECU, 1990 aber 58,7 Mio. ECU. In die Möllervorbereitungsanlagen (Sinter und Pellets) wurden 1988 von den insgesamt 54,5 Mio. ECU in den EG-Ländern allein in Italien 17,0 Mio. ECU investiert. 1989 dagegen bildete Frankreich mit 11,8 Mio. ECU den absolut und relativ größten Anteil der insgesamt 31,7 Mio. ECU. 1990 trat wiederum Italien mit einem hohen Anteil von 12,5 Mio. ECU auf. Doch Spanien mit 27,9 Mio. ECU tätigte fast die Hälfte aller Investitionen der EG-Länder in diese Vorbereitungsanlagen.

Dänemark, Griechenland und Irland verfügen bisher über keinerlei Möllervorbereitungsanlagen. Deshalb wurden in diesen Ländern auch keine Investitionen getätigt. In diesen genannten Ländern gibt es auch keine Hochöfen. Somit fehlte bisher auch dort die Investitionstätigkeit. 1988 wurden in allen EG-Ländern in diese Anlagen 273,3 Mio. ECU investiert. Fast die Hälfte (124,1 Mio. ECU) legte allein die Bundesrepublik Deutschland an. 1989 waren die Investitionsaufwendungen in der Bundesrepublik Deutschland zwar wesentlich geringer (81,7 Mio. ECU), doch im Vergleich zu einigen anderen EG-Ländern war das immer noch das absolute Maximum.

Ebenso große regionale wie strukturelle Unterschiede gibt es hinsichtlich der Investitionen in dem Stahlwerkbereich für die Jahre 1988, 1989 und 1990 (Abb. 197). In diesen drei Jahren erhöhten sich die Investitionsaufwendungen von 435,2 Mio. ECU (1988) über 449,4 Mio. ECU (1989) auf 532,9 Mio. ECU (1990).

1988 investierte davon Spanien 118,0 Mio. ECU (= 27,1 % der EG-Investitionen in diesem Bereich). Aber auch die Bundesrepublik Deutschland mit 97,8 Mio. ECU hatte zu dieser Zeit enorme Aufwendungen. 1989 übernahm die Bundesrepublik Deutschland die Spitze aller investierenden EG-Länder. 107,0 Mio. ECU machten 23,8 % der EG-Investitionen aus. Italien investierte damals diesen Bereich immerhin mit 98,4 Mio. ECU. 1990 aber stiegen die Investitionen schon 183,6 Mio. ECU. Das waren 34,5 % der gesamten Investitionen in Stahlwerke der EG.

Nicht nur diese Investitionsverteilung ist bemerkenswert, sondern auch die Tatsache, daß in unterschiedlichem Umfang in die Sauerstoff- und Elektrostahlwerke investiert wurde. (Abb. 198-201). Generell ist in diesen drei Jahren eine Verschiebung der Produktionsanteile feststellbar. Investitionen in die Sauerstoffstahlwerke haben nicht nur absolut, sondern auch relativ von 64,8 % auf 38,4 % abgenommen. Entsprechend ist der Finanzmittelaufwand in die Elektrostahlwerke von 32,5 (1988) auf 61,6 (1990) erhöht werden.

In das gegenwärtig bedeutendste Gießverfahren wurde ebenfalls in der EG in den Jahren 1988 (222,1 Mio. ECU), 1989 (196,9 Mio. ECU) und 1990 (241,0 Mio. ECU) investiert. Investitionen in Stranggußanlagen waren innerhalb der EG 1988 besonders umfangreich in Spanien (67,4 Mio. ECU) und Großbritannien (60,7 Mio. ECU) (Abb. 201). In beiden Ländern zusammen wurden damals mehr als die Hälfte aller Investitionen der EG-Länder in diesem Bereich getätigt. 1990 investierte Spanien nur noch 8,4 Mio. ECU. Dagegen bildeten nun Italien (64,7 Mio. ECU), Großbritannien (64,1 Mio. ECU) und die Bundesrepublik Deutschland (59,1 Mio. ECU) mehr als drei Viertel aller Investitionen in diesem Bereich.

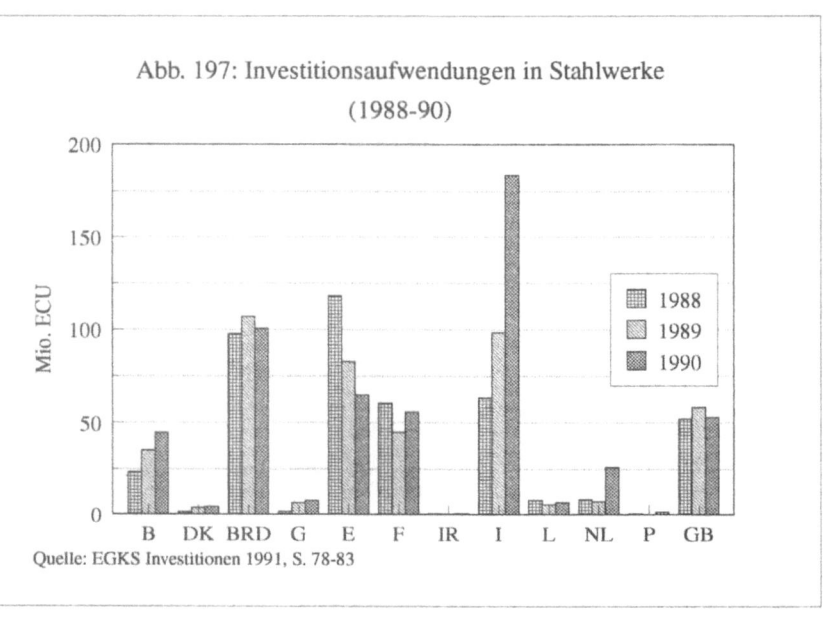

Abb. 197: Investitionsaufwendungen in Stahlwerke (1988-90)

Quelle: EGKS Investitionen 1991, S. 78-83

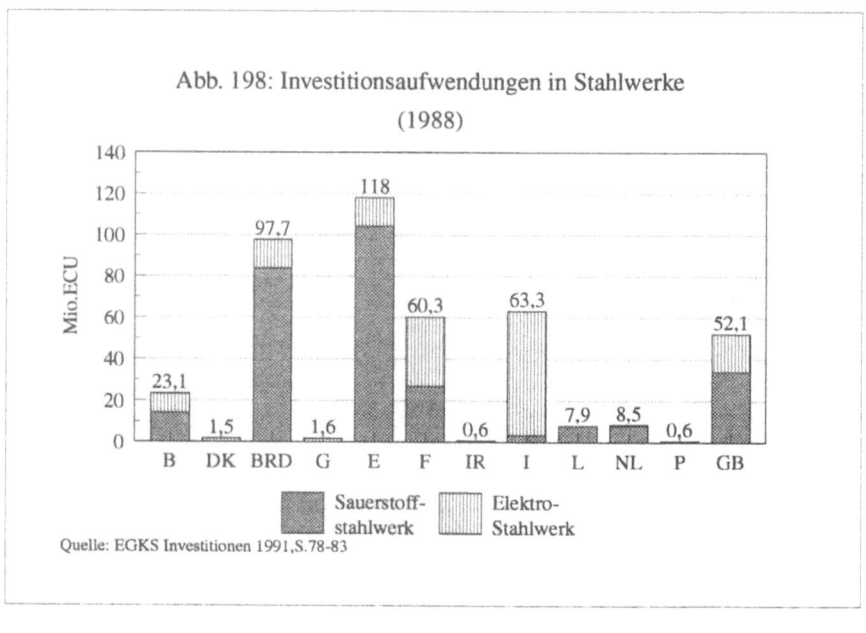

Abb. 198: Investitionsaufwendungen in Stahlwerke (1988)

Quelle: EGKS Investitionen 1991, S.78-83

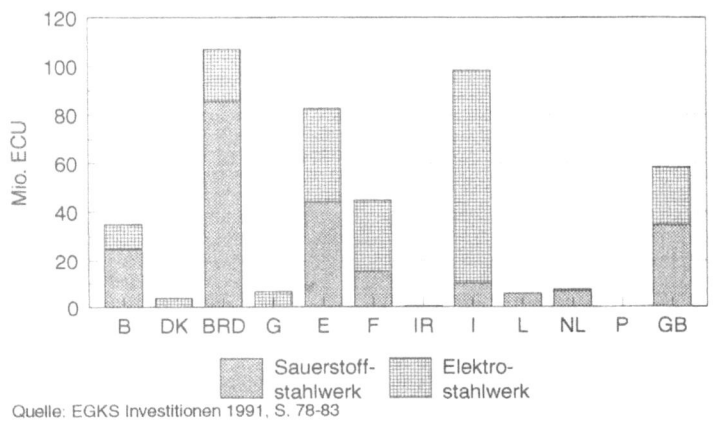

Abb. 199: Investitionsaufwendungen in Stahlwerke (1989)

Quelle: EGKS Investitionen 1991, S. 78-83

Abb. 200: Investitionsaufwendungen in Stahlwerke (1990)

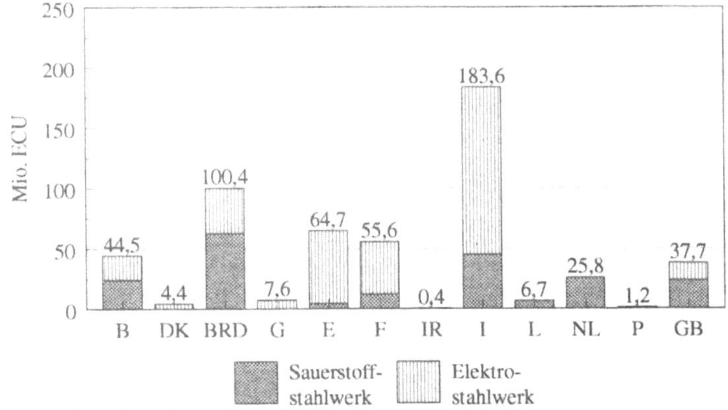

Quelle: EGKS Investitionen 1991, S. 78-83

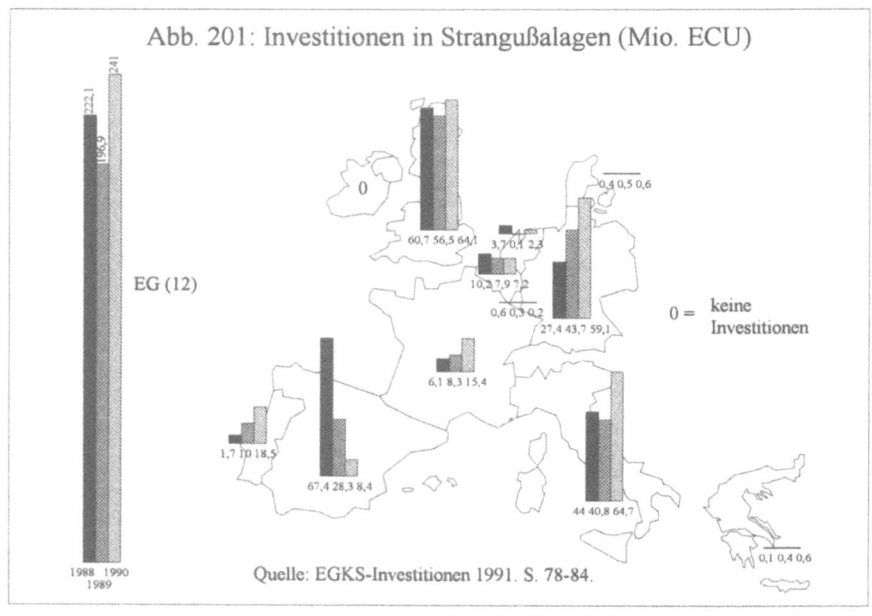

Abb. 201: Investitionen in Strangußalagen (Mio. ECU)

EG (12)

0 = keine Investitionen

1988 1990
1989

Quelle: EGKS-Investitionen 1991. S. 78-84.

Investitionsschwerpunkt für Halbzeug war in den Jahren 1988, 1989 und 1990 mit weitem Abstand zu den EG-Ländern die Bundesrepublik Deutschland (Abb. 202). 1988 waren das mit 13,7 Mio. ECU etwas mehr als die Hälfte der 25,2 Mio. ECU Aufwendungen in EG-Ländern, 1989 sogar mehr als drei Viertel. 1990 wurden noch Italien und Großbritannien bedeutsam.

Auch die finanziellen Einlagen in Walzwerksanlagen zur Herstellung von Langerzeugnissen zeigen regionale und strukturelle Unterscheide innerhalb und zwischen den EG-Ländern. 1989 wurden für die Langerzeugnisse (Grob- und Mittelstraßen, Feinstraßen, Drahtstraßen) in der EG 287,7 Mio. ECU aufgebracht (Abb. 203), über 368,4 Mio. ECU (1989) stieg der Umfang auf 512,7 Mio. ECU (1990) an. In allen Jahren floß knapp die Hälfte dieser Investitionen im EG-Durchschnitt in Grob- und Mittelstraßen.

Investitionsaufwendungen in Grob- und Mittelstraßen, Feinstraßen und Drahtstraßen machten 1988 in Italien im Vergleich zu den anderen EG-Ländern mit 84,4 Mio. ECU den größten Anteil aus. Davon flossen 61,8 Mio. ECU in Grob- und Mittelstraßen. Spanien investierte in diesen Bereich im gleichen Zeitraum 58,3 Mio. ECU und ebenfalls den größten Anteil (45,1 Mio. ECU) in Grob- und Mittelstraßen. Bei den erheblichen Investitionen in Frankreich (56,8 Mio. t) verteilten sich allerdings 32,3 Mio. ECU auf die Feinstraßen und 15,4 Mio. ECU auf die Drahtstraßen. 1989 dominierte bei den Gesamtinvestitionen zwar Großbritannien (99,4 Mio. ECU) und vereinigte mehr als die Hälfte (54,6 Mio. ECU) auf Grob- und Mittelstraßen, den Rest von 36,9 Mio. ECU auf Drahtstraßen. Doch mit 86,8 Mio. ECU lag Italien dicht dahinter. Im Vergleich zu 1988 hatte sich der Investitionsumfang mit 30,5 Mio. ECU merklich erhöht. 1990 wurde bereits ein Umfang von 50,5 Mio. ECU erreicht. Allerdings beliefen sich dort die gesamten Investitionsaufwendungen auch auf 138,8 Mio. ECU. Es wird ersichtlich, daß die Investitionstätigkeit offensichtlich in den Bereichen erfolgte, in denen Modernisierungen, Umstrukturierungen und Marktanpassungen notwendig waren.

Das wird ebenfalls bei den Investitionen in den Bereich der Flacherzeugnisse deutlich. Die dort für die Jahre 1988, 1989 und 1990 dargestellten Aufwendungen verteilten sich in den meisten Ländern auf Warmbreitbandstraßen, Warmbandstraßen, Blechstraßen und Kaltbreitbandstraßen. Die Schwerpunktbereiche der Investitionstätigkeit lagen in fast allen EG-Ländern in den drei Jahren bei den Kaltbreitbandstraßen. So flossen 1988 z.B. von den 162,0 Mio. ECU allein 123,0 Mio. ECU in diesen Bereich. In Italien war es damals ein gesamter Investitionsumfang von 115,9 Mio. ECU. Allein 95,6 Mio. ECU flossen in die Kaltbreitbandstraßen.

Auf dem Investitionssektor sind schließlich noch die Finanzmittelaufwendungen in einen immer attraktiver werdenden Markt erwähnenswert: Beschichtungsanlagen. Innerhalb von drei Jahren wurden die Investitionen insgesamt in den EG-Ländern mehr als verdoppelt haben, und daß 1990 Frankreich, die BRD und Belgien besonders große Anstrengungen unternommen haben, um diesen Bereich zu fördern.

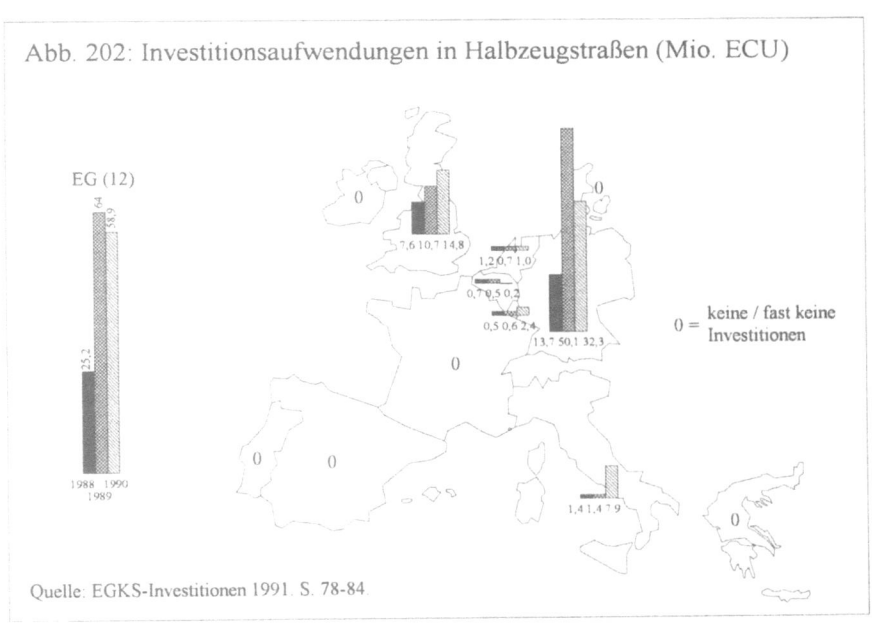

Abb. 202: Investitionsaufwendungen in Halbzeugstraßen (Mio. ECU)

EG (12)

0 = keine / fast keine Investitionen

Quelle: EGKS-Investitionen 1991. S. 78-84

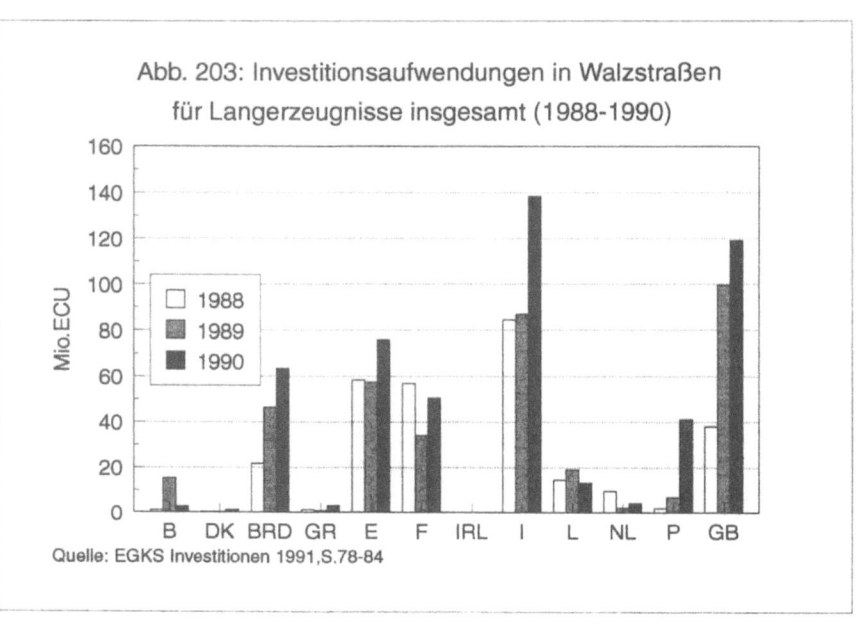

Abb. 203: Investitionsaufwendungen in Walzstraßen
für Langerzeugnisse insgesamt (1988-1990)

Quelle: EGKS Investitionen 1991,S.78-84

Teil III

13 Ausgewählte Unternehmen

Die bisherigen Ausführungen über die Strukturveränderungen in der Eisen- und Stahlindustrie geben lediglich einen groben Überblick über einzelne Länder und Räume. Doch diese Wandlungsprozesse spiegeln im eigentlichen Sinne nur die Entwicklungen in den einzelnen Unternehmen wider. Da in den meisten europäischen Ländern mehr als ein Unternehmen in der Eisen- und Stahlindustrie tätig ist, sind zwar in vielen Bereichen ähnliche Strukturwandlungen zu beobachten, doch gibt es auch einige Unterschiede, die jedoch erst deutlich werden, wenn man die Makroebene (Länder) verläßt und die Mikroebene (Unternehmen) analysiert.

Für die vorliegende Analyse wurden Unternehmen aus Westeuropa und Unternehmen aus Osteuropa ausgewählt. Die Auswahl wurde getroffen, um möglichst viele Länder und viele unterschiedliche Strukturen zu erfassen. Die meisten Unternehmen haben ihren Hauptsitz in der Bundesrepublik Deutschland. Daß die größte Zahl der hier untersuchten Unternehmen aus der Bundesrepublik Deutschland stammt, das liegt auch an der - im Vergleich zu den Unternehmen in den anderen Ländern - relativ guten Quellenlage.

Für die Analyse der einzelnen Unternehmen wurden in erster Linie die Geschäftsberichte für die Jahre 1989 bis 1993 verwendet. Wertvolle Informationen lieferten darüber hinaus die verschiedenen firmeneigenen Werkszeitungen. Schließlich wurden überregional verbreitete und seriöse Tages- und Wochenzeitungen ausgewertet.

Um die Unternehmen miteinander vergleichen zu können, wurden standardisierte Übersichten verwendet. Zahlreiche wesentliche Informationen, die damit nicht erfaßt werden konnten, sind jedoch im Text erwähnt.

13.1 Unternehmen in der Bundesrepublik Deutschland

13.1.1 Unternehmen in der alten Bundesrepublik Deutschland

13.1.1.1 Thyssen Stahl AG 1989 - 1992

Der Thyssen-Konzern gliedert sich in fünf unterschiedliche Unternehmensbereiche: Investitionsgüter und Verarbeitung, Handel und Dienstleistungen, Edelstahl, Stahl und Beteiligungen. Wir werden uns hauptsächlich mit der Thyssen Stahl AG beschäftigen, der 1989 18 konsolidierte Gesellschaften angeschlossen waren. In den Tabellen sind nur die wichtigsten Beteiligungen der Thyssen Stahl AG ausgewiesen, die Gesamtzahlen beziehen sich dennoch auf alle in- und ausländischen Gesellschaften der Thyssen Stahl AG.

Die Produktionspalette der Thyssen Stahl AG ist vielfältig und reicht von der Rohstofförderung über die Roheisenerzeugung bis zur Herstellung von hochwertigen Walzstahlerzeugnissen. Im Zuge von Diversifizierungsmaßnahmen sind einige Tochtergesellschaften nur bedingt dem Stahlsektor zuzurechnen (z. B. Thyssen Bausysteme). Die Beteiligung an nationalen und internationalen Transportunternehmen wie Eisenbahn und Häfen oder der niederländischen Veerhaven Gesellschaft runden die Aktivitäten der Thyssen Stahl AG ab.

Das Jahr **1989** (Übersicht 7) war von einer international günstigen Stahlkonjunktur geprägt. Die stabile Verfassung der Stahlmärkte führte zu einer deutlichen Verbesserung der Geschäftslage bei Thyssen Stahl. Der Auftragseingang für das Berichtsjahr war auf hohem Niveau, wofür sich die inländischen und EG-europäischen Nachfragen verantwortlich zeigten. Weniger erfolgreich waren die Buchungen aus Drittländern, was sich vor allem in der Quantität der Auftragsmenge ausdrückte.

Sowohl bei der Thyssen Stahl AG als auch bei den Tochterunternehmen konnte der Außenumsatz um 17% gegenüber dem Vorjahr gesteigert werden. Neben gestiegenem Versand trugen höhere Stahlerlöse zu dieser Entwicklung bei.

Im Produktionsbereich der Thyssen Stahl AG waren 1889 die vorhandenen Kapazitäten voll ausgelastet, weite Teile der Produktion lagen über dem Vorjahresniveau.

Eine negative Entwicklung zeigte sich im Bereich der Belegschaft. Hier ging die Zahl der Beschäftigten aller in- und ausländischen Gesellschaften um etwa 2% zurück, obwohl durch die Übernahme von Teilen des Kruppschen Werkes in Rheinhausen 358 Mitarbeiter übernommen wurden. Ursache hierfür waren personalreduzierende Strukturmaßnahmen, die vor allem im Rahmen von Sozialplänen und vorzeitigen Pensionierungen erfolgten.

Die Thyssen Stahl AG investierte 1989 430 Mio. DM, ihre Tochtergesellschaften rund 108 Mio. DM in Sachanlagen. Im Vordergrund des Investitionsprogramms standen Maßnahmen zur Verbesserung der Wettbewerbsfähigkeit und der Produktqualität, wobei der Schwerpunkt bei den oberflächenveredelten Produkten lag.

Insgesamt ließ sich das Berichtsjahr positiv beurteilen. Trotz der bestehenden, weltweiten Stahlkonjunktur und dem hohen Stahlverbrauch stellten erhöhte Lagerbestände einen ständigen Unsicherheitsfaktor dar. Aus diesem Grunde hielt die Thyssen Stahl AG an den Umstrukturierungsmaßnahmen zur Reduktion der Kapazitäten, die bereits zu Beginn der achtziger Jahre eingeleitet wurden, fest.

Übersicht 7:   Ausgewählte Strukturdaten von Thyssen Stahl (1989)

Gesamtgesellschaften (Inland und Ausland)

Produktionspalette	41 - 18 konsolidierte Gesellschaften der Thyssen Stahl AG
Belegschaft/Mitarbeiter 30.09.1989	43.238
	Inland: 40.010, davon Ausländer im Inland: 5.935, (14,8% der Belegschaft) Ausland: 3.228; Auszubildende: 2.458; Sozialplan: 1.004 vorzeitige Pensionierungen; 159 Aufhebungsverträge

Absatz/Umsatz in Mio. DM	11.802: - Auftragseingang auf hohem Niveau
	            - Stahlversand um 5% zugenommen
	            - lebhafter Absatz von Warmbreitband und Flacherzeugnissen
	            - Verbesserung der Marktlage für Langprodukte

Produktionsdaten (in 1.000t)	Roheisen: 10.605 (+5,0%) / Rohstahl: 10.985 (+1,0%) / Walzstahl: 10.835 Halbzeug: 1.095 (+5%) / Langprodukte: 1.757 (+9%) / Warmbreitband: 3.750 / Flachstahl aus Warmbreitband: 3.409 (+6%) / sonst. Flachstahl: 824 / Koks: 2.432 / Erzförderung: 11.354 / Strom: 3.974 Mio. kWh

Thyssen Stahl AG, Duisburg

Produktionspalette	Roheisen / Ferrolegierungen / Halbzeug / Oberbaumaterial / Profilstahlerzeugnisse / Walzdraht / warm- und kaltgewalzter Flachstahl / oberflächenveredelte Flachstahlerzeugnisse / laserstrahlgeschweißte Feinblecherzeugnisse / Sandwich-Feinblech / sonstige Hüttenerzeugnisse
Belegschaft/Mitarbeiter	33.542
Absatz/Umsatz in Mio. DM	9.492 (+18,0%); Grund: verbessertes Erlösniveau

Thyssen Grillo Funke

Belegschaft/Mitarbeiter	628
Absatz/Umsatz in Mio. DM	189 (+10%) wegen hoher Anfrage nach kornorientierten Elektroblechen, höhere Qualität

Thyssen Bandstahl Berlin GmbH

Produktionspalette	warmgew. Bandstahl / Breitflachstahl
Belegschaft/Mitarbeiter	508
Absatz/Umsatz in Mio. DM	217 (+25%); Grund: Zunahme des Lohnwalzgeschäftes mit der DDR

Thyssen Bausysteme GmbH, Dinslaken

Produktionspalette:	Dächer, Wände, Kassettenwände, Stahldecken, Formteile und Zubehör / Sanitärkabinen / Garderobenschränke
Belegschaft/Mitarbeiter	341
Absatz/Umsatz in Mio. DM	136 (+10%); Grund: gute Konjunktur in der Bauwirtschaft

Thyssen Draht AG Berkenhoff & Drebes; Berkenhoff GmbH; Thyssen Schweißtechnik GmbH, Hamm

Produktionspalette	Draht und Drahterzeugnisse / Schweißzusätze
Belegschaft/Mitarbeiter	2.935
Absatz/Umsatz in Mio. DM	600 (+15%); Grund: Nachfragesteigerung nach Spezialprodukten wie Nachrichtenkabel, technischen Fäden,...

Nedstaal B.V.

Produktionspalette	Walzdraht / gezogene Drähte
Belegschaft/Mitarbeiter	1.290
Absatz/Umsatz in Mio. DM	303 (+17%); wegen verbesserter Programmstruktur höhere Erlöse

Eisenbahn & Häfen

Produktionspalette	Transport
Belegschaft/Mitarbeiter	1.968
Absatz/Umsatz in Mio. DM	284 (+4%)

Ferteco Mineracao

Belegschaft/Mitarbeiter	1.891
Absatz/Umsatz in Mio. DM	472 (+29%); Grund: Anstieg des Absatzes, bessere Erzpreise, Rückgang der Haldenbestände

Exploration und Bergbau

Belegschaft/Mitarbeiter	88
Absatz/Umsatz in Mio. DM	15 (+7%)

Veerhaven

Produktionspalette	Transport
Belegschaft/Mitarbeiter	47
Absatz/Umsatz in Mio. DM	94 (-8%)

Investitionen:

ges.: **538 Mio. DM**

Thyssen Stahl AG: 430 Mio. DM Sachanlagenzugänge der Thyssen Stahl AG

Hochofenbereich: 40. Mio DM das Gros für den Hochofen 4 in Hamborn

Stahlwerke und Stranggießanlagen: 94 Mio. DM dabei Entstaubung des Oxygenstahlwerks in Beeckerwerth

Walzwerksinvestitionen: 154 Mio. DM dabei:

- Warmbandwerk Beeckerwerth - neues Vorstraßenkonzept
- Modernisierung der vorhandenen Kaltwalzwerke
- Vorbereitung der Herstellung von preßnahtgeschweißten Platinen
- Grobblech-Produktion in DU-Hüttenheim
- Maßnahmen zur Übernahme des Krupp-Programmes im Block- und Profilwalzwerk Bruckhausen
- Modernisierung der Drahtstraße 4 in Hochfeld

Thyssen Draht: 39 Mio. DM

- Ausbau der Bereiche Kabel und Kunststoff
- Fertigung von Funkenerodierdraht

Thyssen Bandstahl Berlin: 9 Mio. DM Installation einer zweiten Haspelanlage zur Steigerung des spezifischen Coilgewichtes

Thyssen Grillo Funke: 10 Mio. DM

- Coil-Anwärmofen
- Modernisierung einer Ofenanlage
- CMC Walzenschleifmaschine
- Verbesserung der EDV

Thyssen Bausyteme: 6 Mio. DM Verbesserung der betrieblichen Infrastruktur

Ferteco: 24 Mio. DM Ausrüstung und Fuhrpark

Nedstaal: 13 Mio. DM Ausbau der Glüh- und Beizkapazität

Ausblick/ Maßnahmen:

- Stahlverbrauch auf hohem Niveau
- Unsicherheitsfaktor für Stahlnachfrage bleiben erhöhte Lagerbestände
- Seit 1980 Durchführung von Kapazitätsabbau um rund 100 Mio.t zur Reduktion des Ungleichgewichts zwischen Angebot und Nachfrage
- Thyssen Stahl => Maßnahmen zur Verbesserung der Wettbewerbsfähigkeit

=> umfangreiches Investitionsprogramm: Schwerpunkt - Oberflächenveredelte Produkte

Quelle: Geschäftsbericht Thyssen Stahl AG

Nach der (fast) euphorischen Stimmung des letzten Geschäftsjahres mußten **1990** (Übersicht 8) spürbare Verluste in Kauf genommen werden. Die internationale Stahlkonjunktur hatte gegenüber dem Vorjahr nachgelassen. Vor allem das Exportgeschäft mußte deutliche Einbußen hinnehmen, was insbesondere mit der Zurückhaltung der osteuropäischen Länder und der VR China in Verbindung gebracht wurde. Zunehmender Angebotsdruck führte zu einem Rückgang der Stahlexportpreise, wodurch die gute Geschäftsbilanz des Jahres 1989 nicht wieder erreicht werden konnte. Die Aufträge, insbesondere aus den EG-Mitgliedsländern und aus Drittländern, lagen deutlich unter dem Vorjahresniveau.

Hauptursache für den Rückgang des Außenumsatzes der Thyssen Stahl AG um über 10% war vor allem das nachlassende Versandgeschäft, während die Stahlerlöse sich etwa auf dem Vorjahresniveau halten konnten. Der Stahlversand verringerte sich um 8% und betraf alle großen Produktgruppen, wobei Langprodukte am stärksten betroffen waren. Dämpfend auf den Stahlabsatz wirkte sich der Abbau der Lagerbestände und die überhöhten Kapazitäten Osteuropas aus. Der Gesamtumsatz der Gesellschaften betrug im Berichtsjahr 10.552 Mio. DM, ein Verlust zum Vorjahr von über 10%. Nicht alle Tochtergesellschaften jedoch verzeichneten Verluste. Thyssen Bausysteme profitierte von der guten Baukonjunktur und setzte den Aufwärtstrend mit einem Plus von 11% fort.

Roheisen-, Rohstahl- und Walzstahlherstellung wurden der Nachfrage angepaßt und deutlich zurückgenommen.

Der gleiche Trend deutete sich bei den Mitarbeiterzahlen an; sowohl in den inländischen wie auch den ausländischen Gesellschaften wurde die Belegschaft weiter reduziert. Hier griffen die Anpassungsmaßnahmen wie Sozialplan und Frühpensionierung. Darüber hinaus schied Thyssen Grillo Funke aus dem Konsolidierungsbereich der Thyssen Stahl AG aus, so daß diese Mitarbeiter nicht in das Berichtsjahr eingingen.

Die negative Entwicklung auf dem Stahlmarkt machte zusätzliche Sachinvestitionen in Höhe von 590 Mio. DM notwendig, um weiterhin konkurrenzfähig arbeiten zu können. Schwerpunkte der Investitionspolitik waren die Produktionsbereiche Roheisenerzeugung und Oberflächenbeschichtung zur Steigerung der Leistungsfähigkeit.

Unterstützung erhielten Planungen von Gemeinschaftsprojekten mit europäischen Partnern. Die Thyssen Stahl AG überprüfte die Gründung eines Unternehmens mit der spanischen Ensidesa und der französischen Usinor Sacilor zum Betreiben einer Feuerverzinkungsanlage im spanischen Sagunto. Auch auf nationaler Ebene versuchte die Thyssen Stahl AG sich in andere Unternehmen einzubringen. Zum 1. Oktober wurden die Gesellschaften der Otto-Wolff-Gruppe, die sich mit der Produktion und dem Vertrieb von Flachstahl beschäftigen, von der Thyssen Stahl AG übernommen.

Übersicht 8: Ausgewählte Strukturdaten von Thyssen Stahl 1990

Gesamtgesellschaften (In- und Ausland)

Produktionspalette	17
Belegschaft/Mitarbeiter 30.09.1990	41.253 (-4,6%) Inland: 38.146, davon Ausländer im Inland: 6.141; (16,1% der Belegschaft); Ausland: 3.107; Auszubildende: 2.424 ;Sozialplan: 1.096 vorzeitige Pensionierungen (gepl.lt. Geschäftsbericht 1989: 800); Aufhebungsverträge; Struktur- u.Rationalisierungsmaßnahmen
Absatz/Umsatz in Mio. DM	10.552 (-10,6%) (-1,1% in Vgl. z. Vorjahr) davon: Inlandsgesellschaften: 818 ; Auslandsgesellschaften: 9.734 / Stahlversand -8%, betrifft alle großen Produktgruppen; Stahlpreise unter Druck / fallende Jahrestendenz
Produktionsdaten (in 1.000t)	Roheisen: 10.139 (-4,4%) / Rohstahl: 10.452 (-5,0%) / Walzstahl: 10.119 (- 7,1%) davon: Langprod.: 2.541 / Warmbreitband zum Verkauf: 3.582 / Flachstahlprod. aus Warmbreitband: 3.172 / sonst. Flach: 824 (-6%) / Koks: 2.424 (-0,4%) / Erzförd.: 12.005 / Strom: 3.862 kWh

Thyssen Stahl AG, Duisburg

Produktionspalette	oberflächenveredelter Flachstahl / Roheisen / Ferrolegierungen / Halbzeug / Oberbaumaterial / Profilstahlerzeugnisse / Walzdraht / warm- und kaltgewalzte Flachstahlerzeugnisse / laserstrahlgeschweißte Feinblecherzeugnisse /quetschnahtgeschweißte Feinblecherzeugnisse / Sandwich-Feinbleche / Sonstiges
Belegschaft/Mitarbeiter	32.318
Absatz/Umsatz in Mio. DM	8.033 (-10,0%) Grund: mengenbedingt, da Auftragseingang deutlich niedriger als im Vorjahr, insbesondere der Export

Rasselstein AG Neuwied

Produktionspalette	Weißblech / Feinstblech

E B G mbH, Bochum

Produktionspalette	kornorientiertes Elektroblech / nicht-k. Elektroblech STABOLOR

Thyssen Bandstahl Berlin GmbH

Produktionspalette	warmgewalzter Bandstahl / Warmband (Stäbe/Breitflach)
Belegschaft/Mitarbeiter	508
Absatz/Umsatz in Mio. DM	210 (-3%) Grund:seit 7/90 Lohnwalzaufträge aus Ostdeutschland entfallen

Thyssen Bausysteme GmbH, Dinslaken

Produktionspalette	Dach- +Wandsysteme / Kassetten Wand / Schallschutz / Sanitärkabinen / Garderobenschränke / Torelemente / Thermodächer
Belegschaft/Mitarbeiter	383
Absatz/Umsatz in Mio. DM	151 (+11%) Grund: Aufträge wegen lebhafter Bautätigkeit gut

Thyssen Draht AG Berkenhoff &Drebes, Berkenhoff GmbH, Thyssen Schweißtechnik GmbH, Hamm

Produktionspalette	Draht und Drahterzeugnisse / Thyssen (Schweißzusätze)
Belegschaft/Mitarbeiter	3.040
Absatz/Umsatz in Mio. DM	601 (+11%) Allerdings Preissteigerungen nicht im Umfang der Kostensteigerungen möglich

Nedstaal B.V.

Produktionspalette	Walzdraht / gezogene Drähte
Belegschaft/Mitarbeiter	1.167
Absatz/Umsatz in Mio. DM	275 (-9%) Grund: außereuropäisches Exportgeschehen

Eisenbahn & Häfen

Produktionspalette	Transport
Belegschaft/Mitarbeiter	1.813
Absatz/Umsatz in Mio. DM	280 (-1,5%)

Veerhaven

Produktionspalette	Transport
Belegschaft/Mitarbeiter	47
Absatz/Umsatz in Mio. DM	67 (-28,8%)

Ferteco

Produktionspalette	Erzförderung
Belegschaft/Mitarbeiter	1.893
Absatz/Umsatz in Mio. DM	383 (-18,9%) Grund: Haldenzuwachs, US $, rückläufiger Absatz

Exploration + Bergbau

Belegschaft/Mitarbeiter	84
Absatz/Umsatz in Mio. DM	14

Investitionen:

590 Mio. DM (+9,6%)
Thyssen Stahl AG, Duisburg: 457 Mio. DM (+6,2%)davon:
Hochofenbereich: 22 Mio. DM Hochofen 9 in Hamborn;
Stahlwerke und Strangguß: 28 Mio. DM Oxygenwerk Ruhrort => Installation eines Pfannen-
ofens ; Beeckerwerth => metallurgische Einrichtungen
Walzwerk: 237 Mio. DM
Flachstahl: 165 Mio. DM Warmbandwerk Beeckerwerth => Vorstraßenkonzept, Quetschnaht-
schweißung für Automobilindustrie
Langbereich: 49 Mio. DM Modernisierung der Drahtstraße in Hochfeld;
Grobblech: 23 Mio. DM Inbetriebnahme einer Warm- und Kaltrichtmaschine
Thyssen Bandstahl Berlin GmbH: 7 Mio. DM (-22,3%) zweite Unterflurhaspel
Thyssen Draht AG: 33 Mio. DM (-15,3%) Stahldraht; Kabel und Kunststoffe; Ausbau der
Funkenerodierdraht-Fertigung
Nedstaal B.V.: 17 Mio. DM (+30,7%) Glüh- und Beizkapazität, Schere für Feineisenstraße
Ferteco: 40 Mio. DM (+16,6%) Feinerzaufbereitung

Ausblick/ Maßnahmen:

- umfassendes Investitionsprogramm zur Steigerung der Leistungsfähigkeit mit den Schwer-
  punkten: Roheisenerzeugung, Oberflächenbeschichtung, Gemeinschaftsprojekte mit euro-
  päischen Partnern, z.B. Planung eines Unternehmens von Ensideso, Usinor Sacilor Socila und
  Thyssen Stahl zur Errichtung und zum Betreiben einer Feuerverzinkungsanlage in Sagunto/
  Spanien
- Fusion mit den Gesellschaften der Otto-Wolff-Gruppe (Produktion und Vertrieb von Flachstahl)
- Rasselstein AG
- EBG (Gesellschaft für elektromagnetische Werkstoffe mbH)
- Stahlwerke Bochum AG
- Vertriebsgesellschaft Otto Wolff Flachstahl GmbH
- Übernahme der Produktionsanlagen Rasselstein in Neuwied (unbeschichtetes und beschichtetes
  Feinblech)
- Thyssen Draht AG (Tochter der Thyssen Stahl AG) und Thyssen Edelstahlwerke haben zum
  1.Oktober 1990 ihre schweißtechnischen Abteilungen zusammengelegt
  Jetzt: Thyssen Schweißtechnik GmbH, Hamm

Quelle: Geschäftsbericht Thyssen Stahl AG

Auch innerhalb der Unternehmensbereiche von Thyssen kam es zu Zusammenschlüssen, um effektiver zu wirtschaften. Die Thyssen Draht AG, eine Tochter der Thyssen Stahl AG, und Thyssen Edelstahl faßten ihre schweißtechnischen Bereiche zur Thyssen Schweißtechnik GmbH zusammen.

Trotz der deutlich rückläufigen Tendenzen gegenüber dem Vorjahr sprach die Thyssen Stahl AG auch 1990 von einem erfolgreichen Geschäftsjahr. Risiken sah der Konzern für den weltweiten Stahlmarkt in der Entwicklung der technisch überalterten und unökonomisch wirtschaftenden Stahlindustrie Osteuropas. Die Firmenstrategie für die kommenden Jahre sollte in der Förderung nationaler und internationaler Gemeinschaftsprojekte liegen.

Die Anzahl der zur Thyssen Stahl-Gruppe gehörenden Gesellschaften hatte sich im Berichtsjahr **1991** (Übersicht 9) auf 31 erhöht. Neu hinzugekommen sind unter anderem die Rasselstein AG, die EBG Gesellschaft für elektromagnetische Werkstoffe mbH, die Vertriebsgesellschaft Otto Wolff Flachstahl GmbH sowie die Thyssen Verkehr GmbH. Diese Gesellschaften wurden der Thyssen Stahl AG zum 1. Oktober 1990 wirtschaftlich zugeordnet, ebenso wie die neugegründete Thyssen Schweißtechnik GmbH.

Die internationale Stahlkonjunktur setzte den Trend des letzten Jahres fort und kühlte sich weiter ab. Nachdem im Vorjahr hauptsächlich die Exportgeschäfte davon betroffen waren, zeigten diesmal auch die Binnenmärkte deutliche Abschwächungstendenzen. Die Auftragseingänge von Thyssen Stahl blieben wiederum deutlich unter dem Vorjahresniveau. Hiervon waren insbesondere die Aufträge aus dem Ausland betroffen. Die konjunkturelle Schwäche der meisten EG-Länder, die Rezession auf dem US-Markt, vor allem aber die fehlenden Aufträge aus der ehemaligen UdSSR sowie aus der VR China zeichneten sich für den Rückgang der Aufträge im Berichtsjahr verantwortlich.

Im Vergleich zum Vorjahr ging der Umsatz 1991 nochmals um 1,1% zurück und schloß alle Produktionsbereiche ein. Ursache hierfür war neben dem rückläufigen Stahlversand, der spürbare Erlösrückgang, ausgelöst durch ein internationales Überangebot an Stahl. Bei derartiger Marktlage wurde die Wettbewerbsposition entscheidend durch Kostenunterschiede geprägt. Neben Thyssen Bausyteme, deren Aufwärtstrend sich dank guter Baukonjunktur fortsetzte, konnte der Weißblechabsatz von der Neuerwerbung Rasselstein AG, insbesondere in die neuen Bundesländer, gesteigert werden.

Der überwiegend rückläufige Stahlbedarf im In- und Ausland machte eine weitere Anpassung der Rohstahl-, Roheisen- und Walzstahlerzeugung an die veränderte Situation auf dem Stahlmarkt notwendig. Die Rohstahlproduktion wurde um etwa ein Prozent zum Vorjahr und die Walzstahlherstellung gar um 3% gesenkt.

Die Belegschaft der Thyssen Stahl-Gruppe hatte insgesamt um 10% zugenommen. Hierbei muß jedoch berücksichtigt werden, daß die neu zugeordneten Gesellschaften im Vorjahr nicht in die Statistik eingingen. So muß beachtet werden, daß die Anzahl der Beschäftigten in (fast) allen Gesellschaften zurückging, ein Resultat der auslaufenden Sozialpläne und Frühpensionierungen. Die höhere Belegschaft bei den Thyssen Draht-Unternehmen war auf die neugegründete Thyssen Schweißtechnik GmbH und die damit verbundene Übernahme des Bochumer Werkes der Thyssen Edelstahlwerke AG zurückzuführen.

Die Investitionen in Sachanlagen erreichten mit 1071 Mio. DM einen neuen Höchststand. Allerdings müssen auch hier die wirtschaftlich zugeordneten Gesellschaften bedacht werden, die im Jahr 1990 nicht in den Geschäftsbericht eingegangen waren. Die Schwerpunkte der Sachinvestitionen lagen bei der Roheisenerzeugung und im Bereich der Oberflächenbeschichtung. Alle Maßnahmen dienten dazu, die Marktposition zu verbessern. Im einzelnen hieß das: Verbesserung der Produktqualität durch Verfahrens- und Produktentwicklung, Ausbau der Leistungsfähigkeit der Anlagen durch Modernisierung und Neubau sowie Vergrößerung der Fertigungstiefe durch Integration neuer Unternehmen.

Übersicht 9:   Ausgewählte Strukturdaten von Thyssen Stahl (1991)

konsolidierte Gesellschaften (Inland und Ausland)

Produktionspalette	31
Belegschaft/Mitarbeiter 30.09.1991	45.420
	Inland: 42.430, davon Ausländer im Inland: 6.536; Ausland: 2.990; (15,4% der Belegschaft); Auszubildende: 2.781; Sozialplan: 2.329 vorzeitige Pensionierungen (gepl.: 1989); 228 Aufhebungsverträge
Absatz/Umsatz in Mio. DM	10.439 (-1,1%) Inlandsgesellschaften ohne Thyssen Stahl AG: 5.255; Auslandsgesellschaften: 638; Langprodukte: 1896 / Flachprodukte: 2103 / kaltgewalzte und beschichtete Flachprodukte: 4882 / Bausysteme: 163 / Drahterzeugnisse: 460 / Schweißtechn: 173 / Sonstiges: 762
Produktionsdaten (in 1.000t)	Roheisen: 9.836 (-3,0%); Rohstahl: 10.319 (-1,3%); Walzstahl: 9.775 (- 3,4%), davon: Langprod.: 2.329 (-8,4%); warmgewalzte Flachprodukte: 3.335; kaltgewalzte und beschichtete Flachprodukte: 4.111

Thyssen Stahl AG, Duisburg

Produktionspalette	Roheisen / Ferrolegierungen / Hüttennebenerzeugnisse / Langprodukte / Grobblech / Breitflachstahl / Warmband / Feinblech / beschichtetes Feinblech / Feinblech in weiterverarbeiteter Sonderausführung
Belegschaft/Mitarbeiter	30.283 (-6,3%) Auslaufen des Sozialplans 1990
Absatz/Umsatz in Mio. DM	8.033 (-6,3%) Grund: Reiner Umsatz ohne Abzug der intragesellschaftlichen Umsätze, deshalb Diskrepanz

Rasselstein AG Neuwied

Produktionspalette	Weißblech / Feinstblech
Belegschaft/Mitarbeiter	4.222

E B G mbH, Bochum

Produktionspalette	kornorientiertes Elektroblech /- nicht-kornorientiertes Elektroblech STABOCOR
Belegschaft/Mitarbeiter	1.956

Thyssen Bandstahl Berlin GmbH

Produktionspalette	warmgew. Bandstahl / Warmband (Stäbe/Breitflach)
Belegschaft/Mitarbeiter	409 (-19,5%)

Thyssen Bausysteme GmbH, Dinslaken

Produktionspalette:	Bauelemente und -systeme
Belegschaft/Mitarbeiter	384 (-19,5%)
Absatz/Umsatz in Mio. DM	5.255, zusammen mit: Rasselstein, E B G, Thyssen Bandstahl, Thyssen Bausysteme, Berkenhoff & Drebes und E&H.

Thyssen Draht AG Berkenhoff & Drebes; Berkenhoff GmbH; Thyssen Schweißtechnik GmbH, Hamm

Produktionspalette	Draht und Drahterzeugnisse / Thyssen Schweißzusätze
Belegschaft/Mitarbeiter	3.327 (+9,4%) Einbringung des Bochum Werkes in die Thyssen Schweißtechnik
Absatz/Umsatz in Mio. DM	5.255, zusammen mit: Rasselstein, E B G, Thyssen Bandstahl, Thyssen Bausysteme, Berkenhoff & Drebes und E&H.

Nedstaal B.V.

Produktionspalette	Walzdraht / gezogene Drähte
Belegschaft/Mitarbeiter	1.109 (-5,0%)

Eisenbahn & Häfen

Produktionspalette	Transport
Belegschaft/Mitarbeiter	1.644 (-9,4%)

Ferteco

Produktionspalette	Erzförderung
Belegschaft/Mitarbeiter	1.837 (-3,0%)
Absatz/Umsatz in Mio. DM	638 zusammen mit Nedstaal, Bremerhaven und Ferteco

Veerhaven

Produktionspalette	Transport
Belegschaft/Mitarbeiter	44 (-6,4%)
Absatz/Umsatz in Mio. DM	638 zusammen mit: Nedstaal, Bremerhaven und Ferteco

Investitionen:

gesamt: **1.071 Mio. DM** (+81,5%)

Thyssen Stahl AG, Duisburg: 895 Mio. DM (+95,87%) Schwerpunkte: Roheisen und Flachstahl; davon:

Hochofen: 192 Mio. DM 2. Hochofen Schwelgern, Maßnahmen zum Kohleeinblasen am Hochofen 9 in Hamborn abgeschlossen.

Stahlwerk: 46 Mio. DM Fertigstellung Pfannenofen Oxygenstahlwerk Ruhrort; Ergänzung an Konvertern in Beeckerwerth.

Walzwerk: 404 Mio. DM davon **378 Mio. DM** für Warmbandproduktion und Weiterverarbeitung, Feuerverzinkungsanlage 4 in Beeckerwerth, Warmbandwerk - neues Vorstraßenkonzept, quetschnahtgeschweißte Platinen; elektrolytische Zink-Nickel-Bandbeschichtung in Beeckerwerth.

Grobbleche: 13 Mio. DM Erneuerung der Schopfschere an der Quartostraße.

Langprodukte: 13 Mio. DM Modernisierung der Drahtstraße Hochfeld, Erweiterung der Schienenadjustage

Rasselstein: 50 Mio. DM Nachwalzwerk Andernach und Inbetriebnahme einer Beschichtungsanlage von Weißblechbändern in Folien

Thyssen Draht: 56 Mio. DM (+69,6%)

Rationalisierung, Kapazitätsanpassung, Umweltschutz

Ferteco: 23 Mio. DM (-42,5%)

Inbetriebnahme der Feinerzaufbereitungsanlage => Qualität Lagerstättenvorräte

Nedstaal: 28 Mio. DM (+64,7%)

Modernisierung der betrieblichen Infrastruktur

Ausblick/ Maßnahmen:

- Gewinn von Thyssen Stahl im Geschäftsjahr 90/91 rückläufig; Ursache: fortschreitender Erlösverfall für Stahlprodukte, der nicht durch Kostensenkung ausgeglichen werden konnte.
- Schwerpunkte, um Marktverhältnisse zu verbessern: Produktivitätssteigerungen, Verfahrens- und Produktentwicklung, Qualitätsverbesserungen und Vergrößerung der Fertigungstiefe.
- Bau einer weiteren Feuerverzinkungsanlage zur Erhöhung der Kapazität beschichteter Bleche
- Gemeinsames Vorgehen von Thyssen Stahl und Umformtechnik = maßgeschneiderte Zuschnitte für spez. Karosserieteile an Autos
- Thyssen Stahl Detroit/ Washington haben Versuche auf der Pilotanlage zum Laserschweißen von Karosserieteilen erfolgreich beendet, d.h. evtl. ein Auftrag von 1 Mio. Blechen nach Amerika.
- Planung eines Mini-Stahlwerks in Oberhausen mit italienischem Stahlhersteller A.F.V. Beltrame S.p.A. zur Stabstahlproduktion
- Weitere Verhandlungen über spanische Feuerverzinkungsanlage in Kooperation mit Ensidesa, sowie Usinor/Sacilor
- Erwerb der Isocab Firmengruppe zum 1.Oktober 1991. Produktionsstätten: B/F   Programm: Kühlhaus- und Kühlzellenbau . Damit Erweiterung der Aktivität auf dem Gebiet einbaufertiger Stahl-Leichtbausysteme
- Thyssen Schweißtechnik GmbH beabsichtigt Erwerb von * Saudometal S.A., Brüssel, * Fontargen AG, Zürich, * Fontargen GmbH, Eisenberg, mit Tochtergesellschaften in B, GB, CH und BRD: Bereich: Schweiß- und Löttechnik; Ziel: Stärkung der internationalen Marktposition, Programmergänzung
- Tendenz bei Langprodukten sinkend
- Oberbaugeschäft positiv, wg. Lieferung an dt. Reichsbahn und Nahverkehrsbetriebe in Ostdeutschland
- Stabstahlfertigung zurückgenommen, Konzentration auf Inlandsmarkt , Umsatzrückgang ist mengenbedingt
- Stabilisierung des Inlandsabsatzes nach Umbau der Drahtstr. IV. Ausweitung der Lieferung in Rest-EG. Allerdings: Preisverfall
- Flachprodukte (warmgewalzt) ebenfalls unter Vorjahresniveau
- Grobbleche/Breitflachstahl: Abschwächung der Inlandsnachfrage in der 2. Jahreshälfte bei höherer Lieferung an Werften, u.a.
- Kaum Export wegen Überangebot (Golfkrieg => Stornierung von Lieferungen);   niedriger Umsatz auch bei Warmbreitband und Bandstahl; dagegen sorgt im Inland eine hohe Beschäftigung in der Automobilindustrie für Stabilität.
- Thyssen Bandstahl Berlin: Umsatzrückgänge auf allen Regionalmärkten, niedrige Kapazitätsauslastung durch den Wegfall des   DDR-Lohnwalzgeschäftes
- Zentrale Rolle für Thyssen Stahl spielen kaltgewalzte und beschichtete Flachprodukte (47% Umsatzbeteiligung)
- Wegen guter Lage der Autoindustrie 1991 ist der Absatz von oberflächenveredelten Feinblechen weiterhin gut
- Ungünstige Exportgeschäfte: Autokonjunktur in USA und Europa rückläufig, Ausfall der UdSSR als Großeinkäufer von kaltgewalzten Feinblechen => Angebot übersteigt Bedarf: Überproduktion
- Elektrobleche: Umsatzrückgang
- Weißblechabsatz von Rasselstein durch Inlandsnachfrage aus den ostdeutschen Ländern steigend, Ausgleich des Exportrückgangs

- Bausysteme erleben Aufschwung wegen guter Baukonjunktur im Inland
- Drahterzeugnisse mit vergleichbarem Vorjahresumsatz
- Thyssen Schweißtechnik hat gesteckte Ziele erfüllt

Quelle: Geschäftsbericht Thyssen Stahl AG

Den Trend zur Kooperation mit internationalen Unternehmen setzte Thyssen Stahl auch 1991 fort. Der Abschluß des Genehmigungsverfahrens zum Bau und Betrieb einer neuen Feuerverzin-kungsanlage im spanischen Sagunt in Zusammenarbeit mit Usinor/Sacilor und dem spanischem Hersteller Ensidesa wurde im ersten Halbjahr 1992 erwartet.

Ein weiteres Projekt war mit dem italienischem Stahlhersteller A.F.V. Beltrame S.p.A. vorgese-hen. Geplant war die Errichtung eines Ministahlwerkes in Oberhausen zur Erzeugung von Stabstahl.

Die amerikanische Tochter Thyssen Steel Detroit konnte über eine erfolgreiche Zusammenarbeit mit dem amerikanischen Partner Worthington berichten. Verhandlungen über einen Auftrag zur Lieferung von lasergeschweißten Blechen standen vor dem Abschluß.

Im Zuge der Programmerweiterung erwarb Thyssen Stahl zum 1. Oktober 1991 die belgische Isocab-Firmengruppe mit Produktionsstätten in Belgien und Frankreich. Mit der Übernahme erweiterte Thyssen Stahl seine Aktivitäten im Bereich einbaufertiger Leichtbausysteme.

Darüber hinaus beabsichtigte die Neugründung des letzten Jahres, Thyssen Schweißtechnik, den Erwerb mehrerer internationaler Firmen im Bereich der Schweiß- und Löttechnik zur Stärkung der Marktposition und zur Ergänzung des Produktionsprogramms.

Das Berichtsjahr 1991 war von einem deutlichen Rückgang der Gewinne gekennzeichnet, der hauptsächlich auf den Erlösverfall für Stahlprodukte zurückzuführen war. Betroffen waren alle Erzeugnisgruppen, manche allerdings stärker als andere, so daß einige Gesellschaften mit deutli-chen Verlusten abschlossen (z.B. Thyssen Bandstahl Berlin). Die Thyssen Stahl AG versuchte, durch gezielte Maßnahmen auf den allgemeinen Abwärtstrend des Stahlsektors zu reagieren.

Am 1. Oktober **1992** (Übersicht 10) kam es zur Zusammenführung der vormals unabhängigen Unternehmensbereiche der Thyssen Stahl und Thyssen Edelstahl, so daß die Thyssen Stahl AG seitdem aus insgesamt 59 Gesellschaften besteht. Diese Maßnahme gehört zu einer Reihe von Rationalisierungen zur Kostensenkung und Anpassung an den Weltmarkt. Darüber hinaus sind vor allem Einschnitte im Personalbereich, man spricht von der Einsparung von 5.000 Arbeits-plätzen, zu erwarten. Der deutlich rückläufige Bereich der Langprodukte wird einer Straffung unterzogen, um weitere Verluste aufzufangen. Bis Ende 1994 soll das Programm verwirklicht sein.

Auch im Berichtsjahr 1992 setzte sich die Talfahrt des internationalen Stahlmarktes fort. Wieder-um präsentierte sich das Auslandsgeschäft schwach, während sich das Inland, zumindest auf die Quantität bezogen, stabil zeigte. Die Stahlerlöse waren insgesamt rückläufig. Besonders auffällig stellte sich der Umsatzrückgang der Langprodukte mit 7% dar. Hier wurden gezielte Maßnahmen zur Straffung des Produktionssortiments eingeleitet.

konsolidierte Gesellschaften (Inland und Ausland)

Produktionspalette	41
Belegschaft/Mitarbeiter 30.09.1992	44.850 (-1,3%) Inland: 41.408, davon Ausländer im Inland: 5.344 (18,1% der Belegschaft); Ausland: 3.442; Auszubildende: 1.892; Sozialplan: 179 vorzeitige Pensionierungen; 568 Aufhebungsverträge
Absatz/Umsatz in Mio. DM	9.903 (-5,2%) Inlandgesellschaften: 4.991; Auslandgesellschaften: 773; Thyssen Stahl AG: 7.423; Gesamtumsatz: 9.903 ;Langprod.:1.765 (-7,0%); warmgew.: 1870 (-11,1%); kaltgew./beschichtete Flachprod.: 4615 (-5,5%); Bauelemente:258 (+58,2%) ; Drahterz.: 432 (-6,1%); Schweißtechnik: 263 (+52,0%); sonstige: 700 (-8,2%)
Produktionsdaten (in 1.000t)	Roheisen: 9.133 (-7,2%); Rohstahl: 9.907 (-4,0%); Walzstahl: 9.236 (- 5,6%), davon: Langprod.: 2.272 (-2,5%); warmgew. Flachprod.: 2.989 (-10,41%); kaltgew.+beschicht. Flachprod.: 3.975 (-3,4%)

Thyssen Stahl AG, Duisburg

Produktionspalette	Flachprodukte: Roheisen, Ferrolegierungen, Hüttennebenerz., Warmband, Grobblech, Feinblech, rostfeier Flachstahl, etc. / Langprodukte: Halbzeug/Stabstahl/ Schmiedeerz. / Oberbau/ Träger, etc.
Belegschaft/Mitarbeiter	29.511 (-2,6%); Vereinbarung eines neuen Sozialplans; Beendigung der Arbeitsverhältnisse unter Gewähung von Abfindungsleistungen
Absatz/Umsatz in Mio. DM	7.423 (-7,6%); Stahlerlöse rückgängig; Langprodukte => Umsatzrückgang um 7%; Oberbaugeschäft dagegen positiv, insbesondere stieg der Versand in die neuen Bundesländer/ Bereich Formstahl und Breitflanschträger ungünstige Entwicklung wegen gestiegener Importe i.d. EG, Ausfall des außereuropäischen Marktes
Produktionsdaten (in 1.000t)	+10% im Bereich Gleisbauprod. / Steigende Walzdrahtproduktion wegen Umbau der **Drahtstraßen** in Duisburg und bei Nedstaal. / Form-, Stabstahl, Träger und Halbzeug mußten in der Produktion aufgrund der geringeren Nachfrage zurückgenommen werden.

Rasselstein AG Neuwied

Produktionspalette	Feinstblech / Weißblech / spez.verchromtes und org. beschichtetes Feinstblech
Belegschaft/Mitarbeiter	4.221 (-)
Absatz/Umsatz in Mio. DM	+ Thyssen Bandstahl E&H, Thyssen Draht, EBG, Thyssen Bausysteme = Inlandsgesellschaften: 4991 (-5,1%)
Produktionsdaten (in 1.000t)	Weißblech: 12% Zurücknahme => unbefriedigende Auslastung des Werks

E B G mbH, Bochum

Produktionspalette	Elektrobleche / Dauermagnete + systeme / Sinterwerkstoffe / verschleißfester Formguß
Belegschaft/Mitarbeiter	1.953 (-0,2%)
Absatz/Umsatz in Mio. DM	Qualitätsstabstahl durch Fahrzeugbau gestützt, trotzdem Umsatzverluste; Maschinenbau negativ
Produktionsdaten (in 1.000t)	Elektroblecherzeugnisse +13% , beschichtetes Feinblech +4%, warmgewalzte Flachprodukte -12%

Thyssen Bandstahl Berlin GmbH

Produktionspalette	warmgew. Bandstahl / Warmband in Stäben / Breitflachstahl
Belegschaft/Mitarbeiter	Stillegung, 145 (-64,6%)
Absatz/Umsatz in Mio. DM	Umsatz warmgew. Flachprodukte deutlich unter Vorjahresniveau

Thyssen Bausysteme GmbH, Dinslaken

Produktionspalette:	Trapezprofile / Fassadenelemente / Kassetten / PUR-Sandwichelemente / Kühlzellen, Sanitätskab. / Isoliertüren/tore
Belegschaft/Mitarbeiter	379 (-1,4%)
Absatz/Umsatz in Mio. DM	Grobblech => weiter rückläufig; kaltgewalzte und beschichtete Bleche Schwerpunkt Thyssen Produktion; pos. Materialumstellung in der Autoindustrie von unbeschichteten Feinblechen auf oberfl. veredelte Produkte
Produktionsdaten (in 1.000t)	+ 10% bes. bei Kassetten-Elementen

Thyssen Draht AG Berkenhoff & Drebes; Berkenhoff GmbH; Thyssen Schweißtechnik GmbH, Hamm

Produktionspalette	Draht-u.blankstahl / Schweißtechnik / Kabel und Leitungen für Kommunikationstechnik / Langprodukte
Belegschaft/Mitarbeiter	3.222 (-3.2%); Übergabe von Baustahlp. an Baustahlgewerbe GmbH; Neu: Thyssen Schweißtechnik
Produktionsdaten (in 1.000t)	gute Auslastung der Anlagen; Ausnahme: Blankstahl und technische Fäden / Schweißtechnik: +11% aufgrund neu erworbener Firmen

Nedstaal B.V.

Produktionspalette	Walzdraht in Grund-, Qualitäts- und Edelstahlgüten
Belegschaft/Mitarbeiter	1.111 (+0,1%)
Absatz/Umsatz in Mio. DM	Fügetechnik: Verdoppl. Laserstrahl + quetschnahtgeschweißten Platinen / elektromagnet. Werkstoffe => Umsatzerhöhung / Lieferungssteigerung der nichtkornorientierten und kornorientierten Elektrobleche - Bauelemente: Anstieg / Drahterzeugung Vorjahresumsatz nicht erreicht / Kabel, Leitungen: Umsatz nicht erreicht

Eisenbahn & Häfen

Produktionspalette	Transport
Belegschaft/Mitarbeiter	1.804 (+8,4%), +190 Arbeitskräfte von Bahntransport Mannesmann-Röhren

Ferteco

Produktionspalette	Rohstoffgewinnung
Belegschaft/Mitarbeiter	1.803 (-1,9%)
Produktionsdaten (in 1.000t)	-8%, Anpassung der Produktion an Nachfrage

Veerhaven

Produktionspalette	Transport
Belegschaft/Mitarbeiter	41 (-6,9%)

Thyssen Isocab, B

Produktionspalette	Sandwich- u.Isolierpaneele, Kühlhaus- und -zellenbau
Belegschaft/Mitarbeiter	233, Neuerwerb => Erhöhung der Auslandsmitarbeiter

Soudometal, Belg.

Produktionspalette	Schweißtechnik
Belegschaft/Mitarbeiter	254

Investitionen:

ges.: **1.499 Mio. DM** (+39,9%)

Thyssen Stahl AG: 1.150 Mio. DM (+28,4%)

- Schwerpunkt wie '91 => Flachstahl und Roheisen

Hochofenbereich: 328 Mio. DM => neuer Großhochofen 2 in Duisburg Schwelgern, ausgelegt auf Tagesleistung von 10.600 t Roheisen, wird ältere Hochöfen in Ruhrort ersetzen. Produktionsbeginn: 10/93.

Stahlwerk: 59 Mio. DM für sekundärmetallurgische Einrichtungen o.d. Konvertern im Oxygenwerk Beeckerwerth.

Walzwerk: 376 Mio. DM davon 323 Mio. DM für Flachprodukte. größtes Einzelprojekt: Feuerverzinkungsanlage 4 in Beeckerwerth (fertig: Oktober 1992) Bandbeschichtungsanlage 2 in Beeckerwerth, zweite Baustufe des Vorstraßenkonzepts der Warmbandstr. 2 sowie Ersatz der Warmbandspaltanlage und Modernisierung einer Beize in Hüttenheim teilen sich restliche Beträge.

Rasselstein+Thyssen Bandstahl+E&H + EBG + Bausysteme + Draht: **286 Mio. DM** (+36,3%) davon:

Thyssen Draht: 108 Mio. DM Anlagenzugang

Thyssen Schweißtechnik: Fertigung für Schweißpulver und Fülldrähte Ausweitung der Produktpalette und der Qualitätsmaßnahmen

Rasselstein: 70 Mio. DM Sachanlagenzugänge zur Leistungssteigerung d. Produktionsanlagen und zur Qualitätssteigerung des Weißblechs und zur Verbesserung des Umweltschutzes.

EBG: 41 Mio. DM Maßnahmen zur Leistungssteigerung der Anlagen und zur Produktverbesserung

Auslandsges.: **63 Mio. DM** (+14,5%): davon

Nedstaal: 35 Mio. DM Größter Einzelbetrag => Umbau der Drahtstraße 5, deren Modernisierung zu einer erheblichen Belastung führte

Ausblick/ Maßnahmen:

- Am 1.10.1992 Zusammenführung der Unternehmensbereiche Stahl und Edelstahl. => Thyssen Stahl ist ein Unternehmensbereich mit insgesamt 59 Gesellschaften
=> Rationalisierungsprogramm, das bis Ende '94 verwirklicht sein soll.; Ziel: Kostenentlastung, Anpassung an den Weltmarkt, Rationalisierung der Arbeitsplätze (rd. 5000 Einsparungen durch produktionsbedingte Rationalisierung), Straffung des Produktsortiments bei Langprodukten, Konzentration der Blankstahlfertigung,
- sozialverträgliche Personalreduktion,
- Produktionsrückgang durch Blockstillstände und Kurzarbeit als Anpassung auf Verschlechterung der intern. Stahlkonjunktur.
- Einstellung der Fertigung bei Thyssen Bandstahl-Berlin, künftig Lieferung von Spaltband aus Duisburg
- Einbeziehung neuer Gesellschaften im Bereich Schweißtechnik (Saudométal/Belgien) - Dezember 1991
- Hochofenanlage Schwelgern 2 (Duisburg)
- Erwerb von Produktionsanlagen in F und B durch die Isocab-Gruppe (Oktober 1991)
- sog. Anpassungsmaßnahmen, d.h. Mengeneinsparungen

- Forcierung von Forschungs- und Entwicklungsprojekten auch unter europäischer Mitarbeit (Usinor Sacilor) im Bereich von Qualitätsverbesserung des Stahls
- Intensive Zusammenarbeit mit der Automobilindustrie bzgl. Umformbarkeit und Gewichtseinsparung von Feinblechen.
- Seit März 1992 Vertrag zur Gründung der Stahl- und Walzwerk Oberhausen GmbH (SWO). Partner: italienischer Stahlerzeuger Beltrame (60%) und Thyssen Stahl AG (40%).
- Juli 1992 Genehmigung der EG-Kommission. Produktpalette: Ministahlwerk soll Stabstahl und leichte Profile in Grundqualität herstellen => Bau einer neuen Walzstraße durch Beltrame
- EG-Zustimmung über Beteiligung der Thyssen Stahl AG und der frz. Salloc SA zu jeweils 24,5% an der Galvanizaciones del Mediterraneo SA (GALMED) in Spanien. 51% bei Ensidesa. GALMED wird in Sagunt eine Feuerverzinkungsanlage betreiben.
- Planung: Für 1993 sind Investitionen von zusätzlichen 591 Mio. DM geplant. Damit sollen schwerpunktmäßig Leistungssteigerungen im Stranggießbereich, die Neukonzeption der Fugebetriebe sowie mehrere Vorhaben bei den Warm- und Kaltbandwerken finanziert werden.
- Werksstillegungen (z.B. Hochofen Ruhrort im August '92, Krefeld = Stabstahlprod. soll '93 stillgelegt werden, Werk Witten: Einstellung der Produktion von Sonderprofilen und der Feinstraße)
- Werksneubauten => Hof/Saale, Produktion von Stahlblech, Investitionen bis Herbst 1993: 25 Mio. DM, Schaffung von 150 - 200 Arbeitsplätzen.
- Planung der Übernahme des Kaltwalzwerks in Eisenhüttenstadt gemeinsam mit Peine und Salzgitter

Quelle: Geschäftsbericht Thyssen Stahl AG

Kernproblem in vielen Bereichen der Walzstahlherstellung scheinen die gestiegenen Importe in die EG durch konkurrenzfähige Drittländer, bei zeitgleichem Wegfall der außereuropäischen Märkte, zu sein. Vor allem die GUS-Staaten fehlten als potentieller Abnehmer bzw. Auftraggeber. Trotz allgemeiner negativer Entwicklung, der Umsatz war im Vergleich zum Vorjahr um 5,2% zurückgegangen, haben einige Bereiche der Thyssen Stahl AG positive Tendenzen festgestellt. Die Materialumstellung der Automobilindustrie von unbeschichteten auf oberflächenbeschichtete Feinbleche wirkte sich vorteilhaft auf den Geschäftsbereich aus. Eine Umsatzsteigerung durch positive Mengenentwicklung konnte bei elektromagnetischen Werkstoffen erzielt werden. Trotz eines scharfen Verdrängungswettbewerbs und starken Importdrucks aus Osteuropa wurden die Lieferungen von korn- und nichtkornorientiertem Elektroblech ausgedehnt.

Wegen der schlechten Stahlkonjunktur war eine weitere Drosselung der Produktion unabdingbar. Die Roheisenerzeugung wurde nochmals um etwa 7% zurückgefahren, die Herstellung von Rohstahl ebenfalls um 4% gesenkt. Die Walzstahlproduktion mußte mit einer Reduktion von etwa 500.000 t der Marktsituation angepaßt werden. Damit waren viele Werksanlagen ungenügend ausgelastet, bzw. arbeiteten derart unökonomisch, daß eine Blockstillegung oder ganzheitliche Schließung unausweichlich war. Letztere vollzog sich bei Thyssen Bandstahl Berlin, deren Kapazitäten seit dem Wegfall des DDR-Lohnwalzgeschäftes nur ungenügend ausgelastet waren. Weitere Werksstillegungen erfolgten in Ruhrort, wo ein Hochofen im August 1992 abgeschaltet wurde und in Witten, wo es zur Einstellung der Produktion von Sonderprofilen kam.

Eine Konsequenz der Werksschließungen sind, neben Kurzarbeit, zahlreiche Entlassungen. Die Belegschaft der Thyssen Stahl AG und ihrer Gesellschaften hatte sich im Jahr 1992 um 1,3%

reduziert und soll laut Rationalisierungsprogramm um insgesamt weitere 5.000 Arbeitnehmer gesenkt werden, um Personalkosten einzusparen. Die Entlassungen wurden überwiegend über die sozialverträglichen Maßnahmen der letzten Jahre fortgeführt.

Der Schwerpunkt der Investitionspolitik hatte sich gegenüber dem Vorjahr nicht geändert. Insgesamt wurden 1.499 Mio. DM in neue Werksanlagen sowie notwendige Modernisierungs- und Umbaumaßnahmen investiert.

Die Planungen Thyssen Stahls mit internationalen Stahlunternehmen wurden weitgehend durch die EG-Kommission genehmigt, so daß der Beteiligung an GALMED (51% Ensidesa, 24,5% Sollac SA und 24,5% Thyssen Stahl AG), der Feuerverzinkungsanlage in Spanien nichts mehr im Wege steht. Ebenso erfolgte die Zustimmung der EG-Kommission zur Gründung der Stahl- und Walzwerk Oberhausen GmbH (SWO). Partner in diesem Vertrag ist der italienische Stahlhersteller Beltrame, der 60% der Anteile innehat. Die geplante Produktpalette des Ministahlwerkes reicht von Stabstahl bis zu leichten Profilen in Grundqualität. Hierzu ist der Bau einer neuen Walzstraße erforderlich. Neben den internationalen Kooperationen will Thyssen seine Aktivitäten in Ostdeutschland intensivieren. In Zusammenarbeit mit Peine und Salzgitter erwägt Thyssen die Übernahme des Kaltwalzwerkes in Eisenhüttenstadt (EKO).

Das Berichtsjahr 1992 lag deutlich im Trend der verschlechterten Lage auf dem internationalen Stahlmarkt. Die Gewinne waren weiterhin rückläufig, so daß gezielte Maßnahmen zur Anpassung auf die veränderte Marktsituation eingeleitet wurden wie bereits zu Beginn berichtet.

13.1.1.2 Mannesmann 1989-1993

Der Mannesmann-Konzern unterteilt sich in sieben große Unternehmensbereiche: Maschinen- und Anlagenbau, Fahrzeugtechnik, Elektrotechnik und Elektronik, Telekommunikation, Röhren und Handel. Von diesen sieben Unternehmenszweigen interessiert uns insbesondere der Bereich Röhren, da sich hier die Aktivitäten des Konzerns im Stahlsektor konzentrieren. Die Mannesmann Röhrenwerke stellen in ihrem Kernbereich nahtlose und geschweißte Stahlrohre als Handels-, Qualitäts-, Leitungs- und Ölfeldrohre sowie Halbzeug, d. h. Bleche, Luppen und Röhrenrund, her. Die Stahlwerksanlagen befinden sich in Düsseldorf und Mülheim.

Das Jahr **1989** (Übersicht 11) zeichnete sich durch eine gute Stahlkonjunktur aus, was sich auf den Unternehmenszweig Röhren positiv auswirkte. Die Auftragseingänge waren um 2% gegenüber dem Vorjahr gestiegen, was mit einem erhöhten Erlösniveau begründet wurde. Bezüglich des quantitativen Buchungsniveaus wurden lediglich die Werte des zurückliegenden Jahres erreicht. Im Bereich nahtlose Röhren wurde das Geschäft durch den Rückgang der Bestellungen aus der ehemaligen UdSSR deutlich beeinträchtigt. Auch die Nachfrage nach Ölfeldrohren hatte sich abgeschwächt, wobei insbesondere Auftragsrückgänge aus den USA verantwortlich für die Entwicklung gemacht wurden. Das Europageschäft stellte sich im Berichtsjahr außerordentlich zufriedenstellend dar. Gute Buchungen wurden bei geschweißten und Großrohren registriert. Insgesamt konnte ein Umsatz von 4,5 Mrd. erwirtschaftet werden, was ein Plus gegenüber dem Vorjahr von 3% bedeutete.

Große Einschnitte mußte Mannesmann Röhrenwerke bei der Rohstahlproduktion machen. Hier lagen die Produktionsdaten 15% unter dem Vorjahresniveau. Ursache waren die vorbereitenden Maßnahmen für die Hüttenwerke Krupp-Mannesmann (HKM), die in Kooperation mit dem Stahlhersteller Krupp betrieben werden sollen. Dafür war eine zweiwöchige Stillegung erforderlich.

Eine deutlich negative Entwicklung zeigte sich im Bereich der Belegschaft. Der Rückgang der Arbeitskräfte geht zum Teil darauf zurück, daß die Mitarbeiter des HKM nicht berücksichtigt wurden. So zeigt sich ein Verlust von etwa 20% der Mitarbeiterzahl gegenüber dem Vorjahre.

Mannesmann Röhrenwerke investierte im Jahre 1989 rund 197 Mio. DM in Sachanlagen. Kernbereich der Investitionen waren die Vorbereitungen auf die HKM, sowohl im Stahlwerk- als auch im Hochofenbereich. Darüber hinaus kamen Arbeiten im Werk Mülheim zum Abschluß, ebenso wie Modernisierungsanlagen im Werk Rath.

Übersicht 11: Ausgewählte Strukturdaten von Mannesmann 1989

Mannesmann Gesamt

Belegschaft/Mitarbeiter	123.311; Inland: 83.952, Ausland: 38.359, Auszubildende: 4.096
Absatz/Umsatz in Mio. DM	22.330

Mannesmann DEMAG

Produktionspalette	Hüttentechnik / Bau- und Kunststoffmaschinen / Verdichter und Drucklufttechnik / Kran- und Handhabungstechnik
Belegschaft/Mitarbeiter	15.764 (+6,3%)
Absatz/Umsatz in Mio. DM	4.132 (+24,2%)*

Rexroth

Produktionspalette	Hydraulik / mechanische Getriebe / NC-Antriebstechnik, Ölhydraulik / lineare Bewegungstechnik, Pneumatik
Belegschaft/Mitarbeiter	13.199 (+18,2%)
Absatz/Umsatz in Mio. DM	2.825 (+27,3%)*

Krauss-Maffei

Produktionspalette	Kunststoff- und Oberflächentechnik (Verfahrens- und Automationstechnik)

Mannesmann Anlagebau

Produktionspalette	Rohrleitungsbau (Kraftwerk/Industrieanlagen) / Gewinnung, Transport von Öl, Gas und Wasser / petrochemischer Anlagenbau
Belegschaft/Mitarbeiter	4.616 (+7,2%)
Absatz/Umsatz in Mio. DM	1.742 (-22,6%)*

Fichtel & Sachs

Produktionspalette	Fahrzeugbau
Belegschaft/Mitarbeiter	15.913 (-4,8%)
Absatz/Umsatz in Mio. DM	3.052 (+9,4%)*

Hartmann & Braun

Produktionspalette	Elektrotechnik / Elektronik / Meß- und Prozeßautomatisierungstechnik
Belegschaft/Mitarbeiter	6.537 (+1,7%)
Absatz/Umsatz in Mio. DM	1.083 (+17,4%)*

Mannesmann Informationstechnik

Produktionspalette	Computersysteme
Belegschaft/Mitarbeiter	10.456 (+4,0%)
Absatz/Umsatz in Mio. DM	1.900 (+14,0%) Computersysteme im Inlandsgeschäft

Mannesmann Röhrenwerke

Produktionspalette	nahtlose Rohre / geschweißte Rohre / Leitungsrohre / Großrohre / Rohstahl
Belegschaft/Mitarbeiter	17.277 (-20,3%) ohne HKM
Absatz/Umsatz in Mio. DM	4.500 (+3,0%) Grund: höherer Auftragseingang als im Vorjahr / allerdings mengenmäßig nur Buchungsnveau des Vorjahres / Beeinträchtigung des Geschäftes mit nahtlosen Röhren => Ursache: ** / Europageschäft zufiedenstellend / gute Buchungen bei geschweißten Rohren / Erhöhung der Ordereingänge bei Großrohren / Rohstahlprod. -15% / Erzbedarf rückläufig / Stahlrohrerz. -5% / höheres Erlösniveau / günstige Markt- und Sortenstruktur

Mannesmann Handel

Produktionspalette	Vertrieb konzerneigener und fremder Erzeugnisse
Belegschaft/Mitarbeiter	1.818 (-4,0%)
Absatz/Umsatz in Mio. DM	4.100 (+4,0%)

Mannesmann Brasilien

Produktionspalette	Stahlrohre / Edel- und Qualitätsstähle
Absatz/Umsatz in Mio. DM	1.046 (+28,1%)*

* : lt. HB, Mi. 30.05.1990, Nr. 103, S.15
**: Rückgang der UdSSR-Bestellungen und der Ölfeldrohrnachfrage aus den USA

Investitionen 1989

ges.: **1.161** Mio. DM
Mannesmann Informationstechnik: 93 Mio. DM
- Abschluß der Bauarbeiten im Werk A, Villingen
- Investitionen in Datenverarbeitungsanlagen
Mannesmann Röhrenwerke: 197 Mio. DM
- Vorbereitende Maßnahmen für das HKM (Hochofen- und Stahlwerksbereich) (Hüttenwerk Krupp Mannesmann)
- Abschluß der Arbeiten an der Tubinglinie im Werk Mülheim
- Neuordnung der Güterstrangjustage im Werk Rath
Mannesmann Handel: 13 Mio. DM
- Rationalisierung des Lagerwesens

Quelle: Mannesmann Geschäftsbericht über das Geschäftsjahr 1989

Das Berichtsjahr 1989 verlief äußerst zufriedenstellend und weckte Hoffnungen für das kommende Jahr.

Im Berichtsjahr **1990** (Übersicht 12) mußten hohe Verluste aufgrund des Einbruchs der internationalen Stahlkonjunktur hingenommen werden. Insbesondere das Exportgeschäft im Bereich der nahtlosen Rohre war von starken Einbußen gekennzeichnet, wofür die beschränkten Auftragsvergaben aus der ehemaligen UdSSR und aus der VR China verantwortlich gemacht wurden. Ähnliche Tendenzen zeigten sich bei den Großrohraktivitäten. Auch hier machte sich die Zurückhaltung der osteuropäischen Großabnehmer im Exportgeschäft bemerkbar. Eine relativ gute Auslandsnachfrage dagegen zeigte sich im Offshore-Einsatz in der Nordsee. Der Rückgang der Aufträge und der Bestellmenge wirkte sich negativ auf den Umsatz der Mannesmann Röhrenwerke aus. Insgesamt konnten 3979 Mio. DM erwirtschaftet werden, ein Verlust zum Vorjahr von 12,4%. Teilweise resultierte der Rückgang des

Umsatzes aus der Einbringung des Werkes Huckingen in die Hüttenwerke Krupp Mannesmann GmbH, wodurch dem Unternehmensbereich lukrative, umsatzsteigernde Nebenverkäufe entgingen. Wesentlich gravierender stellte sich die Entwicklung bei der brasilianischen Tochter der Mannesmann Röhrenwerke dar. Mannesmann Brasilien schloß das Jahr 1990 mit einem Umsatzrückgang von 42,4% ab. Die rezessive Wirtschaftsentwicklung des Landes mit ständigem Kursverfall sowie die quantitative Reduzierung des Inlandsgeschäftes mit Stahl und Rohren wurden mit den Einbußen in Verbindung gebracht.

Die Rohstahlproduktion wurde trotz Wiederaufnahme der Produktion der HKM nicht wieder hochgefahren, sondern auf 3 Mio. Tonnen gehalten.

Von der Reduktion der Beschäftigten waren hauptsächlich die Werke in Rath und Mülheim betroffen. Wegen der unbefriedigenden Auftragslage, insbesondere im Bereich der Rohrkontistraße und der Großrohrherstellung, wurde zusätzlich Kurzarbeit für das Werk Mülheim eingeführt.

Übersicht 12: Ausgewählte Strukturdaten von Mannesmann 1990

Mannesmann Gesamt

Belegschaft/Mitarbeiter	123.997
	Inland: 89.976 (+7,1%); Ausland: 34.021 (-11,4%); Auszubildende: 4.606
Absatz/Umsatz in Mio. DM	23.943 Außenumsatz

Mannesmann DEMAG

Produktionspalette	**: Unternehmensbereich Maschinen- und Anlagenbau: Hüttentechnik / Bau- und Kunststoffmaschinen / Verdichter und Drucklufttechnik
Belegschaft/Mitarbeiter	21.701 (+5,7%)
Absatz/Umsatz in Mio. DM	**: Abrechnung des Großrohrauftrags über die Ölfelderschließung in Nigeria => besonders hohes Umsatzplus: 11.792 (+35,5%)

Rexroth

| Produktionspalette | Hydraulik, Ölhydraulik, - mechanisches Getriebe / NC-Antriebstechnik / Pneumatik |
| Belegschaft/Mitarbeiter | 18.618 (+11,9%) |

Krauss-Maffei

| Produktionspalette | Kunststoff und Oberflächentechnik / Verfahrens- und Automationstechnik |
| Belegschaft/Mitarbeiter | 5.412 (+4,8) |

Mannesmann Anlagebau

| Produktionspalette | Rohrleitungsbau (Kraftwerke/Industrieanlagen) / Gewinnung und Transport von Öl, Gas und Wasser |
| Belegschaft/Mitarbeiter | 7.342 |

Fichtel & Sachs

| Produktionspalette | Fahrzeugbau |
| Absatz/Umsatz in Mio. DM | 2.929 (-4,1%) |

Hartmann & Braun

Produktionspalette	Elektrotechnik / Elektronik / Meß- und Prozeßautomatisierungstechnik
Belegschaft/Mitarbeiter	8.264 (-1,8%)
Absatz/Umsatz in Mio. DM	2.864 (+164,4%) Auslandsgesellschaften

Mannesmann Informationstechnik

| Produktionspalette | Computersysteme |

Belegschaft/Mitarbeiter	9.832 (-6,0%)

Mobilfunk

Produktionspalette	digitales Mobilfunknetz
Belegschaft/Mitarbeiter	209

Mannesmann Röhrenwerke

Produktionspalette	nahtlose Rohre / geschweißte Rohre / Leitungsrohre / Großrohre / Rohstahl
Belegschaft/Mitarbeiter	16.544 (-4,5%) hauptsächlich Werke Mülheim und Rath
Absatz/Umsatz in Mio. DM	3.979 (-12,4%)
	Schrumpfung der Auslandsbuchungen und Bestellmengen / beschränkte Auftragsvergaben aus UdSSR und VR China bei nahtlosen Rohren / gute Auftragslage im Offshore-Einsatz / 1/3 Steigerung des Mengenaufkommens für kleine geschweißte Rohre / Einbruch des Ostexports / Umsatzrückgang zu 1/3 auch mit Einbringung des Werks Huckingen in die HKM=> Wegfall der Nebenverdienste

Mannesmann Handel

Belegschaft/Mitarbeiter	1.836
Absatz/Umsatz in Mio. DM	3.941 (-2,9%) schwache Röhren-Ostexporte / Umrechnungsbedingte Einbußen im Walzstahlgeschäft durch amerikan. **Tochtergesellschaften**

Hauptverwaltung mit Dienstleistungen

Belegschaft/Mitarbeiter	1.467 (+1,8%)

Konzern

Belegschaft/Mitarbeiter	125.418 (-0,3%)

Mannesmann AG

Belegschaft/Mitarbeiter	706 (-2,0%)

Mannesmann Brasilien

Produktionspalette	Stahlrohre / Edel- und Qualitätsstähle
Belegschaft/Mitarbeiter	11.986 (-20,8%)
Absatz/Umsatz in Mio. DM	642 (-42,4%) Grund: Kursverfall / Mengenreduzierung im Inlandsgeschäft mit Stahl u. Rohren

**: lt. HB, Mo. 03.12.1990, Nr. 232, S.17

Investitionen 1990

ges.: **1.281** Mio. DM (+ 6,0%)
: **583 Mio. DM (Rexroth, Krauss-Maffei, Mannesmann Anlagenbau* Mannesmann Demag)
Mannesmann Fichtel & Sachs: 255 Mio. DM *
Mannesmann Hartmann & Braun: 138 Mio. DM *
Mannesmann Mobilfunk: 138 Mio. DM
- Anzahlung der georderten Telekommunikationstechnik
- Baumaßnahmen für Vermittlungs- und Übertragungstechnik
- Anschaffung von Betriebs- und Geschäftsausstattung
Mannesmann Röhrenwerke: 105 Mio. DM (-46,8%)
- Ablänganlage für Rundstrangguß
- Werk Mülheim: Kesselrohrfertigung
- Werk Rath: Stopfenstraßeadjustage, Feinrohrzieherei

- Werk Remscheid: Produktionsbeginn in der neuen Halle
- Werk Wickede: Aufbau der Fertigungslinie - geschweißte und gezogenen Rohre
- Werk Langenfeld: Erweiterung der Kapazität für das Preßfittingsystem
=> Rationalisierung und Qualitätsverbesserungen

Mannesmann Handel: 29 Mio. DM (+123,0%)
- Rationalisierung der Lagerwirtschaft in Düsseldorf und Ratingen
- Lager- und Verkaufsgebäude für Tochterfirma in Luxemburg

Mannesmann Brasilien: 73 Mio. DM (-40,7)
- Installation eines Nachwärmofens zur Vergütung von Spezialrohren
- Modernisierung der Stopfenstraße
- Absaug- und Filtereinrichtung zur Vermeidung von Staubemission

Ausblick/Maßnahmen 1990

- Kurzarbeit im Werk Mülheim/Ruhr wegen unbefriedigender Auftragslage, insb. im Bereich Rohrkontistraße und Großrohre
- Diversifikation (Erwerb der Anteile der IWKA Stahlflaschen GmbH, Hamburg => Erweiterung des Programms für Stahlflaschen und Druckbehälter
- steigende Investitionen, auch in Ostdeutschland (z.B. Plastmaschinenwerk Wiehe -> DEMAG Tatzraf in Luisenthal)
- geplante Kooperation bei Großrohren mit frz. Stahlkonzern Usinor-Sacilor, Großrohraktivitäten mit 7 Werken sollen in ein Gemeinschaftswerk eingebracht werden. Ziel: Optimierung der Produktion , d.h. Zusammenlegung bzw. Verlagerung der Produktionslinie
- Ausbau des digitalen Mobilfunknetzes in der Bundesrepublik Deutschland
- Kooperation mit der Siemens AG im Bereich der Drucker
- geplanter Erwerb der Mehrheit an Krauss-Maffei
- geplanter Erwerb des Wabco Fluid Power Bereichs => Zugang zu pneumatischer Arbeitstechnik Produktion von 3 Mio. t Rohstahl
- nationale Kooperation mit Krupp => Hüttenwerke Krupp Mannesmann (HKM)

Quelle: Mannesmann Geschäftsbericht über das Geschäftsjahr 1990

Vom Personalabbau im Ausland war Mannesmann Brasilien besonders stark getroffen. Die schwache wirtschaftliche Verfassung des Landes machte eine Anpassung der Belegschaft an die Situation notwendig. Die Investitionen der Mannesmann Röhrenwerke wurden im Berichtsjahr fast um die Hälfte zurückgenommen. Hauptziel der Sachinvestitionen in Höhe von 105 Mio. DM waren Qualitätsverbesserungen im Produktionsbereich sowie Rationalisierungsmaßnahmen. Die ebenfalls sinkenden Sachinvestitionen des Werkes in Brasilen wurden darüber hinaus in umwelt-verbessernde Techniken angelegt. Die veränderte Situation auf dem Stahlmarkt machte Maß-nahmen notwendig, um dem steigenden Konkurrenzdruck, insbesondere der ostasiatischen Staaten, standzuhalten. Auf nationaler Ebene wurden die Vorbereitungen zu dem mit Krupp gemeinsam geführten Unternehmen, Hüttenwerke Krupp Mannesmann (HKM), abgeschlossen und die Produktion aufgenommen. Ebenso wurde eine weitere Diversifikation der Stahlaktivitäten durch den Erwerb der IWKA Stahlflaschen GmbH, Hamburg angestrebt. Mit diesem Kauf erfolgte eine Erweiterung des Produktionsprogramms auf Stahlflaschen und Druckbehälter. International wurden Gespräche mit dem französischem Stahlhersteller Usinor-Sacilor aufge-nommen, um über die Optimierung der Produktion zu verhandeln. Gegenstand der Verhandlung war die Zusammenlegung von sieben Werken dergleichen Produktlinie (Großrohraktivitäten) bzw. deren Verlagerung in ein Gemeinschaftswerk.

Mannesmann Röhrenwerke standen im Berichtsjahr **1991** (Übersicht 13) ganz unter dem Einfluß des Zusammenschlusses mit dem französischen Stahlhersteller Usinor-Sacilor im Bereich der Großrohraktivitäten zum 01.01.1991. Die neugegründete Europipe GmbH mit Sitz in Ratingen wird zu je 50% von Mannesmann und Usinor-Sacilor SA gehalten. Der Europipe unterstellt sind auf deutscher Seite die Werke Mülheim und Herne, auf französischer Seite die Werke von GTS-Industries in Dunkerque, Belleville und Joeuf. Vor dem Hintergrund der weltweit enttäuschenden Stahlkonjunktur steigerten die Röhrenwerke unter Einbeziehung der Europipe GmbH und Wälz-lagerrohr GmbH ihr Bestellvolumen durch die erhebliche Zunahme der Buchungen von ge-schweißten Großrohren aus dem Inland und dem westlichen und osteuropäischen Ausland um 8% zum Vorjahr. Maßgeblichen Anteil daran hatte der Amoco-Auftrag. Bei diesem Großrohrgeschäft wurden Rohre zum Bau einer Erdgasleitung in der Nordsee in einem Umfang von 300 Tsd. Tonnen geordert. Bei den anderen Rohrsorten hielt die Marktschwäche an. Die anhaltende Rezession in den USA und Lateinamerika und die verschärfte Strukturkrise in den Ländern Osteuropas waren im wesentlichen für den Rückgang der Aufträge verantwortlich. Im Werk Brasilien beherrschte weiterhin die rezessive Wirtschaftslage des Landes das Auftragsniveau, das unter dem des Vorjahres lag. Preis- und Währungseinflüsse waren hierfür ausschlaggebend. Positive Auswirkungen der Zunahme des Bestellvolumens der Mannesmann Röhrenwerke war eine Umsatzsteigerung von 6,2% auf 4.911 Mio. DM. Erstmals seit zwei Jahren zeigte die Anzahl der Mitarbeiter zum Jahresabschluß eine positive Bilanz. Ursache war weniger die günstige Auftragslage, sondern vielmehr die Einbeziehung neuer Gesellschaften in die Unterneh-mensstruktur. Gegensätzlich dagegen verlief die Entwicklung der Mitarbeiterzahlen in Brasilien. Hier zwang die wirtschaftliche Lage zur Anpassung.

Übersicht 13: Ausgewählte Strukturdaten von Mannesmann 1991

Mannesmann Gesamt

Belegschaft/Mitarbeiter	125.188 (+0,9%) Inland: 91.996 (+2,2%); Ausland: 33.192 (-2,5%); Auszubildende: 4.574 Ursache: Erhöhung der Mitarbeiterzahl ist auf die Einbeziehung der Boge AG, die Zunahme in einigen Bereichen und den Aufbau des Bereiches Telekom zurückzuführen und den Aktivitäten in den neuen Bundesländern
Absatz/Umsatz in Mio. DM	24.300 (+1,6%) Grund: Osteuropageschäft weiter rückläufig / Latein-amerika nur noch zu 4% am Umsatz beteiligt / steigende Tendenzen für Australien und Asien

Maschinen- und Anlagenbau: Zunahme der Aufträge um 7%

Mannesmann DEMAG

Produktionspalette	Hüttentechnik / Bau- und Kunststoffmaschinen / Verdichter und Druck-lufttechnik / Kran- und Handhabungstechnik
Belegschaft/Mitarbeiter	17.253 (+4,3%)
Absatz/Umsatz in Mio. DM	11.595 (-1,7%)

Rexroth DEMAG Fördertech

Produktionspalette	Hydraulik, Ölhydraulik / mechanische Getriebe / Pneumatik
Belegschaft/Mitarbeiter	12.800 (-6,1%)

Krauss-Maffei

Produktionspalette	Kunststoff- und Oberflächentechnik
Belegschaft/Mitarbeiter	4.760 (-6,7%)

Mannesmann Anlagenbau

Produktionspalette	Rohrleitungsbau / Gewinnung, Transport von Öl, Gas und Wasser
Belegschaft/Mitarbeiter	5.331 (+10,1%)

Fahrzeugtechnik: Absatz/ Umsatz = 3.122 (+6,5%) Grund: - Einbeziehung neuer Unternehmen =>Boge und VDO

Fichtel & Sachs

Produktionspalette	Fahrzeugbau
Belegschaft/Mitarbeiter	14.451 (-5,5%)
Absatz/Umsatz in Mio. DM	Abschwächung des Umsatzes im Ausland

VDO

Produktionspalette	Informations-/ Steuer- und Regeltechnik

Boge

Produktionspalette	Stoßdämpfer, Gummimetalle
Belegschaft/Mitarbeiter	3.907

Elektronik:
Hartmann & Braun

Produktionspalette	Elektrotechnik / Elektronik / Meß- und Prozeßautomatisierungstechnik
Belegschaft/Mitarbeiter	6.523 (-1,5%)
Absatz/Umsatz in Mio. DM	2.451 (-14,5%) Grund: Umsatzplus bei H&B durch deren Auslandsgesellschaften

Mannesmann Informationstechnik

Produktionspalette	Computersysteme
Belegschaft/Mitarbeiter	5.249 (-37,1%)
Absatz/Umsatz in Mio. DM	Informationstechnik: Umsatzrückgang => Verkauf von Kienzle

Telekommunikation:
Mobilfunk

Produktionspalette	dig. Mobilfunknetz D2 / Inbetriebnahme Dez.91
Belegschaft/Mitarbeiter	1.015 (+102,2%)

Röhren:
Mannesmann Röhrenwerke

Produktionspalette	nahtlose Rohre (kalt+warm) / geschweißte Rohre / Leitungsrohre / Stahlrohre / Rohstahl / Großrohre, Sonstiges
Belegschaft/Mitarbeiter	17.371 (+4,9%)
Absatz/Umsatz in Mio. DM	4.911 (+6,2%) Grund: Röhrenwerke: Amoco-Auftrag, Nordseeerdgasleitung

Mannesmann Brasilien

Produktionspalette	Stahlrohre / Edel- und Qualitätsstähle
Belegschaft/Mitarbeiter	9.596 (-20,0%) Ursache: schwache Wirtschaft zwingt zum Personalabbau
Absatz/Umsatz in Mio. DM	Brasilien: rezessive Wirtschaftslage / anteilmäßige Einbeziehung der Europipe GmbH

Handel:
Mannesmann Handel

Produktionspalette	Vertrieb konzerneigener und fremder Erzeugnisse
Belegschaft/Mitarbeiter	1.854 (+47,9%)
Absatz/Umsatz in Mio. DM	3.990 (+1,2%) Grund: Einbeziehung neuer Gesellschaften /- Ausweitung des Röhrengeschäftes

Investitionen 1991

gesamt: **1.474** Mio. DM (+19,7%)

Unternehmensbereich Maschinen und Anlagenbau: 442,2 Mio. DM (-24,2%)

Unternehmensbereich Fahrzeugtechnik: 294,8 Mio. DM (+15,6%)

- Aufbau neuer Produktionslinien und Änderung des Konsolidierungskreises

Unternehmensbereich Elektrotechnik und Elektronik: 103,1 Mio. DM (-25,3%)

Unternehmensbereich Telekommunikation: 294,8 Mio. DM (+113,6%)

- Aufbau des Mobilfunknetzes

Unternehmensbereich Röhren: 235,8 Mio. DM (+32,4%)

- Schwerpunkt: kaltgefertigte Stahlrohre
- Kapazitätserweiterung und Rationalisierung in Präziswerken Wickede, Remscheid und Holzhausen.
- Qualitätsverbesserung warmgewalzter Stahlrohre

Unternehmensbereich Handel: 29,4 Mio. DM (+1,3%)

Brasilien: - Abschluß der Bauarbeiten der Entstaubungsanlage für Holzkohle im Werk Barreiro (Belo Horizonte)

- Qualitätsverbesserung in der Fertigung nahtloser Stahlrohre mittlerer Abmessungen (API-Norm, d.h. American Petroleum Institute)

Ausblick/Maßnahmen 1991

- Steigerung der Sachanlageninvestitionen
- Beteiligung/Mehrheiten an neuen Unternehmen zur Erweiterung des Geschäftsfeldes (z.B. VDO, Boge Eitorf)
- europäische Kooperation auf dem Sektor Großrohre (Vertrieb, Herstellung). Seit dem 01.01.1991 kooperiert Mannesmann mit Usinor/Sacilor S.A. => Europipe GmbH, Sitz Ratingen, je 50% der Anteile
* Europipe besteht aus: Mannesmann Röhrenwerke Mülheim, Herne (DHS) sowie den frz. Werken von GTS-Industries in Dunkerque Belleville, Joeuf => Großauftrag beschert Produktion von rd. 1 Mio.t Großrohre
- weitere Kooperation mit Hoesch Rohr AG auf dem Gebiet der Präzisionsrohre sowie geschweißter Handels- und Transportrohre.
- Ausweitung des Engagements/Investitionsvolumens in den neuen Bundesländern, wobei Wirtschaftlichkeit im Vordergrund steht. (z.B. Erwerb der MSI, Pipelinebau): seit 01.06.91
* Übernahme des Röhrenwerks in Riesa (Mannesmann Röhrenwerke Sachsen GmbH)
* Stahlhandelsfirma in Riesa und Übernahme einer kunststoffverarbeitenden Fabrik
- Beteiligung an Wälzlagerrohr GmbH
- Zusammenarbeit mit dem größten Hersteller nahtloser Stahlrohre in Frankreich, Vallourec Industries => Drillpipe Fertigbearbeitung (Bohrrohre, vor allem für Erdöl und -gas)
- Auftragseingänge aus Polen (Huta Katowice), Rumänien (Uzinexportimport SA) und von zahlreichen deutschen Firmen (Thyssen Stahl AG, Peine Salzgitter AG). Auch die Tschechoslowakei hat Aufträge geordert (Skodaexport/Prag, Nova Hut/ Ostrova)
- Kurzarbeit
- Steigerung der Qualitätsstruktur der Mitarbeiter

Quelle: Mannesmann Geschäftsbericht über das Geschäftsjahr 1991

Die Investitionen in Sachanlagen wurden um ein Drittel zum Vorjahr gesteigert. Schwerpunkt der Unternehmenspolitik waren kaltgefertigte Stahlrohre sowie einerseits Kapazitätserweiterung andererseits Rationalisierungsmaßnahmen in den Präzisrohrwerken Wickede, Holzhausen und Remscheid. Langfristig sollen die Sachinvestitionen die Wettbewerbsfähigkeit des Unternehmensbereiches erhalten und verbessern.

Vor dem Hintergrund eines zusammenwachsenden europäischen Marktes vereinbarte Mannesmann Röhrenwerke weitere Kooperationen mit führenden europäischen Stahlunternehmen. Mit einem Anteil von 33,3% kooperiert Mannesmann mit dem größten französischen Hersteller nahtloser Stahlrohre, Vallourec. Die neugegründete Drillpipe Fertigbearbeitung beschäftigt sich schwerpunktmäßig mit der Herstellung von Bohrrohren, insbesondere für die Erdgas- und Erdölförderung. Die verschärften Wettbewerbsbedingungen begünstigten den Entschluß, auf dem Gebiet der Präzisionsrohre sowie der geschweißten Handels- und Transportrohre mit der Hoesch Rohr AG zusammenzuarbeiten. Das Engagement der Mannesmann Röhrenwerke in den neuen Bundesländern wurde im Berichtsjahr auch auf den Unternehmensbereich Röhrenwerke ausgeweitet. Seit dem 01. Juni 1991 zählt das Mannesmann Röhrenwerk Sachsen GmbH, vormals Röhrenwerk des Stahlwerkes Riesa, sowie eine Stahlhandelsfirma ebendort zum Unternehmensbereich. Trotz der wirtschaftlich strapazierten Lage schlossen die Mannesmann Röhrenwerke zufriedenstellend ab, was maßgeblich mit der Zusammenlegung der Aktivitäten auf europäischer Ebene zusammenhing.

Die Geschäftsentwicklung der Mannesmann Röhrenwerke war **1992** (Übersicht 14) aufgrund der konjunkturellen Bedingungen nicht zufriedenstellend. Der Stahlrohrmarkt war im Berichtsjahr von Überkapazitäten geprägt, deren Ursache vor allem in der Importpolitik der osteuropäischen Staaten lag. Sie überschütteten den Markt mit großen Stahlrohrmengen zu Dumpingpreisen, die wiederum zu Auftragseinbußen bei inländischen Unternehmen führten. Parallel dazu gingen die Exporte in die Länder der ehemaligen Sowjetunion zurück, da sie wegen einer ungeklärten Finanzierung nur geringe Buchungen orderten. Der Ausfall der Ostmärkte und die dadurch bedingten Absatzschwierigkeiten führten bei der Unternehmensgruppe Röhrenwerke zu einer unzureichenden Auslastung der Anlagen und zu einem deutlichen Rückgang des Umsatzes. Im Bereich der nahtlosen Rohre beispielsweise fielen die Auftragseingänge um 30%.

Auf diese extreme Marktschwäche bei nahtlosen Rohren war der Umsatzrückgang von knapp 12%, auf 3.828 Mio. DM, zurückzuführen. Bei der Unternehmensgruppe Brasilien betraf der Buchungsrückgang ebenfalls die nahtlosen Rohre. Die miserable wirtschaftliche Lage des Landes sowie steigender Konkurrenzkampf auf dem Weltmarkt wurden für diese Krise verantwortlich gemacht. Dagegen stiegen die Versandmengen im Inlandsgeschäft leicht an.

Infolge der drastisch verschlechterten Auftragslage des Unternehmensbereiches Röhrenwerke mußten Anpassungsmaßnahmen eingeleitet werden, die insbesondere Auswirkungen auf die Beschäftigtenzahl hatten. Neben einem Rückgang der Belegschaft von 6,6% auf 25.197 Mitarbeiter war der Unternehmensbereich Röhrenwerke besonders stark von Kurzarbeit betroffen. Die Auftrags- und Absatzdefizite in den Warmrohrbetrieben und den Präzisrohrbereichen führten darüber hinaus zur Schließung einiger Werksanlagen wie der Rohrkontistraße 1 in Mülheim. Die Reduktion der Belegschaft wurde hauptsächlich über Sozialpläne und Abfindungen getätigt.

Übersicht 14: Ausgewählte Strukturdaten von Mannesmann 1992

Mannesmann Gesamt

Belegschaft/Mitarbeiter	136.747 (+9,2%)
Absatz/Umsatz in Mio. DM	28.018 (+15,3%)

Maschinen- und Anlagenbau:
DEMAG, Rexroth, DEMAG Fördertech, Krauss-Maffei, Anlagenbau

Produktionspalette	Maschinen, Anlagen, Systeme, Heben, Verteilen, Lagern, Antreiben, Steuern, Bewegen, Maschinen- und Fahrzeugbau, Verkehrssysteme, Engineering und Construction
Belegschaft/Mitarbeiter	54.318 (+35,3%)
Absatz/Umsatz in Mio. DM	12.672 (+9,2%) Grund: externes Wachstum => gleich hoher Auftragseingang zum Vorjahr

Fahrzeugtechnik:
Fichtel & Sachs, VDO, Boge

Produktionspalette	Informations-, Steuer- und Regelsysteme für Fahrzeugtechnik / Kraftfahrzeug- und Zweiradtechnik, Motoren
Belegschaft/Mitarbeiter	39.569 (+115,5%)
Absatz/Umsatz in Mio. DM	6.531 (+109%); die Hälfte der Aufträge stammt von VDO und Boge

Elektrotechnik/Elektronik:
Hartmann & Braun, Informationstechnik

Produktionspalette	Meßtechnik und Prozeßautomatisierung
Belegschaft/Mitarbeiter	9.678 (-17,8%)
Absatz/Umsatz in Mio. DM	1.461 (-40,4%)

Telekommunikation:
Mobilfunk

Produktionspalette	Telekommunikation
Belegschaft/Mitarbeiter	1.615 (+59,1%)
Absatz/Umsatz in Mio. DM	138

Röhren:
Mannesmann Röhrenwerke, Brasilien

Produktionspalette	Mannesmann-Preßfitting-System f.d. Hausinstall / Rohre und Rohrerzeugnisse / nahtlose und geschweißte Stahlrohre / Stahlflaschen und Druckbehälter / Achsteile für Nutzfahrzeuge / Stab- und Rohrprodukte / Rohstoffgewinnung
Belegschaft/Mitarbeiter	16.314 (-6,1%) Röhrenwerke; 8.883 (-7,5%) Brasilien zusammen: 25.197 (-6,6%)
Absatz/Umsatz in Mio. DM	3.828 (-11,8%) (RW) Marktschwäche bei nahtlosen Rohren; 520 (-9%) (BRA) Gründe: Verschärfung des Wettbewerbs / schlechte wirtschaftliche Lage Brasiliens / Rückgang bei Aufträgen und Produktion; zusammen: 4.337 (-11,7%) Stahlrohrmarkt geprägt von Überkapazitäten, Auftragseinbußen und unzureichende Anlagenausnutzung; Sondereinflüsse: Wegen ungeklärter Finanzierung nur kleine Geschäfte mit der UdSSR / *China - nur geringe Mengen Spezialrohre / *Stahlrohre aus dem ehem. Ostblock zu Dumpingpreisen / Kurzarbeit / Absatzschwierigkeiten

Handel:
Mannesmann Handel

Produktionspalette	Beratung, Beschaffung, Logistik
Belegschaft/Mitarbeiter	2.793 (+50,6%)
Absatz/Umsatz in Mio. DM	3.904 (+15,3%); Auftragsbestand des Konzerns 1992: 17,6 Mio. DM

Investitionen 1992

ges.: 1.870 Mio. DM (lt. HB, Nr. 104, 02.06.1993, S.15) = (+26,8%)
Unternehmensbereich Röhren: Röhrenwerke: 180 Mio. DM (-9,6%)
- Rationalisierung der Fertigung
- Verbesserung der Qualität
- Abbau der Kapazitäten
Brasilien: 50 Mio. DM (+19,0%)
- Schwerpunkt Stahlwerk
- Bau einer Rohrkontistraße in Barreiro
- Qualitätsverbesserung durch Total Quality Control System in Guarulost/ Sao José dos Campos
insgesamt: 230 Mio. DM (-2,5%)

Ausblick/Maßnahmen 1992

- Kurzarbeit in allen Warmrohrbetrieben wegen schlechter Auftrags- und Absatzsituation
- Außerbetriebnahme der Rohrkontistraße in Mülheim/Ruhr
- Reduktion der Belgschaften in den Kaltziehereien
- Kurzarbeit in Rohrschweißwerken Rath und Mülheim
- Nationale Kooperation mit Hoesch AG zur MHP (Mannesmann Hoesch Präzisrohr GmbH Hamm)
- Internationales Firmenkonsortium unter Führung der Mannesmann Demag erweitert Elektro-stahlwerk in Südkorea
- Vertrag zwischen Shell Norwegen und Mannesmann Handel über Offshore-Projekt (Troll-Projekt => Stahlrohre)

Quelle: Mannesmann Geschäftsbericht über das Geschäftsjahr 1992; HB: 02.06.1993, Nr. 104, S.15.

Die Investitionsbereitschaft in den Bereich Röhrenwerke war im Berichtsjahr 1992 stark rückläu-fig, obwohl die Aufwendungen insgesamt um knapp 27% gestiegen sind. Die Sachmittelfinanzie-rung betraf vor allem die Rationalisierung des Fertigungsprozesses, die Verbesserung der Qualität sowie den Abbau von Kapazitäten. In Brasilien lag der Schwerpunkt der Sachinvestitionen ebenfalls im Stahlwerksbereich, wo der Bau einer Rohrkontistraße eingeleitet wurde. Darüber hinaus wurden Maßnahmen zur Qualitätsverbesserung durch ein neuartiges Total Quality Control System eingeführt.

Zu den strukturellen Anpassungsmaßnahmen zählte auch die Fortsetzung der nationalen Koope-rationen im Bereich der konjunkturgeschwächten Präzisrohre. Zum 1. Januar 1993 sollte mit der Hoesch AG eine Zusammenarbeit in diesem Bereich in Kraft treten und die Mannesmann Hoesch Präzisrohr GmbH (MHP) ihre Produktion aufnehmen. Zur weiteren Reduktion der Kosten war ein Joint Venture mit italienischen und französischen Partnern bei nahtlosen Edelstahlrohren verein-bart.

Der Geschäftsverlauf des Unternehmensbereichs Röhren wurde im Berichtsjahr **1993** (Übersicht 15) von der anhaltenden Talfahrt der Wirtschaft in Westeuropa und den potentiellen Absatzmärkten bestimmt. Das Berichtsjahr ist gekennzeichnet durch eine andauernde Nachfrageschwäche fast aller Röhrenerzeugnisse, die neben dem Rückgang des Auftragsvolumens auch deutliche Einbußen in der Umsatzbilanz bewirkt. Verantwortlich für das Unterschreiten der Vorjahreswerte ist der zunehmende Mengen- und Erlösdruck, dem alle Röhrenprodukte ausgesetzt sind.

Den stark negativen Tendenzen des Berichtsjahres 1993 versucht die Unternehmensgruppe Röhrenwerke durch gezielte Umstrukturierungs- und Anpassungsprozesse entgegenzuwirken. Die Bemühungen um Kontakte und Kooperationen mit dem benachbarten europäischen Ausland wurden in diesem Jahr intensiviert.

Übersicht 15: Investitionen, Ausblick und Maßnahmen von Mannesmann 1993

Gesamtinvestitionen: 726 Mio. DM (-4,3%)[1]
Unternehmensbereich Röhren: Röhrenwerke: 91,5 Mio. DM (-49,5%)
- Investitionen mit dem Ziel zur Sicherung der Wettbewersfähigkeit
- Werk MH => 10 Mio. für den Aufbau der Fertigung von MSH-Profilen (Mannesmann-Stahlbau-Hohlprofile)
- Werk Rath => 17 Mio. für Warmwalzanlage und Ölrohrfertigung
Brasilien: **145** Mio. DM (+190%)
- Schwerpunkt: Bau eines Rohrkontiwalzwerkes für Rohre bis zu NW 125 mm in Belo Horizonte

Ausblick und Maßnahmen:

- Mannesmann Demag Hüttentechnik => Auftrag zur Lieferung einer Rohrschweißanlage für die Produktion von Rund-, Quadrat- und Rechteckrohren von Atlas Tube in Harrow (Ontario/ Canada)
- MDH (s.o.) => Auftrag zur Lieferung von zwei einadrigen Brammenstranggießanlagen von ESSAR Gujarat Ltd. (Bombay)
- Krauss-Maffei => Aktienmehrheit a.d. frz. Billion S.A. Bellignat übernommen (führender frz. Kunststoff - Spritzgießmaschinen- Hersteller)
- Ausbau des Haustechnikbereichs der Unternehmensgruppe Handel => Übernahme diverser Firmen
- europäisches Joint-venture mit Dalmine (Italien) und Vallourec (Frankreich) im Bereich von nahtlosen Edelstahlrohren geplant, Mannesmann bringt die Werke Remscheid und Langenfeld ein, Dalmine das Werk Costa Valpino bei Bergamo
- geplant ist eine Holding mit paritätischer Beteiligung
- vereinigter Umsatz nach Schätzungen rd. 400 Mio. DM => 30% des Marktanteils in Europa, damit ernsthafte Konkurrenz für den Weltmarktführer und den schwedischen Europa-marktführer Sanvik
Ziel/Zweck: grenzüberschreitende Rationalisierungsmaßnahmen durch Spezialisierung der Produktion Kostensenkung
- Mannesmann Demag Hüttentechnik => Auftrag zur Lieferung und Errichtung eines Edelstahlwerkes einschließlich Brammenstranggießanlage
Auftraggeber: Yieh United Steel Co, Ltd. (Kooshiung, Taiwan)
- Seit 01.01.1993 Mannesmann-Hoesch-Präzisrohr-GmbH (MHP)
- Kurzarbeit

Quelle: Mannesmann Illustrierte '93; HB, Nr. 76, 21.04.93, S.27; HB, Nr. 160, 20./21.08.93, S.15; HB, Nr. 104, 02.06.93, S.15

Mit dem Ziel grenzüberschreitender Rationalisierungsmaßnahmen durch Spezialisierung der Produktlinien plant Mannesmann Röhrenwerke ein Joint Venture mit den Stahlproduzenten Dalmine (Italien) und Vallourec (Frankreich) im Bereich von nahtlosen Edelstahlrohren. Durch die Zusammenlegung des Edelstahlbereichs erhofft man sich eine deutliche Kostensenkung. Die

---

[1] Lt. HB, 21.08.93, Nr. 160, S.15, nur für das 1. Quartal 1993.

Sicherung der internationalen Wettbewerbsfähigkeit ist erklärtes Ziel der Investitionspolitik des Unternehmensbereichs. 91,5 Mio. DM sind der Gruppe Röhrenwerke für das Jahr 1993 an Hilfsmitteln zur Verfügung gestellt worden, damit knapp die Hälfte weniger als im Vorjahr.

Weitere bzw. konkretere Äußerungen sind über das Berichtsjahr 1993 kaum zu treffen, da kein geeignetes Zahlenmaterial zugrunde gelegt werden kann.

Generell läßt sich im Mannesmann-Konzern eine Tendenz beobachten, die Position auf dem internationalen Markt zu behaupten und zu sichern. Dabei stehen Bemühungen im Vordergrund, sich durch adäquate Anpassungsmaßnahmen auf die wechselnden Marktbedingungen schnell und effektiv einzustellen. Die Übernahme bzw. Beteiligung an zukunftsorientierten Unternehmen (Telekommunikation) ebenso wie die Nutzung von Synergieeffekten (HKM oder MHP, Edelstahlrohre) sind Konzepte, die eine vielversprechende Entwicklung für die kommenden Jahre verheißen. Wahrung des Weltmarktniveaus bedeutet andererseits jedoch auch: die Ausgliederung von Bereichen, die unökonomisch arbeiten. Strategische Maßnahmen dieser Art haben Auswirkungen auf die Unternehmensstruktur und -politik.

Die schlechte wirtschaftliche Konjunktur seit Beginn der neunziger Jahre bedingte den Bedeutungsrückgang des Unternehmensbereichs Röhren. Aufgrund der guten und stabilen Ertragslage 1989 erwirtschaftete der an Mitarbeitern größte Tätigkeitsbereich, Mannesmann Röhren-Werke, den höchsten Umsatzerlös des Gesamtkonzerns. Wegen der anhaltenden internationalen Rezession verschlechterte sich die Situation des Unternehmensbereichs rapide, wovon insbesondere die Umsätze und die Mitarbeiter betroffen waren. 1992 posierte der in Röhrenwerke umbenannte Bereich lediglich an vierter Stelle, bezogen auf das Umsatzniveau, hinter Maschinen- und Anlagenbau, Fahrzeugtechnik und Handel (vgl. Mannesmann Illustrierte 7-8/93, S. 4). Eine derart negative Geschäftsbilanz wirkte sich auf die Investitionspolitik des Konzerns aus. Auf den Unternehmensbereich Röhren entfielen nur 12% des Investitionsvolumen, die Tendenz ist weiter fallend. Der Einstieg in die Telekommunikation dagegen erfuhr 26% der Aufbaumittel, arbeitete im Gegenzug auch mit entsprechender wirtschaftlicher Effektivität.

Der Mannesmann-Konzern hält nicht an unrentablen, traditionellen Wirtschaftszweigen fest, sondern orientiert sich zunehmend an ausbaufähige, zukunftsweisende Unternehmensbereiche.

13.1.1.3 Krupp Stahl AG 1989-1992

Die Krupp Stahl Gruppe gliedert sich in 16 inländische und 20 ausländische Unternehmen, von denen wir uns lediglich mit einigen beschäftigen können. Die mit Abstand größte Gesellschaft ist die Krupp Stahl AG. Das Lieferprogramm der Krupp Stahl Gruppe reicht von Schmiedehalbzeug über verpackte Bleche und Coils bis zur Stahl- Handelsware.

Unser Bericht wird sich auf die wichtigsten assoziierten Gesellschaften beziehen. Neben der bereits erwähnten Krupp Stahl AG ist dies: VDM Nickel-Technologie AG, Krupp Brüninghaus GmbH, Gerlach Werke GmbH, Krupp Vertriebsgesellschaft mbH, Krupp Stahl Kaltform GmbH, Krupp Pulvermetall GmbH sowie Krupp Sigma-Stahl GmbH.

Das Berichtsjahr **1989** (Übersicht 16) war in der Bundesrepublik und den meisten Industrieländern vom wirtschaftlichen Aufschwung gekennzeichnet. Auch der internationale Stahlmarkt zeigte sich stabil, so daß das Geschäftsjahr positiv abgeschlossen werden konnte.

Die Auftragseingänge konnten auf 8,5 Mrd. DM gesteigert werden, was einem Gewinn zum Vorjahr von 8,5% entsprach. In ursächlichem Zusammenhang stand diese Entwicklung mit dem

Erwerb der VDM Nickel-Technologie (NT) AG zu Beginn des Jahres und dem hohen Auftrags-zuwachs der Krupp Stahl AG. Die Buchungen im Stahlbereich übertrafen das Volumen des Vorjahres um etwa 1%, was fast ausschließlich auf die erhöhten Brammen-Sondergeschäfte zurückzuführen war. Ebenso erfolgreich war die Auftragslage im Bereich der Flachprodukte aus Qualitätsstahl, die ein Plus von über 20% bei oberflächenveredelten Produkten erwirtschaftete. Weniger erfreulich zeigte sich jedoch die Entwicklung bei kaltgewalzten Edelstahl-Flacherzeug-nissen. Die Bestellungen hatten sich gegenüber der hohen Vorjahresbasis deutlich vermindert. Neben der Marktschwäche im Drittlandbereich wurde der umfangreiche Haldenabbau mit dieser Situation in Verbindung gebracht. Der Umsatz der Krupp Stahl AG hatte sich im Jahre 1989 auf 6,1 Mrd. DM erhöht. Dieses Umsatzplus von ca. 11% basierte neben Absatzsteigerungen auch auf Preiserhöhungen wegen zunehmend steigender Rohstoffkosten und auf qualitative Verbesserun-gen der Produktionsstruktur. Die Übernahme der VDM NT zeigte sich für die Krupp Stahl Gruppe von besonderer Bedeutung, da durch sie der Gesamtumsatz maßgeblich um rd. 30% gesteigert werden konnte.

VDM NT zählt zu den führenden Herstellern von Hochleistungswerkstoffen. Das Umsatzplus der Krupp Brüninghaus GmbH von 3% resultierte insbesondere aus der anhaltend guten Lage auf dem Fahrzeugmarkt.

Im ersten Halbjahr 1989 waren alle Produktionsbereiche der Krupp Stahl AG voll ausgelastet, entsprechend der Lage auf dem weltweiten Stahlmarkt. Die Rohstahlerzeugung wurde gegenüber dem Vorjahr um 7% erhöht und auf 4,618 Mio. t hochgefahren.

Die Belegschaft der Krupp Stahl Gruppe konnte weltweit auf 25.081 Mitarbeiter gesteigert werden. Der etwa 5prozentige Anstieg resultierte hauptsächlich aus der Übernahme der Mitarbei-ter der VDM NT. Die Stillegung des Werkes Rheinhausen bewirkte einen Rückgang der Beschäf-tigten bei der Krupp Stahl AG von 5,2%. Etwa die Hälfte der ehemaligen Mitarbeiter aus dem Werk Rheinhausen soll im neuen Gemeinschaftsprojekt mit Mannesmann (Hüttenwerke Krupp Mannesmann HKM) eine Weiterbeschäftigung erhalten.

Die Krupp Stahl Gruppe investierte 1989 252 Mio. DM in Sachanlagen. Als langfristiges Ziel des Investitionsprogramms wurden Qualitäts-und Leistungssteigerungen vorhandener Anlagen sowie Optimierung der Produktionslinien genannt.

Das Berichtsjahr 1989 wurde mit einem stark verbesserten Ergebnis zum Vorjahr abgeschlossen, wobei der Stahlbereich die ausschlaggebenden Impulse gesetzt hatte. Gestiegener Versand, Verbesserung der Produktionsstruktur sowie Kostenreduktion durch greifende Umstrukturie-rungsmaßnahmen waren die Schlagworte, die ursächlich mit der positiven Entwicklung in Verbindung gebracht wurden. Zur Stärkung der Wettbewerbsfähigkeit von Krupp Stahl wurden Maßnahmen eingeleitet, die im kommenden Jahr realisiert werden sollen. Neben den umfangrei-chen Investitionen sind hier vor allem die Vereinbarungen zu nennen, die Rohstahlerzeugung in Duisburg-Huckingen zu konzentrieren. Das Gemeinschaftswerk Hüttenwerke Krupp-Mannes-mann GmbH (HKM), an der die beiden nationalen Unternehmen je zu 50% beteiligt sind, sollte zum 1. Januar 1990 seinen Betrieb planmäßig aufnehmen.

Übersicht 16: Ausgewählte Strukturdaten der Krupp Stahl Gruppe 1989

Krupp Stahl AG

Produktionspalette	Werkstoffe: Grund-, Qualitäts-, Edelbau-, Werkzeug-, Schnellarbeits-, nichtrostende Stähle, Legierungen
	Erzeugnisformen: Warmbreitband, Bandstahl, Feinblech, Grobblech, Walzdraht, Blankstahl, Blankdraht, ...
Belegschaft/Mitarbeiter	17.380 (-5,3%)
Absatz/Umsatz in Mio. DM	6,137 Mrd. DM (+10,8%)
Produktionsdaten	Rohstahl: 4,618 Mio. t (+7,2%) / Stranggußbrammen: 0,424 Mio. t (+226,1%) / Flacherzeugnisse: 2,986 Mio. t (+14,8%) / Profilerzeugnisse: 0,622 Mio. t (-31,2%); insgesamt: 4,032 Mio. t (+10,9%)

VDM Nickel-Technologie AG

Produktionspalette	Bleche, Drähte, Bänder, Stangen und Schmiedeteile; nahtlose Rohre, geschweißte Rohre und Rohrsysteme, Sonderedelstähle, Rohrsysteme aus hitze- und korrosionsbeständigen Nickelbasislegierungen, ...
Belegschaft/Mitarbeiter	2.155 (Neuerwerb)
Absatz/Umsatz in Mio. DM	1,490 Mrd. DM (Neuerwerb)

Krupp Brüninghaus GmbH

Produktionspalette	Gesenkschmiedestücke, Kaltfließpreßteile, Blattfedern, Stabilisatoren, Druckbehälter, Waggonbau, Waggonreparatur
Belegschaft/Mitarbeiter	2.237 (+1,0%)
Absatz/Umsatz in Mio. DM	0,388 Mrd. DM (+3,7%)

Gerlach-Werke GmbH

Produktionspalette	Gesenkschmiedete Kurbelwellen und Sicherheitsteile
Belegschaft/Mitarbeiter	2.253 (+1,1%)
Absatz/Umsatz in Mio. DM	0,439 Mrd. DM (+12,2%)

Krupp Stahl Vertriebsgesellschaft mbH

Produktionspalette	Handel mit Walzstahl, Stahlverfeinerungs- und Edelstahlerzeugnisse
Belegschaft/Mitarbeiter	549 (+1,6%)
Absatz/Umsatz in Mio. DM	0,674 Mrd. DM (+10,3%)

Krupp Stahl Kaltform GmbH

Produktionspalette	Abkantprofile, Walzprofile, weiterverarbeitete Kaltprofile, geschweißte Konstruktionsteile
Absatz/Umsatz in Mio. DM	0,0748 Mrd. DM

Krupp Pulvermetall GmbH

Produktionspalette	Metallpulver und pulvermetall. Werkstoffe

Krupp Sigma Stahl GmbH

Produktionspalette	Vergütete Drähte, Spannbetondrähte

Krupp Stahl Gruppe insgesamt:

Belegschaft/Mitarbeiter	25.081 (+5,7%)
Absatz/Umsatz in Mio. DM	9,538 Mrd. DM (+31,4%)

Investitionen 1989

Krupp Stahl AG: Qualitätsstahl Flach:
* Modernisierung und Sicherung Warm- und Kaltbandfertigung
* Umbau Brammentragschienensystem 1. Hubbalkenöfen im Warmbreitbandwalzwerk in Bochum
* Kaltwalzwerk Bochum: Ausbau der Walzenschleiferei
* Brammenstranggießanlage im Werk Bochum: technische Ergänzung zur Reduktion des Instandhaltungs- und Reparaturaufwandes.
* Werk Benrath: Installation neuer Stellmechanismen zu Profil- und Planheitsregelung

VDM Nickel-Technologie AG:
* Modernisierung der Fertigungsanlagen für Band, Münzen und Wärmetauscher (Werdohl)
* Ausbau eines modernen Prozeßleitsystems (Unna)

Krupp Brüninghaus GmbH:
* moderne Fertigungs- und Prüfeinrichtungen
* Maßnahmen zur Verbesserung des Materialflusses

Gerlach-Werk GmbH:
* Rationalisierungs- und Modernisierungsmaßnahmen im Fertigungsbereich
* Erweiterung der Anlagenkapazität
Insgesamt: Sachanlagen: 252 Mio. DM

Maßnahmen / Ausblick

* Umbau einer Spaltanlage und Ausbau der Haubenglüherei auf die Wasserstoff-Hochkonvektionstechnik
* Bestellung eines 20-Rollen Kaltwalzgerüstes
* Siegen/ Hagen: Erweiterung der Horizontalstranggießanlage im Werk Geisweid
* Bau einer Feuerverzinkungsanlage in Bochum: wichtige zukunftsweisende Investitionsentscheidung
* Konzentration der Rohstahlerzeugung in Duisburg-Huckingen: Gemeinschaftsprojekt Hüttenwerke Krupp-Mannesmann (HKM); Planmäßige Aufnahme des Geschäftsbetriebs am 1.1.1990.
* Erhöhung der Beteiligung an der Gerlach-Werke GmbH von 58,2% auf 75,8%.

Quelle: Geschäftsbericht 1989, Krupp Stahl AG

Die Entwicklung der Weltwirtschaft hatte **1990** (Übersicht 17) insgesamt an Dynamik verloren. Die international günstige Nachfrage nach Stahlprodukten ließ spürbar nach. Besondere Einbußen waren im Exportgeschäft zu verzeichnen; hier machte sich die verhaltene Konjunktur in anderen europäischen Staaten, die schwierige wirtschaftliche Situation in der ehemaligen Sowjetunion sowie die Konkurrenz der Billiganbieter aus Drittländern nachhaltig bemerkbar.

Der Auftragsverlauf bei Flacherzeugnissen war wenig zufriedenstellend und mit etwa 5% zum Vorjahr rückläufig. Dramatischer zeigte sich diese Tendenz im Geschäftsbereich Profile, wo der Buchungsrückgang knapp 19% betrug. Diese Entwicklung in Kombination mit dem Abbau von Lagerbeständen in beiden Bereichen führte zu einem Rückgang der Quantität der Erzeugung. Neben den mengenmäßigen Auftragseinbußen beherrschte ein starker Preisdruck die Entwicklung der Krupp Stahl AG im Berichtsjahr 1990. Resultat waren hohe finanzielle Einbußen. Im Geschäftsbereich Profile ging der Umsatz auf 991 Mio. DM zurück, im Bereich Flachstahl war er mit 3897 Mio. DM um knapp 20% rückläufig. Insgesamt betrug der Außenumsatz der Krupp Stahl

Gruppe 7,8 Mio. DM, ein Verlust zum Vorjahr um etwa 9%. Eine Ausnahme bildeten rost-, säure- und hitzebeständige Flacherzeugnisse. Der Buchungsverlauf war nach einem zurückhaltenden Jahresbeginn deutlich positiv.

Entsprechend der rückläufigen Nachfrage wurde die Rohstahl- und Walzstahlherstellung deutlich zurückgenommen. Hier machte sich besonders die Reduzierung der Rohstahlproduktion in Rheinhausen gegenüber 1989 bemerkbar.

Zum Ende der Berichtsjahres 1990 waren weltweit 25.1467 Mitarbeiter in der Krupp Stahl Gruppe beschäftigt. Damit war die Gesamtbelegschaft nahezu unverändert, jedoch kam es innerhalb der Unternehmensgruppen zu nachhaltigen Veränderungen.

Die Belegschaft der Krupp Stahl AG ging 1990 um 8.8% zurück, eine Folge der Anpassungsmaßnahmen auf die ungünstige konjunkturelle Lage. Die Krupp Stahl Vertriebsgesellschaft mbH fusionierte mit der Krupp Lonrho Metall und Rohr GmbH, so daß sich die Erhöhung der Mitarbeiterzahl um 45% hieraus erklärt.

Die Entwicklung auf dem Stahlmarkt machte zusätzlich Sachinvestitionen in Höhe von 463 Mio. DM notwendig, die zur Erhaltung der internationalen Konkurrenzfähigkeit eingesetzt wurden. Schwerpunkt der Investitionspolitik war der Geschäftsbereich Profile, für den das Unternehmen umfangreiche zukunftsichernde Maßnahmen eingeleitet hatte. Auch bei Flacherzeugnissen aus Qualitäts-, Bau- und Werkzeugstahl sowie Flacherzeugnissen aus RHS- Stählen wurden Maßnahmen ergriffen, um das Absatzvolumen zu erhöhen.

Die einschneidendste Maßnahme des Berichtsjahres 1990 war die Aufnahme der Tätigkeit des Gemeinschaftsunternehmens Hüttenwerke Krupp Mannesmann (HKM) zum 01.01.1990. HKM versorgt Krupp Stahl mit Stranggußbrammen und die Mannesmannröhren-Werke AG mit Röhrenvormaterial.

Das Berichtsjahr 1990 wurde von der Unternehmensgruppe Krupp Stahl als positiv beurteilt, wenn auch die herausragenden Zahlen des Vorjahres nicht erreicht wurden. Für das kommende Jahr sahen die Prognosen deutlich zurückhaltender aus. Man rechnete mit Absatzschwierigkeiten bei allen Erzeugungsprodukten, den mit entsprechenden Maßnahmen entgegen zu wirken war. Skeptisch wurde auch die Entwicklung in Ostdeutschland sowie in den gesamten Ostblockstaaten beurteilt.

Die Tendenz auf dem Weltmarkt des letzten Jahres hatte sich im Berichtsjahr **1991** (Übersicht 18) fortgesetzt. Geringes Wirtschaftswachstum und rezessive Entwicklungen prägten die meisten europäischen Regionen. Während die positiven Nachfrageimpulse der Binnenmärkte zunächst anhielten, setzten sich die drastischen Buchungsrückgänge im Exportgeschäft fort. Hiervon war der Geschäftsbereich Flachstahl ebenso betroffen wie der Bereich Profile. Der hohe Verbrauch inländischer Abnehmer, insbesondere der Automobilindustrie, kompensierte die Auftragseinbrüche im Ausfuhrgeschäft. Besonders starke Einbußen waren im Bereich Flach RSH zu verzeichnen.

Übersicht 17: Ausgewählte Strukturdaten der Krupp Stahl Gruppe 1990

Krupp Stahl AG

Produktionspalette	Werkstoffe: Grund-, Qualitäts-, Edelbau-, Werkzeug-, Schnellarbeits-, nichtrostende Stähle, Legierungen Erzeugnisformen: Warmbreitband, Bandstahl, Feinblech, Grobblech, Walzdraht, Blankstahl, Blankdraht, ...
Belegschaft/Mitarbeiter	15.885 (-8,7%)
Produktionsdaten	Produktion: Flach RSW,QBW,Brammen:3,201 (-6,2%) / Profilerzeugnisse: 0,505 (-18,9%) / Rohstahl: 4,306 (-6,8%) / Walzstahl: 3,706 (-8,1%)

VDM Nickel-Technologie AG

Produktionspalette	Bleche, Drähte, Bänder, Stangen und Schmiedeteile; nahtlose Rohre, geschweißte Rohre und Rohrsysteme, Sonderedelstähle, Rohrsysteme aus hitze- und korrosionsbeständigen Nickelbasislegierungen, ...
Belegschaft/Mitarbeiter	2.242 (+4,0%) (mit Tochtergesellschaften)
Absatz/Umsatz in Mio. DM	1,295 Mrd. DM (-13,1%)

Krupp Brüninghaus GmbH

Produktionspalette	Gesenkschmiedestücke, Kaltfließpreßteile, Blattfedern, Straubenfedern, Stabilisatoren, Druckbehälter, Waggonbau, Waggonreparatur.
Belegschaft/Mitarbeiter	2.065 (-7,7%) (mit Tochterges.)
Absatz/Umsatz in Mio. DM	0,373 Mrd. DM (-3,9%)

Gerlach-Werke GmbH

Produktionspalette	Gesenkgeschmiedete Kurbelwellen und Sicherheitsteile
Belegschaft/Mitarbeiter	2.184 (-3,1%) (mit Tochtergesellschaften)
Absatz/Umsatz in Mio. DM	0,440 Mrd. DM (+0,2%)

Krupp Stahl Vertriebsgesellschaft mbH

Produktionspalette	Handel mit Rohren, Walzstahl, Stahlverfeinerungs- u. Edelstahlerzeugnissen, Schweißzusatzwerkstoffen, etc.
Belegschaft/Mitarbeiter	796 (+44,9%)
Absatz/Umsatz in Mio. DM	0,846 Mrd. DM (+25,5%)

Krupp Stahl Kaltform GmbH

Produktionspalette	Abkantprofile, Walzprofile, weiter-verarb. Kaltprofile, geschweißte Konstruktionsteile
Absatz/Umsatz in Mio. DM	0,086 Mrd. DM (+13,0%)

Krupp Pulvermetall GmbH

Produktionspalette	Metallpulver u. pulvermetall. Werkstoffe
Absatz/Umsatz	0,004 Mrd. DM

Krupp Sigma Stahl GmbH

Produktionspalette	Vergütete Drähte, Spannbetondrähte
Absatz/Umsatz	0,017 Mrd. DM

Krupp Stahl Gruppe insgesamt:

Belegschaft/Mitarbeiter	25.147 (+0,2%)

Krupp Stahl AG Stahlverarbeitung Hohenlimburg/ Letmathe

Produktionspalette	Kaltband: verzinkt, vergütet, für Schattenmasken, VTZ,....

Krupp Stahl Oranienburg GmbH

Produktionspalette	Kaltband, vergütetes Kaltband, Spezialerzeugnisse

Investitionen

Sachanlagen: insgesamt 463 Mio. DM (+83,7%)

Maßnahmen / Ausblick:

* Zusammenlegung der Geschäftsaktivitäten der Krupp Stahl Vertriebsgesellschaft mit der Krupp Lonrho Metall und Rohr GmbH zur Krupp Stahl Handel GmbH => Erweiterung des Programms der Gesellschaft

Quelle: Geschäftsbericht 1990, Krupp Stahl AG

Übersicht 18: Ausgewählte Strukturdaten der Krupp Stahl Gruppe 1991

Krupp Stahl Gruppe 1991:

Produktionspalette	Rohstahlprodukte / Flacherzeugnisse aus Qualitäts-, Bau- und Werksstahl / rost-, säure-, hitzebeständige Edelstahl Flacherzeugnisse / Edelstahlprofile / Federn- und Stabilisatoren**
Belegschaft/Mitarbeiter	31.12.1991: 53.115 davon: Stahl: 25.651, Inland: 42.035, Ausland: 11.080
Absatz/Umsatz	7,7 Mrd. DM 7,738 Mrd. DM Außenumsatz insgesamt der Krupp Stahl Gruppe *Flach:* 3,877 Mrd. DM; *Profile:* 8,32 Mrd. DM; VDM: 1,115 Mrd. DM / Brüninghaus: +2,6% / Gerlach: 0,629 Mrd. DM; Kaltform: (-13,0%) 0,075 Mrd. DM / Sigma: 0,025 Mrd. DM; Oranienburg: 0,024 Mrd. DM
Produktionsdaten	Versand: Flach QBW: 2,9 Mio. t / Flach RSH: 0,517 Mio.t Edelstahl-Profile: 0,548 Mio. t; Rohstahl: 4,47 Mio. t, davon *Flach:* 3,568 Mio. t; *Profile:* 0,546 Mio. t

Maschinenbau

Belegschaft/Mitarbeiter	14.825
Absatz/Umsatz	2,9 Mrd. DM

Anlagenbau

Belegschaft/Mitarbeiter	6.111

Handel

Belegschaft/Mitarbeiter	1.284
Absatz/Umsatz	1,8 Mrd. DM

sonstige Unternehmen

Belegschaft/Mitarbeiter	5.244
Absatz/Umsatz	0,7 Mrd. DM

**: Krupp Brüninghaus

Maßnahmen/ Ausblick

- Strukturelle Neuordnung des Konzerns => Ziel: Konzentration auf Kerngeschäftsfelder
- Erwerb der Press- und Stanzwerk AG/ Liechtenstein => Belieferung bedeutender Automobilhersteller in Europa und den USA mit Lenksäulen und anderen kaltgeschmiedeten Teilen

Quelle: Werk und Wir, 39. Jg., 6/92, S.196f., Geschäftsbericht 1991, Krupp Stahl AG

Das atypisch hohe Volumen des Vorjahres war infolge der Konjunkturdämpfung erheblich zurückgegangen. Als Ursache für diese negative Auftragsbilanz wurden vor allem die Ungleichgewichte des Weltmarktes genannt, die sich insbesondere auf die Preisstabilität auswirkten. Deutliche Erlöseinbußen bei Flacherzeugnissen aus Qualitätsstahl und Profilerzeugnissen aus Edelstahl führten zu Umsatzeinbußen von etwa 4% bei der Krupp Stahl AG. Tendenziell zeichnete sich in allen Tochterunternehmen der Krupp Stahl Gruppe eine ähnliche Entwicklung ab. Bei der Krupp VDM GmbH verminderte sich der Umsatz aufgrund rückläufiger Absatzmengen um über 15% auf 1115 Mio. DM. Ausnahme von diesem Trend waren die Gerlach Werke GmbH sowie Krupp Brüninghaus GmbH inklusive ihrer ausländischen Dependenzen. Erstgenannte, im Zulieferbereich einer boomenden Fahrzeugindustrie tätig, steigerte den Umsatz im Vergleich zum Vorjahr um knapp 43%. Krupp Brüninghaus profitierte insbesondere von einer Nachfragebelebung beim Neubau für Waggons zum Transport chemischer Produkte. Hier betrug der Umsatz im Berichtsjahr 1991 391 Mio. DM.

Die Rohstahl- und Walzstahlerzeugung der Krupp Stahl Gruppe wurden 1991 leicht erhöht, was zu einer Auslastung der Anlagen bis weit in das Jahr führte. Zum Jahresende jedoch mußte die Produktion den sich verschlechternden Marktbedingungen angepaßt werden.

Die Zahl der Mitarbeiter der Krupp Stahl Gruppe wuchs im Berichtsjahr 1991 nicht durch Neuanstellungen, sondern durch Firmenübernahmen an (z. B. Erwerb der Press- und Stanzwerk AG Liechtenstein). Die Investitionen dienten vor allem der Qualitätssteigerung hochwertiger Erzeugnisse. Schwerpunkt der Geldanlagen waren Verbesserung der Werksanlagen zur Kapazitätssteigerung im Flachstahlbereich sowie Rationalisierungsmaßnahmen in der Edelstahlerzeugung. Insgesamt stiegen die Investitionen auf 653 Mio. DM an.

Die Abschwächung der Konjunktur erforderte eine strukturelle Neuordnung des Konzerns, um national und international konkurrenzfähig zu bleiben. Ziel dieser Umstrukturierung war die Konzentration des Unternehmens auf wesentliche Geschäftsfelder mit guter Wettbewerbsposition. Daneben verstärkte Krupp Stahl seine Aktivitäten in den neuen Bundesländern. Die Zusammenarbeit mit der EKO Stahl AG in Eisenhüttenstadt war Schwerpunkt der Geschäftspolitik des Konzerns. Die stärkere internationale Ausrichtung der Produktion wurde durch den Erwerb der Press- und Stanzwerk AG in Liechtenstein eingeleitet. Internationale Zusammenarbeit wurde auch auf dem Forschungssektor dokumentiert. Krupp VDM sicherte sich durch einen Kooperationsvertrag mit einem russischen Forschungsinstitut die Verwertungsrechte an einem gemeinsam entwickelten korrosionsbeständigen Chrom-Nickel-Stahl.

Im Berichtsjahr 1992 (Übersicht 19) setzte sich die negative Entwicklung auf dem Stahlmarkt fort. Auftragsrückgänge in allen wesentlichen Geschäftsbereichen, steigender Importdruck durch Drittlandanbieter sowie Preisverfall bei wichtigen Produktlinien resultierten in deutlichen Umsatzeinbußen.

Übersicht 19: Maßnahmen und Ausblick der Krupp Stahl Gruppe 1992

- Inbetriebnahme einer Feuerverzinkungslinie nach zweijähriger Bauzeit (Bochum), Investitionen rund 300 Mio. DM, Kapazitätserhöhung um 300.000 t/Jahr
- Fusion => Abbau von 1.800 Mitarbeitern, jeweils um die Hälfte von Krupp und Hoesch, Industrielles Konzept der fusionierten Unternehmen => Anknüpfung an Hoesch 2000-Programm (Gliederung des Konzerns in Sparten, Konzentration auf Kernaktivitäten)
- Krupp Brüninghaus (Federn, Stabilisatoren) => Veräußerung an einen unabhängigen Dritten als Auflage des Bundeskartellamtes im Zusammenhang mit der Fusion
- Verhandlungen mit Treuhand über die Übernahme der EKO Stahl AG, Eisenhüttenstadt (Notwendigkeit der Modernisierung)

- Konzernholding mit 6 Sparten: * Stahl, *Stahlverarbeitung (inkl. Bausysteme), *Automobilkomponenten, *Maschinenbau, *Anlagenbau, *Handel und Dienstleistunge (einschl. Rohstoffe und Recycling) => Je Sparte erhält Führungsgesellschaft, die für Gesamtentwicklung der Gruppe Verantwortung trägt.
- Anfechtungsklagen gegen Fusion von Hoesch-Aktionären
Quelle: HB, Di. 28.07.1992, Nr.143, S.13; HB, 09.12.1992; Stahl und Eisen 113 (1993), Nr. 2, S.17

Die seit Jahren anhaltende Krisensituation erforderte einschneidende Strukturveränderungen, die, im Vorjahr angekündigt, nun klar definiert wurden. Der Krupp Konzern sollte in eine Konzernholding umorganisiert werden. Ziel dieser Neuordnung sollte die Konzentration auf Kerngeschäftsfelder sein, die sich in sechs Bereiche gliedern:

Übersicht 20: Die sechs Kerngeschäftsfelder des Krupp-Konzerns

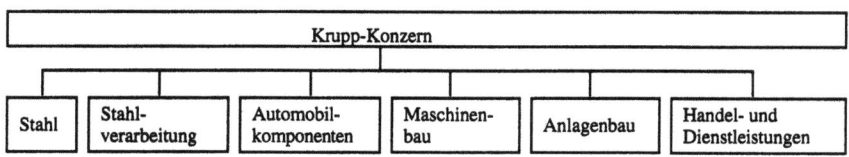

Jede dieser Geschäftssparten sollte einheitlich strukturiert werden. Alle Bereiche unterliegen einer separaten Führungsgesellschaft, die für die Gesamtentwicklung der Gruppe verantwortlich tätig ist.

Neben dieser den gesamten Konzern betreffenden Maßnahme kam es durch gezielte Investitionspolitik zu einer Erneuerung, welche sich positiv auf die Wettbewerbsposition der Krupp Stahl AG ausgewirkt hat. Im Werk Bochum wurde nach zweijähriger Bauzeit eine Feuerverzinkungsanlage fertiggestellt, die die Kapazitäten im Bereich von verzinkten Blechen um 300.000t/Jahr erhöhen wird.

Konkretisiert wurden darüber hinaus Verhandlungen mit der Treuhand über die Übernahme der EKO Stahl AG, Eisenhüttenstadt. Thematisiert wurde hier vor allem die notwendige Modernisierung der überalterten Anlagen zur Sicherung und Wahrung der internationalen Wettbewerbsfähigkeit.

Zum Ende des Berichtsjahres 1992 tauchten überraschend Gerüchte über eine Zusammenlegung der Krupp Stahl AG mit einem nationalen Konkurrenten auf, obwohl in den Geschäftsberichten 1990 und 1991 von keinerlei derartigen Planungen berichtet wurde. Laut internationaler Wirtschaftspresse würde eine Fusion mit der Hoesch AG den Abbau von 1.800 Arbeitsplätzen bedeuten, die beide Partner je zur Hälfte zu tragen hätten. Diese personalreduzierende Anordnung würde zu einer millionenfachen finanziellen Entlastung beider Unternehmen führen. Der zusammengeschaltete Gesamtkonzern mit 95.000 Mitarbeitern könnte einen geschätzten Umsatz von 25 Mrd. DM erwirtschaften.

Die vorsichtigen Behauptungen der Medien stellten sich bald als Wirklichkeit heraus. Die Verschmelzung der Friedrich Krupp Stahl AG mit der Hoesch AG trat mit wirtschaftlicher Wirkung zum 01.01.93 in Kraft.

Die recht plötzliche Fusion mit dem nationalen Unternehmen Hoesch AG bestimmte den Geschäftsverlauf des Konzerns im Berichtsjahr **1993** (Übersicht 21). Mit Wirkung vom

01.01.1993 sind die vormals separat arbeitenden Stahlproduzenten miteinander verschmolzen. Das neue industrielle Konzept der Unternehmen beruht auf den Strukturveränderungen der Hoesch AG und hat deutliche Züge des Hoesch 2.000 Programms. Dieses gliedert den Konzern in Geschäftssparten, d.h. auch wird mit dem Ziel der Konzentration rationalisiert.

Übersicht 21: Maßnahmen und Ausblick der Krupp Stahl Gruppe 1993

- Eigenbedarf an Rohstahl nur bei 540.000 t/Monat; Produktion der Standorte DU-Huckingen, DU-Rheinhausen und Dortmund: 725.000 t/ Monat => zwei Alternativen: a.: Konzentration auf Standort Huckingen (Hüttenwerke Krupp/ Mannesmann HKM) und Dortmund (Westalenhütte/ Phoenix) => Produktionsanlagen mit 540.000 t/ Monat voll ausgelastet (Vorteil Dortmund => integriertes Hüttenwerk (vom Hochofen über Stahlwerke, Warmbreitband- und Kaltwalzwerke)); b.: Konzentration auf Huckingen und Rheinhausen => Notwendigkeit des Zukaufs von 30.000 t/Monat => Mehraufwendungen von 280 Mio. DM (z.B. Nachfahren des Werks Rheinhausen auf 340.000 t = Kosten von 170 Mio. DM); Andererseits Vorteil: Eigene Kokerei in Rheinhausen => Koksherstellung niedrigerer Kostenaufwand als Koks der Ruhrkohle AG

=> 10.03.1993: Entscheidung über Stillegung des Standortes Rheinhausen zum August 1993, Verlust von 2.100 Beschäftigten -> Sozialpläne

Dortmund: 2.400 Arbeitsplätze sollen abgebaut werden (z.Zt. 12.000)

* Geschätzte Verluste für 1993 => 500 Mio. DM

* 575 Beschäftigte des Werkes Rheinhausen => Krupp Betriebe in Dortmund, Huckingen, Bochum und Benrath; 385 Mitarbeiter => Restarbeiten in Rheinhausen; 300 Mitarbeiter => Umschulung/ Qualifikation;

* 720 Belegschaftsmitglieder von Krupp => Vorruhestand (bereits 52-jährige => Sozialplangruppe); 220 Kruppianer => Abfindungen

* Profilstahlkonzept für Standorte Siegen und Hagen => Weiterführung der Kernaggregate bei Konzentration der Produktion auf höherlegierte Erzeugnisse => Erhalt von rund 1.500 Arbeitsplätzen von rund 4.000.

Die Fusion hatte drastische Einschnitte in die Konzernstruktur zur Folge, die in der Stillegung von unrentabel wirtschaftenden Werksanlagen und Unternehmen gipfelte. Der Eigenbedarf des fusionierten Unternehmens an Rohstahl betrug lediglich 540.000t/Monat. Die Rohstahlerzeugung der Standorte Duisburg-Huckingen, Duisburg-Rheinhausen und Dortmund insgesamt übertraf den tatsächlichen Bedarf jedoch um 185.000t, so daß die Schließung eines Werkes aus ökonomischen Gründen notwendig wurde. Aus zwei möglichen Alternativen wurde zum 10.03.93 die Stillegung des Standortes Rheinhausen zum August desselben Jahres beschlossen. Diese Entscheidung ging einher mit dem Verlust von 2.100 Beschäftigten, die größtenteils über sozialverträgliche Maßnahmen, sprich Vorruhestand, Abfindungen und Umschulungsmaßnahmen, ausgegliedert wurden. Ein geringer Teil der ehemaligen Kruppianer fand Weiterbeschäftigung in den Krupp-Betrieben in Dortmund, Benrath und Bochum.

Die Wahl auf die Standorte Huckingen und Dortmund wurde bestimmend durch die Produktionsanlagen mitgetragen. Dortmund bot den Vorteil eines kombinierten Hüttenwerkes und war mit einer Rohstahlproduktion von 540.000t/Monat voll ausgelastet. In Rheinhausen wäre der Zukauf von 30.000t Rohstahl notwendig geworden.

Die Fusion brachte jedoch noch weitere Veränderungen auf die Konzernstruktur mit sich. Die erfolgreiche Tochtergesellschaft Krupp Brüninghaus mußte als Auflage des Bundeskartellamtes an einen unabhängigen Dritten veräußert werden, um national gleichwertige Konkurrenzen zu gewähren.

13.1.1.4 Hoesch AG 1989-1993

Die Hoesch AG setzt sich zusammen aus der Hoesch Export AG, der Hoesch Maschinenfabrik Deutschland AG, der Hoesch Siegerland GmbH und der Hoesch Stahl AG. Von besonderem Interesse ist die Hoesch Stahl AG, auf die wir uns im folgenden Bericht (fast) ausschließlich konzentrieren werden.

Die Hoesch Stahl AG besteht aus mehreren stahlproduzierenden bzw. verarbeitenden Werken. In Dortmund sind dies die Werke Phönix, Westfalen und Union. Darüber hinaus existieren Werksanlagen in Kreuztal-Eichen, Kreuztal-Ferndorf, Wissen und Hagen/Hohenlimburg. Die Produktionspalette reicht von Verpackungsblechen (in warm- und kaltgewalzter Ausführung) über Spezialprofile (als Flacherzeugnisse verzinkt, kunststoffbeschichtet und schmelztauchveredelt), bis hin zu metallurgischen Erzeugnissen. Im Zuge einer 1984 eingeleiteten Umstrukturierung wurde das Ziel definiert,den Konzern vom Universal- zum Spezialanbieter von Stahlerzeugnissen umzugestalten. Diese Neuordnung wird bereits als abgeschlossen angesehen.

Das Berichtsjahr **1989** (Übersicht 22) war durch eine außerordentlich gute Stahlkonjunktur gekennzeichnet, die sich günstig auf die Geschäftsentwicklung des Hoesch Konzerns auswirkte. Auftragseingänge und Umsatz übertrafen das sehr gute Vorjahresniveau. Die Hoesch Stahl AG konnte   ihren Umsatz um 3,4% gegenüber dem Jahr 1988 steigern. Dennoch konnten die vorgegebenen Wachstumstendenzen nur teilweise realisiert werden, da bereits im Vorjahr an der Kapazitätsgrenze produziert wurde. Die positive Bilanz beruhte daher hauptsächlich auf Erlösverbesserungen, denn auf Kapazitätssteigerungen. Tatsächlich ging die Walzstahlproduktion um 0,7 % zurück, während die Rohstahlerzeugung etwas über dem Vergleichswert aus dem letzten Jahr lag.

Ende 1989 waren rd. 44.500 Mitarbeiter in den inländischen Hoesch Gesellschaften tätig. Diese Erhöhung um ein Drittel zum Vorjahreswert resultierte aus der Aufnahme der O&K AG (Orenstein & Koppel) zum 31.12.1989. Im Bereich Stahl dagegen verringerte sich die Belegschaft um 1,2%.

Übersicht 22: Ausgewählte Strukturdaten der Hoesch AG 1989

Hoesch AG 1989[2]

Produktionspalette	Verpackungsblech / Band, Blech / kaltgewalztes Feinblech / warmgewalzte Flacherzeugnisse / Oberflächerveredelung von Flacherzeugnissen / Spezialprofile / Flacherzeugnisse, verzinkt, kunststoffbesch. schmelztauchveredelt / Baufertigteile / Rohstahl / elektrolytische Verzinkung / Sonderprofile / Metallurgie
Belegschaft/Mitarbeiter	15.050 (-1,2%)
Absatz/Umsatz	3.967 Mio. DM (+3,4%)
Produktionsdaten	Rohstahl: 4,130 Mio. t (+0,8%); Walzstahl: 4,022 Mio. t (-0,7%)

---

[2] Dazu zählen: Hoesch Stahl AG, Werk Phoenix, Werk Westfalen, Werk Union, Kreuztal-Eichen, Kreuztal-Feindorf, Wissen, Hagen/ Hohenlimburg.

Hoesch insgesamt[3]

Belegschaft/Mitarbeiter	44.500 (+31,6%); Inland 52.400 (+7,6%); Ausland
Absatz/Umsatz	15.500 Mio. DM (+9,6%) (Welt), davon Sachanlagen: 427 Mio. (+150 Mio.)

Investitionen

Sachanlagen: **185** Mio. DM (+11,4%)
insgesamt: **508** Mio. DM (-6,3%)

Ausblick/ Maßnahmen

=> hervorragender Abschluß
- Internalisierung der Aktivitäten => DDR Handelsvolumen von 230 Mio. DM, UdSSR 270 Mio. DM
- Investitionen hauptsächlich im Nicht-Stahl-Bereich=> Umstrukturierung des Unternehmens in einen Industriegüter- und Technologiekonzern

Quelle: Geschäftsbericht 1991, Hoesch Stahl AG; HB, Mi. 09.05.1990, Nr. 89, S.21; Werk und Wir, Hoesch 4/90.

Von den 427 Mio. DM, die in Sachanlagen investiert wurden, entfielen rund 40% (185 Mio.) auf den Bereich Stahl und Stahlveredlung. Schwerpunkt der Geldmittelanlagen waren die Optimierung und Rationalisierung der Produktionsprozesse.

Trotz des herausragenden Abschlusses des Geschäftsjahres 1989 sowohl des Gesamtkonzerns als auch des Bereichs Stahl wird die Bedeutung des Stahls lang- und mittelfristig zurückgehen. Ein Großteil der zur Verfügung stehenden Investitionen wurden in den Nichtmetallbereichen angelegt, mit dem Ziel, Hoesch in einen Industriegüter- und Technologie-Konzern umzustrukturieren. Besonders vielversprechend bewerteten führende Konzerngesellschafter die wirtschaftlichen und sozialen Auflösungsprozesse in Osteuropa und der DDR . Das Handelsvolumen mit der UdSSR betrug 1989 rd. 270 Mio. DM; mit der DDR wurde ein Volumen von 230 Mio. DM abgewickelt. Neben dem Ausbau der Aktivitäten nach Osteuropa wie auch in den EG-Raum verstärkte Hoesch seine Bemühungen um Internationalität durch die Übernahme von Firmen mit weltweiter Wettbewerbsfähigkeit (Der Maschinen- und Anlagenberater O&K verfügt heute über das weltweit umfassendste Programm an Maschinen, Anlagen und Systemen auf den Gebieten Erdbewegung, Mining und Umschlagtechnik.).

Indiz dieser Neuorientierung waren die steigenden Finanzinvestitionen, die größtenteils für den Erwerb neuer Firmen und Gesellschaften aufgewendet wurden.

Während das erste Halbjahr des Berichtsjahres **1990** (Übersicht 23) noch Grund zu überschwenglichen Beurteilungen und Prognosen bot, zeigte sich zum Ende des Jahres ein deutlicher Einbruch der Geschäfte der Hoesch Stahl AG gegenüber dem Vorjahresergebnis, während der Gesamtkonzern einen neuerlichen Aufschwung erlebte.

Die Unsicherheit auf den internationalen Stahlmärkten aufgrund der US-amerikanischen Konjunkturschwäche und des zunehmenden Angebotsdrucks auf den EG-Markt durch wachsende Stahlim-

---

3 Dazu gehören neben der Hoesch Stahl AG die Hoesch Export AG, Hoesch Maschinenfabrik Deutschland AG und die Hoesch Siegerland GmbH.

porte hinterließ deutliche Spuren im Umsatzergebnis des Stahlkonzerns. Mit 3.865 Mio. DM lag der Umsatz deutlich unter dem Wert des Vergleichsjahres 1989. Neben Auftragsrückgängen waren vor allem fallende Erlöse für diese Entwicklung verantwortlich.

Die negative Tendenz im Bereich der Produktion setzte sich im Geschäftsjahr 1990 fort. Die Walzstahlerzeugung ging nochmals um 0.5% zurück, während die Herstellung von Rohstahl knapp auf dem Vorjahresniveau gehalten werden konnte.

Ende 1990 beschäftigte die Hoesch Stahl AG 14.257 Mitarbeiter, ein Verlust zum Vorjahr von 5,3%. Gegenläufig war dagegen die Entwicklung der Beschäftigten des Gesamtkonzerns. Hier konnte durch weitere Firmenübernahmen und Beteiligungen die Mitarbeiterzahl auf 52.200 gesteigert werden.

Das Berichtsjahr 1990 erlebte einen starken Investitionsschub im Bereich Stahl. Die rd. 270 Mio. DM wurden schwerpunktmäßig in Großprojekte im Stahlwerksbereich, im Kaltwalz- und Warmbreitbandwerk sowie im Bereich der Oberflächenveredlung angelegt.

Durch den zunehmenden internationalen Wettbewerb war der Druck nach Innovationen und Produktverbesserungen auf die Unternehmen gestiegen. Die Hoesch Stahl AG sah ihre Zukunft als Stahlproduzent in der Ausweitung der Produktion auf dem Gebiet der oberflächenveredelten Feinbleche. Die guten Verarbeitungs- und Gebrauchseigenschaften des Materials bieten optimale Bedingungen für einen Ausbau der Kapazitäten.

Übersicht 23: Ausgewählte Strukturdaten der Hoesch AG 1990

Hoesch AG 1990[4]

Produktionspalette	Metallurgie: Warmbreitband, Bandstahl Feinblech: contigeglüht, feuerverzinktes Blech u. Band, schmelztauch-veredeltes Blech u. Band, elektrolytisch verzinktes Blech u. Band, kunststoffbeschichtetes Band Verpackungsblech: Weißblech, Feinstblech, Kaltband, Kaltbreitband Profile: Stabstahl, Eisenbahnoberbau, Flachprofile, Schiffbau
Belegschaft/Mitarbeiter	14.257 (-5,3%)
Absatz/Umsatz	3.865 Mio. DM (-2,6%)
Produktionsdaten	Rohstahl: 4,129 Mio. t (-0,1%); Walzstahl: 4,005 Mio. t (-0,5%)

Hoesch insgesamt[5]

Belegschaft/Mitarbeiter	52.200 (+17,3%)
Absatz/Umsatz	16.142 Mio. DM (+1,5%) (Welt)

Investitionen

Sachanlagen: **263** Mio. DM (+42,1%)
insgesamt: **667** Mio. DM (+31,2%) nur für Sachanlagen

Quelle: Geschäftsbericht 1991, Hoesch Stahl AG; Stahl und Eisen 112 (1992) Nr.6, S.133

---

[4] Dazu gehören: Hoesch Stahl AG, Werk Phoenix, Werk Westfalen, Werk Union, Kreuztal-Eichen, Kreuztal-Feindorf, Wissen, Hagen/ Hohenlimburg.
[5] Dazu zählen neben der Hoesch Stahl AG die Hoesch Export AG, Hoesch Maschinenfabrik Deutschland AG und die Hoesch Siegerland GmbH.

Die sich verschärfende Situation **1991** (Übersicht 24) auf dem internationalen Stahlmarkt, gekennzeichnet durch sinkende Auftragseingänge und zunehmenden Preisverfall, ausgelöst durch den Einbruch des osteuropäischen Marktes und Konkurrenzdruck aus Billigimportländern, ließ Maßnahmen notwendig werden, um die Marktsituation des Konzerns nachhaltig zu stärken. Wesentliche Schwerpunkte des Berichtsjahres 1991 waren die Neustrukturierung der Hoesch AG sowie die Gespräche mit Krupp über eine Zusammenlegung der Aktivitäten.

Die Marktveränderung der letzten Jahre machte eine Umgestaltung der bestehenden Konzernstruktur notwendig, die zur Entwicklung des Konzeptes Hoesch 2.000 führte. Diese Neuausrichtung zielte darauf ab, die Konzernaktivitäten durch Umschichtung des Vermögens und Umsatzes auf wesentliche Kernbereiche zu konzentrieren, anstatt eine weitere Diversifikation des Unternehmens zu forcieren. In Zukunft gliedert sich die Hoesch AG in neun strategische Geschäftseinheiten(SGE), die unterschiedliche Märkte versorgen werden und alle unter dem Dach einer Konzern-Holding zugeordnet wurden: Stahl, Stahlverarbeitung, Kraftfahrzeugtechnik, Maschinentechnik, Gewinnungs- und Transporttechnik, Bautechnik, Kommunikation und Elektronik, Rohstoffe und Recycling sowie Handel. Die Strategie 2.000 definierte klare Ziele, die die Wettbewerbsfähigkeit behaupten, ausbauen und sichern sollten. Weiterhin versprach man sich von der Neuordnung flexiblere und transparentere Strukturen, um auf Veränderungen des Marktes schnell und kompromißlos reagieren zu können.

Die Neuausrichtung der Hoesch AG blieb nicht ohne Folgen für die ursprünglichen Arbeitsbereiche. Die Hoesch Stahl AG und Hoesch Hohenlimburg wurden in die strategischen Geschäftseinheiten Stahl und Stahlverarbeitung integriert. Auch hier wurden Strukturmaßnahmen und Neuerungen angekündigt. Simultaneous Engineering, Just in Time Lieferungen und Ausnutzung der Synergieeffekte in den Bereichen Feinblech und Spezialprofile waren die wesentlichen Schwerpunkte der Programmerneuerung. Der Aufbau von Stahl-Service Centern sollte forciert werden, um Lagerhaltungen und damit unnötige Kosten zu vermeiden. Das Netz der bestehenden Service-Center und die Aktivitäten in der ehemaligen DDR wurden durch den Erwerb der Radebeul GmbH in Dresden erweitert. Trotz Beendigung der Diversifikationsbestrebungen stand Hoesch neuen Märkten offen wie die Gründung der Tochtergesellschaft Hoesch Platinen GmbH zeigte. Zur Sicherung der Wettbewerbsfähigkeit schloß die Konzernleitung sogar Zusammenschlüsse mit anderen Unternehmen nicht aus. So wurden Planungen laut über eine Zusammenlegung der Präzisrohraktivitäten der Hoesch Rohr AG und der Mannesmannröhren-Werke AG. Durch die Kooperation, die in einem gemeinsamen Unternehmen mit je 50prozentiger Beteiligung gipfelte, sah man eine Verbesserung der Marktposition vor dem Hintergrund eines verschärften internationalen Wettbewerbes. Sitz des Unternehmens mit etwa 4.500 Beschäftigten soll Hamm sein.

Andererseits war Hoesch bereit, sich aus Geschäftsfeldern zurückzuziehen, die keine strategische Bedeutung besaßen bzw. von den Hauptaktivitäten nicht in die neue Struktur paßten. Dazu gehörten die Schmieden der Hoesch Rote Erde in Homburg und Hagen-Eckesey, die an den französischen Stahlhersteller Usinor-Sacilor veräußert wurden, sowie die Hoesch-Stückverzinkereien. In Planung war eine Trennung von der O&K, deren Produktionsprogramm nicht mehr mit den Kernaktivitäten übereinstimmte.

Wesentliche Schritte in Richtung Konzentration der Aktivitäten wurden durch den Erwerb der britischen Camfort-Gruppe eingeleitet, die sich im Bereich Automobilzulieferindustrie engagiert. In diesem Sektor sah Hoesch positive Zukunftschancen durch den Ausbau der Marktposition.

Neben der Neuausrichtung des Konzerns über das Konzept Hoesch 2.000 bestimmten die Gespräche mit der Friedrich Krupp GmbH über eine mögliche Fusion der Unternehmen das Berichtsjahr 1991. Zum Ende des Geschäftsjahres hatte Krupp 51% der Hoesch Aktien erworben (lt. Sonderausgabe Werk und Wir 1991,38. Jahrg. lediglich 24,9%).

Übersicht 24: Ausgewählte Strukturdaten der Hoesch AG 1991

Hoesch AG 1991[6]

Produktionspalette	Metallurgie: Warmbreitband, Bandstahl Feinblech: Contiglühverfahren, schmelztauchveredeltes, elektrolytisch verzinktes, kunststoffbeschichtetes Blech und Band Verpackungsblech: Weißblech, Feinstblech, Kaltband, Kaltbreitband Platinen: quetschnahtgeschweißte Platinen
Belegschaft/Mitarbeiter	13.289 (-6,8%) Grund: Ausgliederung des Bereiches Bausysteme; Rationalisierungsmaßnahmen; Auszubildende: 242; Ausländer: 1.192
Absatz/Umsatz	3.500 Mio. DM (-7,9%); Grund: hohes Umsatzniveau, bei ungünstiger **Preisentwicklung** / Ausgliederung der Hoesch Bausysteme in die Siegerland Werke GmbH ->jetzt: Unternehmensbereich Verarbeitung und Industrietechnik / Rückgang des Absatzes von Feinblech, organisch beschichtetem Blech und Warmerzeugnissen / Hauptabsatzgebiet => Binnen- und EG-Märkte / rückläufige Stahlnachfrage => negative Erlösentwicklung
Produktionsdaten	Rohstahl: 4,192 Mio. t (+1,5%); Walzstahl: 3,916 Mio. t (-2,3%); Rückgang der Lohnarbeiten, insbesondere für ein ostdeutsches Hüttenwerk

Hoesch insgesamt[7]

Belegschaft/Mitarbeiter	44.200 (-15,4,%)
Absatz/Umsatz	13.311 Mio. DM (-17,6%) (Welt); Umsatzrückgang wegen Aufgabe strategisch unbedeutender Gesellschaften, insbesondere O&K

Investitionen

Hoesch Stahl AG: 144 Mio. DM (-45,3%) nur für Sachanlagen
- Vollendung der begonnenen Großprojekte im Stahlwerksbereich, im Warmbreitband- und Kaltwalzwerk, sowie im Bereich der Oberflächenveredelung
Metallurgie: 73 Mio. DM Abschlußarbeiten für die Konvertergasnutzung, Verbesserung der Verfahrenstechnik an den Stranggießanlagen, Installation eines neuen Hubbalkenofens, Erneuerung Haspel im Warmbreitbandwalzwerk
Feinblech: 43 Mio. DM; Modernisierung der Beize und Kaltbreitbandstraße 2, Umbau der Umwickelanlage 2, Erneuerung von Ofen, Coater und Auslaufteil der Bandbeschichtungsanlage Ferndorf.
Platinen: erste Investitionen; Produktionsaufnahme von quetschnahtgeschweißten Platinen => Stärkung der Marktposition als leistungsfähiger Zulieferer der Automobilindustrie
insgesamt: 480 Mio. DM (-28,1%) nur für Sachanlagen

---

[6] Dazu gehören: Hoesch Stahl AG, Werk Phoenix, Werk Westfalen, Werk Union, Kreuztal-Eichen, Kreuztal-Feindorf, Wissen, Hagen/ Hohenlimburg.
[7] Dazu zählen neben der Hoesch Stahl AG die Hoesch Export AG, Hoesch Maschinenfabrik Deutschland AG und die Hoesch Siegerland GmbH.

Ausblick/ Maßnahmen

- Schwerpunkt des Jahres 1991 => Fusion mit Krupp
Entwicklung des Konzeptes Hoesch 2000, d.h. strategische Neuausrichtung des Konzerns=>
Konzentration und Umstrukturierung der Aktivitäten statt weiterer Disversifikation. Alle
Hoesch-Konzernaktivitäten wurden unter dem Dach einer Konzern Holding neuen produkt- und
marktorientierten Sparten zugeordnet.
Ziel: Umschichtung des Vermögens- und Umsatzportfolios auf ertragsstarke Kerngeschäftsfelder
=> Verbesserung und Absicherung des Unternehmenserfolges => Kerngeschäftsfelder: Stahl,
Stahlverarbeitung, KFZ-Technik, Maschinentechnik, Gewinnungs- und Transporttechnik,
Bautechnik, Kommunikation- und Elektrotechnik, Rohstoffe und Recycling, Handel
Stahl: Strukturveränderung => Just in time- Lieferung, Simultaneous-Engineering, Ausnutzung
der Synergieeffekte in den Bereichen Feinblech und Spezialprofile => statt Lagerhaltung Ausbau
der Steel service Center
Platinenfertigung: neue Märkte
- Erwerb und Beteiligung an der Stahl-Service-Center Radebeul GmbH in Dresden-Radebeul
- Aufgabe mehrerer Geschäftsfelder (z.B. Orenstein-Koppel AG)
- Gründung der Hoesch Platinen GmbH => Erste Lieferungen für 1992 geplant
- Übernahme der Comford Engineering (GB) => Verstärkung der KFZ-Aktivitäten
- Verkauf der Schmieden in Homburg und Hagen-Eckesey an Usinor-Sacilor (F)
- Präzisrohr-Kooperation mit Mannesmann => Zusammenfassung der Aktivitäten in ein
gemeinsames Unternehmen, an dem beide Partner zu 50% beteiligt sind. Sitz: Hamm,
Mitarbeiter: rd. 4500
- Prüfung einer Fusion mit Krupp, nachdem Krupp 51% der Hoesch-Aktien erworben hat.

Quelle: Geschäftsbericht 1991, Hoesch Stahl AG; Werk und Wir I/91, S.8, 1991, 38.Jg.; Sonderausgabe Hoesch 3/91, S.84; Stahl und Eisen 112 (1992) Nr. 6, S.133; Stahlreport 5/91, S.3

Parallel zu den Umstrukturierungsprozessen des Unternehmens verlief die Abwicklung des
operativen Geschäfts. Die Abschwächung des Stahlmarktes durch rückläufige Stahlnachfrage und
Angebotsüberhänge setzte sich weiter fort, so daß der Umsatz bei etwa gleichbleibenden Aufträgen um weitere 7,9% zurückging. Neben diesen generellen Ursachen für den Absatzrückgang
machte die Hoesch Stahl AG zusätzlich produktionsseitige Engpässe für diese Entwicklung
verantwortlich, d.h. aufgrund von Modernisierungsmaßnahmen waren Einschränkungen der
Buchungsaktivität in einigen Bereichen der Produktion notwendig.

Im Jahre 1991 waren die Kapazitäten der Schmelzbetriebe voll ausgelastet. Die Rohstahlerzeugung wurde auf 4.192 Mio. t hochgefahren, was eine Steigerung zum Vorjahr von 1,5% bedeutete. Die Walzstahlherstellung dagegen betrug 3.916 Mio. t und blieb unter dem Vorjahreswert.

Durch die Ausgliederung des Bereichs Bausysteme und Rationalisierungsmaßnahmen reduzierte
sich die Belegschaft der Hoesch Stahl AG um weitere 6,8%. Erstmals seit zwei Jahren ging auch
die Anzahl der Gesamtbeschäftigten des Konzerns zurück. Ursache hierfür waren ebenfalls
Betriebsausgliederungen.

Nach dem enormen Investitionsschub des letzten Jahres schwächten sich die Sachanlagenaufwen-
dungen in diesem Jahr deutlich ab. Die 144 Mio. DM wurden lediglich zur Vollendung der
begonnenen Großprojekte benutzt. Schwerpunkt der Investitionspolitik bildete der Geschäftsbereich Metallurgie, der in Höhe von 73 Mio. DM unterstützt wurde. Hier standen Verbesserung
der Anlagen und des Produktionsflusses im Vordergrund.

Aufgrund der eingeleiteten Strukturmaßnahmen erwartete der Hoesch Konzern für alle Geschäftsbereiche eine Verbesserung des Ergebnisses für das Jahr 1992.

Die im Berichtsjahr 1991 (Übersicht 24) erwähnten Planungen zwischen einer Fusion mit dem nationalen Konkurrenten Friedrich Krupp Stahl AG nahmen im Geschäftsjahr **1992** konkrete Formen an (Übersicht 25). Zu Beginn des Jahres erwarb Krupp 51% der Hoesch Aktien und erlangte somit die Kapitalmehrheit. Im Februar entschieden sich die Hoesch Aktionäre, die Verhandlungen über das Wie? der Fusion fortzusetzen, um etwaige Hoesch Positionen durchsetzen zu können. Als Alternative bot sich zunächst eine Verweigerung des Zusammenschlußes, die aber letztlich abgewiesen wurde.

Wichtige Bestandteile der Fusionsgespräche waren neben Standortfragen, das industrielle Konzept des neuen Unternehmens, die Verbesserung der Kostenstruktur, die Wettbewerbsfähigkeit, eine eindeutige Führungsstruktur, d.h. die Bildung von produkt- und marktorientierten Geschäftsbereichen gemäß dem Konzept Hoesch 2.000 sowie die Sozialstruktur im fusionierten Unternehmen. Die endgültige Zusammenführung der beiden Konzerne wurde auf den 01.Januar 1993 festgelegt.

Neben den schwerpunktmäßigen Verhandlungen über den Zusammenschluß mit Krupp agierte Hoesch weiterhin als unabhängiger Stahl-, Industriegüter-, und Technologiekonzern (das traditionelle Standbein des Konzerns, Stahl und dessen Verarbeitung, bringt nur noch ein Viertel des Gesamtumsatzes). Im Berichtsjahr 1992 genehmigte die EG-Kommission die Zusammenlegung der Präzisrohraktivitäten zwischen der Mannesmannröhren-Werke AG und der Hoesch AG, so daß nunmehr gemeinsam Gasleitungen gebaut werden konnten.

Mit der Mannesmann Tochter Demag AG wurden Verhandlungen über die teilweise Übernahme der Orenstein & Koppel AG, Dortmund, aufgenommen; die Hauptaktivitäten der O & K gehörten nicht mehr zu den Kernbereichen des Hoesch 2.000 Konzeptes.

Die Hoffnungen, die die neue Unternehmensstrategie zum Ende des Jahres 1991 geweckt hatte, wurden teilweise bestätigt. In Erwartung des ersten Simultaneous Engineering Projektes ging Hoesch zu einer internen Zusammenarbeit der SGE über. Hoesch Stahl, Drauz und Camford hatten sich untereinander organisiert, um der Automobilindustrie optimale maßgeschneiderte Leistungen in kürzester Frist aus einer Hand offerieren zu können.

Ebenso erfolgversprechend stieg die Neugründung Hoesch Platinen GmbH in die Fertigung von quetschnahtgeschweißten Platinen ein. Ein Auftrag der Volkswagen AG über die Produktion und Lieferung geschweißter Platinen für den VW Golf Variant bestätigte die Marktchancen des neuen Fertigungssystems.

Übersicht 25: Ausblick und Maßnahmen der Hoesch AG 1992

- Dortmunder Stahlgruppe verkauft Verzinkereien, Verhandlungen mit Becker (Saarland) und BE Wedge Holding (GB), die ein Konsortium bilden wollen.
- Auftrag von VW AG über Produktion und Lieferung geschweißter Platinen für den VW Golf Variant
- Hoesch - interne Zusammenarbeit zwischen Hoesch Stahl, Drauz und Comford in Erwartung des ersten Simultaneous Engineering Projekt (optimale maßgeschneiderte Leistung in kürzester Frist)

- Inbetriebnahme der neuen Kokerei Kaiserstuhl III (größter Hochofen der Welt) => senkt Koksproduktion im Raum Dortmund 7.900 auf rd. 5.600 t/Tag (Aufgabe Kaiserstuhl II und Hansa)
- *Fusion Krupp-Hoesch* zum 01.01.1993
- Verhandlungen mit Mannesmann Demag AG über die Übernahme von Teilen der Hoesch-Tochter Orenstein & Koppel AG, Dortmund (in Abstimmung mit Krupp, die 51% an Hoesch halten)
- Genehmigung der Fusion der Mannesmann Röhrenwerke AG und der Hoesch AG im Bereich Präzisionsstahlröhren für Gasleitungen durch die EG-Kommission

Quelle: Steel Times, 2/92, S.62; Werk und Wir: 2/92, S.41; 3/92, S.82 ff; HB, 14./15.02.1992, Nr. 32, S.15; 13./14.11.1992, Nr.221, S.32

Zum Ende des Jahres 1992 ging die neue Kokerei Kaiserstuhl III in Betrieb. Damit besaß Hoesch Stahl die größten und modernsten Anlagen der Welt; die Jahreskapazität der 120 Öfen betrug zwei Millionen Tonnen. Kaiserstuhl III senkte die Koksproduktion im Raum Dortmund von 7.900 auf rund 5.600 Tonnen pro Tag, löste damit die alten Kokereien Hansa und Kaiserstuhl II ab. Leider wurden keine Angaben zu den damit verbundenen Entlassungen und Rationalisierungen gemacht.

Die konsequente Linie seit der Neugestaltung des Konzerns wurde im Berichtsjahr fortgesetzt. Aktivitäten, die für Hoesch keine strategische Bedeutung hatten, wurden kompromißlos aufgegeben. Neben O & K waren die Hoesch-Stückverzinkereien zum Verkauf freigegeben und von einem Konsortium (Niederstein-Saarland, B.E. Wedge Holding Ltd.-GB) übernommen.

Die Teilerfolge der neuen Unternehmensstrategie dürfen jedoch nicht über die allgemein verschlechterte Situation des internationalen Stahlmarktes und des Unternehmens hinweg täuschen. Besondere Auswirkungen hatte die Entwicklung auf die Beschäftigungsstruktur. Zum Ende des Jahres mußte eine Ausweitung der Kurzarbeit im Bereich Stahl erwogen werden. Nach Kurzarbeitsphasen im Oktober wurden für Dezember bereits Blockstillegungen bei zwei der drei Hochöfen angekündigt, womit etwa 5.000 Arbeitnehmer von den Rationalisierungmaßnahmen betroffen waren.

Die Fusion zwischen den Stahlkonzernen Friedrich Krupp AG und der Hoesch Stahl AG wurde zum 01.Juni **1993** juristisch und rückwirkend zum 01. Januar 1993 wirtschaftlich vollzogen (Übersicht 26). Die neugegründete Friedrich Krupp AG Hoesch-Krupp soll als konzernleitende Holdinggesellschaft mit etwa 91.000 Beschäftigten und einem geschätzten Jahresumsatz von 23 Mrd. DM agieren. Die Aktivitäten des Konzerns wurden in sechs Sparten gegliedert, die sich an das Hoesch 2.000 Konzept anlehnen. Der Umsatz des Bereichs Stahls, der ehemalig reinen Stahlunternehmen, wird nur etwa ein Viertel des Gesamtumsatzes des Konzerns betragen.

Die weiterhin katastrophale Lage am Stahlmarkt machte weitreichende Maßnahmen notwendig, um weitere Verluste im Bereich Stahl einzudämmen und zusätzliche Kosten zu senken. Zum März 1993 wurde die Stillegung eines Hochofens durch die formal noch nicht fusionierten Konzerne angekündigt, deren Ursache die zunehmende Nachfrageschwäche bei Walzstahlerzeugnissen war.

Von den drei Dortmunder Hochöfen im Werk Westfalen wurde bereits am 01. März eine von fünf Anlagen für ein knappes Jahr stillgelegt, was eine Phase der Kurzarbeit für ca. 600 Mitarbeiter bedeutete.

Langfristig wurde die Auflösung weiterer Kapazitäten und damit die endgültige Schließung mindestens eines Produktionsstandortes notwendig. Zur Diskussion standen das Krupp Werk Duisburg-Rheinhausen sowie als Alternative ein Hoesch-Werk in Dortmund. In beiden Fällen würde eine Schließung den Verlust mehrerer Tausend Arbeitsplätze bedeuten und damit schwerwiegende Folgen auf die Sozialstruktur der betroffenen Regionen haben.

Übersicht 26: Ausgewählte Strukturdaten der Hoesch AG 1993

Fusion Friedrich Krupp AG - Hoesch Stahl AG zum Jahreswechsel (wirtschaftlich - juristisch 30.06.1993)

- Stillegung eines Hochofens zum 01.03.1993 => Ankündigung der formal noch nicht fusionierten Konzerne Krupp Stahl AG und Hoesch Stahl AG;
Ursache: Nachfrageschwäche bei Walzstahlerzeugnissen
- Zur Zeit drei Hochöfen bei Hoesch Stahl im Dortmunder Hochofenwerk Westfalenhütte tätig => davon soll einer fünf Monate stillgelegt werden. (ab 01.03.1993 Hochofenwerk Westfalenhütte/ Dortmund)
=> Kurzarbeit für ca. 600 Mitarbeiter
- Bei weiterer Nachfrageschwäche => Stillegung des letzten Krupp Hochofens in Duisburg-Rheinhausen und Wiederinbetriebnahme des Dortmunder Hochofens
- Ankündigung der Erhöhung der Preise bei Walzstahlprodukten (FAZ, 06.02.1993)
- Notwendigkeit der Stillegung weiterer Kapazitäten (Rheinhausen oder Dortmund) => Verlust von ca. 3000 Arbeitsplätzen, Protestkundgebungen durch Arbeitnehmer
- Krupp-Vorstandschef Cromme erwägt völligen Rückzug des Unternehmens aus der Stahlbranche
- Stillegung des Hoesch Werkes für Bandverzinkung (elektrolytisch) in Hagen
- Friedrich Krupp AG Hoesch-Krupp => konzernleitende Holding-Gesellschaft; Mitarbeiter: 91.000, Umsatz: 23 Mrd. DM
- Übernahme des Werkes Leipzig-Paunsdorf der Baufa. AG, Leipzig durch Hoesch Siegerland Werke GmbH (01.02.1993) (Stahl-Bauelemente)

Quelle: FAZ: diverse Ausgaben 1993; HB: diverse Ausgaben 1992; Hoesch Werk und Wir 2/93, S.38-41; Stahl und Eisen 113 (1993), Nr.3, S.22.

Bezogen auf die Produktion der Friedrich Krupp AG Hoesch Krupp würde die Aufhebung einer Werksanlage eine Reduktion der monatlichen Rohstahlerzeugung von 700.000 t auf 500.000 t bedeuten. Ausschlaggebend auf die Entscheidung zwischen den beiden Standorten sollten rein betriebswirtschaftliche Kriterien wie technischer Zustand der Anlagen, Energiekosten sowie Standortvorteile aufgrund der bestehenden Infrastruktur sein. Im Laufe des Berichtsjahres 1993 kristallisierte sich der Produktionsstandort Duisburg-Rheinhausen als derjenige heraus, der die schlechteren Standortvorteile bot. Im August diesen Jahres wurde das Werk unter Protest der Belegschaft geschlossen.

Aufgrund der maroden Lage der deutschen und internationalen Stahlwirtschaft schloß Krupp-Vorstandschef Cromme einen völligen Rückzug des Unternehmens aus der Stahlbranche nicht aus. Konsequent wurden unrentabel arbeitende Unternehmen abgestoßen oder aufgegeben. Von dieser Entwicklung war beispielsweise das Hoesch Werk für elektrolytische Bandverzinnung in Hagen betroffen.

Andererseits wurde an Übernahmen und Neuerwerbungen mit zukunftsorientierten Produktionsrichtungen weiterhin festgehalten. Im Bereich Stahl-Bauelemente wurde am 01.Februar 1993 das Werk Leipzig-Paunsdorf der Baufa AG in die Hoesch Siegerlandwerke GmbH eingegliedert.

Die bisherigen z. T. sehr differenzierten Ausführungen haben gezeigt, daß die ausgewählten Unternehmen ähnlich drastische Strukturveränderungsprozesse mitgemacht haben. Es ist zu Veränderungen der Organisationsstrukturen gekommen, zu Veränderungen der Produktionspalette, zur Stillegung von Produktionsanlagen und zur Entlassung von zahlreichen Arbeitskräften.

13.1.2 Unternehmen in den neuen Bundesländern

Kurz vor der Wende im Jahre 1989 war die gesamte Schwarzmetallurgie in der DDR in drei Kombinaten organisiert (Übersicht 27): Bandstahlkombinat "Hermann Matern" Eisenhüttenstadt, Qualitäts- und Edelstahlkombinat Brandenburg und Rohrkombinat Riesa.

Mit dem Zusammenbruch der Zentralverwaltungswirtschaft und dem Übergang zur sozialen Marktwirtschaft wurde der erste wichtige Schritt von der Regierung Modrow getan, als am 1.3.1990 die Gründung einer Anstalt zur treuhänderischen Verwaltung des Volkseigentums, der sogenannten "Treuhandanstalt" erfolgte und die "Verordnung und Umwandlung von volkseigenen Kombinaten, Betrieben und Einrichtungen in Kapitalgesellschaften" beschlossen wurde. Diese größte Holding der Welt wurde alleiniger Gesellschafter bzw. Anteilseigner der künftigen Kapitalgesellschaften der Eisen- und Stahlindustrie. Die Treuhandanstalt hielt bzw. hält die Anteile der Gesellschaft, die entweder als Aktiengesellschaft oder als GmbH gebildet wurde.

Die Treuhandanstalt, als Anstalt des öffentlichen Rechts unter Aufsicht des Bundesfinanzministers, war Inhaber aller ehemals volkseigenen DDR-Betriebe und hatte darüber zu entscheiden, welche Betriebe eine Überlebenschance hatten und deshalb eine Übergangshilfe rechtfertigten, welche Maßnahmen zur Verbesserung der Ertragslage notwendig waren, welche Betriebe endgültig schließen mußten und zu welchen Bedingungen die vorhandenen Vermögenswerte schließlich an private Investoren veräußert werden konnten.

Mit der Wirtschafts-, Währungs- und Sozialunion am 1. Juli 1990 erhielt die vom Gesetzgeber umgewidmete Treuhandanstalt einen komplizierten Transformationsauftrag. Vier Aufgaben sollten dabei erfüllt werden:

' 1. Privatisierung aller überlebensfähigen Betriebe aus der Erbmasse der DDR-Staatswirtschaft. Dieser Auftrag verlangt, möglichst schnell Käufer und neue Träger (Eigentümer) für die ehemaligen Staatsbetriebe zu finden.

' 2. Entflechtung von Betriebszusammenschlüssen, soweit hierdurch die Privatisierung beschleunigt und die Marktanpassung ihres Leistungsangebotes schneller vorangebracht werden kann.

' 3. Sanierung solcher Betriebe, für die sich zunächst keine Käufer finden, die jedoch nach einer Rationalisierung und Modernisierung große Chancen haben. Sie sollten privatisiert werden.

"4. Stillegung sämtlicher nicht mehr sanierbarer Betriebe" (Buck 1991, S. 41).

Übersicht 27: Die Kombinate der Schwarzmetallurgie in der DDR Ende der achtziger Jahre

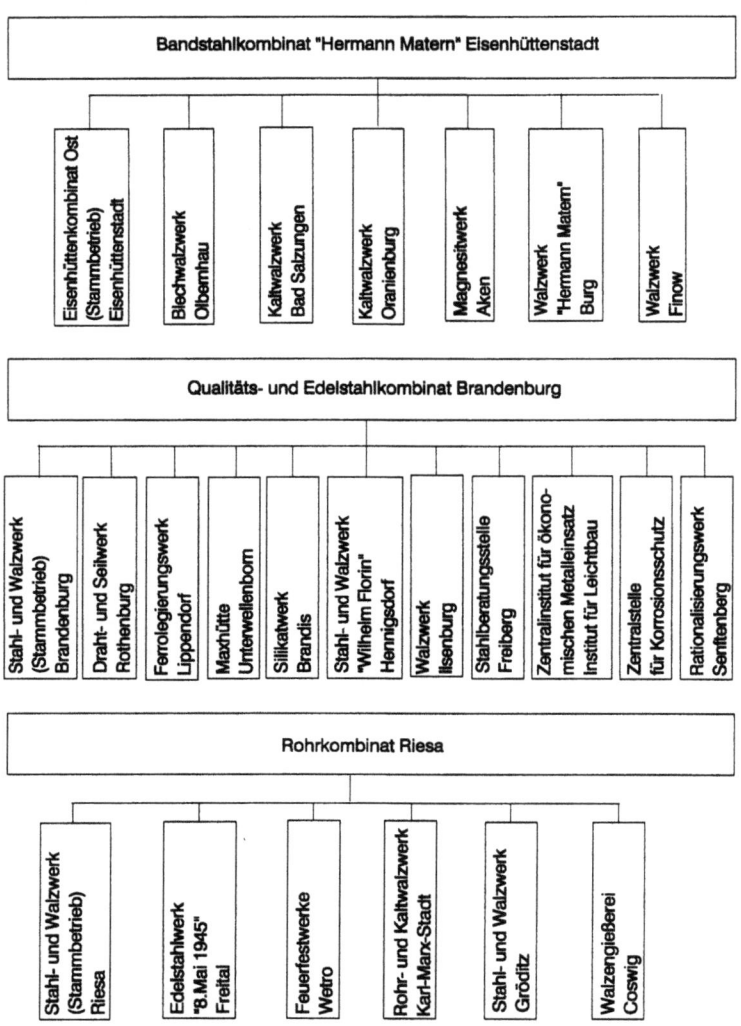

Quelle: Beyer 1990, S. 114 - 115

Bis Ende Oktober 1990 war die Kombinatsentflechtung durchgeführt und eine Überführung in andere Rechtsformen erfolgt (Übersicht 28).

Übersicht 28: Nach der Entflechtung des Bandstahlkombinates "Hermann Matern" Eisenhüttenstadt entstandene Unternehmen (Ende 1990)

EKO Stahl AG Eisenhütten-stadt	Thüringen Bandstahl GmbH Bad Salzungen	Magnesitwerk Aken GmbH	Walzwerk Finow GmbH
	Blechwalzwerk GmbH Olbernhau	Kaltwalzwerk GmbH Oranienburg	Walzwerk Burg GmbH

Quelle: Beyer 1990, S. 113

Inzwischen haben sich große Veränderungen vollzogen. Einige Beispiele sollen das zeigen.

• Schon im Juli 1990 entstand die Thyssen Burg Edelstahlwerk GmbH in Burg bei Magdeburg, ein Joint venture des ehemalien Walzwerks Burg mit dem Thyssen Edelstahlwerk.

• Betriebsneugründungen in den neuen Bundesländern

• Von Arbed SA wurde im März 1992 die kombinierte Formstahlstraße der Maxhütte in Unter-wellenborn übernommen. Es soll dort bis 1995 für 250 Mio. DM ein neues Elektrostahlwerk errichtet werden. Die überalterten Hochöfen, Stahlwerke und Blockstraßen wurden Anfang Juli 1992 stillgelegt!

• Von Mannesmann wurde ein Teil des Standortes Riesa, nämlich das Rohrwerk, gekauft.

• Unter dem Namen Elbe Stahl Werke Feralpi will Feralpi (Italien) ab 1994 auf dem Gelände der ehemaligen Riesa-Werke in Riesa jährlich 350 000 t Betonstahl produzieren. In die Moderni-sierung (u. a. Beseitigung der SM-Öfen) sollen 85 Mio. DM investiert werden.

• Am 1. Mai 1992 hat die italienische Riva-Gruppe die Hennigsdorfer Elektro Stahl (HES) GmbH in Hennigsdorf gegründet. In die Modernisierung und Umstrukturierung sollen 120 Mio. DM von Riva investiert werden.

• Anfang 1993 wurden die Eisen- und Hüttenwerke Thale AG, Sachsen-Anhalt privatisiert. Sie wurden von dem früheren niedersächsischen Ministerpräsidenten Dr. E. Albrecht und dem Bremer Kaufmann H. H. Lamotte erworben. Die Kernbereiche Pulvermetallurgie, Stanz- und Emaillierwerk sowie Behälter- und Apparatebau wurden übernommen;[8] die Walzstahlproduk-tion an diesem Standort wurde vor dem Verkauf bereits aufgegeben.[9]

• Anfang August 1991 ist die Röhrenwerke Rudolstadt GmbH vom Bereich Medizinische Technik der Siemens AG übernommen worden.[10]

Interessante Detailinformationen über die Veränderungen im Bereich der EKO-Stahl AG zeigt Tabelle 46.

---

[8] Stahlreport 3/93.
[9] Stahlreport 7/92.
[10] Stahlreport 10/91, S. 3.

Tab. 46: Entflechtungsbilanz der EKO-Stahl AG

Organisationseinheit	Arbeit-nehmer	Übernahmefirma
Sanitäts- und Rohrleitungsbau	47	Völkl EKO GmbH, Weiden
Aus- und Weiterbildung	14	OCW GmbH Eisenhüttenstadt
Gebäudereinigung	95	Piepenbrock Gebäudereinigung
Fahrbereitschaft LKW	6	Spedition Lenker und Klaus Ehst.
Bereich Baustoffe	227	Ehst. Schlackeaufb. u. Umwelttechnik GmbH
KFZ-Farhbereitschaft und Instand-haltung	10	Autohaus Knoblauch/ Strusen Eisenhüttenstadt
Hydraulikwerkstatt	15	Simpex GmbH, Neuss
Teilkapazität RZ	2	Ordo-Unternehmensberatung Zülpich
Bauinstandhaltung	90	Heitkamp GmbH, Herne
Elektrik MSR KWW	68	Unitechnik Automatisierung GmbH Ehst.
Gleisbau	27	Schreck Mieves Braunschweig
Vulkanisierwerkstatt	11	Stahlgruber GmbH u.Co. München
Schriftenmalerei	6	Buchstaben-Behrendt Berlin
Blechverarbeitung	13	EKO Feinblechhandel GmbH
Werksverkehr-Sicherungstechnik	15	Unitech Automatisierung GmbH Ehst.
Hebezeuginstandsetzung	52	Piepenbrock Industriewartung Ehst.
Montagetransport	12	Brandt Schwertransport GmbH Ehst.
Klebewerkstatt	4	Untrep Engineering Nord GmbH
Elektrik Anlagenbau	11	BEA Düsseldorf
Büromaterial	2	Zimmermann Eisenhüttenstadt
Technische Gase	53	Linde AG
Instandhaltung Wärmeversorgung	15	Vökl-EKO-GmbH Weiden
Verpackung KWW	123	Con-Pro Industrieserv.GmbH u.Co. Wuppertal
Verladung KWW	84	Panopa Verkehrs GmbH Duisburg
Fernmeldebau	8	Fernmelde- und Sicherungsanl. GmbH i.G. Ehst.
E-Maschinenreparatur	26	Starkstrom-Gerätebau GmbH Regensburg
Feuerfest-Instandhaltung	47	Burwitz Feuerungsbau Peine
Funkfernsteuerung	2	IIM-Industrietechnik Ehst.
MSR-Technik, Instandhaltung und Betriebe Rohmetze, Pumpen	59	Vökl-EKO-GmbH Weiden
Instandhaltung Stapler	7	Dietze und Sohn Eberswalde-Finow
Instandhaltung Stromversorgung	27	ABB-Service GmbH Halle
Anlagenbau	327	Tochter EKO Stahl AG
Instandhaltung Schienenfahrzeuge*	23	Piepenbrock/ GWB Guben
Reinigung Erzlager*	12	Piepenbrock
Kalkbrennmahlanlage*	20	RWK Wuppertal
Summe	1560	

*: im Dezember 1992;

Quelle: EKO Stahl AG

Seltener ist es bisher zu Neugründungen zwischen Betrieben in den neuen Bundesländern und den osteuropäischen Ländern gekommen. Nur eine Neugründung ist bekannt. Mitte 1993 ist die

Walzwerk Finow GmbH (Eberswalde) (1990 entstanden aus dem VEB Walzwerk Finow) an die staatliche slowakische VSZ-Gruppe Kosice verkauft worden, die das Unternehmen seit 1992 mit Vormaterial belieferte. Die VSZ A. S. (Vychodoslovenske Zelezarny Aktiengesellschaft) Kosice ist das größte slowakische Unternehmen, das jährlich 3,3 Mio. t Stahlerzeugnisse herstellte.[11]

Einige Standorte der Eisen- und Stahlindustrie sind inzwischen ganz aufgegeben worden. So ging z. B. mit dem 31. 12. 1991 die Blechwalzwerk GmbH mit Sitz in Olbernhau in Liquidation.[12]

Ende 1993 gab es für zwei Standorte in den neuen Bundesländern von der EG-Kommission Entscheidungen, die in der gegenwärtigen Krisensituation die Branche stark beschäftigte. Noch vor der EKO-Stahlentscheidung hat die EG-Kommission die von den deutschen Behörden vorgelegten Beihilfevorhaben für die Brandenburger Elektrostahlwerke und die Hennigsdorfer Elektrostahlwerke genehmigt. Beide Unternehmen waren im Mai 1992 von der Treuhandanstalt an den italienischen Stahlkonzern Riva verkauft worden. Die geplanten Beihilfen der deutschen Behörden werden zur Modernisierung und Rationalisierung der beiden Unternehmen gewährt.

"- Das Beihilfevorhaben für die Brandenburger Elektrostahlwerke umfaßt eine Investitionsbeihilfe von 18,4 Millionen DM (9,7 Millionen ECU) und eine Investitionszulage in Höhe von 5,04 Millionen DM (2,7 Millionen ECU) für beihilfefähige Investitionskosten von 80 Millionen DM (42 Millionen ECU). Die Beihilfeintensität dieser Maßnahmen beträgt 29,3%. Der Investitionsplan für das Unternehmen sieht eine Rationalisierung der Produktion zugunsten höherwertiger Produkte (Betonstahl für die Bauindustrie) vor, indem etwa 60 % der Walzdrahtproduktion auf die Produktion von rund 400.000 t/Jahr Baustahl umgestellt werden. Die Investitionen werden die EGKS-Kapazitäten des Unternehmens nicht erhöhen, sondern zur Modernisierung und Rationalisierung der bestehenden Anlagen beitragen.

- Den Hennigsdorfer Elektrostahlwerken soll eine Investitionsbeihilfe von 27,6 Millionen DM (14,5 Millionen ECU) und eine Investitionszulage von 7,04 Millionen DM (3,7 Millionen ECU) für beihilfefähige Investitionskosten in Höhe von 120 Millionen DM (63,2 Millionen ECU) gewährt werden. Die Beihilfeintensität dieser Maßnahmen beträgt 28,9 %. Der Investitionsplan für das Unternehmen sieht eine Rationalisierung der Produktion zugunsten höherwertiger Produkte (Silberstahl) sowie eine Verringerung des Rohstoff- und Energieverbrauchs vor, jedoch ohne Erhöhung der vorhandenen Kapazitäten. So soll vor allem in die Modernisierung des Elektrostahlwerks und der Warmwalzanlage investiert werden, um die Qualität zu verbessern und den Energieverbrauch zu verringern.

- Die Investitionen werden die Kapazitäten des Unternehmens nicht erhöhen, sondern zur Modernisierung und Rationalisierung der bestehenden Anlagen beitragen. Das Investitionsvorhaben betrifft nicht die Mittelstraße, deren Stillegung bis Mitte 1994 als Gegenleistung für die Beihilfen an EKO-Stahl angeboten worden ist."[13]

Die sich bisher in den neuen Bundesländern vollzogenen und sich vollziehenden Veränderungen sind einmalig in Europa. Sie sind nur in einigen Ansätzen mit denen in den anderen ehemaligen RGW-Ländern vergleichbar. Es vollzieht sich zwar dort insgesamt der Wechsel von der Zentralverwaltungs- zur sozialen Marktwirtschaft. Doch der Prozeß verläuft wesentlich langsamer.

---

11 An den Staat ..., S. 6.
12 Stahlreport 1991.
13 EG-Nachrichten Nr. 49/50 vom 20./27. Dezember 1993, S. 4.

13.2 Unternehmen in den nordeuropäischen Ländern

13.2.1 Loussavaara - Kiirunavaara A.B. (LKAB) (Schweden)

Der schwedische Konzern Loussavaara - Kiirunavaara A.B. (LKAB) ist einer der großen Erzeuger von verbesserten Eisenerzprodukten und damit das achtgrößte Eisen- und Stahlunternehmen der Welt. Es wurde 1890 gegründet. 1907 erwarb der Staat 50% des Kapitals und weitere 46% im Jahre 1957. Der Rest wurde 1976 gekauft. Anfang der neunziger Jahre war LKAB eine der 35 Holdings, die der Staat zu privatisieren versuchte. LKAB betrieb Minen und Verarbeitungsanlagen in Kiruna und Malmberget, eine Pelletisierungsanlage in Svappavaara und einen Hafen in Lulea (alles im Norden Schwedens); außerdem einen weiteren Hafen bei Narvik in Nord-Norwegen, zu dem eine leistungsfähige Eisenbahn von den Anlagen in Schweden führt.

Der Wandel der weltweiten Eisen- und Stahlindustrie und bei LKAB war seit den fünfziger Jahren eng miteinander verknüpft, als das Unternehmen ein beherrschender Mitspieler des boomenden Weltmarktes war. Der Wettbewerb durch neue Ressourcen, insbesondere in Brasilien, Australien und Kanada - teilweise hervorgerufen durch die Produzenten in Japan und Europa - veränderte diese Beziehung sehr deutlich.[1] Zum Beispiel wurden in den sechziger Jahren große Erzreserven mit einem hohen Eisenanteil (18bn t mit 67% Eisenanteil) in Carojas/Brasilien entdeckt und seit den achtziger Jahren gefördert. Die staatseigene Firma Cia Vale de Rio Doce (CVRD) erhielt Gelder von der EG in Höhe von $600 Mio. (die später auf $250 Mio. reduziert wurden), Japan ($ 450 Mio.) und der Weltbank ($ 300 Mio.), um das $3bn Projekt zu realisieren. Der Abbau begann 1986, verbunden mit einem Tiefseehafen in Sao Luis mit einer extra gebauten, 900 km langen, Eisenbahnlinie. Das mittlere jährliche Ausstoßziel lag bei rund 35 Mio. t. Schnell wurde es jedoch mit Umweltzerstörung konfrontiert, nicht direkt, aber als Konsequenz, da man den Wald abholzte, um am Ort festes Eisen zu schmelzen. Der Großteil des Ausstoßes wurde exportiert, bei dem Brasilien in den frühen neunziger Jahren zwischen $ 700 Mio. und $ 800 Mio. verdiente.

Im Kontrast hierzu litt LKAB schwer unter der Stahlkrise Mitte der siebziger Jahre. 1975 fielen die Ausfuhren um ein Drittel. Im Glauben, daß der Abschwung nur temporär sei, produzierte LKAB weiter, was aber zu schweren finanziellen Verlusten führte, die jährlich bei rund SKr 500 Mio. (1976-1982) lagen (das waren die ersten Verluste im Geschäft seit über 100 Jahren). 1981 wurde ein Handlungsplan erstellt, der auf Marktorientierung, Produktentwicklung und Lagerreduzierung abzielte. So lag der Inventurbestand Ende 1982 bei 9,4 Mio. t, was immer noch mehr als zwei Drittel der Produktion von 13,7 Mio. t entspricht - und dies war die Hälfte der Produktion von vor drei Jahren. Der Ausstoß wurde noch weiter auf 11 Mio. t (1983) reduziert; 2000 Arbeitsplätze sollten in den nächsten zwei Jahren gestrichen werden. Die schwedische Regierung schrieb 5bn SKr für einen Teil des Finanzumbaus ab und einen weiteren Teil, um die Rentabilität der Gruppe zu steigern. Für eine Zeit lang waren diese Maßnahmen erfolgreich, da der Weltmarkt sich langsam wieder von der Krise erholte. Die Eisen- und Stahlindustrie verblieb aber in einem

---

[1] Vgl. Bradburg 1982; Sadler 1992, S. 106 - 109 für Details dieser weltweiten Vorgänge.

brisanten Zustand, mit dem Ergebnis, daß die Hersteller einem großen Preisdruck gegenüberstanden. Nach einem Höchststand der Verkäufe und des Gewinns 1985 verschlechterte sich die Finanzsituation bis 1988. 1989 war ein leichter Aufschwung zu verzeichnen, der sich 1990 und 1991 stabilisierte.

Die Eisenerzpreise auf dem Weltmarkt standen jedes Jahr in direkter Beziehung zwischen Hersteller und Verbraucher, und zeigten die bestehende Ballance der Kräfte zwischen Angebot und Nachfrage - oder zumindest einem Konsens von Meinung und Tatsachen. Die wichtigen Stahlstandorte in den USA und der (ehemaligen) UdSSR deckten mehr oder weniger den Eigenbedarf an Eisenerz durch Vorräte aus dem eigenen Land. Daher wurden die Maßstäbe in den achtziger Jahren regelmäßig aufgrund von Vereinbarungen zwischen den großen Minengesellschaften in Australien oder Brasilien mit der japanischen oder westeuropäischen Stahlindustrie neu getroffen. In Europa war der Preis in Rotterdam (einschließlich Frachtpreise) der Bezugspunkt. Andere Gesellschaften hatten dann Beziehungen zu knüpfen, um den Preis für eine gewisse Menge an Eisen ihren finanziellen Möglichkeiten anzupassen. Diese Beziehungen wurden oft recht offen eingegangen, obwohl es einen wenig bekannten Billigmarkt gab.

Tab. 47: Ausgewählte Strukturdaten von Loussavaara-Kiirunavaara A. B. (LKAB)

Jahr	Sales SKr bn	Operating income (Loss) SKr m	Production mt	Inventories mt	Workforce 1000s
1982	2,1	(118)	13,7	9,4	6,8
1983	2,6	256	11,2	6,3	5,7
1984	3,3	548	15,4	3,4	4,9
1985	3,7	635	18,0	2,8	4,8
1986	3,3	326	17,9	2,3	4,4
1987	3,0	(1)	17,2	1,6	4,1
1988	2,8	(145)	18,5	1,0	3,9
1989	3,4	14	19,9	1,3	3,8
1990	3,9	334	19,1	1,8	3,4
1991	3,9	191	18,6	1,8	3,4
1992	3,7	106	19,0	2,2	3,4

Eisenerzpreise reagierten nur langsam auf Preisschwankungen im Stahlbereich. Das war zum Beispiel nur im Jahre 1989 so, als die Minengesellschaften es schafften, die tendenziell fallenden Preise für Eisenerz dieser Dekade (in der die Preise um rund 50% fielen) umzukehren; abgesehen von der Tatsache, daß der Boom für Stahlprodukte zu Ende ging. Die Regel war eine Erhöhung der Preise um 13%, die von CVRD und der westeuropäischen Stahlindustrie festgelegt werden. Als 1990 die Nachfrage zu stocken begann, gaben diese beiden Unternehmen wieder den Weg vor, indem sie eine 6%ige Preiserhöhung festlegten. 1991 wurde die globale Vorgabe von Hamersley/Australien und Nippon Steel/Japan im Januar auf 8% Preisabstieg festgelegt. Für 1992 wurde der Bezugspunkt von den gleichen Parteien im Dezember 1991 mit einem Rückgang von 5% wegen unsicherer Stahlnachfrage festgelegt. Die Preisvereinbarungen für 1993 liefen nach einem etwas anderen Schema ab, als im Dezember 1992 die französische Stahlindustrie und der

Mauretanische Erzlieferant SNIM - um verlorengegangene Anteile zurückzuerobern - Preis-reduzierungen von 14% bis 15% vereinbarten. Dies war zugleich der neue Maßstab.

Solche Schwankungen über eine so kurze Zeit unterstrichen die Sprunghaftigkeit des Eisenerz-marktes. Ein weiterer verkomplizierender Faktor war die Tatsache, daß die meisten internationa-len Transaktionen mit US $ bezahlt wurden. Das Produkt war daher auch empfindlich gegenüber Kursschwankungen, was insbesondere ein Problem für LKAB war. Von 1990 - 1991 reduzierte sich die Stärke europäischer Währungen gegenüber dem Dollar um etwa 20%. Gegen Ende der achtziger Jahre gab es in Europa einige Ängste um die Versorgungssicherheit. Es wurde deutlich, daß eine Abhängigkeit von Importen verheerend sei, die große Stahlfirmen verletzbar gegenüber großen Preisanstiegen macht und die ihre Wettbewerbsfähigkeit in Zukunft beeinflussen könnte. Europäische Eisenerzprodukte umfaßten rund 40% des Welthandels. Doch wurden nur vier Bezugsquellen (Liberia, Kanada, Brasilien und Indien) vertraglich durch Stahlholdings an die Europäische Gemeinschaft gebunden. Dies war nur 1/4 des EG-Verbrauchs. Es gab nur etwa 20 größere, unabhängige Eisenerzlieferanten, wovon LKAB der einzige Westeuropäische Repräsen-tant war. In ihrer Generalübersicht Stahl 1995 warnte die EG:

"Die Stahlindustrie sollte sich den Gefahren der Politik der Versorgungssicherung bewußt sein, da (neue) Verträge in der Regel mit großen und reichen Vorräten verbunden sind. Dies führt dann zu einer erhöhten Abhängigkeit, da die Anzahl großer Vorkommen begrenzt ist. Dies könnte dann in einer Art Oligopol auf dem Eisenerzmarkt enden".[2]

Diese Bedenken beschäftigten die Eisenerzlieferanten in einer anderen Art und Weise. Sie argu-mentierten, daß die lange Zeit der niedrigen Preisdiktierung in den achtziger Jahren, zusammen mit der relativ kurzen Zeit der Preiserholung dazu führte, daß sie finanziell nicht in der Lage waren, in die Expansion mit neuen Anlagen zu investieren, die wesentlich für den langfristigen Minenbetrieb sei.

Auf dieser Basis plante LKAB ab Anfang der neunziger Jahre in die Zukunft zu investieren (obwohl, wie gerade gesehen, anschließende Entwicklungen wenig bewirkten, um kurzzeitige Verbesserungen für diese langfristigen Szenarien zu erreichen). Die Weltproduktion lag bei rund 1000 Mio. t jährlich; davon wurden 1991 400 Mio. t und 1992 370 Mio. t auf dem internationalen Markt gehandelt. In Anbetracht dieser um 50 Mio. t höheren Nachfrage (gegenüber der letzten Dekade), entschied sich LKAB 1991, 2 bn SKr in die Entwicklung einer neueren, tieferen Mine in Kiruna zu investieren, die 1997 in Betrieb genommen werden und die Lebensdauer der Mine um 25 Jahre verlängern sollte.

Ein Mittel, um die Sprunghaftigkeit kurzfristiger Maßnahmen - obgleich mit festen Grenzen - zu begrenzen, war, Geschäfte mit kurzfristigen Laufzeiten zu vermeiden. Mit anderen Worten, LKAB entschied sich, sich auf Stahlfirmen zu konzentrieren, die eine hohe Nachfrage an Eisenerz gewährleisteten, so daß der Erzversorger die Empfindlichkeit gegenüber zyklischen Veränderun-gen verringern konnte. Zumindestens theoretisch fühlten sich Stahlfirmen dazu ermutigt, Ge-schäftsverträge mit LKAB für Zeitspannen von 3-5 Jahren (in denen die Bezugsvolumen relativ festgelegt waren, selbst wenn die Preise schwankten) einzugehen, und mit anderen Minengesell-schaften Geschäftsbeziehungen einzugehen. Das Ziel war eine Kundenbeziehung zu entwickeln, die eine "positive und gegenseitige Annahme von Verantwortung" umfaßte (LKAB annual report 1991, 5). Eine Konsequenz davon war eine Konzentration der Verkäufe auf wenige europäische

---

[2] CEC 1990,ix/3.

Staaten: Die wirtschaftlichen Hauptmärkte waren Deutschland (31%), Schweden (22%), Belgien, Niederlande, Luxemburg (18%) und Finnland (8%).

Ein anderer Aspekt der Geschäftsstrategie von LKAB bezog sich auf die Produktentwicklung. Eisenerz wurde an die Kunden in einer der drei Formen ausgeliefert: als Pellets, als niedrig-Phosphor-Erz oder als hoch-Phopshor-Erz. Das letzte war von untergeordneter Bedeutung (nur zwei Firmen waren betroffen) und beide Arten von Roherz hatten wesentlich geringeren Wert, als die pelletierte (also konzentrierte) Form. Daher versuchte LKAB die Kapazität und die Verkäufe für solche raffinierten Produkte zu erhöhen. In den frühen neunziger Jahren lagen sie wertmäßig bei 60% der Verkäufe (gegenüber 35% Mitte der siebziger Jahre) und gewichtsmäßig bei 50%. Pellets wurden in einer der beiden üblichen Formen hergestellt: "Olivine" für Hochöfen, sehr eisenreich und verwendbar für Direktreduktionsanlagen, insbesondere im mittleren Osten. Der Markt für **Direktreduktionspellets** war bis jetzt recht klein, gerade 12 Mio. t weltweit (1992), von denen LKAB 20% Anteil hatte. Der Hochofenpelletsmarkt war bedeutend; so hatte LKAB auch eine bemerkenswerte Position in der EG mit 18% Marktanteil. Die Bestätigung für die Konzentration von LKAB auf diese Produktentwicklung kam 1992, als die Gesellschaft Pläne billigte, eine Konzentrations- und Pelletierungsanlage in Kiruna zu errichten, die die Kapazität um 4 Mio. t bei Kosten von 1,7 bn SKr steigern sollte. Die Produktion sollte 1995 aufgenommen werden. In Zeiten nachlassender Stahlnachfrage, tendieren Stahlfirmen dazu, ihren Verbrauch der relativ teueren, pelletierten Form zu begrenzen. Für Eisenerzgesellschaften bedeutet das, daß sie gezwungen waren, eine Verminderung der Premiumprodukte gegenüber den wenig raffinierten "Feinem" Niveau zu akzeptieren.

Schließlich war ein weiteres wichtiges Element der Kostenkalkulation von LKAB der Transport von Eisenerz und **Pellets** von den Minen in Schweden zu dem Hafen in Narvik, der größere Schiffe aufnehmen konnte und näher zu den wichtigen Märkten lag. 1984 reduzierte die schwedische Staatsbahn die Gebühren nach großem Druck seitens der Gesellschaft und der Regierung für LKAB, aber die norwegischen Behörden wiesen ähnliche Maßnahmen zurück. Jedoch erhielt LKAB 1992 das Recht, nach langen Verhandlungen zwischen den schwedischen und norwegischen Eisenbahngesellschaften, die eigenen Eisenbahnbewegungen ab 1993 auf der Strecke von Kiruna selbst zu leiten. Ein fünf Jahre während Subvertrag wurde mit den Firmen abgeschlossen, der eine weitere bemerkenswerte Kostenreduktion für LKAB bedeutete.

LKAB reorganisierte sich selbst in unterschiedlicher Weise, während der wiederkehrenden Stahlkrisen nach 1974. Meistens bedeutete dies Einschränkungen und Kürzungen, sowohl in der Zeit der großen Verluste von 1976 - 1982, als auch bei Kürzungen der Arbeiterschaft. Von 1978 bis 1992 wurde die Arbeiterschaft von LKAB mehr als halbiert. Der Verlust von mehr als 4000 Arbeitsplätzen in dieser abgelegenen Region erforderte Hilfsprogramme von der schwedischen Regierung. In den frühen neunziger Jahren fällte die Gruppe die bewußte Entscheidung, die Abbaubemühungen zu festigen, und massiv in die neuen Minen und Pelletierungsanlagen zu investieren. Letzteres war insbesondere bedeutsam hinsichtlich der **andauernden** Konzentration auf die Produktentwicklung. Das war einer der Auswege, auf denen die Gesellschaft in Zeiten feststehender Weltmarktpreise und der gesättigten Nachfrage öffentliche Einkünfte erhalten konnte. Andere Faktoren dieser Strategie umfaßten Kostenreduzierung, teilweise beim Transport. In der endgültigen Analyse war die Gesellschaft ein Subjekt einer extremen Sprunghaftigkeit auf dem Eisenerzweltmarkt - verkörpert in der jährlichen Vertrags-Unterzeichnungs-Runde - selbst, wenn man versuchte, daß, was man mit Langzeit-Kundenbeziehung bezeichnete, zu fördern. Es

war die Richtung und das Ausmaß solcher Preisschwankungen, daß die Rentabilität und Lebensfähigkeit von LKAB - und anderen Eisenerz Minengesellschaften - in den neunziger Jahren
bestimmen würde.

13.2.2 Sandvik (Schweden)

Eine Möglichkeit für Stahlgesellschaften, die sich auf hochwertige Stähle spezialisieren und deren
wichtigster Konkurrent in alternativen Materialien wie Keramik und hochwertigem Plastik besteht
ist, sich der Herausforderung einer Diversifikation zu stellen. Ein gutes Beispiel dafür war die
schwedische Gesellschaft Sandvik - 1862 als ein Stahlhersteller gegründet - die sich grundlegend
zu einer Technologiegruppe entwickelte.

Wenn man berücksichtigt, daß eine relativ kleine Stahlgesellschaft nicht die finanziellen Möglichkeiten wie Massenstahlproduzenten besitzt, um direkt mit ihnen zu konkurrieren, entschied sich
Sandvik schon früh, die Geschäftsinteressen auszuweiten. 1886 begann die Firma damit, Sägen
aus speziell gehärteten Sorten von Stahl herzustellen, und verkaufte sie dann an die Holzindustrie.
Eine große Spannweite von weiteren Werkzeugen wurde nach und nach hinzugefügt. 1942
entschied man sich, zementierte Karbide als eine Alternative zum Stahl beim Schweißen von
Metall oder Bearbeiten von Stein zu benutzen. Dies wurde zu einem Standbein der Gesellschaft:
1992, fünfzig Jahre später, machten zementierte Karbide die Hälfte der Verkäufe der Gruppe aus,
neben einem Drittel aus dem Stahlbereich und ein Zehntel aus der Herstellung von Sägen und
Werkzeugen (vgl. Tab. 48). Zementierte Karbide erzeugten den weitaus größten Rücklauf der
Verkäufe (obwohl es unbeantwortete Fragen bezüglich des Ausmaßes von unbedeutenderen
Betriebszweigen von Sägen, Werkzeugen und Entwicklungssystemen, wie Stahlauslieferungsbän-
dern und den Transfer von den Geldern gab). Auf jeden Fall war Sandvik nicht mehr nur eine
Stahlgesellschaft.

Zur gleichen Zeit spezialisierte sich Sandvik auf verschiedene Qualitäten und Formen von Stahl,
mit sehr hohem Wert. Dadurch war man in der Lage, einen relativ hohen Marktanteil zu halten,
insbesondere bei der Produktionsauswahl und den befriedigenden Rücklaufquoten, mit der
Aussicht auf befriedigende Verkaufsvolumen, um im ausreichenden Maße zu reinvestieren. So
sagte der Präsident der Gesellschaft, Per-Olof Erikkson:

"Sandvik Steel versucht nicht, sich mit den größten Stahlgiganten der Welt zu messen. Sondern
sie spezialisieren sich in hochwertige Produkte, die in einem eizigartigen Produktionsprozeß
gefertigt wurden. Auf diese Weise sind sie zu Führern in dieser Marktnische geworden."[3]

Ein Beispiel einer solchen Politik war die Produktion von nahtlosen Rohren aus rostfreiem,
legierten Stahl, von dem Sandvik einen Weltmarktanteil von 20% besaß und sich um den ersten
Platz mit dem weitaus größeren Rivalen (in Bezug auf Verkaufsvolumen) Sumito aus Japan stritt.

---

[3] Sandvik. Annual Report. 1992. 3.

Tabelle 48: Ausgewählte Daten von Sandvik (1984 und 1992)

	1984		1992	
Sales	**SKr bn**	**%**	**SKr bn**	**%**
Cemented carbide	5,9	52	8,5	49
Steel	3,5	31	5,2	31
Saws and tools	1,0	9	2,0	12
Process systems	0,7	6	1,2	7
Total (1)	11,3		17,2	

Return on sales %				
Cemented carbide	13,5		10,5	
Steel	6,9		5,3	
Saws and tools	6,3		(4,0)	
Process systems	(1,0)		1,8	
Total	9,1		5,9	

Employment, 1000s				
Cemented carbide	12,6		15,9	
Steel		5,6		5,8
Saws and tools		1,9		3,2
Process systems		1,0		0,8
Total (2)		23,8		28,6

Notes: (1) Includes diverse other activities: SKr 0,2 bn 1984, SKr 0,3 bn 1992.
(2) Includes regional and service companies and head office: 2,700 1984, 2,900 1992

1990 (Übersicht 29) war für die ganze schwedische Stahlindustrie ein ausgeglichenes Geschäftsjahr. Zwei Drittel der gesamten Produktion wurde exportiert. Mit dieser Exportbilanz ging aber auch eine starke Abhängigkeit von den Preisen auf dem internationalen Stahlmarkt einher. Daher wurden in diesem Jahr hohe Investitionen in dem Stahlbereich getätigt. Auch die Zusammenarbeit von Volvo und Renault wirkte sich positiv auf die Nachfrage von Stahl in Schweden aus. Insbesondere profitierten davon die Swedish Steel (SSAB) und der Konzern Ovako (Eine Kooperation von Schweden und Finnland). Die SSAB nahm in diesem Jahr auch einen Gas befeuerten Ofen mit einer Kapazität von 300t/Std. in Betrieb. Ferner wurden in die Herstellung von rostfreiem Stahl 15 Mio. Pfund investiert.

Doch der nahende Europäische Binnenmarkt wirkte sich noch auf andere Bereiche aus. In diesem Jahr hat Ovako seine Walzstraße in Forsbacka stillgelegt. Demgegenüber erwarb der Konzern zwei Anlagen für die Herstellung von Walzringen aus Frankreich. Kloster Speedsteel kaufte ebenfalls aus Frankreich eine neue Walzstraße. Ferner erwarb die Sandvik Steel die Firma Gusab Stainless und ist damit auf vielen Standbeinen in ganz Europa vertreten. Uddelholm ging eine strategische Allianz mit der österreichischen Firma Böhler ein. Mit dieser Beziehung sollen vor allem Synergieeffekte ausgenutzt werden. Außerdem war die Zusammenarbeit von Avesta, Hackmann Oy (Finnland) und Uddelholm geplant:

1991 wurde die Walzstraße in Halmstad stillgelegt. Diese Walzstraße war im Besitz der Fundia.

Die Nachfrage auf dem schwedischen Stahlmarkt sank 1992 um 5,3% auf 2,3 Mio. t. Demgegenüber stiegen die Exporte auf 2,96 Mio. t an, was einem Zuwachs von 10% entspricht. Dennoch wurden die Sachinvestitionen im Bereich Stahl um 8% gesenkt. Ebenfalls reduzierte sich die Zahl der Mitarbeiter um 8% auf 23000 Arbeiter. Diese Arbeitnehmerschaft produzierte 1992 4,36 Mio t Rohstahl. Dies waren 2,5% mehr, als im Vorjahr. Die Kapazität wurde jedoch um 4,1% gesenkt und lag somit bei 4,6 Mio t. Im Bereich der Flachprodukte erwirtschaftete die SSAB einen Nettoverlust von 165 Mio. Skr. Das Stahlwerk in Degerfors wurde stillgelegt. Seine Kapazität lag bei rund 185000t/Jahr.

Ovako Steel drosselte die Kabelproduktion in Hällefors um 10 000 t und legte das Werk in Horfors vollkommen still. Die Kapazität hier betrug etwa 55 000t/Jahr.

Übersicht 29: Ausgewählte Strukturmerkmale der Eisen- und Stahlindustrie in Schweden

Schweden	Produktpalette	Belegschaft/ Mitarbeiter	Absatz/ Umsatz	Produktionsdaten
1990			2/3 der Gesamt- produktion wird exportiert	
1992		23.000 (-8%)	Nachfrage sank um 5,3% auf 2,3 Mio. t Exporte: 2,96 Mio. t (+10%)	Rohstahl: 4,36 Mio. t (+2,5%) Kapazität: 4,6 Mio. t (-4,1%)

Investitionen

1990: Hohe Sachinvestitionen
1992: Im Stahlbereich -8%.

Ausblick/ Maßnahmen

1990: Zusammenarbeit von Volvo und Renault zieht eine erhöhte Nachfrage nach Stahl nach sich; insbesondere profitieren SSAB und Ovako (Schweden und Finnland) hiervon
- Ovako hat die Walzstraße in Forsbacka stillgelegt
- Kloster Speedsteel: neue Walzstraße in Frankreich gekauft
- Ovako: zwei Anlagen für "rolled rings" in Frankreich gekauft
- Sandvik Steel: Gusab Stainless erworben -> Standorte in ganz Europa
- SSAB nimmt einen gasbefeuerten Ofen mit einer Kapazität von 300 t/ Stunde in Betrieb
1991: Die Walzstraße von Fundia in Halmstad wurde stillgelegt
1992: Flachprodukte: SSAB Verlust: 165 Mio. Skr.
Ovako Steel: Stillegung der Kabelproduktion in Horfors (Kapazität: 55.000 t/Jahr); Drosselung der Produktion um 10.000 t in Hellefors
Stillegung des "melt shop" in Degerfors (Kapazität: 185.000 t/ Jahr).

Quelle: Steel Times, August 1990, S. 438; August 1993, S. 352.

13.2.3 Allied Steel and Wire (ASW) (Großbritannien)

Die britische Stahlproduktion war seit 1945 eng mit 2 aufeinanderfolgenden Staatsinterventionen verbunden. Seit 1951 nationalisiert, dann aber, als die Konservativen Ende des Jahres die beiden Nachkriegsperioden der regierenden Arbeiterparteien ablöste, nach und nach wieder privatisiert; weitere Nationalisierungen in der Stahlindustrie gab es dann aber wieder 1967.[4] Die (nach Stahlvolumen) vierzehn großen Gesellschaften wurden unter "British Steel Corporation" (BSC) in die öffentliche Hand gegeben, und frühere Eigentümer wurden stattlich entschädigt. Die BSC durchschnitt viele Verbindungen in der Industrie und hinterließ ein kompliziertes System von Eigentumsverhältnissen.

Als 1979 die Konservativen wieder gewählt wurden (und auch nach der folgenden Wiederwahl), war die Privatisierung des Großteils der Stahlindustrie wieder ein Thema. Die ersten Schritte auf diesem Weg waren die Auslagerungen bestimmer Abteilungen aus BSC und die Umwandlung in Joint Ventures mit privaten Interessen. Sieben dieser "Phoenix" Schemata wurden zwischen 1981 und 1986 vollendet.[5] BSC nahm auch Kapazitäten nach drastisch überzogenen Expansionsprogrammen zurück.[6] Dies führte zu dem Ergebnis, daß die Stahlindustrie, dem Höhepunkt der Stahlnachfrage 1988, einmal mehr privatisiert werden konnte.[7]

Allied Steel and Wire war die erste "Phoenix"-Vereinigung, die 1981 von BSC und GKN im Bereich Stangen, Stäbe, Formstahl, Draht und Torstahl zusammengeführt wurde. Da sie ein Vorreiter darstellte, war der Erfolg insbesondere für die Regierungsstrategie wichtig. Starke Anstrengungen wurden daher für die Rentabilität unternommen. Es waren sowohl die beiden Partner, als auch die Regierung einbezogen.

Vor der Gründung von Allied Steel and Wire schloß BSC vier der fünf Stabwalzwerke und sämtliche Betonstahlwalzwerke. Auf diese Weise drückte der Staat direkt die Kosten für die Kapazitätsreduzierung. Im Gegensatz hierzu behielt GKN die Kapazität bei, kürzte aber die Zahl der Arbeitskräfte um 40%. So erbte Allied Steel and Wire die Produktionsanlagen, wie das Stabwalzwerk von Scunthorpe (1976 in Betrieb genommen) von BSC und den elektrischen Lichtbogenofen, die Barrengießerei und die Stangen-, Stab- und Formstahlwalzwerke von GKN in Cardiff. Das Stahlwerk von Tremorfa wurde 1976 eröffnet, und die Hütten waren von 1964 - 1978 in Betrieb. Die Kapazität überstieg deutlich die Nachfrage, die sich gerade auf den Zustand der angeschlagenen britischen Verarbeitungsindustrie zu dieser Zeit auswirkte. In den ersten achtzehn Geschäftsmonaten verlor die Gesellschaft £14 Mio. (vgl. Tabelle 49). Eine Reihe von Veränderungen wurde vorgenommen, um diese Situation zu verbessern. Die Gesellschaft wurde in einer sehr dezentralen Art und Weise reorganisiert, mit Entscheidungsfreiheiten auf Anlagenebene, die die zentralen Strukturen ablösten. Technische Kooperationen erfolgten mit zwei japanischen Stahlherstellern. Die Zahl der Arbeitskräfte wurde von nahezu 7000 zu Beginn auf 3000 in nur vier Jahren reduziert. Solche Maßnahmen waren mehr und mehr effektiv, da sie die Rentabilität verbesserten, gerade in einem sich stärkenden Markt. Der Profit steigerte sich stetig.

---

4 Vgl. McEachern 1980.
5 Vgl. Hudson und Sadler 1987; NEDO 1986.
6 Vgl. Bryer 1982.
7 Vgl. Sadler 1990.

Ein weiterer Faktor des Erfolges von Allied Steel and Wire beruhte auf der gewichtigen Einfluß-nahme des Staates auf das Projekt. Die Unterstützung war so groß, daß fast die Frage aufkam, Nachforschungen von einem Sonderausschuß des Houses of Parliaments anzustellen.[8]

Tab. 49: Ausgewählte Daten von Allied Steel and Wire (1981 - 1992)

Jahr	Sales £m	of which UK %	Operating profit (loss) £m	Workforce 1000s
1981-1982 (1)	306	82	(14)	4,6
1983	222	76	1	4,2
1984	256	76	6	3,9
1985	311	71	15	3,3
1986	328	76	20	3,2
1987	338	79	24	3,1
1988	393	77	34	3,1
1989	451	74	43	3,1
1990	454	67	41	3,1
1991	391		9	3,1
1992	368		(4)	2,9

Note: (1) First eigtheen months trading

Dies beinhaltete, daß die Bedingungen des Vermögens von GKN, die zu ASW transferiert wurde, schlechter waren, als die von BSC, und daß sie weniger Wert waren, als der Wert auf dem Papier, der hier bescheinigt wurde. Die finanziellen Abmachungen betrafen vor allem die BSC, mehr als die GKN, die die umfangreiche Arbeiterschaft zur Verfügung stellte, was ein bemerkenswerter Anziehungspunkt für private Partner darstellt. Das Komitee bescheinigte, daß ASW dem Staat mehr gekostet hatte, als wenn BSC so geblieben wäre, wie es war. Mit anderen Worten stützte die finanzielle Unterstützung des Staates die Einbeziehung des privaten Sektors in diese neue Gesellschaft.

Die staatliche Schirmherrschaft war auch für die Art und Weise verantwortlich, wie die Voraus-setzungen für die Schließung der Bauanlagen von Allied Steel and Wire geschaffen wurden; ein Versuch, die Marktanteile und die Kapazitätsauslastung anzukurbeln. Diese Bestrebungen liefen auch nach Geschäftsbeginn weiter. 1985 kaufte ASW die Manchester Steel Anlage von der norwegischen Stahlgruppe Elkem und schloß sie dann. Das Stabwalzwerk von Manchester Steel war erst 1975 eröffnet worden; zusammen mit den Stahlanlagen beschäftigten die Werke 650 Menschen. Die Schließung der Kapazität von 0,25 Mio. t verbesserte die Position von ASW und führte zu einer effizienteren Auslastung ihrer Stabwalzwerke (die Kapazität zu dieser Zeit lag bei 1 Mio. t jährlich).

Solche Maßnahmen verbesserten stetig die Bilanz von ASW. Bis in die späten achtziger Jahre erhöhten sich der Profit und der Umsatz jährlich, mit dem vorläufigen Höhepunkt 1989 (£42 Mio.) und dem Verkaufsvolumen von £454 Mio. (1990) (Tab. 49). 1988 wurde die Gesellschaft an der Börse gehandelt, bei dem BSC einen Gewinn von 20% zurückbehielt. Die Anteile wurden,

---

[8] Public Accounts Committee 1985.

abgesehen von der Neuheit, daß dies der erste öffentliche Börsenhandel einer Stahlgesellschaft in GB für viele Jahre war (ASW war eine Reihe von Monaten eher am Markt als BSC), überzeichnet. Doch wie bei BSC fanden die Verkäufe in der Nähe des Höhepunktes der Stahlnachfrage statt, und nach 1990 fielen die Verkäufe und der Profit deutlich ab. 1992 schrieb ASW einen Verlust von 4 bn £.

Dennoch waren Allied Steel and Wire - abgesehen von dem zyklischen Abschwung - recht stark in der inneren Struktur (die Herstellung von Stangen, Stäben, Formstahl und Draht aus Stahlbarren für die Maschinen- und Bauindustrie). Etwa die Hälfte der Umsätze dieser Zeit (nach der Gründung), kamen aus Verkäufen der britischen Bauindustrie. Die Gruppe hatte sich erfolgreich Wettbewerbsfähigkeit verschafft, indem sie die britischen Marktanteile mit der gesamten Produktpalette von 24% (1982) auf 36% (1987) erhöhten.[9] British Steel versorgte die Nachfrage mit 40% aus Stahlbarren, zum Großteil mit Langzeitvereinbarungen, die die Hütte in Scunthorpe mit einschloß (von der ASW vertraglich 0,5 Mio t jährlich - abgesehen von besonderen Umständen - kaufte). Die Qualität des gelieferten Stahls und die daraus gefertigten Produkte unterschieden sich bei den beiden Standorten: Scunthorpe spezialisierte sich auf Maschinenbaustahl, Cardiff auf Stahl für die Bauindustrie. Andererseits wurde rund die Hälfte des Bedarfs von ASW an Barren im Inland gedeckt (insbesondere wurde der gesamte in Cardiff hergestellte Stahl in den Walzwerken von ASW benötigt), mit einem starken Anteil von Käufern dritter Parteien. 1987 stellte das Stahlwerk 0,8 Mio. t der Stahlbarren aus Schrott her. Diese Kombination von inländischer Produktion und internationalem Verkauf verschaffte ASW eine Flexibilität, obwohl es auch die bestehenden Interessen von British Steel an eine befriedigende Erhaltung der Gesellschaft widerspiegelt.

ASW unternahm seit der Gründung eine Reihe von Schritten, um die Position zu verbessern. Dies bezog sowohl Rückzüge als auch Vorstöße ein. 1989 wurden bei ASW die Konstruktionssysteme neu gebildet, um neue Geschäftsbereiche für spezialisierte Maschinen, die die Produkte von ASW benutzten, zu eröffnen. Dies beinhaltete Dehnung, Bindung und Verwachsung, Bauelemente und Korrosionsschutz. 1991 kaufte ASW die "Bird Group", mit der ersten Schrottverarbeitnugsanlage und Dockanlagen in Avonmouth und gründete eine neue Abteilung, die "Allied Bird Fragmentation". Dies war eine Maßnahme, um die Qualitätskontrolle zu sichern und die Schrottzulieferanlagen zu verstärken. 1992 stellte die Allied Bird Fragmentation 0,5 Mio t Schrottmetall her.

Mit solchen Maßnahmen versuchte Allied Steel and Wire aus der Abhängigkeit einer schwierigen Position in der Stahlproduktionskette der Stahlhersteller und ersten Walzer auszubrechen und die strategische Position herzustellen. Dies brachte die Verwirklichung einiger Aktivitäten mit sich, die früher durch einige außerbetriebliche Versorger übernommen worden waren, wie die Diversifikationen der Gesellschaft in eine ausgesuchte Anwendung ihrer Stähle. Eine Vielzahl verschiedener Anlagen war daher in Betrieb.

13.2.4   United Engineering Steel (UES) (Großbritannien)

Die Beziehung zwischen United Engineering Steel, BSC und GKN über das große Phoenix Abkommen wurde 1980 begonnen. Es war aber bis 1986 nicht zu Ende geführt worden. In dieser Periode gab es eine Reihe von Veränderungen, da andere private Produzenten drängten. Dies

---

[9]   Vgl. ASW Prospectus of Sales 1988.

machte den Weg für neue Joint Ventures gleicher Art vollkommen frei, wie die Vorbereitungen für die Bildung von ASW zeigten.

Die großen Märkte, insbesondere für Automobilteile und Geschmiedestücke standen in starkem Abschwung. 1981 schloß Dupont seine Werke nach schweren Verlusten. 1982 wurden die Round Oak Stahlwerke (früher gemeinsam von Tube Industries und BSC betrieben), wie auch die Nachwalzwerke der London Works bei Tipton in den West Midlands, die von Dupont an die BSC 1981 verkauft wurden, geschlossen. 1984 wurde Hadfields in Sheffield mit dem Verlust von 800 Arbeitsplätzen verkauft, ebenso Lonrho, das von BSC und GKN aufgekauft wurde. FH Lloyd schloß auch seine Stahlwerke und ließ damit nur BSC und GKN auf dem Maschinenbausektor zurück. Schließlich schloß BSC 1985 die Tinsley Park Werke in Sheffield mit dem Verlust weiterer 800 Arbeitsplätze.

Um die Folge der Schließungen zu beenden, gaben BSC und GKN eine Vereinbarung für die Gründung von UES 1986 bekannt. Der neuen Gesellschaft wurde die Summe von £ 400 Mio. übertragen, wovon 58% von der BSC beigesteuert wurden, die Besitzverhältnisse aber blieben anteilmäßig gleich. Um den Beitrag von GKN näher auf die 50% Marke zu bringen, wurden die Hammerwerke zu den Brymbo Stahlwerken in Nordwales hinzugenommen. BSC trug mit Aldwarke, Templeborough und Stocksbridge in Südyorkshire bei. Die Arbeiterschaft der neuen Gruppe belief sich auf 10.000. Die Gesellschaft war auf der Basis von vier Abteilungen organisiert: Brymbo, Rotherham Engineering Steels (die Anlagen von Templesborough und Aldwarke), Stocksbridge Engineering Steels (in hochwertigen Stahl spezialisiert) und Forging. Die wichtigsten Posten für neue Investitionen in den ersten Geschäftsjahren war die Installation einer 70 Mio. £ teuren Blockgießerei bei Aldwarke, obwohl die gesamten Investitionen sich auf £ 150 Mio. beliefen.

United Engineering war besonders von den Verkäufen an die Automobilindustrie abhängig, die sich fast auf 60% des Gesamtumsatzes beliefen. Die höherwertigen, hochlegierten Stähle von Stocksbridge waren von zweitgrößtem Interesse, da es gab keine Alternative zu der Abhängigkeit von der Automobilindustrie, wohl auch deshalb, weil er der (nach eigenen Angaben) größte europäische Hersteller von Baumaschinenstählen war. UES litt schwer an dem starken Abschwung der Automobilindustrie, der Anfang der neunziger Jahre, nach fünf Jahren hinausgezögertem Wachstum, einsetzte. Um die eigenen Unternehmungen zu kürzen, schloß man 1990 die FH Lloyd und Brymbo Stahlwerke und reduzierte so die tatsächliche Stahlkapazität um 0,5 Mio. t jährlich. Die Brymbo Werke waren die wichtigsten der beiden, die 1100 Arbeitsplätze und rund 20% der Stahlkapazität der Gesellschaft repräsentierten. Die Schließung kam weniger überraschend, da in die Werke während der letzten vier Jahre nur 8 Mio. £ investiert wurden. Der Abrutsch der Nachfrage setzte sich aber unvermindert fort und wirkte sich nunmehr direkt auf die Rentabilität von United Engineering Steel aus. Die Auslieferungen von Stahl halbierten sich nahezu von 2,0 Mio. t (1989) auf 1,2 Mio. t (1991), der Umsatz sackte von 814 Mio. £ auf 551 Mio. £ und der Profit fiel von 67 Mio. £ auf nur 2 Mio. £, somit auf einen Verlust von 8 Mio. £ in 1992) (Tab. 50). Solch ein Abschwung rief Fragen über die zukünftige Größe und strategische Vorgehensweise der Gesellschaft auf.

Tab. 50: Ausgewählte Daten von United Engineering Steels (1986 - 1992)

Jahr	Sales £m	Operating profit (loss) £m	Steel deliveries m tonnes	Workforce 1000s
1986 (1)	411	12	1,1	10,4
1987	577	37	1,7	9,9
1988	686	53	1,8	11,1
1989	814	67	2,0	10,7
1990	734	53	1,7	9,4
1991	551	2	1,2	8,3
1992	565	8	1,3	

Note: (1) Nine-month period following start of trading

Für die beiden beteiligten Parteien hatten diese Fragen einen fein differenzierten Blick. GKN hatte ursprünglich die Interessen im Baumaschinenstahlbereich der UES als ein Mittel übertragen, um den Stahlsektor zu einem späteren Termin, dann aber mit einem höheren finanziellen Rücklauf, zu verlassen. In diesem Sinne versuchte UES den Baustahlbereich zu restrukturieren, um die verwirrende Gesetzeslage zu bewältigen und durch eine Nationalisierung in der Form von 1967 anzunehmen und anschließend strategische Verantwortung zu erhalten. GKN wollte nicht ihren Anteil auf dem Tiefpunkt der Rezession verkaufen, da dies nur einen recht niedrigen Preis ergeben hätte, teilweise aber auch das Kapital in die Gesellschaft investiert hätte. Nur ein Aufschwung der UES würde ermöglichen, genügend Profit zu erzielen, um die Investitionen einmal mehr zurückzubehalten. Für British Steel war die Frage jedoch, ob oder ob sie nicht die Partneranteile bei UES kaufen sollte. Auf der einen Seite war das Argument, daß, eine Übernahme der Anteile die Abhängigkeit von Verkäufen in dem Vereinigten Königreich wiederherstellte, was man zu verhindern suchte. Auch würde die Spannweite unterschiedlicher Stähle verbreitert, im Gegensatz zu dem allgemeinen industriellen Trend gesteigerter Zusammenarbeit und Spezialisierung der jeweiligen Stärken (in dem Fall British Steel: allgemeiner Stahl). Andererseits bedeutete ein Verzicht der British Steel Corporation an den Anteilen von GNK den freien Verkauf derselben und somit eine ideale Gelegenheit für einen Konkurrenten von British Steel, eine wichtige Stellung auf dem britischen Markt zu beziehen.

Solche Probleme wurden nicht schnell gelöst, insbesondere in Hinsicht stetiger Rezession. Während der frühen neunziger Jahre konzentrierte sich daher die Gesellschaft auf eine viergliedrige Entwicklungsstrategie mit recht engem Spielraum. Dies beinhaltet Kostensenkungsmaßnahmen (insbesondere im Bereich vom Kauf der Elektrizität), und Gesundschrumpfungen - zum Beispiel bei der Produktion von geschmiedeten Automobilteilen. Versuche wurden unternommen, die Kundenschicht auszuweiten, und die Verkäufe zu internationalisieren, besonders auf dem europäischen Kontinent. Tiefgehende Veränderungen waren sowohl von dem Aufschwung in diesem Bereich, als auch von Entscheidungen, die die Besitztümer betrafen, entscheidend. Der erste Geschäftsführer von UES sagte 1991:

' Die Leute sollten wissen, mit wem sie sich zusammentun... (aber) British Steel will stets Einfluß auf uns behalten."[10]

---

[10] Zitiert aus: Financial Times, 12. Febr. 1991.

Die genaue Form dieses Einflusses und die Rolle von GKN waren wichtige Aspekte für die Zukunft von UES.

13.2.5 British Steel Corporation (BSC)

Mitte der siebziger Jahre waren Investitionen von über £ 3.000 Mio. und eine gesteigerte Kapazität von 25 Mio. t auf nahezu 40 Mio. t jährlich für die staatliche Gesellschaft British Steel Corporation geplant. Als die Nachfrage stark absackte und die internationalen Finanzmärkte Druck auf das Vereinigte Königreich ausübte, um öffentliche Unterstützungen zu kürzen, stockte diese Strategie seit 1976.[11] Nach 1979 wurde ein gemeinsamer Beschluß gefaßt, um die Kapazität von 21 Mio. t auf 14 Mio. t innerhalb der nächsten drei Jahre zu reduzieren. Die Arbeiterschaft wurde in der gleichen Zeit von 186.000 auf 104.000 reduziert. Die Rohstahlproduktion wurde auf fünf Standorte beschränkt: Llanvern, Prot Talbot, Scunthorpe, Ravenscraig und Teesside. Die Zahl der Arbeitskräfte fiel durch die größere Inanspruchnahme von indirekten Arbeitskräften,[12] sowie durch die Stillegung peripherer Betriebe, bzw. durch Joint Ventures, die an Private verkauft wurden, weiter ab. 1987 fiel die Zahl der Arbeitskräfte auf 52.000.

Zusammen mit dem sich allmählich erholenden Markt hatten diese Veränderungen einen bemerkenswerten Einfluß auf die Finanzlage der Gesellschaft. Nach 10 Verlustjahren erwirtschaftete BSC 1986 einen kleinen Gewinn von £ 38 Mio. Der Gewinn erhöhte sich von diesem Jahr an stetig bis 1990 (Tab. 51). Mit diesem Hintergrund wurde die Gesellschaft seit 1988 an private Anbieter an der Börse gehandelt.[13] Zu dieser Zeit war sie die viertgrößte Gesellschaft, doch auch eine der kosteneffektivsten Stahlgesellschaften in der Welt.

Dennoch war sie entscheidend vom Inlandmarkt abhängig (was sich 1988 auf rund zwei Drittel nach Verkaufsabschlüssen belief) und verfolgte große Investitionsprogramme. Als die Nachfrage Anfang der neunziger Jahre stark absackte, fielen daher auch die Verkäufe und die Rentabilität drastisch. Obwohl die Verkäufe außerhalb des Vereinigten Königreiches sich auf über 40% der Gesamtverkäufe erhöhten, ließ die generelle gesamteuropäische Rezession wenig Spielraum. Der Umsatz fiel von 1991 bis 1993 um 16%. Nach einem Betriebsergebnis von 128 Mio. £ (1991) erwirtschaftete die Gesellschaft einen Verlust von 113 Mio. £ (1993). Nicht nur der Umfang der Stahlverkäufe ging zurück, sondern auch der Preis, den man verlangen konnte, da die Hersteller alle Angebote annahmen. 1993 lagen die Verkaufspreise 10% - 25% unter denen von 1989, je nach Qualität. In einem Versuch, Angebot und Nachfrage in ein Gleichgewicht zu bringen, wurden weitere Kapazitäten gekürzt, was 1992 zu der (lang erwarteten) Schließung des Werkes in Ravenscraig führte.

---

[11] HMSO 1978.
[12] Vgl. Ferre 1987.
[13] Vgl. Sadler 1990, Upham 1990.

Tab. 51: Ausgewählte Daten von British Steel (1979 - 1993) (1)

Jahr	Sales £ bn	Operating profit (Loss) £ m	Capital spending £ m	Crude steel output mt	Workforce 1000s, year end
1979		(357)	267	17,3	186
1980		(1.784)	261	14,1	166
1981		(1.020)	148	11,9	121
1982		(504)	164	14,1	1,4
1983		(869)	122	11,7	81
1984		(256)	164	13,4	71
1985		(383)	210	13,0	65
1986		38	220	14,0	54
1987		178	269	11,7	52
1988	4,1	410	253	14,7	52
1989	4,9	513(2)	307	15,4	55(2)
1990	5,1	559	450	14,3	54
1991	5,0	128	459	13,7	57
1992	4,6	(98)	255	13,5	52
1993	4,3	(113)	197	12,3	46

Notes: (1) Year to 31 March
(2) Discontinuity in basis of calculation

Während dieser Rezessionsjahre klagte British Steel regelmäßig über Staatssubventionen anderer europäischer Regierungen, die die Marktaussichten in unfairer Weise beeinflußten. Die Kommission der Europäischen Gemeinschaft erkannte einen "Überschuß" von rund 30 Mio. t an Kapazität von Warmwalzwerken, die abgebaut werden mußte, um die langfristige Überlebensfähigkeit der Industrie zu erhalten. British Steel argumentierte damit, daß man schon mehr als seinen "Teil" der Schließungen erledigt habe, einschließlich der Stillegung von Ravenscraig. Der Vorsitzende und Geschäftsführer, Brian Moffat, kommentierte beispielsweise 1993:

"Wenn Unterstützungen seitens der Kommission der EG und der Mitgliedsstaaten eingestellt werden, besteht die Gefahr, daß effizientere Hersteller gezwungen werden, ihre Kapazitäten abzubauen, während schwächere, aber durch den Staat unterstützte Unternehmen, bestehen bleiben".[14]

Ein Teil dieses Problems lag in der bestehenden Beziehung zwischen Stahlproduktion und nationalem Interesse - ob für die Sicherung des Bedarfs oder - wahrscheinlicher - die Angst vor Arbeitslosigkeit als Konsequenz dieser Schließungen.[15] Eine solche Regierungspolitik machte es schwierig, internationale Allianzen oder Zusammenschlüsse in der Stahlinustrie aufzubauen. Bob Scholey, der Vorsitzende von British Steel von 1992, sagte:

[14] British Steel Annual Report 1993, 2.
[15] Vgl. Hudson und Sadler 1983.

"Staatseigentum, sei es direkt oder indirekt, hat sich als ein Hindernis erwiesen, um sich in Europa auf internationaler Ebene zu restrukturieren. Meiner Ansicht nach sollten, wo industrielles Handeln gefordert ist, Regierungen bereit sein, einer Konzentration zuzustimmen, selbst wenn sie internationalen Transfer von Eigentum der Stahlhersteller einbezieht. Wenn Staatsregierungen weiter so eng nationale Interessen verfolgen und so eine Konzentration verhindern und nationale Lösungen auf die Probleme der Gesellschaft beschränken, dann, so denke ich, gibt es eine klare Möglichkeit, daß es politische Absichten geben wird, um Staatshilfen wiederherzustellen".[16]

Diese Bedenken untermauerten die strategische Planung der Gesellschaft. British Steel hatte im Kern drei Langzeitperspektiven: in die Anlagen im Vereinigten Königreich zu investieren, um dort die Marktanteile zu behalten, in Europa eine führende Position in ausgesuchten Produkten einzunehmen und in die USA zu expandieren. Außerdem bedeutet dieser Selbstschutz auf dem nationalen Markt, daß sich die Gesellschaft Aktionären öffnet. 1990 erwarb man nach einer Untersuchung der Monopol- und Fusionierungskommission C. Walker and Sons für 330 Mio. £, eine privat betriebene Aktiengesellschaft. Dies repräsentiert einen bedeutenden Schritt in Richtung auf eine steigende vertikale Integration, die den Anteil von British Steel an der Börse von 15% auf 34% erhöhte. Walker war die größte unabhängige Aktiengesellschaft, die 80% des Bedarfs von British Steel bezog (was 7% der Stahlproduktion entspricht). Für British Steel war diese Entwicklung ein Schritt in die Defensive. Die Aktiengesellschaft war zum Verkauf angeboten worden, und British Steel entschied durch eine Hintertür, sich gegen die Rivalen zu schützen.

British Steel stand bei dem Versuch, durch neue Fusionen auf den kontinental-europäischen Markt einzudringen, bedeutend größeren Problemen gegenüber. Nach erfolglosen Gesprächen mit der deutschen Firma Hoesch, unterschrieb man den Vertrag mit dem spanischen Formstahlhersteller Aristrain, als der politische Druck durch die spanische Regierung die Eigentümer zwang, sich zurückzuziehen. British Steel ging sogar so weit, einem Preis für die Gesellschaft zuzustimmen (£ 220 Mio) und vereinbarte, daß British Steel 40% des Anteils, die Banco Espanol de Cradito 40% und private Eigentümer den Rest übernehmen sollte. Es war - mit einiger Hilfe - das erstemal, daß British Steel einen ersten größeren Kauf außerhalb des Vereinigten Königreiches abschloß, neben dem von der Formstahlabteilung von Klöckner für £ 100 Mio 1990. Der in Troisdorf beheimatete Konzern Klöckner stellte 1989 0,2 Mio t Formstahl und 0,1 Mio t Röhren mit einer Beschäftigtenzahl von 1.600 Menschen her. Diese Vereinbarung gab British Steel die Möglichkeit, seine Produktion in Europa für solche Produkte zu stärken und die Situation der Stahlkapazitäten im Vereinigten Königreich zu verbessern. Bis zu 0,4 Mio t von halbfertigen Stahlprodukten wollte man jährlich von Scunthorpe und Teeside verschiffen.

In Nordamerika hatte die Gesellschaft ähnliche Probleme. Obwohl es dort größere Offenheit gegenüber internationalen Fusionen und Allianzen gab (teilweise wegen des Ausmaßes japanischer Investitionen an der US - amerikanischen Stahlindustrie), hatte British Steel mit Rückschlägen zu kämpfen. 1990 kaufte man die kleine Blechstraße von Tuscaloosa Steel in Alabama, bei dem man Aktien bis 1984 hielt und zu dem man schon der größte Lieferant von halbfertigen Stahlprodukten war. Dies war jedoch nur ein relativ kleiner Bestandteil in den Ambitionen von Brtitish Steel. Nachdem die Gespräche mit USX abgebrochen wurden, wandte sich British Steel an Betlehem Steel, was die Übernahme von Bauteilen und Eisenbahngeschäften von Betlehem Steel enthüllte. Diese Firma war der einzige größere US - amerikanische Hersteller, der nicht mit japanischen

---

[16] British Steel Annual Report, 1992, 4.

298

Unternehmen zusammenarbeitete.[17] Später, nach der Revision der Vorschläge, verließ Betlehem Steel die Gespräche, teilweise aus Angst vor der Opposition der Gewerkschaften, die den Abschwung in den USA weiter vorantreiben könnten.

Während der frühen neunziger Jahre versuchte British Steel die geographische Ausdehnung der Werke auszuweiten, sowohl in Bezug auf Produktion als auch Verkäufe (gelegentlich auch an der Börse), und sich auf bestimmte Produkte, zum Beispiel Formstahl, zu konzentrieren. 1992 wurde ein weiterer Schritt in diese Richtung unternommen, als man die Werke für rostfreien Stahl mit der schwedischen Gesellschaft Avesta zu Avesta Sheffield fusionierte.

13.2.6 Internationalisierung: Stahlproduktion in Schweden und der Fall Sheffield

Die schwedische Stahlindustrie - rund halb so groß wie die des Vereinigten Königreiches (nach dem Output der gesamten Tonnage) - war schon immer auf Quatitätsstähle konzentriert. Daher waren die schwedischen Hersteller führend in der europäischen Produktion von Spezialstählen, und der schwedische Staat spielte eine aktive Rolle bei der Abwicklung der Reorganisationsprogramme, die sowohl Massen- als auch Spezialstähle umfaßten.[18] 1978 schlossen sich die größten Massenstahlhersteller zu der Svenst Stal (SSAB) zusammen, und der schwedische Staat hielt 50% der Anteile dieser neuen Gesellschaft, die in den späten achtziger und frühen neunziger Jahren rund drei Mio t Stahl jährlich produzierte (Tab. 52). 1984 übernahm Avesta die Abteilung von rostfreiem Stahl von den zwei Rivalen Uddelholm und Fagersta. Die schwedische Regierung lieferte weitere finanzielle Hilfen, um dieses Reorganisationsprogramm zu unterstützen. Dies vervollständigte (zu dieser Zeit) die Reorganisationen in der schwedischen Stahlinustrie.

Tab. 52: Ausgewählte Daten von Svengst Stal (SSAB) (1988 - 1992)

Jahr	Sales SKr bn	Operating profit (loss) SKr m	Crude steel production mt	Employment 1000s
1988	14,5	1.146	3,0	12,8
1989	16,0	1.579	3,0	12,2
1990	15,6	954	2,9	12,0
1991	13,8	218	3,0	11,4
1992	11,9	(165)	3,0	10,2

Im Gegensatz zu SSAB produzierte Avesta nur relativ wenig hochwertigen Stahl. Jedoch war auch der Markt für rostfreien Stahl Anfang der neunziger Jahre - nach einer anhaltenden Expansion in den achtziger Jahren - im Abschwung. Die weltweite Produktion von rostfreiem Stahl (ausgenommen Osteuropa und die UdSSR) wuchs von 6 Mio. t (1981) auf 11 Mio. t (1990) und fiel dann 1991 wieder ab. Vor diesem Hintergrund fusionierte Avesta mit British Steel (Abteilung für rostfreien Stahl) im Jahre 1992. Sowohl die schwedischen, als auch die britischen Hersteller erkannten, daß es Grenzen wegen der abgegrenzten, national orientierten Produktion gab (obwohl Avesta Produktionseinrichtungen in den USA besaß, die aber - wie bei British Steel - meist nur in einem Land lagen). Die beiden Parteien behaupteten, daß es bedeutende Synergieeffekte geben

---

[17] Vgl. Florida und Kenney 1992.
[18] Für weitere Details vgl. Hudson und Sadler 1989, 39 - 41.

werde, da sich die schwedische Gruppe auf Verkäufe von Kapitalgütern und die britische auf Verbraucherindustrien konzentriert hatten.

Die neue Gesellschaft hatte die Kapazitäten um jährlich 0,7 Mio. t rostfreien Stahl zu produzieren, knapp hinter dem führenden europäischen Stahlhersteller Usinor (vgl. Tab. 53). Die Fusion erhöhte die Zahl der Beschäftigten von Avesta von 5.800 (Ende 1991) auf 8.800 (Ende 1992). Die Verkäufe (einschließlich die von der Abteilung rostfreier Stahl von British Steel von nur zwei Monaten), beliefen sich auf 7,6 bn Skr, was eine bedeutende Kraft in der europäischen Stahlindustrie ausmachte. Auf der Basis eines gesamten Jahres hätten sich die Verkäufe auf 12 Mio. Skr belaufen. Aber auch wegen der ersten internationalen Fusion in Europa im Bereich rostfreier Stahl war die Gesellschaft wichtig: Ein Indikator für frühere Konzentrationskräfte auf politischer Ebene.

Die Spezialisierung von Avesta konzentrierte sich auf warmgewalzten, rostfreien Stahl, der 30% der Marktanteile in Europa ausmachte. Für warmgewalzte Bleche lag der Wert bei rund 40%. Eines der wichtigen Anliegen war die Versorgung von legierten Metallen mit Nickel, Chrom und Molybdän, die rostfreiem Stahl Korrosionsschutz und Schweißbarkeit verleihen. Die Ausgaben in diese Bereiche waren umfangreich: 1992 machte der Kauf von Nickel 53% der Gesamtausgaben für Rohmaterial aus, bei Chrom waren es 16% und bei Molybdän 5%. Die anderen Materialien - Schrottstahl zum Wiedereinschmelzen - betrugen etwa 26% aus. Wie bei Produzenten von Massenstahl war auch die Industrie für rostfreie Stähle empfindlich gegenüber Preisschankungen der Rohmaterialien, selbst wenn sich diese Materialien in der Zusammenstellung sehr unterschieden. Aber es gab noch weitere Ähnlichkeiten: Gesellschaften von rostfreiem Stahl hatten fast keinerlei Interesse für die Produktion von legierten Stählen; in gleicher Weise wie Produzenten von Massenstählen, die Verbindungen zur eigenen Eisenerz- oder Koksproduktion einzuschränken. Sie zogen es vor, dies in die Hände von Minengesellschaften zu legen.

Tab. 53: Geschätzte Produktion und Produktionskapazitäten von rostfreiem Stahl der führenden
europäischen Unternehmen (1992)

Company	Country	Capacity (mt)
Usinor	France	0,75
Avesta Sheffild	Sweden/UK	0,70
Krupp	Germany	0,60
Ilva	Italy	0,50
Thyssen	Germany	0,50
Acerinox	Spain	0,40
ALZ	Belgium	0,35
Outokumpu	Finland	0,25

Source: Avesta Sheffild

13.2.7 Norwegen

1989 wurden in Norwegen 0,5 Mio t Stahl weniger produziert als 1988. Dies stand jedoch vor allem in Verbindung mit der Christiania Spigerverk die die EAF im Juli 1989 geschlossen hat (Übersicht 30). Somit wurden jährliche Kapazitäten von 190000 t flüssigem Stahl, 100000 t "Reinforcing Bar" und 60000 t Kabelproduktion abgebaut.

Im Jahre 1990 stand die Reorganisation der Norsk Jern Holding im Mittelpunkt des Geschehens der norwegischen Stahlindustrie. Dieses Unternehmen war 1990 gerade privatisiert worden.

Die Reorganisation sah folgende Schwerpunkte vor: Die einzelnen Abteilungen des Unternehmens sollten zu eigenständigen Firmen unter dem Dachverband der Norsk Jern Holding geführt werden. So entstand aus der Stahlabteilung in Mo i Rana die Norsk Jernverk A.S. Sie war verantwortlich für Langprodukte. Aus der ehemaligen "Tinplate" - Abteilung in Bergen wurde die NB Steel (Norsk Blikkvalseverk). Sie war künftig zuständig für Flachprodukte. Die Erzmine Rana Gruber behielt ihren alten Namen, sollte jedoch weiter spezialisiert werden. Bei der Christiania Spigerverk A.S. standen künftig drei Bereiche im Mittelpunkt: Die Kabelproduktion, Nagelproduktion und die "finished reinforcement".

Übersicht 30: Ausgewähle Strukturmerkmale der Eisen- und Stahlindustrie in Norwegen

Norwegen	Belegschaft/ Mitarbeiter	Produktionsdaten
1989		- 0,5 Mio. t Stahl
1992	10% der Belegschaft wurde abgebaut	0,452 Mio. t Stahl (-4,5%)

Investitionen

1992: keine größeren Investitionen

Ausblick/ Maßnahmen

1989: Christiania Spigerverk: EAF im Juli geschlossen: 190.000 t flüssiger Stahl; 100.000 t Reinforced Bar; 60.000 t Wire rod
1990: Die Fesil-Gruppe erneuerte zwei der sechs Ferro-Silicon-Öfen
    - Die Norsk-Jern Holding erneurte zwei der sechs Ferro-Chrom-Öfen
    - Hoogovens wird 40%-iger Teilhaber an der Dünnblechproduktion von NB Steel
    - Neuorganisation der Norsk Jern Holding: neue, eigenständige Unternehmensbereiche
1992: Reorganisation der Nordic Steel Group
    - Die Produktion von Profilstahl für den Schiffsbau wurde erhöht.

Quelle: Steel Times, August 1990, S.437; August 1993, S. 348.

Die Fesil Gruppe erneuerte 2 der 6 Ferro-Silikon-Öfen (Kapazität: 70000 t / Jahr); die Norsk Jern Holding renovierte 2 der 4 Ferro-Chrom-Öfen (Kapazität: 80000 t/ Jahr). Die gesamte Anlage wurde dann an die Elkem A.S. verkauft. Damit war die Elkem A.S. größter Teilhaber der Norsk Jern Holding (45%). Weitere 20% der Holding gehörten dem Staat und die restlichen 35% verteilten sich auf andere Investoren (Abb. 204). Hoogovens erwarb 40% der Dünnblechproduktion von NB Steel.

Für die norwegische Stahlindustrie war 1992 das Jahr der Umstrukturierungen. Als wichtigster Punkt mit dieser Umstrukturierung war die Reorganisation der Schwedisch-Finnisch-Norwegischen Gruppe Nordic Steel zu nennen (Übersicht 31).

Übersicht 31: Die Nordic Steel Group

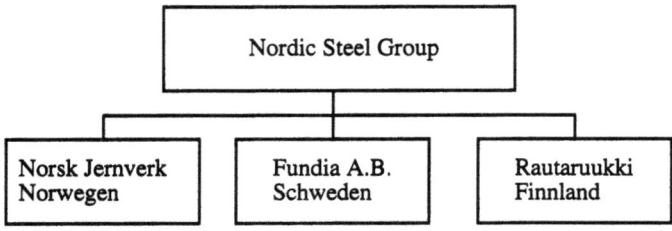

In diesem Jahr standen keine größeren Investitionen an. Lediglich im Personalbereich nahm man Einsparungen vor und baute 10% des Mitarbeiterstammes ab. Die Stahlproduktion sackte um 4,5% gegenüber 1991 ab und lag 1992 bei 0,452 t. Demgegenüber wurde aber die Produktion von Profilstahl erhöht.

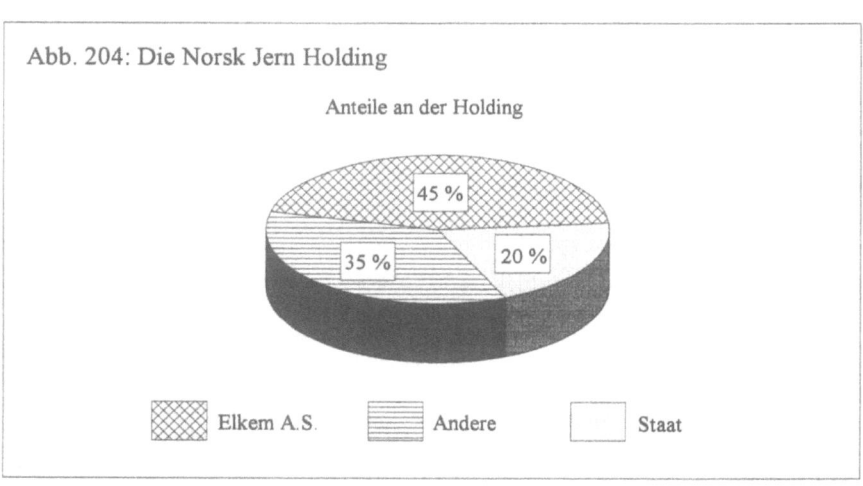

Abb. 204: Die Norsk Jern Holding

Anteile an der Holding

45 %
35 %
20 %

Elkem A.S.   Andere   Staat

13.3 Unternehmen in den süd- und westeuropäischen Ländern

13.3.1 Hoogovens-Ijmuiden (Niederlande)

Der niederländische Stahl- und Aluminiumerzeuger Koninklijke Nederlandsche Hoogovens en Staalfabrieken NV (Ijmuiden) ist der beherrschende Konzern seiner Art in den Niederlanden. Das Unternehmen hat geschäftliche Kontrakte zu Firmen in Belgien, Schweiz, Deutschland und zu acht weiteren Ländern. Die beiden wichtigsten Standbeine der Hoogovens Groep sind die Stahl- und Aluminiumerzeugung. Die innere Struktur des Unternehmens teilt sich wie folgt (Übersicht 32): Es gibt sechs Abteilungen: Stahl, Aluminium, Stahlerzeugung und Handel, "Industrial Supply Division", die Abteilung technischer Dienst und "Andere". In Ijmuiden, dem Hauptsitz der

Hoogovens Groep, befinden sich neben Kokereien auch Sinteranlagen, Hochöfen, Stahlwerke, Stahlentgasungsanlagen, Stranggießanlagen, Walzwerke und Oberflächenveredlungsanlagen.

Übersicht 32: Hoogovens Ijmuiden

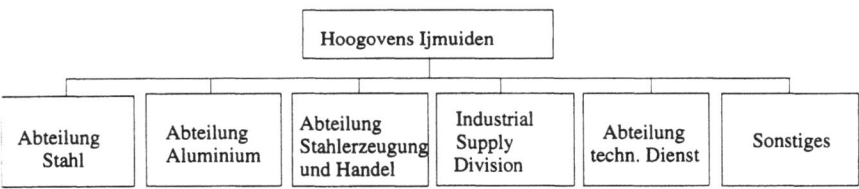

Quelle: Iron and Steel Works of the World, S. 309

Der gesamteuropäische Aufschwung in der Eisen- und Stahlindustie machte sich auch in den Niederlanden bemerkbar. Daher war das Jahr 1989 durch ein ausgeglichenes Geschäftsergebnis gekennzeichnet. Weder die Krise im mittleren Osten, die Entwicklung der Energiepreise, noch der niedrige Dollarkurs hatten negative Auswirkungen auf das Ergebnis von 1989. Dies lag daran, daß mehr von den USA gekauft, als dorthin exportiert wurde. So konnte der Umsatz gegenüber 1988 um 16,5% gesteigert werden, was 1989 zu einem Nettogewinn von 406 Mio hfl führte (Übersicht 33). Aufgrund der günstigen Konjunktur in der Automobil- und Investitionsgüterindu-strie steigerte sich 1989 die Nachfrage bei Stahl um 5%, bei Aluminium um 2,5%. Das Alumini-umgeschaft trug mit 35% zum Gesamtumsatz der Hoogovens Groep bei. 80% der Produkte von Hoogovens wurden in Europa verkauft.

Wegen der sich schon 1990 abzeichnenden Krise auf dem europäischen Stahlmarkt kooperierte die Hoogovens Groep mit dem norwegischen Stahlkonzern und Weißblechhersteller Norsk Blikkvalseverk und erwarb 40% der Aktien. Der Geschäftsbericht spiegelte die Situation auf dem europäischen Markt wieder: Im ersten Halbjahr 1990 lag der Ertrag nur noch bei 154 Mio. hfl und der Gewinn nur bei 298 Mio hfl. Dies war ein Rückgang gegenüber 1989 von 25%.

Übersicht 33: Ausgewählte Strukturdaten von Hoogovens Ijmuiden

Jahr	Belegschaft/ Mitarbeiter	Absatz/ Umsatz	Produktiosdaten
1989		Gewinn von 406 Mio. hfl., weder Krise im mittleren Osten, die Entwicklung der Ener-giepreise, noch der niedrige Dollar hatten Auswirkung. Umsatz: +16%	Nachfrage: Stahl +5% / Aluminium: +2,5% * günstige Entwicklung in der Automobil- und Investitionsgüterindustrie
1990		1. Halbjahr: Ertrag von 154 Mio. hfl. Gewinn: 298 Mio. hfl. (- 25%)	
1991		Verlust: 51 Mio. hfl.; Umsatz: 8,1 Mrd. hfl. (- 0,3 Mrd. hfl.); Grund: Preise -8% für Stahl- und Aluminiumproduktion, erstes negatives Ergebnis seit 1987	4,9 Mio. t Rohstahl
1992	2.300 der 14.000 beste-henden Arbeitsplätze sollen abgebaut werden Schließung des Walz-werkes: 300 Arbeitsplätze sind betroffen	1. Halbjahr: 49 Mio. hfl. Verlust, 595 Mio. hfl. Nettoverlust, Umsatz: -5% Ursache: Preise für Stahl sind um 6% gesunken; Kohle und Erz stabil; Aluminium: geringere Nachfrage und Preise	5,2 Mio. t Rohstahl

Investitionen

1992: Erster Abschnitt des Sanierungsplanes: 400 Mio. hfl., davon: 150 Mio. hfl. für die Produktion, 170 Mio. hfl. für strategische Projekte

Maßnahmen/ Ausblick

1990: Hoogovens erwarb 40% der Norsk Blikkvalseverk

1992: * Gespräche mit der Klöckner AG über Schrotthandelsgesellschaft

* Abkommen mit Unisor Sacilor: Hoogovens liefert warmgewalzte Coils an Unisor Sacilor, kaufen aber Grobbleche von Unisor: Umfang: 120.000 - 150.000 t, ermöglicht die Schließung des Walzwerkes in Ijmuiden.

* Anvedi kooperiert mit Hoogovens => Forschungsprogramm über Dünnbandgießen und -walzen, Projekt wird von der EG unterstützt.

* Hoogovens erwirbt die übrigen 60% der norwegischen Norsk Blikkwalseverk => jährlich zusätzlich 130.000 t Weißblech

* Kooperation mit dem Unternehmen Vychodoslovenske Zelezierne a.s. (VSZ.) => Beteiligung an der Herstellung und dem Verkauf von Grobblechen und Flachstählen. Im Gegenzug liefert Hoogovens technisches Know-how, Managment und Rat für Investitionen

Quelle: Eisen und Stahl Nr. 2/1993, S. 21; FAZ, 5.1.1990; FAZ, 17.8.1990, S. 16; HB, 29.10.1990, S. 21; HB, 24.12.1990, S. 9; HB, 4.2.1992, S. 19; HB, 23.4.1992, S.21; HB, 11.11.1992, S. 31; HB, 18.3.1993, S. 25; Stahl und Eisen, Nr. 5/1992, S. 36; Stahl und Eisen, Nr. 8/1992, S. 29; Stahl und Eisen, Nr. 10/1992, S.131; Steel Times, 9/1991, S. 512; Steel Times, 8/1992, S. 364; SZ 20.3.992

Die wirtschaftliche Talfahrt von Hoogovens, die sich bereits 1990 abzeichnete, setzte sich 1991 rasant fort. So hatte die Hoogovens Groep 1991 tief rote Zahlen geschrieben: In diesem Jahr lag der Nettoverlust bei 51 Mio hfl und der Umsatz nur noch bei 8,1 Mrd hfl. Demgegenüber gab es 1990 noch einen Umsatz von rund 8,4 Mrd. hfl. Als Grund für diese negative Entwicklung gab die Konzernspitze u.a. gefallene Preise für Stahl- und Aluminiumerzeugnisse an. Dies war das erste negative Geschäftsergebnis seit 1987. Die Dividende, die 1990 noch 4,40 hfl betragen hatte, fiel für dieses Jahr aus. 1991 wurden 4,9 Mio.t Rohstahl erzeugt.

Das Geschäftsjahr 1992 war charakterisiert durch etliche Entscheidungen, um den Konzern die wirtschaftliche Krise überstehen zu lassen. Doch zunächst der Geschäftsbericht: Im ersten Halbjahr gab es einen Reinverlust von rund 49 Mio hfl.[19] Für das gesamte Jahr wurde ein Ergebnis von -595 Mio hfl geschätzt. Der gesamte Umsatzu gab um fast 5% nach und lag bei 7,722 Mio hfl. Ursachen für dieses erneute negative Rekordergebnis waren die um rund 6% gesunkenen Preise für Eisen und Stahl, die unveränderten Preise für Erze und Kohle und die geringere Nachfrage auf dem Aluminiummarkt. Als Konsequenz aus diesem Ergebnis beschloß die Konzernspitze, 2300 der 14000 Arbeitsplätze zu streichen. Dabei würde es zu rund 1000 Entlassungen kommen, weil der natürliche Abgang nicht ausreicht. Die Einsparungen allein in diesem Bereich lagen bei 300 Mio. hfl. Die Rohstahlerzeugung umfaßte etwa 4,9 Mio t.

---

[19] Vgl. Stahl und Eisen. Nr. 10/1992.

Außerdem schloß Hoogovens 1992 das veraltete Walzwerk in Ijmuiden. Allein wegen dieser Stillegung verloren 300 Mitarbeiter ihren Arbeitsplatz. Gleichzeitig wurde ein umfassendes Sanierungsprogramm gestartet, in das Hoogovens im ersten Abschnitt 400 Mio hfl investieren wollte. Davon entfielen 150 Mio hfl auf den Produktionsbereich, 170 Mio hfl für strategische Projekte und der Rest für sonstige Programme. Daneben gab es eine Reihe von neuen Kooperationen (Übersicht 34).

Übersicht 34: Die Kooperationen von Hoogovens NV (1992)

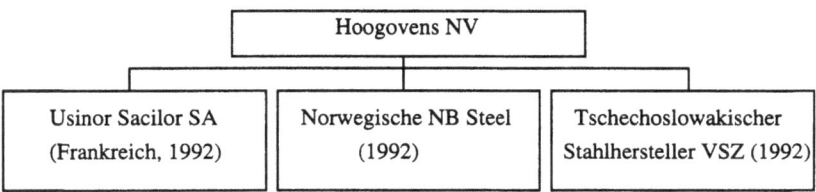

Hoogovens erwarb 1992 die übrigen 60% der norwegischen Norsk Blikkvalseverk und erhielt dadurch die Option auf zusätzliche 130000 t Weißblech/Jahr. Insgesamt produzierte Hoogovens nun 800 000 t Weißblech/Jahr.

Zukünftig sollte es auch eine Kooperation von Hoogovens und dem Tschechischen Stahlunternehmen Vychodoslovenske Zeleziarne A.S. (VSZ) geben. Betroffen war die Beteiligung an einer modernen Anlage in der Ostslovakei. Sie lieferte hochwertige Flachstähle an den Automobilhersteller Skoda. Im Gegenzug sollte Hoogovens technisches Know-How, Management und Rat für Investitionen liefern.

Im Flachstahlbereich wollte Hoogovens zukünftig mit dem französischen Großunternehmen Usinor-Sacilor kooperieren. Hoogovens sollte warmgewalzte Coils an Usinor-Sacilor liefern und im Gegenzug Grobbleche von Usinor kaufen. Dies ermöglicht die erwähnte Schließung des Walzwerkes in Ijmuiden. Die gegenseitige Belieferung sollte einen Umfang von 120 000t - 150 000t/Jahr umfassen.

Ferner unterstützte die EG ein Forschungsprogramm von Hoogovens und dem italienischen Stahlunternehmen Arvedi über Dünnbandgießen und -walzen.

Und schließlich liefen Gespräche über eine engere Zusammenarbeit von Hoogovens und der Klöckner AG über eine gemeinsame Schrotthandelsgesellschaft. Die Unternehmen werden die Schrotthandelsgesellschaft unter dem Namen HKS Hoogovens Klöckner Scrap Metals B.V. zusammenfassen. Beide Konzerne haben je einen Anteil von 50% an dem neuen Unternehmen.

13.3.2 Cockerill Sambre (CS) (Belgien)

Die belgische Stahlindustrie wird von zwei Unternehmen dominiert. Zum einen ist es der staatseigene Konzern Cockerill Sambre (Übersicht 35) und Sidmar, eine belgische Tochter der Luxemburger Arbed SA.

Übersicht 35: Unternehmensstruktur von Cockerill Sambre SA

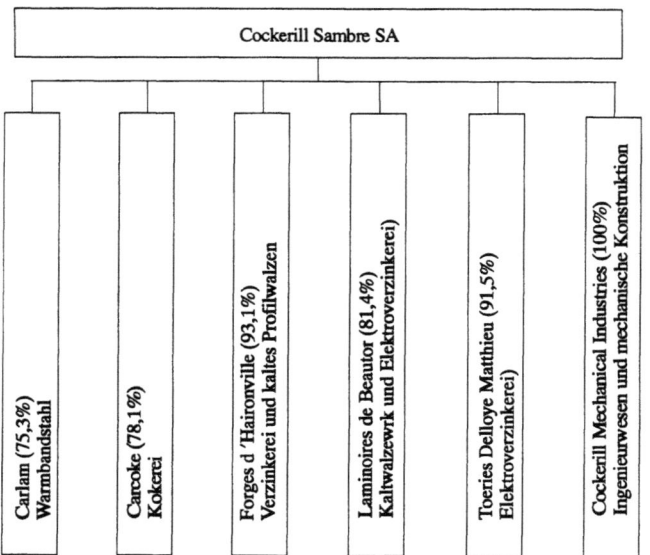

Cockerill Sambre, das zu den ältesten Stahlfirmen des Kontinents gehörende Unternehmen, hat schon Mitte der achtziger Jahre ein Diversifizierungsprogramm eingeleitet, das die Abhängigkeit des Unternehmens von der Stahlkonjunktur verringern soll.

Das Jahr **1989** war wirtschaftlich sehr erfolgreich. Es war gekennzeichnet durch ein sattes Umsatzplus gegenüber 1988. Der Reingewinn lag bei 15,4 Mio. BF (Übersicht 36), doppelt so hoch wie 1988. Im Zuge der Reorganisierung hat Cockerill Sambre etwa 20% seiner Aktien an private Interessenten verkauft und seine Verbindungen mit der Luxemburger Arbed Gruppe bereinigt.

Cockerill Sambre verfügte **1990** über zwei bedeutende Werksstandorte mit umfangreichen Produktionsanlagen: Liege und Charleroi.

In Liege standen Koksöfen mit einer Jahreskapazität von 817.000 t. Die dortige Sinteranlage umfaßte eine Kapazität von jährlich 3,6 Mio t. Zwei Hochöfen mit einer Jahreskapazität von insgesamt 2,615 Mio. t und drei Oxygenstahlkonverter (insgesamt 2,5 Mio. t) kamen hinzu. Stranggießanlagen (2,5 Mio.t), Walzwerke und Veredlungsanlagen vervollständigten die Zahl der Produktionsanlagen.

Übersicht 36: Ausgewählte Strukturmerkmale von Cockerill Sambre

	Produktpalette	Belegschaft/ Mitarbeiter	Absatz/ Umsatz	Produktionsdaten
1989			Gewinn: 15,4 Mio. BF, doppelt so hoch wie 1988	
1990				Rohstahl: 4,04 Mio. t
1991			Gewinn: 3,6 Mrd. BF; Verkaufszahlen: -14,5% (173,7 Mrd. BF); Profit: -12,5%	Rohstahl: 4,4 Mio. t
1992	Cockerill ist auch im Bauwesen, in der Mechanik und als KFZ-Zulieferer tätig	27.000	Verlust: 1,4 Mrd. BF; Umsatz: 167,7 Mrd. BF (-3,4%)	

Investitionen:

1992: Modernisierung der Coilers; 168 Mio. BF in eine "Concast"-Anlage

Ausblick/ Maßnahmen

1989: wurde zu 20% privatisiert

1990: Es soll ein Zusammenschluß von Cockerill und Sidmar im Flachstahlbereich geben, zukünftig Zusammenarbeit mit Unisor Sacilor

1991: Inbetriebnahme des Werkes für kaltverformte, oberflächenveredelte Stahltrapezbleche in Brehna/ Sachsen-Anhalt. Investitionen: 12 Mio. DM; Umsatz: 15 Mio. im ersten Jahr; 50 Arbeitsplätze; das Werk soll u.a. nach Polen, Tschechien, Slowakien und Ungarn liefern.

1992: Planung: Einrichtung eines Stahlvertriebszentrums in Ostdeutschland; Investition: 2-stellige Millionenbeträge.

Quelle: Börsen-Zeitung: 12.05.1993; *FAZ* 07.05.1990, S.14; Iron and Steel works of the world 1991, S.22; Stahl und Eisen: 2/1992, S.23; Steel Times: 8/1990, S.423-424; 6/1992, S.25; 8/1992, S. 356. *SZ*: 01.07.1992; 17./ 18.04.1993

In Charleroi umfaßten die Kokereien nur eine Kapazität von 705.000 t jährlich. Die beiden Sinteranlagen sind mit 1,3 Mio. t und 2,1 Mio. t insgesamt fast so groß wie in Liege. Auch die beiden Hochöfen haben eine mit Liege vergleichbare Jahreskapazität (insgesamt 2,4 Mio. t). An diesem Standort gibt es Stahlwerke (drei 170 t Oxygenstahlkonverter, 2,5 Mio. t), zwei Stranggießanlagen (2,5 Mio. t) und ein Walzwerk (2,8 Mio. t) (Übersicht 37).

Insgesamt wurden 4,04 Mio. t Rohstahl hergestellt. Als ein weiterer Schritt zu einer breiteren Produktionspalette wurde Anfang 1990 die Mehrheit der deutschen Ymos Gruppe erworben, die Autoteile herstellt. Seit Anfang 1990 ist das belgische Unternehmen im Rahmen der Arbeitsteilung mit Arbed der einzige Hersteller von Flachstahl. Außerdem sollte ein Zusammenschluß von Sidmar und Cockerill Sambre im Bereich Flachstahl erfolgt sein. Ebenso wurde über eine Zusammenarbeit mit Usonor Sacilor diskutiert.

Im Jahre 1991 konnte die Produktion von Rohstahl noch einmal auf 4,4 Mio. t gesteigert werden. Doch machte sich nun auch die internationale Stahlkrise bemerkbar. Der Gewinn lag nur noch bei rund 3,6 Mio. BF. Die Verkaufszahlen gaben um 14,5% auf 173,7 bn BF im Vergleich zum Vorjahr nach. Ebenso war ein Rückgang des Profits deutlich zu erkennen (minus 12,5%).

Dennoch wurde erheblich in die Wettbewerbsfähigkeit des Unternehmens investiert. An oberster Stelle stand dabei die Inbetriebnahme des Werkes für kaltverformte, oberflächenveredelte Stahltrapezbleche in Brehna/ Sachen - Anhalt. Allein für dieses Werk beliefen sich die Investitionen auf 12 Mio. DM. Im ersten Betriebsjahr sollte sich ein Umsatzplus von 15 Mio. DM erwirtschaftet werden. Zusätzliche 50 Arbeitsplätze wurden hier geschaffen. Das Werk sollte später unter anderem nach Polen, Tschechien, Slowakei und Ungarn liefern.

Mittlerweile war das Unternehmen Cockerill Sambre auch im Bauwesen, in der Mechanik und als Kraftfahrzeug - Zulieferer tätig. Im Jahre wurden 1992 etwa 27.500 Mitarbeiter beschäftigt.

Der Nettoverlust betrug 1,4 Mrd BF, der Umsatz gab erneut nach und lag Ende 1992 bei nur noch 167,7 Mrd BF, 3,4% niedriger als 1991. Trotz der schlechten Konjunktur wurden auch dieses Jahr erhebliche Beträge in das Unternehmen investiert. Allein die geplante Einrichtung eines Stahlvertriebszentrums in Ostdeutschland verschlang zweistellige Millionenbeträge. Hinzu kommt die Modernisierung der Coils und eine "concast" Anlage, für die nochmal 168 Mio. Pfund ausgegeben wurden.

Übersicht 37: Werksstandorte von Cockerill Sambre

Anlage	Liége	Charleroi
Coking plant (Kokerei)	x	x
Sinter plant (Sinteranlage)	x	x
Blast furnace (Hochofen)	x	x
Steelmaking plant (Stahlwerk)	x	x
Continous casting machine (Stranggießanlage)	x	x
Rolling mill (Walzwerk)	x	x
Coil coating line (Oberflächenveredlungsanlage)	x	

Quelle: Iron and Steel Works of the World 1991, S. 22

13.3.3 Usinor-Sacilor (Frankreich)

Der staatseigene französische Betrieb Usinor-Sacilor ist (nach Nippon Steel) der weltzweitgrößte Stahlhersteller. Dieser Großkonzern hat eine ausgesprochen vielfältige und verzweigte Unternehmensstruktur (Übersicht 38). Usinor Sacilor war 1986 durch die Zusammenführung der beiden Stahlunternehmen Usinor und Sacilor entstanden. Seit 1989 ging der Konzern stets einer ausgesprochenen Unternehmens-Expansionspolitik nach. Obwohl Usinor Sacilor ein Staatsunternehmen ist, erhält es keine direkte Hilfe durch die französische Regierung; das Unternehmen wird wie ein privates Unternehmen geführt. Über einige wichtige Betiebsgesellschaften und deren Strukturen geben die Übersichten 40 bis 46 Auskunft.

Das Jahr 1989 war charakterisiert durch ein positives Geschäftsergebnis. Der Profit lag bei rund 7,6 bn FF (Übersicht 39). Auf Grund dieses guten Ergebnisses konnten auch 4,2 Mio. FF in die

Anlagen des Unternehmens investiert werden. Ansonsten war dieses Jahr durch einen eher ruhigen Geschäftsverlauf gekennzeichnet.

Etwa 25% des Gesamtumsatzes wurden **1990** in Deutschland erwirtschaftet. Dies lag vor allem daran, daß Unisor-Sacilor 100%iger Eigentümer an der Tochtergesellschaft Dillingen Saarstahl war. Der Reingewinn war mit 3,5 Mrd. DM, der Umsatz mit 96 Mrd. FF beziffert. Weltweit beschäftigte Usinor-Sacilor rund 97 300 Mitarbeiter, davon 65 900 in Frankreich. Sie erzeugten 1990 (mit allen außerfranzösischen Unternehmen) 23,3 Mio.t Rohstahl.

Auch in diesem Jahr wurde die Expansionspolitik der Konzernspitze fortgesetzt. So beteiligte sich Usinor-Sacilor mit 20% an dem britischen Stahlhändler ASD. ASD war der zweitgrößte Stahlhändler in Großbritannien.

Im Jahre 1991 war erstmals ein Verlust zu beobachten, der am Ende des Jahres 3,1 Mrd. FF betrug. Als Ursachen wurden die mäßige Nachfrage auf dem Stahlmarkt, eine ungünstige Preisentwicklung, der Wettbewerb mit den Billiganbietern aus Osteuropa, Währungsturbulenzen in Europa und der amerikanische Protektionismus angegeben. Verluste waren vor allem bei der Produktion von Profilstahl (22,8 Mio. t) und von Rohstahl (-2% gegenüber dem Vorjahr) zu verzeichnen.

In Frankreich reduzierte sich die Belegschaft auf 59500 Mitarbeiter. Allein bei der Tochtergesellschaft Unimetal sollten in den nächsten drei Jahren 2450 Arbeitsplätze gestrichen werden, da der Absatz bei Langprodukten stark war. Demgegenüber stieg sie aber insgesamt auf 98 000 Mitarbeiter an.

Um die sich abzeichnende länger andauernde Krise auf dem Stahlmarkt bewältigen zu können, wurde eine Reihe von neuen Kooperationen und Joint-Ventures beschlossen. So wollte Usinor-Sacilor künftig mit den Mannesmann Röhrenwerken zusammenarbeiten. Das Joint-Venture Programm sah vor, daß eine neue Tochtergesellschaft mit dem Namen 'Europipe' gegründet werden sollte (Übersicht 46). Der Schwerpunkt dieser Firma lag im Bereich geschweißter Gußrohre. Außerdem wollte Usinor-Sacilor mit der Thyssen AG ein neues Stranggußverfahren entwickeln. Hinzu kam noch ein Abkommen zwischen Usinor-Sacilor und dem Rüstungskonzern GIAT, das die Produktion schwerer Kettenpanzer vorsah.

Um das Unternehmen langfristig wieder wettbewerbsfähig machen zu können, lief 1991 ein großes Sanierungsprogramm an. Für die notwendigen Umstrukturierungen wurden Rückstellungen in Höhe von 2,8 Mrd. FF vorbereitet. Dies hatte natürlich auch Auswirkungen auf das Geschäftsergebnis, das 1991 außerordentlich schlecht war. Allein 1,6 Mrd. FF waren für Sozialpläne der zu entlassenden Mitarbeiter geplant.

Ähnlich wie im Vorjahr und wie bei nahezu allen europäischen Stahlunternehmen war auch 1992 ein Krisenjahr bei Usinor-Sacilor. Der Nettoverlust wurde mit 2,4 Mrd. FF angegeben, und lag damit um 0,7 Mrd. FF günstiger als im Vorjahr. Als größter Verlustbringer entpuppte sich auch 1992 wieder der Profilstahlbereich. So wurde in Frankreich die Rohstahlproduktion um 2,6% auf 17,9 Mio.t zurückgenommen. Von November 1992 bis Januar 1993 sank die Rohstahlproduktion um jeweils 20%. Aber auch der bisherige Hoffnungstäger, die Tochtergesellschaft Sollac, schrieb 1992 rote Zahlen.

Übersicht 38: Betriebsgesellschaften von Usinor-Sacilor (Frankreich)

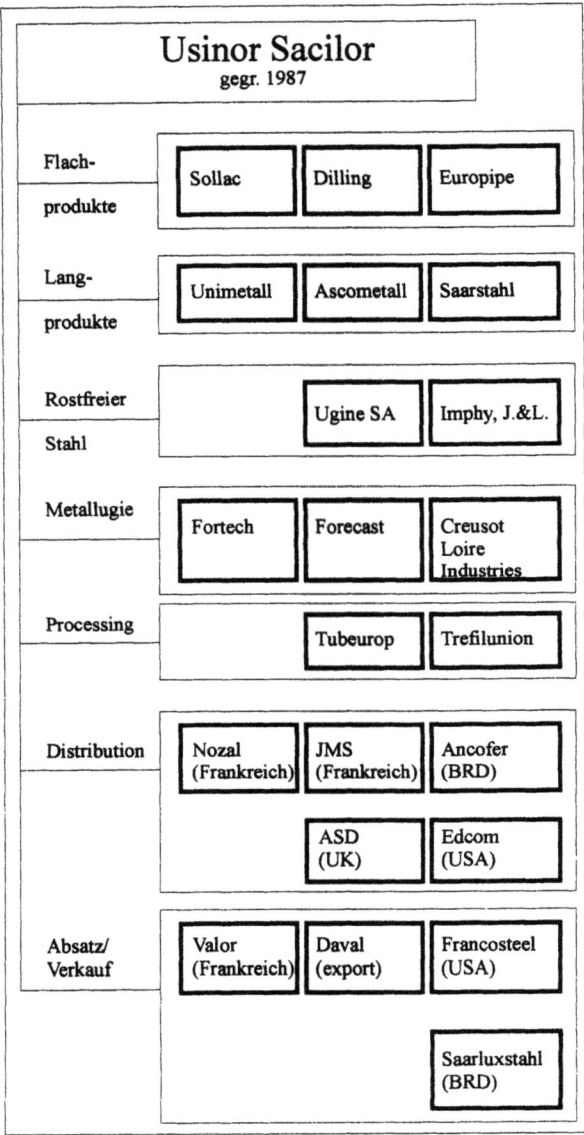

Quelle: Iron and Steel Works of the World 1991

Übersicht 39: Ausgewählte Strukturdaten von Usinor Sacilor

	Belegschaft/ Mitarbeiter	Absatz/ Umsatz	Produktiosdaten
1989		Profit: 7,6 bn FF	
1990	97.300, davon 65.900 in Frankreich	25% des Gesamtumsatzes in Deutschland (3,5 Mrd. DM Gewinn); Umsatz: 96 Mrd. FF	23,3 Mio. t Rohstahl
1991	98.000, davon 59.500 in Frankreich, Unimetall: -2.450	-3,1 Mrd FF; Umsatz: 97,1 Mrd. FF; Grund: ungünstige Preisentwicklung, steigender Wettbewerb in Osteuropa und Amerika	22,8 Mio. t Rohstahl (-2%)
1992	93.000; Abbau von 8.000 Arbeitsplätzen von 1993 bis 1995.	-2,4 Mrd.FF; Profil: -1,1 Mrd.FF	17,9 Mio. t Rohstahl (-2,6% in Frankreich); Nov. 92 bis Jan. 1993 -20% pro Monat

Investitionen

1989: 4,2 Mio. FF in die Anlagen investiert (+40%)

Maßnahmen/ Ausblick

1990: * Politik der Expansion
* Usinor-Sacilor beteiligte sich mit 20% am britischen Stahlhändler ASD
1991: * Joint-Venture zwischen Usinor-Sacilor und Mannesmann => Europipe
* Kooperation mit Thyssen für ein neues Stranggießverfahren
* Zusammenarbeit von Usinor-Sacilor und GIAT => Produktion schwerer Kettenpanzer
* Rückstellung von 2,8 Mrd. FF für die Umstrukturierung; allein 1,6 Mrd. FF für Sozialpläne
1992: * Aufgabe der Rohstahlerzeugung bei Unimetal in der Normandie
* Stillegung der Erzmine von Uckange; Abschaltung der Hochöfen von Uckange
* Sollac erwarb 10% von Souvarri Industrial; Option auf weitere 20%
* Usinor-Sacilor erwarb weitere 40% von ASD => Aktienmehrheit
* Beide Grobblechwalzwerke (DHW in Dillingen und GTS in Dünkirchen) sollen zusammengelegt werden
* Engere Zusammenarbeit von Arbed S.A. und Usinor-Sacilor => Neuordnung im Bereich: Profilstahl, Träger, Spundwände und Walzdraht
* In die Elektrostahlwerke von Unimetal in Neuves-Maisons sollen rund 15 Mio. Pfund investiert werden => Verbesserung der "rod-wire" Produktion.

Quelle: HB: 06.12.1990, S.19; 03.02.1992, S.15; 01.02.1993, S.13. Iron an Steel Works of the World 1991; Stahl und Eisen: 2/1992, S.32/33; 2/1992, S.26; 3/1992, S.142; Steel Times: 8/1993, S.344; 8/1991, S. 424-425; 4/1992, S.141; 8/1992, S.359 - 360. SZ: 11.02.1993, S.20

Übersicht 40: Werkstandorte von Ascométall

Anlage	Les Dunes, Dunkirk	Fos, Fos-sur-mer	Hagondange, Hagondange
Coking plant (Kokerei)			
Sinter plant (Sinteranlage)			
Blast furnace (Hochofen)			
Steelmaking plant (Stahlwerk)	x	x	x
Refining plant (Stahlent-gasungsanlage)	x	x	x
Continous casting machine (Stranggießanlage)	x		x
Rolling mill (Walzwerk	x	x	x
Coil coating line (Oberflächen-veredlungsanlage)			

Quelle: Iron and Steel Works of the World 1991, S. 111

Übersicht 41: Betriebsgesellschaften von Ascométal

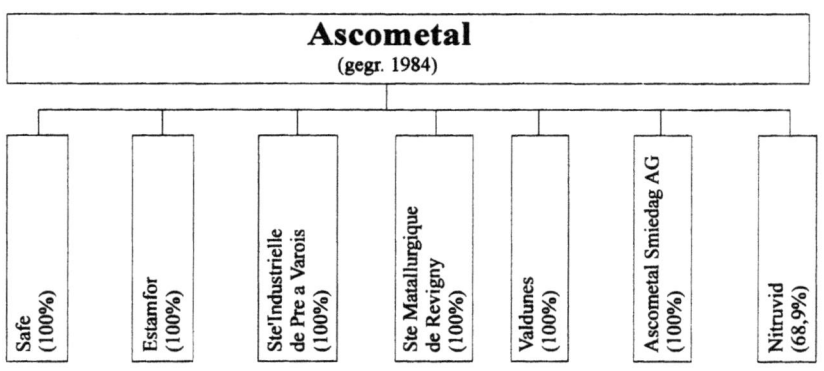

Quelle: Iron and Steel Works of the World, S. 111

Übersicht 42: Betriebsgesellschaften von Ugine SA

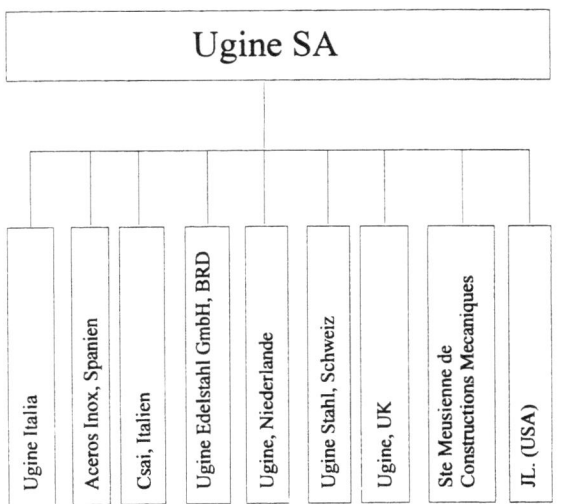

Quelle: Iron and Steel Works of the World, S 114

Übersicht 43: Werkstandorte von Ugine SA

Anlage	L'Ardoise	Firminy	Gúeugnon	Isbergues	Pont de Roide	St. Chely
Coking plant (Kokerei)						
Sinter plant (Sinteranlage)						
Blast furnace (Hochofen)						
Steelmaking plant (Stahlwerk)	x			x		
Refining plant (Stahl-entgasungsanlage)	x			x		
Continous casting machine (Stranggießanlage)	x			x		
Rolling mill (Walzwerk)		x	x	x	x	x
Coil coating line (Ober-flächenveredlungsanlage)				x		
Other plants (Andere Anlagen)			x	x	x	x

Quelle: Iron and Steel Works of the World 1991, S. 114 - 115

313

Übersicht 44: Betriebsgesellschaften von Unimetal

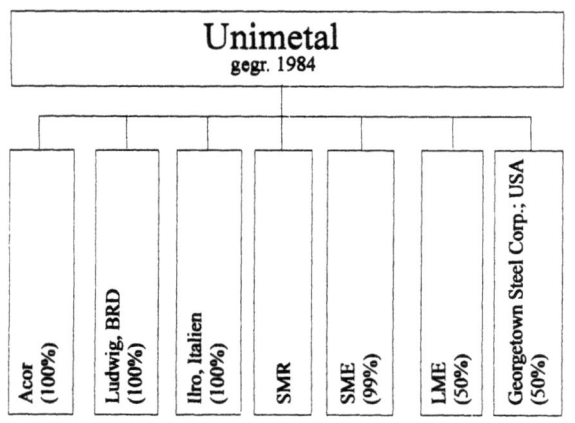

Quelle: Iron and Steel Works of the World 1991, S. 115

Übersicht 45: Werkstandorte von Unimetal

Anlage	Gandrange -Rombas- Hayange, Amneville	Longwy- Thionville, Longwy	Neuves- Maisons, Neuves- Maisons	Unimetal- Normandie, Mondeville	Unimetal- Montereau, Montereau
Coking plant (Kokerei)				x	
Sinter plant (Sinteranlage)				x	
Blast furnace (Hochofen)				x	
Steelmaking plant (Stahlwerk)	x	x	x	x	x
Refining plant (Stahlent-gasungsanlage)	x		x	x	x
Continous casting machine (Stranggießanlage)	x	x	x	x	x
Rolling mill (Walzwerk)	x	x	x	x	x
Coil coating line (Oberflächen-veredlungsanlage)					
Other plants (Andere Anlagen)				x	

Quelle: Iron and Steel Works of the World 1991, S. 115 - 116

Übersicht 46: Europipe

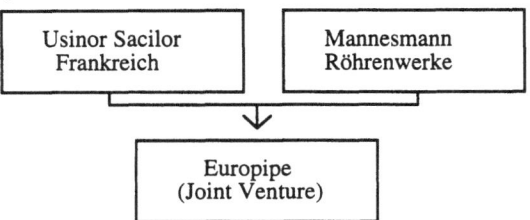

Wegen dieser ungünstigen wirtschaftlichen Lage sollten von 1993 - 1995 rund 8000 Arbeitsplätze gestrichen werden. Doch schon 1992 wurde die Anzahl der Arbeitsplätze bei Usinor-Sacilor (gesamt) auf 93000 Mitarbeiter reduziert.

Als weitere Rationalisierungsprojekte wurden die Rohstahlproduktion bei Unimetal in der Normandie völlig aufgegeben, die Erzmine von Uckange in Lothringen stillgelegt und die Hochöfen von Uckange abgeschaltet. Außerdem erwarb die Tochtergesellschaft Sollac 10% des zur Ensidesa Gruppe (Spanien) gehörenden Konzerns Souvarri Industrial. Eine Option auf weitere 20% war bereits vorgesehen und vertraglich manifestiert. Zusätzlich erwarb Usinor-Sacilor weitere 40% von dem britischen Stahlunternehmen ASD und hält damit die Mehrheit der Aktien.

Ein Plan sah vor, daß die beiden Grobblechwalzwerke Dillinger Hüttenwerke AG im Saarland und die GTS Industies in Dünkirchen in einer Unternehmenseinheit zusammengefaßt werden. Hinzu kam ein Plan, der vorsah, die Zusammenarbeit von Arbed–Saarstahl und Usinor-Sacilor zu verbessern. Insbesonders sollten die vier Produktionsgruppen Profilstahl, Träger, Spundwände und Walzdraht neu geordnet werden. Schließlich sollten in die Elektrostahlwerke von Unimetal in Neuves-Maisons etwa 15 Mio.Pfund investiert werden, um die Drahtproduktion zu verbessern.

13.3.4 Arbed (Luxemburg)

Arbed (Übersicht 47) ist einer der größten Stahlhersteller der Welt, und der wichtigste Arbeitgeber im Großherzogtum Luxemburg. Allein 30% der gesamten Arbeitsplätze werden durch Arbed bereitgestellt. In Luxemburg betreibt die Arbed vier Werke (Vgl. Übersicht 48).

Erstmals seit 15 Jahren konnte Arbed im Jahre **1989** wieder eine Dividende zahlen. Diese Möglichkeit gründete sich auf dem positiven Wirtschaftsbericht des Unternehmens: So lag zum Beispiel der Umsatz bei 221 Mrd. LFr (Übersicht 49), was einem Plus von 18,2% gegenüber dem Vorjahr entsprach. 57% des Umsatzes wurden im Bereich Stahl erwirtschaftet. Auch die Anzahl der Arbeitsplätze konnte 1989 gegenüber dem Vorjahr um 524 auf 24 802 (gesamt) gesteigert werden.

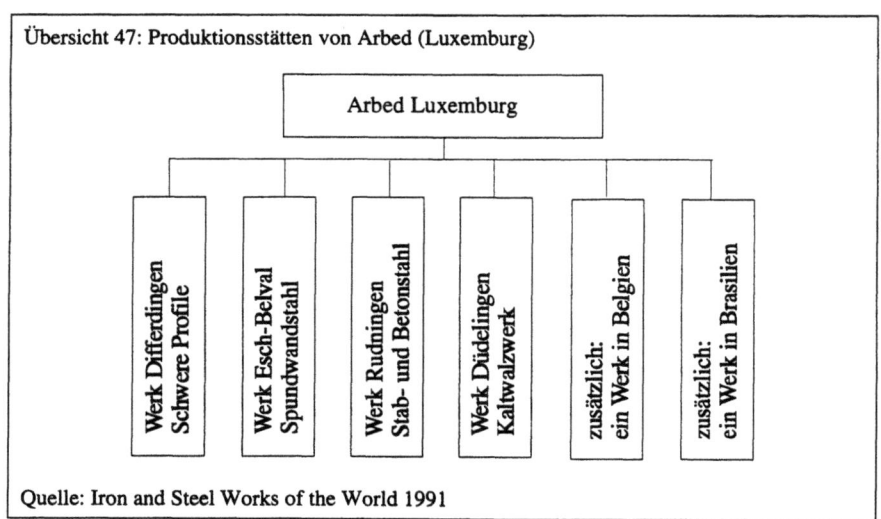

Übersicht 47: Produktionsstätten von Arbed (Luxemburg)

Arbed Luxemburg

- Werk Differdingen Schwere Profile
- Werk Esch-Belval Spundwandstahl
- Werk Rudningen Stab- und Betonstahl
- Werk Dudelingen Kaltwalzwerk
- zusätzlich: ein Werk in Belgien
- zusätzlich: ein Werk in Brasilien

Quelle: Iron and Steel Works of the World 1991

Übersicht 48: Werkstandorte von Arbed SA

Anlage	Esch-Beval Werke Esch-sur-Alzette	Esch-Schiflange Werke, Esch-sur-Alzette	Differdange Werke Differdange	Dudelange Werke Dudelange
Coking plant (Kokerei)				
Sinter plant (Sinteranlage)	x			
Blast furnace (Hochofen)	x			
Steelmaking plant (Stahlwerk)	x	x	x	
Refining plant (Stahlent-gasungsanlage)	x	x	x	
Continous casting machine (Stranggießanlage)				
Rolling mill (Walzwerk		x		
Coil coating line (Oberflächen-veredlungsanlage)				x
Other plants (Andere Anlagen)				x

Quelle: Iron and Steel Works of the World 1991, S. 285

Übersicht 49: Ausgewählte Strukturdaten von Arbed

	Belegschaft	Absatz/ Umsatz	Produktionsdaten
1989	24.802, = 524 mehr als 1988	Erstmals seit 15 Jahren zahlte Arbed wieder eine Dividende; Umsatzwachstum: +18,2%, 221 Mrd. LFr; 57% des Umsatzes im Stahlbereich	
1990	29.000	Nettogewinn: 9,8 Mrd. LFr.	
1991	29.530, davon 13.540 in Luxemburg	Gewinn: 6 Mrd. LFr. Umsatz: 198,2 Mrd. LFr.; -10,6 Mrd. Lfr. oder 5,1% gegenüber 1990	Insbesondere der Stahlbereich war von der sinkenden Nachfrage betroffen: Rohstahl: -0,7%
1992		Verlust: 3,3, Mrd. LFr. Defizit: 2,9 Mrd. LFr. Umsatz: -4,9% Gründe: Billigimporte aus Osteuropa, Abschottung des US-Marktes, Verfall der Verkaufspreise um 30-40%	Eisenerz: -5,4%; Roheisen: -12,4% Rohstahl: -12,8% Walzstahlfertigung: -1,2% Rostfreier Stahl: - 7,5% Drahterzeugnisse: - 16,6%

Investitionen

1989: Sachinvestitionen: 12,2 Mrd. LFr.; davon 6,8 Mrd. LFr. im Stahlbereich
1991: Sachinvestitionen: 18,3 Mrd. LFr. (+67%); davon: 65% im Stahlbereich
1992: Sachinvestitionen: 18,3 Mrd. LFr.

Maßnahmen/ Ausblick

1989: Die Expansion konzentriert sich auf drei Bereiche: Arbed Luxemburg, Sidmar/ Belgien und Belgo-Mineira/ Brasilien
1990: - geplante Zusammenarbeit mit Cockerill/ Belgien
- Arbed will Beteiligungan Sidmar/ Belgien auf 70% erhöhen
- Joint-Venture mit Usinor-Sacilor geplant: Beteiligung je 50%; Vermarktung von Stahlträgern, Formstahl und Spezialprofilen; Verkaufsvolumen: rund 2,4 Mio. t.
1991: - Neue Organisationsstruktur: 10 eigenverantwortliche Geschäftsbereiche
1992: - Rückstellungen außerhalb des Stahlbereiches von 0,7 Mrd. LFr. zur Umstrukturierung
- Arbed will mit Usinor-Sacilor im Bereich Langstahl kooperieren
- Die gesamte Rohstahlerzeugung bleibt unverändert, alle derzeitigen Standorte bleiben erhalten
- Arbed kauft die Maxhütte in Thüringen: 620 Arbeitsplätze; 290 Mio. DM Investitionen

Quelle: FAZ: 19.10.1990, S.24; HB: 06./07.04.1990, S.34; 30.05.1990, S.15; 04.10.1990, S.18; 19.03.1992, S.15; 24.04.1992, S.19; 20./21.11.1992, S.21f; Stahl und Eisen: 7/1990, S.105-107; 17.02.1992; SZ, 23.03.1993; 28.04.1993

Die Investitionen beliefen sich auf gesamt 12,2 Mrd. LFr. Davon waren aber über die Hälfte, 6,8 Mrd. LFr, für den Stahlbereich aufgewandt worden. Die Expansion des Unternehmens konzentrierte sich auf die Bereiche Arbed / Luxemburg, Sidmar / Belgien und Belgo - Mineira / Brasilien.

Der Nettogewinn lag **1990** bei 9,8 Mrd LFr. Auch die Gesamtzahl der Mitarbeiter konnte erneut gegenüber 1989 gesteigert werden und belief sich im Jahresmittel auf rund 29 000.

Die Zusammenarbeit mit Cockerill - Sambre / Belgien solltenverstärkt und Synergieeffekte ausgenutzt werden. Eine Zusammenarbeit bot sich an, da Arbed schwerpunktmäßig Profilstähle und Cockerill - Sambre Flachprodukte und beschichtete Bleche herstellte.

Außerdem wollte Arbed eine weitere Beteiligung an der Sidmar S.A. Diese Beteiligung sollte auf 70% erhöht werden .

Ein Joint-Venture mit dem französischen Unternehmen Usinor - Sacilor sollte ein Verkaufsvolumen von jährlich 2,4 Mio. t mit sich bringen. Dieses Joint - Venture sah eine jeweils 50%ige Beteiligung beider Unternehmen vor, sowie eine industrielle Koordination und die gezielte Vermarktung von Stahlträgern, Formstahl und Spezialprofilen.

Die Stahlgruppe Arbed konnte im Jahre **1991** noch einen Gewinn von 6 Mrd. LFr vorweisen. Doch auch bei Arbed machte sich nun die internationale Stahlkrise Anfang der neunziger Jahre langsam bemerkbar: Die Nachfrage nach Rohstahl sank gegenüber dem Vorjahr um 0,7%. Um diesem Verlusttrend entgegenzusteuern, traf die Arbed Gruppe Gegenmaßnahmen, von denen die wichtigste die strategische Kooperation mit anderen europäischen Unternehmen darstellte. So konnten weitere Synergieeffekte ausgenutzt werden. Außerdem wurde die Arbed Gruppe in 10 neue, wirtschaftlich eigenverantwortliche Geschäftsbereiche unterteilt. Von dieser neuen Organisationsstruktur versprach man sich größere Flexibilität und eine erhöhte Wirtschaftlichkeit.

Der Umsatz lag 1991 bei 198,2 Mrd. LFr, was einem Verlust von 10,6 Mrd. LFr oder -5,1% gegenüber 1990 entsprach. Trotz dieser Zahlen wurde die Rekordsumme von 18,3 Mrd. LFr in das Unternehmen investiert. Dies sind 67% mehr gegenüber 1990. Davon entfielen auf den Bereich Stahl 65% (11,9 Mrd. LFr), hier insbesondere auf die Modernisierung der Anlagen zur Herstellung von Flachprodukten.

1991 beschäftigte die Arbed Gruppe 29 530 Mitarbeiter, davon 13 540 in Luxemburg.

Für **1992** wurde erstmals wieder ein Verlust von etwa 3,3 Mrd. LFr und ein Defizit von 2,9 Mrd. LFr ausgeschrieben. Der Umsatz sackte um 4,9% auf 188,5 Mrd. LFr ab. Als Gründe wurden von der Konzernspitze Billigimporte aus Osteuropa, Abschottung des US amerikanischen Marktes und der 30 - 40%ige Verfall der Verkaufspreise angegeben.

Die Eisenerzproduktion gab um 5,4% nach und lag bei 20478 Mio. t. Die Roheisenproduktion reduzierte sich um 12,4% auf 6,023 Mio. t. Entsprechend sah es bei den übrigen Produktionsstandorten aus: Walzstahlfertigung: -1,2% auf 6,811 Mio. t; Rohstahlproduktion: -12,8% auf 7,089 Mio. t; Rostfreier Stahl: -7,5% auf 256 000 t und Drahterzeugnisse: -16,6% auf 565 000 t.

Um das Unternehmen umstrukturieren zu können, gab es außerhalb des Stahlbereiches Rücklagen in Höhe von 0,7 Mrd. LFr. Außerdem wollte Arbed zukünftig mit Usinor Sacilor zusammenarbeiten. Diese Kooperation sollte sich vor allem auf die Langstahlerzeugnisse konzentrieren wie Profilstahl, Träger, Schienen und Spundwände. Auf der französischen Seite sollte die Tochter von Usinor-Sacilor, Unimetal, verantwortlich sein.

Als weitere Maßnahme zur Umstrukturierng des Unternehmens wird der Kauf der Maxhütte in Thüringen verabschiedet. Die Maxhütte wurde von der Treuhand gekauft und sollte langfristig 620 Arbeitsplätze sichern. 290 Mio. DM sollten investiert werden.

Ansonsten sollten sämtliche bestehende Standorte erhalten bleiben, da für 1993 eine Trendwende erwartet wurde. Diese Prognose stützte sich vor allem auf die neue Zinspolitik in Europa und auf die Annäherung an den US amerikanischen Markt.

Bezüglich der Langprodukte, auf die sich Arbed spezialisiert hat, sollten eine Reihe neuer Geschäftsbereiche etabliert werden:

1. Europrofil, zu der auf Luxemburger Seite die Hochofenbetriebe von Esch-Belval, die Stahlwerke Esch - Belval und die Walzwerke von Differdingen gehören.

2. Europiling, der für die Vermarktung von Spundwandmaterial verantwortlich sein soll.

3. Eurorail, in der die Schienenproduktion von Unimetal und Arbed zusammengefaßt werden sollten.

4. Eurofil, der die Drahtstraße in Esch-Schifflingen angegliedert werden sollte.

13.3.5 Ensidesa (Spanien)

Ensidesa ist gegenwärtig (1993) der größte spanische Stahlhersteller. Eigentümer ist zu 100% die staatliche Gesellschaft *Institut Nacional de la Industria* (ISI). Ensidesa teilt sich in vier Gesellschaften, der *Sidmed*, der *Perfrisa*, der *Metalsa* und der *Etmesa* auf (Übersicht 50). Außerdem trat dem Unternehmen noch eine Beteiligungsgesellschaft, die Hispanobras, bei. 1992 wurde eine Stahlholding gegründet, die die schwere Krise auf dem internationalen Stahlmarkt abdämpfen und die einst konkurrierenden Stahlunternehmen Altos Hornos de Vizcaya SA (AHV) und Ensidesa zusammen wieder wettbewerbsfähig machen sollte. Diese *Corporation Siderurgica Integral SA* (CSI) (Übersicht 51) wurde 1992 von der EG genehmigt und gehört zu je 50% dem *Institut Nacional de la Industria* und der *Banco de Credito Industrial*. In diese Holding sollen 3,5 Billionen Pfund investiert werden. Mit der Fusion von Ensidesa und AHV entstand eine Holding, die als der fünftgrößte Stahlerzeuger in Europa auftritt.

Übersicht 50: Produktionsbereiche von Ensidesa

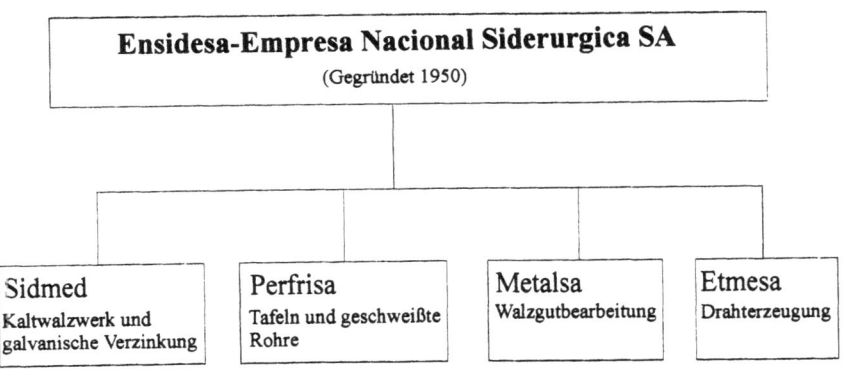

Quelle: Iron and Steel Works of the World
10th Edition. 1991. S 361-363

Stand: 1990

Übersicht 51: Der Zusammenschluß von Ensidesa und AHV

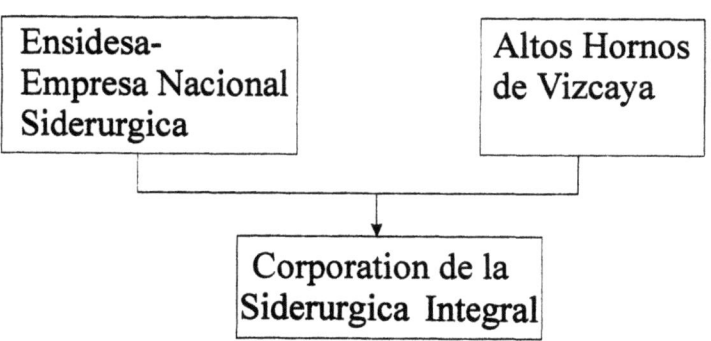

Übersicht 52: Ausgewählte Strukturdaten von Ensidesa[20]

	Produktpalette	Belegschaft/ Mitarbeiter	Absatz/ Umsatz	Produktionsdaten
1989	Koksöfen (10 Batterien) in Aviles: 185 Mio. t/ Jahr; nur zwei Batterien in Gijon, dennoch 1,05 Mio. t/Jahr; an beiden Standorten Sinteranlagen. Aviles: 1,375 Mio.t/ Jahr; Gijon: 0,725 Mio. t/ Jahr; Aviles: Oxygenstahlkonverter: 2,5 Mio. t/ Jahr; Gijon: 3 Konverter: 2,2 Mio. t/Jahr, Stahlentgasungsanlagen, Stranggießanlagen, Walzwerke; La Felguera: 1 Walzwerk, 23.000 t Weißblech, 40.000 t Blechverarbeitung; Schweißeinrichtungen, Plattenverarbeitung, Warmbandverarbeitung; In Mieres: Eisenbahnmaterial	Insgesamt: 14.767 Beschäftigte	Gewinn: 51 Mio. Pfund (Erster Gewinn seit 14 Jahren)	Rohstahl: 2,9 Mio. t ges. Produktion: 12,8 Mio. t (+7,4%)
1990			geringe Verluste	Rohstahl: 3,9 Mio. t
1991			195 Mio. Pfund Verlust	Koks: 2,9 Mio. t; Sinter: 2,0 Mio. t; Hochöfen: 6,125 Mio. t; Stahlwerke: 4,7 Mio. t; Rohstahl: 3,9 Mio. t
1992		Abbau von 6.100 Arbeitsplätzen bis 1998	30 Mio. Peseten Verlust; Rund 25-30% höhere Produktionskosten; es sollen 28,2 Mio. Pfund eingespart werden.	

[20] Ensidesa besteht aus vier Gesellschaften: 1. Sidmed, 2. Pertrisa, 3. Metalsa, 4. Etmesa, Beteiligungsgesellschaft: Hispanobras.

Investitionen

1991: In Aviles: eine neue "strip mill"

In Gijon: 27,8 Mio. Pfund in "melt shop" investiert => Senkung der Kosten, Verbesserung der Qualität.

Ausblick/ Maßnahmen

1991: würde gerne eine Galvanisierungsanlage mit dem frz. Unternehmen Unisor Sacilor (25% Beteiligung) in Saquerto bauen; sowie mit den Japanern eine "colour coating line".

Quelle: Iron and Steel Works of the World 1991, S.63; Stahl und Eisen: 2/1992, S.37; Steel Times: 8/1990, S.438; 3/1992, S.111; 4/1992, S.135; 4/1992, S.138; 8/1992, S.366

Nach 14 Verlustjahren wies der Geschäftsbericht für **1989** wieder einen Gewinn aus. Dieser Gewinn lag bei 51 Mio. Pfund (Übersicht 52). Dies war ein Trend, der bei nahezu allen europäischen Stahlunternehmen zu erkennen war. Bei Ensidesa waren 1989 insgesamt 14767 Mitarbeiter beschäftigt. Sie produzierten u.a. 2,9 Mio. t Rohstahl. Die Gesamtproduktion konnte in diesem Jahr um 7,4% erhöht werden und lag bei insgesamt 12,8 Mio. t. Die übrige Produktion verteilte sich wie folgt (Übersicht 53): Die zehn Batterien der Koksöfen in Aviles produzierten 1989 1,85 Mio. t Koks. Hinzu kamen 1,05 Mio. t Koks aus Gijon. An beiden Standorten bestehen Sinteranlagen, die 2,1 Mio. t Sinter produzierten (1,375 Mio. t in Aviles und 0,725 Mio. t in Gijon). Der Oxygenstahlkonverter in Aviles lieferte 2,5 Mio. t, der in Gijon 2,2 Mio. Tonnen. An beiden Standorten waren außerdem Stahlentgasungsanlagen, Stranggießanlagen und Walzwerke vorhanden. An einem dritten Standort in La Felguera gab es Schweißeinrichtungen, Plattenverarbeitungen, Warmbandverarbeitung ein Walzwerk, Weißblechverhüttung (Kapazität: 23000 t/a) und Blechverarbeitung (Kapazität: 40000 t/a).

Für **1990** sind nur wenige Fakten auszumachen. 1990 war gekennzeichnet durch geringe Verluste im Stahlgeschäft, da sich bei Ensidesa die nahende internationale Stahlkrise schon bemerkbar zu machen schien. Dennoch stieg die Produktion von Rohstahl von 2,9 Mio. t auf 3,9 Mio. t.

1991 war durch einen tiefen wirtschaftlichen Einschnitt gekennzeichnet. Der Verlust lag bei 195 Mio. Pfund gegenüber einem Gewinn von 51 Mio. Pfund (1988). Um diese Krise zu bewältigen, wurde in Aviles ein neues Bandwalzwerk gebaut, das im Herbst 1991 in Betrieb genommen wurde. Außerdem wurden in den Schmelzanlagen in Gijon 27,8 Mio. Pfund investiert, um die laufenden Kosten der Anlage zu senken und eine deutliche Verbesserung der Qualität zu erreichen. Neben diesen Investitionen wollte Ensidesa eine neue Galvanisierungsanlage in Sagunto mit dem französischen Unternehmen Usinor-Sacilor (Beteiligung der Franzosen: 25%) bauen. Außerdem war eine neue "colour coating line" mit japanischen Unternehmen im Gespräch.

Insgesamt wurden 1991 2,9 Mio. t Koks, 2 Mio. t Sinter und 3,9 Mio. t Rohstahl erzeugt. Die Hochöfen von Ensidesa erzeugten 6,125 Mio. t Roheisen, die Stahlwerke 4,7 Mio. t Rohstahl (Tab. 54).

Tab. 54: Jahreskapazitäten von Ensidesa und AHV (1991)

Mio. t

Unternehmen	Koksöfen	Sinteranlagen	Hochöfen	Stahlwerke
Ensidesa	2,9	2,0	6,125	4,7
AHV	1,21	3,3	1,1	2,2

Quelle: Iron and Steel Works of the World 1991

Übersicht 53: Werkstandorte von Ensidesa-Empresa National Siderurgica SA

Anlage	Aviles Asturien	Gijon Verina, Asutrien	La Feguera
Coking plant (Kokerei)	x	x	
Sinter plant (Sinteranlage)	x	x	
Blast furnace (Hochofen)	x	x	
Steelmaking plant (Stahlwerk)	x	x	
Refining plant (Stahlentgasungsanlage)	x	x	
Continous casting machine (Stranggießanlage)	x	x	
Rolling mill (Walzwerk)	x	x	x
Coil coating line (Oberflächenveredlungsanlage)	x		

Quelle: Iron and Steel Works of the World 1991, S. 363

1992 gab es einen Verlust von 30 Mio. Peseten. Als Grund nannte die Konzernspitze den Anstieg von Importen, den Fall der Preise auf dem Weltmarkt und das Nachlassen der Nachfrage nach Stahl. Insbesondere schlugen aber die durchschnittlich 25-30% höheren Produktionskosten von spanischem Stahl im europäischen Vergleich jetzt besonders zu Buche. Um aus dieser Situation herauszukommen, sollten insgesamt 28,2 Mio. Pfund eingespart werden. Neben höheren Preisen sollten die Löhne der Arbeitnehmer sinken und die Produktivität gesteigert werden. Außerdem wurde in diesem Jahr die staatliche Stahlholding CSI gegründet. Diesen Umstrukturierungs-prozessen sollen von 1992 bis 1998 insgesamt 6100 Beschäftigte zum Opfer fallen.

13.3.6   AHV - Altos Hornos de Vizcaya SA

Die spanische Eisen- und Stahlindustrie wurde bisher von zwei staatseigenen Konzernen be-herrscht, der Ensidesa und der Altos Hornos de Vizcaya (AHV) im Baskenland. Das spanische Unternehmen Altos Hornos de Vizcaya SA - AHV - ist zu 100% beteiligt an AHV Francs und AHV Portugal (Übersicht 54) und zu 50% beteiligt an Bishopsgate (UK). AHV ist der einzige Hersteller von kunststoffbeschichtetem Band in Spanien. Neben dieser Oberflächenveredlungs-anlage besitzt AHV noch Kokereien (Übersicht 55), Sinteranlagen, Hochöfen, Stahlwerke, Stahlentgasungsanlagen, Stranggießanlagen und Walzwerke.

322

Das Geschäftsjahr **1989** war bei nahezu allen europäischen Stahlunternehmen durch einen deutlichen wirtschaftlichen Aufschwung gekennzeichnet. Daher konnte das Geschäftsjahr 1989 auch bei AHV positiv abgeschlossen werden. Nach 12 Krisenjahren wurde erstmals wieder ein Gewinn erwirtschaftet: der Umsatz lag bei etwa 103 Mrd. Peseten, der Gewinn bei rund 4,4 Mrd. Peseten (Übersicht 56). Vor diesem Hintergrund entschied sich der Vorstand der AHV gegen eine Zusammenarbeit mit dem konkurrierenden Stahlunternehmen Ensidesa.

Das Jahr **1990** zeichnete sich durch ein - noch - ausgeglichenes Geschäft aus. Die Anzahl der Beschäftigten konnte bei 6425 recht konstant gehalten werden. Schwerpunkte der Koks- und Stahlerzeugung waren in Vizcaya und Baracaldo im Norden Spaniens. Hier lag die jährliche Koksproduktion bei 1,21 Mio. t, die Sinterproduktion bei 3,3 Mio. t, der Ausschuß aus den Hochöfen bei 1,1 Mio. t und der der Stahlwerke bei rund 2,2 Mio. t.

Übersicht 54: Betriebsbeteiligungen von AHV

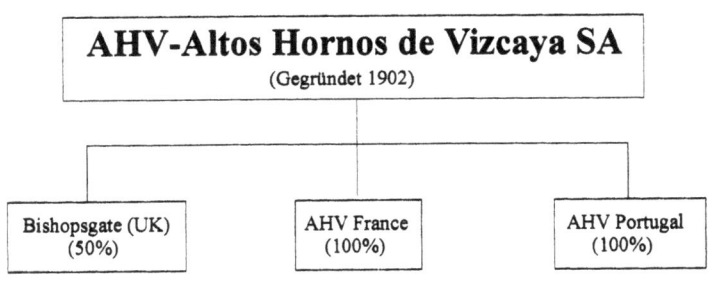

Quelle: Iron and Steel Works of the World
10th Edition, 1991, S 335

Übersicht 55: Werksstandorte von AHV - Altos Hornos de Vizcaya SA

Anlage	Carmen 2 Baracaldo Vizcaya	Echévarri Werk, Egetiara Vizibarri, Echévarri (Vizcaya)	Lesaca Werk, Barrio Arratzubi SLN Lesaca (Navarra)
Coking plant (Kokerei)	x		
Sinter plant (Sinteranlage)	x		
Blast furnace (Hochofen)	x		
Steelmaking plant (Stahlwerk)	x		
Refining plant (Stahlentgasungsanlage)	x		
Continous casting machine (Stranggießanlage)	x		
Rolling mill (Walzwerk)	x	x	x
Coil coating line (Oberflächen- veredlungsanlage)		x	x

Quelle: Iron and Steel Works of the World 1991, S. 355 - 357

Übersicht 56: Ausgewählte Strukturmerkmale von AHV (Altos Hornos de Viscaya SA)[21]

AHV	Produktionspalette	Belegschaft/ Mitarbeiter	Absatz/ Umsatz	Produktionsdaten
1989	Kokerei / Sinteranlage / Hochofen / Stahlwerk / Stahlentgasungsanlage / Walzwerk/ Oberflächenveredlungsanlage		Nach 12 Krisenjahren erstmals wieder Gewinn: 4,4, Mrd. Peseten; Umsatz: 103 Mrd. Peseten	
1990	Konzentration auf die Orte Baralaldo, Vizcaya	6.425		Koks: 1,21 Mio. t; Sinter: 3,3 Mio.t; Hochöfen: 1,1 Mio.t; Stahlwerk: 2,2 Mio. t
1991	Roheisen: Werk Gijon; Stahlerzeugung: Werk Aviles; Weißblech: Werk Echevarri	Reduzierung von 6.500 auf 3.000		Reduktion der Produktion von 5,7 auf 4,5 Mio. t.
1992			43 % größerer Verlust als im Vorjahr; Umsatz um 15% gesunken.	

Investitionen

1991: 12,6 Mrd. DM für Sanierungen

Ausblick/ Maßnahmen

1989: Eine Kooperation von AHV und Ensidesa wird vom AHV-Vorstand abgelehnt.

1991: - Gründung einer Stahlholding
- **Kooperation de la Esiderurgica Integral (SI)** => Anschluß von AHV und Ensidesa => Sanierung der Unternehmen => Reduzierung der Kosten um 25-30%.

Quelle: Eisen und Stahl: 5/ 1992, S.38; HB: 165/ 1990, S.16; Iron and Steel Works of the World 1991, S.355; Stahlreport: 4/ 1993, S.4

Aufgrund der Stahlkrise, die sich nahezu in ganz Europa abzeichnete, sollte **1991** die Gesamtproduktion von AHV von 5,7 Mio. t/Jahr auf 4,5 Mio. t/Jahr gedrosselt werden. Außerdem wurde eine neue Stahlholding gegründet, die Corporation de la Siderurgia Integral (CSI). Diese Holding sah einen Zusammenschluß von AHV und Ensidesa - dem zweiten großen Stahlunternehmen in Spanien - vor. Ziel dieser Holding, die noch 1989 vom AHV Vorstand abgelehnt wurde, war, beide beteiligten Unternehmen zu sanieren. Für diese Maßnahmen sollten 1991 etwa 12,6 Mrd. DM investiert werden. Gleichzeitig sollte die Beschäftigtenzahl von 6500 auf 3000 sinken. Eine weitere Konzentration der Standorte sieht wie folgt aus:

- Roheisen: Werk Sijon,
- Stahl: Werk Aviles,
- Weißblech und Verzinnung: Werk Echevarri und
- Kaltbanderzeugung, Feuerverzinkung, elektrolytische Verzinkung, Kunststoffbeschichtung: Werk Lesaca.

---

[21] Gesellschaften: AHV France (100%), AHV Portugal (100%), Bishopsgate UK (50%).

Von diesen Maßnahmen erhoffte man sich eine Gesamtkostenersparnis von ca. 25 - 30% bis zum Jahr 1998. Außerdem wurden Überlegungen zum Bau von zwei 120 t Lichtbogenöfen mit nachgeschalteter Dünnbandgießanlage im Werk Sestao angestellt.

Die Maßnahmen, die 1991 zur Sanierung der Unternehmen AHV und Ensidesa angewandt wurden, schienen wenigstens kurzfristig nicht zum gewünschten Ergebnis zu führen: Außerdem griff die internationale Stahlkrise immer weiter um sich. Daher war (1992) ein erneuter Verlust zu verzeichnen, der um 43% höher lag, als der im Vorjahr. Der Umsatz sank ebenfalls um 15%. In welche Richtung sich die wirtschaftliche Entwicklung in Zukunft bewegt und ob sich die Lage auf dem internationalen Stahlmarkt wieder erholt, bleibt abzuwarten.

13.3.7 ILVA SpA (Italien)

Die Ilva SpA wurde im Januar 1989 als Nachfolger der staatlichen Italsider gegründet. Ihr gehören acht Werke in Gesamtitalien an: Taranto, Corngliano, Piombino, Novi Ligure, Corso Regina, Terni Plant, Tubificio Dalmine und Condove. Der Staatskonzern ist auf die Produktion von Flachprodukten spezialisiert (Übersicht 57).

Mit einer Stahlproduktion von 11,3 Mio t bestritt Ilva im Berichtsjahr 1989 fast die Hälfte der italienischen Gesamterzeugung und wuchs weltweit zum 7. größten Stahlproduzenten heran. Etwa ein Viertel der Herstellung stammte aus dem Werk Dalmine, das allein im Vorjahr eine Kapitalspritze durch den Mutterkonzern von 116,7 Mrd. Lire erhalten hatte. Die mit den Investitionen verbundenen Sanierungsmaßnahmen bescherten der Ilva-Tochter ein ausgeglichenes Jahresergebnis mit einem Halbjahresumsatz von 575 Mrd. Lire. Positiv wirkte sich ebenso eine Buchung aus der UdSSR über die Lieferung von Großrohren im Wert von 500 Mrd. Lire aus. Im Gegenzug war die Lieferung von Halbzeug (Brammen) vereinbart, die in den Werken Tarent und Bagnoli ausgewalzt werden sollten. Im Zuge des Sanierungsplanes für das Mailänder Unternehmen war die Reduktion der Belegschaft um etwa 15% beschlossen. Trotz der geplanten Stillegung von Hochofen-Kapazitäten sollte die Eigenstahlerzeugung auf 500.000t/Jahr hochgefahren werden.

Übersicht 57: Ausgewählte Strukturmerkmale der ILVA SpA (Societá per Azioni) 1989

Taranto, Cornigliano, Piombino, Bagnoli, Novi Ligure, Corso Regina, Terni Plant

Produktionspalette	Roheisen / Rohstahl / Flachprodukte / rostfreier Stahl / nahtlose Rohre / Spezialstähle / Langprodukte
Absatz/Umsatz in Mio. DM	gute inländische Nachfrage, inbesondere für Langprodukte für die Automobil- oder Bauindustrie; wachsender Stahlverbrauch von 4,9% auf 26,9 Mio.t
Produktionsdaten	Max. Kapazität: 12 Mio. t; 1989: 7,4 Mio. t; Rohstahl: +6,1%; Walzstahl: +5,6%

Tubificio Dalmine Ilva Srl (societá a responsabilite limitada = GmbH)

Produktionspalette	Röhren
Belegschaft/Mitarbeiter	4.600
Absatz/Umsatz in Mio. DM	Lieferung von Großrohren in die UdSSR im Wert von 500 Mrd. Lire; 1. Halbjahr 1989: Umsatz: 575 Mrd. Lire
Produktionsdaten	Stahlerzeugung: 360.000 t

Am 14.11.1989 entschied der Industrie-Ministerrat der EG auf Antrag der EG-Kommission über ein Beihilfeabkommen an den italienischen Staatskonzern in Höhe von 7 Mrd. DM. Die Subvention wurde unter der Prämisse gewährt und gezahlt, daß das veraltete und hauptsächlich aufgrund sozialpolitischer Aspekte weiterhin betriebene Stahlwerk Bagnoli bis zum Ende des kommenden Jahres seine Roheisen- und Stahlerzeugung definitiv einstellen muß. Die Subventionsfreigabe löste heftige Kritik bei den übrigen EG-Mitgliedstaaten aus, da die Zahlung im Gegensatz zu den angekündigt strengen Auflagen des Ministerrates stand.

Trotz der weltweit nachlassenden Stahlkonjunktur erwirtschaftete der staatliche Konzern ILVA im Berichtsjahr **1990** ein positives Ergebnis. Das Geschäftsjahr konnte mit einem Überschuß von 136 Mio. DM (53,2 Mio. £) abgeschlossen werden.

Die Rohstahlproduktion bewegte sich mit 11,37 Mio. t etwa auf dem Vorjahresniveau (Übersicht 58), während die Walzstahlerzeugung um 1,5 % gesteigert werden konnte. Damit produzierte ILVA nahezu die Hälfte der italienischen Erzeugung und versorgte den heimischen Markt zu 45%, was einem Plus von 2% gleichkam.

Die Konditionen der EG-Kommission, d.h. die Forderung nach Einstellung der Stahlherstellung im Werk Bagnoli bei Neapel löste heftige Proteste der italienischen Regierung aus, die wegen der sozialen Brisanz des Raumes diesen Standort unbedingt halten wollte. Alternativvorschläge des italienischen Staatsunternehmens sahen vor, den Stahlstandort Bagnoli zu halten und ebenso die Schließung des Werkes in Turin hinauszuschieben. Stattdessen signalisierte man Bereitschaft zur Stillegung der Werksanlagen in Racconigi, die eine Jahreskapazität von 108.000 t/Jahr haben. Darüber hinaus sollten die Kapazitäten des Gemeinschaftswerkes mit dem privaten Hersteller Riva, Cornigliano bei Genua, auf 600.000 t/Jahr reduziert werden. Dieses Angebot konnte in der Form jedoch nicht von der EG-Kommission genehmigt werden, so daß das Werk Bagnoli zum September des Jahres 1990 definitiv die Stahlproduktion einstellte. Die Kaltwalzanlagen des Werkes dagegen wurden nicht aufgegeben, so daß die Walzstahlproduktion ungehindert weiterlief, wobei die Rohstahllieferungen über Tarent erfolgten.

Die Einstellung der Rohstahlherstellung hatte Folgen auf die Belegschaftsstruktur des ohnehin geschwächten Raumes. Insgesamt wurden 1.000 Belegschaftsmitglieder entlassen, wovon allerdings über die Hälfte über Sozialpläne frühpensioniert werden konnte.

Daneben wurde das Berichtsjahr von den Bemühungen der ILVA um Kooperationsverträge und Kapitalbeteiligungen mit privaten italienischen Stahlherstellern bestimmt. Ziel dieser Bestrebungen war die Schaffung besserer Rahmenbedingungen für eine größere Wettbewerbsfähigkeit innerhalb Europas sowie die Forcierung hochwertiger Produkte. Neben einer Beteiligung an der Lutrix-Gruppe des privaten Herstellers Lucchini mit einem Anteil von 24,5%, strebte ILVA eine Allianz mit dem größten Privatunternehmen Accareri Falck SpA an. Hier überschnitten sich wesentliche Produktionsbereiche wie Bandstahl- und Blechherstellung, so daß im Sommer 1990 zwei neue Gesellschaften eingebracht wurden, an denen ILVA jeweils einen 30%igen Anteil hält.

Ausblick/ Maßnahmen

- Großauftrag in die Sowjetunion => im Gegenzug Lieferung von Halbzeug (Brammen), das in Tarent oder Bagnoli ausgewalzt werden soll
- Dalmine: Sanierungsplan => Reduktion der Belegschaft auf 3.800 Mitarbeiter
=> Investitionen bis 1990 -> 190 Mrd. Lire und Stillegung von Hochofenkapazitäten

- Kapitalspritze der Ilva an Dalmine 1988: 116,7 Mrd. Lire. Erlös der Tochter durch Verkauf an Beteilgungen > 100 Mrd. Lire.
- 14.11.89 Industrie-Ministerrat der EG hat beschlossen, dem italienischen Stahlkonzern ILVA 7 Mrd. DM an Beihilfen zu gewähren. Prämisse: Verpflichtungserklärung der italienischen Regierung über Schließung des Werkes Bagnoli bis Ende 1990 (Flüssigphase) => heftige Proteste der Wirtschftsvereinigung Stahl, weil strenge Auflagen nicht gemacht wurden, d.h.
- keine Forderung nach angemessener Gegenleistung in Form von Stillegung von Walzkapazitäten
- Verzögerungstaktik der Italiener verstößt gegen geltendes europäisches Recht
- Blockierung der notwendigen wirtschaftlichen Anpassungsmaßnahmen in anderen Ländern
* Gründung der ILVA im Januar 1989 als Nachfolger der früheren Italsider staatseigener Konzern
1. Gewinn seit 1974

Quelle: Stahl und Eisen 109 (1989) Nr. 1, S. 39; Nr. 25, S.26; FAZ, 02.04 1990, Nr. 78, S.21; HB: 21.05.90, Nr.97, S.23

Übersicht 58: Ausgewählte Strukturmerkmale der ILVA SpA 1990

Taranto, Cornigliano, Piombino, Bagnoli, Novi Ligure, Corso Regina, Terni Plant

Produktionspalette	Roheisen / Rohstahl / Flachprodukte / rostfreier Stahl / nahtlose Rohre / Spezialstähle / Langprodukte
Produktionsdaten	Rohstahlproduktion: 11,37 Mio. t; Umsatz: 8 Billionen Lire; Walzstahlproduktion: 0,7 Mio. t

Tubificio Dalmine Ilva Srl (societá a responsabilite limitada = GmbH)

Produktionspalette	nahtlose Rohre

Insgesamt (Ilva SpA aus den Kernbereichen FINSIDER zusammengefaßt - STAATLICH

Produktionsdaten	11,37 Mio. t (+0,3%); Italien insgesamt: 25,5 Mio. t (+1,2%), davon: warmgewalzt: 10,04 Mio.t (-4,8%), beschichtet: 1,3 Mio. t (+42,5%); Walzstahlfertigprodukte: 2,62 Mio. t (+1,5%) Marktversorgung Italiens durch ILVA: 45% (-2%)

Investitionen

Taranto, Cornigliano, Piombino, Bagnoli: Gewinn => 136 Mio. DM (53,2 Mio Pfund)
Novi Ligure, Corso Regina, Terni Plant, Condove, Tubificio: Lieferungen: 5,3 Mio. t, Stahlverbrauch: 11,845 Mio. t, Einfuhren: 5,83 Mio. t, insgesamt: 5,8 Mrd. DM, davon 2,3 Mrd. DM Sachinvestitionen (Modernisierung); 1,1 Mrd. für industrielle und kommerzielle Beteiligungen

Ausblick/ Maßnahmen

- Einstellung der Stahlherstellung in Bagnoli zum September 1990, aber: Walzstahlproduktion läuft weiter in Kaltwalzanlagen, Lieferung erfolgt über Tarent; Belegschaft: 1000 Entlassungen, davon 540 über Sozialplan pensioniert; Planung: Installation von drei Verzinkungsanlagen; Proteste der italienischen Regierung gegen den Beschluß der EG zur Schließung des Werkes Bagnoli => anstatt Schließung Bagnoli und Aufschub der Schließung des Werkes in Turin:
=> Stillegung der Werksanlagen in Racconigi (108.000 t/J) und Reduktion der Kapazitäten des Werks Cornigliano/ Genua auf 600.000 t/J (Gemeinschaftsunternehmen zwischen Ilva und Riva (privat)).
- Kaltwalzwerkneubau in Novi Ligure Kapazität: 2 Mio. t/ Jahr -> Elektrogalvanisierungslinie: 70.000 t/J

- Kooperationsverträge und Kapitalbeteiligungen mit privaten italienischen Stahlherstellern (z.B. mit Lucchini-Gruppe an deren Lutrix-Dachholding (24,5%) hier auch Interesse der frz. Usinor-Sacilor); Ziel/ Zweck: Forcierung hochwertiger Produkte
- Endgültige Übertragung der Werke Bagnoli, Turin und Campi => Aufstockung des Gesellschaftskapitals von 2,9 auf 3,2 Mrd. DM
- Werk Piombino: Suche nach privaten Investoren zur Sanierung des Werkes, kein Verkauf geplant
- Nachfragerückgang bei Bandstahl um 18,9% => 1,6 Mio. t => Drosselung der Produktion um 11,9% (1,6 Mio. t Endprodukte) und 15,9% (1,3 Mio. t Bandstahl ==> Betrifft nur Jan. und Feb. 1990.
* Allianz zwischen Ilva und größtem privaten Hersteller Accarerie (Falck) Mailand erwünscht. Überschneidung bei Langprodukten (rostfreie und Edelstahlgüten), Grobblech, Bändern, beschichteten Blechen, nahtlosen Rohren. Daran auch die frz. Usinor-Sacilor interessiert Ziel: bessere Rahmenbedingungen für höhere Wettbewerbsfähigkeit in Europa
*Ilva erwirbt 5% des Kapitals der AFL Falck SpA (Juli 1990) 15 Jahre Abkommen
- Geschäftsbereich Bänder - neu gegründete Gesellschaft - Ilva-Anteil 30%
- Geschäftsbereich Bleche - Einbringung in neue Gesellschaft - Ilva-Anteil 30%
- Ilva erwirbt von Falck Sperrminorität an Firmen (Hersteller beschichteter Stahlprodukte). Zweck: - Weiterverarbeitung und Vertrieb von Bändern mit niedrigerem CO_2-Gehalt.
- Planung eines Joint-Ventures zwischen Ilva Deutschland GmbH und dem ungarischen Stahlunternehmen Salgotarjan Service Center für rostfreie Flachprodukte, Modernisierung der vorhandenen Walzwerke für Stähle

Quelle: FAZ, Mo. 02.04.1990, Nr.78, S.21; Steel Times, Sept. 1991, S. 570; HB, Mo. 21.05.90, Nr. 97, S.23; HB, Fr./Sa. 08.09.06.90, Nr. 109, S.27.

Neben den nationalen Kooperationsbestrebungen weitete ILVA seine Aktivitäten auf internationaler Ebene aus. Mit dem ungarischen Stahlunternehmen Salgotarjan plante der Ableger des Staatskonzern ILVA Deutschland GmbH, ein Joint-Venture im Bereich rostfreie Flachprodukte. Der Aufbau eines Stahl-Service Centers zur Verbesserung der Lieferstruktur sowie die Modernisierung der vorhandenen Walzwerke wurden als vorrangige Maßnahmen der neuzugründenden Gesellschaft, an der die ILVA die Mehrheit besitzen soll, ausgewiesen.

Darüber hinaus beabsichtigte ILVA durch Modernisierungsmaßnahmen bzw. Neubauten seine nationale und internationale Position zu sichern. Im Berichtsjahr 1990 wurde im Werk Novi Ligure eine Kaltwalzanlage mit einer Jahreskapazität von rd. 2 Mio. t in Betrieb genommen.

Im Zuge des Abschlusses der Reorganisation des alten Finsider Konzerns und jetziger ILVA gingen die Werke Turin, Campi und das umstrittene Bagnoli endgültig in die Gesellschaft über.

Die anhaltende Stahlrezession machte sich im Jahre **1991** auch in der italienischen Stahlindustrie deutlich bemerkbar. Nach einem gewinnbringenden Vorjahr mußte ILVA nunmehr das Geschäftsjahr mit hohen Verlusten abschließen. Die Negativbilanz betrug 680 Mio. DM (Übersicht 59), obwohl in den letzten drei Jahren durch Stellenkürzungen insgesamt 400 Mio. £ an Kosten eingespart werden konnten. Allerdings fielen im gleichen Zeitraum die Stahlpreise kontinuierlich, was wohl der eigentliche Auslöser für die finanzielle Situation des Stahlherstellers war.

Die Rohstahlherstellung des staatlichen Unternehmens war mit einem Rückgang um 1,8% wiederum negativ. Dennoch hielt die ILVA ihre Position als führender italienischer Stahlproduzent mit einem Anteil von über 45% an der Gesamtstahlerzeugung. Eindeutiger Produktionsschwerpunkt waren die Flachstahl- gegenüber den Langstahlerzeugnissen mit einer Verteilung von 80 zu 20.

Die Belegschaft des Staatseigentümers betrug im Berichtsjahr 49.440 Mitarbeiter. Damit fielen innerhalb der letzten drei Jahre 25.000 Stellen den Rationalisierungsmaßnahmen zum Opfer.

Ein weitläufiges Problem war die überalterte Struktur einiger italienischer Stahlwerke. Zur Lösung wurden 130 Mio. £ in die Modernisierung der Anlagen investiert. Das bedeutendste Projekt war die Installation einer CSP-1 Stranggießanlage im Werk Terni, womit ILVA eine Vorreiterstellung innerhalb der EG bekleidete.

Im Zuge seiner Bemühungen um internationale Kooperationverträge führte ILVA im Berichtsjahr 1991 zahlreiche Gespräche mit europäischen Stahlherstellern, allen voran mit der schwedischen Avesta. Beide Unternehmen strebten eine Zusammenarbeit im Bereich Flachprodukte und rostfreier Stahl an, womit insbesondere die Werke Terni und Turin betroffen wären. Bei einer möglichen Erweiterung auf den Langstahlbereich würde auch das Werk Cogne in Aosta in die Verhandlungen eingehen. Gegenstand der Vereinbarungen waren weiterhin Rationalisierungsmaßnahmen bezüglich der Industrie- und Handelsstruktur beider Konzerne sowie die Übereinkunft, daß ILVA einen Anteil von etwa 20% an dem Schwedenkonzern erhält. Während ILVA derartige Verhandlungen dementierte, wurden sie von einem Sprecher der Avesta bestätigt.

Übersicht 59: Ausgewählte Strukturmerkmale der ILVA SpA 1991

Taranto , Cornigliano, Piombino, Bagnoli, Novi Ligure, Corso Regina

Produktpalette	Roheisen / Rohstahl / Flachprodukte / rostfreier Stahl / nahtlose Rohre / Spezialstähle / Langprodukte
Belegschaft/ Mitarbeiter	Dalmatine, Piombino, Condove und Cogne = 13.000 Mitarbeiter
Absatz/ Umsatz	1. Halbjahr 1991: Lieferung: 5,7 Mio.t, +14,0%; Umsatz: 900 Bio. Lire (-11%); Stahlverbrauch: 11,5 Mio.t (-3%); Einfuhren: 5,5 Mio.t (-6%)
Produktionsdaten	1. Halbjahr 1991: Rohstahl: 5,7 Mio.t; Rohstahl: 11,3 Mio.t (-1,8%)

Terni Plant

Produktpalette	Flachstahl
Belegschaft/ Mitarbeiter	4.000
Produktionsdaten	0,1 Mio.t Hart- und Microlegierungen; 0,3 Mio.t rostfreier Stahl; 0,2 Mio.t magnetischer Stahl

Insgesamt (Ilva SpA aus den Kernbereichen FINSIDER zusammengefaßt - STAATLICH

Belegschaft/ Mitarbeiter	49.440 (Rückblick der letzten drei Jahre: 25.000 Stellenkürzungen => Kostenreduktion von 400 Mio. Pfund)
Absatz/ Umsatz	Verlust: 680 Mio. DM (lt. Steel Times, Juni 92, S.242); Kostenreduktion: 34 Mio. Pfund; Export/ Ausfuhren: 1,8 Mio.t davon 0,98 Mio.t in die EG-Staaten; 0,87 Mio.t in Drittländer; Umsatz: 10.806 Mrd. Lire
Produktionsdaten	11,37 Mio. t, davon 20% Langprodukte und 80% Flachprodukte; Italien ins.: Rohstahl: 25,1 Mio.t (-1,6%)

Investitionen

Sachinvestitionen zur Modernisierung der Anlagen: 130 Mio. Pfund

Ausblick/ Maßnahmen

- Verhandlungen über eine internationale Zusammenarbeit zwischen Ilva und der schwedischen Avesta im Bereich rostfreier Stahl
- Gespräche beschließen eine 20-25% Beteiligung Ilvas an dem Schwedenkonzern => betroffen sind vor allem Flachprodukte, die Ilva in den Werken Terni und Turin produziert, Erweiterung auf Langprodukte möglich (Cogne => Aosta) => Ilva dementiert derartige Vereinbarungen (aus: Steel Times)
- Joint Venture mit Algerien =>Gründung einesgemeinsamen Unternehmens zur Errichtung eines Stahl-Werkes (400.000 t)
- Utopia-Projekt des Ilva Manager Giovanni Gambardella => Reorganisation und Neuerrichtung der alten Stahlstandorte Bagnoli und Genua (Cornigliano); Finanzierung jedoch unklar. Belegschaft müßte um 3.000 in Cornigliano, um weitere 1000 in Bagnoli reduziert werden => Gegenwehr zum Projekt, insbesondere aus Genua, während Neapel zustimmend auf das Projekt reagierte Plan -> Inhalte: Neapel => Zentrum der Flachblechproduktion, Genua => Errichtung eines Werkes zur Oberflächenveredelung in Novi Ligure; Übertragung der Aktivitäten des Werkes Cornigliano auf Piombino (Umbrien), wo die Langstahlproduktion gesteigert werden soll. => 2. Frage offen
a. Aktivitätenverlagerung nach Piombino bedarf der Zustimmung des privaten Besitzers Emilio Riva (53%) (Besitzer des Hochofens in Cornigliano)
b. Zukunft Bagnolis bezüglich Walzstahlherstellung begrenzt (EG-Option)
- geplante Reduktion der Belegschaft um weitere 4.800 Mitarbeiter
- Joint-Ventures mit dem ungarischen Stahlhersteller Salgotarjan
=> Gemeischaftsunternehmen Silco Quality Steel Products plc. Anteile: 51% Ilva/ 49% Salgotarjan; Produktpalette: micro-alloy strip; erhoffter jährlicher Umsatz: 36 Mio. Pfund -> 60.000 t
- Konzentration der Flachstahlproduktion auf die Werke Taranto, Novi Ligure, Terni und Turin
- größter Produzent (Flachstahl) der EG
- wegen großer finanzieller Schwierigkeiten besteht die Gefahr des Mehrheitsverlusts und damit der Aufgabe der Werke Dalmine (nahtlose Rohre/ Langprodukte - z.Zt. 81%) Piombino, Condove und Cogne (Spezialstähle - 77%)
- Sommer 1991: Umbau und Modernisierung der Knüppelstranggießanlage Nr.3 im Werk Piombino
- Modernisierung der Stranggießanlage und des Rohrwalzwerks in Dalmine
- Installation einer CSP-1-Strang-Gießanlage im Werk Terni, geplante Betriebsaufnahme: 1992 => Erzeugung von Dünnbrammen aus Edelstählen und nichtrostenden Stählen, Edelstählen und Stahlqualitäten für die Elektroindustrie
=> Ilva erster europäischer Stahlproduzent, der eine solche Anlage betreibt; günstige Betriebsbedingungen => Schmelzmetallurgie => Warm- und Kaltwalzanlagen
- Elektrolytische Verzinkungsanlage im Werk Novi Ligure mit einer Kapazität von 75.000 t/Jahr

Quelle: Steel Times 7/92, S.301; 1/92, S.8; 11/91, S.599; 6/91, S.294; 7/91, S.354; 8/91, S.414; Stahl und Eisen: 112 (1992) 3, S.32; 112 (1992) 2, S.29.

Daneben kam es im Geschäftsjahr 1991 zu zwei Joint ventures. Zum einen wurde mit einem algerischen Stahlhersteller die Errichtung eines Stahlwerkes unter einem gemeinsamen Unternehmenskomplex vereinbart, zum anderen gründete die ILVA mit der ungarischen

Salgotarjan das Gemeinschaftsprojekt Silco Quality Steel Products plc, wobei ILVA 51% und Ungarn 49% der Anteile erhält.

Aufgrund der finanziellen Misere des Unternehmens schaltete sich der italienische Staat in die Konzernleitung ein und publizierte ein Sanierungsvorhaben des ILVA Managers Giovanni Gambardella, das unter dem Namen "Utopia-Projekt" bekannt wurde. Bestandteil des Planes war die Reorganisation und Neuerrichtung der alten Stahlstandorte Bagnoli und Cornigliano bei Genua und die Zuweisung von Produktionsschwerpunkten. Besondere Schwachpunkte der Überlegungen waren neben der ungeklärten Finanzierung die Reduktion mehrerer Tausend Arbeitsplätze. Zudem ließ der Sanierungsvorschlag zwei weitere Fragen offen: a. die Aktivitätenverlagerung bedarf der Zustimmung der privaten Besitzer der Werksanlagen und b. die Zukunft des Standortes Bagnoli ist aufgrund der EG-Optionen begrenzt.

Unabhängig von den Planungen des ILVA Managers beschloß man eine Konzentration der Produktion auf den Flachstahlbereich und damit auf die Werke Taranto, Novi Ligure, Terni und Turin. ILVA ist der größte Anbieter an Flachstahl in der EG.

Das Jahr 1991 bedeutete für den italienischen Staatskonzern immense finanzielle Schwierigkeiten. Überlegungen wurden laut, sich zur Entschuldung des Unternehmens von einigen Werksanlagen zu trennen. Für die Werke Dalmine, Piombino, Condove und Cogne drohten Verluste der Mehrheitsanteile und damit eine Aufgabe der gesamten Anlagen.

Im Berichtsjahr **1992** verschlechterte sich die Situation des italienischen Stahlherstellers ILVA zunehmend. Die Verluste erhöhten sich gegenüber ⟨dem Vorjahr auf 2,3 Mrd. DM bei einem sinkenden Umsatz von 10.067 Mrd. Lire (Übersicht 60). Die daraus resultierende Unrentabilität des Unternehmens weckte Überlegungen, sich entweder ganz aus dem rezessiven Stahlsektor zurückzuziehen oder den Konzern durch die Anteilsbeteiligung eines internationalen Partners vor dem drohenden Ruin zu retten.

Die zunehmende Verschuldung der Gesellschaft in Höhe von rd. 3 Mrd. Lire erforderte Maßnahmen, deren Lösung hauptsächlich in dem Verkauf von Tochtergesellschaften oder prozentualen Beteiligungen lag. Diesen ILVA Plänen fiel als erste Gesellschaft der Weißblechhersteller Capolo Gestioni Industriali zum Opfer; im Rahmen der Transaktion erhielt der luxemburgische Investmentfonds Europe Capital Partners die Mehrheitsbeteiligung.

Der bedeutendste Coup des staatlichen italienischen Stahlherstellers war die Integration einer japanischen Gruppe in den europäischen Markt durch die Einräumung eines 10%igen Anteils an der Untergesellschaft Tubificio Terni. Terni produziert Spezialstahl zur Herstellung von Katalysatorrohren für die Automobilindustrie. Das Motiv für den Kooperationvertrag mit der Nisshin Steel Co. war in erster Linie die Hoffnung auf eine Kapitalerhöhung für das Werk. Eher sekundär war die Vermittlung von japanischem Know-how. Durch gezielte Investitionen im Bereich von 40 Mio. DM sollte in den kommenden Jahren die Produktion von 17.000 t auf 22.500 t gesteigert werden.

Übersicht 60: Ausgewählte Strukturmerkmale der ILVA SpA 1992

Taranto, Cor011gliano, Piombino, Bagnoli, Novi Ligure, Corso Regina

Produktpalette	Roheisen / Rohstahl / Flachprodukte / rostfreier Stahl / nahtlose Rohre / Spezialstähle / Langprodukte / kalt- und warmgewalzte Stähle
Belegschaft/ Mitarbeiter	rund 3.200
Absatz/ Umsatz	voraussichtlicher Verlust: 2,3 Mrd. DM =>Überlegungen über Rückzug aus dem Stahlbereich oder Anteilsbeteiligung eines internationalen Partners
Produktionsdaten	Tarent: 8,7 Mio. t; Langprodukte: 1,5 Mio. t

Insgesamt (Ilva SpA aus den Kernbereichen FINSIDER zusammengefaßt - STAATLICH

Belegschaft/ Mitarbeiter	46.000 (-7%)
Absatz/ Umsatz	10.067 Mrd. Lire (-6,9%)
Produktionsdaten	10,6 Mio. t

Investitionen
Taranto: neue Sachinvestitionen
Piombino: neue Sachinvestitionen
Terni: 40 Mio. DM
Gesamt: 370 Mio. Pfund

Ausblick/ Maßnahmen

- Verkauf der Tochtergesellschaft Capolo Gestioni Industrali SpA (Hersteller von Weißblechdosen) im Rahmen eines (leveraged-Buy-Out ?)
=> Mehrheitsbeteiligung an lux. Investmentfonds Europe Capital Partners
=> 1. Maßnahme im Rahmen der Ilva-Pläne sich von einer Reihe von Firmen zu trennen, um Verschuldung von etwa 3 Mrd. Lire abzubauen.
- Einführung von einer Feuerverzinkungsanlage und Durchlaufglühanlage im Werk Novi Ligure für eine Probephase von 12 Monaten
=> Produktion für die Elektro- und Automobilindustrie
- Erhöhung der Produktion in Novi Ligure auf über 2 Mio. t bis 1993; Feuerverzinkungsanlage => Anfangskapazität 250.000 t/ Jahr bis 1993 auf 400.000 t/Jahr; Durchlaufglühe => z.Zt. 1 Mio. t, Erhöhung auf das Doppelte
- Giovanni Gambardella (Vorstandsvorsitzender/ Manager Ilva) plädiert für europäische Allianzen finanzieller und industrieller Art, um auf die veränderte Situation und Stahlkrise zu reagieren. Rationalisierungsmaßnahmen, wie Reduktion der Arbeitsplatzkapazitäten, seien spätestens 1994 erschöpft, Kostensenkungen seien gemacht, die jedoch (fast) ohne Wirkung sind, da der Preisverfall bei Stahl weiter schreitet => Verluste; auch der Stahlverkauf stagniert.
- Langfristige Pläne => Aufgabe des Langproduktbereichs im Werk Piombino durch Privatisierung (favorisiert wird ein Joint-Venture mit dem privaten Hersteller Lucchini -> Übernahme erfolgt Ende September, Lucchini = 60% der Anteile
=> Reduktion der Belegschaft auf 25.000 bis 1994
- abschließende Maßnahmen zur Gründung zweier neuer Gesellschaften in denen die Werke Taranto, Novi Ligure, Turin, Campi und Cornigliano mit ihren kaltgewalzten, gewalzten und endlos Rohrkapazitäten eingeordnet werden =>Comsid (Walzstahlprodukte und Röhren) => Taranto Sitz

- Vereinigt lange Röhren- und Walzstahlfertigproduktion der Werke Taranto und Campi
  Produktionsvolumen: 1 Mio. t/Jahr, Belegschaft: 1.300
  => Proind (Industrieprodukte) Sitz -> Genua
  Kaltwalzkapazitäten von Tarent (1 Mio. t/ Jahr; 656 Mitarbeiter) zusammen mit continous
  pickling, Kaltwalz- und Galvanising-Anlagen in Novi Ligure, Cornigliano und Turin => beide
  Gesellschaften (Comsid und Proind) stehen privaten Investoren offen, Mehrheit soll jedoch
  unter Ilva-Kontrolle sein.
- Ilva räumt japanischem Stahlhersteller Nisshin Steel Co Beteiligung (10%) an einer
  Untergesellschaft ein (Tubificio Terni) => Produktion von Spezialstahl zur Herstellung von
  Katalysatorrohren für Automobilindustrie; => Hoffnung auf Kapitalerhöhung für Terni; =>
  japanisches Know-how. 40 Mio. Investitionen => Erhöhung der Produktion in den nächsten drei
  Jahren auf 17.000 t 1955·> 22.500t => erstmals japanische Gruppe in Europa.
- Kontakte zur holländischen Gruppe Hoogovens für Zinnfolien
- Übertragung der kleinen Zinnplattenlinie des Werkes Cornigliano an ICMI; im Zuge der
  Bemühungen um unabhängig arbeitende, reorganisierte Gesellschaften
- Joint-Venture mit finnischem Chemiekonzern Kemira Oy, Helsinki (Convertitoro Cataltoci
  Europe srl CCE) =>Produktion von Kfz-Katalysatoren in Genua; Primärversorgung des
  italienischen Marktes: Anteilverteilung 60% Ilva-Tochter Centro Suiluppo Materiali (CSM) und
  40% Kemira.

Quelle: Stahl und Eisen 112 (1992) Nr. 3, S.31; 112 (1992) Nr. 5, S.34; Steel Times: 5/1992;
6/1992, S.242; 7/1992, S.301; 8/1992, S.353; Stahlreport: 7/92, S.6; 6/92, S.6; HB:24.06.92,
Nr.119, S.23; 09.12.92; Nr.238, S.17; 21./22.11.92, Nr.225, S.25

Die Bemühungen um internationale Kontakte führten zum Jahresende zu einer Vereinbarung über
ein Joint Venture mit dem finnischen Chemiekonzern Kemira Oy, Helsinki. Die gemeinsame Firma
Convertitori Catalitoci Europa SrL(CCE) beschäftigt sich mit der Produktion von Kfz-
Katalysatoren, die insbesondere den italienischen Markt versorgen sollen. Als Standort wurde
Genua gewählt.

Neben der Suche nach internationalen Allianzen zählten verstärkte Instandsetzungen und
Anlagenerweiterungen zu den wichtigsten Verordnungen zur Sanierung des Unternehmens. Die
im Vorjahr installierte Feuerverzinkungsanlage und Durchlaufglühe im Werk Novi Ligure nahm
planmäßig ihre Produktion auf. Damit soll die Kapazität des Standortes langfristig auf über 2
Mio.t/Jahr erweitert werden.

Die sich permanent verschlechternde Situation des italienischen Stahlerzeugers veranlaßte den
Manager des Staatsunternehmens, Giovanni Gambardella, neue Strategien zur Gesundung des
Konzerns vorzulegen. Langfristig sah er eine (Teil-)privatisierung des Langproduktbereichs des
Werks Piombino vor, die sich im September durch die Übernahme des privaten Herstellers
Lucchini (60%) realisierte.

Darüber hinaus traf man abschließende Vorbereitungen zur Regruppierung der Werke Taranto,
Novi Ligure, Turin, Campi und Cornigliano in zwei neue Gesellschaften. Die COMSID (ILVA
Walzstahlprodukte und Röhren) mit Sitz in Taranto operiert im Bereich lange Röhren und
Walzprodukte und umfaßt die Werke Taranto und Campi. Das angestrebte Produktionsvolumen
beläuft sich auf 1 Mio.t/Jahr, die von rd. 1.300 Mitarbeitern hergestellt werden sollen. Die neue
PROIND (ILVA Industrieprodukte) mit den Werken Novi Ligure, Cornigliano, Turin sowie der

Kaltwalzbereich von Taranto soll über Genua verwaltet werden. Beide Gesellschaften sollen privaten Herstellern offenstehen, ohne jedoch die Mehrheit und somit die Kontrolle über diese Anlagen zu verlieren.

Giovanni Gambardella, der amtierende Vorstand des Staatsunternehmens, stellte fest, daß Rationalisierungsregelungen wie Reduktion der Arbeitsplätze spätestens im Jahr 1994 erschöpft sein werden, so daß in diesem Bereich keine wesentlichen Kosten mehr einzusparen sein werden. Er resümiert weiter, daß die durchgeführten Aufwandsreduktionen bisher ohne durchschlagende Wirkung gewesen waren, da im gleichen Maße der Preisverfall für Stahlprodukte fortgeschritten war. Zusammenfassend ergaben diese Indikatoren Verluste, die sich durch die Stagnation des Stahlverkaufs nachhaltig festigen werden. Gambardelli plädierte für verstärkte europäische Allianzen, finanzieller oder industrieller Art, um auf die veränderte Situation innerhalb Europas und die Stahlkrise reagieren zu können.

Zu Beginn des Berichtsjahres **1993** präsentierte sich die ILVA unter neuer Führung. Nach dem Rücktritt des Verwaltungsrates und Vorstandsvorsitzenden Giovanni Gambardella übernahm dieses Amt der Japaner Hayao Nakamura, der bisher den italienischen Ableger der Nippon Steel geleitet hat. Nakamura stellte bereits ein Sanierungsprogramm vor, das innerhalb von zwei Jahren die Entschuldung des Unternehmens zum Ziel hat. Im Berichtsjahr machte die Gesellschaft einen monatlichen Verlust von rd. 200 Mio. DM (Übersicht 61).

Übersicht 61: Ausblick und Maßnahmen der ILVA SpA 1993

- wegen monatlichem Verlust von 200 Mio. DM Rücktritt des Verwaltungsrates und Vorstandes (Giovanni Gambardella) Jetzt: (Leiter der Nippon Steel) Hayao Nokamura => Sanierungsprogramm für staatliche Stahlgruppe
- IRI (staatliche Holdinggesellschaft) => Kommt für alle Verbindlichkeiten der Ilva auf, soweit sie 100%-ig in Besitz sind.
- Hayao Nokamura will Ilva in 2 Jahren sanieren durch:
* Verbesserung der Produktion
* Optimierung der Lieferzeiten
* Dienst am Kunden
* Erweiterung des italienischen Marktes; Exporte werfen kaum Ertrag ab; Versorgung primär
* Aufgabe der Joint-Ventures auf nationaler Ebene
- Italienische Regierung sieht einzige Lösung zur Rettung der Gesellschaft in Privatisierung
1. Phase: => Gründung einer neuen Holdinggesellschaft mit Sitz evtl. in Dalmine, Zusammenfassung der Aktivitäten der Ilva-Gesellschaften und vorherige Entschuldung. Die Schuldenlast bleibt bei der Muttergesellschaft.
2. Phase: => Verkauf der strategisch unwichtigen Bereiche und Gesellschaften, Öffnung des Unternehmens für private Investoren (hier schon vielversprechende Bemühungen): 1. Privater Hersteller Lucchini hat Mehrheit und Kontrolle über die Langprodukterzeugung in Piombini (60%); 2. **Rohrproduzent** (Tubi Ghisi) an frz. Gruppe Saint-Gobain verkauft.
Ziel: Ilva soll ihre Aktivitäten auf drei Sektoren konzentrieren: Walzstahlfertigprodukte (Flach) in Taranto, Spezialstähle in Terni und Stahllegierungen in Novi Ligure.
- EG-Kommission verhandelt über Zusage zu staatlichen Zuschüssen (600 Mio. DM)- Prämissen: Kapazitätsabbau von mindestens 3 Mio. t (Schließung des Hütten- und Stahlwerks Tarent) - hier jedoch heftige Gegenwehr der Italiener

- Phase 1 des Plans der Regierung unter Mitarbeit des ehemaligen Präsidenten der Ilva ist abgelehnt worden
- Sanierungsplan Nakamuras: Rückzug auf die **Flachstahlproduktion** => Tarent und Novi Ligure (Massenstahl), Terni (Spezialstähle); => Kapazitätsabbau (besonders Tarent von 8,7 auf 6,8 Mio.t); => Reduktion der Arbeitsplätze
- Rest der Ilva soll der IRI (Staatsholding) zurückgeführt werden
- EG-Kommission stoppt italienische Stahlhilfen

Quelle: HB: 03.02.93, S.13; Mo. 25.01.93, Nr.16, S.1 und S.17; 10.03.93, S.2; 26./27.03.93; 19.04.93, S.18; 05.08.93, Nr.149, S.13. Die Welt: 07.05.93; WAZ: 08.07.93, Nr.156; Steel Times: 2/1993, S.65.

Der neue Vorstandsvorsitzende sah die Krise und den drohenden finanziellen Zusammenbruch der ILVA in erster Linie in der Unternehmensstruktur begründet. Er gab sich optimistisch, daß aufgrund der Modernität der bestehenden Produktionsanlagen der italienische Stahlhersteller dem internationalen Wettbewerb standhalten könne. Mangelhafte Produktqualität, unzuverlässige und unpünktliche Lieferbedingungen sowie schlechte Vertriebsorganisation forcierten die Verschuldung des Unternehmens. Die ILVA müsse ihre Aktivitäten auf den italienischen Markt erweitern, da Exporte kaum Erträge abwerfen. Im Gegensatz zu seinem Vorgänger wich Nakamura von der Linie ab, Kooperationen mit nationalen Stahlproduzenten zu fördern. Der Erfolg derartiger Joint Ventures sei fraglich, da die ILVA sich in anderen Größenordnungen bewege und allein seine Stärken eindrucksvoller unter Beweis stellen könne.

Neben der Konzernleitung veröffentlichte die italienische Regierung Konzepte zur Privatisierung ihres Stahlunternehmens, in der die einzig wirksame Lösung zur Entschuldung des Konzerns gesehen wird. Diese sollte phasenweise eingeleitet werden; über die Gründung einer Holdinggesellschaft plante man die Neustrukturierung aller ILVA Gesellschaften, nachdem diese völlig entschuldet wurden. Die Schuldenlast verbliebe bei der Muttergesellschaft. Die zweite Phase setze mit dem Verkauf strategisch unwichtiger Bereiche und Gesellschaften ein sowie mit einer Öffnung der inneren Strukturen für private Investoren. Hier wurden im Berichtsjahr vielversprechende Bemühungen eingeleitet. Insgesamt strebte die italienische Regierung eine Konzentration des Konzerns auf drei Sektoren an:

    a. Walzstahlfertigprodukte (Flach) in Taranto

    b. Spezialstähle in Terni und

    c. Stahllegierungen in Novi Ligure.

Die Verschuldung des Unternehmens überstieg im Berichtsjahr bei weitem das Kapital, so daß die Forderung nach staatlichen Subventionen immer lauter wurde. Dabei ging es um Finanzspritzen in Höhe von 600 Mio. DM   deren Zusage bzw. Weiterzahlung die EG Kommission in Brüssel laut Montanunionvertrag zu genehmigen hatte. Neben der Vorlage eines Umstrukturierungsprogramms machte die EG einen Kapazitätsabbau von mindestens 3 Mio. Tonnen für die Gewährung des Zuschusses abhängig.

Die mangelnde Kooperationsbereitschaft der Staatsgesellschaft bezüglich der Vorlegung eines Sanierungsprogramms führte dazu, daß die EG-Kommission die Zahlung jeglicher staatlicher Hilfen unter Androhung von rechtlichen Schritten unterband. In erster Linie monierte die EG die starre Haltung der ILVA, die nur langwierig oder nicht sanierbaren Konzernteile durch Staatsgelder aufrecht zu erhalten.

13.3.8 Voest Alpine (Österreich)

Bei der österreichischen staatseigenen Voest Alpine Stahl AG wurde bereits 1986 ein Umstrukturierungsprozeß eingeleitet, um die schwer angeschlagene Stahlindustrie zu sanieren. Unter dem Projektnamen "Voest Alpine Neu" wurden Maßnahmen eingeleitet, die zu dauerhaften und erfolgreichen Veränderungen in der Konzern- und Produktionsstruktur führten.

Der Konzern wurde zunächst in vier, später in fünf, Betriebsgesellschaften aufgeteilt: VA-Stahl Donawitz GmbH, VA-Stahl Linz GmbH, VA-Stahl Walzdraht GmbH und VA-Kindberg Stahlrohr GmbH. 1991 wurde nachträglich die VA-Schienen GmbH gegründet. Bei der Anlage in Linz, die größte des Konzerns, handelt es sich um ein integriertes Hüttenwerk, mit einem sehr weitgestreuten Produktionsprogramm. Ähnlich ausgerichtet ist das Werk in Donawitz, das allerdings über keine Kokerei verfügt. Dagegen sind die übrigen Werke auf ein sehr spezielles Produktionsfeld ausgelegt: Rohre, Schienen und Draht.

Im Berichtsjahr **1989** setzte sich die Expansion der Stahlindustrie weiter fort, wovon auch der österreichische Stahlproduzent profitierte (Übersicht 62).

Übersicht 62: Ausgewählte Strukturmerkmale der Voest Alpine Stahl AG 1989

VA-Stahl Donawitz GmbH (gegr. 1987)[1]

Produktpalette	Profile (Schienen) / Draht
Absatz/ Umsatz	Umsatz: 5,4 Mrd.öS = 772 Mio. DM
Produktionsdaten	Rohstahl: 1,216 Mio. t

VA-Stahl Linz GmbH (gegr. 1988)

Produktpalette	Roheisen / Rohstahl / Flachwalzprodukte / (kalt- und warm) / elektro-lytisch veredeltes Feinblech (Gravitgal)
Belegschaft/ Mitarbeiter	12.357 Angestellte: 3.265 (-3,1%), Arbeiter: 9.092 (-1,6%), Azubis: 489 (-9,3%)
Absatz/ Umsatz	24,948 (+11,4%), Außen: 23,463 (+7,7%), Innen: 1,485 (+11,7%)
Produktionsdaten	in 1000 t: Roheisen: 2.871 (+5,2%), Rohstahl: 3.355 (+2,0%), Strangguß: 3.346 (+3,3%), Flachwalzprodukte: 2.762 (+0,2%), warm: 1.371(-1,6%), kalt: 989 (+1,6%), schmelztauch: 234 (+2,1%); elektrolytisch: 168 (+4,3%)

VA-Stahlrohr Kindberg GmbH

Produktpalette	Röhren
Absatz/ Umsatz	Umsatz: 3,27 Mrd. öS = 467 Mio. DM

Gesamt

Absatz/ Umsatz	Außenumsatz: 47,26 Mrd. öS = 0,77 Mio. DM (+ 12,0%)
Produktionsdaten	Rohstahl: 4.718 Mio. t

Investitionen

VA Stahl Linz: Weiterführung des Konzepts "Voest-Alpine Neu"
Sachanlagen: 2,068 Mrd. öS

---

[1] Hierzu zählt auch die VA-Stahl Walzdraht GmbH.

Ausblick/ Maßnahmen

Donawitz: Leichte Gewinne, die ersten seit Jahren

Linz: Realisierung von Großbauvorhaben, z.B.

=> Konzentration der Stahlerzeugung im LD-Stahlwerk 3

=> Erweiterung der Stranggießanlage 4 auf zwei Stränge

=> Bau eines Pfannenofens zur Versorgung der Gießerei mit LD-Stahl

-> langfristig: Stillegung des Lichtbogenofens

=> Walzwerke: Erhöhung der Verarbeitungstiefe und des Qualitätsstandards

=> Ausbau der elektrolytischen Bandverzinkung auf eine Kapazität von 190.000 Jato

=> Neuausbau einer Feuerverzinkungsanlage mit einer Kapazität von 210.000 Jato

- High-tech in Stahl, d.h. Innovation u. Produktverbesserung

=> Horizontalstranggießanlage in Kapfenberg

* maßgetreue Werkzeugstähle durch Mehrlinienwalzwerk

* Erzeugung von kopfgehärteten Schienen bis 60 m.

Quelle: HB: Di, 03.07.90, Nr.125, S.17; Voest-Alpine Stahl Linz, Geschäftsbericht 1989; Steel Times: 8/1990

Der Außenumsatz stieg um 12% an, wobei die Hütte Linz mit 23.463 Mrd. öS knapp die Hälfte erwirtschaftete. Hier verbesserte sich die Auftragslage in allen Produktionsbereichen mit einem Wachstum zwischen 7% (Warmwalzprodukte) und 12% (Flachwalzware). Positive Wachstumsraten verzeichnete auch der Produktionsbereich des Gesamtkonzerns, insbesondere jedoch der der größten Betriebsgesellschaft in Linz. Von den 4.718 Mio.Tonnen Rohstahl wurden fast zwei Drittel im Werk Linz erzeugt, womit das Vorjahresniveau nochmals durchbrochen wurde. Das Stranggießverfahren war die deutlich dominante Arbeitsmethode mit einem Anteil von 99,7% an der Gesamterzeugung und einer Steigerung von 3,3% gegenüber dem Vorjahr.

Die Weiterführung des 1986 verabschiedeten Konzeptes "Voest Alpine Neu" setzte Investitionen in Höhe von 2.068 Mio. öS frei, die primär der Realisierung von Großprojekten dienten. Schwerpunktmäßig wurde darüber hinaus die Modernisierung des Hüttenwerkes in Linz betrieben. Hier wurden Maßnahmen zur Konzentration der Stahlerzeugung im LD-Stahlwerk 3 ebenso eingeleitet wie die Erweiterung der Stranggießanlage 4 auf einen weiteren Strang. Langfristig soll der noch existierende Lichtbogenofen zur Versorgung der Gießerei stillgelegt und durch den hier entwickelten LD-Stahl komplett ersetzt werden. Die Zukunftsplanungen der Voest Alpine sehen einen verstärkten Einsatz von High-Tech in der Stahlindustrie vor, d.h. innovative Stahlerzeugungsverfahren und Qualitätsverbesserungen am Produkt werden als Schlüssel dafür gesehen, international wettbewerbs- und konkurrenzfähig zu bleiben.

Die im Marketingkonzept unvermeidbaren Rationalisierungen betrafen in erster Linie die Belegschaft des Konzerns. Im Werk Linz sank der Beschäftigenanteil um 2% und bezog sich auf alle Beschäftigungssparten. Besonders rückläufig war die Zahl der Auszubildenden, die um 9,3% reduziert wurde.

Insgesamt schrieb Voest Alpine das gute Geschäftsjahr dem konsequent verfolgten Rationalisierungsprogramm und der Ausrichtung der Produktpolitik auf höherwertige, marktgerechte Produkte zu. Für das kommende Jahr erwartet man, trotz Prognosen über einen geringeren Stahlverbrauch aufgrund der abgeschwächten Tätigkeit einiger stahlverbrauchenden Sektoren, einen ähnlichen , wenn nicht positiveren Geschäftsverlauf. Diese Einschätzung resultiert aus der Hoffnung, daß der Markt sich mehr auf den von Voest produzierten recycelten Stahl konzentriert.

Nachdem das Vorjahr überaus positive Ergebnisse gebracht hatte, verschlechterte sich die Geschäftsbilanz **1990** zunehmend wie die Prognosen der Geschäftsführung bereits andeuteten. Insbesondere führten Rückgänge bei den Absatzmengen und vor allem bei den Erlösen zu einem tieferen Preisniveau als im Vorjahr. Ursache hierfür war die schwierigere Abwicklung des Ost-West-Handels aufgrund der tiefgreifenden Umstrukturierungsprozesse in Osteuropa.

Auswirkungen hatten diese Umbruchsituationen unter anderem auf den Außenumsatz, der um 3,1% unter dem Rekordergebnis des Berichtsjahres 1989 lag (Übersicht 63).

Die vorsichtige Einschätzung der Geschäftsleitung bezüglich der Entwicklung des Stahlmarktes 1990 bewahrheiteten sich im Berichtsjahr 1990. Der rückläufige Stahlverbrauch einiger stahlverbrauchenden Sektoren machte Anpassungen bezüglich des Produktionsvolumens notwendig. Entgegen der Planung, die Kapazitäten auszuweiten bzw. die Produktion zu steigern, kam es zu einem Rückgang der Rohstahlherstellung um rd. 12% auf 4.137 Mio t.

Die Sachmittelzuweisungen in Höhe von 100 Mio.£ wurden schwerpunktmäßig in ein Projekt im Werk Linz, dem Bau einer Elektrogalvanisierungslinie, investiert.

Die strukturellen Assimilationen wirkten sich ebenfalls auf die Zahl der Beschäftigten der Voest Alpine aus. Im Berichtsjahr 1990 beschäftigte der Konzern 29.949 Mitarbeiter.

Übersicht 63: Ausgewählte Strukturmerkmale der Voest Alpine Stahl AG 1990

VA-Stahl Donawitz GmbH (gegr. 1987)

Produktpalette	Profile (Schienen) / Draht
Produktionsdaten	mit Linz zusammen: 4.137 Mio. t

VA-Stahl Linz GmbH (gegr. 1988)

Produktpalette	Roheisen / Rohstahl / Flachwalzprodukte / (kalt- und warm) / elektrolytisch veredeltes Feinblech (Gravigtal)

VA-Stahlrohr Kindberg GmbH

Produktpalette	Röhren

Böhler-Uddeholm

Produktpalette	Spezialstähle / Langprodukte / Grob- und Feinwalzprodukte
Produktionsdaten	13.600 t (Spezialstähle und Langprodukte)

Gesamt

Absatz/ Umsatz	29.949 Außenumsatz: 45,8 Mrd. öS (-3,1%); Schrottexport: 260.000 t
Produktionsdaten	Rohstahl: 4.137 Mio. t (-12,4%), Österreich: 4,3 Mio.t

Investitionen

100 Mio. Pfund
Hauptprojekt: Bau einer zweiten Elektrogalvanisierungslinie in Linz, Kapazität: 100.000 t/Jahr, später: 250.000 t/Jahr

Ausblick/ Maßnahmen

Donawitz: Probleme mit den Umweltschutzbedingungen des Landes bzgl. Einsatz Probelauf des KVA Verfahrens. Planung: bis 1991 soll gesamte Stahlproduktion über dieses Verfahren abgewickelt werden
- Böhler-Gruppe (Spezialstähle) => Kapfenberg und Düsseldorf. Nach 14 Jahren erstmals Gewinne, Aquisition der schwedischen Uddeholm Gesellschaft => größter Werkzeugstahlhersteller Europas (Kosten: 124 Mio. Pfund)
- VA-Stahlhandel Linz erwägt Positionierung in Osteuropa, CSFR, wegen funktionstüchtiger und entwickelter Industrieanlagen. Ziel: Einkaufs- und Verkaufsmöglichkeiten
- Voest Service Center etablieren sich in Österreich und im benachbarten Ausland, z.B. Italien hier: Joint-Venture mit kanadischer Gesellschaft Magna
- Verbindungen nach Osteuropa, insbesondere nach CSFR, Ungarn und in die UdSSR => Erwartung eines 10-Jahres-Vertrages mit der UdSSR über die Lieferung von 600.000 t/J Walzstahlprodukte (Werk Kindberg)
- Vereinbarung eines gemeinsamen Unternehmens mit den ostslowakischen Eisenwerken Kosice (40%) dem Hüttenprojekt Kosice (25%) und der Voest-Alpine (35%) => LinKoMet Engineering; Aufgabe => * Planung, Projektierung, Lieferung und Aufbau von Hüttenbetrieben;
* Rekonstruktion und Automatisierung von Industrieeinrichtungen
- Im Zuge des Konzeptes Voest-Alpine Neu aus dem Jahr 1986: Abschluß der ökologischen Neugestaltung der Stahlerzeugung in Linz und Neuausrichtung der Schienenfertigung in Donawitz
- Genehmigung einer neuen Farb-Beschichtungslinie in Linz, Kapazität: 52.000 t/ Jahr.

Quelle: HB: 17.10.90, Nr.201, S.21; 17.12.90, Nr.243, S.14; Steel Times: 8/1991, S.419; 8/1990; 2/1992, S.61.

Die in allen Produktionsbereichen noch zufriedenstellenden Ergebnisse des Konzerns wurden übertroffen von dem Ergebnis der Voest Tochter Böhler. Die Böhler-Gruppe, engagiert in der Herstellung von Spezialstählen, erwirtschaftete erstmals seit 14 Jahren ein positives Geschäftsergebnis. Mit der Aquisition des führenden schwedischen Werkzeugstahl-Herstellers gelang Voest Alpine ein bedeutendes Kooperationsabkommen der Stahlindustrie.

Im Gegensatz zu anderen europäischen Stahlproduzenten bemühte sich Voest frühzeitig darum, sich auf dem osteuropäischen Markt zu etablieren. Mit dem Ziel, die Verkaufs- und Einkaufsmöglichkeiten zu steigern, erwog Voest Alpine im Berichtsjahr eine Positionierung in den Ländern des ehemaligen RGW, insbesondere in der CSFR, der UdSSR sowie in Ungarn. Erste Vereinbarungen über ein gemeinsames Unternehmen wurden mit dem ostslowakischen Eisenwerk Kosice und dem Hüttenprojekt Kosice getroffen. Die LinKoMet Engeneering , an der der österreichische Stahlhersteller 35% der Anteile hält, soll sich mit der Planung, Projektierung und dem Aufbau von Hüttenprojekten befassen. Darüber hinaus sollen bestehende Anlage rekonstruiert und in den Automatisierungsprozeß übergeführt werden.

Der Ausbau der Voest-Service-Center schritt auch im Jahr 1990 voran, insbesondere im benachbarten Ausland, sprich Italien. Im Zuge internationaler Zusammenarbeit wurde hier ein Joint Venture mit der kanadischen Firma Magna eingegangen.

Im Zuge des Konzeptes "Voest-Alpine Neu" kam es zum Abschluß der ökologischen Neugestaltung der Stahlerzeugung in Linz. Die österreichische Stahlindustrie unterliegt den strengen Bestimmungen des Bundesemmissionsschutzgesetzes, das dringende Maßnahmen zur Verbesserung der Umwelt notwendig machte. Probleme mit der Einhaltung der Umweltschutzbedingungen in Kombination mit technischen Mängeln verzögerten den Einsatz bzw. den Probelauf der Stahlerzeugung nach dem neuen KVA-Verfahren in Donawitz, das nach Wunsch des Konzern ab 1991 die gesamte österreichische Stahlerzeugung bestimmen soll. Das KVA-Verfahren ist ein gemeinschaftliches Technologieprojekt zwischen Klöckner und Voest.

Trotz der verschlechterten Stahlkonjunktur mit Rückgängen bei Bestellungen, Absatzmengen und Erlösen konnte Voest Alpine im Berichtsjahr **1991** einen Gewinn von 600 Mio. öS erwirtschaften. Das ungewöhnliche Geschäftsergebnis schrieb man den durchgreifenden Strukturmaßnahmen zu, die bereits 1986 eingeleitet und unmittelbar umgesetzt wurden. Die reichhaltige Maßnahmenpalette des Konzeptes "Voest Alpine Neu" in Form von Großinvestitionen, ökologische Neugestaltung des Konzerns sowie Anpassungsmaßnahmen im Belegschaftsbereich, zeigte 1991 erstmals seine volle ökonomische und ökologische Wirkung (Übersicht 64).

Das Geschäftsjahr 1991 wurde als das Jahr der Internationalisierung bezeichnet, d.h. es kam zur Realisierung bedeutender internationaler Kooperationen. Nach intensiven Überprüfungsphasen wurden folgende Unternehmen übernommen:

- die schwedische Uddeholm- Edelstahlgruppe
- die deutsch-schweizerische UTP-Schweißtechnik-Gruppe
- das belgische Stahlprofilunternehmen Sadef
- die Voest-Alpine Intertrading (nach Abgabe des Ölgeschäftes an die ÖMV).

Darüber hinaus konnte eine 51%ige Beteiligung an dem größten ungarischen Kaltwalzwerk in Dunaujvaros eingegangen werden.

Übersicht 64: Ausgewählte Strukturmerkmale der Voest Alpine Stahl AG 1991

VA-Stahl Donawitz GmbH (gegr. 1987)

Produktpalette	Profile (Schienen) / Draht

VA-Stahl Linz GmbH (gegr. 1988)

Produktpalette	Roheisen / Rohstahl / Flachwalzprodukte / (kalt- und warm) / elektrolytisch veredeltes Feinblech (Gravigtal)

VA-Stahlrohr Kindberg GmbH

Produktpalette	Röhren

Böhler-Uddeholm

Produktpalette	Spezialstähle / Langprodukte
Belegschaft/ Mitarbeiter	Kurzarbeit
Produktionsdaten	12.900 t (-5,2%) (Spezialstähle und Langprodukte)

Gesamt

Belegschaft/ Mitarbeiter	31.643 (+5,6%) davon in neuen Unternehmen: 5.074 => 26.569 (ohne Neuerwerbungen) (-11,3%)
Absatz/ Umsatz	Außenumsatz: 55 Mrd. öS, davon: 12 Mrd. öS aus neuen Unternehmen (+20%); Schrottexport: 420.000 t (+61,5%)
Produktionsdaten	Rohstahl: 4.105 Mio. t (-0,8%)

Ausblick/ Maßnahmen

- Jahr der Internationalisierung => Realisierung bedeutender internationaler Kooperationen; - schwedische Uddeholm-Gruppe => Edelstahlgruppe
* deutsch/schweizerische UTP-Schweißtechnik-Gruppe
* belgische Spezialprofilunternehmen Sadef
* Voest-Alpine Intertrading (nach Abgabe des Ölgeschäftes a.d. ÖMV)
* Beteiligung an größtem ungarischen Kaltwalzwerk in Dunaujvaros (51%)
- Maßnahmenpakete des Konzeptes 'Voest-Alpine-Neu' erstmals volle ökonomische und ökologische Wirkung (d.h. Großinvestitionen, ökologische Neugestaltung, Anpassungsmaßnahmen im Belegschaftsbereich) => Gewinne trotz Stahlkrise (600 Mio. öS)
- Planung: => Rückgang der Grundstofflastigkeit durch Zunahme der High-Tech-Produkte; => Kooperation in Reform-Europe; => Umweltsektor, Bemühungen um verbesserte Rückführung stahlhaltiger Gebrauchsgüter in den Produktionskreislauf (nach International Business Charter sustainable Developement von 1991). Hier: Zusammenarbeit mit Mercedes-Benz AG, Recycling von Altkraftfahrzeugen.
- Marktschwäche bei Edelstahl-Profilprodukten => Kurzarbeit bei Böhler GmbH in Kapfenberg im Bereich Stahlwerk, Grob- und Feinwalzstraße und Langprodukte
- erfolgreiche Restrukturierung des Unternehmens beruht auf mehreren Faktoren: * ökonomische Autonomie; * leistungsstarkes Mangement
* technische Innovationen bzgl. der Erzeugungs- und `Veredelungsverfahren (Verbesserung der Verfahrenstechnik im Werk Donawitz; hier: Produktion von kopfgehärteten Schienen zwischen 100 - 120 m möglich) (Vergleich BRD - nur 60 m Schienen möglich);
* Produktvielfalt und -differenzierung (Anteil der kaltgewalzten oberflächenveredelten Produkte stieg von 23% (1986) auf 32% (1991)); * verbesserte Produktqualität; * Internationale Kooperationen;
- Allianz mit der italienischen Ilva bzgl. Marketing und Zusammenarbeit, Entwicklung einer neuen Stahlerzeugungstechnologie,
* das Corex-System (Verfahren zur Roheisenherstellung, das den Einsatz von Kohle anstatt von Koks im Hochofenbetrieb hervorhebt => 25% Kostenreduktion, weniger Energieverbrauch, Umweltschonung) => Pilotprojekt in Iscor (Südafrika)
- Joint-Venture mit Ilva (Dalmine) und Voest (Schoeller-Beckmann-Tochter) im Bereich rostfreie Stahlröhren
- Cockerill Sambre (Belgien) hat eine Anlage zur Herstellung von beschichteten Profilblechen (coated sheet profile?) in Linz installiert. Die Produktion von 12.000 t/ Jahr ist ausschließlich für den osteuropäischen Markt bestimmt.
- Böhler-Gruppe => massive Verluste in Höhe von 35,7 Mio. Pfund
=> Sanierungskonzept sieht den Verkauf der Schmiede und Spezialstahlproduktion in dem Düsseldorfer Ableger vor
=> Verlust von 400 der 1.800 Arbeitsplätze.

Quelle: Stahl und Eisen 112 (1992) Nr.7; Stahlreport: 5/91, S.3. Steel Times: Februar 1992, S.62; Januar 1992, S.9; August 1991, S.419

Die internationalen Kooperationen wurden jedoch nur als ein Faktor der erfolgreichen Restrukturierung des Unternehmens angesehen. Für den Erfolg gleichermaßen verantwortlich machte der Konzern die Verbesserung des Managements und die ökonomische Autonomie des

Staatseigentümers. Letzteres scheint nicht von untergeordneter Bedeutung, da Voest Alpine sich immer noch in Staatsbesitz befindet. Mittlerweile ist das Unternehmen ähnlich strukturiert wie die größten europäischen Stahlhersteller Usinor-Sacilor, BSC, ILVA und Thyssen.

Im Zuge der Neuausrichtung des Konzerns seit 1986 kam es zu einer zunehmenden Produktdifferenzierung und einen Abwenden von marktschwachen Erzeugnissen. Der Anteil der kaltgewalzten oberflächenveredelten Produkte stieg 1991 auf 32% gegenüber 23% 1886 an. Technische Innovationen bezüglich der Erzeugungs- und Veredelungsverfahren machten den Stahlhersteller zu einem ernsthaften Konkurrenten auf dem internationalen Markt, insbesondere für deutsche Stahlproduzenten.

Die Neuausrichtung der Schienenfertigung im Werk Donawitz führte zu einer Verbesserung der Verfahrenstechnik, so daß hier nunmehr die Herstellung von kopfgehärteten Schienen bis zu 120m Länge möglich ist. Vergleichbare Erzeuger in der Bundesrepublik Deutschland können lediglich Schienen von halber Länge herstellen.

Im Bereich der Entwicklung neuer Stahltechnologien setzte Voest Alpine alte Traditionen fort. Nachdem das hier entwickelte LD-Verfahren umwälzende Wirkung auf dem Stahlsektor hatte, erhoffte sich Voest von dem gemeinsam mit der italienischen ILVA entwickelten und vertriebenen Corex-Verfahren ähnliche Durchbrüche. Das prozeßtechnische Corex-Verfahren ermöglicht die Erzeugung von Roheisen in bester Hochofenqualität ohne Kokerei und Sinteranlage. Dies ist möglich, weil die drei Verfahrensschritte in einem Aggregat zusammengelegt werden. Die Produktionskosten des Corex-Verfahrens liegen 30% unter denen einer herkömmlichen Stahlerzeugung, verbraucht zudem weniger Energie und hat deutlich verringerte Emissionswerte. Eine Pilotanlage wurde bisher lediglich in Iscor (Südafrika) installiert.

Die Zusammenarbeit mit der ILVA äußerte sich ebenfalls in einem Joint-Venture zwischen den Werken Dalmine und der Voest Tochter Schoeller-Beckmann im Bereich rostfreier Stähle.

Trotz der erfolgreichen Geschäftsbilanz des Voest-Konzerns im Jahr 1991 wurde er auch unmittelbar von der schlechten Stahlkonjunktur getroffen, wenn auch das positive Gesamtergebnis etwas darüber hinweg täuschen mag. Die Marktschwäche äußerte sich insbesondere im Bereich der Edelstahlprodukte, allen voran bei der Unternehmensgesellschaft Böhler-Uddeholm. Massive Verluste in Höhe von 35,7 Mio. £ riefen ein Sanierungskonzept auf den Plan, das den Verkauf der Schmiede und Spezialstahlherstellung in dem Düsseldorfer Ableger vorsah. Daneben wurde Kurzarbeit in den Böhler Werken in Kapfenberg im Bereich Stahlwerk, Grob- und Feinwalzstraße sowie Langprodukte angeordnet.

Für das Jahr 1992 zeigte sich bei Voest vorsichtiger Optimismus. Die Umsetzung weiterer Maßnahmen, insbesondere die Zurücksetzung der Grundstofflastigkeit zugunsten hochleistungfähiger High-Tech-Produkte, soll die Positionierung im Wettbewerb verbessern. Bemühungen im Umweltsektor wie die Rückführung stahlhaltiger Gebrauchsgüter in den Produktionskreislauf sollen weiter forciert werden. Projekte in Zusammenarbeit mit Mercedes Benz über das Recycling von Altkraftfahrzeugen sind erste ernstzunehmende Ansätze in dieser Richtung.

Die Ankündigung weiterer Umstrukturierungsmaßnahmen zum Ende des letzten Jahres wurden unmittelbar im neuen Berichtsjahr 1992 eingeleitet. Wiederum standen internationale Zusammenarbeiten mit Stahlherstellern im Vordergrund (Übersicht 65). Voest Alpine blieb auch hier der bisher verfolgten Linie, der Etablierung auf dem osteuropäischen Markt, treu. Nachdem im Vorjahr eine 51% Beteiligung am ungarischen Kaltwalzwerk Dunaujvaros vereinbart wurde, wurde im Berichtsjahr 1992 der Vertrag mit Dunai Vasmu modifiziert. Demzufolge wird das Unternehmen in ein Joint Venture umgewandelt, in dem Dunai Vasmü die Werksanlagen stellt, während Voest das Kapital in Höhe von 350 Mio.öS beiträgt sowie die Aktienmehrheit erhält. Neben der Positionierung und den damit verbundenen Absatzmärkten in den osteuropäische Ländern verfolgte Voest im engeren Sinne zwei weitere Ziele. Zum einen bedeuteten die Verträge mit der ungarischen Stahlgruppe auch eine Annäherung an deren internationale Partner, allen voran Suzuki und Elektrolux. Zum anderen strebte Voest langfristig eine internationale Arbeitsteilung an, in der eine spezifische Aufgabenverteilung zwischen Ost und West erfolgen soll, d.h. die Herstellung von Rohstahl soll überwiegend in den osteuropäischen Ländern erfolgen, die Weiterverarbeitung zu Spezialstählen dagegen von westeuropäischen Unternehmen betrieben werden.

Übersicht 65: Ausblick und Maßnahmen der Voest Alpine Stahl AG 1992

- Erwerb des Baustahlunternehmens Baustahlgewerbe GmbH (BSTG) in Linz (Tochter der BSTG in Düsseldorf => Tochter von Thyssen und Saarstahl)
- Planung der Ausgliederung diverser Unternehmensteile (Gießerei, Schmiede, Grobblecherzeugung, Versand)aus Werk Linz => Verlust/ Reduktion der Belegschaft um 2.200 Mitarbeiter.
- Generaldirektor der VA Stahl Linz, Ludwig v. Bogdany, favorisiert das umweltfreundliche Corex-Verfahren zur Roheisengewinnung => Gerüchte über die Umstellung des Werkes Linz auf dieses Verfahren; lt. v.Bogdany rettet die Umstellung auf dieses umweltfreundliche Verfahren den Standort Linz als Stahlproduktionsstätte. Allerdings bedarf die Umstellung große finanzielle Hilfen durch den Staat, weil Linz allein diese Belastung nicht tragen kann (ca. 13 Mrd. öS). => Heftige Kritik der Regierung zu diesen Äußerungen, weil Stahlarbeiter zunehmend über Zukunftsperspektiven verunsichert.
- Vertrag zwischen ungarischem Kaltwalzwerk Dunai Vasmü in Dunaujvaros und Voest-Alpine über die Umwandlung des Werkes in ein Joint-Venture-Unternehmen zum 1. Januar 1992 wirksam geworden. Beitrag: Dunai Vasmü: Anlagen; Voest-Alpine: Kapital (350 Mio. öS)und Mehrheit mit 51%
- Umschuldungsabkommen mit dem phillipinischen Semiraia Coal Cap (SCC) => Übernahme von 40% der SCC-Anteile
- Rationalisierungsmaßnahmen im Werk Linz => VA plant, einzelnen Unternehmen auszugrenzen.
- Weitere Investitionen in dem Eisen- und Stahlunternehmen Dunaferr Danube (Ungarn) geplant. => Joint-Venture aus früheren Tagen bereits im Kaltwalzbereich
Ziel: Etablierung auf dem osteuropäischen Markt; Anteilnahme/ vorsichtige Annäherung an internationale Kooperationspartner der ungarischen Gruppe (z.B. Suzuki oder Elektrolux); internationale Arbeitsteilung, d.h. Stahlherstellung im Osten, Spezialstähle im Westen.
- Neuzustellung des Hochofens im Werk Donawitz => Hochofen 1 nach Erneuerung wieder in Betrieb (Kapazität unverändert 600.000 t/Jahr -> Sicherung der Roheisenversorgung der Hütte Donawitz); => Hochofen 2 in Kürze stillgelegt -> Ein-Hochofen-Betrieb
- Aufsplittung der Böhler-Uddeholm-Gruppe in
a. Böhler Bleche GmbH;
b. Schmiedeprodukte: Uddeholm's Hagfors Werk in Schweden
c. Walzstahlprodukte: Kapfenburg Werk in Österreich

d. Gießereiprodukte: Düsseldorf in Deutschland

Schließung der Schmiede- und Schmelzbetriebe in Düsseldorf.

- Reorganisation/ Restrukturierung des Unternehmens nicht auf Spezialstahlbereich beschränkt => Pläne über die Aufsplitterung der Stranggießproduktion im Werk Linz bzw. Blick auf Joint-Venture
- Großauftrag aus Südkorea zum Bau einer Corex-Anlage mit einer Jahreskapazität von 600.000 - 700.000 t Roheisen.

Quelle: HB: 06.10.92, Nr. 193, S.20; 05.03.92, Nr.46, S.27; Stahl und Eisen 112 (1992) Nr.2, S.38; 112 (1992) Nr.6, S.23;Stahlreport: 3/92, S.4; 1/92, S.4; Steel Times: 4/92, S.138, S.356; 3/92, S.110, S.111; SZ: 30.01.1992

Nachdem die Stahlkonjunktur bereits im Vorjahr auch die sanierte Voest Alpine erreicht hatte, geriet die Hütte Linz in den Mittelpunkt der Diskussion. Der Generaldirektor der VA Stahl Linz, Ludwig v. Bogdany, geriet massiv in das Kreuzfeuer der Kritik, nachdem er mit diversen Ankündigungen die Belegschaft zunehmend verunsichert hatte. Bekannt wurde, daß die Ausgliederung zahlreicher Unternehmensteile (Gießerei, Schmiede, Grobblecherzeugung, Versand) in Erwägung gezogen wurde, was den Verlust von etwa 2.200 Mitarbeitern bedeutenwürde und deren verständlichen Protest nach sich zog. Bogdany verkündete, daß nur die Umstellung auf das Corex-Verfahren den Standort Linz auf Dauer retten könne. Diese Äußerungen stießen auf heftige Kritik durch die österreichische Regierung, da die Umstellung große finanzielle Hilfen durch den Staat bedarf. Die Verunsicherung der Arbeitnehmer veranlaßte Bundeskanzler Vranitzky zu einer politischen Garantie für die weitere Zukunft der Hütte Linz.

Die Unternehmensgruppe Böhler Uddeholm war auch im Berichtsjahr 1992 das Sorgenkind des österreichischen Stahlherstellers. Nachdem sich für das Jahr 1992 wiederum große Verluste angekündigt hatten, beschloß man eine Neugliederung der Gesellschaft in drei Unternehmensbereiche:

- Böhler Bleche GmbH
- Schmiedeprodukte durch die Uddeholm Hagfors Werk
- Walzstahlprodukte werden künftig im Werk Kapfenburg in Österreich produziert
- Gießereiprodukte im Werk Düsseldorf

Der Schmiede- und Schmelzbetrieb in Düsseldorf wird ganz eingestellt.

Die Restrukturierungs- bzw. Reorganisationspläne waren nicht auf die Böhler-Gruppe beschränkt, sondern weiteten sich auf andere Unternehmensteile, z.B den Stranggießbereich der Hütte Linz, aus.

Große Hoffnung auf eine marktübergreifende Wirkung wurde durch einen Großauftrag aus Südkorea über den Bau einer Corex-Anlage ausgelöst.

Trotz anhaltender Stahlkrise erwirtschaftete Voest Alpine 1993 einen Jahresumsatz von 6,7 Mrd. DM. Das Berichtsjahr stand im Zeichen von neuen Investitionen, die schwerpunktmäßig zur Aufstockung der Kapazitäten im Kaltwalzbereich des Werkes Linz sowie in den Bau einer neuen Elektrogalvanisierungsanlage angelegt wurden, d.h. von den rd. 131 Mio. £ entfielen allein etwa 78 Mio. £ auf die Umbau- und Erweiterungsarbeiten im Linzer Stahlwerk.

Begründet wurde die Kapazitätserweiterung des Stahlherstellers mit der Anpassung auf den gesteigerten Bedarf aus der Automobilindustrie. Kurioserweise gingen jedoch die Bestellungen bei der Voest Alpine GmbH Judenburg,ein Unternehmen, das zu 60% von KFZ-Lieferungen abhängig ist, um 18% zurück. Inwieweit die gegebene Begründung für die Aufstockung der Kaltwalzkapazität auf 400.000 t/Jahr zutreffend ist, sei dahingestellt.

Maßnahmen der Voest Alpine Stahl AG 1993 (Ausblick)

- Aufstockung der Kaltwalzkapazitäten des Werkes Linz auf 400 000 t/Jahr; bis 1995 soll die Jahreskapazität 1,9 Mio. t betragen.
- Erweiterung der Werksanlagen auf ein weiteres Elektrogalvanisierungwerk; Ursache der Kapazitätserhöhung = gesteigerter Bedarf der Automobilindustrie
- geschätzte Investitionen: 131 Mio. DM, davon allein 78 Mio. DM für das neue Elektrogalvanisierungswerk
- Bestellrückgang (rd. 18%) bei Voest Alpine GmbH Judenberg (Kfz-Lieferungen)
- Umsatz Voest Alpine Stahl 1993 etwa 6,7 Mrd. DM; Beschäftigte: 33 720

13.4 Synthese der ausgewählten Unternehmen

Eine Rundumanalyse aller behandelten Stahlproduzenten ergibt durchaus parallele Tendenzen in der Geschäftspolitik. Gemeinsam sind allen Unternehmen die Bemühungen um internationale und nationale Kooperationen mit individuellen Schwerpunkten, d.h. die Wahl der Allianzen ist meist abhängig von den angestrebten Synergieeffekten. Verursacht wurden diese Fusionstendenzen durch eine überraschend einsetzende Stahlrezession zum Jahreswechsel 1989/1990, die die meisten Konzerne offensichtlich völlig überraschend getroffen hat. Begleitet wurde die anhaltende Stahlschwäche von Modernisierungs- und Umstrukturierungsmaßnahmen, die jedes Unternehmen in mehr oder weniger intensiver Form durchführte, um die internationale Wettbewerbsfähigkeit zu wahren.

Massive Auswirkungen ergab die Stahlkrise auf die Beschäftigungsstruktur aller Konzerne, die durch Rückgang und Arbeitsplatzreduzierungen in allen Bereichen gekennzeichnet war. Selbst bei den größten europäischen Stahlherstellern waren Werksstillegungen unvermeidbar.

Dieser kleine Überblick mag verdeutlichen, wie massiv sich die nachlassende Stahlkonjunktur auf die Unternehmen und damit auf die Regionen auswirkte. Viele vormals reine Stahlerzeuger versuchen durch Diversifikation der Produktpalette die Unternehmensstruktur zu ändern und andere, wirtschaftlichere, Standbeine aufzubauen. Manch großes Stahlunternehmen erwägt sogar den kompletten Rückzug aus dem Stahlbereich, um die Unternehmensbilanz zu ökonomisieren.

13.5 Unternehmen in den ehemaligen RGW-Ländern (außer Sowjetunion und DDR)

Nur für einige östliche Länder gibt es bereits Überlegungen zum Kapazitätsabbau. Diese existieren z. B. in Polen. Sie reichen bis zum Jahre 2002 und sehen vor, sechs der 25 Hüttenwerke stillzulegen, die anderen zu modernisieren und deren Betriebsablauf zu rationalisieren. Das wird zur Schließung einiger Produktionsanlagen führen mit einem Beschäftigungsrückgang von 125.000 auf 40.000 Personen. Die Rohstahlkapazität soll dabei - gemessen am Höchststand - halbiert werden. Es wird eine Kapazität von etwa 10 Mio. t angestrebt. Das entspricht etwa dem Produktionsniveau vom Anfang der neunziger Jahre. Die Produktionspalette - besonders bei höherwertigen Produkten - soll ausgeweitet werden.

Ein Plan für die Slowakische und Tschechische Republik sieht vor, bis zur Jahrtausendwende die Rohstahlerzeugung um ein Drittel gegenüber 1990 zu senken und die Zahl der Beschäftigten um

70% zu reduzieren. Als Ziel für beide Länder zusammen wird eine zukünftige Rohstahlerzeugungskapazität von 9 Mio. t genannt. Der größte Kapazitätsabbau soll in den völlig veralteten Anlagen der Tschechischen Republik vorgenommen werden.

Für Ungarn, Rumänien und Bulgarien gab es bis Mitte 1993 vergleichbare Pläne nicht. In Bulgarien mag das mit der im Lande praktizierten Privatisierungsstrategie zusammenhängen: Man setzt bei der Privatisierung der Staatsbetriebe dort ganz auf den Markt. Man läßt Auslandsanteile von 100% zu und garantiert Gewinntransfer.

Auch in Ungarn setzt die Regierung auf die Privatisierung der Eisen- und Stahlindustrie. Man hofft hier - wie in vielen anderen Ländern auch - auf maßgebliche Beteiligung ausländischer Investoren, die Kapital und Know-how für die Umstrukturierung und Modernisierung mitbringen.

Die ungarische Regierung setzt bei ihrer Privatisierung besonders auf ausländisches Kapital. Das Interesse ausländischer Investoren ist aber auch dort nicht groß. Einige privatisierte Teile der Eisen- und Stahlindustrie bekamen sehr schnell große Probleme, besonders diejenigen im nördlichen Industriegebiet. So mußte z. B. sechs Monate nach der Privatisierung der große Stahlerzeuger Dimag in Miskolc im Jahre 1992 in Konkurs gehen. Er wurde dann wieder unter staatliche Aufsicht gestellt.

In Rumänien wurde die staatliche Holding Siderom gegründet, die neben der Modernisierung und Umstrukturierung auch für die Privatisierung der Eisen- und Stahlindustrie verantwortlich ist. Inzwischen wurden alle staatlichen Werke in Aktiengesellschaften umgewandelt. Sie befinden sich jedoch weiterhin im Besitz des Siderom, also des Staates. Es sollen auch nur 30% der Anteile an Privatpersonen ausgegeben werden. Bei diesem sehr schleppend - aber ausdrücklich so gewollten - Privatisierungsprozeß will man besonders ausländisches Kapital ins Land holen. Es wurde deshalb 1991 ein Gesetz zur Förderung von Auslandsinvestitionen erlassen. Danach sollen Investoren z.B. für zwei Jahre von Importsteuern für Rohstofflieferungen befreit werden. Für fünf Jahre ist eine Befreiung von Gewinnsteuern vorgesehen. Bis Ende 1992 war in der Eisen- und Stahlindustrie nur ein einziges Gemeinschaftsunternehmen entstanden. Beteiligt sind ein rumänischer und drei italienische Partner. Der Kapitalanteil der italienischen Unternehmen beträgt 55%, 45% hat Siderom.

Die Privatisierung der staatlichen Eisen- und Stahlindustrie in Bulgarien wurde erst Ende 1992 begonnen. Bis 1995 sollen jedoch 25% der Großbetriebe privatisiert sein. Für ausländische Investoren werden Anteile bis zu 100% zugelassen und ein Gewinntransfer garantiert.

Ein großes Rätsel ist die Eisen- und Stahlindustrie im ehemaligen Jugoslawien. Nach der politischen Auflösung dieses Staates gibt es jetzt die "nationale" Eisen- und Stahlindustrie in Slowenien, Kroatien, Mazedonien, Bosnien-Herzegowina und im "Neuen Jugoslawien" (Serbien und Montenegro). Dazu kommt die Frage des Zerstörungsgrades der Eisen- und Stahlindustrie infolge des Bürgerkrieges im ehemaligen Jugoslawien, insbesondere in Bosnien-Herzegowina, wo dieser Industriezweig am besten entwickelt war (Standort Zenica).

Die Eisen- und Stahlindustrie in Albanien, die in Elbasan konzentriert war und 11.000 Beschäftigte hatte, ist Ende 1992 wegen unüberwindlicher ökonomischer Probleme im Lande ganz stillgelegt worden (Elbasan faces closure, S. 352).

13.5.1 Huta "Katowice" S.A., Dabrowa Gornicza (Polen)

Die Hütte "Katowice" ist der jüngste Hüttenbetrieb in Polen (1976). Zusammen mit der 1987 in Betrieb genommenen Kokerei und der alten Hütte "Bankowa" bildet diese Hütte ein Hüttenkombinat. Alle Objekte dieses Hüttenkombinats befinden sich in der Stadt Dabrowa Gornicza im östlichen Teil des Oberschlesischen Industrlereviers.

Die wirtschaftlich-finanzielle Lage der Hütte "Katowice" ist im Vergleich zu anderen polnischen Hütten besonders problematisch. Bereits seit der Inbetriebnahme konnte diese Hütte nur dank staatlicher Zuschüsse existieren, die im Jahre 1990 bereits 27,0 Mrd. zl erreichten (beispielsweise erhielt die Hütte HTS/Krakow 1,2 Mio. zl an staatlichen Zuschüssen). Im Jahre 1991 war sowohl der Brutto- als auch der Nettogewinn negativ (entsprechend -1 158 681 Mio. zl und -1 380 281 zl); der Rentabilitätsindex des Betriebes erreichte -22,97% (bei dem durchschnittlichen Rentabilitätsindex der polnischen Eisen- und Stahlindustrie von -2,4%). Der Absatz belief sich im Jahre 1991 auf 6 580 940 Mio. zl.

In den Jahren 1989 - 1992 zeigte die Produktion der Hütte "Katowice" eine sinkende Tendenz, der Rückgang war allerdings geringer als in allen anderen polnischen Rohstoffhütten (Roheisenproduktion - 12%, Stahlproduktion - 6%). Die Produktion von Walzerzeugnissen blieb stabil und betrug 2,5 Mio. t (bis auf das Jahr 1990). In der neuen Kokerei konnte ein geringer Anstieg der Koksproduktion festgestellt werden (Tab. 55).

Tab. 55: Produktionsdaten der Huta "Katowice" S.A.

Produktion in 1.000 t

Jahr	Koks	Roheisen	Stahl	Walzprodukte
1985	-	3.830	4.228	1.832
1989	2.273	4.117	4.364	2.541
1990	2.388	4.258	4.628	2.853
1991	2.261	3.334	3.691	2.575
1992	2.412	3.625	4.127	2.493

Im Jahre 1992 waren in der Hütte "Katowice" 22,9 Tsd Personen beschäftigt (Tab. 56); hinsichtlich der Zahl der Beschäftigten war diese Hütte der größte Hüttenbetrieb Polens. In den Jahren 1990 - 1992 ging die Zahl der Beschäftigten in der Hütte "Katowice" um 24% zurück.

Tab. 56: Entwicklung der Belegschaft in der Huta "Katowice"

Jahr	Belegschaft
1985	18.592
1987	20.941
1990	26.575
1991	25.348
1992	22.906

Die Produktionspalette im Jahre 1992 zeigt Übersicht 66.

Abb. 205: Die räumliche Struktur der Eisen- und Stahlindustrie in Polen (1989)

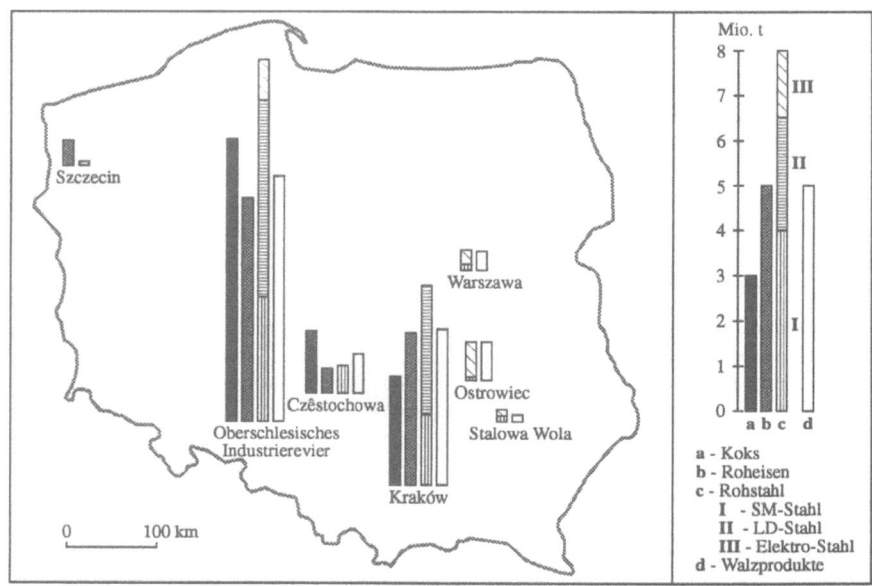

Zusammenstellung aller Unternehmen der Eisen- und Stahlindustrie in Polen (1989) [zu Abb. 205]

Unternehmen	Standort		
Huta Baildon	Katowice	Huta Labedy	Gliwice
Zaklad Huta Bankowa	Dabrowa Gornicza	Huta 1 Maja	Gliwice
Huta Batory	Chorzow-Batory	Huta Ostrowiec	Ostrowiec
Huta Bobrek	Bytom	Huta Pokoj	Ruda Slaska
Huta im. M. Buczka	Sosnowiec	Huta im. T. Sendzimira	Krakow
Huta im. Cedlera	Sosnowiec	Huta Stalowa Wola	Stalowa Wola
Huta Czestochowa	Czestochowa	Huta im. Swierczewskiego	Zawadzkie
Huta Ferrum	Katowice	Huta Szczecin	Szczecin
Huta Florian	Swietochlowice	Huta Warszawa	Warszawa
Huta Jednosc	Siemianowice	Huta Zabrze	Zabrze
Huta Katowice	Dabrowa Gornicza	Huta Zawiercie	Zawiercie
Huta Kosciuszko	Chorzow		

Quelle: Iron and Steel Works of the World, 1991

348

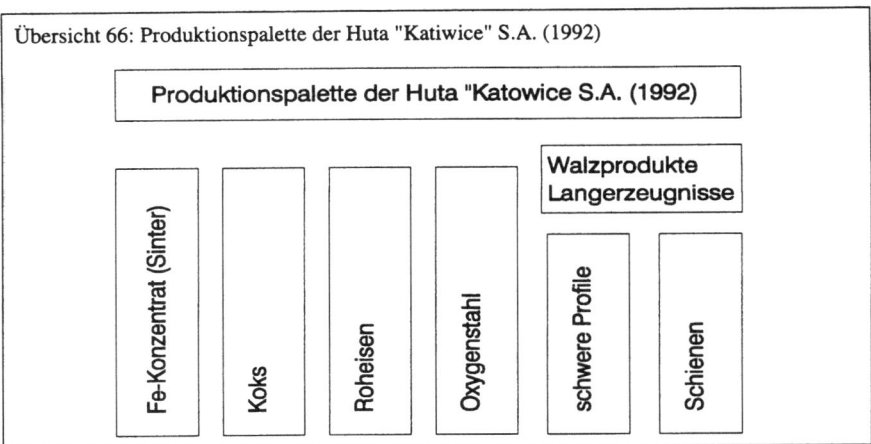

Übersicht 66: Produktionspalette der Huta "Katiwice" S.A. (1992)

Produktionspalette der Huta "Katowice S.A. (1992)

Walzprodukte
Langerzeugnisse

Fe-Konzentrat (Sinter)

Koks

Roheisen

Oxygenstahl

schwere Profile

Schienen

Ausblick

Die geplante Umstrukturierung der Hütte "Katowice" soll 983 Mio. USD kosten, d.h mehr als 1/5 aller für die Umstrukturierung polnischer Eisen- und Stahlindustrie vorgesehenen finanziellen Mittel . Die Hütte "Katowice" wird zum größten und modernsten Betrieb in der polnischen Eisen- und Stahlindustrie ausgebaut werden.

Das von der kanadischen Consulting-Firma ausgearbeitete Umstrukturierungsprogramm der polnischen Eisen- und Stahlindustrie setzt den Zusammenschluß der Hütten "Katowice" und Huta Sendzimira/Krakow voraus. Das Halbzeugwalzwerk wird stillgelegt und aus der Hütte Katowice S.A. werden ausgeschieden:

• Schrottaufbereitungsanlage
• Produktion feuerfester Stoffe
• Sauerstoffanlage
• Werksküche

Der Zusammenschluß der Hütte "Katowice" mit der HTS ist für diese Hütte eine wichtige Voraussetzung für ihre Rentabilität. Sie ist zwar der jüngste und modernste Betrieb in der polnischen Eisen- und Stahlindustrie, mit dem vorhandenen Angebot an Walzerzeugnissen (Halbzeug und Langerzeugnisse) kann jedoch kaum ein Gewinn erreicht werden.

In der Hütte "Katowice" wurde bereits mit den Modernisierungsarbeiten begonnen. Im Bau ist die erste Stranggußanlage zur Herstellung von Schienen und schweren Profilerzeugnissen. Nach dem Zusammenschluß der Hütten "Katowice" und HTS soll die Hütte "Katowice" zu den sechs stahlerzeugenden Hütten in Polen gehören. Mit 66% der gesamten Stahlproduktion wird sie die größte Rohstoffhütte Polens sein (6,5 Mio. t/Jahr). Man nimmt an, daß diese Hütte bis zum Jahr 2000 weiterhin Langerzeugnisse herstellen wird. Nach 2000 wird in diese Hütte das Warmblechwalzwerk aus der Hütte HTS verlegt und die Hütte "Katowice" soll der einzige Produzent von warmgewalzten Erzeugnissen in Polen werden. Die Umstrukturierung der technologischen Linien erfordert den Bau von zwei weiteren Stranggußanlagen. Die Hütte "Katowice" wird mit der Hütte "Czestochowa" (Herstellung von Rohblöcken für die Produktion von Grobblechen) sowie mit der Hütte HTS (Belieferung der HTS mit Halbprodukten für weitere Verarbeitung) eng zusammenarbeiten.

Der langfristige Entwicklungsplan der Entwicklung polnischer Eisen- und Stahlindustrie setzt voraus, daß der Export von Profilerzeugnissen dominant werden wird (ca. 49% des gesamten Exportvolumens). Die Hütte "Katowice" wird dabei zu den größten Exportbetrieben gehören. Besonders erwähnenswert ist in diesem Zusammenhang die Tatsache, daß die Spezialisierung der Hütte "Katowice" der der Hütte NHO in Ostrava - Kuncice (Tschechien), die übrigens nicht weit vom Oberschlesischen Industrierevier entfernt ist, sehr ähnelt. Beide Hütten sind folglich potentielle Konkurrenten auf den Absatzmärkten, daher wird beiderseits an einer Kompromißlösung bei der Festlegung der Produktionsstruktur gearbeitet.

13.5.2 "Huta Tadeusza Sendzimira" (HTS), Krakow (Polen)

Die HTS ist ähnlich wie die meisten Hüttenbetriebe in Polen ein staatlicher Betrieb, in dem aber bereits seit 1991 der Privatisierungsprozeß begonnen hat. Das Ziel des Privatisierungsprozesses ist die Aufteilung der bisherigen Struktur des Kombinats in:

- Produktionsbetriebe, die ausschließlich auf Hüttenproduktion eingestellt sind (sog. "Hütte"), die dann in eine Aktiengesellschaft mit staatlichem Anteil umgewandelt werden sollen und
- Betriebe, die bis jetzt als Dienstleistungsbetriebe in das Kombinat eingegliedert waren und die dann in selbständige Aktiengesellschaften umgewandelt werden sollen.

Die Ausgliederung und Privatisierung einiger dem Kombinat angehörender Dienstleistungsbetriebe ist bereits erfolgt. Ihre Eigentümer sind jetzt die Beschäftigten (51 - 60% der Aktien) und die Hütte HTS. Zu diesen Betrieben gehören:

- das Projekt- und Konstruktionsbüro
- "Zlomex", die ehemalige Abteilung des Kombinats für Schrottverarbeitung
- "Stalprodukt", die ehemalige Filiale des Kombinats in Bochnia, in der elektrotechnische Bleche und Baustahl hergestellt werden
- die Firma "Senvai" - mit der Beteiligung des österreichischen Kapitals
- "Hut-Pus", die für soziale Dienstleistungen für die Beschäftigten verantwortlich ist (Werksküche, Ferienheime, Erholung und Tourismus für die Belegschaft)
- Abteilung für Herstellung feuerfester Stoffe für die HTS.

Der eingeleitete Privatisierungsprozeß strebt die Umwandlung des Kombinats in eine moderne Aktiengesellschaft - Holding Company an. Auf dem Gelände der HTS entsteht zur Zeit das sog. "Business Center" sowie ein "Industrial Park" (der erste in Polen).

HTS ist eine der wenigen polnischen Hütten, die im Jahre 1991 einen positiven Bruttogewinn erzielt hat (201 247 Mio. zl). Ähnlich wie in den meisten Hütten Polens wurde aber auch hier ein negativer Nettogewinn erzielt (-844 601 Mio. t). Der Absatz erreichte im Jahre 1991 7 747 146 Mio. zl und war wesentlich niedriger als im Jahre 1990 (8 531 008 Mio. zl). Als eine der größten polnischen Rohstoffhütten erhielt die HTS die wenigsten staatlichen Zuschüsse (1,2 Mrd; dagegen Hütte Katowice ca. 27 Mrd zl, Hütte "Czestochowa" - über 4,0 Mrd).

In den Jahren 1989 - 1992 ging auch in HTS - wie in anderen 25 polnischen Hütten - die Produktion stark zurück (vgl. Tab. 57): Koks um 37%, Roheisen um 43%, Stahl um 52% und Walzprodukte um 46%. Die gesamte Produktion wies eine fallende Tendenz bis zum Jahre 1991 auf, dann kam eine gewisse Stabilisierung (1991 - 1992).

Tab. 57: Produktionsdaten der Huta T. Sendzimira (HTS)

Jahr	Produktion in 1.000 t					
	Koks	Roheisen	Stahl	Walz-produkte	kaltgewalzte Bleche	verzinkte Bleche
1985	2.221	3.660	4.742	3.829	1.475	156
1989	2.449	3.421	4.469	3.501	1.465	156
1990	1.885	2.693	3.432	2.617	1.046	148
1991	1.519	2.057	2.381	1.957	738	93
1992	1.533	1.940	2.127	1.902	736	118

Jahr	Produktion in 1.000 t				
	verzinnte Bleche	Profilbleche	Kaltband	Baustahl	Rohre
1985	88	21	-	217	325
1989	83	29	177	210	307
1990	63	23	99	117	167
1991	48	14	74	105	180
1992	60	10	60	42	194

Der Rückgang der Stahlproduktion ist u.a. auf die Schließung des SM-Stahlwerkes zurückzuführen. Der Anteil von Oxygenstahl stieg von 64% im Jahre 1985 auf 99,7% im Jahre 1992 an. Die Elektrostahlproduktion macht mit lediglich 0,3% einen geringen Teil der gesamten Produktion aus. Der Rückgang in der Produktion von Walzerzeugnissen bewirkte den Rückgang in der Produktion von Baustahl (Rückgang um 80%), Kaltband (65%), Profilblechen (65%) und kaltgewalzten Blechen (50%). Die Produktionspalette war sehr umfangreich (vgl. Übersicht 67).

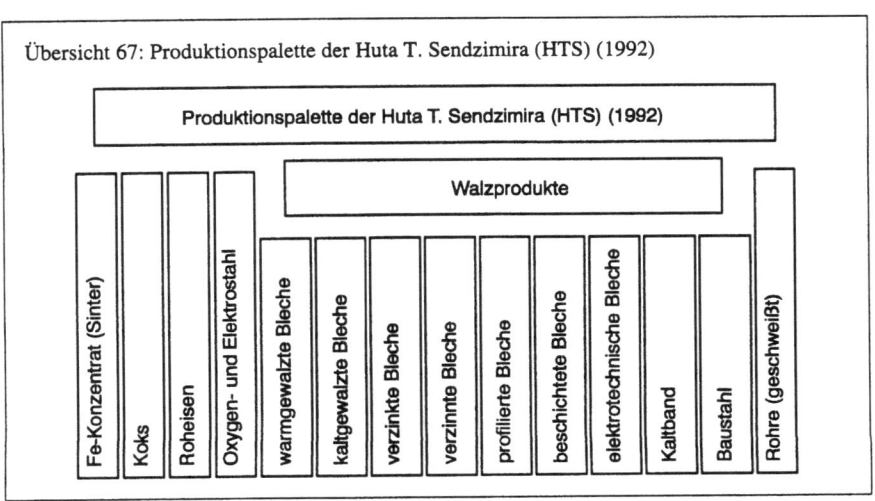

Übersicht 67: Produktionspalette der Huta T. Sendzimira (HTS) (1992)

Hinsichtlich der Beschäftigtenzahl (Tab. 58) war die Hütte HTS bis 1990 der größte Betrieb der Eisen- und Stahlindustrie in Polen; im Jahre 1992 lag sie mit 21,8 Tsd. an zweiter Stelle nach der Hütte "Katowice" (22,9 Tsd. Beschäftigte).

Ende der 70er Jahre waren in dieser Hütte fast doppelt so viel Personen beschäftigt (im Jahre 1980 - 38,4 Tsd. Personen); 1981 begann der allmähliche Abbau von Arbeitskräften und diese Tendenz hält bis heute an. In den Jahren 1990 - 1992 ging die Zahl der Beschäftigten um 1/4 zurück.

Tab. 58: Entwicklung der Belegschaft in der Huta T. Sendzimira (HTS)

Jahr	Belegschaft
1980	38.400
1985	32.772
1987	32.925
1990	28.676
1991	25.175
1992	21.828

Ausblick

Das von den kanadischen Experten ausgearbeitete und von der polnischen Seite modifizierte Umstrukturierungsprogramm der polnischen Eisen- und Stahlindustrie nimmt an, daß die Kosten der Umstrukturierung der Hütte HTS 450 Mio. USD, d.h. 10% aller für die Umstrukturierung polnischer Eisen- und Stahlindustrie bestimmten Kosten betragen werden.

Die kanadischen Experten sind der Meinung, daß der Zusammenschluß der Hütte HTS mit der Hütte "Katowice" unbedingt notwendig ist. Nur so kann ein moderner Betrieb der Eisen- und Stahlindustrie entstehen, der hinsichtlich der Technologie dem europäischen Niveau entspricht und der auf die Herstellung von Flacherzeugnissen spezialisiert ist. In jetzigen organisatorischen Strukturen und beim jetzigen technischen Niveau ist das Erreichen von finanzieller Rentabilität für beide Hütten unmöglich, für die Hütte "Katowice" - wegen der ungünstigen Produktionspalette und für die Hütte HTS - wegen veralteter Rohstoffabteilungen der Hütte. Die endgültige Entscheidung ist noch nicht gefallen. Die Hütte HTS strebt durch die allmähliche Privatisierung die Umwandlung zu einer Holding-Company (allerdings ohne die Hütte "Katowice") an. Sie will die Fortsetzung der Rohstoffproduktion und die Modernisierung der Verarbeitungsabteilungen durchsetzen, obwohl diese Lösung nicht sehr realistisch erscheint.

In dem Umstrukturierungsprogramm der polnischen Eisen- und Stahlindustrie wurde angenommen, daß die Hütte HTS nach Schließung bzw. Stillegung der in Übersicht 68 aufgeführten bereiche bis zum Jahre 2000 eine Verarbeitungshütte sein wird, die sich auf die Herstellung von warm- und kaltgewalzten Flacherzeugnissen spezialisieren wird. Nach 2000 sollen hier nur kaltgewalzte Flacherzeugnisse hergestellt werden (die Produktion von warmgewalzten Flacherzeugnissen soll in die Hütte "Katowice" verlegt werden). In der Praxis bedeutet das die Abschaffung der Rohstoffabteilungen der Hütte (bis auf den "neuen" Teil der Kokerei) sowie aller Brammenstraßen. Die Belieferung der HTS mit Rohblöcken übernimmt die Hütte "Katowice". Die bisherige Spezialisierung der Hütte auf die Herstellung von u.a. kaltgewalzten und beschichteten Blechen, elektrotechnischen Blechen und Baustahl soll beibehalten werden.

Übersicht 68: Geplante Stillegung von Teilen der Huta T. Sendzimira (HTS)

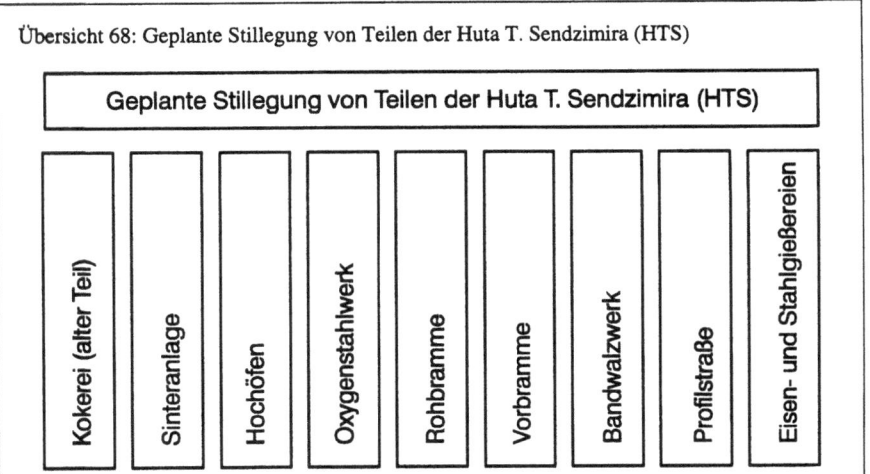

13.5.3 Nova Hut, Ostrava - Kuncice (Tschechien)

Seit dem 22.01.1992 funktioniert die Nova Hut in Ostrava - Kuncice (NHO) als eine Aktiengesellschaft. Sie umfaßt 13 eigenständige Betriebe (ehemalige Abteilungen der Hütte); davon sind 11 in der Stadt Ostrava und 2 außerhalb der Stadt (in Karvina - No 19 - und in Zabreh na Morave - No 38) lokalisiert.

1991 belief sich der Absatz der Hütte auf 8,5 Mrd.Kcs. Die Zahl der Beschäftigten betrug über 20.000. Hinsichtlich der Beschäftigtenzahl ist es nach Vitkovice mit 30.000 Beschäftigten und VSZ Kosice mit 24.600 Beschäftigten der drittgrößte Betrieb der Eisen- und Stahlindustrie in Tschechien und der Slowakei.

Man kann vermuten, daß die geplante Umstrukturierung des Werkes (darunter auch eine etappenweise Reduzierung des Rohstoffverarbeitungsbereiches) in den nächsten Jahren zum Abbau vieler Arbeitsplätze führen wird.

In den Jahren 1989 - 1992 ging die Produktion in dieser Hütte - ähnlich wie in anderen Hütten Tschechiens und der Slowakei - zurück: Koksproduktion um 30%, Stahl und Walzprodukte um 20% und Roheisen um ca. 15%. In den Jahren 1991 - 1992 hat sich die Produktion von Roheisen, Stahl und Walzerzeugnissen in der NHO bereits stabilisiert (Tab. 59).

Tab. 59: Produktionsdaten der Nova Hut (NHO), Ostrava-Kuncice

Jahr	Produktion (1.000 t)				
	Koks	Roheisen	Stahl	Walzprodukte	Rohre
1989	3.278	2.813	3.890	3.181	542
1990	3.050	2.715	3.636	2.857	534
1991	2.655	2.308	3.103	2.521	409
1992	2.240	2.401	3.156	2.546	377

Abb. 206: Die Eisen- und Stahlindustrie in Tschechien (A) und in der Slowakei (B) (1991)

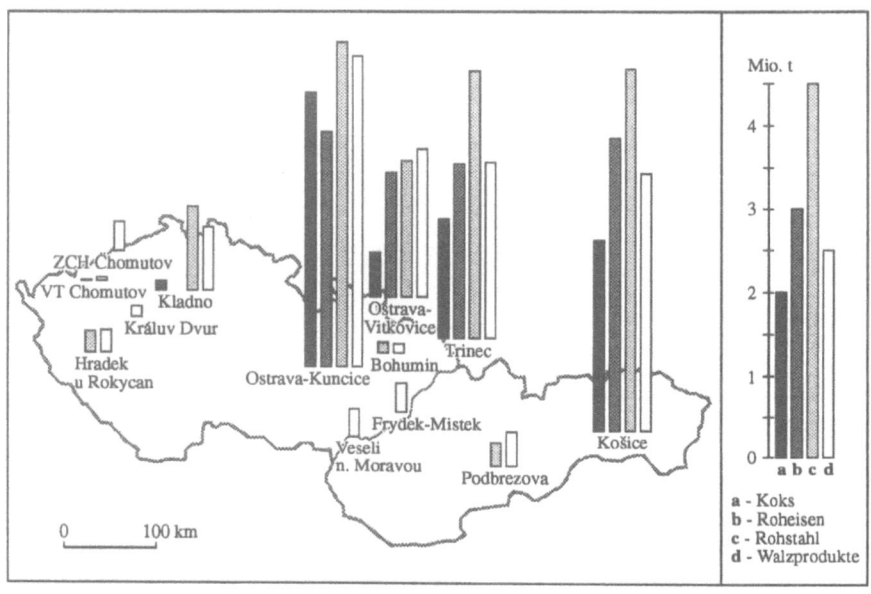

A) Die tschechischen Werke:

1 - Vitkovice Ostrava
2 - TZ Trinec
3 - NHC Kuncice Ostrava
4 - ZDB Bohumin
5 - VP Veseli n. Moravou
7 - POLDI Kladno
8 - ZBC Hradec u Rokycan
9 - ZCH Chomutow
10 - VT Comutow
11 - KZ Králuv Dvur

B) Die slowakischen Werke:

1 - VSZ Košice
2 - SZ Podbrezowa

Die Gesamtkosten der geplanten Umstrukturierung der Eisen- und Stahlindustrie Tschechiens und der Slowakei werden ca. 80,7 Mrd.Kcs betragen; der größte Teil dieser Kosten d.h. 21,2 Mrd.Kcs ist für die Umstrukturierung und Modernisierung der Hütte in Ostrava-Kuncice bestimmt.

Nach dem Umstrukturierungsprogramm wurde in dieser Hütte bereits mit den Modernisierungsarbeiten begonnen; derzeit werden Produktionstechnologien modernisiert. 1991 wurde die erste Stranggußanlage installiert (1,1 Mio. t/Jahr). Im Stahlwerk werden Stahlveredelungsanlagen gebaut.

Der langfristige Umstrukturierungsplan sieht den Bau von zwei COREX-Anlagen (Direktreduktionsanlagen) mit je 750.000 t Roheisen pro Jahr vor. Nur ein Hochofen soll als Reserve beibehalten werden. Die COREX-Anlagen werden von der Firma Deutsche Voest-Alpine Industrieanlagenbau GmbH (DVAI) gebaut. Im Zusammenhang mit dem Bau der Direktreduktionsanlagen plant man die Stillegung der Sinteranlage, zwei Hochöfen und drei Koksbatterien. Eine Entscheidung über die Wahl der Produktionstechnologie für die Stahlproduktion nach der Abschaffung der SM-Martinöfen ist noch nicht getroffen worden. Der Bau eines Elektrostahlwerkes wäre sehr wohl möglich. In dieser Hütte sollen demnächst zwei Stranggußanlagen installiert werden. Das Warmblechwalzwerk und das Rohrewalzwerk sollen umgebaut werden.

In Zukunft soll die NHO in die mährisch-schlesische Holding Company eingegliedert werden. Als eine von drei Hütten (neben der Hütte in Trinec und der VSZ Kosice) soll sie Roheisen produzieren (30% der gesamten Produktion Tschechiens und der Slowakei) und als eine der acht Hütten soll sie Rohstahl (15% der Gesamtproduktion) herstellen. Dies bedeutet, daß die Produktion von Roheisen in den nächsten Jahren um 20% reduziert werden muß (von 2.401 Mio. t im Jahre 1991 auf 1.910 Mio. t im Jahre 2000) und die Produktion von Stahl - sogar um 55% (entsprechend von 3.156 Tsd. t auf 1.430 Tsd. t). Die NHO wird sich auf die Herstellung von Langwalzerzeugnissen spezialisieren (ca. 47% der gesamten Produktion) und u.a. ca.62% Halbprodukte für die Herstellung von Rohren erzeugen. NHO wird zu den wichtigsten und größten Herstellern von Rohren in Tschechien und der Slowakei gehören (ca. 25% der gesamten Produktion sowie 42% der gesamten Produktion von nahtlosen Rohren). Im Jahre 2000 werden in der Nova Hut in Ostrava - Kuncice über 46% von Langerzeugnissen, ca 25% von Rohren und ca. 12% von Flachwalzerzeugnissen hergestellt werden Tab. 60).

Tab. 60: Produktionsdaten von Nova Hut (NHO), Ostrava-Kuncice für das Jahr 2000

	Produktion in 1.000 t
Roheisen (1)	1.910
Rohstahl	1.430
Langerzeugnisse	1.820
Flacherzeugnisse	485
Rohre	315

(1) auch für die Vitkovice-Stahlwerke

13.5.4 Vychodoslovenske Zeleziarne (VSZ), Kosice (Slowakei)

Die Ostslowakischen Hüttenwerke (VSZ) in Kosice wurden als erster Betrieb der Eisen- und Stahlindustrie in der ehemaligen Tschechoslowakei von einem staatlichen Betrieb in eine Aktiengesellschaft (im Oktober 1990) und dann in eine Holding Company (1991) umgewandelt. Bis jetzt ist es die einzige Holding Company in der Eisen- und Stahlindustrie Tschechiens und der Slowakei; der langfristige Entwicklungsplan für die Eisen- und Stahlindustrie in Tschechien und der Slowakei sieht allerdings die Gründung zweier weiterer Holding-Gesellschaften vor: der mährisch-schlesischen Holding Company und der Holding Company der Edelstahlproduzenten.

Im Jahre 1992 setzte sich die Holding Company VSZ Kosice aus sieben gleichgestellten Schwestergesellschaften zusammen:

- "VSZ - Stahl" umfaßt Hüttenanlagen

- "VSZ - Industria" ist zuständig für: Produktion von Stahlkonstruktionen, Maschinenbau und -montage, Erzeugung von Rohren

- "VSZ - Keramica" stellt feuerfeste Stoffe her

- "VSZ - Service" funktioniert als eine Dienstleistungsstelle für andere Schwestergesellschaften und ist zuständig u.a. für den Transportbereich und Sozialleistungen für die Belegschaft (medizinische Betreuung, Erholung, Verpflegung, Hotels)

- "VSZ - Technika" befaßt sich mit der Planung von Entwicklungsrichtlinien für einzelne Gesellschaften, Planung von Konstruktionen, Modernisierung und Wartung der Anlagen

- "VSZ - Informatika" ist für die computergesteuerte Datenverarbeitungssysteme zuständig

- "VSZ - Marketing" befaßt sich mit der Werbung und dem Verkauf von Produkten einzelner Schwestergesellschaften der Holding Company.

Die Hüttenwerke in Kosice sind der modernste Betrieb der Eisen- und Stahlindustrie in Tschechien und der Slowakei. Die wirtschaftlich-finanzielle Lage der VSZ ist im Vergleich zu anderen Hütten in Tschechien und der Slowakei relativ gut.

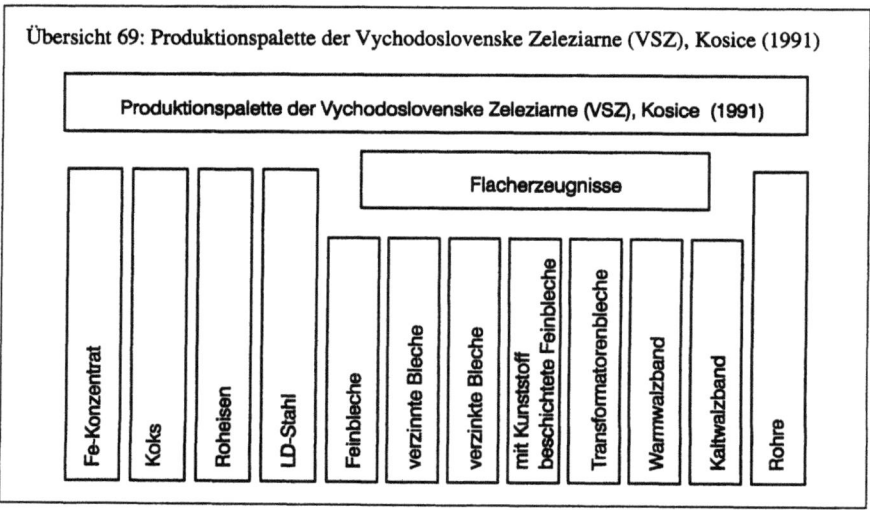

Übersicht 69: Produktionspalette der Vychodoslovenske Zeleziarne (VSZ), Kosice (1991)

In den Jahren 1989 - 1992 erfolgte ein geringer Produktionsrückgang in den Rohstoffverarbeitungsbereichen der Hütte. Dieser Rückgang in der Höhe von ca. 10 - 20% entsprach der allgemeinen Tendenz in der tschechisch-slowakischen Eisen- und Stahlindustrie. In der selben Zeit konnten die Hüttenwerke VSZ jedoch einen kleinen Anstieg (5%) in der Herstellung der Walzerzeugnisse verbuchen (Tab. 61). In den Jahren 1991 - 1992 kam es zur Belebung der Produktion der kaltgewalzten Erzeugnisse; beispielsweise stieg die Produktion von verzinnten Blechen um 43% und von verzinkten Blechen um 24% an. Dieser Produktionsanstieg ist auf den hohen Spezialisierungsgrad zurückzuführen: VSZ sind der größte bzw. der einzige Produzent einiger Walzerzeugnisse.

Tab. 61: Produktionsdaten der Vychodoslovenske Zeleziarne (VSZ), Kosice

	Produktion (in 1.000 t)			
	1989	1990	1991	1992
Koks	2.285	2.340	2.136	2.052
Roheisen	3.515	3.561	3.163	2.939
Stahl	4.342	4.393	3.882	3.592
Walzprodukte	2.969	2.998	2.880	3.134
(davon): Halbzeug			269	85
warmgewalzte Erzeugnisse			618	746
Warmband			118	164
Grobbleche			679	629
kaltgewalzte Erzeugnisse			195	368
Kaltband			38	52
Feinbleche			654	672
verzinkte Bleche			188	233
verzinnte Bleche			80	114
Transformatorenbleche			77	62

In den Ostslowakischen Hüttenwerken waren im Jahre 1991 24,6 Tsd.Personen beschäftigt und in dieser Hinsicht sind sie der zweitgrößte Betrieb der Eisen- und Stahlindustrie in Tschechien und der Slowakei (nach Vitkovice - 30.000 Tsd.). In den Jahren 1990 - 1991 ging die Zahl der Beschäftigten um 5% zurück.

Die finanziellen Mittel , die für die Umstrukturierung der Hütte in Kosice bestimmt sind, belaufen sich auf ca. 14,1 Mrd Kcs, d.i. 17,4% aller für die Umstrukturierung der Eisen- und Stahlindustrie Tschechiens und der Slowakei bestimmten Mittel . Geplant ist der Ankauf von wichtigen Anlagen sowie die Einführung modernster Technologien, z.B. Stranggußanlage für flache Strangkokillen. Es ist eine neue Technologie, die insbesondere für Bandblechproduzenten besonders wichtig ist. Der Umstrukturierungsplan sieht die Modernisierung bestehender und den Bau neuer Blechverzinnunganlagen (von 12 Tsd. t auf 200 Tsd./ pro Jahr) vor. Die Modernisierung und der Ausbau des Walzwerkes wird von der holländischen Firma Hoogovens durchgeführt.

Ein wichtiger Punkt im langfristigen Entwicklungsplan der VSZ ist ebenfalls die Installierung einer neuen, zweiten Blechbeschichtungsanlage. Alle Veränderungen, insbesondere in den Rohstoffabteilungen der VSZ werden auch den gesamten Umstrukturierungsprozeß der Eisen- und

Stahlindustrie Tschechiens und der Slowakei direkt betreffen (Wandlung in der Produktionspalette).

Bis zum Jahr 2000 sollen sich die Hüttenwerke in Kosice zum größten und modernsten Eisenhüttenbetrieb in Tschechien und der Slowakei entwickeln: 2,9 Mio. t Roheisen (46% des Produktionsanteils beider Länder) und 3,5 Mio. t von Oxygen-Stahl (38% der gesamten Stahlproduktion und 57% der Produktion von Oxygenstahl). Die für das Jahr 2000 geschätzte Produktionsmenge in den Rohstoffbereichen entspricht dem Stand vom Jahr 1992. Die geplante Produktion von Walzerzeugnissen soll ca. 2,8 Mio. t pro Jahr betragen (Tab. 62).

Tab. 62: Geplante Produktionsdaten der ostslowakischen Hüttenwerke für das Jahr 2000

	in 1.000 t
Roheisen	2.940
LD-Stahl	3.520
Flacherzeugnisse	2.777
davon warmgewalzte Bleche	1.361
kaltgewalzte Bleche	796
beschichtete Bleche	367
Transformatorenbleche	100
andere Bleche	153
Rohre	100

Die Ostslowakischen Hüttenwerke werden sich weiterhin auf die Herstellung von flachen Walzerzeugnissen spezialisieren; die Produktion soll 65,3% der gesamten Produktion der Walzerzeugnisse abdecken. Die VSZ werden ihren Stellenwert als der größte Produzent von warmgewalzten Blechen (72% der Landesproduktion), elektrotechnischen Blechen (85%) und kaltgewalzten Blechen (72%) weiterhin beibehalten. Ihre Monopolposition in der Herstellung von Karosserieblechen, kalgewalzten, beschichteten und Profilblechen soll ebenfalls erhalten bleiben. Auch Spezialstahlkonstruktionen sollen hier produziert werden. Die Produktion von Rohren wird lediglich ca. 20% der gesamten Produktion abdecken, die VSZ werden sich allerdings insbesondere auf die Erzeugung von nahtlosen Rohren spezialisieren.

Das Hauptziel der Umstrukturierung der VSZ in Kosice ist erstens eine Umstrukturierung der Produktionspalette der gesamten Eisen- und Stahlindustrie Tschechiens und der Slowakei, zweitens das Beibehalten des modernen Angebotes an Walzprodukten, die sich im Vergleich zu den polnischen und ukrainischen Produkten als konkurrenzfähiger erweisen sollten.

13.5.5 Dunai Vasmu, Dunaujvaros (Ungarn)

Das Werk Dunai Vasmu ist die größte ungarische Eisenhütte (1954 gegründet) und gleichzeitig das einzige integrierte Hüttenkombinat in Ungarn. 1991 wurden in diesem Kombinat 100% der Landesproduktion von Koks, 77% Roheisen und 52% Walzprodukte hergestellt. Im Vergleich zum Stand vom Jahre 1989 ging die gesamte Produktion um ca. 20-30% zurück, der Anteil des Kombinats Dunai Vasmu an der gesamten Stahlproduktion in Ungarn stieg jedoch von 42% im Jahre 1989 auf 69% im Jahre 1991 an (Tab. 63).

Abb. 207: Die Eisen- und Stahlindustrie in Ungarn nach Werken (1991)

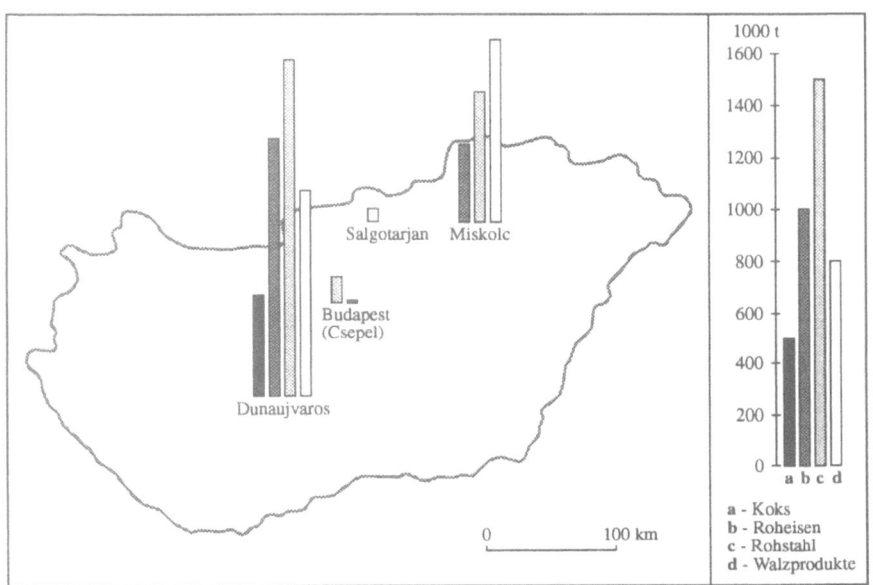

Tab. 63: Produktionsdaten der Dunai Vasmu

	1989	1992	Landesanteil
	(Tsd. t)	(Tsd. t)	(%)
Koks	600	400	100
Roheisen	1.200	1.000	77
Rohstahl	1.400	1.300	69
Walzprodukte	1.200	800	52

In den Jahren 1991 - 1992 waren in diesem Kombinat ca. 12 000 Personen beschäftigt, das sind 43% aller Beschäftigten in der ungarischen Eisen- und Stahlindustrie.

Die Übersicht über die Produktionspalette vermittelt Tab. 64.

Tab. 64: Produktionspalette der Dunai Vasmu (Danube Metallurgical Works), Dunaujvaros 1989 und 1992

Produktionspalette:	1989	1992
Koks	X	X
Fe-Konzentrat (Sinter)	X	-
Roheisen	X	X
Rohstahl	X	X
warmgewalzte Bleche	X	X
kaltgewalzte Bleche	X	X
beschichtete Bleche	X	X
Rohre (geschweißt)	X	X

In den Jahren 1989 - 1991 wurden folgende Modernisierungsinvestitionen eingeführt:
- Abschaffung der Sinteranlage zugunsten der importierten Pellets
- Stillegung der Stahlproduktion in den Martinöfen
- Modernisierung und Erweiterung der Hochöfen No 1 und 2
- Bau eines Ofens im Walzwerk
- Einführung der Blechbeschichtungs- und Galvanisationsanlagen (Beschichtungsanlage: Stelco-Sheffield; Galvanisieranlage: Joint Venture mit Tabarski–Österreich)

Dunai Vasmu ist nach wie vor ein staatlicher Betrieb, allerdings mit Beteiligung des ausländischen Kapitals; es entstanden:

- ein Joint Venture mit Voest Alpine Stahl /Österreich/ zur Herstellung von Karosserieblechen (für ausländische PKW-Werke in Ungarn: General Motors und Suzuki)

- ein Joint Venture mit der schwedischen Firma SWT System zur Herstellung von Containern und Straßenbarrieren.

Ein positiver Faktor für diese Hütte ist die günstige Lage an der Donau (billige Transportmög-lichkeiten von Rohstoffen und Fertigprodukten auf dem Wasserweg). Seit 1992 leidet die Hütte Dunai Vasmu unter den UNO-Sanktionen gegen Serbien mit, weil Transporte von und in die Hütte das Territorium Serbiens durchqueren müssen.[1]

13.5.6 Slovenske Zelezarne (Slowenien)

Das staaatliche Unternehmen Slovenske Zelezarne mit dem Sitz in Ljubljana (Slowenien)umfaßt folgende Eisen- und Stahlwerke:
- Zelezarne Jesenice
- Zelezarne Ravne
- Zelezarne Store

Diese alten, traditionellen Hüttenstandorte, die hochqualifizierte Fachkräfte beschäftigen, sind auf die Herstellung von Qualitätsstahl und unterschiedliche Fertigprodukte spezialisiert (Tab.65).

---

[1] Steel Times, August 1993.

Tab. 65: Produktionspalette von Slovenske Zelezarne (Slowenien)

Werke

Jesenice:	Ravne:	Store:
Fe-Konzentrat (Sinter),	Elektrostahl,	Fe-Konzentrat (Sinter),
Roheisen, Elektro-	Walzprodukte,	Elektro-Roheisen,
und SM-Stahl, warm-	Stahlguß,	Elektro-Stahl, Walzprodukte,
und kaltgewalzte Bleche,	Maschinen	darunter Edelstahlprodukte,
Draht, Nägel, Elektroden		Eisen- und Stahlguß,
		Elektroden

1986 wurde in dem Werk Store ein Edelstahlwerk mit einer Kapazität von 210.000 jato in Betrieb genommen, das von der Firma Mannesmann Demag gebaut wurde.

Der größte Abnehmer für alle Produkte der slowenischen Stahlindustrie war die Maschinen-, Auto- und Rüstungsindustrie in ganz Jugoslawien. Infolge der schweren wirtschaftlichen Krise sowie des politischen Zerfalls Jugoslawiens und des nachfolgenden Bürgerkrieges hat die Eisen- und Stahlindustrie Sloweniens ihre wichtigsten Absatzmärkte verloren.

In den Jahren 1988 - 1992 ging die Stahlproduktion um fast 50% zurück (in ganz Jugoslawien um 65%). 1992 betrug die Kapazitätsauslastung der Stahlwerke lediglich 57% und der Walzwerke 50% (Tab. 66).

Tab. 66: Produktion von Slovenske Zelezarne

	1989	1990	1991	1992	Auslastung
	1.000 t				(%)
Rohstahl	751	632	373	401	57
Walzprodukte		608	361	400	50

In der jetzigen Situation sind ausländische Absatzmärkte besonders wichtig. 1992 betrug der Export 200.000 t, d.h. 50% der gesamten Produktionsmenge. Exportländer waren: Österreich, Ungarn, die USA sowie die EG-Länder.

Die seit 1975 bestehende Kooperation mit der deutschen Handelsfirma SM Stahl-Maschinen Internationale Handelsgesellschaft mbH in Düsseldorf koordiniert und erleichtert den Export.

Ausblick

Seit dem Ausbruch des Bürgerkrieges und der wirtschaftlichen Krise hat das Unternehmen Probleme mit dem Absatz auf dem jugoslawischen Markt. 1992 mußte ein Walzwerk im Werk Jesenice stillgelegt werden.

Abb. 208: Die Eisen- und Stahlindustrie in Jugoslawien nach Republiken (1991)

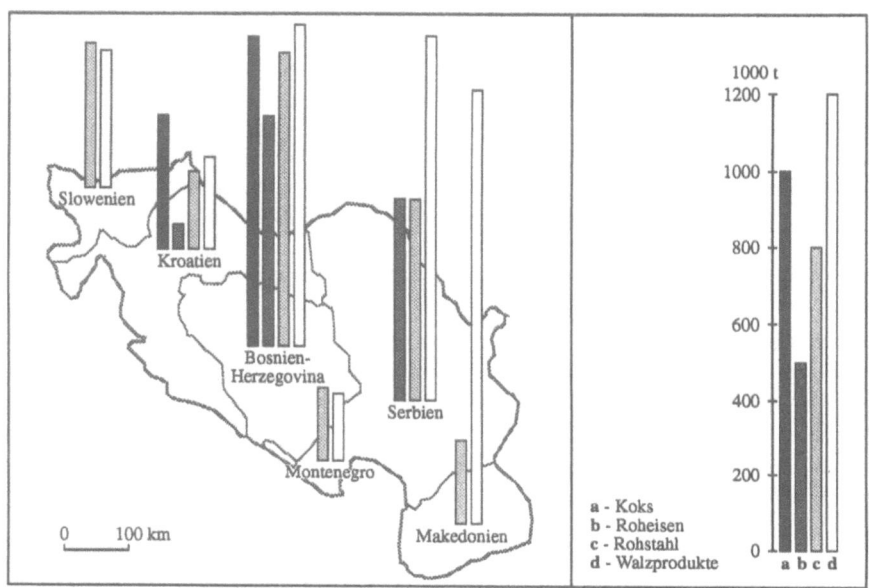

13.5.7 Sidex SA Galati (Rumänien)

Die Eisen- und Stahlhütte in Galati ist der größte Betrieb in Rumäniens Eisen- und Stahlindustrie (sie wurde 1965 in Betrieb genommen). Die Produktionspalette Ende der achtziger Jahre zeigt Übersicht 70. Im Jahre 1989 wurden in dieser Hütte 55% der Landesproduktion von Koks und 43% Stahl, allerdings nur 29% Walzprodukte hergestellt (Tab. 67).

Tab. 67: Produktionsdaten von Sidex SA Galati (1989)

	in 1.000 t	Landesanteil in %
Koks	2.500	55,5
Roheisen	5.000	55,5
Rohstahl	6.000	42,8
Walzprodukte	2.800	28,9

In den Jahren 1989 - 1992 ging die gesamte Produktion um ca. 50% zurück (der Produktionsrückgang in der gesamten Eisen- und Stahlindustrie Rumäniens betrug ca. 67%). 1991 betrug die Stahlproduktion 4.0 Mio. t, 1992 nur noch 2,9 Mio. t. Im Jahre 1989 waren in dieser Hütte ca. 40.000 Personen beschäftigt, d.h. ca 25% aller Beschäftigten in der rumänischen Eisen- und Stahlindustrie. Die Hütte Sidex SA Galati ist im Vergleich mit anderen Werken der Eisen- und Stahlindustrie in Rumänien ein relativ modernes und wirtschaftlich effektives Werk (Oxygen-Stahlwerk, Stranggußanlagen). Der günstige Standort dieser Hütte an der Küste ist dabei ein wichtiger Aspekt.

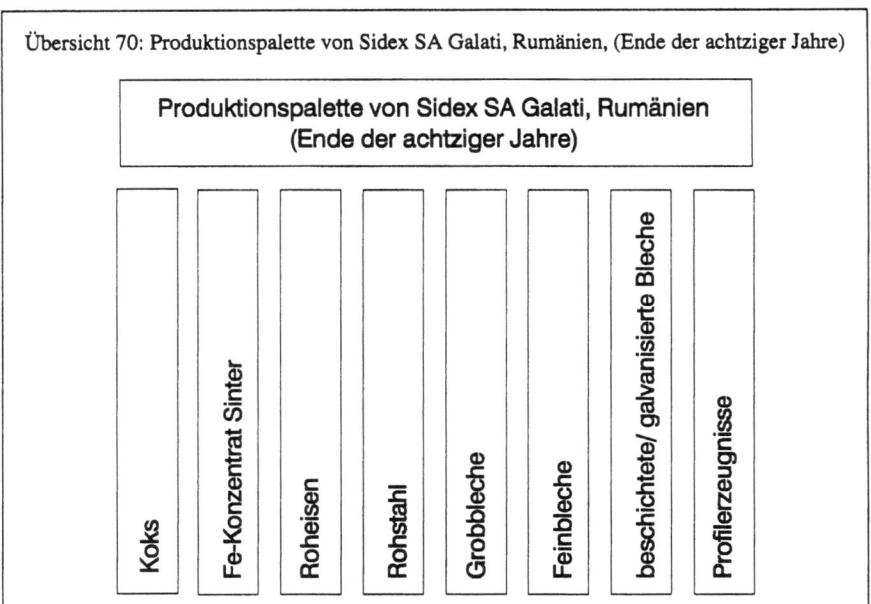

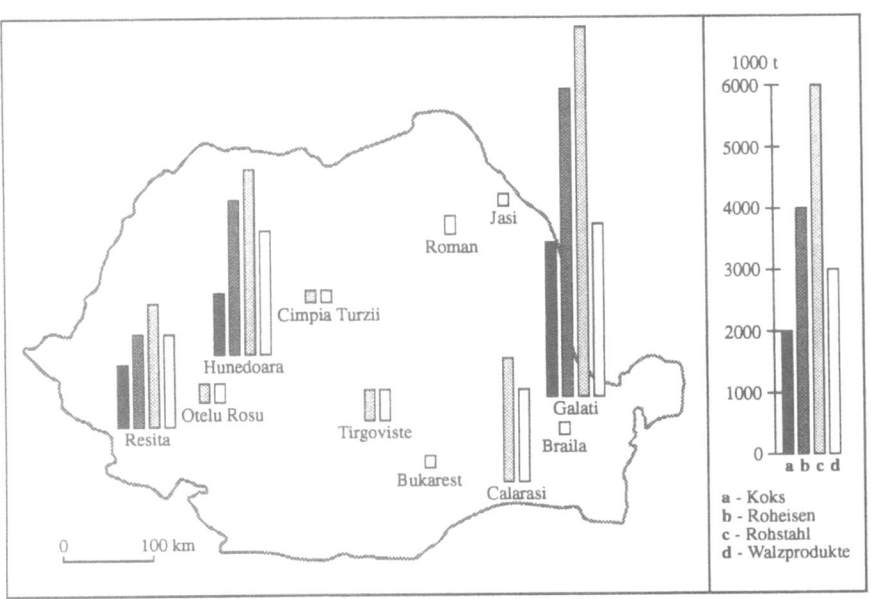

363

Folgende Modernisierungsmaßnahmen sind für diese Hütte vorgesehen:

Modernisierung der Hochöfen sowie des Warm- und Kaltblechwalzwerkes, Einführung von Stahl-veredelungsverfahren sowie Installierung von Umweltschutzanlagen.

13.5.8   Kremikovtsi Iron & Steel Works, Sofia (Bulgarien)

Die Eisen- und Stahlhütte in Kremikovtsi ist ein integriertes Hüttenkombinat (Koks, Roheisen, Rohstahl, Walzprodukte). Sie wurde im Jahre 1963 in Betrieb genommen.

Es ist die größte bulgarische Eisenhütte, in der der Großteil der Eisenproduktion des Landes konzentriert ist (in dieser Hütte werden 100% Koks, 83% Roheisen, 69% Rohstahl und 74% Walzprodukte hergestellt).

Tab. 68: Produktionsdaten von Kremikovtsi Iron and Steel Works (1989)

	in 1.000 t	Landesanteil in %
Koks	1.300	100
Roheisen	1.250	83
Rohstahl	2.000	69
Walzprodukte	2.000 (1)	74

(1) nur 50% Auslastung

Diese Hütte weist auch ein am meisten differenziertes Produktionsprofil bei Fertigprodukten auf (Übersicht 71).

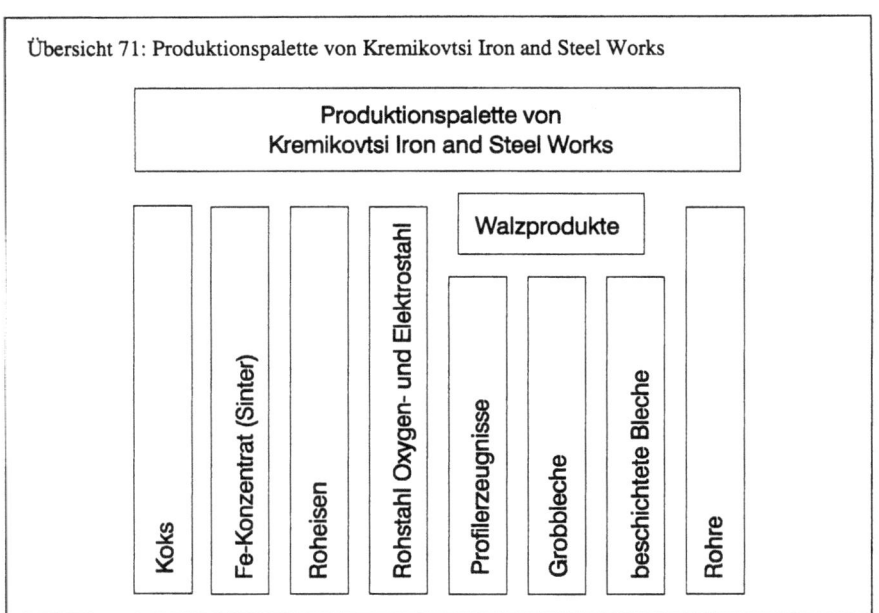

Übersicht 71: Produktionspalette von Kremikovtsi Iron and Steel Works

Produktionspalette von
Kremikovtsi Iron and Steel Works

Walzprodukte

Koks

Fe-Konzentrat (Sinter)

Roheisen

Rohstahl Oxygen- und Elektrostahl

Profilerzeugnisse

Grobbleche

beschichtete Bleche

Rohre

Abb. 210: Die Eisen- und Stahlindustrie in Bulgarien (1989)

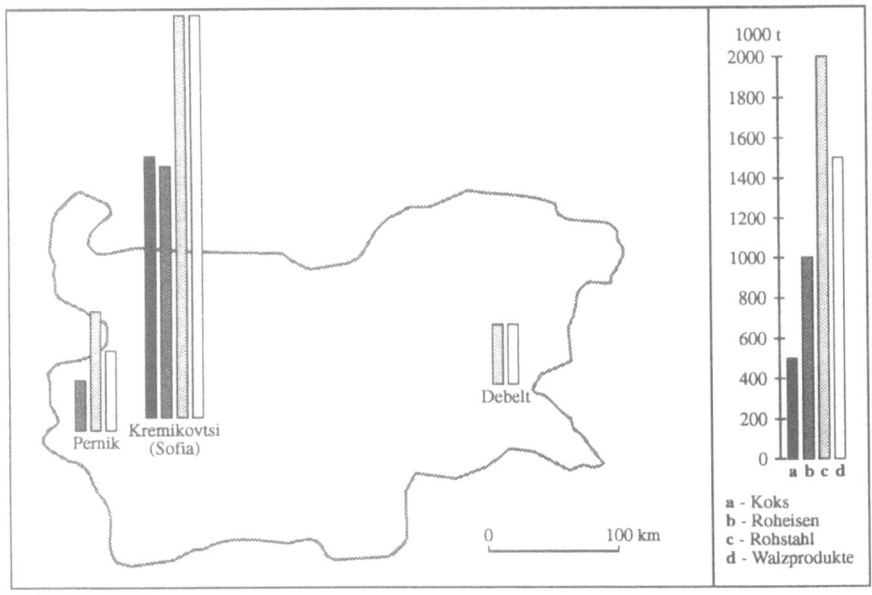

1000 t

Pernik

Kremikovtsi
(Sofia)

Debelt

0   100 km

a - Koks
b - Roheisen
c - Rohstahl
d - Walzprodukte

365

14 Ausblick

Die Umstrukturierung der europäischen Eisen- und Stahlindustrie ist noch nicht beendet. Die Ablösung der Zentralverwaltungswirtschaften in Osteuropa und die Übertragung des westdeutschen Wirtschaftssystems der sozialen Marktwirtschaft in die neuen Bundesländer haben einen Wandlungsprozeß in Gang gebracht, der auch in den nächsten Jahren u. a. eine völlig veränderte Situation der Eisen- und Stahlindustrie zeigen wird. Es werden sich dort nicht nur neue Organisationsstrukturen, und neue Handelsbeziehungen entwickeln, sondern ein umfassender Modernisierungs- und technologischer Umstrukturierungsprozeß weitergeführt werden, wie er bereits jetzt in Anfängen erkennbar ist.

Der Absatz für Erzeugnisse der Eisen- uns Stahlindustrie wird nicht nur für die Unternehmen des Ostens, sondern auch für diejenigen des Westens schwieriger werden. Mehr noch als bisher wird nicht die Menge, sondern die Qualität der Produkte entscheiden.

Zunehmende Kooperationen von Unternehmen, Arbeitsteilung und Spezialisierung werden wohl nur in Zukunft ein Überleben der Unternehmen sichern, wenn sie weiterhin am "Stahlgeschäft" teilhaben wollen. Die bereits jetzt erkennbare grenzüberschreitende Zusammenarbeit wird weiter zunehmen.

Die Eisen- und Stahlindustrie in Europa zählt nicht zu den Wachstumsbranchen. Das war schon in den letzten Jahren so, und es wird auch in den nächsten Jahren so sein. So ist denn wohl auch in den nächsten Jahren und Jahrzehnten damit zu rechnen, daß die Zahl der Erwerbstätigen in allen Ländern abnehmen wird.

Angesichts der weltweiten Entwicklung in der Eisen- und Stahlindustrie wird es auch im ganzen Untersuchungsraum zu weiteren drastischen Veränderungen kommen.

Mit dem Ausbau großer Erzeugungskapazitäten in einigen Ländern der Erde wird nicht nur der Absatzmarkt der europäischen Eisen- und Stahlindustrie enger, sondern auch der europäische Markt noch stärker bedrängt und somit der Absatz für die Unternehmen der Eisen- und Stahlindustrie in diesem Raum immer schwieriger werden.

Wenn man nun nach den vorangegangenen Darstellungen die Produktionsstruktur und die Regionalstruktur betrachtet und die radikalen Anpassungsvorgänge in den meisten Ländern vor Augen hat, dann ist zu erwarten, daß es auch innerhalb des Untersuchungsraumes durch Wegfall der innerdeutschen Grenze, durch die Wende im Osten und den Wegfall der Binnengrenzen innerhalb der EG und die Bemühungen mehrerer Länder Europas in die EU zu kommen, noch beachtliche Veränderungen geben wird.

Insbesondere wird es zu manchen Schließungen von Produktionsstandorten kommen, wenn man bedenkt, daß fast in allen Ländern Überkapazitäten und zum Teil völlig veraltete Betriebsanlagen vorhanden sind. Die nationale Bedeutung der Eisen- und Stahlindustrie wird dann sicherlich in einigen Ländern noch weiter schwinden. In vielen Fällen zeigt sich bereits seit Jahren dieser Trend.

15 Die veränderte Stellung der Eisen- und Stahlindustrie in der Industriestruktur der Länder Europas

Die Eisen- und Stahlindustrie gehört zu jenen Wirtschaftszweigen, in denen die industriellen Produktionsmethoden eingeführt wurden, sie gehört also - samt der Koksindustrie und neben der Textilindustrie - zu den ältesten Industriezweigen. Der Umfang der Stahlproduktion war noch vor einigen Jahren ein Maßstab des Industriepotentials und die Entwicklung der Eisen- und Stahlindustrie wurde (unabhängig vom Rohstoffpotential und dem politischen System des jeweiligen Landes) für die Grundlage der Industrialisierung gehalten. Viele Länder begannen mit dem Aufbau eigener Eisen- und Stahlindustrie viel später als die ersten Industrieländer, daher kann man in der Industriestruktur dieser Länder die Abhängigkeit der Rolle der Eisen- und Stahlindustrie vom derzeitigen Industrialisierungsgrad deutlich erkennen. Die Länder Europas sind ein gutes Beispiel dafür, weil sie im Grunde genommen alle Etappen des Industrialisierungsprozesses repräsentieren.

Der wichtigste und in der letzten Zeit die Rolle der Eisen- und Stahlindustrie bestimmende Faktor ist der technische Fortschritt, der im Einsatz rohstoffsparamer Technologien zum Ausdruck kommt.Der geringere Einsatz von Rohstoffen und Energie wird sowohl durch die Qualitätsverbesserung von Stahl als auch durch die Ablösung von Stahl in der Wirtschaft durch andere, darunter auch Nicht-Metall-Stoffe erreicht. Moderne Technologien machen auch die Verminderung der Zahl der in der Eisen- und Stahlindustrie beschäftigten Personen möglich; die Eisen- und Stahlindustrie muß auch auf die Umwelt Rücksicht nehmen. Aus diesen Gründen ist die immer kleiner werdende Rolle der Eisen- und Stahlindustrie in der Industriestruktur bereits zu einer Gesetzmäßigkeit geworden.

Strukturelle Charakteristika können anhand unterschiedlicher Maßstäbe des Umfangs der Industrie errechnet werden. Die am leichtesten zugänglichen Maßstäbe sind die Beschäftigtenzahl und der Wert der Produktion. Daher wurden sie - trotz verschiedener Mängel - auch in dieser Untersuchung angewendet.

Nach dem UN Yearbook of Industrial Statistics konnte eine umfangreiche Datenbank zusammengestellt werden. In dieser Datenbank sind nicht alle europäischen Länder erfaßt, hauptsächlich (wie im Falle von Luxemburg) wegen lückenhafter Daten. Selbst jene Länder, die über relativ vollständige Daten über die Beschäftigung verfügen, weisen zugleich wesentliche Mängel hinsichtlich der Daten für andere Maßstäbe auf; beispielsweise geben solche Länder wie Belgien, die Schweiz, Bulgarien und Rumänien keine Daten über den Wert der Industrieproduktion in einzelnen Branchen an (Tab. 69).

Tab. 69: Prozentualer Anteil der Eisen- und Stahlindustrie an der gesamten industriellen Brutto produktion

Land	1963	1968	1973	1978	1983	1988
D	9.16	8.07	8.12	5.94	3.67	3.74
CS	8.88	12.11	10.94	9.53	9.35	9.77
DK	0.85	0.83	1.03	1.24	0.95	1.07
DDR	7.34	7.64	7.82	6.79	7.66	6.10
SF	2.04	2.14	3.84	4.39	3.90	4.26
F	5.87	3.25	5.48	5.52	4.00	4.20
IRL	1.11	1.18	1.42	0.53	0.41	0.68
I	--	8.21	8.92	8.54	7.86	--
YU	--	3.81	6.49	5.66	7.95	7.29
NL	3.24	3.26	4.05	1.31	1.15	--
N	3.52	3.71	3.94	2.72	2.07	2.58
A	10.04	8.25	7.26	6.14	5.04	--
PL	6.23	6.90	7.20	6.50	5.63	5.25
P	4.53	5.25	3.47	4.20	2.83	2.31
S	5.75	5.64	5.92	4.77	4.78	5.16
E	10.42	20.28	14.08	12.45	5.37	4.35
H	9.54	7.72	7.48	6.94	5.79	5.86
GB	5.27	4.66	5.42	3.67	3.27	3.30

Quelle: UN Yearbook of Industrial Statistics

Für die Beurteilung der Stellung der Eisen- und Stahlindustrie in der Struktur der Verarbeitungs-industrie wurden auch strukturelle Histogramme angewendet (Abb. 211 - 221). Die strukturellen Histogramme stützen sich auf die prozentuellen Anteile der Beschäftigtenzahlen einzelner Indu-striezweige und auf den Wert der Produktion, wobei die Beschäftigtenzahlen bzw. der Wert der Produktion allein der Verarbeitungsindustrie als 100 % angenommen wurde. Jeder Industriezweig wird durch so viele Säulen dargestellt, wie viele Zeitperioden in den Untersuchungen berücksich-tigt worden sind; in diesem Fall sind es fünf Säulen - für die Jahre: 1968, 73, 78, 83 und 1988.

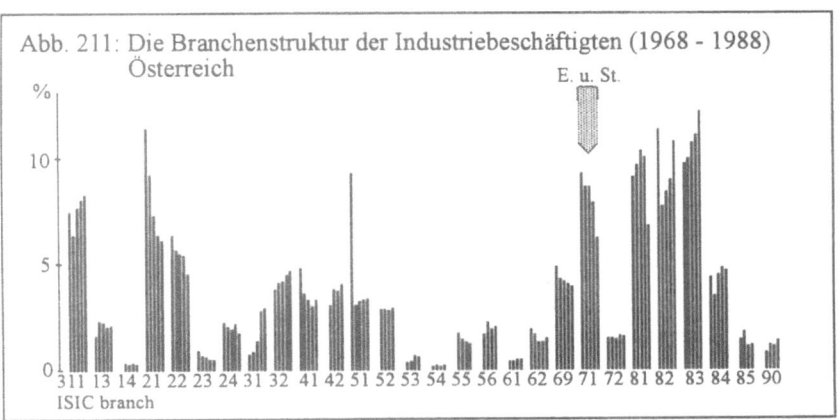

Abb. 211: Die Branchenstruktur der Industriebeschäftigten (1968 - 1988)
Österreich

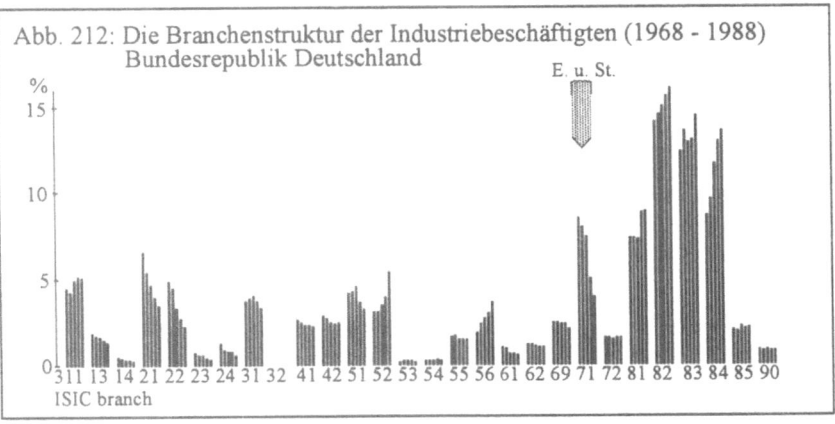

Abb. 212: Die Branchenstruktur der Industriebeschäftigten (1968 - 1988)
Bundesrepublik Deutschland

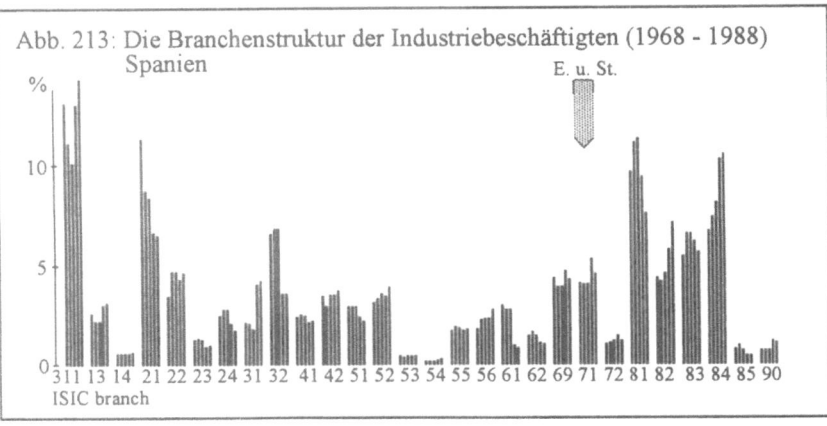

Abb. 213: Die Branchenstruktur der Industriebeschäftigten (1968 - 1988)
Spanien

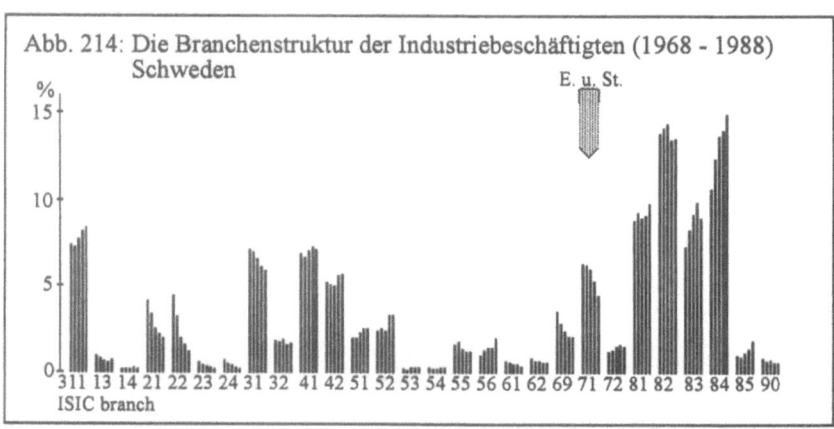

Abb. 214: Die Branchenstruktur der Industriebeschäftigten (1968 - 1988)
Schweden

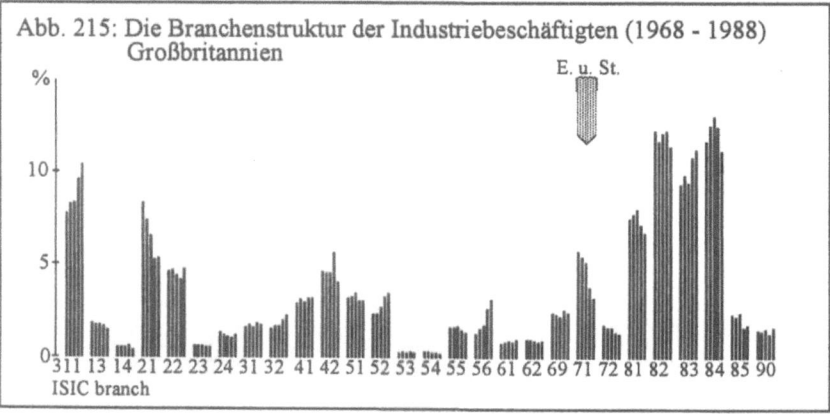

Abb. 215: Die Branchenstruktur der Industriebeschäftigten (1968 - 1988)
Großbritannien

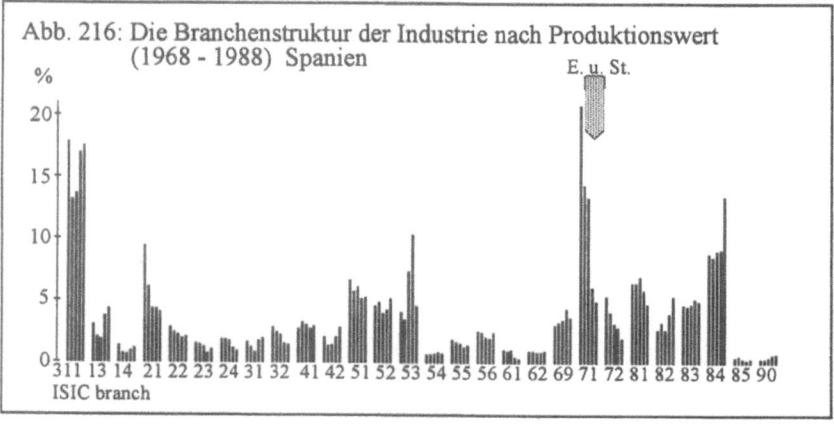

Abb. 216: Die Branchenstruktur der Industrie nach Produktionswert
(1968 - 1988) Spanien

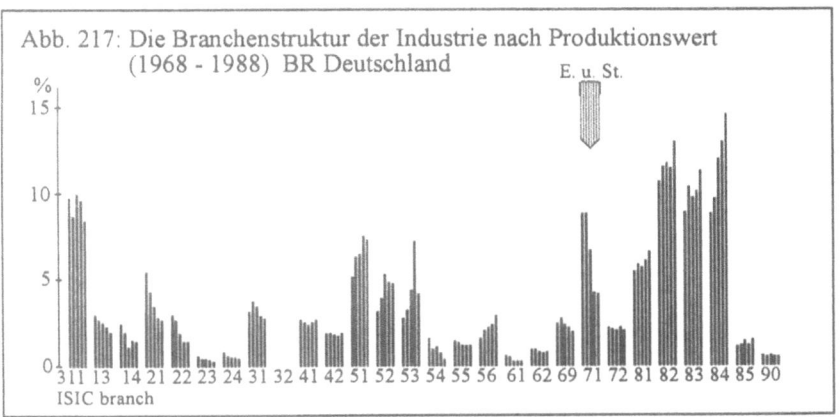

Abb. 217: Die Branchenstruktur der Industrie nach Produktionswert
(1968 - 1988) BR Deutschland

E. u. St.

%

15

10

5

0

3 11 13 14 21 22 23 24 31 32 41 42 51 52 53 54 55 56 61 62 69 71 72 81 82 83 84 85 90

ISIC branch

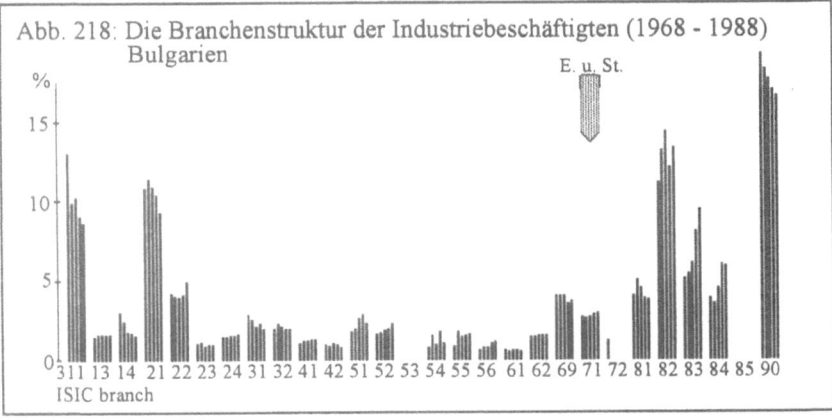

Abb. 218: Die Branchenstruktur der Industriebeschäftigten (1968 - 1988)
Bulgarien

E. u. St.

%

15

10

5

0

3 11 13 14 21 22 23 24 31 32 41 42 51 52 53 54 55 56 61 62 69 71 72 81 82 83 84 85 90

ISIC branch

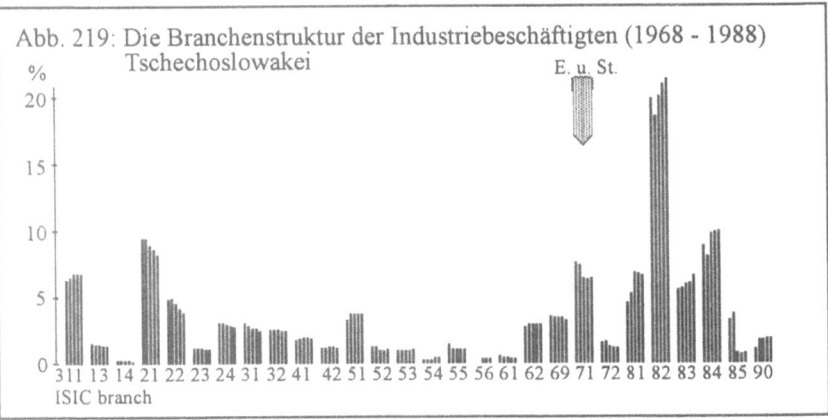

Abb. 219: Die Branchenstruktur der Industriebeschäftigten (1968 - 1988)
Tschechoslowakei

E. u. St.

%

20

15

10

5

0

3 11 13 14 21 22 23 24 31 32 41 42 51 52 53 54 55 56 61 62 69 71 72 81 82 83 84 85 90

ISIC branch

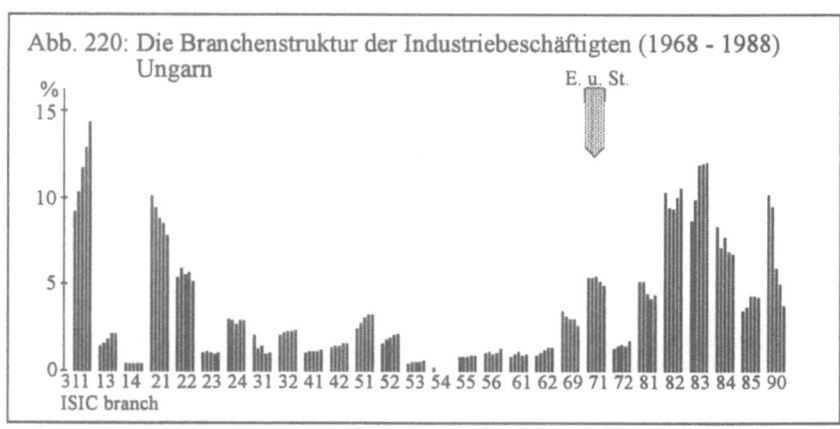

Abb. 220: Die Branchenstruktur der Industriebeschäftigten (1968 - 1988) Ungarn

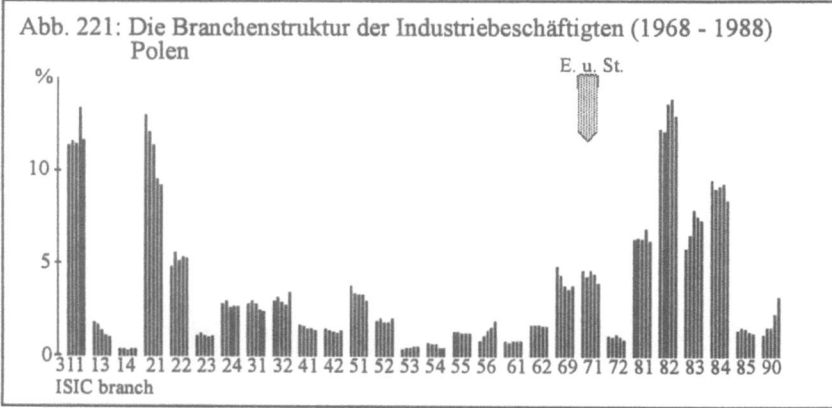

Abb. 221: Die Branchenstruktur der Industriebeschäftigten (1968 - 1988) Polen

Anhand von strukturellen Histogrammen konnten Industriezweige mit steigender Tendenz ausgegliedert werden, die die sich dynamisch entwickelnden Produktionszweige repräsentieren:

- Plastik Produkte (ISIC 356)
- Maschinenbau (382)
- elektrotechnische Industrie (383)
- Fahrzeugbau (384); es geht hier vor allem um die Autoindustrie, weil die Werftproduktion seit zwei Jahrzehnten kontinuierlich zurückgeht
- Feinmechanik (385).

In vielen Ländern, darunter auch in hochentwickelten Industrieländern (Deutschland, Schweden, Großbritannien) steigt der Anteil der Lebensmittelindustrie (311) an.

Der Anteil der traditionellen Branchen hingegen geht zurück:

- Textil- (321) und Bekleidungsindustrie (322),

- Leder- (323) und Schuhindustrie (324),

- Holzindustrie (331),

- Baumaterialindustrie (369) sowie

- Eisen- und Stahlindustrie (371).

In einzelnen Fällen sind Abweichungen von der allgemeinen Tendenz möglich. Dies betrifft auch die Eisen- und Stahlindustrie, denn es gibt Länder, in denen der Rückgang des Anteils der Beschäftigten in der Eisen- und Stahlindustrie an der Gesamtzahl der Beschäftigten nicht festgestellt wurde: z. B. in Bulgarien und in Italien (in den Jahren 1968 - 1983). Dies ist ein Beweis für die starke Differenzierung der Stellung der Eisen- und Stahlindustrie in den Industriestrukturen einzelner Länder. Um diese Differenzierung zu zeigen, wurden die untersuchten Länder aufgrund folgender Kriterien einzelnen Gruppen zugeordnet:

a) nach quantitativen Eigenschaften, die die Größe der Eisen- und Stahlindustrie (in absoluten Zahlen) darstellen,

b) nach qualitativen Eigenschaften, die den Anteil der Eisen- und Stahlindustrie an der Beschäftigtenzahl und dem Wert der Produktion darstellen,

c) nach der Richtung und der Intensität der Wandlungen der Stellung der Eisen- und Stahlindustrie in der Struktur der Verarbeitungsindustrie der untersuchten Länder.

Nach dem quantitativen Kriterium können zunächst einmal Länder mit einer sehr geringen Bedeutung der Eisen- und Stahlindustrie für die Industrie dieser Länder ausgegliedert werden; diese Länder sind durch eine geringe Beschäftigtenzahl (weniger als 10.000 Personen) und einen geringen Anteil an der gesamten Beschäftigtenzahl (weniger als 2,5 %) gekennzeichnet. Dieser Ländergruppe gehören beispielsweise Dänemark und Irland an. (Portugal, die Schweiz und Griechenland wurden in dieser Untersuchung nicht berücksichtigt). Die Industrie dieser Länder zeichne sich durch hohen Spezialisierungsgrad aus (z. B. sehr hohe Spezialisierung Dänemarks in der Lebensmittelindustrie). Folglich bildete die Eisen- und Stahlindustrie keine wesentliche Grundlage der Industrialisierung dieser Länder, vor allem aufgrund fehlender Rohstoffbasis (Typ M - sehr geringe Bedeutung)[1].

Eine völlig unterschiedliche Struktur weist Luxemburg auf (Luxemburg wird in dieser Untersuchung allerdings nicht berücksichtigt), wo die Industriestruktur bis vor kurzem von der Eisen- und Stahlindustrie sowie der Koksindustrie stark dominiert wurde, was vor allem auf die geringe Größe des Landes im Vergleich zu seiner Eisen- und Stahlindustrie zurückging.

Ein klassisches Beispiel sind große und mittelgroße Länder Europas, in denen die Eisen- und Stahlindustrie bis vor kurzem eine große Rolle in der Industriestruktur spielte bzw. immer noch spielt. Dies drückt sich in der hohen absoluten Zahl der in der Eisen- und Stahlindustrie beschäftigten Personen aus (über 100.000 Beschäftigte):

- Bundesrepublik Deutschland (ein Maximum wurde im Jahre 1963 erreicht: 695.000 Beschäftigte),

- Großbritannien (1963: 471.000 Beschäftigte), Frankreich (1978: 278.000 Beschäftigte),

---

[1]) Die einzelnen Ländertypen sind in der "Zusammenfassung" angeführt.

- Italien (1983: 269.000 Beschäftigte), Spanien (1983: 114.000 Beschäftigte),
- Tschechoslowakei (1973: 180.000), Polen (1978: 188.000), Rumänien (1983: 160.000).

Mit der Ähnlichkeit bezüglich des einen Kriteriums geht die Differenzierung hinsichtlich anderer Kriterien einher, die auf die unterschiedlichen Etappen und Methoden der Entwicklung der Industrie zurückgeht und die z. B. in der qualitativen Stellung der Eisen- und Stahlindustrie in der Struktur der Verarbeitungsindustrie zum Ausdruck kommt. Wenn man als Kriterium den mehr als 5-prozentigen Anteil der Beschäftigten in der Eisen- und Stahlindustrie an der gesamten Beschäftigtenzahl in der Verarbeitungsindustrie annimmt, kann man feststellen, daß innerhalb dieser Ländergruppe die Eisen- und Stahlindustrie in folgenden Ländern große Bedeutung hatte (bzw. hat):

- Bundesrepublik Deutschland (der maximale Anteil im Jahre 1963: 8,4 %),
- Großbritannien (1963: 5,2 %),
- Frankreich (1978: 5,1 %),
- Italien (1983: 7,2 %),
- Tschechoslowakei (1968: 6,9 %).

Dieser Gruppe gehören auch folgende Länder an:
- Österreich (1968: 8,4 %),
- Belgien (1963: 6 %),
- Schweden (1963: 6,3 %).

Das oben angewandte strukturelle Kriterium scheint ein gutes Merkmal für die Aussonderung von Ländern, in denen die Eisen- und Stahlindustrie eine wesentliche Rolle in der Industriestruktur spielt, zu sein. Hierbei sollte man anmerken, daß dies sowohl Länder mit langer Tradition in der Eisen- und Stahlindustrie als auch Länder, die sich durch ein hohes technisches Produktionsniveau auszeichnen, sind (Typ A). Nachdem ein ähnliches Kriterium in Hinblick auf den Anteil der Eisen- und Stahlindustrie am Wert der Produktion angewendet wurde, konnten noch zusätzlich folgende Länder ausgegliedert
- Spanien (1968: 20,3 % [!]),
- Portugal (1968: 5,3 %),
- DDR (1973: 7,8 %),
- Polen (1973: 7,2 %),
- Ungarn (1968: 7,7 %),
- Jugoslawien (1983: 8,5 %).

Die Dominanz der Länder Osteuropas mit der zentralen Planwirtschaft in dieser Gruppe weist auf außerwirtschaftliche (z. B. politische) Gründe für die wichtige bzw. sogar privilegierte Stellung der Eisen- und Stahlindustrie in der Produktionsstruktur (Typ B) hin. Der schnelle Rückgang des Anteils der Eisen- und Stahlindustrie Spaniens und Portugals an dem Wert der Produktion nach dem EG-Beitritt (1986) weist ebenfalls auf nicht-marktbedingte Gründe für die frühere hohe Stellung der Eisen- und Stahlindustrie in diesen Ländern hin. Die bis jetzt nicht erwähnten Länder - Finnland, Holland und Norwegen - können keiner der genannten Gruppen zugeordnet werden.

Eine starke Differenzierung ergibt sich in der untersuchten Ländergruppe hinsichtlich der Tendenzen (d. h. Richtung und Intensität) der strukturellen Wandlungen der Rolle der Eisen- und Stahlindustrie.

Die bereits erwähnte Gesetzmäßigkeit im Rückzug des Anteils der Eisen- und Stahlindustrie an der Industriestruktur kommt in Ländern mit ältesten Traditionen in der Eisen- und Stahlindustrie am deutlichsten zum Ausdruck.: In der Bundesrepublik Deutschland ging die Zahl der Beschäftigten in der Eisen- und Stahlindustrie innerhalb von 25 Jahren auf fast ein Drittel und der Anteil der Eisen- und Stahlindustrie an der Beschäftigung auf die Hälfte zurück. Ähnlich war es in Großbritannien (Typ A1). In kleineren Ländern wie Österreich, Belgien und Schweden, deren Eisen- und Stahlindustrie hochspezialisiert ist, erfolgte dieser Rückgang viel langsamer (Typ A2).

Typ A1   Länder mit dem anfangs sehr hohen Anteil der Eisen- und Stahlindustrie und der Tendenz des schnellen Rückgangs des Anteils: Bundesrepublik Deutschland, Großbritannien

Typ A2   Länder mit der großen Rolle der Eisen- und Stahlindustrie und der Tendenz des langsamen Rückgangs der Eisen- und Stahlindustrie: Österreich, Belgien, Schweden, Tschechoslowakei (keine Tendenz zum Rückgang bis 1988)

Typ A+   Länder mit der großen Rolle der Eisen- und Stahlindustrie und einer steigenden Tendenz: Frankreich, Italien

Typ B   Länder mit der außenwirtschaftlichen Privilegierung der Eisen- und Stahlindustrie: Spanien, Polen, DDR, Ungarn, Jugoslawien, Rumänien

Typ M   Länder mit einer geringen Bedeutung der Eisen- und Stahlindustrie: Dänemark, Irland, Portugal, Schweiz

Länder, die keiner Gruppe zugeordnet wurden: Finnland, Niederlande und Norwegen.

In Frankreich und Italien hingegen, wo eine starke Entwicklung der Eisen- und Stahlindustrie nach dem 2. Weltkrieg einsetzte, hielt die steigende Tendenz bis in die siebziger/achtziger Jahre an; in dieser Zeit machte sich die Überproduktion von Stahl bemerkbar (Typ A+).

In Spanien und Portugal stieg die Zahl der Beschäftigten in der Eisen- und Stahlindustrie bis zum EG-Beitritt dieser Länder (1986) an, wobei in Spanien früher (das Jahr 1968) 1/5 der gesamten Industrieproduktion von der Eisen- und Stahlindustrie erzeugt wurde (Abb. 216). Für die Eisen- und Stahlindustrie dieser Länder brachte der EG-Beitritt die Konkurrenz stärkerer Partner und einen schnellen Rückgang der Rolle der Eisen- und Stahlindustrie in der Industriestruktur.

In den Ländern Osteuropas wurde die Entwicklung der Eisen- und Stahlindustrie sehr stark und ohne Rücksicht auf Rohstoffbasis und Umwelt vorangetrieben. Es wurde der Bau von neuen, großen Hüttenkombinaten vorgezogen und die Modernisierung bereits existierender Hütten vernachlässigt. Je nach der allgemeinen Wirtschaftssituation und der Entwicklungsetappe der Eisen- und Stahlindustrie verlief die Entwicklung dieses Industriezweiges in diesen Ländern unterschiedlich.

In Bulgarien und Rumänien stieg in der untersuchten Zeitspanne von 25 Jahren die Zahl der Beschäftigten in der Eisen- und Stahlindustrie an, weil entweder mit dem Aufbau der Eisen- und Stahlindustrie von Anfang an (Bulgarien) oder mit dem Ausbau dieses Industriezweiges erst im Rahmen der "sozialistischen" Industrialisierung (in Rumänien) begonnen wurde.

In der Tschechoslowakei und in Polen, die auf eine lange Tradition in der Eisen- und Stahlindustrie zurückblicken können, erreichte die Entwicklung dieses Industriezweiges in den siebziger Jahren ihr Maximum, wobei in der Tschechoslowakei die Eisen- und Stahlindustrie den dritten

Platz nach der Lebensmittel- und Maschinenbauindustrie einnimmt. In den achtziger Jahren stieg in der Tschechoslowakei der Anteil der Eisen- und Stahlindustrie an der Beschäftigtenzahl wieder ein wenig an.

Obwohl die Wandlungen der strukturellen Rolle der Eisen- und Stahlindustrie in den ehemaligen "sozialistischen" Ländern der allgemeinen Tendenz ähnlich sind, zeichnen sie sich durch eine wesentlich geringere Intensität im Vergleich zu den in den westeuropäischen Ländern verlaufenden Wandlungsprozessen aus. Bis zum Ende der achtziger Jahre gingen diese langsamen Wandlungsprozesse eher auf die Ausschöpfung von Ressourcen als auf geplante Restrukturierungsmaßnahmen zurück. In den neunziger Jahren werden an die in den Ländern Osteuropas auf ihrem Weg zur Marktwirtschaft durchgeführten Anpassungsmaßnahmen viel höhere Anforderungen gestellt.

Die Bedeutung der Eisen- und Stahlindustrie in der Industriestruktur ging in den meisten europäischen Ländern zurück, wobei dieser Rückgang in jenen Ländern, in denen sich die Eisen- und Stahlindustrie am frühesten entwickelt hat, am schnellsten erfolgte. Je später die intensive Entwicklung dieses Industriezweiges einsetzte, um so länger hielt die steigende Tendenz an, oft unabhängig von der Anfrage auf dem Weltmarkt, was auf außerwirtschaftliche Gründe der Priorität der Eisen- und Stahlindustrie in der Wirtschaft einzelner Länder, vor allem der ehemaligen "sozialistischen" Länder, hindeuten mag.

16 Quellen

Abkürzungen:

FAZ   Frankfurter Allgemeine Zeitung

HB   Handelsblatt

SZ   Süddeutsche Zeitung

tz   die tageszeitung

AHV gegen Fusion mit Ensidesa. In: HB 165/1990, S. 16.

An den Staat privatisiert. In: Die Tageszeitung Nr. 4095 vom 26.8.1993, S. 6.

Arbed erhöht Anteil an Sidmar. In: HB 30.5.1990, S. 15.

Arbed kooperiert mit Usinor-Sacilor. In: HB 20./21.11.1992, S. 21.

Arbed und Usinor-Sacilor kooperieren bei Langprodukten. In: Stahl und Eisen 17.2.1992.

Batizi; E.E.: Investitionspolitik der RGW-Länder, Moskau 1983, in russisch.

Beihilfen für deutsche Stahlunternehmen. In: EG-Nachrichten Nr. 48/50 vom 20./27. Dezember 1993.

Belgium - Profits plummet. In: Steel Times August/1992, S. 356.

Beyer, H.-J. (Hrsg.): Handbuch der DDR-Betriebe. Standorte - Produktionen - Betriebsgrößen. Köln. 1990.

Bolbrinker, A.-K.: Stahlfibel, hrsg. vom Verein deutscher Eisenhüttenleute (VDEH), Düsseldorf.

Bradbury,J.: Some geographical implications of the restructuring of the iron ore industry. In: Tijdschrift voor Economische en Sociale Geografie. 1982, S. 73, 295 - 306.

British Steel Corporation: the road to viability. Cmnd 7149. HMSO. London. 1978.

British Steel Corporation: ten year development strategy. Cmnd 5226. HMSO. London. 1973.

British Steel on hold for the future. In: Steel Times Jan./1993, S. 13-16.

Bryer, R.A., Brignall,T.J. und Maunders, A.R.: Accounting for British Steel. Gower. Aldershot. 1982.

Buck, H.-F.: Von der staatlichen Kommandowirtschaft der DDR zur Sozialen Marktwirtschaft des vereinten Deutschland. Sozialistische Hypotheken, Transformationsprobleme, Aufschwungchancen (=Schriftenreihe Hochschule / Wirtschaft, Heft 8), Düsseldorf 1991.

Ciamaga, L.: Von Zusammenarbeit und Integration. Organisation und Tätigkeit des RGW zwischen 1949-1964, Warszawa, "Ksiazka Wiedza" 1965, in polnisch.

Cockerill für Stahlkrise Gewappnet. In: Börsen-Zeitung 12.5.1993.

Cockerill ist aus dem Gröbsten heraus. In: FAZ 7.5.1990, S. 22.

Cockerill Sambre geht in neue Länder. In: SZ 1.7.1992.

Cockerill - Sambre. In Steel Times August/1990, S. 423-424.

Cockerill - Sambre hat Kaltprofilwerk in Betrieb genommen. In: Stahl und Eisen 2/1992, S. 23.

Cockerill - Sambre profits fall 12% in in 1991. In: Steel Times Juni/1992, S. 25.

Cockerill und Sidmar noch 1990 einig. In: HB 18.12.1990, S. 14.

Costly Spanish Steel Rationalization. In: Steel Times April/1992, S. 135.

Cox, H.: Möglichkeiten und Grenzen der Bewältigung der Stahlkrise, Eine Produktions-, Kosten-und Wettbewerbsanalyse, In: Wirtschaftsdienst 10/1983, S. 140-144.

Der Stahlkonzern hat ein schweres Jahr hinter sich. In: HB 3.2.1992, S. 15.

Dicke, H. (1984): Die Stahlkrise in der EG, in: Das Wirtschaftsstudium (WISU), 6/1984, S. 251ff.

Die Eisen- und Hüttenwerke Thale AG. In: Stahlreport 3/1993.

Eckart,K.: Die Eisen- und Stahlindustrie in den beiden deutschen Staaten (Erdkundliches Wissen, Bd. 87). Stuttgart. 1988.

Eckart,K.: Die Eisen- und Stahlindustrie in der DDR. In: Deutsche Ostkunde, 36. Jg., Heft 2, Juni 1990, S. 63-98.

Eckart,K.,Kortus, B., Sadler,D.: Regonale und strukturelle Veränderungen in der Eisen- und Stahlindustrie europäischer Länder (Forschungsprojekt von der EG gefördert in der Zeit von 1992 bis 1994).

Eckart, K./D. Rast (1992): Das Bundesland Nordrhein Westfalen stellt sich vor, in: Zeitschrift für den Erdkundeunterricht, 6/1992, S. 222-223.

Elbasan faces closure. In: Steel Times August/1993, S. 352.

Ensidesa's 195 M Pounds Loss. In: Steel Times April 1992, S. 138.

Ensidesa Slash Costs by 28M Pounds. In: Steel Times März/1992, S. 111.

Europäische Stahlkrise schlägt auf Ergebnis durch. In: HB 30.3.1993, S. 25.

Feralphi Übernimmt Stahlwerk Riesa. In: Stahl und Eisen 112(1992) Nr. 3 vom 16.3.1992, S. 26.

Fevre, R.: Work, Employment and Society. In: Subcontracting in steel. 1987. S. 1, 509-527.

Florida,R. und Kenney,M.,Economic Geography. In: Restructing in place Japanese investment, production organisation, and the geography of steel. 1992, S. 68, 146-173.

Foot,S.P.H. und Webber,M.: Antipode. In: State, class and international capital 1: Background to the Brazilian steel industry and 2: The development of the Brazilian steel industry. 1990, S. 22, 93-120 und 233-251.

France - Big loss in longs. In: Steel Times August/1992, S. 359-360.

France: Long loss with Saarstahl. In: Steel Times August/1993, S. 344.

Frankreich fühlt sich gewappnet. In: SZ 11.2.1993, S. 20.

Frankreichs staatlicher Konzern steckt tief in den roten Zahlen. In: HB 1.2.1993, S. 13.

Gemeinsame Tochter Arbed/Usinor Sacilor. In: HB 4.10.1990, S. 18.

General objectives steel 1995. In: Commission of the European Communities. Brüssel. COM (90). 1990, S. 201.

Gerstenberger, W. et al. (1985): Subventionen in Europa - Konsequenzen einer Laissez-Faire-Politik, In: Die Weltwirtschaft, 1/1985, S. 101-113.

Grünes Licht für AHV - Ensidesa - Holding. In: Stahl und Eisen 2/1992, S. 37.

Handbuch der europäischen Eisen- und Stahlwerke, Hrsg. v. Montan- und Wirtschaftsverlag, 9. Aufl. Frankfurt/Main. 1993.

Henningsdorfer Elektro Stahl gegründet. In: Stahl und Eisen 112(1992) Nr. 6, S. 16.

Hoogovens dürfte Ertragsniveau halten. In: HB 29.10.1990, S. 21.

Hoogovens: Ergebnis im 1. Halbjahr 1992 gegenüber Vorjahr verschlechtert. In: Stahl und Eisen 10/1992, S. 131.

Hoogovens kooperiert mit Arvedi. In: Stahl und Eisen 5/1992, S. 36.

Hoogonens kooperiert mit Usinor-Sacilor. In: 23.4.1992, S. 21.

Hoogovens: Preise für Stahl sinken. In: FAZ 17.8.1990, S. 16.

Hoogovens übernimmt Norsk Blikkvalseverk zu 100%. In: Stahl und Eisen 8/1992, S. 29.

Hoogovens - Vorstand legt Sanierungsplan für die europäische Branche vor. In: HB 11.11.1992, S. 31.

Hoogovens will 400 Mill. hfl investieren. In: HB 4.2.1992, S. 19.

Hudson,R., Sadler,D.: Environment and Planning D: Society and Space. In: Region, class and the politics of steel closures in the European Community. 1983, S. 1, 405-428.

Hudson,R., Sadler,D.: The development of Middelsborough's iron and steel industry. In: Middelsborough Locality Study WP1, Department of Geography, University of Durham. 1985.

Hudson,R., Sadler,D.: The international steel industry: restructuring, state policies and localities. Routledge. London. 1989.

Hudson,R., Sadler,D.: The uncertain future of special steels; trends in the Sheffield, UK and European special steels industries. Sheffield City Council. 1987.

Information note concerning the implementation of the social measures for the restructuration of the steel industry (1993-1995). In: Commission of the European Communities. COM (93). Brüssel. 1993, S. 178.

Iron and Steel Works of the World. 10th Edition. 1991, S. 22.

Iron and Steel Works of the World. 10th Edition. 1991, S. 355.

Iron and Steel Works of the World. 10th Edition. 1991, S. 63

Iron and Steel Works of the World. 1991.

Joining Forces. In: Steel Times März/1991, S. 110.

Kerz,S. (1991): Bewältigung der Stahlkrisen in den USA, Japan und der Europäischen Gemeinschaft, insbesondere in der Bundesrepublik Deutschland, Göttingen.

Kommission der EG (1976;1): Bulletin der Europäischen Gemeinschaften 7/8-1976, Brüssel.

Kommission der EG (1976;2): Bulletin der Europäischen Gemeinschaften 12-1976, Brüssel.

Kommission der EG (1977;1): Bulletin der Europäischen Gemeinschaften 3-1977, Brüssel.

Kommission der EG (1977;2): Gesamtbericht der Europäischen Gemeinschaften, Brüssel-Luxemburg.

Kommission der EG (1980): Bulletin der Europäischen Gemeinschaften 3-1980, Brüssel.

Kommission der EG (1985;2): Die europäische Stahlpolitik

Kommission der EG (1982): Zwölfter Bericht über die Wettbewerbspolitik, Brüssel-Luxemburg.

Kommission der EG (1984): Vierzehnter Bericht über die Wettbewerbspolitik, Brüssel-Luxemburg.

Kommission der EG (1985): Stichwort Europa: Die europäische Stahlpolitik, Brüssel.

Kommission der EG (1986): Sechzehnter Bericht über die Wettbewerbspolitik, Brüssel-Luxemburg.

Kommission der EG (1988): Erster Bericht über staatliche Beihilfen in der Europäischen Gemeinschaft, Luxemburg.

Kommission der EG (1990): Zweiter Bericht über staatliche Beihilfen in der Europäischen Gemeinschaft im verarbeitenden Gewerbe und in einigen weiteren Wirtschaftssektoren, Luxemburg.

Kommission der EG (1991;1): Fairer Wettbewerb im Binnenmarkt: Die Beihilfepolitik der Europäischen Gemeinschaft, Luxemburg, in: Europäische Wirtschaft Nr: 48 vom Sept. 1991, S. 7-73.

Kommission der EG (1991;2): EGKS-Finanzbericht 1991, Luxemburg.

Kommission der EG (1991;3): Einundzwanzigster Bericht über die Wettbewerbspolitik, Brüssel-Luxemburg.

Kommission der EG (1992;1): Dritter Bericht über staatliche Beihilfen in der Europäischen Gemeinschaft im verarbeitenden Gewerbe und in einigen weiteren Sektoren, Luxemburg.

Kommission der EG (1992;2): Bulletin der Europäischen Gemeinschaften, 5-1992, Brüssel.

Kooperation mit Usinor-Sacilor. In: HB. 30.11.1992, S. 17.

Kooperation zwischen Arbed und Usinor-Sacilor. In: Stahl und Eisen 2/1992, S.32/33.

Krukowski; J.A.: Die Schwarzmetallurgie. In: Industriegeographie der sozialistischen Länder Europas, Moskau 1983 (russisch).

Latz, R. E.: Gegenwart und Zukunftschancen der deutschen Stahlindustrie. In: Europäische Hochschulschriften, Reihe 5, Volks- und Betriebswirtschaft, Bd. 196, Frankfurt/M. 1978.

Maxhütte Unterwellenborn hat Rohstahlproduktion eingestellt. In: Stahl und Eisen 112(1992) Nr. 8, S. 26.

McEachern,D.: A class against itself; power and the nationalisation of the British steel industry. Cambridge University Press. 1980.

Mit Stahl ein gutes Geschäft gemacht. In: FAZ 5.1.1990.

Monopolkommission (1983): Zur Neuordnung der Stahlindustrie - Sondergutachten der Monopolkommission , Bd. 13, Baden-Baden.

National Economic Development Office. Steel: the world market and the UK steel industry. London. 1986.

Netherlands-Environment matters. In: Steel Times August/1992, S. 364.

Netherlands Investing in a flat Market. In: Steel Times Sept./1991, S. 512.

Neuordnung der Strukturen des Aluminiumgeschäftes. In: HB 24.12.1990, S. 9.

Niederländische Stahlkocher tief in den roten Zahlen. In: HB 18.3.1993, S. 25

Norway, a reorganized industry. In: Steel Times August/1990, S. 437.

Norway, Joint Venture. In: Steel Times August/1993, S. 348.

O.V. (1993;1): Europa wehrt sich gegen die Rolle des Prügelknaben, in: Handelsblatt Nr. 119 vom 24.06.1993, S. 20.

O.V. (1993;2): Brüssel zufrieden, Bonn und Tokyo enttäuscht, in: Handelsblatt Nr. 144 vom 29.07.1993, S. 11.

O.V. (1993;3): US-Behörde bekräftigt Urteil, in: Handelsblatt Nr. 153 vom 11.08.1993, S. 1.

Paszkowski, 1992.

Perspektiven für den Stahl auch weiterhin günstig. In: HB 6./7.4.1990, S. 34.

Pläne für die Restrukturierung. In: Eisen und Stahl 5/1992, S. 38.

Privatisierung der Stahlindustrie kostet die Treuhand mehrere Milliarden Mark. In HB 19.3.1992, S. 15.

Produktionseinbußen bei Arbed-Stahlgruppe. In SZ 23.3.1993.

Public Accounts Committee: Control and monitoring of investment by British Steel corporation in private sector companies - the Phoenix operations. House of Commons paper 307, session 1984/85. London. 1985.

Rationalisierungsprojekte der Unimetal. In: Stahl und Eisen 2/1992.

Rengeling, H.-W. (1984): Europäische Gemeinschaften als Ordnungsrahmen für staatliche Subventionen, in: Juristenzeitung, 39. Jg. vom 7.9.1984, S. 795-801.

Restructing the EC steel industry. European Communities Committee. House of Lords paper 111, session 1992/93. 1993.

Sadler,D.: Industrial policy of the European Community: strategic deficits and regional dilemmas. In: Environment and Planning A 24. 1992. S. 1711-30.

Sadler,D.: Privatising British Steel: the politics of production and place. In: Area 22. 1990. S. 47 - 55.

Sadler,D.: The global region: produktion, state policies and uneven development. Pergamon. Oxford. 1992.

Schrottrecycling zukünftig bei Hoogovens Klöckner Scrap. In: Eisen und Stahl 2/1993, S. 21.

Senti, R. (1990): Dumping und Subventionen im internationalen Handel, in: Wirtschafspolitische Mitteilungen, Jg. 46 Nr. 11, 1990, S. 1-19.

Sollac erwarb 10% an Gonvarri Industrial. In: Stahl und Eisen 7/1992, S. 19.

Soltwedel, R. et al. (1988): Subventionssysteme und Wettbewerbsbedingungen in der EG - Theoretische Analysen und Fallbeispiele, Kiel.

Spain: Still in State. In: Steel Times August/1992, S. 366.

Spain Worried by Imports. In: Steel Times März/1990, S. 438.

Stahlkocher Hoogovens tief in den roten Zahlen. In: SZ 20.3.1992.

Stahlkonzern Arbed mit Millionen-Verlust. In: SZ 28.4.1993.

Stahlkonzern Cockerill rutscht in die Verlustzone. In: SZ 17./18.4.1993.

Stahlreport. 1991.

Stahlreport. 12/1991, S. 3.

Stahlreport 2/1993; S. 6.

Stahlreport. 4/1993, S. 4.

Strategische Neuorientierung der Arbed-Stahlgruppe. In: Stahl und Eisen 7/1990, S. 105-107.

Sweden, Early profits. In: Steel Times August/1993, S. 352.

Sweden, Still restructing. In: Steel Times August/1990, S. 438.

Trotz Umsatzrückgangs gefestigte Position. In FAZ 19.10.1990, S. 24.

Umsatzrückgänge infolge fallender Stahlpreise. In: HB 24.4.1992, S. 19.

Unimetal invests 15 Mio. Pounds in wire rod produktion. In: Steel Times April/1992, S. 141.

Upham,M.: Passages on the path to privatisation: the experience of British Steel. In: Industrial Relations Journal 21. 1990. S. 87-97.

Usinor-Sacilor 1991 mit 3,1 Mrd. FF Verlust. In: Stahl und Eisen 3/1992, S. 142.

Usinor-Sacilor - the giant of Europe. In: Steel Times April/1991. S. 424-425.

Usinor-Sacilor und GIAT wollen zusammenarbeiten. In: HB 6.12.1990, S. 19.

Vondran, Ruprecht: Die Stahlindustrie vor schwierigen Anpassungsproblemen. Die EG muß sich als Rechtsgemeinschaft bewähren (= Information und Referat auf der Hannover Messe am 20. April 1993).

Wienert, H.: Europäische Stahlpolitik: wirtschaftliche Zwänge und Beschäftigungshoffnungen. In: Wirtschaftsdienst 3/1988, S. 136-143.

Wienert, H.: Gelungene Umstrukturierung? - Eine Zwischenbilanz der Anpassungsbemühungen der europäischen Stahlindstrie. In: RWI-Mitteilungen, Jg. 40 (1989), S. 247-267.

Wienert, H.: Stahlbericht 1993. Nachfrageeinbruch in Japan und Europa; zögerliche Erholung auf anderen Märkten. In: RWJ-Mitteilungen, Jg. 44 (1993), S. 143-179.

Wienert, H.: Stahlpolitik: Ein Lehrstück für die Risiken der industriepolitischen Interventionen? In: Wirtschaftsdienst 4/1990, S. 207-211.

Wirtschaftsvereinigung Eisen- und Stahlindustrie (1992): Statistisches Jahrbuch der Eisen- und Stahlindustrie, Düsseldorf, verschiedene Jahrgänge.

Zapf, Marina: Rheinhausen liegt nicht nur am Rhein. In: EG-Magazin Nr. 5. 1993. S. 18-19.

Zycie Gospodarcze Nr. 29, 1992.

Entscheidungen und Richtlinien

Entscheidung Nr. 257/80/EKGS der Kommission zur Einführung von gemeinschaftlichen Regeln über spezifische Beihilfen zugunsten der Eisen- und Stahlindustrie vom 1. Februar 1980, ABI. Nr. 80/L 29 (Erster Beihilfekodex).

Entscheidung Nr: 3855/91/EGKS der Kommission zur Einführung gemeinschaftlicher Vorschriften über Beihilfen an die Eisen- und Stahlindustrie vom 27. November 1991, ABI. Nr. 91/L 362.

Richtlinie 80/723/EWG der Kommission über die Transparenz der finanziellen Beziehungen zwischen den Mitgliedsstaaten und den öffentlichen Unternehmen vom 25. Juni 1980. ABI. Nr. 80/L 195.

DUV Deutscher Universitäts Verlag

GABLER·VIEWEG·WESTDEUTSCHER VERLAG

Aus unserem Programm

Jochen Feldt
EG-Technologiepolitik und Kohäsion
Konzeption, Umsetzung und Erfolgskontrolle für Portugal
1995. XVI, 221 Seiten, Broschur DM 89,-/ ÖS 695,-/ SFr 89,-
GABLER EDITION WISSENSCHAFT
ISBN 3-8244-6152-8
J. Feldt untersucht die Wirkung der EU-Kohäsionspolitik am Beispiel eines
Programms, das zur Förderung der industriellen Entwicklung Portugals
gedacht war. Dabei stützt er sich neben Sekundärdaten auch auf eine eigene
Erhebung.

Gerhard Fisch
Integration und Kohäsion heterogener Staaten in der EU
Außenhandelstheoretische und entwicklungsrelevante Probleme
1994. XIV, 260 Seiten, Broschur DM 98,-/ ÖS 765,-/ SFr 98,-
GABLER EDITION WISSENSCHAFT
ISBN 3-8244-6036-X
Der Abbau regionaler Disparitäten steht im Vordergrund der Kohäsionspolitik
der EG (EU). Dabei bestehen gerade in der Heterogenität integrationspoliti-
sche Chancen. Der Autor zeigt, wie Innovation und Imitation dem Wettbe-
werbsverbund zugute kommen.

Thomas Goette
Standortpolitik internationaler Unternehmen
1994. XXVI, 374 Seiten, 57 Abb., 18 Tab.,
Broschur DM 118,-/ ÖS 921,-/ SFr 118,-
ISBN 3-8244-0205-X
Ein fundierter und überprüfbarer Rahmen für Standortentscheidungen inter-
nationaler Unternehmungen. Spezielles Augenmerk legt der Verfasser auf die
Entwicklung eines gedanklichen Konzeptes für den neuen Standort im Vorfeld
der Auswahlentscheidung.

Anette Hilbert
Industrieforschung in den neuen Bundesländern
Ausgangsbedingungen und Reorganisation
1994. XV, 269 Seiten, 25 Abb., 37 Tab., Broschur DM 98,-/ ÖS 765,-/ SFr 98,-
ISBN 3-8244-0199-1
Auf der Grundlage theoretischer Überlegungen und empirischer Analysen
wird am Beispiel von Forschung und Entwicklung die Transformation von
Unternehmen in den neuen Bundesländern untersucht.

DUV Deutscher UniversitätsVerlag

GABLER · VIEWEG · WESTDEUTSCHER VERLAG

Markus Stahl
**Buyouts zur Privatisierung in den Transformationsländern Mittel-
und Osteuropas**
Eine Analyse im Lichte der Neuen Institutionenökonomik
1995. XIV, 283 Seiten, Broschur DM 98,-/ ÖS 765,-/SFr 98,-
GABLER EDITION WISSENSCHAFT
ISBN 3-8244-6201-X
Markus Stahl analysiert Buyout-Transaktionen hinsichtlich ihrer Eignung, den
schleppenden Privatisierungsprozeß in Gang zu bringen, die Unternehmens-
kontrolle zu verbessern und den Wettbewerb zu beleben.

Burkhard Touché
Wirtschaftspolitische Konzeption in der Sowjetunion im Wandel
1993. XVII, 331 Seiten, 2 Tab.,
Broschur DM 98,-/ ÖS 765,-/ SFr 98,-
ISBN 3-8244-0142-8
Das Buch bietet einen detaillierten und gut verständlichen Überblick über die
Hintergründe der aktuellen Transformation des sowjetischen Wirtschafts-
systems, bis hin zum Zerfall der Union.

Jan Weber
**Modulare Organisationsstrukturen internationaler
Unternehmensnetzwerke**
1995. XIII, 277 Seiten, Broschur DM 98,-/ ÖS 756,-/ SFr 98,-
GABLER EDITION WISSENSCHAFT
ISBN 3-8244-6191-9
Durch eine Typologie, die von den drei grundsätzlichen Internationalisie-
rungsmotiven Ressourcen-, Markt- und Technologieorientierung ausgeht, gibt
der Autor konkrete, empirisch fundierte Gestaltungsempfehlungen.

Die Bücher erhalten Sie in Ihrer Buchhandlung!
Unser Verlagsverzeichnis können Sie anfordern bei:

Deutscher Universitäts-Verlag
Postfach 30 09 44
51338 Leverkusen

MIX
Papier aus verantwortungsvollen Quellen
Paper from responsible sources
FSC® C105338

If you have any concerns about our products,
you can contact us on
ProductSafety@springernature.com

In case Publisher is established outside the EU,
the EU authorized representative is:
**Springer Nature Customer Service Center GmbH
Europaplatz 3, 69115 Heidelberg, Germany**

Printed by Libri Plureos GmbH
in Hamburg, Germany